PC Underground

Windows XP Dirty Tricks

Julian von Heyl
Dominik Reuscher

DATA BECKER

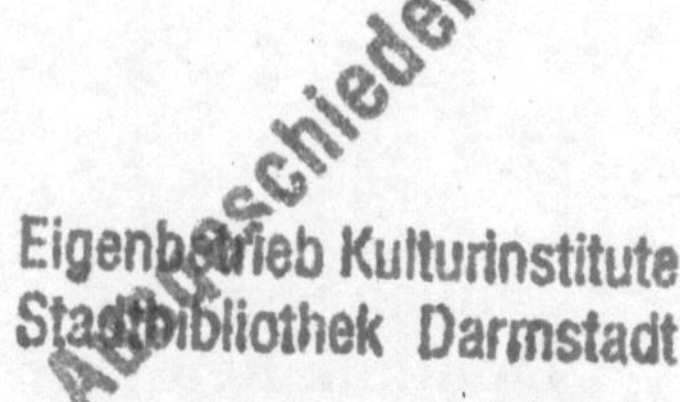

Produktmanagement Christian Strauch

Umschlaggestaltung Inhouse-Agentur DATA BECKER

Textbearbeitung & Gestaltung numallos

Produktionsleitung Claudia Lötschert

Druck GGP Media GmbH, Pößneck

E-Mail buch@databecker.de

ISBN 3-8158-2382-X

Wichtiger Hinweis

Die in diesem Buch wiedergegebenen Verfahren und Programme werden ohne Rücksicht auf die Patentlage mitgeteilt. Sie sind für Amateur- und Lehrzwecke bestimmt.

Alle technischen Angaben und Programme in diesem Buch wurden von den Autoren mit größter Sorgfalt erarbeitet bzw. zusammengestellt und unter Einschaltung wirksamer Kontrollmaßnahmen reproduziert. Trotzdem sind Fehler nicht ganz auszuschließen. DATA BECKER sieht sich deshalb gezwungen, darauf hinzuweisen, dass weder eine Garantie noch die juristische Verantwortung oder irgendeine Haftung für Folgen, die auf fehlerhafte Angaben zurückgehen, übernommen werden kann. Für die Mitteilung eventueller Fehler sind die Autoren jederzeit dankbar.

Wir weisen darauf hin, dass die im Buch verwendeten Soft- und Hardwarebezeichnungen und Markennamen der jeweiligen Firmen im Allgemeinen warenzeichen-, marken- oder patentrechtlichem Schutz unterliegen.

Inhaltsverzeichnis

9. Wirklich alle Sicherheitslücken stopfen 475

12. Windows XP Top Secret – Geheime Zusatztools 587

Stichwortverzeichnis 603

1. Ihre Lebensversicherung für Windows XP

Tuning-Maßnahmen am Betriebssystem gleichen einem Spiel mit dem Feuer: Entweder sie zünden, was in der Regel der Fall ist, und machen aus Ihrer lahmen „Rechenkiste“ eine Leistungsrakete, die Ihnen anschließend davonfliegt, oder das Tuningfeuer verpufft und übrig bleiben ein paar schwarze „Aschefetzen“ in Form von neuen - durch die Tuning-Maßnahmen hervorgerufenen - Problemen, die dem PC-User gar nicht schmecken wollen.

Dies lässt sich leider nicht vollständig vermeiden, auch wenn wir alle Tricks in diesem Buch eigenhändig und sorgfältig geprüft haben, um rechtzeitig Probleme und Lösungsmöglichkeiten zu entdecken.

Selbst der Einsatz von sehr teuren Tuning-Programmen für Windows XP oder die (scheinbar harmlose) Installation eines neuen Treibers kann zu einem „atemberaubenden Windows-Abenteuer“ werden. Jede Veränderung an einem fehlerfrei funktionierenden System ist und bleibt nach wie vor eine riskante Angelegenheit - es sei denn, Sie schließen, wie im Folgenden aufgezeigt, eine Lebensversicherung in 3 Stufen für Ihr Betriebssystem ab.

Dann dürfen Sie ab sofort tag-täglich völlig gefahrlos an Windows XP „herumwerkeln". Geht dabei etwas daneben, stellen Sie einfach den Ausgangszustand des Computers wieder her.

1.1 Sicherheitsstufe 1: Blitzbackup von Registry-Schlüsseln

Bevor Sie einen in diesem Buch beschriebenen Registry-Hack durchführen, sollten Sie unbedingt ein Backup des zu verändernden Registry-Schlüssels anlegen, um im Notfall gerüstet zu sein: Gibt es nach der Registry-Änderung irgendwelche Probleme, können Sie den PC mithilfe des angefertigten Registry-Backups in Windeseile wieder in den Ursprungszustand zurück versetzen.

Backup eines zu ändernden Registry-Schlüssels anfertigen

Bevor Sie aus Tuningzwecken irgendeine Änderung an einem Registry-Schlüssel vornehmen, fertigen Sie folgendermaßen ein Backup davon an:

1 Wählen Sie im Startmenü *Ausführen* und tippen Sie „regedit" ein. Nach einem Druck auf die [Enter]-Taste erscheint der Registrierungseditor von Windows XP.

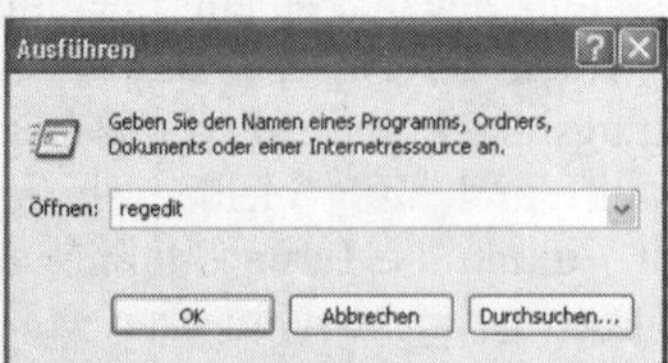

2 Markieren Sie jetzt den Schlüssel, in dem Sie einen Wert ändern möchten bzw. der aufgrund von Tuning- oder Reparaturmaßnahmen gelöscht werden soll, und wählen Sie *Datei/Exportieren*.

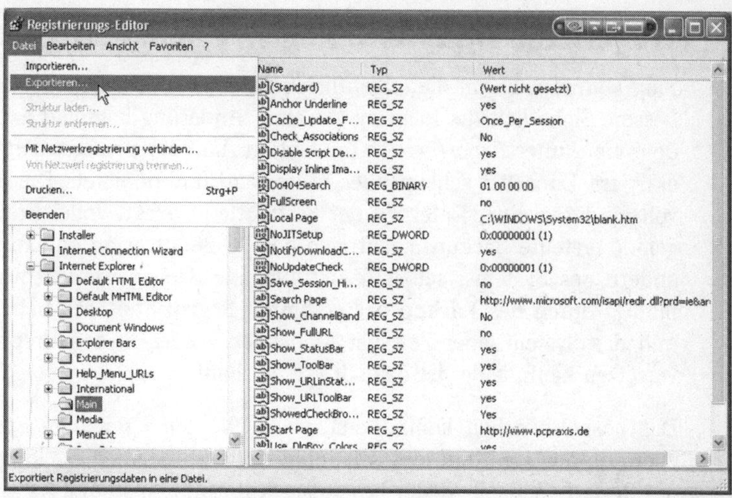

3 Im neuen Fenster bestimmen Sie einen Namen und den Speicherort für das anzulegende Registry-Backup. Kontrollieren Sie, ob unter *Exportbereich* die Option *Ausgewählte Teilstruktur* aktiviert ist, und führen Sie das Backup mit einem Klick auf *Speichern* durch.

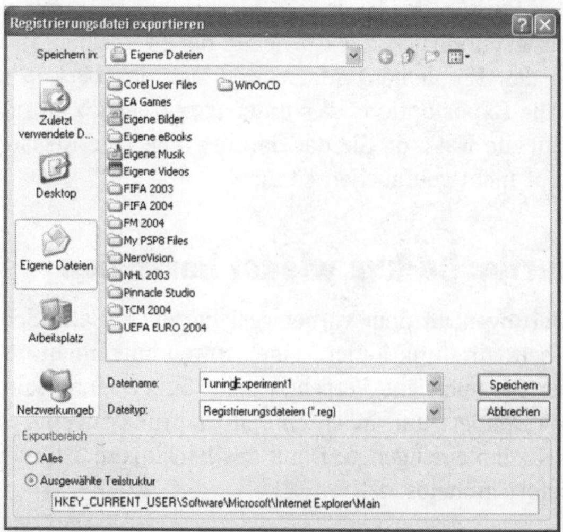

4 Anschließend dürfen Sie gefahrlos Werte in dem gerade gesicherten Registry-Schlüssel verändern bzw. ihn löschen. Treten danach Probleme auf, stellen Sie den Ursprungszustand der Registry schnell wieder her - siehe folgenden Abschnitt.

Trügerische Sicherheit: Registry komplett sichern?

Man könnte jetzt auf die (eigentlich sehr cevere) Idee kommen und für noch bessere Sicherheit die Registry vor einer Änderung komplett exportieren, indem man unter *Exportbereich* die Option *Alles* statt *Ausgewählte Teilstruktur* aktiviert. Zunächst scheint alles bestens zu funktionieren: Die Registry wird vollständig in einer Datei auf der Festplatte abgelegt. Voller Freude über das gerade erstellte Backup macht sich der PC-Benutzer an das Tunen und Verändern des Systems; selbst haarsträubende Sachen werden ausprobiert, da man ja durch das Backup der gesamten Registry auf der sicheren Seite ist und das System jeder Zeit per Mausklick wieder in den Ursprungszustand versetzen kann; leider ist das NICHT der Fall!

Das böse Erwachen kommt erst, wenn Probleme mit dem System auftauchen, die man mithilfe des scheinbar perfekt erstellten Backups der gesamten Registry schnell wieder beseitigen will. Unter Windows XP ist es nämlich nicht möglich, die gesamte Registry aus einem Backup im laufenden Betrieb wieder herzustellen - das Zurückspielen der kompletten Registry scheitert, da dies nur mit einzelnen Registry-Schlüsseln möglich ist. Es ist schon wirklich „genial" und typisch für die Unvollkommenheit der PC-Branche: Obwohl Sie ein perfektes Backup der gesamten Registry besitzen, mit dem sich auftretende Schwierigkeiten ruck, zuck beheben ließen, bleiben Sie auf Registrysicherung (und den Problemen) sitzen, weil sich das Backup nicht zurückspielen lässt! Die Exportoption *Alles* unter *Exportbereich* ist unter Windows XP also völlig für die Katz, da Sie das darüber angelegte Registry-Backup im Notfall überhaupt nicht gebrauchen können!

Klick und fertig: Backup wieder herstellen

Sie haben Änderungen an dem vorher gesicherten Registry-Schlüssel vorgenommen und seitdem funktioniert eine Anwendung nicht mehr korrekt? Vielleicht haben Sie auch aus Versehen beim Tunen einen falschen Eintrag in der Registry verändert und möchten den Ursprungszustand wiederherstellen, um ja kein Risiko einzugehen. Dank des Backups meistern Sie solche Situationen ab sofort mühelos:

1 Öffnen Sie auf der Festplatte den Speicherort, an dem Sie das Registry-Backup abgelegt haben. Registry-Backups erkennen Sie schnell anhand der Endung „.reg". Hinweis: In der Voreinstellung von Windows XP sind die Dateiendungen bei bekannten Dateitypen ausgeblendet; dies ändern Sie folgendermaßen: Wählen Sie *Extras/Ordneroptionen*, wechseln in die

Registerkarte *Ansicht* und deaktivieren hier die Option *Erweiterungen bei bekannten Dateitypen ausblenden.*

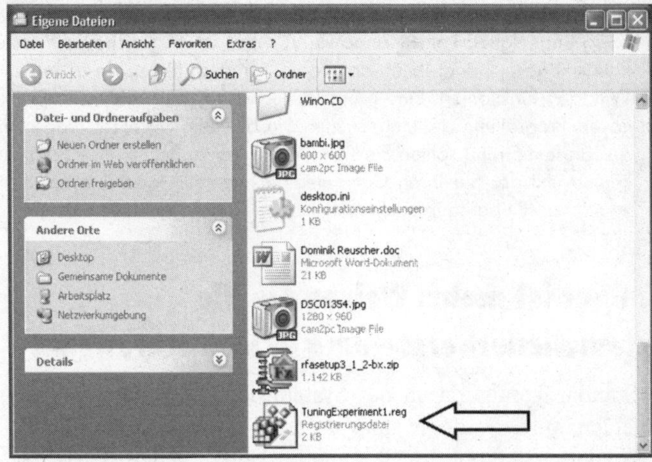

2 Führen Sie einen Doppelklick auf dem gewünschten Registry-Backup aus; die erscheinende Frage beantworten Sie mit *Ja*. Daraufhin werden alle im Registry-Backup gespeicherten (alten) Werte im entsprechenden Schlüssel der Registry wieder eingetragen und somit der Ausgangszustand (der Stand beim Anfertigen des Backups) hergestellt.

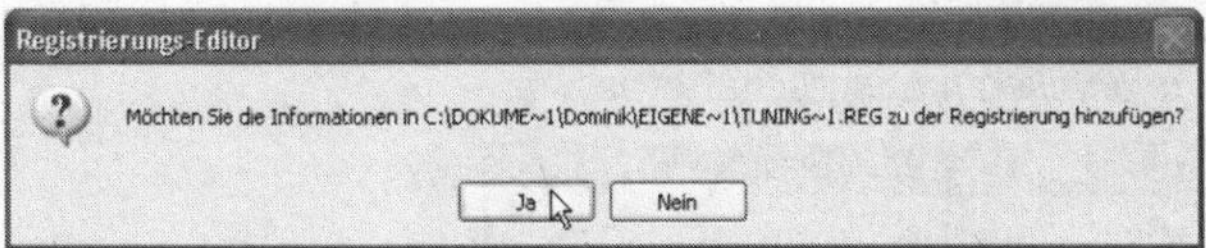

1.2 Sicherheitsstufe 2: Systemwiederherstellung für maximale Sicherheit optimal konfigurieren

Katastrophale Crashs unter Windows-Betriebssystemen sind keine Seltenheit. Dies hat mittlerweile auch Microsoft erkannt und Windows XP ein Systemwiederherstellungsprogramm für Notfälle spendiert. Das Programm leistet durchaus wertvolle Dienste, wenn Sie einigermaßen gefahrlos am PC „experimentieren“ möchten und in Krisensituationen durchgeführte Änderungen schnell und komfortabel wieder rückgängig machen möchten. Auch ein hartnäckiger Virus (beispielsweise in einer Systemdatei) lässt sich in der Regel durch die Systemwiederherstellung restlos von der Festplatte fegen, indem Sie den Computer mithilfe eines alten Systemwiederherstellungspunktes in den Zustand vor dem Virenbefall versetzen.

Für besonders schwere Crashs nicht geeignet!

Die Systemwiederherstellung von Windows XP ist für besonders schwere Notfälle völlig ungeeignet: Fährt Windows XP selbst im abgesicherten Modus nicht mehr komplett hoch, bringt Ihnen das Tool überhaupt nichts, da es ausschließlich unter Windows funktioniert. Eine Notfallausgabe der Software, wie sie die meisten Recovery-Programme besitzen, suchen Sie bei dem Microsoft-Programm vergeblich! Aus diesem Grund sollten Sie sich für maximalen Schutz eine zusätzliche Software kaufen, mit der Sie Ihren Computer auch dann wieder herstellen können, wenn Windows XP überhaupt nicht mehr startet – siehe Abschnitt 1.3!

Weniger ist mehr: Weisen Sie die Systemwiederherstellung in ihre Schranken!

Die Standardkonfiguration der Systemwiederherstellung ist alles andere als empfehlenswert! Dadurch kann es unter anderem vorkommen, dass Sie bei der Wiederherstellung des Systems im Notfall genau das Gegenteil von dem erreichen, was Sie eigentlich wollen, und wertvolle Daten „verschwinden".

1 Rechtsklick auf das Arbeitsplatzsymbol auf dem Desktop oder im Startmenü und *Eigenschaften* ausgewählt.

2 Wechseln Sie in die Registerkarte *Systemwiederherstellung* und checken Sie zunächst, ob die Option *Systemwiederherstellung auf allen Laufwerken deaktivieren* ausgeschaltet ist.

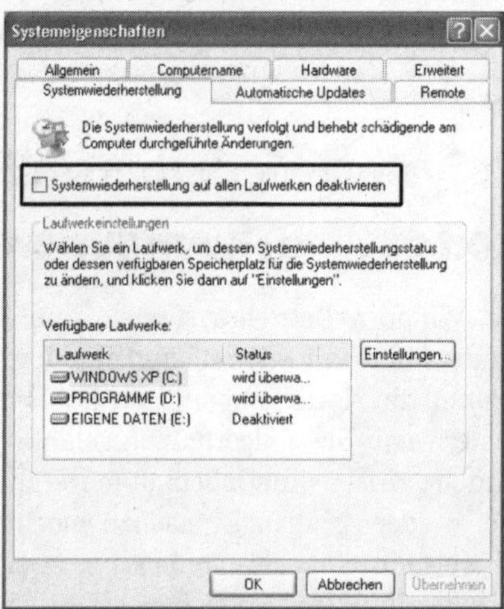

3 Die Systemwiederherstellung von Windows XP lässt sich für jede Festplatte bzw. Festplattenpartition separat konfigurieren, was äußerst nützlich ist. Die Systemwiederherstellungskonfiguration für ein Laufwerk ändern Sie, indem Sie unter *Verfügbare Laufwerke* den entsprechenden Laufwerkeintrag markieren und auf *Einstellungen* klicken.

4 Im neuen Fenster haben Sie die Möglichkeit, die Systemwiederherstellung auf dem ausgewählten Laufwerk zu deaktivieren. Dies ist zum Beispiel durchaus ratsam, wenn auf dem Laufwerk ausschließlich Ihre Dokumente und Daten (und keine Anwendungen bzw. Systemdateien) vorhanden sind. Bei aktivierter Systemwiederherstellung kann es sonst vorkommen, dass Ihre aktuellen Dokumentversionen bei der Nutzung eines alten Systemwiederherstellungspunktes mit älteren Versionen (den Versionen, die zur Erstellungszeit des Wiederherstellungspunktes aktuell waren) überschrieben werden! Dies ist alles andere als wünschenswert! Wurde dagegen die Systemwiederherstellung auf dem Laufwerk mit Ihren Daten ausgeschaltet, bleiben die Dokumente dort bei einer Wiederherstellungsaktion des Systems unangetastet. Hinweis: Das Deaktivieren der Systemwiederherstellung ist auf dem Laufwerk mit dem Betriebssystem nicht separat möglich!

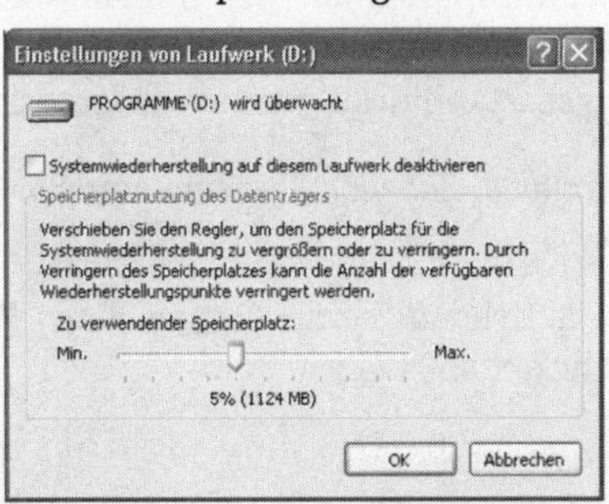

5 Des Weiteren dürfen Sie über den Schieberegler bestimmen, wieviel Speicherplatz für die Systemwiederherstellung auf dem Laufwerk verwendet werden soll. Die optimale Größe erfahren Sie im folgenden Info-Kasten.

6 Nachdem Sie die Systemwiederherstellung für das ausgewählte Laufwerk optimal eingestellt haben, klicken Sie auf *OK*, um das Fenster wieder zu verlassen und die übrigen Laufwerke entsprechend zu konfigurieren.

INFO

Schluss mit der Speicherplatzverschwendung!

Die Systemwiederherstellung reißt sich standardmäßig viel zu viel freien Festplattenspeicher unter den Nagel. Dies sollten Sie unbedingt ändern! Allerdings gibt es hierbei einiges zu beachten, um die Wirksamkeit der Systemwiederherstellung nicht durch ungünstige Konfiguration stark zu kastrieren. Generell gilt: Je mehr Speicherplatz Sie zur Verfügung stellen, desto mehr Systemwiederherstellungspunkte sind später zur Problemlösung vorhanden. Dies ist durchaus wichtig, da man meistens den Fehler nicht sofort entdeckt und daher die Schwierigkeiten nur durch einen etwas älteren Systemwiederherstellungspunkt lösen kann. In der Regel ist bei Laufwerken mit maximal 40 GByte eine Größe von ca. 1.000 MByte für die Systemwiederherstellung ausreichend; bei größeren Festplatten bzw. Festplattenpartitionen mit bis zu 100 GByte dürfen es auch ruhig 1.500-2.500 MByte sein. Mehr Speicherplatz braucht das Programm allerdings auf keinen Fall, schließlich bringen Ihnen zu alte Wiederherstellungspunkte im Notfall auch nichts, da Sie mit Sicherheit in der Zwischenzeit viel an Ihrem PC „herumgewerkelt" haben und diese Änderungen bei der Verwendung eines sehr alten Wiederherstellungspunktes alle wieder zunichte gemacht werden.

Sicher ist sicher: Vor jeder Änderung einen Wiederherstellungspunkt anlegen

Vor jeder etwas größeren Änderung der Hard- und Softwarekonfiguration (beispielsweise vor dem Tunen oder einer Treiberaktualisierung) sollten Sie unbedingt einen Wiederherstellungspunkt mit der Systemwiederherstellung erzeugen. Dadurch können Sie im Notfall, wenn es nach Ihrer Aktion Probleme gibt, schnell den Ausgangszustand des Systems wiederherstellen.

1 Rufen Sie über *Alle Programme/Zubehör/Systemprogramme* die *Systemwiederherstellung* auf.

2 Im erscheinenden Fenster aktivieren Sie die Option *Einen Wiederherstellungspunkt erstellen* und klicken auf *Weiter*.

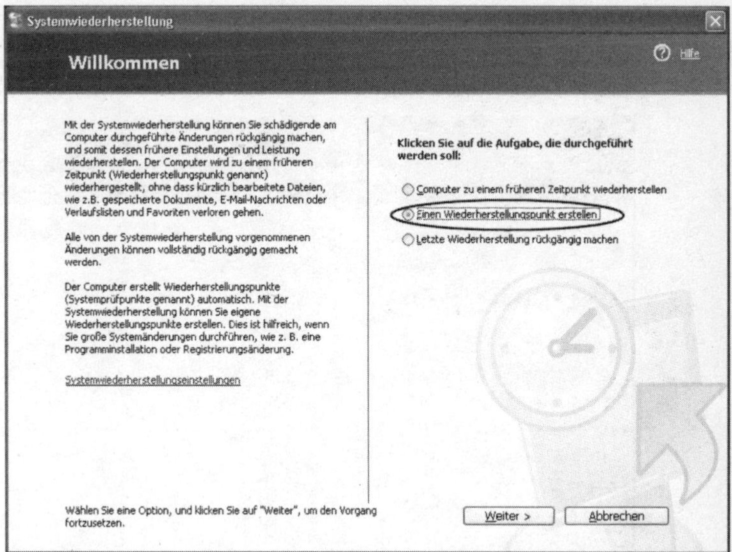

3 Als Nächstes geben Sie für den anzulegenden Wiederherstellungspunkt einen aussagekräftigen Namen ein und betätigen die Schaltfläche *Erstellen*, um den Wiederherstellungspunkt zu erzeugen.

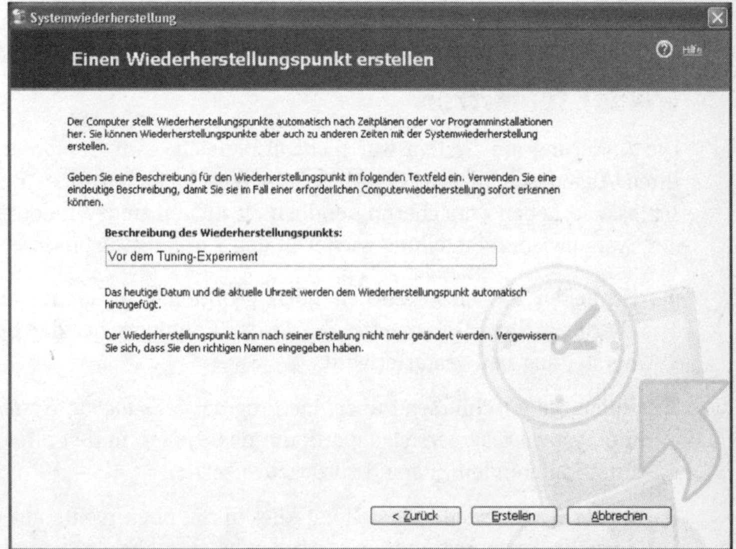

4 Zum Abschluss erhalten Sie eine Erfolgsmeldung. Schließen Sie die Systemwiederherstellung und führen Sie die gewünschten Änderungen an Ihrem Computer durch. Geht dabei etwas schief bzw. funktioniert anschließend der PC nicht mehr fehlerfrei, können Sie ihn in Windeseile mithilfe des gerade angelegten Wiederherstellungspunktes in den Ausgangszustand versetzen.

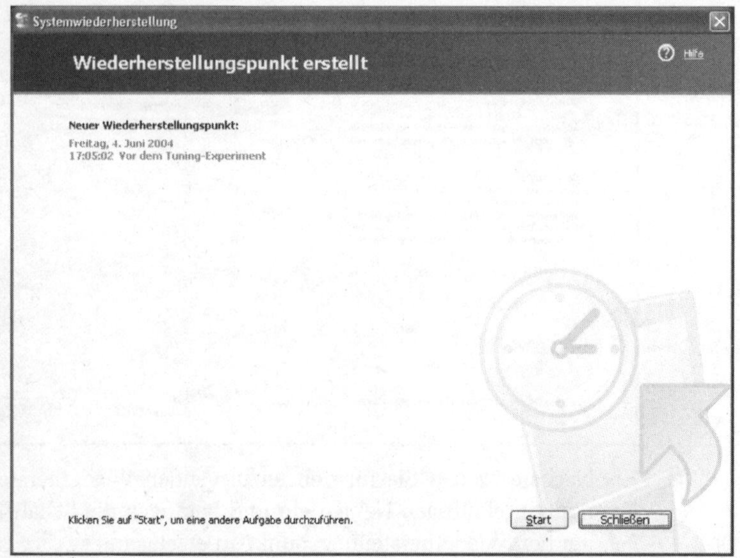

PC-Trouble hoch zehn? So läuft Ihr PC ruck, zuck wieder fehlerfrei!

Die Änderung am System war nicht erfolgreich - Ihr Computer „spinnt" in Ihren Augen seit diesem Zeitpunkt? In diesem Fall wird es Zeit, die abgeschlossene Lebensversicherung endlich zu nutzen und Windows XP mithilfe der Systemwiederherstellung wieder in den Ausgangszustand zu versetzen:

1 Schließen Sie alle eventuell noch geöffneten Anwendungen und speichern Sie Ihre Dokumente ab, da der Computer bei der Systemwiederherstellung neu gestartet wird.

2 Rufen Sie anschließend über *Alle Programme/Zubehör/Systemprogramme* die *Systemwiederherstellung* auf, um das System in den alten, problemlos funktionierenden Zustand zurückzuversetzen!

3 In der Systemwiederherstellung klicken Sie oben rechts auf *Computer zu einem früheren Zeitpunkt wiederherstellen* und klicken dann auf *Weiter*!

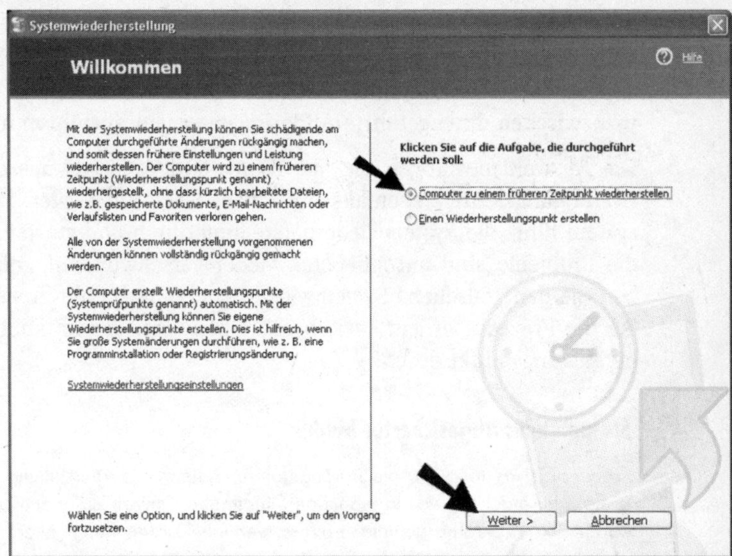

4 Als Nächstes legen Sie den gewünschten Wiederherstellungspunkt fest, indem Sie im Kalender auf eine der dicker gedruckten Zahlen klicken; rechts daneben erfahren Sie, warum dieser Wiederherstellungspunkt von Windows XP automatisch angelegt wurde (beispielsweise Installation einer neuen Software) bzw. finden dort Ihre Beschreibung.

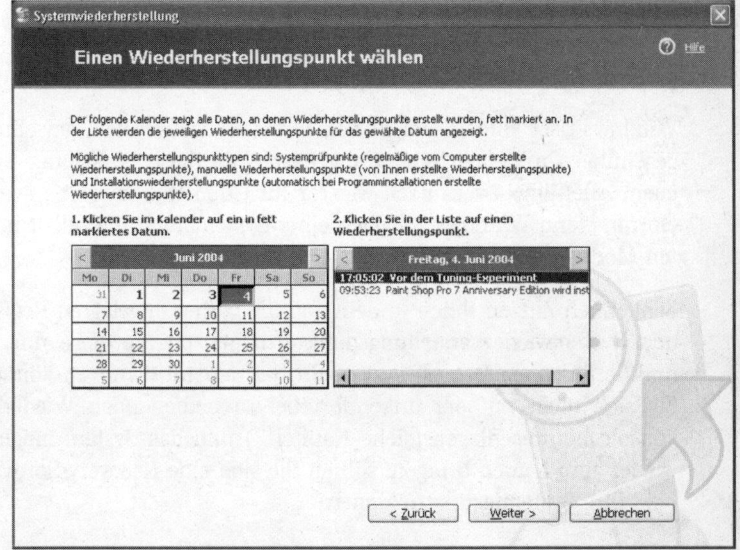

Tipp: Nehmen Sie unbedingt den „jüngsten" Eintrag, bei dem Ihr Rechner noch fehlerfrei funktionierte - so verhindern Sie, dass der PC nach der Wiederherstellung in die „Steinzeit" zurückversetzt wird und Sie viele inzwischen durchgeführte Änderungen erneut ausführen müssen!

5 Die Auswahl bestätigen Sie mit *Weiter* und verlassen das erscheinende Bestätigungsfenster ebenfalls mit einem Klick auf *Weiter*. Das Betriebssystem führt die Systemwiederherstellung durch und startet den PC neu, die Probleme sind anschließend wieder verschwunden! Falls nicht, haben Sie den „falschen" Systemwiederherstellungspunkt erwischt. Führen Sie die Prozedur erneut - wie beschrieben - mit einem anderen Wiederherstellungspunkt durch!

Stolperstein: Abgesicherter Modus

Generell ist es möglich, die durchgeführte Systemwiederherstellung wieder rückgängig zu machen, was in manchen Situationen sinnvoll ist - wenn beispielsweise durch den Wiederherstellungsprozess wertvolle Daten durch ältere Versionen überschrieben wurden. Wenn Sie die Systemwiederherstellung jedoch im Abgesicherten Modus ausführen müssen, weil Windows XP im normalen Modus nicht mehr vollständig hochfährt, können die von der Systemwiederherstellung vorgenommenen Änderungen nicht wieder rückgängig gemacht werden, wie das bei der Systemwiederherstellung im „normalen" Windows-Betrieb möglich ist!

1.3 So überlebt Ihr PC selbst den schlimmsten Crash problemlos!

Windows-User sind ja einiges von ihrem Betriebssystem gewohnt und daher gegenüber Problemen relativ abgehärtet, da diese ja fast tag-täglich auftauchen. Allerdings ist es nach wie vor für jeden Windows-Benutzer der blanke Horror, wenn Windows XP nach einer Systemänderung selbst im abgesicherten Modus nicht mehr startet.

Schließlich nutzen Ihnen in dem Fall die vorher angelegten Registry-Backups und Systemwiederherstellungspunkte nichts, da Sie diese nur unter einem funktionierenden Betriebssystem für die Reparatur nutzen können. Möchten Sie sich nicht mit der unkomfortabel zu bedienenden Wiederherstellungskonsole herumschlagen (siehe Kapitel 7) und das System möglichst einfach wieder zum Laufen bringen, sollten Sie sich eine Recovery-Software besorgen bzw. Ihre Systemfestplatte klonen.

Maximaler Schutz für alle Situationen dank System-Images

Mit einer Recovery-Software ist es möglich, das System selbst nach gravierenden Systemcrashs (wenn Windows nicht mehr startet) zu reparieren. Dazu starten Sie den PC mithilfe einer speziellen Notfallausgabe der entsprechenden Software per Boot-CD bzw. Diskette und spielen das vorher angefertigte Abbild (Image) Ihrer Festplatte bzw. der jeweiligen Partition zurück. Nach Abschluss dieser Aktion funktioniert Ihr Computer wie gewohnt und Sie müssen sich nicht mit einer zeitraubenden Neuinstallation des Betriebssystems und aller Anwendungen herumschlagen.

Der Einsatz einer Recovery-Software ist besonders experimentierfreudigen Usern empfohlen, weil Sie damit alle durch Systemänderungen auftretenden Probleme (und seien diese noch so schlimm) komfortabel lösen. Auch der Ausfall einer Festplatte lässt Sie ab sofort kalt, da Sie mithilfe der auf einem separaten Medium gespeicherten System-Images den Computer mithilfe einer neuen Festplatte schnell wieder in den Ursprungszustand zurück versetzen.

Der ultimative Software-Geheimtipp: True Image

Neben den bekannten Recovery-Programmen DriveImage und Ghost führt True Image zu Unrecht noch ein Schattendasein, obwohl das Programm äußerst schnell seine Arbeit verrichtet, über einen großen Funktionsumfang verfügt und komfortabel zu bedienen ist. Eine Testversion von True Image erhalten Sie unter *http://www.acronis.de/*. Manchmal finden Sie auch eine völlig ausreichende Spezial-Edition von True Image als Vollversion auf den Heft-CDs diverser PC-Zeitschriften.

Mit dem Programm können Sie unter anderem ein Abbild der kompletten Festplatte oder einer einzelnen Partition erzeugen und dieses im Notfall komfortabel wieder herstellen.

Für den Notfall sind Sie bestens gerüstet, wenn Sie mit True Image ein Abbild Ihrer Festplatte mit dem Betriebssystem erstellen - sei es, dass Sie die Festplatte klonen, die erstellten Images auf CD/DVD oder einem anderen Medium speichern. Sollte die Festplatte mit dem Betriebssystem noch ausreichend freie Speicherkapazität besitzen, können Sie auch dort eine separate Partition erstellen und die Images an diesem Ort ablegen.7

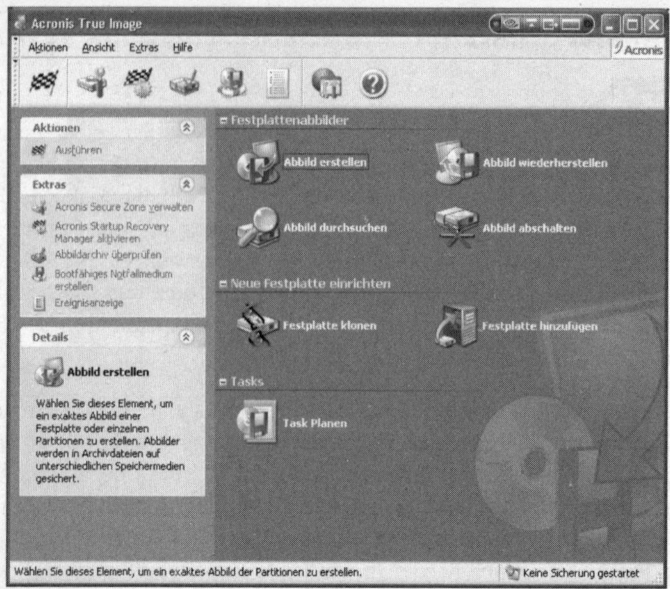

Mit True Image von Acronis besitzen Sie das ultimative Notfallwerkzeug für die härtestens Windows-Crashs!

Für Sicherheitsfanatiker: Festplatte klonen

Wie bereits erwähnt, können Sie mit True Image Ihre System-Festplatte klonen. Voraussetzung: Sie besitzen eine leere Festplatte mit ausreichend freiem Speicherplatz. Aufgrund der mittlerweile relativ günstigen Festplattenpreisen ist es durchaus empfehlenswert, wenn Sie keine leere und geeignete Harddisk zur Verfügung haben, eine neue Platte mit ausreichend Kapazität für das Klonen zu besorgen.

Durch das Anlegen eines Duplikats sorgen Sie nämlich für höchsten Schutz - eine bessere Lebensversicherung für Windows XP gibt es nicht! Ist das Betriebssystem auf der einen Festplatte ruiniert, tauschen Sie einfach die Festplatten aus und schon läuft der PC wieder wie bisher. Natürlich dürfen Sie anschließend nicht vergessen, wieder ein Duplikat von der eingebauten Festplatte zu erzeugen, indem Sie deren Daten auf die Festplatte mit dem ruinierten System kopieren, um für weitere Crashs gerüstet zu sein. Sie sehen, dass der Kauf einer zusätzlichen Festplatte für das Anlegen eines Duplikats eine wirklich sinnvolle Sache ist, die Ihnen viel Arbeit ersparen und Nerven schonen kann.

Kostenlose Klonsoftware

Sie besitzen True Image nicht und möchten trotzdem Ihre Festplatte aus Sicherheitsgründen duplizieren? Kein Problem! Das Klonen der Festplatte führen Sie in diesem Fall am besten mit der Freeware PC Inspector clone maxx durch, die Sie unter *http://www.pcinspector.de* erhalten. Hinweis: Für das Duplizieren booten Sie den Computer mit der von dem Programm erzeugten Diskette bzw. laden sich, wenn Sie kein Diskettenlaufwerk mehr im PC haben, das ISO-CD-Image von der Internetseite herunter, brennen es mit Nero auf eine CD und starten damit den Rechner, um das Festplattenduplikat zu erstellen.

2. Von Home zu Pro – Updates aus dem Underground

Windows XP gibt es bekanntlich in mehreren Versionen: Für den Einsteiger und Privatanwender ist die Version Windows XP Home gedacht, während Windows XP Professional mit seinen erweiterten Netzwerkfunktionen als Zielgruppe mehr fortgeschrittene User und Firmen anspricht. Mehr oder minder außer Konkurrenz läuft schließlich die Windows XP-64-Bit-Edition für technische Workstations, die bis zu 16 GByte Arbeitsspeicher unterstützt und die nur von den neusten Prozessoren der 64-Bit-Generation wie dem AMD Athlon-64 oder dem Pentium Itanium unterstützt wird.

Wenn Sie sich nicht gerade mit Spezialeffekten für Filme oder mit komplexen Simulationen beschäftigen, werden Sie diese Version sicher nicht brauchen. Was die anderen Versionen angeht, so zeichnen sich diese zunächst durch gewaltige Preisunterschiede aus:

- **Windows XP Home Update**: ca. 115 Euro.
- **Windows XP Home Vollversion**: ca. 230 Euro.
- **Windows XP Professional Update**: ca. 225 Euro.
- **Windows XP Professional Vollversion**: ca. 400 Euro.

Immerhin ca. 285 Euro trennen also die Update-Version von Windows XP Home von der Vollversion von Windows XP Professional. Eine Summe, von der man sich schon einen netten Kurzurlaub leisten kann.

In den folgenden Kapiteln erfahren Sie unter anderem, wie Sie ganz legal das Update auf einem „nackten" Rechner installieren, wie Sie die umstrittene Zwangsregistrierung umgehen oder Ihr Windows XP Home mit Funktionen der Professional-Version aufrüsten können.

2.1 Konkret gespartes Geld: Update statt Vollversion

Man muss sich die Frage wirklich stellen: Wer zum Teufel kauft eigentlich die völlig überteuerte Vollversion von Windows XP? Denn entweder Sie haben sich gerade einen neuen Computer gekauft - dann ist Windows XP in aller Regel schon mit dabei bzw. vorinstalliert.

Oder Sie besitzen bereits einen Rechner: In diesem Fall werden Sie sicher auch eine Windows-Version ab 98 darauf fahren. Die Vollversion ist also nur notwendig, wenn Sie den direkten Sprung von Windows 95 oder gar Windows 3.1 zu Windows XP machen, wenn Sie von einem anderen Betriebssystem wie Linux umsteigen oder wenn Sie einen „nackten" Rechner ohne Betriebssystem und Software gekauft haben.

Verwirrende Update-Politik

Also tut es meist auch die Update-Version. Selbstverständlich haben Sie auch bei dieser Version während der Installation die volle Auswahl, ob Sie Ihr altes Windows mit einer Update-Installation auf den neusten Stand bringen oder beibehalten wollen. In letzterem Fall können Sie Windows XP zum Beispiel auf einem anderen Laufwerk oder einer anderen Partition zusätzlich installieren und erhalten ein so genanntes Dual-Boot-System, das Ihnen beim Rechnerstart ein Auswahlmenü anbietet, welche Windows-Version gestartet werden soll. Die Voraussetzungen, das Update auf Windows XP nutzen zu können, sind bei XP Home und XP Professional allerdings sehr unterschiedlich. Welche Windows-Versionen Sie für welches Update benötigen, entnehmen Sie folgender Tabelle:

Updaten von Windows xx auf ...	... Windows XP Home	... Windows XP Professional
Windows 3.1 oder MS-DOS	Nein	Nein
Windows 95	Nein	Nein
Windows 98	Ja	Ja
Windows 98 Second Edition (SE)	Ja	Ja
Windows Millennium (ME)	Ja	Ja
Windows NT 3.51	Nein	Nein
Windows NT 4.0	Nein	Ja
Windows 2000	Nein	Ja
Windows XP Home	–	Ja
Windows XP Professional	Nein	–

Eine in manchen Punkten nicht ganz nachvollziehbare Update-Politik: Warum ist zum Beispiel für einen User, der vorher für viel Geld sein Windows 2000 erworben hat, kein Update auf Windows XP Home möglich?

Und wenn man schon eine Vollversion von Windows XP Professional besitzt, sollte doch eigentlich die Update-Version von XP Home reichen, um diese noch daneben zu installieren.

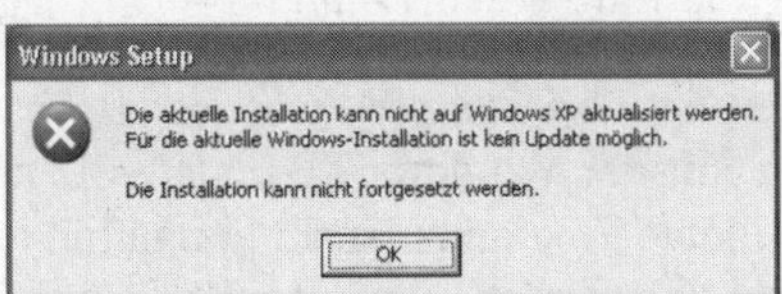

Verkehrte Welt: Für ein „Downgrade" von Windows XP Professional auf XP Home brauchen Sie die Vollversion von Windows XP Home.

Der Preisknaller: Update mit Secondhand-Windows

Verfügen Sie nicht über die notwendige Windows-Version, um Windows XP als Update installieren zu können, so sollten Sie dennoch nicht gleich zur gut doppelt so teuren Vollversion greifen: Denn der Marktpreis für gebrauchte ältere Windows-Versionen liegt wesentlich unter dem Differenzbetrag zwischen den Update- und den Vollversionen von Windows XP.

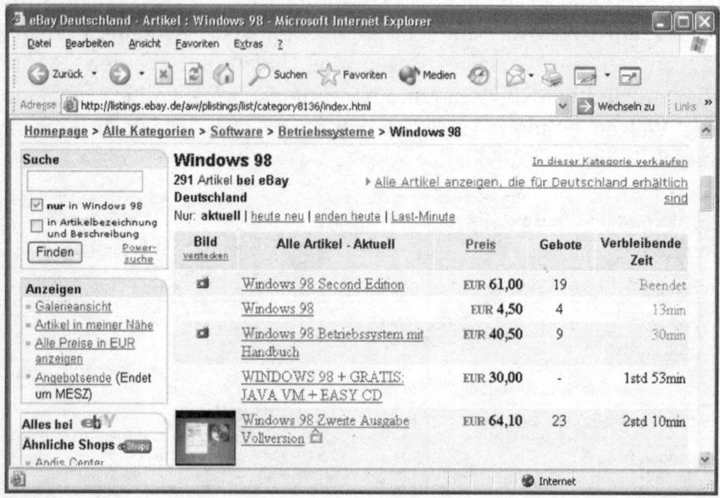

Geld sparen: Über Internetauktionsseiten wie eBay finden Sie preiswert frühere Versionen von Windows.

Bei eBay (*http://www.ebay.de*) können Sie beispielsweise schon für 25 bis 40 Euro die erste Version von Windows 98 als Vollversion ersteigern und haben sich damit fürs Update legitimiert, ganz gleich, ob Sie mit Windows XP Home oder XP Professional arbeiten wollen. Aber auch auf Computerflohmärkten lohnt sich ein Blick nach älteren Windows-Originalversionen. Betrachtet man den enormen Preisunterschied von ca. 115 Euro zwischen der Update-Version und der Vollversion von Windows XP Home bzw. den noch größeren Preisunterschied von ca. 175 Euro bei der Professional-Variante, hat man also auf diese Weise bis zu 150 Euro gespart - und das ganz legal!

Das „olle“ Windows 98 brauchen Sie übrigens gar nicht erst zu installieren. Booten Sie einfach den Rechner mit der Windows XP-Update-CD und leiten Sie die Installation ein. Das Update-Programm sucht daraufhin auf Ihrer Festplatte nach einer fürs Update erforderlichen Windows-Version. Findet es keine, erscheint eine Dialogbox mit der Aufforderung, einen Datenträger mit der passenden Windows-Version einzulegen. Daraufhin legen Sie die Windows 98-CD ein, stellen in der Dialogbox Ihr CD-ROM-Laufwerk ein und nach einer kurzen Überprüfung der CD-ROM wird die Installation klaglos - mangels Masse natürlich als komplette Neu-Installation - fortgesetzt. Aber selbstverständlich können Sie auch zunächst die ältere Windows-Version installieren und das Update von Windows XP dann als zweites Betriebssystem auf eine andere Partition daneben stellen. So können Sie dann etwa Windows 98 für Spiele und/oder zu Testzwecken nutzen und Windows XP für Ihre Office-Anwendungen.

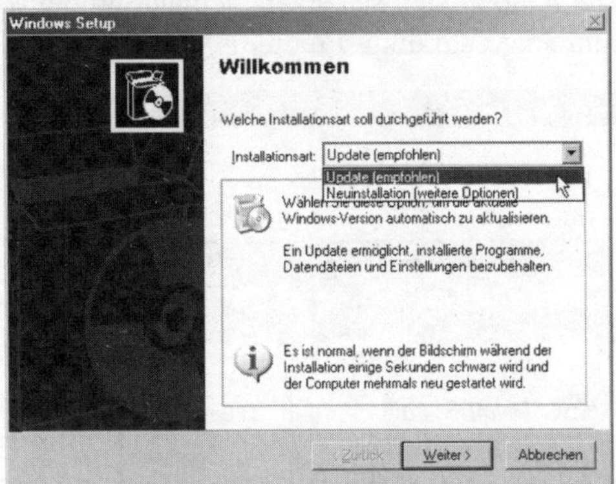

Bei der Update-Version haben Sie die Wahl, Ihr altes Windows zu aktualisieren oder als „Zweit-Betriebssystem" beizubehalten.

Die Qual der Wahl: Update oder Neuinstallation?

Wollen Sie sich die Mühe sparen, alle Ihre Anwendungen neu zu installieren, sollten Sie Windows XP als Update über Ihr bestehendes Windows 98 oder Windows ME installieren. Allerdings: Auch viele Systemfehler, die sich mit der Zeit eingeschlichen haben, und jede Menge unnötiger „Ballast", der sich in der Registry noch von längst entfernten Installationen befindet, werden dabei mit übernommen. Der empfehlenswertere und sauberere Weg ist also in jedem Fall eine komplette Neuinstallation, wobei Sie ja Ihr altes Windows durchaus beibehalten können.

Schüler oder Student? Mit SSL-Lizenzen sparen Sie richtig Geld!

Sind Sie Schüler, Student oder Lehrkraft? Dann haben Sie ebenfalls die Möglichkeit, kräftig Geld zu sparen. Gegen Nachweis einer entsprechenden Bescheinigung erhalten Sie in diesem Fall das aktuelle Betriebssystem zu einem deutlich günstigeren Preis. Die Microsoft-Lizenz für Schüler, Studierende und Lehrkräfte, kurz auch SSL-Lizenz genannt, hat einige Besonderheiten im Vergleich zu den normalen Schulversionen. Es werden eine temporäre Lizenz sowie ein Microsoft-Bestellformular geliefert. Die mitgeschickte Rechnung ist sofort zur Zahlung fällig. Das Bestellformular wird ausgefüllt und zusammen mit einer Studienbescheinigung an die angegebene Microsoft-Anschrift geschickt. Die Software wird dann auf CD-ROM zusammen mit einer persönlichen Lizenz direkt an den Besteller ausgeliefert. Das Schöne dabei: Die Lizenz kann auch nach Ende des Studiums unbegrenzt weiterbenutzt werden und beim späteren Kauf einer neuen Version kann ein Update erworben werden. Und: Es handelt sich selbstverständlich um die vollwertige Originalsoftware, nicht um eingeschränkte Produkte.

Ein feiner Zug von Microsoft: Schullizenzen (SSL-Versionen) gibt es schon für einen Bruchteil des regulären Preises.

So ist beispielsweise die Update-Version von Windows XP Professional, die Sie im Softwareladen kaum unter 225 Euro finden werden, als SSL-Version bereits für sage und schreibe 66 Euro erhältlich! Unter der Internetadresse *http://www.eu.microsoft.com/germany/ms/schulprodukte/* erhalten Sie genauere Informationen über SSL-Lizenzen, insbesondere, welche Personen, Einrichtungen und Institutionen genau bezugsberechtigt sind. Und dieser Personenkreis ist gar nicht so klein, unter anderem gehören dazu:

- Schüler und Studenten, auch Berufsschüler
- Lehrkräfte, Dozenten und Professoren
- Wehrdienstleistende und Zivildienstleistende
- Schulen, Universitäten und Fachhochschulen

- Gemeinnützige Jugendeinrichtungen in staatlicher, öffentlicher oder kirchlicher Trägerschaft
- Kindergärten, Kinderhorte und Kindertagesstätten
- Staatlich anerkannte Einrichtungen der Erwachsenenbildung
- Nicht-kommerzielle Forschungseinrichtungen
- Gemeinnützige Vereine, die nicht-kommerzielle Aus- und Weiterbildungsmaßnahmen durchführen

Eine komplette Liste aller Händler, die Schulversionen vertreiben, finden Sie unter der Adresse *http://www.eu.microsoft.com/germany/ms/schulprodukte/bezug/*. Alternativ können Sie sich auch unter der Telefonnummer 0 18 05/25 11 99 bei Microsoft nach einem Händler in Ihrer Nähe erkundigen.

INFO

Leichter Kauf von SSL-Lizenzen über educheck

Sind Sie bzw. Ihre Institution bezugsberechtigt für Schulprodukte von Microsoft, können Sie Microsoft-Produkte, aber auch Softwareprodukte anderer Hersteller oder bestimmte Zeitschriften-Abos ganz besonders einfach über den educheck-Marktplatz unter *http://www.educheck.de* einkaufen. Es genügt dabei, sich einmal online registrieren zu lassen und den entsprechenden Nachweis per Post an educheck zu schicken. Sie erhalten dann eine educheck-Ausweisnummer und ein Passwort, mit dem Sie sich zukünftig bequem zur Bestellung einloggen können.

2.2 Microsoft ausgetrickst: XP Home zu XP Pro tunen

Der Preisunterschied zwischen der Home- und der Professional-Version von Windows XP ist happig. Benutzen Sie Ihren Computer als Stand-alone-Rechner, sollte aber die Home-Version in fast allen Fällen völlig ausreichen. Anders sieht es in Netzwerkumgebungen aus, für die Windows XP Professional in vielerlei Hinsicht besser gerüstet ist. In den nächsten Abschnitten listen wir die Unterschiede zwischen beiden Versionen auf und zeigen Ihnen, wie Sie so manches Professional-Feature auch in die Home-Version „hineinschmuggeln" können.

XP Home versus XP Professional: Das sind die Unterschiede

In der Grundausstattung sind die Windows XP-Versionen Home und Professional im Wesentlichen identisch, das heißt, die Professional-Version enthält nicht etwa grundlegend mehr Zusatzprogramme oder -Tools. Lediglich was die Netzwerkfunktionalität, das Dateisystem und die Administratorfunktionen angeht, finden sich unter der Professional-Version die folgenden zusätzlichen Funktionen:

- **Remotedesktop**: Sie können von einem anderen PC aus auf Ihren mit Windows XP Professional ausgestatteten Rechner zugreifen, sodass Ihnen auch unterwegs alle Dateien und Anwendungen zur Verfügung stehen.
- **Offlinedateien und -ordner**: In einer Netzwerkfreigabe kann auf Dateien und Ordner zugegriffen werden, auch wenn keine Verbindung zum Server besteht.
- **Skalierbare Prozessorunterstützung**: Windows XP Pro ist multiprozessorfähig; bis zu zwei Prozessoren werden unterstützt.
- **Verschlüsselndes Dateisystem**: Mit dem „Encrypting File System" (EFS) können in Verbindung mit dem NTFS-Dateisystem sensible Daten wirksam verschlüsselt und geschützt werden.
- **Zugriffssteuerung**: Der Zugriff kann wahlweise auf bestimmte Laufwerke, Ordner, Dateien, Anwendungen oder andere Ressourcen beschränkt werden.
- **Zentrale Verwaltung**: Windows XP Pro verfügt über weitaus mächtigere Verwaltungsfunktionen als die Home-Version zum Einsatz in einer Windows-Server-Domäne.
- **Gruppenrichtlinien**: Über den Gruppenrichtlinien-Editor ist ein vereinfachtes Verwalten von Benutzer- oder Computergruppen möglich.
- **Softwareinstallation und Wartung**: Automatisches Installieren, Konfigurieren, Reparieren oder Entfernen von Softwareanwendungen ist möglich.
- **Servergespeicherte Benutzerprofile**: Zugriff auf alle Dokumente und Einstellungen im Netzwerk, unabhängig davon, wo eine Anmeldung durchgeführt wurde.
- **Remoteinstallationsdienst (Remote Installation Service – RIS)**: Windows XP Pro unterstützt Installationen von Remotebetriebssystemen, bei denen Desktops über das Netzwerk installiert werden können.
- **Mehrsprachige Benutzeroberfläche (Multilingual User Interface – MUI)**: MUI ermöglicht das Ändern der Sprache der Benutzeroberfläche, um Dialogfelder, Menüs, Hilfedateien, Wörterbücher, Tools zur Rechtschreibung usw. in der Sprache der Wahl anzuzeigen.

Es ist unschwer zu erkennen, dass die meisten bei Windows XP Pro zusätzlich vorhandenen Funktionen dazu dienen, Netzwerke besser und professioneller verwalten zu können. In den nächsten Abschnitten erfahren Sie, wie Sie die eine oder andere Pro-Funktion auch unter Windows XP Home nutzen können.

Tricksen mit Tweak UI: Windows XP Home an Windows-NT/2000-Domänen anmelden

Windows XP Home wird von Microsoft als der technisch fortgeschrittenere Nachfolger von Windows 98/ME vermarktet. Umso ärgerlicher ist es, wenn der Nutzer dann - oft erst nach dem Kauf - feststellen muss, dass so manches, was unter 98/ME funktionierte, unter XP Home nicht mehr klappt. Ein Beispiel ist die Anmeldung an bestehenden Windows-NT- oder Windows-2000-Domänen. War diese unter 98/ME noch möglich, so verweist Microsoft für Windows XP auf die Professional-Version: Unter Windows XP Home ist eine Anmeldung an NT- oder 2000-Domänen schlichtweg nicht mehr möglich.

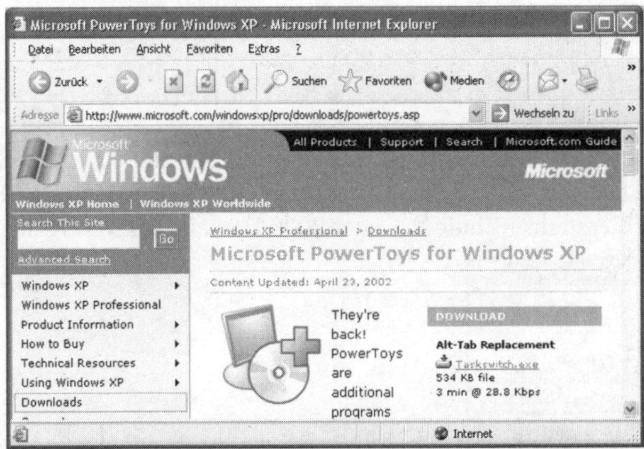

Genial: Mit Tweak UI aus der PowerToys-Kollektion realisieren Sie unter Windows XP Home auch Netzwerkfunktionen der Pro-Version.

Aber: Es geht doch! Und pikanterweise ist es der Hersteller Microsoft selbst, der die Lösung für das Problem liefert und es ermöglicht, diese wichtige Netzwerkfunktion bei Windows XP Home quasi durch die Hintertür zu aktivieren. Alles, was Sie tun müssen, ist, das von Microsoft unter der Adresse *http://www.microsoft.com/windowsxp/pro/downloads/powertoys.asp* kostenlos erhältliche Tool Tweak UI herunterzuladen, zu installieren und dann folgende Einstellung vorzunehmen:

1 Starten Sie Tweak UI mit dem Befehl *Start/Alle Programme/Powertoys for Windows XP/Tweak UI for Windows XP*. Klicken Sie dann auf der linken Seite auf das Pluszeichen vor dem Eintrag *Logon* und dann auf *Autologon*. Setzen Sie nun auf der rechten Seite ein Häkchen vor die Option *Log on automatically at system startup* und tragen Sie Username und Domänenbezeichnung für Ihr Windows-NT- oder Windows-2000-Netzwerk ein. Klicken Sie dann auf den Button *Set Password*.

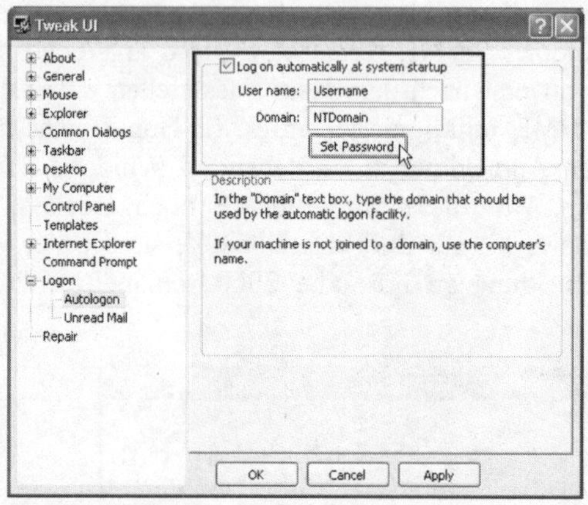

2 Tragen Sie nun zweimal das gültige Passwort ein und schließen Sie beide Dialogfelder mit *OK*. Beim nächsten Windows-Neustart stehen Ihnen nun alle Ressourcen Ihrer NT- oder 2000-Domäne zur Verfügung.

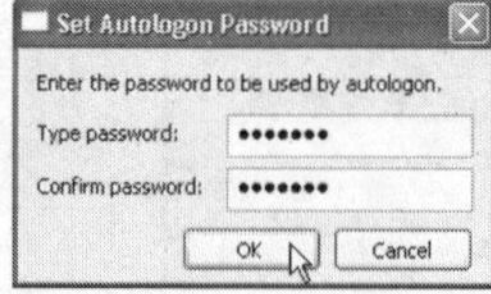

INFO

Feintuning mit Xteq Systems X-Setup

Die oben beschriebene automatische Domänen-Anmeldung können Sie nicht nur mit dem Microsoft-Tool Tweak UI realisieren, sondern auch mit der Freeware *X-Setup* von der Firma Xteq Systems. Mit dem pfiffigen Tool, das Sie von der Website *http://www.xteq.com* kostenlos herunterladen können, sind darüber hinaus eine Unmenge an Windows-Feineinstellungen möglich, die den Leistungsumfang von Tweak UI bei weitem überschreiten.

RegEdit macht's möglich: Gruppenrichtlinien auch unter Windows XP Home nutzen

Wissen Sie, was „tweaking“ bedeutet? Nun, wörtlich heißt es eigentlich nur so viel wie „zwicken“, im übertragenen Sinn aber bedeutet es, Computer oder Betriebssystem mit undokumentierten Funktionen zu tunen oder zu manipulieren. Fans des „tweakings“ haben unter Windows XP Pro mit dem Gruppenrichtlinien-Editor, der über *Start/Ausführen* und die Eingabe von „gpedit.msc“ gestartet wird, ein schönes Instrument zur Hand, um das Betriebssystem bis aufs Äußerste auszureizen. Ganz gleich, ob Sie etwa Einträge aus dem Startmenü verschwinden lassen oder den Papierkorb vom Desktop tilgen wollen: Es gibt kaum etwas, das mit dem Gruppenrichtlinien-Editor nicht geht.

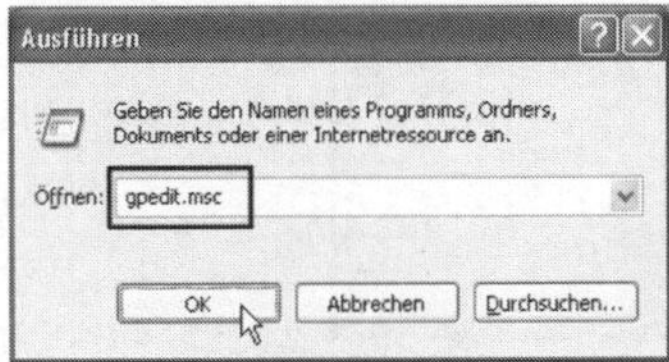

Den Gruppenrichtlinien-Editor starten Sie unter Windows XP Pro, indem Sie im Ausführen-Dialog „gpedit.msc“ eingeben.

Doch auch unter Windows XP Home können Sie die Möglichkeiten des Gruppenrichtlinien-Editors nutzen: Denn letztlich liest dieser nur Anweisungen aus Textdateien aus, in denen verankert ist, was in der Registrierungsdatenbank von Windows geändert werden soll. Praktisch alle Änderungen, die mit dem Gruppenrichtlinien-Editor möglich sind, können Sie also auch manuell direkt in der Registry mit dem Registrierungseditor vornehmen. Einen Haken hat die Sache allerdings zugegebenermaßen: Um zu wissen, was Sie in der Registry wo ändern müssen, müssen Sie zumindest zeitweise Zugang zu einem Rechner mit Windows XP Professional haben.

In unserem Beispiel zeigen wir Ihnen, wie Sie unter Windows XP Home die Gruppenrichtlinien-Funktion *Beim Beenden die Liste der zuletzt geöffneten Dokumente leeren* aktivieren. Sie sorgt dafür, dass bei jedem Herunterfahren von Windows der Inhalt des Verzeichnisses *C:\Dokumente und Einstellungen\<Username> \Zuletzt verwendete Dokumente* gelöscht wird, außerdem werden die History-Listen des Befehls *Start/Ausführen* und der URL-Adressleiste gelöscht. So bleibt es zum Beispiel neugierigen Kollegen verborgen, an welchen Dateien oder mit welchen Programmen Sie zuletzt gearbeitet haben. Selbstverständlich ist das Beispiel auf alle anderen Funktionen des Gruppenrichtlinien-Editors übertragbar. Und so gehen Sie vor:

1 Starten Sie unter Windows XP Professional den Gruppenrichtlinien-Editor, indem Sie den Befehl *Start/Ausführen* wählen und „gpedit.msc" eingeben. Klicken Sie nun im Bereich *Benutzerkonfiguration* mit der rechten Maustaste auf den Eintrag *Administrative Vorlagen* und wählen Sie aus dem Kontextmenü den Befehl *Vorlagen hinzufügen/entfernen*.

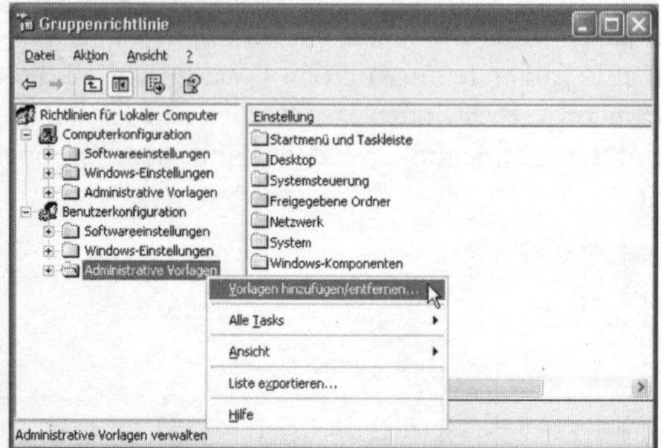

2 Es erscheint eine Liste der bereits installierten Vorlagen, in unserem Beispiel *conf*, *inetres*, *system* und *wmplayer*. Die meisten Einstellungen, so auch unsere Beispiel-Richtlinie *Beim Beenden die Liste der zuletzt geöffneten Dokumente leeren*, werden Sie in der größten Vorlagendatei *system* finden. Um diese Textdatei zu erreichen, klicken Sie nun auf *Hinzufügen*.

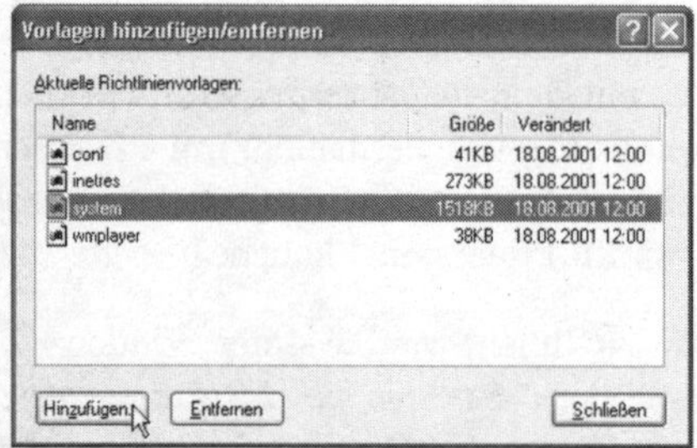

3 Nun werden eine Reihe von Dateien mit der Endung *.adm* angezeigt - wie gesagt, es handelt sich um reine Textdateien. Um die der Vorlage *system* entsprechende Datei *system.adm* im Editor zu öffnen, klicken Sie mit der rechten Maustaste auf den Dateinamen und wählen aus dem Kontextmenü den Befehl *Öffnen*. In der folgenden Dialogbox wählen Sie die Option *Programm aus einer Liste auswählen* und markieren aus der dann erscheinenden Programmliste den Eintrag *Editor*. Achten Sie dabei darauf, dass vor der Option *Dateityp immer mit dem ausgewählten Programm öffnen* kein Häkchen gesetzt ist.

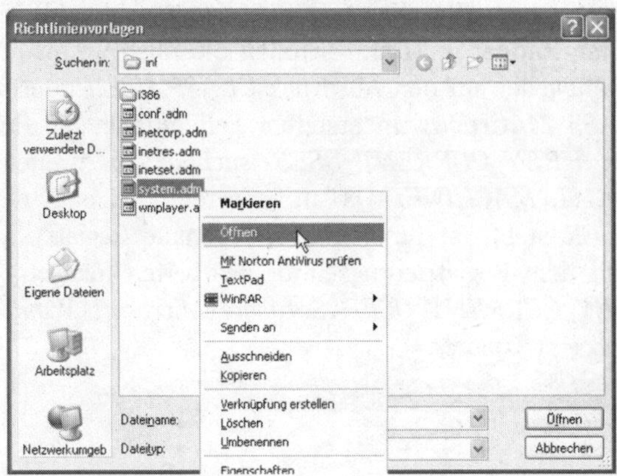

4 Es wird die Datei *system.adm* im Editor geöffnet. Um unsere Beispiel-Option *Beim Beenden die Liste der zuletzt geöffneten Dokumente leeren* zu finden, starten Sie mit *Bearbeiten/Suchen* die Suchfunktion und geben einen Teilstring des Optionstextes ein, zum Beispiel „Beim Beenden die Liste". Klicken Sie dann auf *Weitersuchen*.

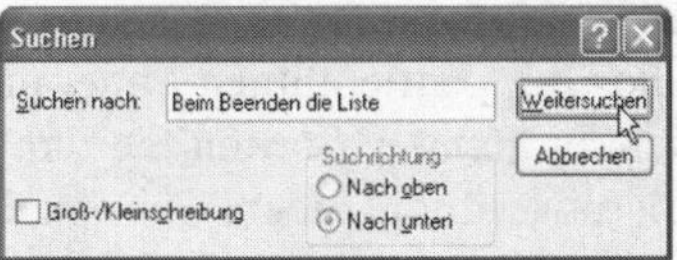

5 Haben Sie den Options-Text gefunden, sehen Sie davor den für die Registry gültigen Wertnamen, in unserem Beispiel ist das *ClearRecentDocs OnExit*. Gehen Sie nun mit der Tastenkombination Strg+Pos1 wieder an den Anfang des Dokuments und geben Sie diesen Wertnamen in die Suche ein.

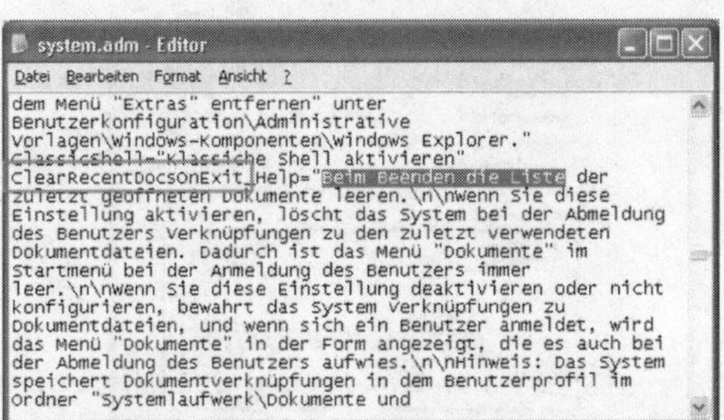

6 Wenn Sie von der Fundstelle aus nun hoch scrollen, erscheint auch der passende Registry-Pfad, in unserem Beispiel *Software\Microsoft\Windows\CurrentVersion\Policies\Explorer*. Nun müssen Sie nur noch herausfinden, welchem Hive Key (= HKEY, Hauptschlüssel) dieser Schlüsselpfad untergeordnet ist. Dafür scrollen Sie noch weiter hoch und stoßen dabei entweder auf den Ausdruck *CLASS USER* oder auf den Ausdruck *CLASS MACHINE*. In ersterem Fall müssen Sie den Schlüsselpfad unter *HKEY_CURRENT_USER* suchen, im zweiten Fall unter *HKEY_LOCAL_MACHINE*. Da in unserem Beispiel der Ausdruck *CLASS USER* steht, ist Ihnen nun der genaue Registry-Schlüsselpfad, den Sie mit dem Registrierungseditor bearbeiten müssen, bekannt: Er lautet *HKEY_CURRENT_USER\Software\Microsoft\Windows\CurrentVersion\Policies\Explorer*.

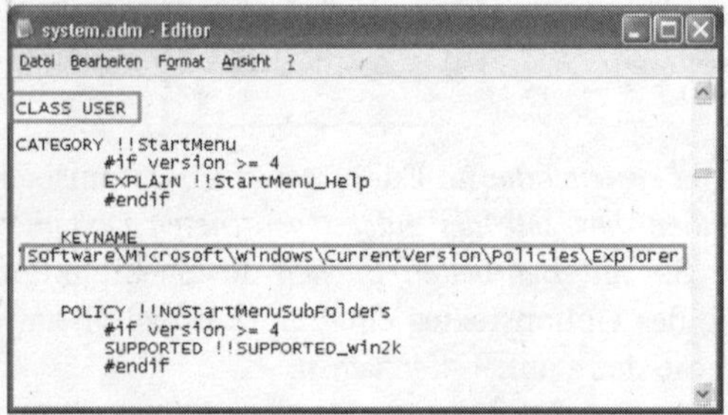

7 Nun wissen Sie genug, um die Gruppenrichtlinien-Änderung auch unter Windows XP Home realisieren zu können. Starten Sie dafür unter Windows XP Home den Registrierungseditor, indem Sie den Befehl *Start/Ausführen* wählen, „regedit" eingeben und auf *OK* klicken. Wechseln Sie im linken Fenster zum Schlüssel *HKEY_CURRENT_USER\Software\Microsoft\Windows\CurrentVersion\Policies\Explorer*. Klicken Sie dann mit der rechten Maustaste ins rechte Fenster und wählen Sie aus dem Kontextmenü den Befehl *Neu/DWORD-Wert*.

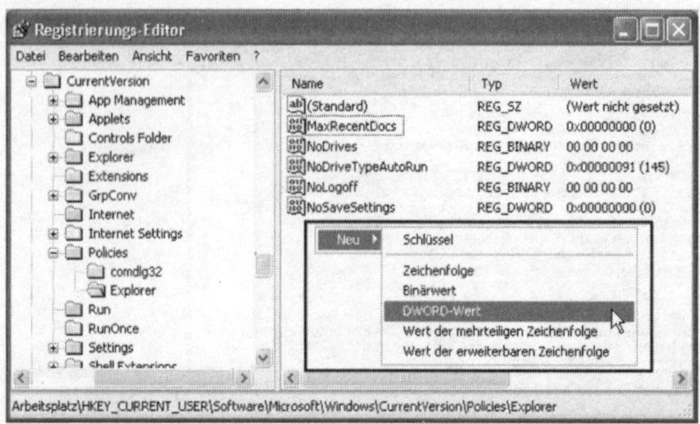

8 Im rechten Fenster erscheint nun ein neuer Wert mit dem Standardnamen *Neuer Wert #1*. Überschreiben Sie den Namen direkt mit dem aus der Gruppenrichtlinien-Systemdatei ausgelesenen Namen für die gewünschte Funktion, in unserem Beispiel *ClearRecentDocsOnExit*, und bestätigen Sie die Namensänderung mit [Enter].

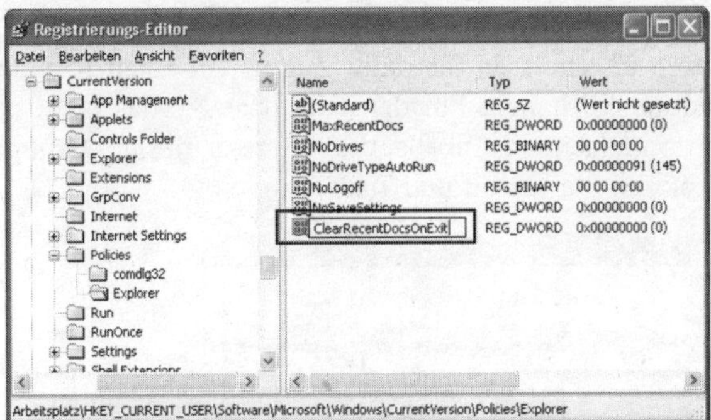

9 Doppelklicken Sie nun auf den neuen Wert und tragen Sie anstelle der „0" eine „1" (ohne Anführungszeichen) ein. Nun werden bei jedem Herunterfahren von Windows alle Einträge aus *Start/Zuletzt verwendete Dokumente* gelöscht, außerdem die History-Listen des Befehls *Start/ Ausführen* und der URL-Adressleiste vom Internet Explorer.

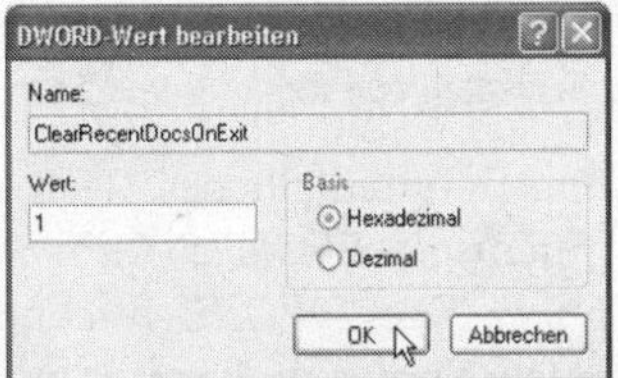

Eintrag „Zuletzt verwendete Dokumente" ist nicht vorhanden

Fehlt in Ihrem Startmenü der Eintrag *Zuletzt verwendete Dokumente*, können Sie ihn mit wenigen Mausklicks hinzufügen: Klicken Sie mit der rechten Maustaste auf *Start* und wählen Sie aus dem Kontextmenü die *Eigenschaften*. Klicken Sie dann neben der Option *Startmenü* auf *Anpassen*, wechseln Sie zur Registerkarte *Erweitert* und setzen Sie ein Häkchen vor die Option *Zuletzt verwendete Dokumente auflisten*.

Gruppenrichtlinien für Windows XP Home: Die Highlights

Im vorigen Kapitel haben wir beschrieben, wie Sie aus der Datei *system.adm* eines Windows XP Professional-Systems direkt herauslesen können, wie Sie Änderungen in der Registry vornehmen können. Der Nachteil, wie gesagt: Zumindest zeitweise müssen Sie dafür Zugriff auf einen Rechner mit installiertem Windows XP haben. Für den Fall, dass Sie das nicht haben, finden Sie in der nachfolgenden Tabelle die interessantesten Gruppenrichtlinien rund um Explorer, Startmenü und Taskleiste.

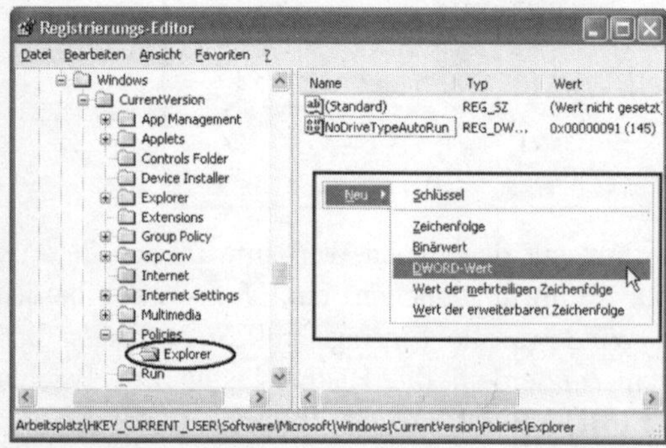

Unter dem Schlüssel HKEY_CURRENT_USER\Software\Microsoft\Windows\Current Version\Policies\Explorer beeinflussen Sie Verhalten von Explorer und Startmenü.

Die DWORD-Werte müssen dabei immer unterhalb des Registry-Schlüssels *HKEY_CURRENT_USER\Software\Microsoft\Windows\CurrentVersion\Policies\Explorer* mit dem Befehl *Bearbeiten/Neu/DWORD-Wert* angelegt, dann in den in Spalte 3 der Tabelle genannten Namen umbenannt und schließlich - mit einem Doppelklick - auf „1" gesetzt werden.

Gruppenrichtlinie	Erklärung	Anzulegender DWORD-Wert (= 1)
Ordner des Benutzers aus dem Startmenü entfernen	Blendet alle Ordner aus dem benutzerspezifischen Abschnitt (oben) des Startmenüs aus. Andere Objekte werden angezeigt, aber Ordner werden ausgeblendet.	NoStartMenuSubFolders
Verknüpfungen und Zugriff auf Windows Update entfernen	Verhindert, dass Benutzer die Verbindung mit der Windows Update-Website herstellen. Durch Aktivieren dieser Einstellung können Benutzer nicht auf die Windows Update-Website auf http://windowsupdate.microsoft.com zugreifen. Zusätzlich wird der Hyperlink Windows Update aus dem Startmenü und aus dem Menü Extras im Internet Explorer entfernt.	NoWindowsUpdate

Gruppenrichtlinie	Erklärung	Anzulegender DWORD-Wert (= 1)
Standardprogrammgruppen aus dem Startmenü entfernen	Entfernt alle Objekte im Profil *Alle Benutzer* aus dem Menü *Programme* des Startmenüs. Standardmäßig enthält das Menü *Programme* Objekte aus dem Profil *Alle Benutzer* und Objekte aus dem Profil des aktuellen Benutzers. Durch Aktivieren dieser Einstellung werden nur die Objekte aus dem Profil des aktuellen Benutzers angezeigt.	NoCommonGroups
Programme im Menü *Einstellungen* entfernen	Verhindert, dass *Systemsteuerung, Drucker* und *Netzwerkverbindungen* ausgeführt werden. Durch diese Einstellung werden die Ordner *Systemsteuerung, Drucker* und *Netzwerkverbindungen* aus dem Menü *Einstellungen* im Startmenü, aus *Arbeitsplatz* und Windows-Explorer entfernt. Zusätzlich können die Programme (wie z. B. *Control.exe*), die mit diesen Ordnern assoziiert sind, nicht ausgeführt werden.	NoSetFolders
Drag & Drop-Kontextmenüs aus dem Startmenü entfernen	Verhindert, dass Benutzer Drag & Drop verwenden, um Objekte auf dem Startmenü benutzerdefiniert zu sortieren oder zu entfernen. Zusätzlich werden die Kontextmenüs aus dem Startmenü entfernt.	NoChangeStartMenu
Ändern der Einstellungen für die Taskleiste und das Startmenü verhindern	Entfernt den Menüeintrag *Taskleiste und Startmenü* aus dem Menü *Einstellungen* im Startmenü. Diese Einstellung verhindert, dass Benutzer das Dialogfeld *Eigenschaften von Taskleiste und Startmenü* öffnen. Wenn ein Benutzer mit der rechten Maustaste auf die Taskleiste klickt und die *Eigenschaften* wählt, wird eine Meldung angezeigt, die erläutert, dass dieser Vorgang aufgrund einer Einstellung nicht erlaubt ist.	NoSetTaskbar
Zugriff auf Kontextmenüs für die Taskleiste deaktivieren	Blendet die Menüs, die mit einem Rechtsklick auf die Taskleiste angezeigt werden, und die Objekte auf der Taskleiste, wie z. B. die Schaltfläche *Start*, die Uhr und die Taskleistenschaltflächen, aus.	NoTrayContextMenu
Liste der kürzlich geöffneten Dokumente nicht beibehalten	Verhindert, dass das Betriebssystem und installierte Programme Verknüpfungen zu kürzlich geöffneten Dokumenten erzeugen und anzeigen. Wenn Sie diese Einstellung aktivieren, erzeugen das System und Windows-Programme keine Verknüpfungen zu Dokumenten, die geöffnet wurden, während diese Einstellung wirksam ist. Vorhandene Verknüpfungen zu Dokumenten bleiben erhalten, werden aber nicht angezeigt. Das System entfernt das Menü *Dokumente* im Startmenü und Windows-Programme zeigen unten im Menü *Datei* keine Verknüpfungen.	NoRecentDocsHistory
Liste angehefteter Programme aus dem Startmenü entfernen	Wenn Sie diese Einstellung aktivieren, wird die Liste *Angeheftete Programme* aus dem Startmenü entfernt, und die Kontrollkästchen *Internet* und *E-Mail* werden aus der Systemsteuerungsoption zum Anpassen des Startmenüs entfernt.	NoPinnedPrograms

Gruppenrichtlinie	Erklärung	Anzulegender DWORD-Wert (= 1)
Liste häufig verwendeter Programme aus dem Startmenü entfernen	Wenn Sie diese Einstellung aktivieren, wird die Liste häufig verwendeter Programme aus dem Startmenü entfernt.	NoFrequentUsedPrograms
Liste *Alle Programme* aus dem Startmenü entfernen	Wenn Sie diese Einstellung aktivieren, wird der Punkt *Alle Programme* aus dem Startmenü entfernt.	NoMoreProgramsList

2.3 Neuer PC mit Windows XP: der Vernichtungswahn der Recovery-CDs

Kaufen Sie sich heute einen neuen PC, so ist Windows XP (zumeist in der Home-Version) schon direkt dabei - zum einen fertig installiert oder vorinstalliert auf der Festplatte, zum anderen mitgeliefert auf CD. Der Haken an der Sache: Sehr oft handelt es sich bei der CD nicht um die Original-Windows XP-CD, sondern um eine so genannte Recovery-CD, die sich von der Original-CD oft nachteilig unterscheidet.

Was ist eigentlich eine Recovery-CD?

Eine Recovery-CD ist ganz auf den PC zugeschnitten, mit dem sie geliefert wurde, und enthält nicht, wie oft geargwöhnt wird, ein „abgespecktes" Windows, sondern im Gegenteil noch sehr viel mehr Dateien: Zusätzlich zum Inhalt der originalen Windows XP-CD gesellen sich die speziell für die dazugehörige Rechnerkonfiguration passenden Hilfsprogramme und Treiber. Der Vorteil liegt auf der Hand: Läuft nach einem totalen Windows-Crash einmal gar nichts mehr, lässt sich mittels der - fast immer bootfähigen - Recovery-CD als absoluter „Notnagel" sehr einfach wieder der „Urzustand" des Rechners herstellen - Ihr Rechner funktioniert also nach Anwendung der Recovery-CD wieder genauso wie zu dem Zeitpunkt, als Sie ihn gekauft haben. Der Haken an der Sache: Oft räumen die Recovery-CDs gründlicher auf, als einem lieb ist, indem beispielsweise die Festplatte formatiert wird. Das bedeutet, dass Sie alle Ihre Anwendungen neu installieren müssen, außerdem ist in der Regel der Inhalt des E-Mail-Ordners futsch und auch alle persönlichen Daten, die Sie auf *C:* gespeichert haben, werden gelöscht.

INFO

Persönliche Daten nie auf C:\ speichern!

Gerade wenn Sie nur über eine Recovery-CD verfügen, sollten Sie persönliche Dateien immer auf einer anderen Partition als auf *C:* speichern, um im Ernstfall gegen Datenverlust gewappnet zu sein. Am besten, Sie verlegen gleich den Ordner *Eigene Dateien*, der standardmäßig unter *C:\Dokumente und Einstellungen\<Username>\Eigene Dateien* liegt, auf eine andere Partition. Dazu klicken Sie mit der rechten Maustaste im Startmenü auf den Eintrag *Eigene Dateien* und wählen aus dem Kontextmenü die *Eigenschaften*. Über die Schaltfläche *Verschieben* können Sie nun einen neuen Ordner für *Eigene Dateien* auswählen, den Sie vorher natürlich angelegt haben müssen.

Trotz Recovery-CD Wiederherstellungskonsole aktivieren

Eine Recovery-CD ist, wie wir gesehen haben, ein denkbar ungeeignetes Mittel, um ein beschädigtes Windows-System noch zu reparieren: Denn eine solche CD kennt nur „Alles oder Nichts" und zwingt Sie auch in Fällen zu einer kompletten Neuinstallation, in welchen Sie mit der Original-Windows XP-CD durchaus noch Möglichkeiten hätten.

Eine dieser Möglichkeiten ist die Windows XP-Wiederherstellungskonsole, ein für den Notfall fast unentbehrliches Tool. Sie ermöglicht einen beschränkten Zugriff auf NTFS-, FAT- und FAT32-Partitionen und erlaubt das Kopieren oder Ersetzen von wichtigen Betriebssystemdateien, die Reparatur des Master-Boot-Records und einiges mehr. Das Problem: Sie erreichen die Wiederherstellungskonsole nur mittels der Original-Windows XP-CD, Besitzer von Recovery-CDs haben anscheinend das Nachsehen.

Doch es gibt glücklicherweise ein „Hintertürchen", wie Sie auch ohne Original-Windows XP-CD zur Wiederherstellungskonsole kommen: Microsoft bietet nämlich sowohl für Windows XP Home als auch für Windows XP Pro ein Programm zum Herunterladen an, mit dem Sie Startdisketten für den Notfall erzeugen können. Obgleich diese Startdisketten eigentlich für die Neuinstallation des Betriebssystems auf Rechnern ohne startfähiges CD-ROM-Laufwerk gedacht sind, können Sie sie auch zum Start der Wiederherstellungskonsole verwenden. Und hier finden Sie die Startdisketten zum Download:

- **Für Windows XP Home**: Geben Sie die Internetadresse *http://www.microsoft.com/downloads/release.asp?releaseid=33293* ein und laden Sie von dort die Datei *WinXP_DE_HOM_BF.EXE* (4,302 KByte) herunter.

- **Für Windows XP Professional**: Geben Sie die Internetadresse *http://www.microsoft.com/downloads/release.asp?releaseid=33294* ein und laden Sie von dort die Datei *WinXP_DE_PRO_BF.EXE* (4,408 KByte) herunter.

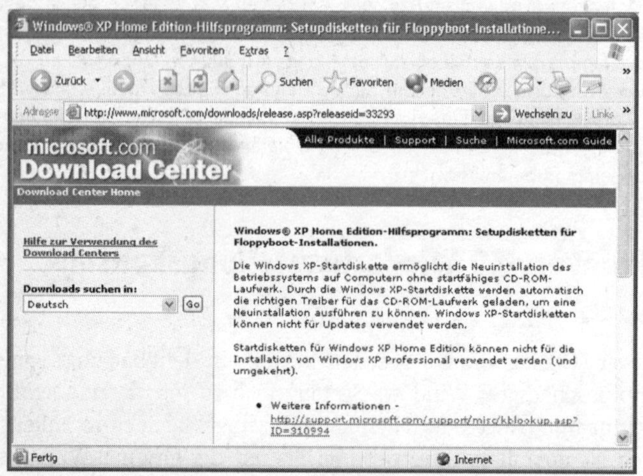

Microsoft bietet für beide Windows XP-Versionen einen Startdisketten-Satz für den Notfall zum Herunterladen an.

Nach dem Download starten Sie die Installationsdatei durch einen Doppelklick und gehen anschließend folgendermaßen vor:

1 Da im Unterschied zu Windows 98- oder Windows ME-Systemen mit der Startdiskette kein karges DOS mehr geladen wird, sondern ein textbasiertes und kommandozeilenorientiertes Windows XP mit sehr viel mächtigeren Möglichkeiten, müssen Sie immerhin 6 (!) formatierte 3,5"-Disketten bereithalten.

   Die Disketten sollten nach Möglichkeit leer sein; sind sie es nicht, wird ihr Inhalt ohne Rückfrage gelöscht. Beschriften Sie die Disketten mit „Windows XP Setup-Startdiskette 1" bis „Windows XP Setup-Startdiskette 6" und legen Sie die erste Diskette ein. Drücken Sie dann die Taste [A], um das Diskettenlaufwerk A: auszuwählen, und anschließend eine beliebige Taste, um den Kopiervorgang zu starten. Legen Sie jeweils nach der entsprechenden Bildschirmaufforderung die Disketten 2 bis 6 ein und drücken Sie die [Enter]-Taste.

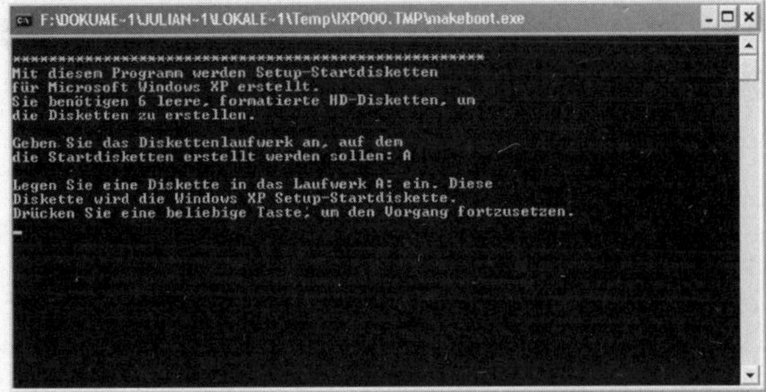

2 Um nun im Notfall die Wiederherstellungskonsole zu starten, legen Sie die erste Setup-Startdiskette ein und starten Sie Ihren Rechner neu. Vergewissern Sie sich vorher, dass im BIOS die Bootreihenfolge auf „A:,C:" gestellt ist, damit der Rechner beim Booten auf das Diskettenlaufwerk zugreift. Nun wird das Windows-Setup-Programm gestartet und alle notwendigen Treiber u. a. für den Zugriff auf das CD-ROM-Laufwerk werden geladen. Legen Sie bei den jeweiligen Bildschirmaufforderungen die Setup-Startdisketten 2 bis 6 ein und drücken Sie jeweils [Enter]. Schließlich erscheint ein Bildschirm, der Ihnen anbietet, mit der Eingabetaste Windows XP zu installieren oder mit der Taste [R] die Wiederherstellungskonsole zu starten. Drücken Sie an dieser Stelle [R].

3 Nun startet die Wiederherstellungskonsole und untersucht Ihren Computer auf bestehende Windows-Installationen auf allen Laufwerken und Partitionen. Diese werden Ihnen dann mit den Windows-Stammverzeichnissen durchnummeriert aufgelistet. Geben Sie die Nummer für die Windows-Installation ein, die Sie reparieren wollen, und drücken Sie anschließend auf [Enter]. Schließlich werden Sie noch aufgefordert, Ihr Administrator-Kennwort einzugeben. Haben Sie keines vergeben, drücken Sie stattdessen einfach auf [Enter]. Sie sehen nun eine Befehlszeilen-Eingabeaufforderung in der Art von „C:\WINDOWS>". Hier können Sie nun diverse Befehle eingeben, auf die wir in Kapitel 6.2 ab Seite 377 näher eingehen.

```
Microsoft Windows XP(TM)-Wiederherstellungskonsole

Die Wiederherstellungskonsole bietet Reparatur- und Wiederherstellungs-
funktionen.

Geben Sie 'exit' ein, um die Wiederherstellungskonsole zu beenden und den
Computer neu zu starten.

1: C:\WINDOWS
2: E:\WINNT
3: F:\WINDOWS

Bei welcher Windows-Installation moechten Sie sich anmelden?
Druecken Sie die Eingabetaste, um den Vorgang abzubrechen. 1
Geben Sie das Administrator-Kennwort ein:
```

Auch nicht verkehrt: die Wiederherstellungskonsole ins Bootmenü integrieren

Es ist Ihnen natürlich zu wünschen, dass Sie die Wiederherstellungskonsole nicht erst dann brauchen, wenn gar nichts mehr geht, sprich: wenn Windows nicht mehr hochfährt. Doch auch bei einem nur wenig beschädigten System, das noch bootfähig ist, tut das Tool oft gute Dienste. Und dann ist es natürlich lästig, jedes Mal die Windows XP-CD hervorkramen zu müssen, um das System mithilfe der CD neu zu starten, oder gar den doch recht langwierigen Bootvorgang über die Setup-Bootdisketten abzuwarten. Mit einem kleinen Trick können Sie die Wiederherstellungskonsole aber auch als Menüpunkt ins XP-Bootmenü einbinden:

1 Legen Sie die Windows XP-CD ein und stellen Sie eine Internetverbindung her. Starten Sie dann über *Start/Alle Programme/Zubehör/Eingabeaufforderung* die *Eingabeaufforderung* und wechseln Sie aufs CD-ROM-Laufwerk. Ist dieses beispielsweise G:, geben Sie „g:" ein und bestätigen Sie mit Enter. Wechseln Sie nun mit dem Befehl „CD i386" ins Unterverzeichnis *\i386*. Geben Sie nun den Befehl „winnt32.exe /cmdcons" ein.

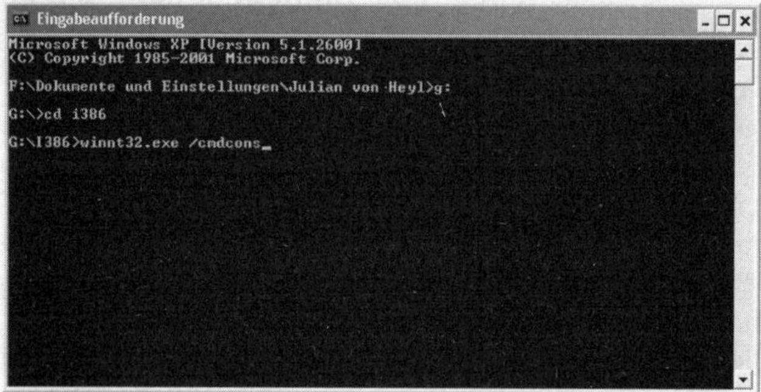

2 Nach einigen Sekunden erscheint ein Hinweisfenster, dass die Windows-Wiederherstellungskonsole als Startoption installiert werden kann. Bestätigen Sie den Dialog mit *Ja*.

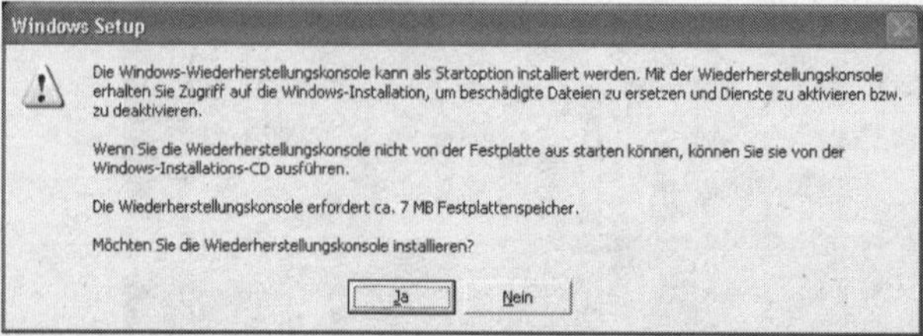

3 Schließlich wird im Zuge des „dynamischen Updates" online nach den neusten Updates gesucht. Wenn Sie diesen Vorgang mit der Taste [Esc] abbrechen, werden stattdessen die Originaldateien von der CD verwendet. Sie sollten die wenigen Minuten aber auf jeden Fall abwarten. Anschließend steht Ihnen die Wiederherstellungskonsole als neue Startoption im Bootmenü zur Verfügung.

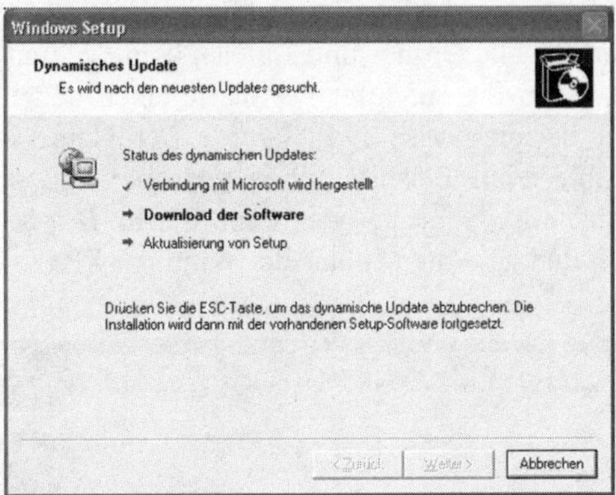

2.4 Alles frisch: Eigene Recovery-CD mit Windows XP SP2 brennen

Früher war die Welt noch einfach: Im Falle einer Neuinstallation die Windows XP-CD aus dem Regal gekramt, installiert und gelegentlich dann mal die neusten Updates heruntergeladen.

Heute verbietet sich eine solche Vorgehensweise: Die Virenplage hat derart zugenommen, dass die Wahrscheinlichkeit gar nicht so gering ist, dass Sie sich bereits einen Sasser oder einen seiner Kollegen einfangen, wenn Sie das erste Mal online gehen - und noch bevor Sie das schützende Service Pack 2 downloaden und installieren konnten.

Es entsteht die berühmte Henne-und-Ei-Situation: Ohne SP2 kein gefahrloses Onlinegehen, ohne Onlinegehen kein SP2. Was liegt näher, als vorzubeugen und jetzt schon eine bootfähige Windows XP-CD zu brennen, die im Fall der Fälle ein topaktuelles Windows XP bereithält? Haben Sie ein kleines Netzwerk, können Sie auch - zum Beispiel auf Ihrem Laptop - ein entsprechendes Installationsverzeichnis einrichten. Der Workshop in den folgenden Kapiteln zeigt Ihnen, wie beides geht.

In einem Rutsch: Windows-CD und Service Pack 2 aus Netzordner installieren

Um eine Windows XP-Installation konfektionsfertig zusammen mit dem Service Pack 2 auf die Festplatte zu bringen, gehen Sie wie folgt vor:

1 Legen Sie die Windows XP-CD ein und öffnen Sie sie im Windows-Explorer. Markieren Sie alle Ordner und Dateien Strg+A und kopieren Sie sie Strg+C. Erstellen Sie auf Ihrer Festplatte einen neuen Ordner und nennen Sie ihn beispielsweise „XP_Setup". Der Name ist nicht entscheidend, im folgenden Beispiel gehen wir aber von einem Ordner *D:\XP_Setup* aus. Mit Strg+V oder dem Befehl *Bearbeiten/Einfügen* kopieren Sie nun den gesamten Inhalt der Windows XP-CD in den neuen Ordner.

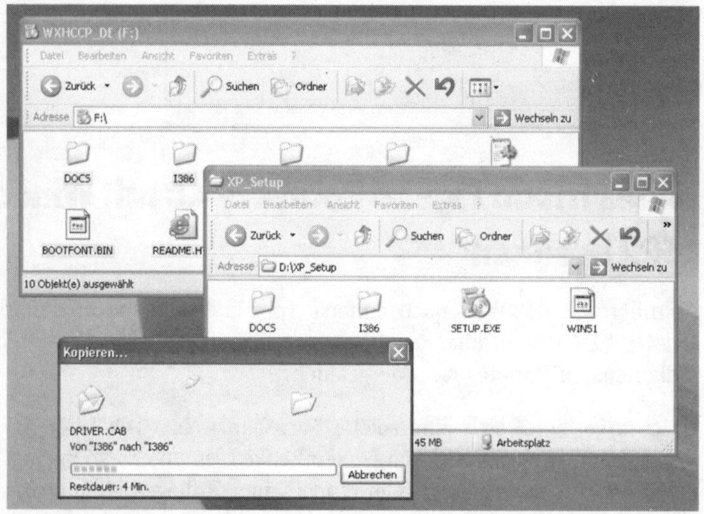

2 Laden Sie sich nun von der Microsoft-Website *http://www.microsoft.com/germany/windowsxp/sp2/anwender/* das Service Pack 2 herunter - achten Sie dabei darauf, die Version „für die Netzwerkinstallation" zu nehmen. Wählen Sie dann den Befehl *Start/Ausführen* und geben Sie folgende Zeile ein:

```
D:\xp2full.exe -x
```

Pfad- und Dateinamen müssen Sie entsprechend anpassen, wichtig ist der Parameter -x, mit dem Sie das Service Pack 2 vollständig entpacken.

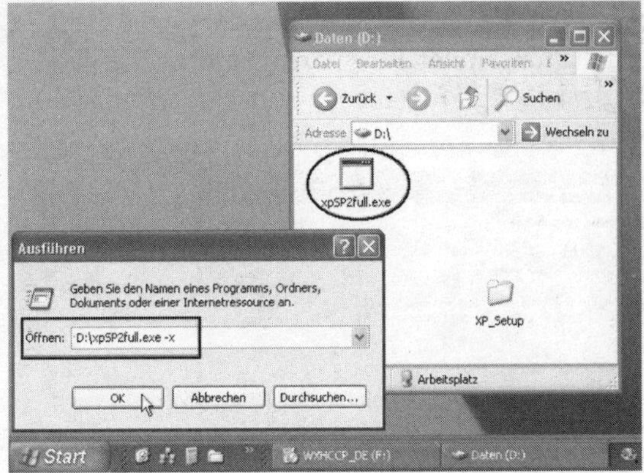

3 Sie werden noch nach einem Ordner für die zu entpackenden Dateien gefragt, geben Sie hier wieder einen beliebigen leeren Ordner an, beispielsweise *D:\XP_SP2*. Klicken Sie dann auf *OK*, um den Entpackvorgang zu starten.

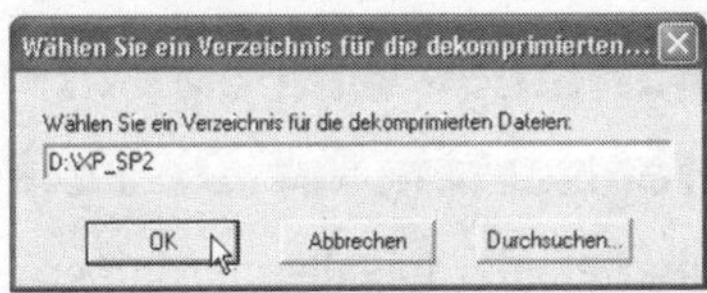

4 Nun heißt es, das Service Pack 2 mit den zuvor auf die Festplatte kopierten Windows-Installationsdateien zusammenzuführen. Hierzu wählen Sie wieder den Befehl *Start/Ausführen* und geben Folgendes ein:

```
D:\XP_SP2\i386\update\update.exe -S:D:\XP_Setup
```

Auch hier müssen Sie wieder Pfad- und Dateinamen an Ihre Gegebenheiten anpassen. Klicken Sie dann auf *OK*.

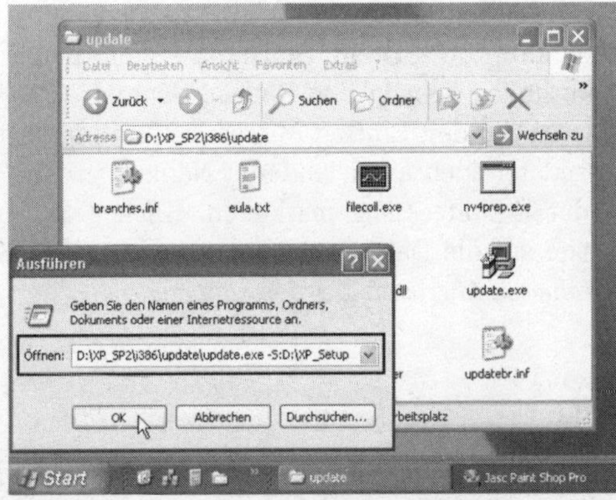

5 Nun werden die Dateien vom Windows Service Pack 2 in Ihren bestehenden Installationsordner integriert, aus dem Sie dann später wie gewohnt mit dem Setup-Programm direkt eine Windows XP-SP2-Installation starten können.

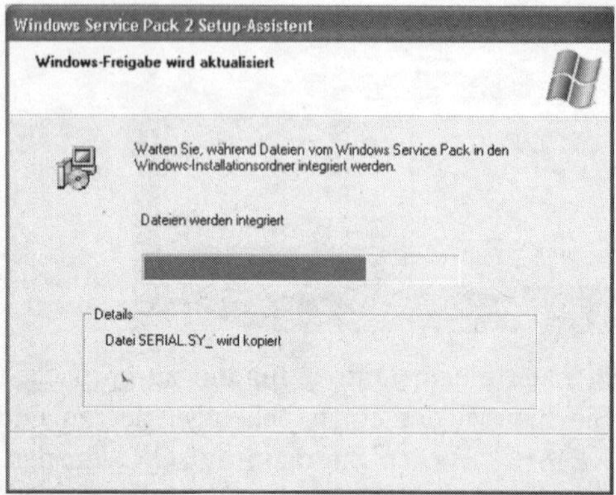

Die sichere Reserve: bootfähige Windows XP-Installations-CD mit integriertem Service Pack 2

Um aus dem im vorigen Kapitel erzeugten Installationsordner eine bootfähige CD-ROM herzustellen, brauchen Sie neben Brenner und Brennsoftware lediglich ein CD-ROM-Tool namens IsoBuster, welches Sie auf der Website *http://www.smart-projects.net/isobuster/* herunterladen können.

Die in der Shareware freigeschalteten Funktionen reichen dabei für unsere Zwecke völlig aus. Die einzelnen Schritte sind anhand des weit verbreiteten Brennprogramms Nero (Version 6) erklärt, die Vorgehensweise ist aber mühelos auf andere Brennprogramme übertragbar:

1 Legen Sie die Windows XP-CD ein. Starten Sie dann den IsoBuster und markieren Sie im linken Fenster den Eintrag *Bootable CD*. Auf der rechten Seite markieren Sie den Eintrag *Microsoft Corporation.img* - eventuell hat die Imagedatei auch einen anderen Namen, wichtig ist, dass Sie die Datei mit der Endung **.img* markieren. Klicken Sie dann mit der rechten Maustaste auf die Datei und wählen Sie aus dem Kontextmenü den Befehl *Extrahieren Microsoft Corporation.img*.

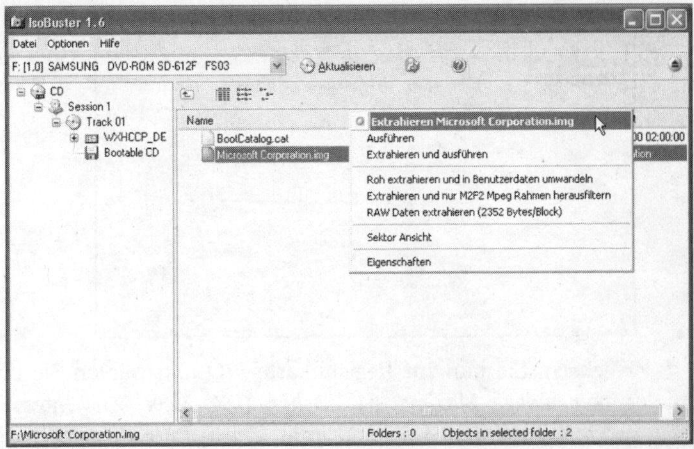

2 Starten Sie nun Nero und stellen Sie mit einem Klick auf den linken der drei Buttons ganz unten sicher, dass Sie sich im *Expertenmodus* befinden. Klicken Sie dann im Bereich *Daten* auf die Option *Bootfähige Disk erstellen*.

3 Unter der Registerkarte *Startopt.* wählen Sie die Option *Imagedatei* und selektieren über den Button *Durchsuchen* die vorher mit *IsoBuster* erzeugte *Microsoft Corporation.img*. Setzen Sie ein Häkchen vor die *Experteneinstellungen* und wählen Sie als *Art der Emulation* den Eintrag *Keine Emulation*. Tragen Sie unter *Ladesegment der Sektoren (hex!)* „07C0“ ein und unter *Anzahl zu ladender Sektoren* „4“.

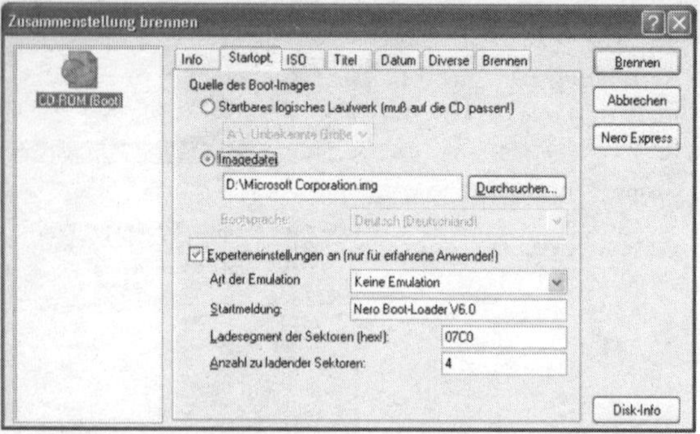

4 Wechseln Sie nun zur Registerkarte *ISO* und wählen Sie hier unter *Dateinamenlänge Maximal 31 Zeichen (ISO Level 2)*. Unter *Format* muss *Mode 1* eingestellt sein und unter *Zeichensatz ISO 9660 (Standard ISO CD-ROM)*. Setzen Sie nun noch ein Häkchen vor *Joliet* und Häkchen vor sämtliche Optionen im Bereich *ISO Einschränkungen lockern*.

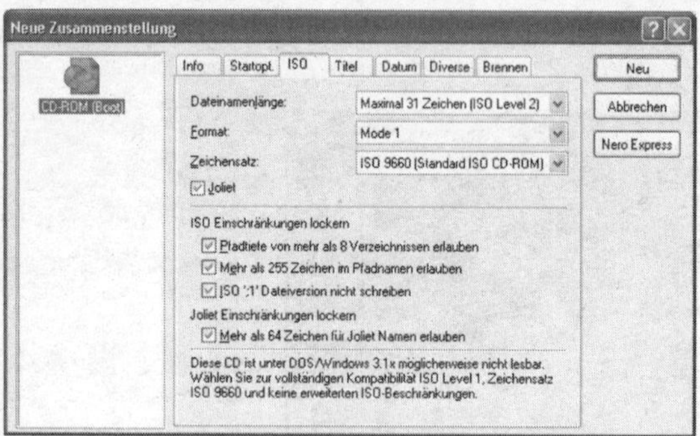

5 Unter der Registerkarte *Brennen* müssen Sie schließlich noch sicherstellen, dass die beiden Optionen *Brennen* und *CD abschließen* aktiviert sind - klicken Sie anschließend auf *Neu*, um die Dateien dem Brennprojekt hinzuzufügen.

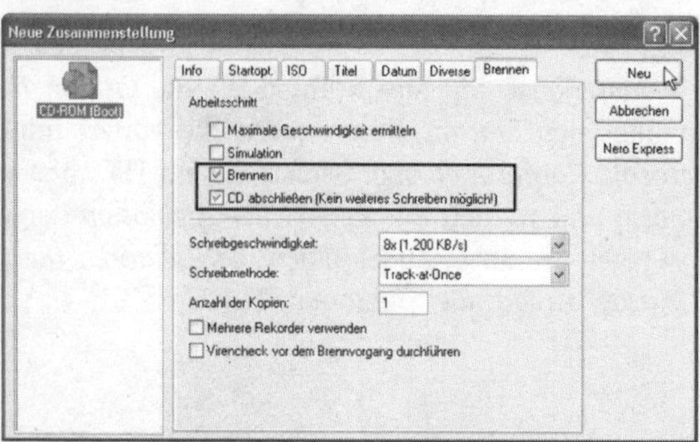

6 Im Hauptfenster ziehen Sie nun sämtliche Ordner und Dateien aus unserem Windows-Installationsordner *D:\XP_Setup* in das neue Projekt, das Sie natürlich auch für spätere Verwendung als Projektdatei speichern können. Klicken Sie dann auf das Streichholzsymbol, um den Brennvorgang zu starten.

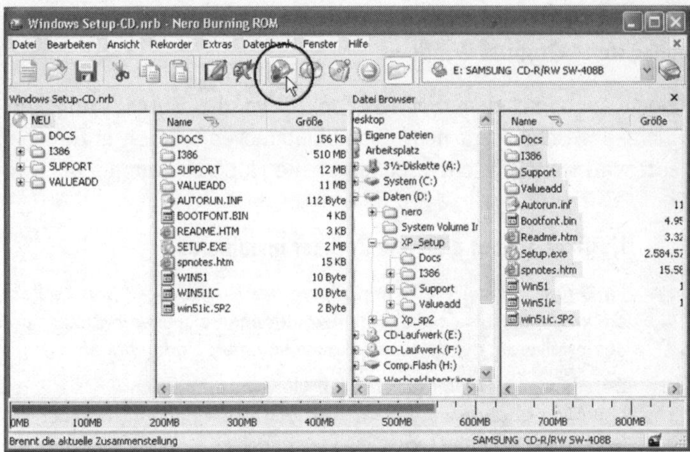

7 Die CD-ROM wird nun gebrannt. Zukünftig können Sie im Falle einer nötig gewordenen Neuinstallation Windows XP inklusive Service Pack 2 installieren und sind so auch schon beim ersten Ausflug ins Internet relativ geschützt.

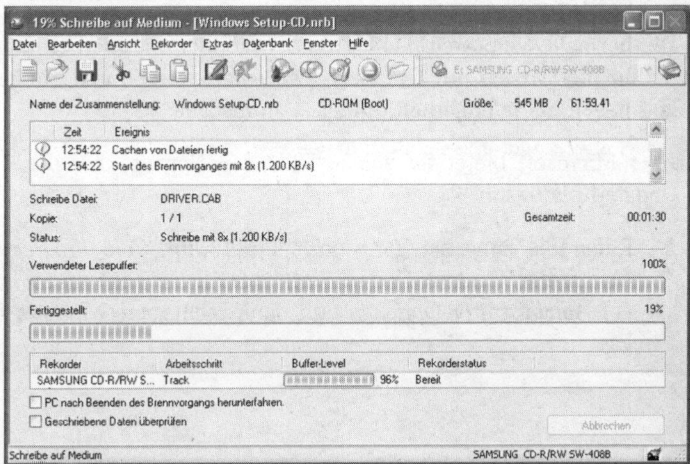

Windows XP ohne Risiko auf den neusten Stand bringen: Aktuelle Hotfixes manuell herunterladen

Auch wenn Sie nach unseren Workshop-Anweisungen eine Windows XP-Installations-CD mit integriertem Service Pack 2 angefertigt haben, stehen Sie zwar im Falle einer Neuinstallation wesentlich besser da als mit dem „nackten" Original-Windows.

Doch auch mit dem Service Pack 2 ist die Entwicklung von Windows ja nicht abgeschlossen, neue Sicherheitslücken werden auftauchen und Microsoft wird weiterhin entsprechend neue Hotfixes einbinden.

INFO

Hotfixes nie auf anderem Rechner installieren!

Im Gegensatz zur Netzwerkvariante des Windows XP Service Pack 2 dürfen Sie die wie in diesem Kapitel heruntergeladenen aktuellen Hotfixes nur auf dem Rechner installieren, auf dem Sie sie auch heruntergeladen haben.

Denn einige der Hotfixes sind per Hardware-Abgleich auf die vorgefundene Konfiguration abgestimmt und könnten auf einem anderen Rechner mit anderen Systemvoraussetzungen sogar Schaden anrichten.

Um für den Fall der Fälle wirklich gerüstet zu sein, sollten Sie auch die wichtigsten nach dem Service Pack 2 erschienenen Hotfixes herunterladen, um sie im Falle einer Neuinstallation gleich parat zu haben und nicht - mit den entsprechenden Sicherheitsrisiken - erst neu herunterladen zu müssen.

Die normale Windows-Update-Funktion können Sie hierbei nicht nutzen, da bei ihr die Dateien nur temporär gespeichert werden und Sie keine Möglichkeit haben, diese dauerhaft „dingfest zu machen".

Aber Microsoft bietet für solche Fälle den Umweg über den so genannten Update-Kalatog an:

1 Rufen Sie zunächst ganz normal mit *Start/Alle Programme/Windows Update* die Windows-Update-Seite auf. Klicken Sie nun im linken Bereich auf *Administrator-Optionen* und dann rechts auf *Windows Update-Katalog*.

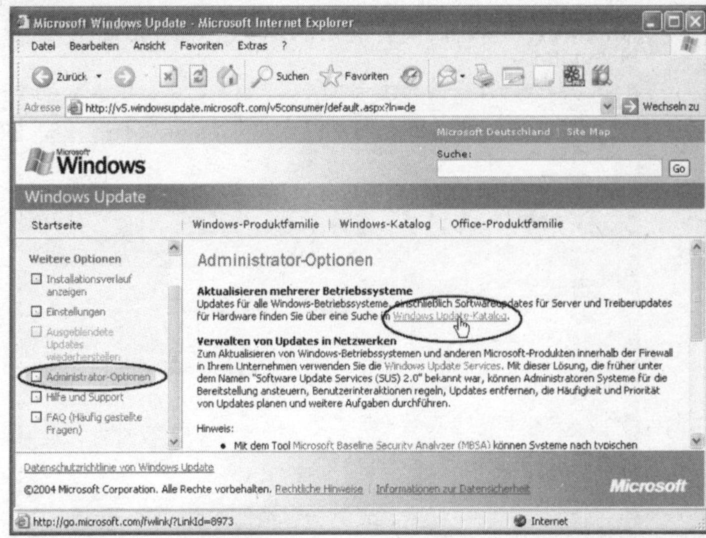

2 Klicken Sie nun im rechten Fensterbereich auf die obere Option *Updates für Microsoft-Betriebssysteme* suchen.

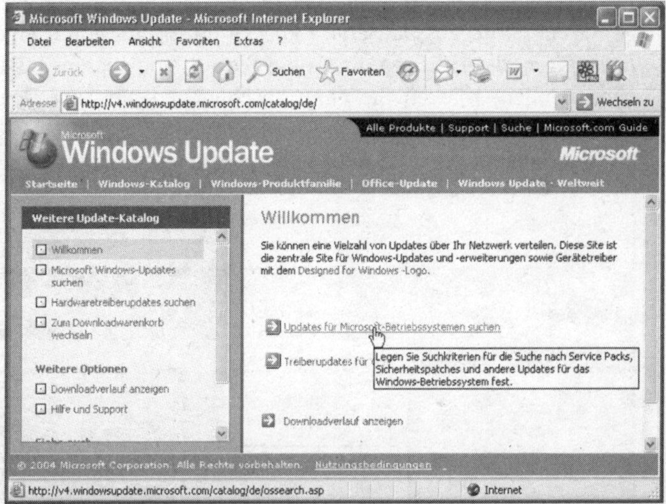

3 Es erscheint eine Liste aller Windows-Versionen. Die Abkürzung RTM steht hierbei für das Original-Windows ohne SP 1 oder 2. Selektieren Sie stattdessen den Eintrag *Windows XP Home Edition SP1* bzw. *Windows XP Professional SP1*. Hinweis: Zum Erscheinungszeitpunkt des Buches dürfte hier bereits der Menüpunkt ... *SP2* anwählbar sein - in diesem

Falle nehmen Sie natürlich bei installiertem Windows XP SP2 diesen Menüpunkt.

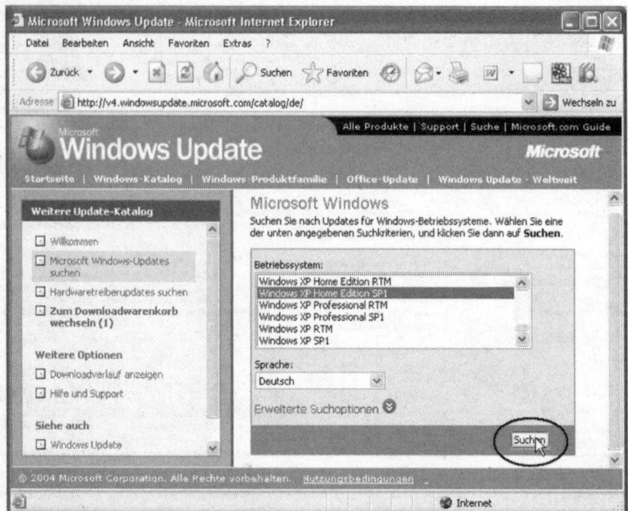

4 Klicken Sie nun - wieder auf der rechten Seite - auf den Eintrag *Wichtige Aktualisierungen und Service Packs* und fügen Sie mit einem Klick auf *Hinzufügen* alle Hotfixes hinzu, die Sie für eine spätere Installation speichern wollen. Klicken Sie dann abschließend auf *Zum Downloadwarenkorb wechseln.*

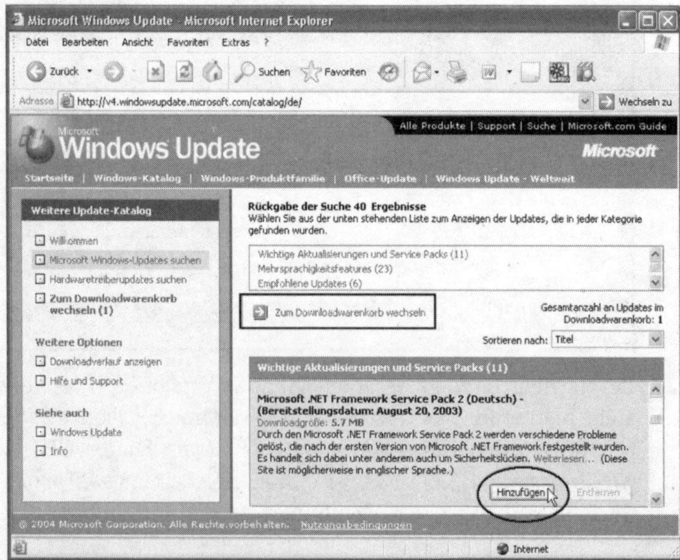

5 Über den Button *Durchsuchen* oder auch direkt manuell geben Sie nun einen Ordnerpfad ein, wo Sie die gewünschten Updates speichern wollen. Wählen Sie auf jeden Fall einen Speicherort außerhalb der Systempartition *C:*, da Sie diese im Fall der Fälle (etwa wenn Sie einen Virus nicht anders loswerden) komplett löschen. Speichern Sie die Update-Dateien stattdessen auf einer Datenpartition und/oder brennen Sie sie anschließend auf CD-ROM.

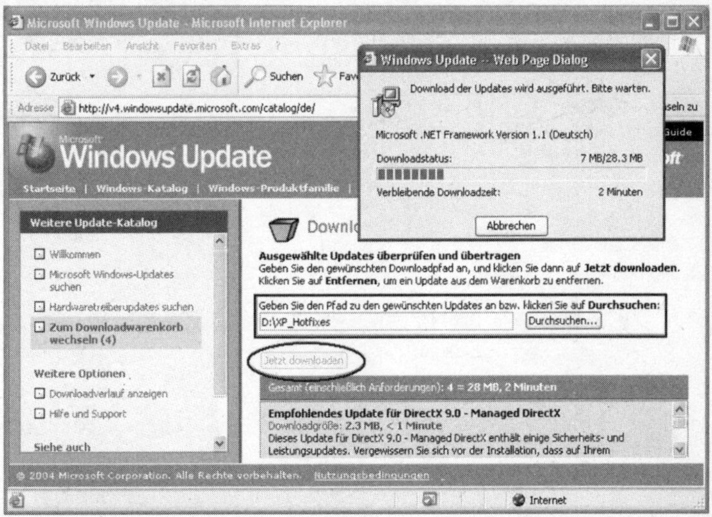

6 Im vorher angelegten Ordner finden Sie die Updates und Hotfixes nun in Unterordnern nach dem Muster *WU\Software\de\com_microsoft.Windowsxp\x86WinXP\com_microsoft.Name_des_Updates*. Sie können die jeweiligen Update-Installationen nun wie gewohnt mit einem Doppelklick auf die Setup-Datei starten.

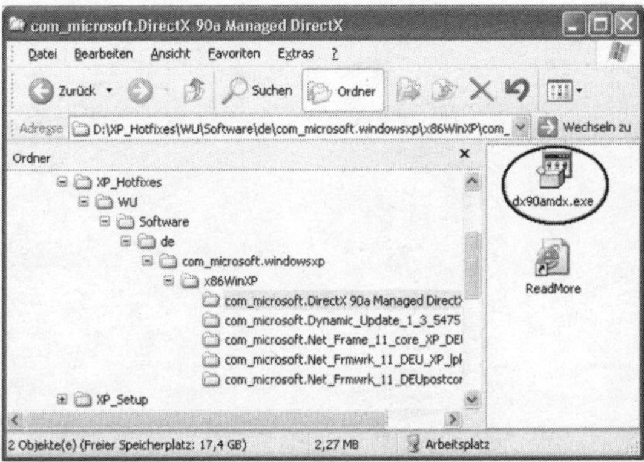

3. Gecrackter Microsoft-Traum – die Produktaktivierung

Sicher das umstrittenste „Feature“ von Windows XP ist die neu eingeführte Produktaktivierung, die Office-Anwender schon von Office XP kennen. Während es bei früheren Windows-Versionen letztlich dem Anwender selbst überlassen blieb, ob er sich bei Microsoft registrieren ließ oder nicht, wird er bei Windows XP zur Aktivierung – ganz gleich, ob online übers Internet oder telefonisch – dazu gezwungen. Tut er's nicht, gibt sein Windows nach einer

„Schonzeit“ von 30 Tagen sang- und klanglos den Geist auf. Doch was werden speziell bei der Onlineaktivierung eigentlich für Daten übermittelt? Woher weiß Windows, auf welchem Computer es installiert ist? Kann ich mein Windows nicht mehr verwenden, nur weil ich eine neue Festplatte eingebaut habe? Während anfangs noch die wildesten Gerüchte über die Windows-Produkt-Aktivierung - kurz auch WPA genannt - kursierten, liegen unterdessen sehr genaue Informationen vor. Und natürlich schlafen auch die Hacker und Cracker nicht: Der Kopierschutz ist für sie längst kein Problem mehr. So wird Microsoft gezwungen, laufend nachzubessern. Die Service Packs 1 und 2 für Windows XP verfügen beispielsweise über eine Routine, mittels der illegale „Corporate“-Versionen von Windows erkannt werden können. In den nächsten Kapiteln erfahren Sie alle Geheimnisse über die WPA.

3.1 Der Produktaktivierung auf den Zahn gefühlt

Was passiert nun eigentlich bei der Produktaktivierung im Detail? Wie weit darf man die Hardwarekonfiguration seines Rechners verändern, damit er von der WPA noch als derselbe Rechner erkannt wird? In den nächsten Abschnitten fühlen wir der Windows-Produkt-Aktivierung so richtig auf den Zahn.

Fully Licensed – Eine Firma klärt auf

Letztlich ist es einer Berliner Firma, der Fully Licensed GmbH, zu verdanken, dass die Windows-Produkt-Aktivierung sehr schnell entschlüsselt werden konnte. Das EDV-Unternehmen, das sich selbst mit Verschlüsselungstechnologien beschäftigt, versteht sich als unabhängiger Mittler zwischen Softwareherstellern und Anwendern. Im Bereich Forschung & Entwicklung befasst sich die Firma hin und wieder mit Lizenzierungslösungen anderer Firmen. Auf ihrer Website *http://www.licenturion.com* lässt sich - leider nur in englischer Sprache - aufs Genaueste nachlesen, wie die WPA funktioniert.

Mit der Entschlüsselung der WPA von Microsoft wollte Fully Licensed vor allem die Spekulationen über das mögliche Ausspähen von Hardwarekonfigurationen, installierter Software oder gar persönlicher Daten beenden. Und tatsächlich: So schlimm wie ihr Ruf ist die WPA gar nicht.

Letztlich können aus dem Schlüsselcode, der an Microsoft gesendet wird, keine genauen Rückschlüsse auf Hardware, Software oder ein Benutzerprofil gezogen werden. Dennoch ist diese Form der Zwangsregistrierung eine Zumutung für den User und ein Armutszeugnis für Microsoft: In etwa ist das

Vorgehen vergleichbar mit der jüngsten Strategie der Musikindustrie, immer mehr Musik-CDs mit einem Kopierschutz auszustatten, der dazu führt, dass die so „geschützte“ CD auf vielen Geräten nicht mehr abspielbar ist.

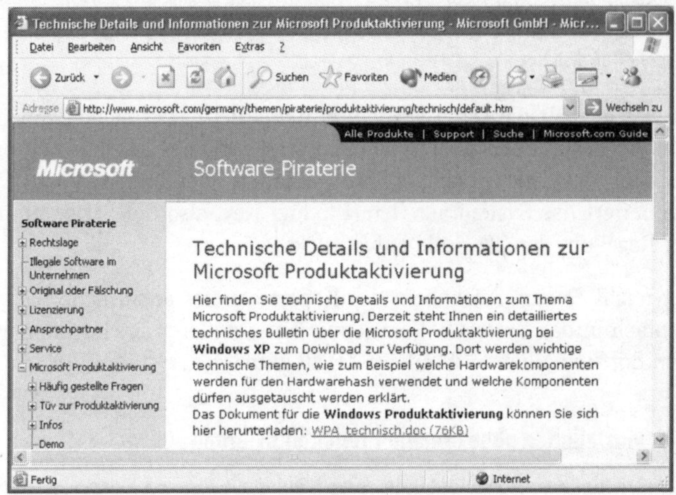

Microsoft-Produktaktivierung: Die technischen Details sind unterdessen bekannt.

Das Geheimnis der wpa.dbl

Doch wie und wo speichert Windows nun die Informationen zur Produktaktivierung? Beantworten wir zunächst einmal die Frage nach dem Wo: in der Datei *wpa.dbl*, die bei einer Standardinstallation von Windows XP im Verzeichnis *C:\Windows\System32* liegt. Öffnet man diese Datei mit einem Text-Editor wie dem Windows-Editor *Notepad*, so bekommt man natürlich nur Hieroglyphen zu sehen - was nicht weiter wundert, denn allzu einfach will es Microsoft der Cracker-Gemeinde ja auch nicht machen.

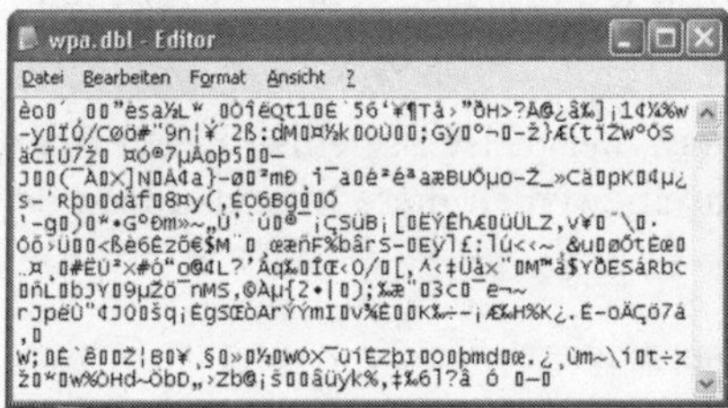

Die Datei wba.dbl enthält in chiffrierter Form Infos über die Onlineregistrierung und über die Hardwarekonfiguration Ihres Rechners.

DATA BECKER-Tool XP optimal einstellen

Mit dem DATA BECKER-Tool „XP optimal einstellen" aus der Goldenen Serie (*http://www.databecker.de*, ISBN 3-8158-8020-3, Bestell-Nr: 448020, 15,95 Euro) können Sie sehr leicht den Status der Datei *wba.dbl* überprüfen und die Datei anschließend sichern.

Doch was enthält die Datei *wpa.dbl* nun wirklich? Hier stehen zunächst einmal die Informationen über Ihre Hardwarekonfiguration zum Zeitpunkt der Installation drin, gekoppelt mit Informationen über Ihre Windows-CD. Letztere generiert das System aus dem Product Key, also der Seriennummer, die in der Regel auf der CD-Hülle aufgedruckt ist.

Daher reicht es zum Aushebeln des Kopierschutzes auch nicht aus, die *wpa.dbl* einfach in das *System32*-Verzeichnis eines anderen Rechners zu kopieren, um ein dort installiertes Windows XP zu aktivieren.

Neuinstallation ohne erneute Produktaktivierung

Hin und wieder kommt man um eine Neuinstallation von Windows einfach nicht herum – sei es, weil sich mit der Zeit einfach zu viel Software- und Treiberballast angesammelt hat, oder sei es, weil das System ernsthaft „crasht". Wenn Sie nicht bei jeder Neuinstallation – auf dem gleichen Rechner, wohlgemerkt! – das Prozedere der Produktaktivierung erneut durchführen wollen, kopieren Sie die Datei *C:\Windows\System32\wpa.dbl* einfach vorher an einen sicheren Ort, beispielsweise auf Diskette.

Nach der Neuinstallation fahren Sie Windows im abgesicherten Modus hoch, benennen die neue Datei *wpa.dbl* um, beispielsweise in *wpa.dbl_old*, und kopieren die vorher gesicherte *wpa.dbl* stattdessen ins Verzeichnis *C:\Windows\System32*. Nun wird Sie Windows nicht mehr nach der Produktaktivierung fragen.

Doch die Datei *wpa.dbl* enthält nicht nur statische Informationen über die Rechner-Konfiguration zum Zeitpunkt der Windows-Installation, sondern funktioniert quasi dynamisch als „Überwachungs-Instanz":

Wenn Sie die Hardware verändern, beispielsweise einen neuen Prozessor einbauen oder die Festplatte wechseln, werden diese Informationen der *wpa.dbl* hinzugefügt.

Und spätestens nach der vierten gravierenden Änderung ist Schluss mit lustig: Windows lässt sich nicht mehr starten!

Windows XP mit Elefantengedächtnis: Diese Änderungen merkt sich das System

Unterdessen ist es raus, welche Hardwaremerkmale bei der Onlineregistrierung genau verschlüsselt abgespeichert werden. Es handelt sich um folgende elf Komponenten:

Komponente	Eindeutiges Merkmal
CD-ROM-Laufwerk	Identifikations-String (eindeutige Bezeichnung des CD-ROM-Laufwerks)
Docking-Station	ob eine Docking-Station vorhanden ist (Rechner = Laptop) oder nicht (Rechner = Stationärer PC)
Festplatte	Volume-Seriennummer der Systempartition, wie sie beim *Dir*-Befehl in der Eingabeaufforderung angezeigt wird
Festplatte	Identifikations-String der System-Festplatte
Grafikkarte	Identifikations-String (eindeutige Bezeichnung der Grafikkarte)
Hauptspeicher	RAM-Ausbau (128 MByte, 256 MByte, 512 MByte etc.)
IDE-Controller	Identifikations-String des IDE-Controllers
Netzwerkkarte	die so genannte MAC-Adresse, die die Netzwerkkarte im Netz eindeutig identifiziert
Prozessor	eindeutige numerische Bezeichnung des Prozessors ab Pentium III (processor serial number – PSN)
Prozessor	Bezeichnung des Prozessormodells
SCSI-Host-Adapter	Identifikations-String

Insgesamt werden also elf Punkte abgefragt. Eigentlich sind es auch nur zehn, denn die Abfrage nach der Docking-Station dient nur zur Unterscheidung, ob es sich bei dem Rechner um einen stationären PC oder um ein Notebook handelt.

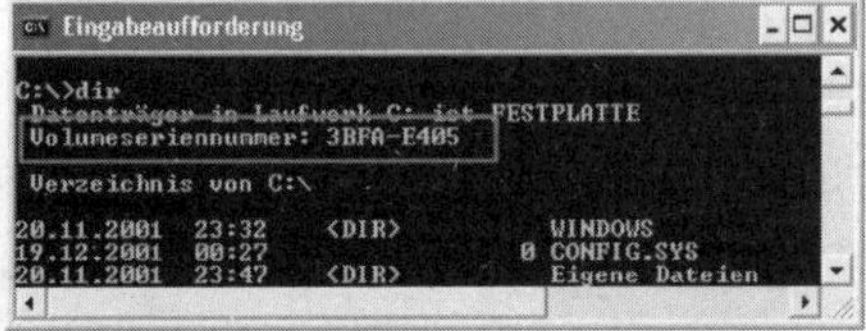

Bei der Produktaktivierung merkt sich Windows neben dem ID-String der Festplatte auch die Volume-Seriennummer der Systempartition.

Es wird Ihnen beim Betrachten der obigen Tabelle nicht entgangen sein: Die beiden Komponenten „Festplatte“ und „Prozessor“ werden bei der WPA doppelt abgefragt. Ganz konkret heißt das: Wenn Sie diese beiden Komponenten austauschen, sind Sie schon auf der Verliererseite:

Windows wertet das dann nämlich als insgesamt vier Änderungen, und da sich nach der Aktivierung nur noch drei Komponenten ändern dürfen, sind Sie bereits wieder zur telefonischen Neu-Aktivierung gezwungen.

Neuer Rechner gekauft, Windows XP geleast

Um es an dieser Stelle einmal ganz klar und deutlich zu sagen: Selbstverständlich wollen wir Ihnen nicht unterstellen, dass Sie Ihr Windows XP auf mehreren Rechnern installieren und so gegen geltende Lizenzbestimmungen verstoßen wollen.

Aber nehmen wir einfach mal an, Sie möchten sich von Ihrem „alten Möhrchen" trennen, um einen schnelleren Rechner zu kaufen, und nehmen wir weiterhin an, dass Sie den neuen Rechner ohne Windows XP erwerben.

Den alten Rechner wiederum verkaufen Sie - natürlich „nackt" ohne Betriebssystem. Wenn Sie nun Ihr unabhängig vom alten Rechner erworbenes Windows XP auf dem neuen Rechner installieren wollen, sind Sie damit ganz auf der legalen Seite. Bloß: Die Windows-Produktaktivierung lässt es nicht zu, denn diese hat bereits eine enge Ehe zwischen Ihrem Windows XP und Ihrem alten Rechner geschmiedet.

Oder Sie gehören ganz einfach zu den eifrigen Bastlern und Fricklern, die gern häufig Hardwarekomponenten austauschen. Auch dann macht Ihnen die WPA bald einen Strich durch die Rechnung.

Na ja, Sie können ja immer noch auf die telefonische Aktivierung ausweichen und das alles dem freundlichen Menschen im Call Center erklären. Wie auch immer, die Sache ist und bleibt eine Zumutung.

Was darf ich denn noch? Das Tool xpinfo.exe

Vielleicht haben Sie schon einiges an Ihrem Rechner geändert und sind sich nicht ganz sicher, ob Sie das von der WPA gesetzte Limit schon erreicht haben?

Die Firma Fully Licensed GmbH, deren Schaffen wir in diesem Kapitel schon auf Seite 70 gewürdigt haben, hat ein kleines und pfiffiges Freeware-Tool namens *XPInfo* entwickelt, das genau darüber Auskunft gibt und auf der Website *http://www.licenturion.com/xp/* zum Download bereitsteht.

Das heruntergeladene Archiv wird einfach in einen beliebigen Ordner entpackt und dann die Programmdatei *XPInfo.exe* mit einem Doppelklick gestartet.

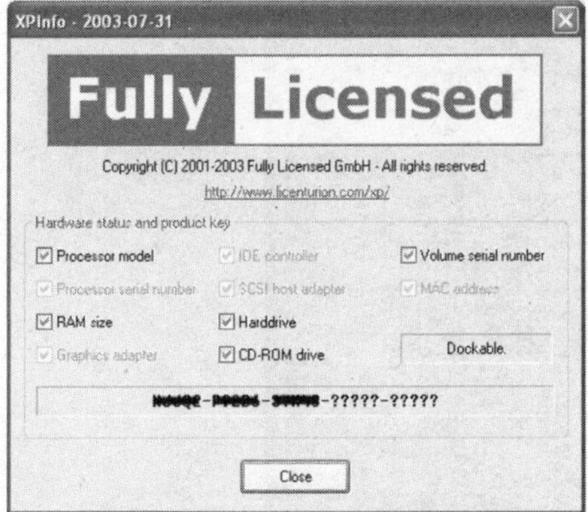

Das Tool XPInfo ermittelt die nach der WPA erfolgten Änderungen.

Alle Hardwarekomponenten, die gleich geblieben sind, werden in der Dialogbox des Programms mit einem vorangestellten Häkchen dargestellt, fehlt das Häkchen, wurde die entsprechende Hardware geändert. Punkte, die nicht geprüft wurden, werden blassgrau dargestellt.

3.2 Microsoft überlistet: Wie sich die Produktaktivierung austricksen lässt

Schrittweise zeigen wir Ihnen in den nächsten Abschnitten, wie Sie einen Hardwareprüfstein nach dem anderen aus dem Weg räumen, um Windows XP ohne Produktaktivierung auf Ihrem neuen Rechner installieren zu können, und die WPA so ganz schön alt aussehen lassen können. Erst danach sollten Sie die Aktivierung durchführen und anschließend die *wpa.dbl* sichern, um sie auf einen anderen Rechner überspielen und Windows so eine bereits erfolgte Aktivierung vorgaukeln zu können. Also, los geht's!

Seriennummer des Prozessors? Einfach im BIOS abschalten!

Intel führte die Seriennummer des Prozessors, auch **p**rocessor **s**erial **n**umber (PSN) genannt, mit dem Pentium III ein und handelte sich damit auch gleich eine ganze Menge Kritik ein, da diese PSN es ermöglicht, übers Internet einen Computer eindeutig zu erkennen. Allerdings: Die PSN lässt sich in allen modernen BIOS-Versionen ganz einfach abschalten.

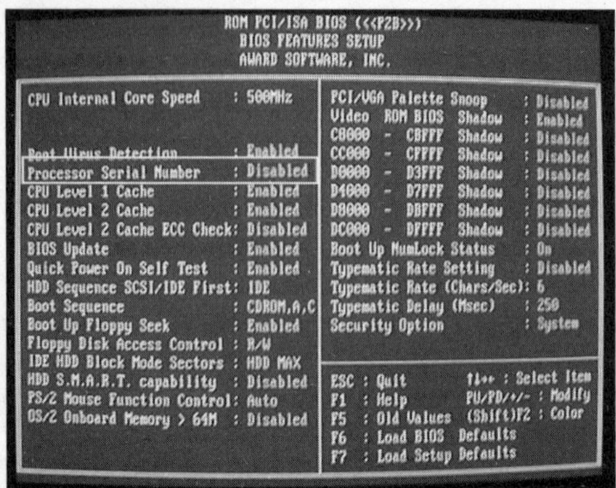

Die umstrittene „Processor Serial Number" lässt sich im BIOS ganz einfach abschalten.

Sie finden diese Option in der Regel in den *BIOS Features Setup* oder auch *Advanced BIOS Features*. Dort müssen Sie die Option *Processor Serial Number* (oder ähnlich) auf *Disabled* stellen. Und schon kann die Windows-Produkt-Aktivierung nur noch den Prozessortyp zur Identifizierung des Prozessors überprüfen.

Ein Tool macht's möglich: Volumeseriennummer der Systempartition ändern

Auch die Festplatte wird, wie weiter oben gezeigt, anhand von zwei Kriterien überprüft. Dem herstellerseitigen Identifikationsstring ist leider nicht beizukommen. Aber auch um die Volumeseriennummer der Systempartition zu ändern, muss ein wenig tiefer in die Trickkiste gegriffen werden. Denn während sich über die Eingabeaufforderung mit dem Befehl *LABEL* der Name einer Partition ganz leicht ändern lässt - okay, noch leichter geht es mit Umbenennen über den *Arbeitsplatz* -, gibt es zum Ändern der Volumeseriennummer keinen entsprechenden Befehl.

Aber mit einem kleinen Freeware-Tool der Firma Sysinternals, das Sie unter der Adresse *http://www.sysinternals.com/ntw2k/source/misc.shtml#VolumeId* bekommen, geht es doch, ganz gleich, ob Sie mit einer FAT- oder NTFS-Partition arbeiten. Laden Sie von dieser Seite die Datei *volid.zip* herunter und entpacken Sie das im ZIP-Archiv enthaltene Tool in *C:* (bzw. in das

Rootverzeichnis Ihrer Systempartition, falls diese nicht *C:* ist). Gehen Sie dann folgendermaßen vor:

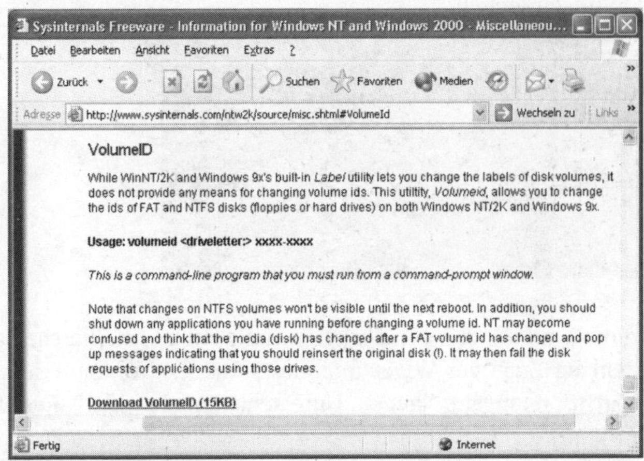

Mit dem Tool VolumeID der Firma Sysinternals lassen sich die Volumeseriennummern von Datenträgern ändern.

1 Beenden Sie alle Anwendungen. Starten Sie dann mit *Start/Alle Programme/Zubehör/Eingabeaufforderung* die *Eingabeaufforderung* und wechseln Sie in *C:* bzw. in das Rootverzeichnis Ihrer Systempartition. Geben Sie dann den Befehl *Dir* ein. Vor der eigentlichen Liste mit den Ordnern und Dateien erscheint nun neben der Datenträgerbezeichnung auch die Volumeseriennummer, zum Beispiel „3BFA-E405". Eventuell müssen Sie das Fenster der Eingabeaufforderung mit dem seitlichen Scrollbalken etwas hoch scrollen, um die Nummer zu sehen. Notieren Sie sich diese Nummer.

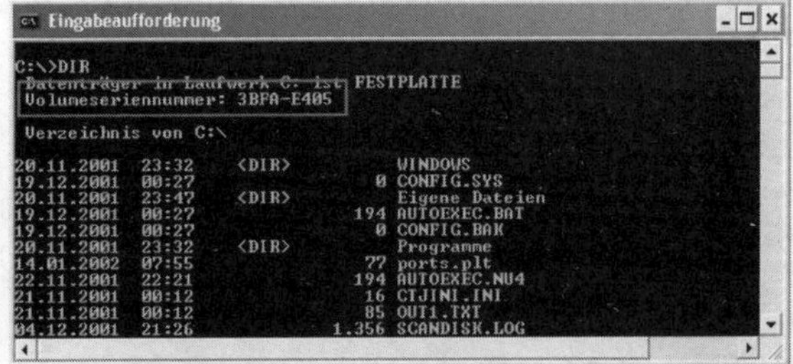

2 Nun geben Sie auf dem neuen Rechner unter *C:* den Befehl „volumeID C:\ 3BFA-E405" ein - die Volumeseriennummer unseres Beispiels müssen Sie dabei natürlich durch die Volumeseriennummer Ihres alten Rechners ersetzen. Der Partition *C:* wird daraufhin die Volumeseriennummer „3BFA-E405" zugewiesen. Wenn Sie mit einer NTFS-Partition arbeiten, müssen Sie jetzt eventuell noch einen Neustart machen, damit die Änderungen greifen.

```
Eingabeaufforderung

C:\>volumeid C: 3BFA-E405

VolumeID V2.01 - Set disk volume id
Copyright (C) 1997-1999 Mark Russinovich
http://www.sysinternals.com

Volume ID for drive C: updated to 3bfa-e405

C:\>_
```

Wenn Sie nun Windows XP auf dem neuen Rechner installieren, kann das Betriebssystem im Zuge der WPA zumindest, was die Volumeseriennummer der Systempartition angeht, keinen Unterschied mehr zum alten Rechner feststellen.

Im Dickicht des Geräte-Managers: die MAC-Adresse ändern

Auch die MAC-Adresse, ein weiteres Identifikationsmerkmal für die WPA, lässt sich - zumindest bei den meisten Netzwerkkarten - ändern. Die Bezeichnung „MAC" hat natürlich nichts Apple-Rechnern zu tun, sondern steht für „**M**edia **A**ccess **C**ontrol". Die der Netzwerkkarte zugeordnete MAC-Adresse dient im Ethernet zur eindeutigen Adressierung von Paketen zu den jeweiligen Empfangsrechnern. Eine MAC-Adresse besteht aus sechs zweistelligen Hexadezimalwerten, also beispielsweise „00 e0 7d 96 7a a6".

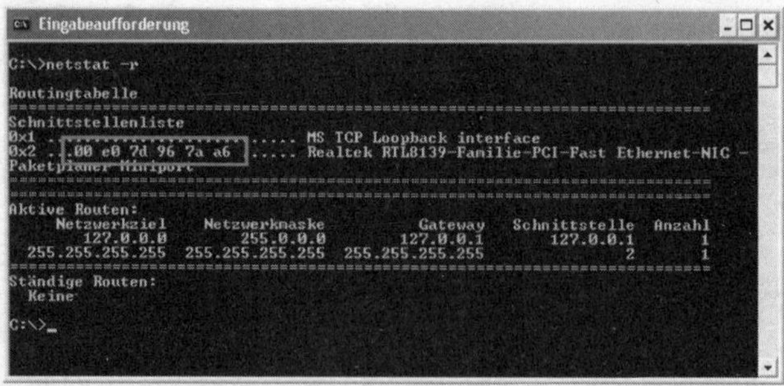

Die MAC-Adresse Ihrer Netzwerkkarte ermitteln Sie über die Eingabeaufforderung mit dem Befehl „netstat -r".

Ermitteln können Sie die MAC-Adresse Ihrer Netzwerkkarte, indem Sie über *Start/Alle Programme/Zubehör/Eingabeaufforderung* die *Eingabeaufforderung* starten und „netstat -r" eingeben: Die MAC-Adresse steht dann in der

„Schnittstellenliste“ links vor der Bezeichnung Ihrer Netzwerkkarte. Die MAC-Adresse lässt sich aber - zumindest bei den meisten gängigen Netzwerkkarten - auch ganz leicht ändern: Um die WPA „aufs Kreuz zu legen“, geben Sie dem neuen Rechner ganz einfach die gleiche MAC-Adresse wie dem alten Rechner:

1 Öffnen Sie mit *Start/Systemsteuerung* die Systemsteuerung und wechseln Sie - wenn erforderlich - im linken Fenster zur „klassischen Ansicht“. Doppelklicken Sie dann auf das Symbol *System*. Alternativ können Sie auch mit der rechten Maustaste auf das Symbol *Arbeitsplatz* im Startmenü oder auf dem Desktop klicken und aus dem Kontextmenü die *Eigenschaften* wählen.

2 Wechseln Sie nun zur Registerkarte *Hardware* und klicken Sie im Bereich *Geräte-Manager* auf die Schaltfläche *Geräte-Manager*.

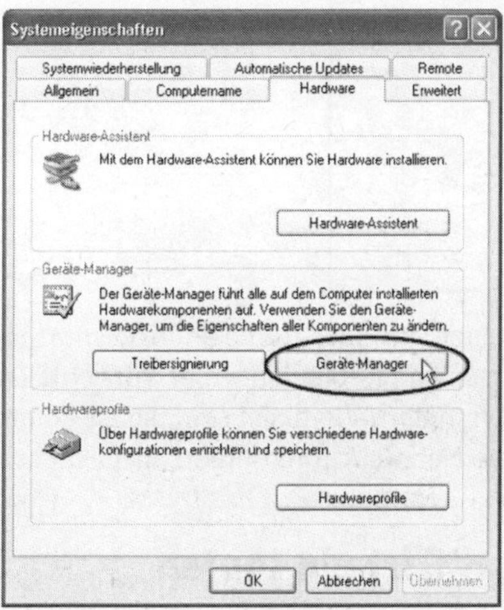

3 Doppelklicken Sie im Geräte-Manager nun auf den Eintrag *Netzwerkadapter* oder klicken Sie einmal auf das Pluszeichen davor, um die darunter liegenden Einträge anzuzeigen. Doppelklicken Sie anschließend auf die Bezeichnung Ihrer Netzwerkkarte oder wählen Sie aus dem Kontextmenü die *Eigenschaften*.

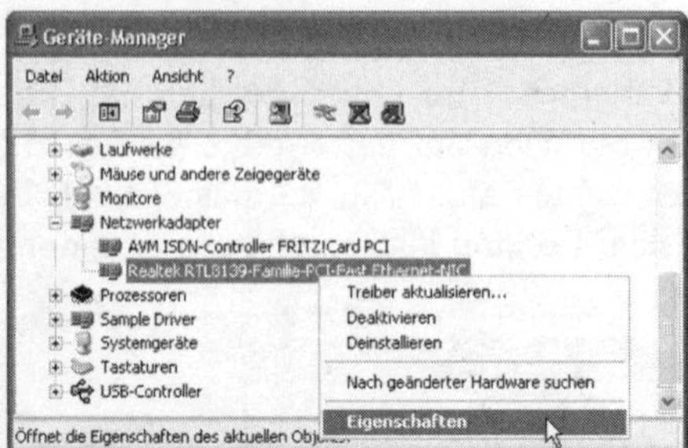

4 Nun wechseln Sie zur Registerkarte *Erweitert* und markieren im Feld *Eigenschaft* den Eintrag *Netzwerkadresse*. Tragen Sie dann auf der rechten Seite unter *Wert* die Netzwerkadresse Ihres alten Rechners ein.

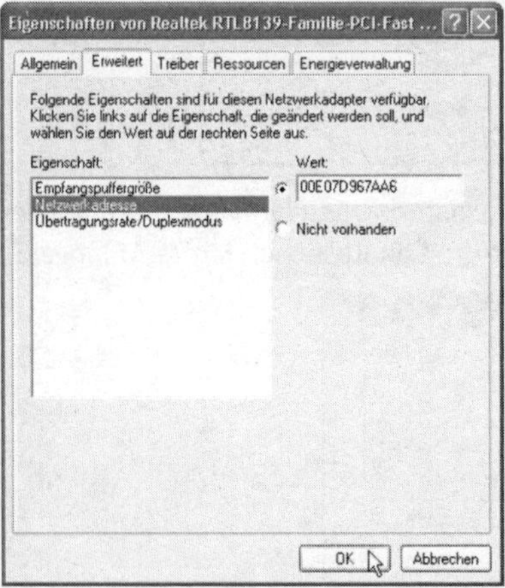

Wird die WPA nun beim neuen Rechner durchgeführt, kann sie im Bereich Netzwerkkarten keine Unterschiede feststellen. Aber Vorsicht! In einem Netzwerk dürfen nie zwei MAC-Nummern identisch sein, sonst kommt es zwangsläufig zu Kollisionen und das Netzwerk funktioniert nicht mehr.

Ätsch, mein Desktop-PC ist ein Laptop

Fassen wir zusammen: In bereits drei Bereichen konnten wir der Windows-Produktaktivierung bereits ein X für ein U vormachen:

- **Seriennummer des Prozessors:** Im BIOS abgeschaltet.
- **Volumeseriennummer der Systempartition:** Mit dem Tool VolumeID .exe geändert.
- **MAC-Adresse der Netzwerkkarte:** Über den Geräte-Manager neu zugewiesen.

Bleiben immer noch sieben Punkte übrig. Anders sieht es bei Laptops aus, da hier die Windows-Produktaktivierung die Überprüfungskriterien sehr viel weniger streng ansetzt.

Der Grund: Laptops werden im stationären Betrieb oft an Docking Stations oder andere Peripherie-Geräte wie separate Monitore angeschlossen und die können sich häufig ändern.

Was also liegt näher, als die WPA einfach glauben zu machen, unser neuer PC wäre ein Laptop? Und das geht verblüffend einfach:

1 Öffnen Sie wieder mit *Start/Systemsteuerung* die Systemsteuerung und doppelklicken Sie auf das Symbol *System*. Wechseln Sie zur Registerkarte *Hardware* und klicken Sie im Bereich *Hardwareprofile* auf die Schaltfläche *Hardwareprofile*.

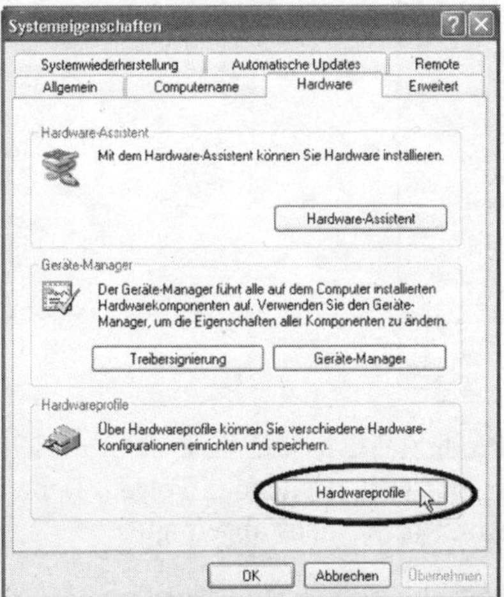

2 Markieren Sie nun das aktuelle Hardwareprofil - sofern Sie noch keine Hardwareprofile angelegt oder umbenannt haben, heißt es einfach *Profil 1 (Aktuell)* - und klicken Sie auf *Eigenschaften*.

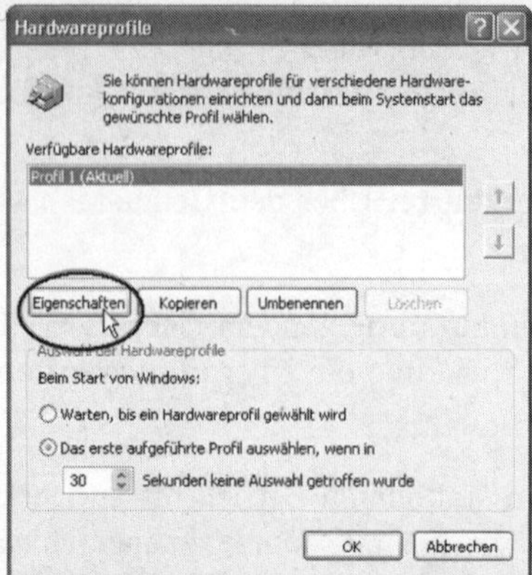

3 Setzen Sie nun ein Häkchen vor die Option *Dies ist ein tragbarer Computer*. Wählen Sie außerdem die Option *Computer befindet sich in der Dockingstation* und setzen Sie ein Häkchen vor die Option *Dieses Profil beim Start von Windows immer einschließen*. Schließen Sie dann alle Dialogboxen mit *OK* und starten Sie den Rechner neu.

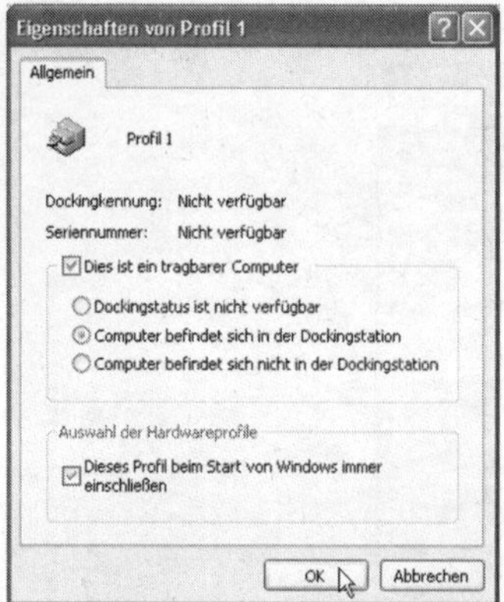

Und Bingo! Die Windows-Produktaktivierung lässt sich tatsächlich von diesem simplen Trick täuschen; mit weit reichenden Folgen. Denn folgende Kriterien werden von der WPA nun nicht mehr abgefragt:

- Grafikkarte
- DIE-Controller
- SCSI-Controller

Das bedeutet: Durch unsere kleinen „dirty tricks“ haben wir die WPA immerhin in sechs von zehn Kriterien bei der Hardwareüberprüfung täuschen können.

Windows-Produktaktivierung beim neuen Rechner? Schon erledigt!

Nach all unseren Maßnahmen bleiben für die WPA nur noch folgende vier Kriterien übrig:

- Grafikkarte
- ID-Code der Festplatte
- ID-Code des CD-ROM-Laufwerks
- RAM-Speicherausbau

Drei Hardwareänderungen sind bei der WPA-Analyse ja erlaubt - das heißt, Sie müssen jetzt nur noch dafür sorgen, dass ein vierter, letzter Punkt zwischen neuem und altem Rechner übereinstimmt. Das könnten Sie tun, indem Sie beispielsweise die Festplatte oder das CD-ROM-Laufwerk vom alten in den neuen Rechner übernehmen. Eventuell stimmt die RAM-Größe ja auch bei beiden Rechnern überein - in diesem Falle brauchen Sie gar nichts mehr zu tun. Nach der Installation von Windows XP brauchen Sie also nur noch die *wpa.dbl* des alten Rechners - im abgesicherten Modus - in den *System32*-Ordner des neuen Rechners zu kopieren.

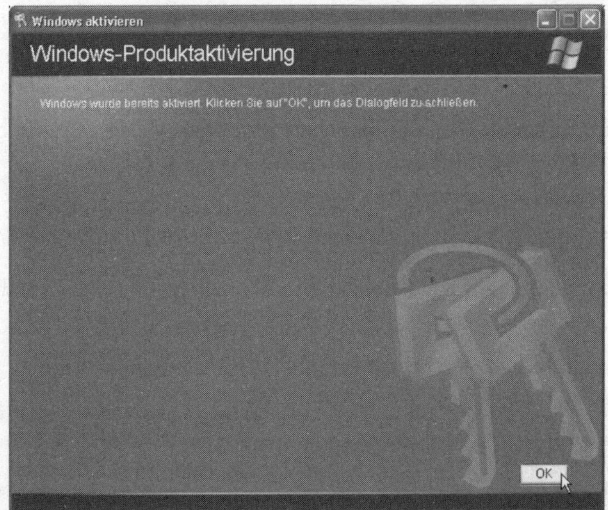

WPA reingelegt: Windows denkt immer noch, es würde sich um den alten Rechner handeln.

Sie werden jetzt - nach einem Neustart - im Startmenü zwar immer noch zur Windows-Produktaktualisierung aufgefordert, wenn Sie diese aber durchführen, erfolgt nur noch der lapidare Hinweis, dass Windows bereits aktualisiert wurde und dass Sie auf *OK* klicken sollen, um das Dialogfeld zu schließen. Das tun wir doch gern ...

3.3 Produktaktualisierung erfolgreich gecrackt! Was steckt wirklich dahinter?

Windows gecrackt! Solche Meldungen geisterten schon durch die Presse, bevor Windows auf dem deutschen Markt war. Tatsächlich stellten sich praktisch alle solche Meldungen als falsch heraus: Immerhin knapp neun Monate sollte es dauern, bis mit dem so genannten SadTeam-Crack ein Crack erschien, der die Windows-Produktaktualisierung tatsächlich erfolgreich aushebelte. Insgesamt kann man unterdessen vier Möglichkeiten unterscheiden, erfolgreich an ein illegales, kostenfreies Windows zu kommen:

- **Komplette Windows-CD im Internet:** Wenn man sich nicht scheut, 700 MByte herunterzuladen, gibt es einige Seiten im Internet, von denen man ein Windows-CD-Image ohne Produktaktivierung herunterladen kann.
- **Der Trick mit den Corporate Files:** Eine ca. 14 MByte große ZIP-Datei, die Systemdateien enthält, mit denen man eine normale Windows-Version hochpatchen kann zu einer so genannten Corporate Edition ohne WPA.
- **BlueList Keygen:** Ein Schlüsselgenerator, der gültige Lizenzcodes erzeugt, mit denen dann eine Produktaktivierung möglich ist.
- **Der SadTeam-Crack:** Der einzige wirkliche Crack, mit dem man sein Windows so patchen kann, dass die WPA nicht mehr verlangt wird.

Auf den folgenden Seiten wollen wir die vier Möglichkeiten kurz vorstellen.

Windows XP Service Packs: schwere Zeiten für Cracker

Mit den Service Packs kamen auf Cracker schwere Zeiten zu: Denn eines der neuen „Features" der Service Packs ist es, dass gecrackte Windows-Versionen nun erkannt werden. Insbesondere Versionen, die mit bestimmten, im Internet einschlägig bekannten Product Keys wie „FCKGW-..." freigeschaltet wurden, werden erkannt: Das Service Pack (sowohl 1 als auch 2) verweigert dann die Installation oder fordert beim nächsten Neustart wieder zur Produktaktivierung auf.

Der Mega-Download: Windows-CD im Internet

Bereits kurz nach Erscheinen von Windows XP konnte man die komplette Windows-CD als CD-Image von zahlreichen Servern herunterladen. Bei diesen Downloads handelt es sich um die Version Windows XP Professional Corporate Edition, die nur an Entwickler und große Firmen geht und bei der die Windows-Produktaktivierung nicht implementiert ist. Allerdings: Berechnet man Zeit und Kosten, um eine Downloadquelle zu recherchieren, das rund 550 MByte große CD-Image dann herunterzuladen und auf CD zu brennen, stellt sich schnell die Frage, ob man mit einer legal erworbenen Windows-Kopie nicht fast günstiger wegkommt. Ganz zu schweigen von der Illegalität solchen Treibens.

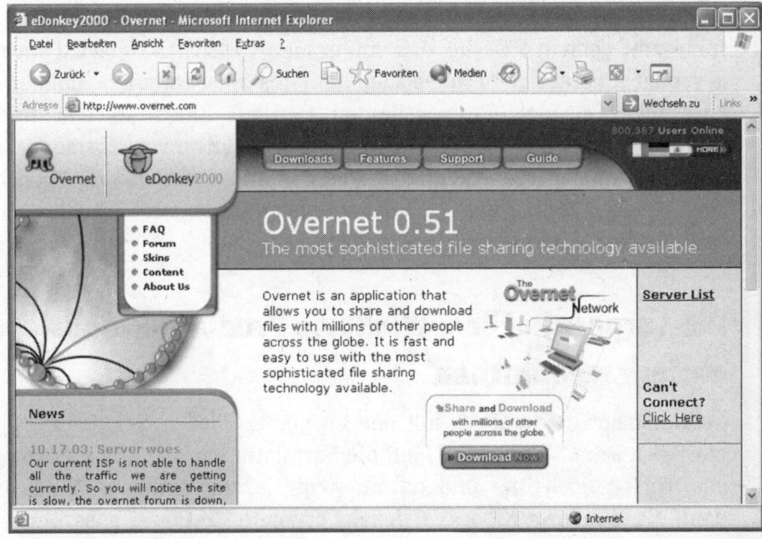

Illegale Windows-CD-Images werden über Filesharing-Tools wie eDonkey oder Overnet angeboten und weitergegeben.

Nach einem „normalen" Download-Link kann man eh meist lange suchen - diese gibt es zwar auch, sie wechseln aber ständig und werden natürlich auch schnell aufgespürt. Es gibt eben auch in der Hacker- und Crackerszene nur wenige Webmaster, die Lust haben, ihren Server mit einem illegalen 550-MByte-Download zu belasten. Stattdessen werden solche Windows-CD-Images über Filesharing-Tools angeboten, etwa über eDonkey oder Overnet, beides Weiterentwicklungen des Napster-Prinzips, die unter *http://www.overnet.com* heruntergeladen werden können.

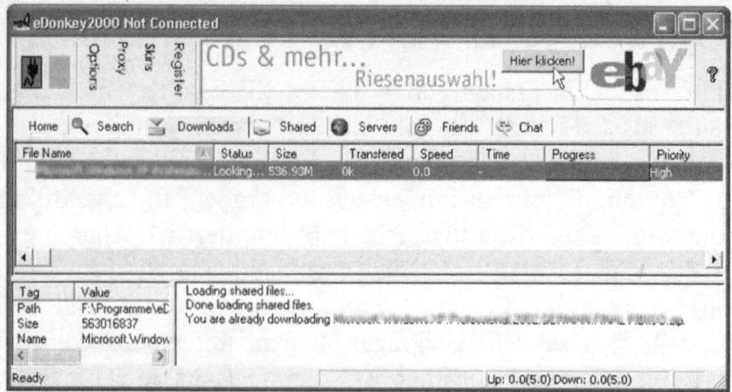

Immerhin, es geht: Aber die Onlinekosten für eine heruntergeladene illegale Windows-Kopie übersteigen fast den Kaufpreis des Originals.

Insgesamt gerät die Sache zum mühsamen Geschäft: Zunächst muss eDonkey oder Overnet heruntergeladen und installiert werden, dann muss ein passender Download-Link gefunden werden. Einen solchen finden wir schließlich über die bekannte, einschlägige Linkliste von Cosmo Connor und über weitere Umwege. Allerdings dauert es - nach vielen vergeblichen Versuchen - dann sehr lange, bis ein quälend langsamer Download in Gang kommt. Fazit: Eher etwas für Masochisten.

Die Corporate Files: Windows-Produktaktualisierung einfach wegpatchen

Mehr scheint da der Trick mit den Corporate Files zu versprechen: Man kopiert sich seine Windows-CD auf die Festplatte, tauscht einige Systemdateien aus, trickst noch hier und da ein wenig herum und brennt das Ergebnis dann als Windows XP Professional Corporate Edition - ganz ohne Aktivierungszwang - auf eine neue CD. Auf der Website von Cosmo Connor ist eine detaillierte Anleitung als Textdatei herunterladbar, die beschreibt, wie es geht. Aber auch hier hat der Crackergott den Schweiß vor den Preis gesetzt. Zunächst, das ist das Wichtigste, müssen natürlich die Corporate Files, also die benötigten Systemdateien, im Internet besorgt werden. Und das kann dauern.

Die Suchmaschine Google verzeichnet beispielsweise bei der Eingabe des einschlägigen Stichwortes „corpfiles.zip" mehr als 10.000 Fundstellen. Und es ist klar, dass Sie nur auf einem winzigen Bruchteil dieser Seiten tatsächlich fündig werden. Dafür gibt es jede Menge Nepper, Schlepper und Bauernfänger, die Ihnen beispielsweise teure 0190er-Einwählprogramme („Das größte Hacker-Archiv aller Zeiten!") unterjubeln wollen.

Weniger wäre mehr: Über 10.000 Fundstellen verzeichnet Google bei der Eingabe des Stichwortes „corpfiles.zip".

Oder Sie finden sich - ähnlich, wie es im „Rotlichtbereich" des Internet oft vorkommt - plötzlich in einem Minenfeld von Popup-Fenstern wieder. Haben Sie die Corporate Files doch ergattert, müssen im Verzeichnis *Wxpoem_de\i386* insgesamt acht Dateien ersetzt und eine Datei umbenannt werden. Ferner muss eine Textdatei namens *Winnt.sif* erzeugt werden, die dafür sorgt, dass bei der Installation die Seriennummer nicht abgefragt wird.

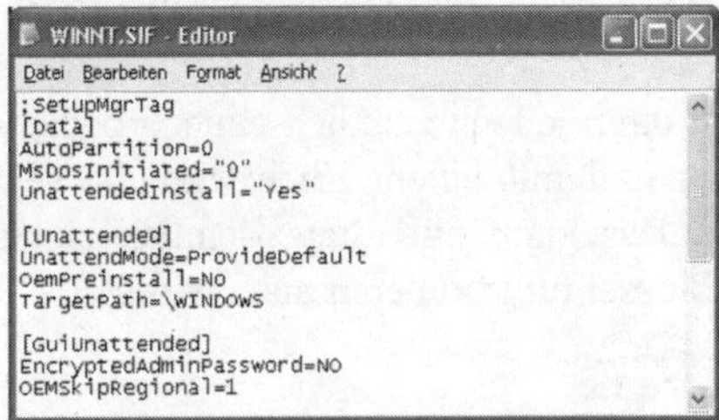


```
;SetupMgrTag
[Data]
AutoPartition=0
MsDosInitiated="0"
UnattendedInstall="Yes"

[Unattended]
UnattendMode=ProvideDefault
OemPreinstall=No
TargetPath=\WINDOWS

[GuiUnattended]
EncryptedAdminPassword=NO
OEMSkipRegional=1
```

Eine kleine Textdatei sorgt dafür, dass bei der Installation die Seriennummer nicht abgefragt wird.

Schließlich muss der ganze Spaß im ISO9660-Format als bootfähige CD gebrannt werden. Eine so erzeugte CD kann natürlich beliebig oft 1:1 kopiert werden. Insgesamt eine sehr aufwendige Methode, bei der die Hauptschwierigkeit darin liegt, im Internet die begehrten Corporate Files zu ergattern.

Eine harte Geduldsprobe: der BlueList Keygenerator

Einem ganz anderen Ansatz folgt der BlueList Keygenerator: Er erzeugt nicht nur für die Windows-Versionen XP Home, XP Professional und XP Pro Corporate Edition, sondern auch für die Microsoft-Programme Office XP und Visio XP gültige Seriennummern. Installiert man Windows XP mit einer vom Keygenerator erzeugten Seriennummer, könnte man es danach sogar ganz „offiziell“ per Internet oder Telefon freischalten lassen. Zumindest in der Theorie. Allerdings: Längst nicht jede vom Keygenerator erzeugte Seriennummer funktioniert. Die Schwierigkeit beim Keygenerator ist die Gleiche wie bei den Corporate Files: Man muss ihn sich erst einmal rechercheaufwendig übers Internet besorgen.

Der XP Keygenerator erzeugt Product Keys für Windows XP und andere Microsoft-Programme.

Das Programm selbst lässt sich dann jedoch ziemlich einfach bedienen: Man wählt die gewünschte Software und mit einem Klick wird die gewünschte Anzahl an Schlüsseln erzeugt. Das kann allerdings ziemlich lange dauern und nicht alle so erzeugten Schlüssel funktionieren auch wirklich.

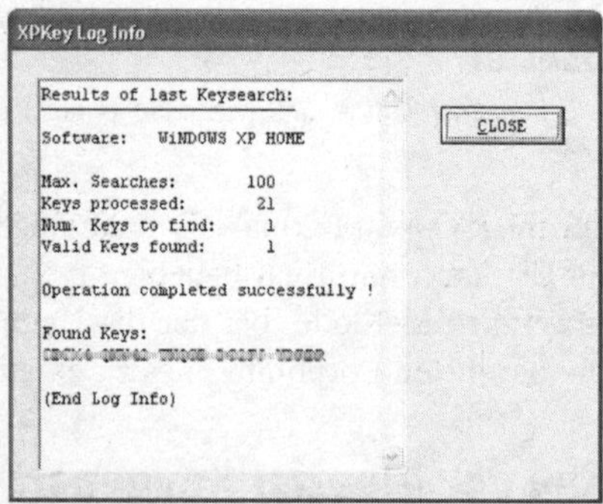

Die generierten Schlüssel speichert der Keygenerator in einer Logdatei.

Der Keygenerator ist nicht 100 %ig zuverlässig, aber letztlich doch ein wirksames Cracker-Tool. Wir raten jedoch vom Gebrauch des Tools aus mehreren Gründen ab. Ein Punkt ist sicherlich, dass es für den Keygen keine seriösen Anbieter gibt, Sie wissen also nie, was Sie wirklich herunterladen. Und selbst wenn Sie Ihr legal erworbenes Windows nicht mehr installieren können, weil Sie den dazugehörigen Product Key verlegt oder verloren haben, bleibt der Einsatz des Tools fragwürdig und das Ganze dürfte spätestens mit den Service Packs 1 und 2 vorerst sein Ende gefunden haben.

Die Russen kommen: der SadTeam-Crack

Beim SadTeam handelt es sich um eine Cracker-Gruppe aus Russland. Einem aus dem Team, der unter dem Pseudonym STiCKpIN bekannt ist, kommt das Verdienst zu, knapp neun Monate nach Erscheinen von Windows XP die Windows-Produktaktivierung ausgehebelt zu haben. Wie genau er das geschafft hat, darüber hüllt er sich natürlich in Schweigen: Fest steht nur, dass bei Anwendung des Cracks die Systemdatei *Winlogon.exe* ersetzt wird. Dieser Datei kommt also offensichtlich eine entscheidende Rolle bei der WPA zu. Auch hier gilt wieder: Die größte Mühe besteht darin, das Crack-Programm in den unendlichen Weiten des Internet zu finden. Kurioserweise stöberten wir es bei unseren Recherchen auf der privaten Homepage eines Systemelektronikers bei T-Online auf. Der Crack selbst ist in Form einer Installationsroutine äußerst benutzerfreundlich gestaltet. Dass Cracker auch Humor haben, beweist dabei der zweite Bildschirm: Ganz feierlich, wenn auch im Textinhalt etwas augenzwinkernd, wird hier eine EULA, also ein Endbenutzer-Lizenzvertrag, für den Crack präsentiert, die man sich mit einem Klick auf die Schaltfläche *Print* sogar ausdrucken lassen kann.

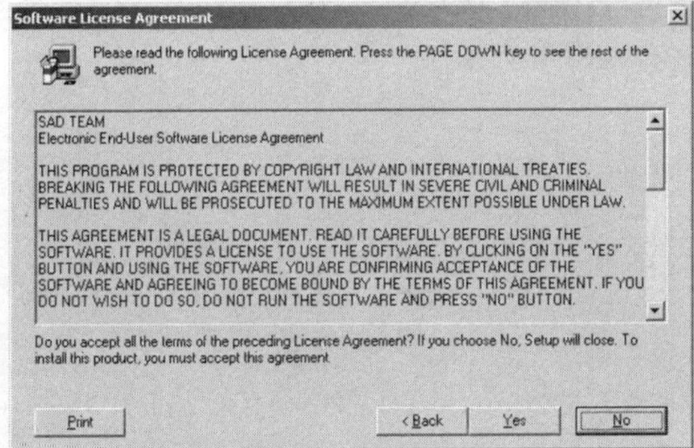

Cracker mit Humor: Auch der- höchst illegale- Crack hat einen Endbenutzer-Lizenzvertrag (EULA) in der Installationsroutine.

Der eigentliche Crack besteht wie gesagt nur darin, dass die Systemdatei *Winlogon.exe* gegen eine gepatchte Version ausgetauscht wird. Startet man danach den Rechner neu, wird nach der Windows-Produktaktivierung nicht mehr gefragt. Auch hier gilt natürlich wieder: Mithilfe des SadTeam-Cracks „behandelte" Windows-Versionen weiterzugeben oder gar zu verkaufen ist illegal. Und schließlich hat Microsoft wie auch schon beim Bluelist Keygenerator nachgelegt und den Service Packs einen effektiven Schutz mit auf die Reise gegeben. Näheres dazu erfahren Sie in Kapitel 8.1.

INFO

Corporate Version: Product Key nachträglich ändern

Auch eine so genannte Corporate Version lässt sich nachträglich fit für Windows Update bzw. für die Service Packs machen. Hierzu wählen Sie im Registrierungseditor den Pfad *HKEY_LOCAL_MACHINE\Software\Microsoft\WindowsNT\Current Version\WPAEvents* und ändern im Eintrag *OOBETimer* mindestens einen beliebigen zweistelligen Wert. Anschließend wählen Sie *Start/Ausführen* und geben die Befehlszeile „%systemroot%\system32\oobe\msoobe.exe /a" ein. Wählen Sie dann „Ja, ich möchte Windows telefonisch aktivieren" und klicken Sie auf *Wieter.* Unter *Product Key ändern* können Sie nun einen neuen Product Key eingeben.

4. Rasanter arbeiten: Windows XP entrümpeln!

Als Systemanforderung für Windows XP gibt Microsoft unter anderem 1,5 GByte freien Speicherplatz auf der Festplatte an - eine Menge! Der gewaltige Speicherplatzbedarf des neuen Betriebssystems erklärt sich dadurch, dass Windows XP durch viel zusätzliche (Microsoft-)Software „aufgebläht" wurde und fast „am Platzen" ist ...

Leider gibt es neben dem immensen Platzbedarf einen weiteren großen Nachteil: Das mit zusätzlichen Programmen „voll gestopfte" Windows XP ist sogar im Betrieb auf einem High-End-Rechner im Vergleich zu anderen Betriebssystemen relativ langsam - es wird durch die zusätzliche Software stark ausgebremst. Das Laden der Zusatzprogramme kostet viel Zeit - der Bootvorgang wird zur Geduldsprobe ... Wie Sie Windows XP entrümpeln und zu einem schnellen und schlanken Betriebssystem gelangen, erfahren Sie in diesem Kapitel!

4.1 „Ausgebootet" – Schluss mit der Geduldsprobe beim Starten!

Bei Ihnen dauert es eine Ewigkeit, bis Windows XP vollständig geladen wurde? Das ist nichts Besonderes - Microsoft hat das Problem erkannt und versucht den Windows-Usern die langen Ladezeiten zu verheimlichen. Seit Windows XP „zerfällt" der Start-Vorgang in mehrere Stationen: Zunächst werden Sie mit dem Windows XP-Startbildschirm konfrontiert, anschließend taucht der Anmeldebildschirm auf usw. - der User soll durch die vielen Bildschirmänderungen die lange Ladezeit nicht merken; weit gefehlt! Gerade durch die vielen grafischen Darstellungen verlängert sich der Ladevorgang zusätzlich, schließlich müssen diese ebenfalls berechnet und dargestellt werden! Mit den folgenden Tricks sorgen Sie für einen Blitzstart des Betriebssystems, indem Sie die Startdateien optimal anordnen und nicht benötigte Software vom Starten abhalten.

Blitzstart: Das BIOS spielt eine große Rolle ...

Für einen Blitzstart des PCs ist es notwendig, bremsende Werte im BIOS des Rechners zu korrigieren; das BIOS ist das erste „Programm", das nach dem Einschalten des Rechners tätig wird und die vorhandene Hardware testet und initialisiert. Um ins BIOS zu gelangen, drücken Sie nach dem Einschalten des PCs in den meisten Fällen die Taste [F1] oder [Entf]. Falls dies bei Ihnen keine Wirkung zeigt, müssen Sie im Mainboardhandbuch (bzw. PC-Handbuch) nachsehen oder sich auf der Internetseite des Mainboardherstellers kundig machen.

„Quick Power On Selftest" unbedingt aktivieren!

Suchen Sie im BIOS den Eintrag *Quick Power On Selftest* und setzen Sie ihn auf *Enabled,* um den Schnelltest zu aktivieren. Durch diese Aktion wird beim Booten des PCs nur noch die Größe des installierten Arbeitsspeichers geprüft; würden Sie die Option *Quick Power On Selftest* ausschalten, finden bei jedem Rechnerstart einige Testdurchläufe statt, die den Arbeitsspeicher auf seine Funktionsfähigkeit hin kontrollieren - das dauert etwas. Sollten Sie Probleme mit dem Arbeitsspeicher haben, deaktivieren Sie den Eintrag probeweise - meistens sind die Tests allerdings für die Katz': Ein nicht korrekt funktionierendes Speichermodul wird dabei häufig nicht erkannt ...

Bootreihenfolge optimal einstellen!

Stört Sie auch das Rattern des Diskettenlaufwerks bei jedem Start? Das liegt daran, dass die Bootreihenfolge im BIOS nicht optimal eingestellt ist: Häufig steht dort das Diskettenlaufwerk an erster Stelle - die Folge: Der PC versucht nach dem Einschalten von Diskette zu starten, da sich keine im Laufwerk befindet, rattert es. Neben dem Rattern, das dem Diskettenlaufwerk nicht gut bekommt, kostet der unnötige Laufwerkzugriff einige Zeit!

Rufen Sie im BIOS das Menü *Bios Feature Setup* bzw. *Advanced BIOS Features* auf und stellen Sie die Bootsequenz so ein, dass der PC als Erstes von der Festplatte bootet - das schont die Nerven und beschleunigt das Booten. Je nach BIOS-Version müssen Sie die Festplatte als *First Boot Device* einstellen oder die *Bootsequenz* auf *C;A...* festlegen. Im äußersten Notfall, wenn Sie das Betriebssystem nicht von der Festplatte booten können, müssen Sie die Bootsequenz wieder ändern, um von Diskette oder CD-ROM zu starten.

Lassen Sie nicht nach Laufwerken suchen!

Das BIOS versucht in der Voreinstellung die an den IDE-Controller angeschlossenen Laufwerke automatisch zu erkennen; das funktioniert in der Regel auch gut und schnell - bis auf eine Ausnahme: Sie haben nicht alle Anschlussmöglichkeiten benutzt. In diesem Fall versucht das BIOS trotzdem die nicht vorhandenen Laufwerke zu erkennen - das dauert! Öffnen Sie das Menü *Standard CMOS Features* und setzen Sie die nicht benutzten Anschlusseinträge (beispielsweise *IDE Secondary Slave*) auf *None*, um den Startvorgang weiter zu beschleunigen: Das BIOS versucht nach der Aktion nicht mehr, an dieser Anschlussoption ein Laufwerk zu erkennen!

Master & Slave – was ist das?

An einem IDE-Controller können maximal zwei Laufwerke angeschlossen werden. Wer von den beiden das „Sagen" hat, entscheidet die Konfiguration per Master und Slave. Das ist notwendig, weil der IDE-Controller einen großen Teil der Steuerung des Datentransfers über den IDE-Bus den Laufwerken selbst überlässt: Das als Master konfigurierte Gerät übernimmt diese Aufgabe.

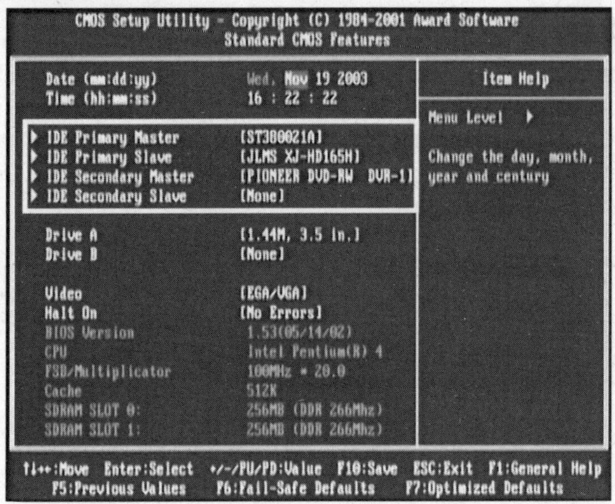

Nicht benötigte Anschlüsse stellen Sie am besten auf None!

Nicht so einfach: BIOS wieder verlassen!

Nachdem Sie die notwendigen Einstellungen vorgenommen haben, verlassen Sie das BIOS über den Menü-Eintrag *Save & Exit Setup*; die auftauchende Frage bestätigen Sie mit *Yes*! VORSICHT: Im BIOS gilt die amerikanische Tastaturbelegung - die Tasten [Z] und [Y] sind vertauscht - für *Yes* drücken Sie also die [Z]-Taste!

Systemstart von Windows XP beschleunigen!

Nachdem das BIOS die Hardware erfolgreich getestet und initialisiert hat, wird das Betriebssystem geladen!

Das kann je nach PC-Konfiguration lange dauern; ein moderner PC sollte in der Lage sein, Windows XP innerhalb von ca. 30 Sekunden neu zu starten. Bei Ihnen dauert es länger? In dem Fall werden Sie aktiv, um die Bootgeschwindigkeit zu erhöhen ...

Wichtigste Hardwarekomponente beim Laden des Betriebssystems ist neben der CPU die Festplatte, da sie in kurzer Zeit viele Daten liefern muss. Um deren Leistung zu optimieren und den Bootvorgang dadurch zu verkürzen, werfen Sie zunächst einen Blick in Kapitel 5!

BootVis: 25 Sekunden schneller starten ...

Microsoft stellt zur Verkürzung des Ladevorgangs ein äußerst nützliches Tool namens BootVis (Boot Visualizer) zur Verfügung, damit kontrollieren Sie die benötigte Startzeit und optimieren den Bootvorgang! Das Tool kann den Start des Betriebssystems um bis zu 25 Sekunden verkürzen - der Download lohnt sich auf jeden Fall!

Microsoft bietet BootVis seit einiger Zeit aus fadenscheinigen Gründen nicht mehr zum Download an; es gibt jedoch glücklicherweise noch zahlreiche Downloadadressen im Internet, die Sie am schnellsten mit einer Suchmaschine (zum Beispiel: *www.google.de*) aufstöbern.

Startprobleme nach BootVis-Aktivierung?

Da BootVis nicht mehr weiterentwickelt wird, kann es in Zukunft auf topaktuellen Systemen zu Problemen bei der Verwendung des Programms kommen - im schlimmsten Fall startet Windows XP nicht mehr. Der Einsatz von BootVis geschieht daher auf eigene Gefahr; in der Regel funktioniert das Tool jedoch selbst auf topaktuellen Computern fehlerfrei!

Sollte Windows XP nach dem Einsatz von BootVis nicht mehr starten, drücken Sie beim Neustart des PCs vor dem Startbildschirm von Windows [F8] und wählen Sie mithilfe der Pfeiltasten im auftauchenden „Notfallmenü" den Punkt *Letzte als funktionierend bekannte Konfiguration*. Windows XP startet daraufhin wieder. In diesem Fall müssen Sie auf BootVis verzichten, da das Tool mit Ihrer modernden Soft- und Hardwareausstattung nicht zurechtkommt. Im Folgenden erfahren Sie weitere Tipps, mit denen Sie den Startvorgang auch ohne BootVis beschleunigen und die auf jedem System funktionieren.

Startvorgang mit BootVis analysieren

Nachdem Sie BootVis installiert haben, kann es endlich losgehen.

1 Schließen Sie alle geöffneten Programme und speichern Sie Ihre Dokumente ab, da der Rechner für die Optimierung des Bootvorgangs neu gestartet werden muss.

2 Wählen Sie *Trace/Next Boot+Driver Delays*, um den Bootvorgang auf Ihrem PC genau analysieren zu lassen. Im erscheinenden Fenster checken Sie, ob die Option *Restart automatically after tracing* aktiviert ist und klicken auf *OK* neu. Bei dieser Analyse-Methode wird neben den automatisch startenden Programmen auch die Treiberinitialisierung kontrolliert - dadurch können fehlerhafte oder den Start bremsende Treiber aufgedeckt werden.

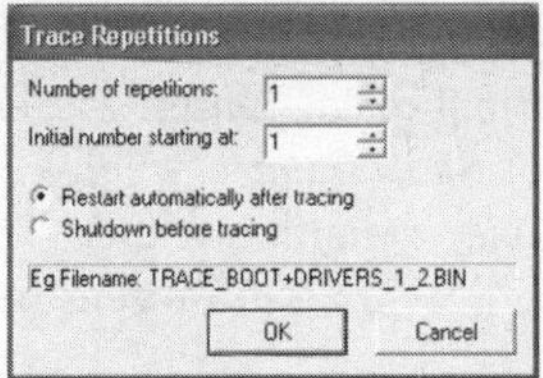

3 Nach dem Neustart erscheint das Programmfenster von BootVis automatisch; anhand der einzelnen Grafiken können Sie die Vorgänge beim Starten des PCs genau studieren - Sie erfahren beispielsweise, wie lange der gesamte Bootvorgang gedauert hat. Wollen Sie die Ladezeit der einzelnen Abschnitte wissen, zeigen Sie mit dem Mauspfeil auf den entsprechenden „Balken" in der Grafik - schon erscheint die gewünschte Information. Speichern Sie die Ergebnisse der Bootanalyse ab, um später zu erfahren, wie viel die Optimierung des Startvorgangs gebracht hat ...

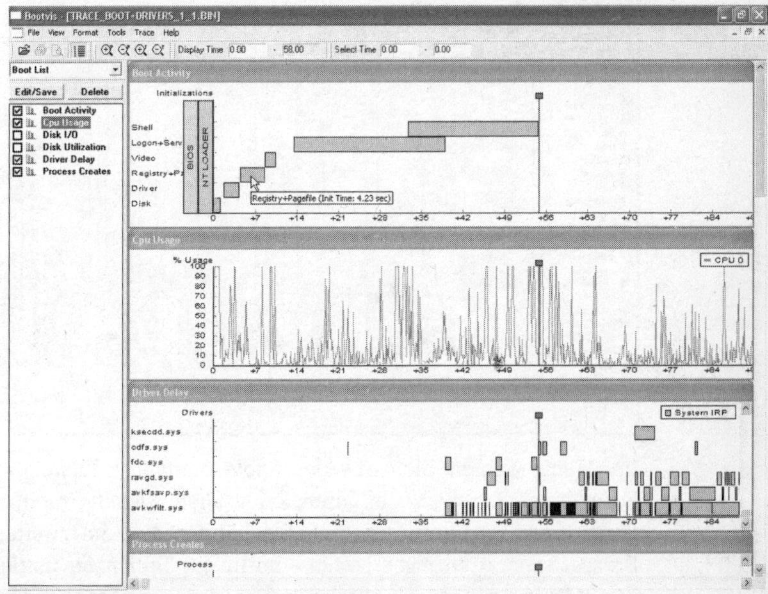

Grafikanalyse im Detail!

Die Bedeutungen der einzelnen Grafiken der Startanalyse:

- **Boot Activity**: Der Bootvorgang im groben Überblick; Sie erfahren beispielsweise, wie lange die Initialisierung der Registry dauert und wann der Startvorgang des Betriebssystems beendet ist (nicht zu verwechseln mit dem anschließenden Laden der Programme).

- **CPU Usage**: Auslastung des Prozessors während des Starts des Betriebssystems; wollen Sie genauere Informationen, führen Sie einen Rechtsklick auf die Grafik aus und wählen *Show Summary Table By Process* oder *Show Summary Table By Module*; daraufhin öffnet sich ein neues Fenster, in dem Sie die genaue CPU-Belastung in Prozent bei jedem Prozess ablesen können.

- **Disk I/O & Disk Utilization**: Zeigt die Auslastung der Festplatte während des Starts des Betriebssystems an; *Disk I/O* steht für **Disk Input/Output** und stellt grafisch die Festplatten-Ein- bzw. Ausgabe dar (= Daten lesen und schreiben). Detailliertere Informationen erhalten Sie ebenfalls per Rechtsklick auf die Grafik.

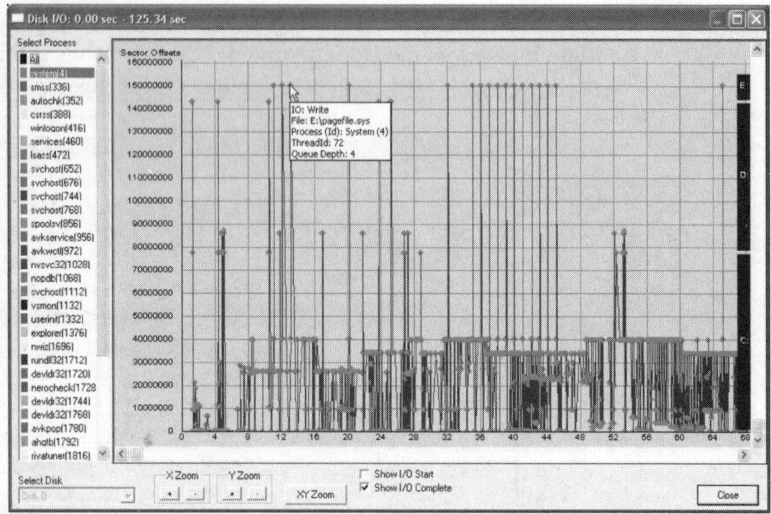

Im Menü wählen Sie entweder *Show Summary Table*, um Details in Form einer Tabelle zu erhalten, oder *Show Detail Graph*, um diese in Form einer Grafik zu erhalten. Sie können sich im zweiten Fall jeden Prozess separat anzeigen lassen - im linken Teilfenster markieren, vorher die Markierung bei *All* entfernen. An den einzelnen „Fixpunkten" der jeweiligen Grafik erfahren Sie noch genauere Einzelheiten - im Beispiel wurde gerade auf Festplattenpartition E die Auslagerungsdatei eingerichtet. Hinweis: *Sector Offsets* = Adressierung der kleinsten Speichereinheiten auf der Festplatte unter Windows XP!

- **Driver Delay** & **Process Creates**: Hier erfahren Sie, wie lange es gedauert hat, die entsprechenden Treiber und Programme zu laden - die meisten Prozesse starten erst, wenn das Betriebssystem geladen wurde. Sie können dadurch schnell herausbekommen, wer an den langen Startzeiten des Betriebssystems schuld ist und für einen Blitzstart den „Sündenbock" - falls Sie das Programm nicht mehr benötigen und die Optimierung mit BootVis nichts gebracht hat - von der Festplatte fegen.

Für Details zur Ladezeit der einzelnen Treiber führen Sie einen Rechtsklick auf die Grafik *Driver Delay* aus und wählen *Show Summary Table* - in einer Tabelle erfahren Sie zum Beispiel übersichtlich die Ladezeiten der Treiberdateien.

INFO

Tiefe Einblicke in den Startvorgang von Windows XP

Nach der Initialisierung des BIOS greift Windows XP auf die Festplatte zu und kontrolliert den Master-Boot-Record der Festplatte; anschließend wird die Datei NTLDR geladen, die den Startvorgang steuert. Es werden als Nächstes die Dateisystemtreiber geladen, Windows XP kann dadurch auf die entsprechende Festplattenpartition zugreifen und die Datei *Boot.ini* laden.

Als Nächstes wird mithilfe der Datei *Ntdetect.com* die Hardwareerkennung durchgeführt und werden weitere Systemdateien geladen. Die Datei *Ntoskrnl.exe* initialisiert das System (die Registry wird eingelesen usw.); die benötigten Treiber für die installierte Hardware werden mithilfe der Datei *Hal.dll* gestartet. Nach kurzer Zeit erscheint der Anmeldebildschirm von Windows XP; nach der Anmeldung werden die persönlichen Einstellungen und automatisch startende Programme geladen.

Der Bootvorgang von Windows XP wurde gegenüber Windows 2000 deutlich verbessert: Beim Starten des Betriebssystems muss sich der Festplattenkopf an verschiedene Stellen der Platte bewegen, um die erforderlichen Daten zu lesen oder zu schreiben - das kostet viel Zeit. Unter Windows 2000 wurden die notwendigen Festplattenaktionen erst nach der Hardwareinitialisierung durchgeführt, das ist bei Windows XP anders: Die Daten werden bereits während der Hardwareinitialisierung in den Arbeitsspeicher befördert (Geräteinitialisierung und Festplattenaktionen „überlappen" sich) - das Laden des Betriebssystems wird „vorbereitet" (auch „Prefetching" genannt). Resultat: Windows XP startet deutlich schneller als Windows 2000! Hinzu kommt, dass Windows XP den Startvorgang dynamisch an die Gegebenheiten des Rechners anpasst und den Bootverlauf optimiert - daher erreicht Windows erst beim dritten Start nach der Installation von XP die volle Startgeschwindigkeit; mit BootVis wird das Laden des Betriebssystems noch optimaler an den PC angepasst.

Blitzstart hinlegen: Bootoptimierung mit BootVis

1 Wählen Sie *Trace/Optimize System* und anschließend *Reboot*, um den Startvorgang Ihres PCs zu beschleunigen - Windows startet neu.

2 Beim Neustart von Windows werden die zum Laden des Betriebssystems notwendigen Dateien defragmentiert und auf der Festplatte so angeordnet, dass sie schnellstmöglich eingelesen werden können. Über die genauen Vorgänge der Bootoptimierung werden Sie von BootVis stets auf dem Laufenden gehalten - haben Sie Geduld, die Optimierung dauert einige Zeit.

3 Nach dem Abschluss prüfen Sie folgendermaßen, wie viel die Optimierung bei Ihnen gebracht hat: Wählen Sie *Trace/Next Boot+Driver Delay* und starten Sie den PC neu. Nach dem blitzartigen System-Start erscheint das Programmfenster von BootVis und zeigt die Grafik des Startvorgangs nach der Optimierung an - anhand der alten, gespeicherten Grafik erkennen Sie schnell, was BootVis bei Ihnen gebracht hat ...

Wichtig: BootVis regelmäßig ausführen!

Sie sollten BootVis regelmäßig nach größeren Hardware-, Software- bzw. Konfigurationsänderungen des Betriebssystems ausführen, um immer für einen schnellen Start von Windows XP zu sorgen. Durch die Ausführung von BootVis nach den System-Änderungen (beispielsweise Aktualisierung eines Treibers) ist gewährleistet, dass die notwendigen Startdateien stets defragmentiert und in optimaler Reihenfolge auf der Festplatte abgelegt werden.

INFO

Was kann BootVis noch?

Das Tuning-Tool von Microsoft ist vielseitig verwendbar: Sie können es auch zur Analyse des Standby- und des Ruhezustands-Verhaltens Ihres PCs einsetzen; wählen Sie dazu entweder *Trace/Next Standby & Resume* oder *Trace/Next Hibernate & Resume*! Wenn Ihr PC länger als 20 Sekunden braucht, um aus dem Ruhezustand „wach" zu werden bzw. aus dem Standby-Modus nicht innerhalb von 5 Sekunden erwacht, sollten Sie die jeweiligen Vorgänge mit BootVis analysieren, um die Systembremsen aufzudecken.

Hilfe - BootVis funktioniert nicht!

Da hat man mal wieder den „Technik-Salat": Das angeblich so tolle BootVis sagt auf Ihrem PC keinen Mucks oder Sie erhalten nach dem Neustart von Windows XP eine Fehlermeldung? In diesem Fall ist der Taskplaner des Betriebssystems nicht aktiviert, der BootVis nach dem Neustart ausführt.

1 Öffnen Sie in der Systemsteuerung (Kategorieansicht) zunächst *Leistung und Wartung*; danach klicken Sie auf *Verwaltung* und führen einen Doppelklick auf *Dienste* aus.

2 Im neuen Fenster führen Sie einen Doppelklick auf dem Eintrag *Taskplaner* aus.

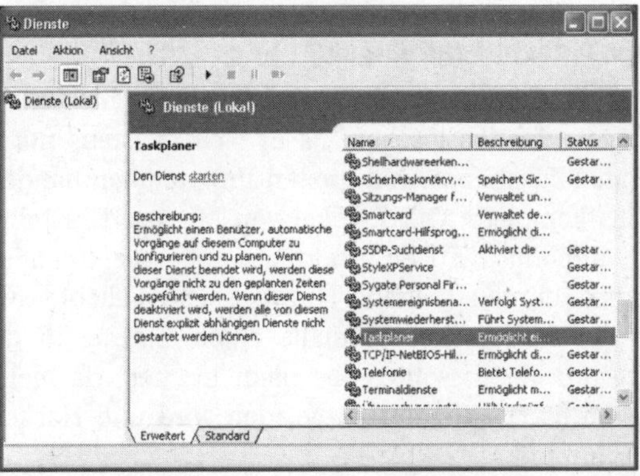

3 In der Registerkarte *Allgemein* setzen Sie den *Starttyp* auf die Option *Automatisch*, um BootVis fehlerfrei nach einem Neustart ausführen zu können. Verlassen Sie das Fenster mit *OK*. Näheres über das Handling mit den Windows-Diensten erfahren Sie in Abschnitt 4.3!

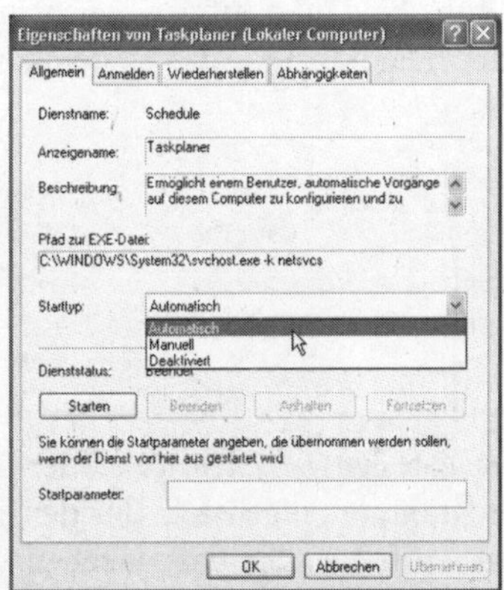

Weg mit den heimlich startenden Programmen!

Bei Ihnen dauert der Start von Windows XP trotz der Optimierung durch BootVis eine Ewigkeit? Wahrscheinlich werden beim Betriebssystemstart viele Programme heimlich geladen - das kostet viel Zeit! Vielleicht werden bei jedem Systemstart Programme geladen, die Sie gar nicht benutzen - greifen Sie ein und lassen Sie nur die notwendigsten Programme automatisch starten, um den Betriebssystemstart weiter zu verkürzen!

Hier stecken die hinterhältigen „Autostarter"!

Anlaufstellen für die heimlich startenden Programme gibt es unter Windows XP einige:

Programmgruppe Autostart entrümpeln!

Misten Sie zuerst die Programmgruppe *Autostart* aus; hier dürfen Sie in der Regel alle Einträge gefahrlos löschen, da es sich meistens nur um den Systemstart „störende" Zusatztools von großen Programmen handelt. Haben Sie beispielsweise das komplette Office-Paket von Microsoft installiert, befinden sich hier einige unnötige Office-Einträge, die Sie für einen schnellen Betriebssystemstart entfernen sollten. Hinweis: Die beliebte Firewall ZoneAlarm legt bei der Installation ebenfalls einen Eintrag in der *Autostart*-Programmgruppe ab; diesen sollten Sie nicht löschen, da hierüber das Abwehrtool bei jedem Start automatisch geladen wird und Hacker-Zugriffe auf Ihren Rechner unterbindet.

Weitere lähmende „Bösewichte" aufgedeckt!

Nach dem Entrümpeln der *Autostart*-Programmgruppe geht's weiter:

1 Wählen Sie im Startmenü *Ausführen* und tippen „msconfig" ein; die Eingabe bestätigen Sie mit der [Enter]-Taste - das Systemkonfigurationsprogramm startet.

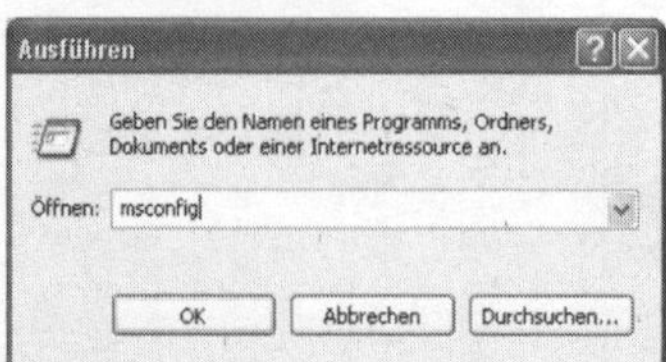

2 Als Nächstes öffnen Sie die Registerkarte *Systemstart*; hier finden Sie alle automatisch startenden Programme aufgelistet. Um den Autostart eines Programms zu verhindern, entfernen Sie das Häkchen vor dem ent-

sprechenden Eintrag! Natürlich könnten Sie rigoros auch den Autostart von allen Programmen per Klick auf *Alle deaktivieren* verhindern und damit für einen schnellen Start sorgen - doch Vorsicht: In diesem Fall würden Sie auch den automatisch startenden permanenten Virenscanner abschalten - das kann böse Folgen haben. Welche Programmeinträge zu deaktivieren sind, kann aufgrund der Vielzahl der möglichen Einträge nicht gesagt werden - gehen Sie am besten nach dem Prinzip „Try and Error" vor - deaktivieren Sie die als überflüssig angesehenen Einträge und starten das System neu; sollte ein Programm nicht mehr richtig funktionieren bzw. sollten Sie beim Start eine Fehlermeldung erhalten, müssen Sie Ihre letzte Änderung wieder rückgängig machen. Hinweis: Windows wird auch, wenn alle Einträge deaktiviert wurden, noch fehlerfrei starten - Sie haben also „nichts" zu befürchten!

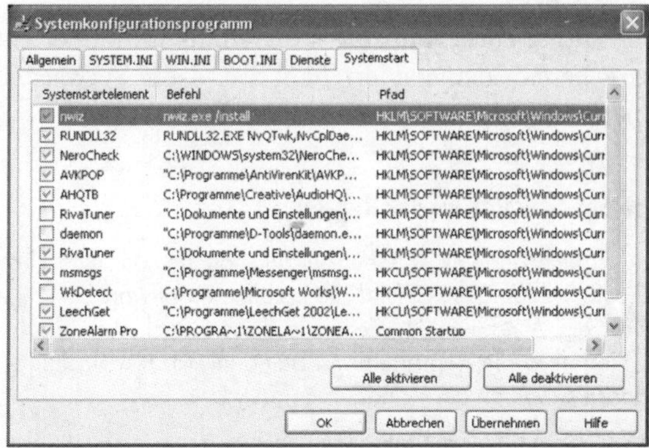

3 Nachdem Sie die gewünschten Änderungen vorgenommen und die unnötigen „Autostarter" deaktiviert haben, klicken Sie auf *OK* und starten den Rechner mit *Neu starten*! Nachdem Windows geladen wurde, taucht automatisch ein Fenster des Systemkonfigurationsprogramms auf.

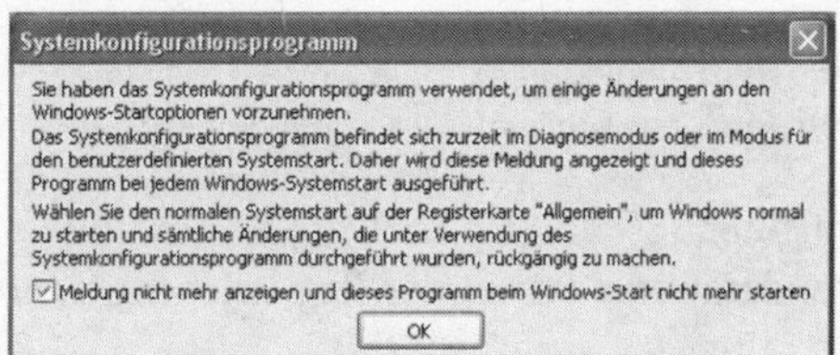

4 Wollen Sie die vorgenommenen Änderungen beibehalten, aktivieren Sie die Option *Meldung nicht mehr anzeigen und dieses Programm beim Windows-Start nicht mehr starten* und bestätigen mit *OK*! Andernfalls öffnen Sie anschließend das Systemkonfigurationsprogramm und machen die Änderungen rückgängig!

Kontrollieren Sie nach jeder Konfigurationsänderung im Systemkonfigurationsprogramm, ob der permanente Virenscanner weiterhin automatisch geladen wird; ist das nicht mehr der Fall, haben Sie aus Versehen den Autostart dieses wichtigen Programms deaktiviert - das sollten Sie rückgängig machen, um vor Viren geschützt zu sein.

Autostart-Einträge für immer entfernen!

Über das Systemkonfigurationsprogramm deaktivieren Sie den Autostart der entsprechenden Programme nur, deren Einträge bleiben allerdings in den *Autostart*-Ordnern der Registry nach wie vor enthalten.

Wollen Sie den Eintrag eines *Autostart*-Programms für immer entfernen, weil Sie die Software bereits deinstalliert haben und ein verwaister Eintrag im *Autostart*-Ordner vorhanden ist? Kein Problem!

So arbeiten Sie risikolos an der Registry!

Die Registry ist für Windows XP lebenswichtig, da sie sämtliche Einträge über die Hardwarekonfiguration des PCs und die installierte Software enthält - ohne fehlerfreie Registry kein Windows XP! Weil es in diesem Buch der erste (und auch nicht der letzte) Eingriff in die Registrierungsdatenbank ist, hier wichtige Anweisungen zur gefahrlosen Arbeit an der Windows-Registry:

Sie sollten auf keinen Fall mit unbekannten Einträgen in der Registrierungsdatenbank des Betriebssystems experimentieren - das ist zu gefährlich! Ändern Sie nur Ihnen bekannte Werte und Einstellungen. Vor jeder Änderung sollten Sie es sich zur Gewohnheit machen, ein Backup des jeweiligen Ordners der funktionstüchtigen Registry anzulegen (siehe Kapitel 1). Wollen Sie auf Nummer sicher gehen, sollten Sie zusätzlich vorher einen Systemwiederherstellungspunkt anlegen (siehe Kapitel 1).

Wenn Sie sich an diese Anweisungen halten, ist die Arbeit an der Registrierungsdatenbank von Windows XP ungefährlich - Sie werden mithilfe der vielen Registry-Änderungen in diesem Buch das Optimale aus Ihrem Betriebssystem herausholen.

1 Wählen Sie im Startmenü *Ausführen* und tippen „regedit" ein; betätigen Sie die Enter-Taste, daraufhin startet der Registrierungseditor!

2 Hangeln Sie sich in folgenden Ordner hinab: *HKEY_LOCAL_MACHINE \SOFTWARE\Microsoft\Windows\CurrentVersion\Run*; hier befinden sich die Einträge der heimlich startenden Programme. Löschen Sie jetzt die Einträge, die Sie über das Systemkonfigurationsprogramm vorher probeweise deaktiviert haben.

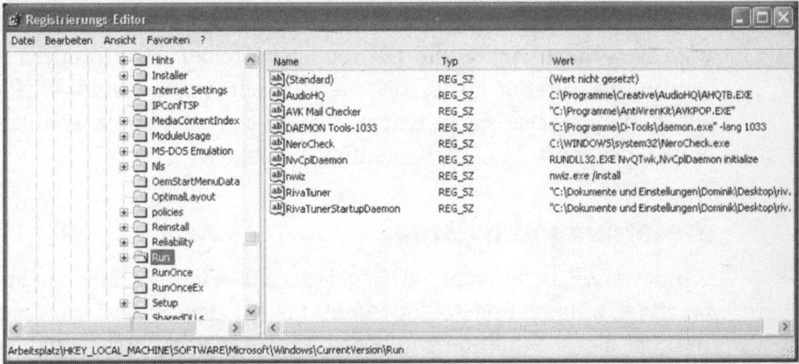

3 Sollten nicht alle Einträge im Ordner *Run* zu finden sein, wechseln Sie in den Ordner *RunOnce* bzw. *RunOnceEx* - dort werden Sie bestimmt fündig!

Schneller booten durch zwei Registry-Hacks!

Mit den folgenden zwei Registry-Eingriffen optimieren Sie den Bootvorgang von Windows XP zusätzlich; es kann sein, dass bei Ihnen die Einträge bereits korrekt eingestellt sind, da es sich aber um sehr wichtige Optionen handelt, sollten Sie das überprüfen:

Bootdefragmentierung aktivieren!

1 Starten Sie den Registrierungseditor und öffnen folgenden Ordner: *HKEY_LOCAL_MACHINE\SOFTWARE\Microsoft\Dfrg\BootOptimize Function*.

2 Checken Sie, ob für den Eintrag *Enable* im rechten Teilfenster der Wert *Y* gilt; falls nicht, öffnen Sie den Eintrag per Doppelklick und geben in die untere Zeile *Y* ein! Die Änderung bestätigen Sie mit *OK*!

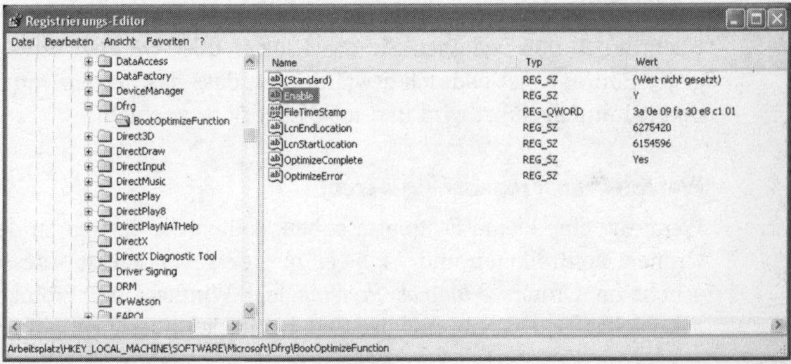

Durch diese Aktion weisen Sie Windows XP an, eine Fragmentierung der wichtigen Startdateien und notwendigen Treiber zu verhindern; sollten diese „zerbröselt" auf der Festplatte verstreut sein, setzt Windows XP diese wieder zusammen, sodass sie in einem Rutsch gelesen werden können - der Bootvorgang verläuft dadurch wesentlich schneller.

Prefetching aktivieren!

Windows XP beherrscht im Gegensatz zu Windows 2000 beim Starten die bereits erwähnte Prefetching-Funktion, um den Startvorgang zu beschleunigen; bei dieser Funktion wird das Laden des Betriebssystems vorbereitet, die erforderlichen Dateien sind schneller „einsatzbereit"; außerdem wird das Laden häufig benutzter Anwendungen dadurch beschleunigt.

1. Im Registrierungseditor wechseln Sie in folgenden Ordner: *HKEY_LOCAL_MACHINE\SYSTEM\CurrentControlSet\Control\Session Manager \Memory Management\PrefetchParameters.*
2. Führen Sie im rechten Teilfenster einen Doppelklick auf den Eintrag *EnablePrefetcher* aus und kontrollieren Sie, ob als *Wert* eine *3* eingetragen ist; falls nicht, holen Sie es nach!

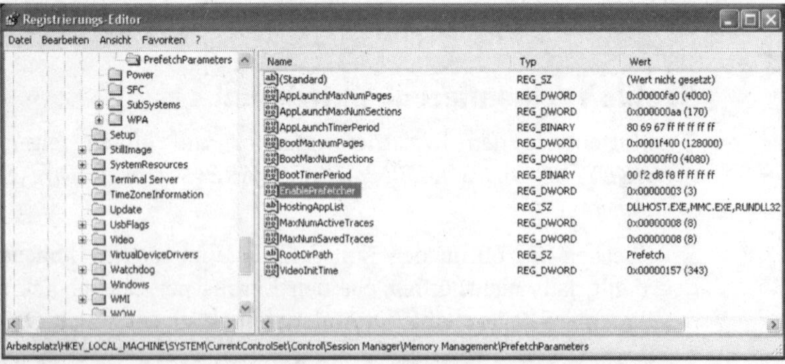

Nach der Aktion verlassen Sie das Fenster über *OK* und schließen den Registry-Editor; es ist dadurch gewährleistet, dass das Starten von Windows XP optimal durchgeführt wird und möglichst flott geschieht!

Prefetch-Ordner regelmäßig leeren!

Wenn Sie eine kleine Festplatte haben, sollten Sie ab und zu den „Prefetch-Ordner" kontrollieren und - falls er zu groß geworden ist - dessen Inhalt löschen: Im Ordner *Windows/Prefetch* legt Windows XP Protokolle über oft gebrauchte Dateien ab, mit der Zeit häuft sich allerdings eine große Datenmenge an - greifen Sie ein und löschen Sie den Inhalt! Das Betriebssystem füllt den Ordner anschließend neu - der Inhalt wird aktualisiert: Es werden nur noch die zur Zeit von Ihnen am häufigsten benutzen Programme und Dateien dort abgelegt, alte Einträge wurden durch die Löschaktion entfernt!

Es geht noch schneller: Bootvorgang weiter optimieren

Zum Abschluss der Bootoptimierung von Windows XP noch ein paar Tipps für einen noch schnelleren Ladevorgang des Betriebssystems:

Raketenartig durchstarten: Start- & Anmeldebildschirm abschalten!

Brauchen Sie wirklich den Startbildschirm von Windows XP, der bei jedem Starten auftaucht? Sicherlich nicht, schließlich wissen Sie, mit welchem Betriebssystem Sie gleich arbeiten werden. Da die Anzeige des Bootlogos von Windows XP etwas Rechenpower verschlingt, schalten Sie es für einen schnellen Bootvorgang ab. Die dadurch frei werdenden Systemressourcen können nach der Deaktivierung für das Laden des Betriebssystems verwendet werden - der Prozess ist schneller fertig! Den Startbildschirm deaktivieren Sie mithilfe des Zusatzparameters *Noguiboot* im Betriebssystemeintrag der Datei *boot.ini*; Näheres dazu erfahren Sie im Abschnitt über die Datei *boot.ini* in Kapitel 7.1!

Sie mögen den blauen Anmeldebildschirm von Windows XP nicht? Das ist kein Wunder, da er nicht besonders schön ist - schließlich erinnert er von der Farbe ziemlich an die gefürchteten Bluescreens! Schalten Sie ihn ab, der Startvorgang verläuft anschließend wesentlich flüssiger und schneller. Schließlich muss der Anmeldebildschirm (genauso wie das Bootlogo) berechnet und von der Grafikkarte dargestellt werden - wurde er deaktiviert, entfällt diese Rechenarbeit und das Laden des Betriebssystems ist schneller fertig. Wie Sie den Anmeldebildschirm unter Windows XP deaktivieren, erfahren Sie ebenfalls in Kapitel 7.1!

Verzichten Sie auf die Windows-Sounds!

Windows „zwitschert" - wie schon die Vorgängerversionen - bei vielen Befehlen und Aktionen munter vor sich hin; so ertönt beispielsweise beim Starten des Betriebssystems ein wundervoller, hitverdächtiger Sound (vorausgesetzt, Sie haben die PC-Lautsprecher angeschaltet).

Leider haben die Windows-Sounds zwei gewaltige Nachteile: Sie müssen bei jedem Start in den Arbeitsspeicher geladen werden, um sofort präsent zu sein - diese Prozedur kostet Zeit, die den Startvorgang unnötig verlängert. Zusätzlich verschlingen die Windows-Sounds während des Betriebs kostbare Systemressourcen - der Arbeitsspeicher kann unter Windows XP nicht groß genug sein. Verzichten Sie daher lieber auf die Sounds und bringen das Betriebssystem endlich zum Schweigen! Die Windows-Sounds schalten Sie in der Systemsteuerung über *Sounds und Audiogeräte* in der Kategorie *Sounds, Sprachein-/ausgabe und Audiogeräte* aus (in der klassischen Ansicht über das Symbol *Sounds und Audiogeräte*).

Windows XP-Sounds abschalten und den Bootvorgang dadurch beschleunigen!

„Ressourcenfresser" Hintergrundbild

Zugegeben: Der Windows-Desktop sieht mit einem schönen Hintergrundbild wirklich phantastisch aus - je nach Geschmack arbeiten Sie entweder auf dem Mond oder im Blätterwald! Von Windows-Ärger und PC-Trouble keine Spur ...

Doch wie so üblich in der Computer-Branche: Jede tolle „Errungenschaft" hat ihre Schattenseiten: Das Hintergrundbild wird beim Start des Betriebssystems in den Arbeitsspeicher geladen und verschlingt somit (je nach Größe - manche Hintergrundgrafiken sind bis zu 6 MByte groß) viele kostbare Systemressourcen, sodass bei einer großen Grafikdatei der Startprozess spürbar verlangsamt wird und weniger Arbeitsspeicher zur Verfügung steht! Verzichten Sie daher lieber auf die Hintergrundgrafik, auch wenn der Desktop dann ungewohnt „leer" aussieht.

Möchten Sie nicht vor einem „leeren" Desktop sitzen, hier zwei Tipps für ein optimales Hintergrundbild, das möglichst wenig Systemressourcen verschlingt: Die Grafik sollte keinesfalls in einer höheren Auflösung vorliegen, wie die von Ihnen unter Windows verwendete Grafikauflösung. Des Weiteren nutzen Sie unbedingt als Grafikformat beim Speichern des Bildes das JPEG-Format (.jpg), um für eine möglichst kleine, komprimierte Bilddatei zu sorgen.

Kein Netzwerk? – Windows-Suche deaktivieren!

„Wer sucht, der findet...", Voraussetzung: Das, was man sucht, ist vorhanden! Windows XP sucht standardmäßig bei jedem Start automatisch nach Netzwerkordnern und Druckern - auch wenn sich Ihr PC nicht in einem Netzwerk befindet. Die erfolglose Suche kostet natürlich Zeit - sind Sie kein Mitglied eines Netzwerks, greifen Sie ein und schalten diese unnötige Sucherei endlich ab:

1 Öffnen Sie den Arbeitsplatz und wählen Sie *Extras/Ordneroptionen*.

2 Springen Sie in die Registerkarte *Ansicht* und entfernen das Häkchen vor dem Eintrag *Automatisch nach Netzwerkordnern und Druckern suchen*. Die Änderung bestätigen Sie mit *OK* - ab sofort findet die Suche nicht mehr statt - der Ladevorgang des Betriebssystems verläuft schneller.

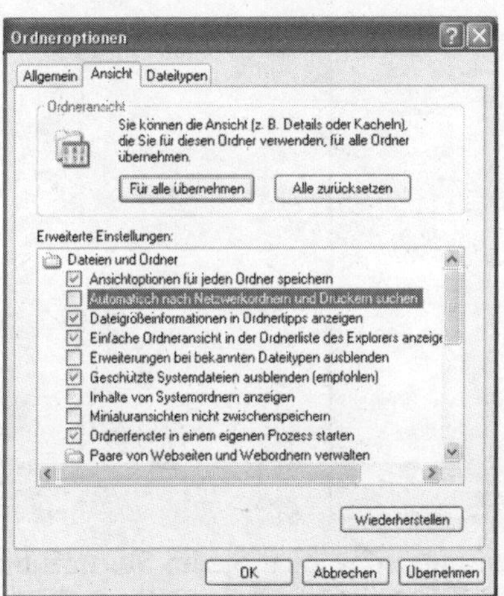

Genial: Zuletzt verwendete Anwendungen beim Windows-Start berücksichtigen!

Das neue Betriebssystem bietet eine neue Herunterfahroption an, den so genannten Ruhezustand. Dabei wird das genaue Abbild des Arbeitsspeichers auf die Festplatte geschrieben, sodass Sie nach dem Einschalten des Rechners sofort dort weiterarbeiten können, wo Sie bei der letzten Sitzung aufgehört haben. Diese Option ist äußerst nützlich und verkürzt insgesamt den Startvorgang spürbar, da nach dem Einschalten bereits alle Anwendungen, die bei der letzten Windows-Session geöffnet waren, automatisch wieder geladen werden. Nachdem der Bootprozess abgeschlossen ist, können Sie also sofort mit Ihrer Arbeit loslegen - das zeitaufwändige, eigenhändige Aufrufen der Programme entfällt!

1. Den Ruhezustand aktivieren Sie in der Systemsteuerung über *Leistung und Wartung/Energieoptionen* - oder in der klassischen Ansicht per Doppelklick auf das Symbol *Energieoptionen*!

2. In der Registerkarte *Ruhezustand* schalten Sie die Option *Ruhezustand aktivieren* ein - Hinweis: Sie müssen - je nach Größe des installierten RAM - genügend freien Festplattenspeicher für das Abbild des Arbeitsspeichers haben.

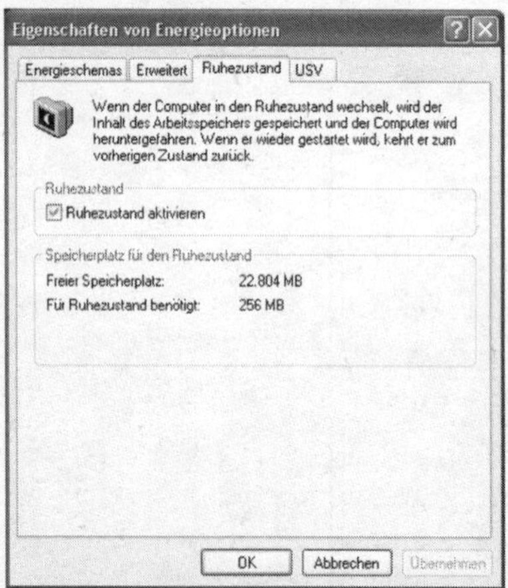

3. Um den Ruhezustand zu nutzen, wählen Sie im Startmenü *Herunterfahren*; halten Sie die [Umschalt]-Taste gedrückt - die Option *Standby* verwandelt sich dadurch in die Schaltfläche *Ruhezustand*. Klicken Sie darauf, um den Rechner in den Tiefschlaf zu versetzen! Der Start des PCs

verläuft wie gewohnt - nur stehen Ihnen alle benötigten Anwendungen schneller zur Verfügung.

Hinweis: Durch die Aktivierung der Ruhezustandsoption kann sich der Herunterfahrprozess des Systems minimal verlängern, da hierbei der gesamte Inhalt des Arbeitsspeichers und der Auslagerungsdatei auf der Festplatte abgespeichert werden muss. Nur durch diese Vorgehensweise ist es möglich, dass Sie nach dem Einschalten des PCs gleich dort weiterarbeiten können, wo Sie bei der letzten Windows-Session aufgehört haben.

4.2 Überflüssige Systemsoftware entfernen!

Windows XP ist durch zusätzliche Software stark aufgebläht - die Systemperformance und Systemstabilität leiden darunter. Ein zusätzlicher Nachteil: Das Betriebssystem benötigt viel freien Speicherplatz auf der Festplatte. Im Folgenden erfahren Sie alles Wissenswerte, um unnötige Systemsoftware zu entfernen und viel freien Speicherplatz zurückzugewinnen!

Verweisen Sie den Systemdateischutz in seine Schranken!

Bei jedem Start von Windows XP scannt die so genannte System File Protection die wichtigsten Systemdateien und kontrolliert, ob die original Windows-Dateien verwendet werden. Wurde eine Datei beschädigt bzw. von einer anderen Software überschrieben, wird das Original automatisch wiederhergestellt. Eine äußerst nützliche Vorgehensweise, allerdings verbraucht die Systemdateiprüfung für die originalen Windows-Dateien sehr viel freien Speicherplatz, verlangsamt den Startprozess und gewisse, von Ihnen gewollte Systemmanipulationen werden geblockt bzw. gleich wieder rückgängig gemacht.

Warnung: Die Systemdateiwiederherstellung ist eigentlich ein nützliches Hilfsmittel zur Vermeidung von Windows-Problemen, Sie sollten sich darüber im Klaren sein, dass die folgenden Anleitungen die Systemdatei-Sicherheit unter Windows XP herabsetzen!

System File Protection-Ordner ausmisten!

Sie haben sich entschieden, mit dem Feuer zu spielen? Damit Windows XP eventuell beschädigte Systemdateien wiederherstellen kann, wird von jeder

Systemdatei eine Kopie des Originals auf der Festplatte im Ordner *Windows/System32/dllcache* abgelegt; weil Windows XP viele wichtige Systemdateien beherbergt, ist der Sicherungsordner ziemlich groß (bis zu 400 MByte). Mit folgendem Trick löschen Sie dessen Inhalt:

1 Wählen Sie im Startmenü *Ausführen* und tippen Sie „sfc /purgecache" ein; die Eingabe bestätigen Sie mit der [Enter]-Taste!

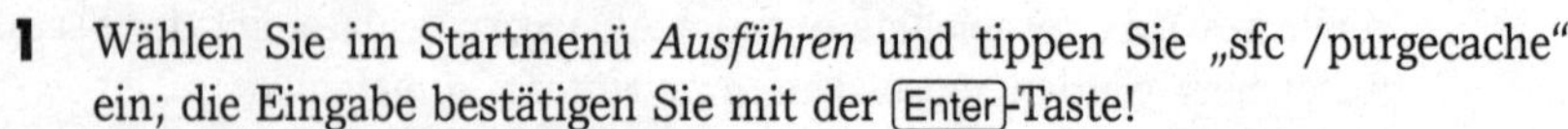

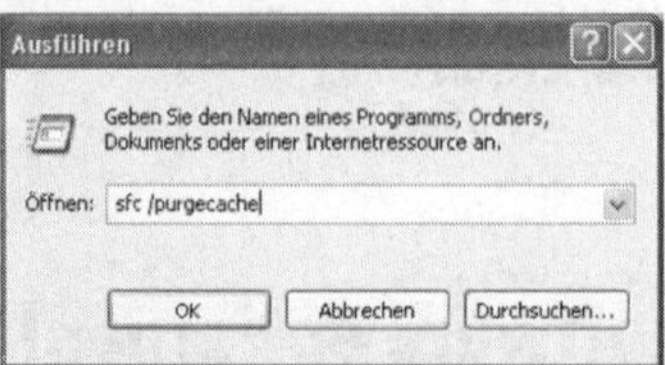

2 Windows XP löscht daraufhin den kompletten Ordnerinhalt und stellt den durch diese Aktion frei werdenden Speicherplatz zur Verfügung.

Größe des Sicherungsordners begrenzen!

Nachdem Sie den Inhalt des Systemdateiwiederherstellungsordners gelöscht haben, legen Sie am besten für ihn eine maximale Größe fest, damit er sich nicht mehr ganz so viel freien Speicherplatz auf der Festplatte unter den Nagel reißen kann! Bemerkt Windows, dass der Ordner geleert worden ist, legt es erneut Kopien der wichtigsten Systemdateien darin ab - Ihre Löschaktion wäre umsonst gewesen ...

Wählen Sie im Startmenü *Ausführen* und tippen „sfc /cachesize=100" ein; die Eingabe bestätigen Sie mit der [Enter]-Taste. Durch diese Aktion haben Sie als maximale Größe des Sicherungsordners 100 MByte festgelegt - die optimale Größe!

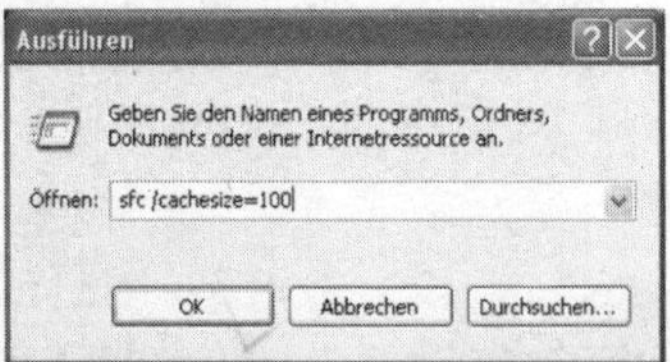

Beschränken Sie die Größe des Sicherungsordners!

Systemdateiprüfung – weg damit!

Sie zählen sich zu den „hart gesottenen" Windows-Anwendern und wollen es riskieren, die Systemdateiprüfung unter Windows XP zu deaktivieren, um den Systemstart zusätzlich zu verkürzen?

Kein Problem - Sie sollten sich allerdings darüber im Klaren sein, dass diese Aktion ein großes Risiko für die Betriebszuverlässigkeit von Windows XP (besonders bei auftretenden Problemen) darstellt:

1 Starten Sie den Registrierungseditor und manövrieren Sie sich in folgenden Ordner: *HKEY_LOCAL_MACHINE\SOFTWARE\Microsoft\Windows NT\CurrentVersion\Winlogon*. Halten Sie hier nach dem Eintrag *SFCDisable* im rechten Teilfenster Ausschau!

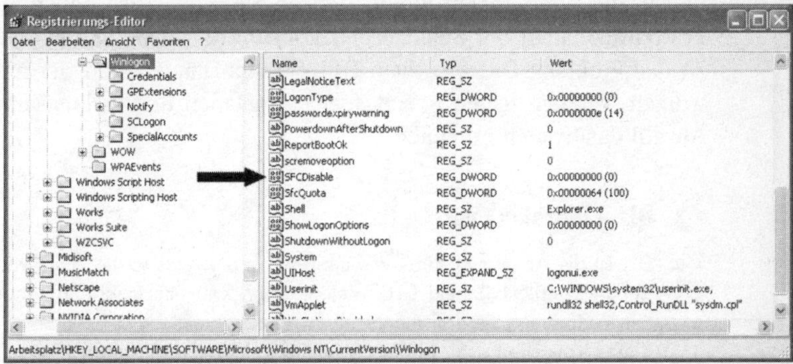

2 Führen Sie einen Doppelklick auf dem entsprechenden Eintrag aus, um ihn zu bearbeiten; im erscheinenden Fenster geben Sie unter *Wert:* statt der *0* die Buchstaben- und Zahlenkombination „FFFFFF9D" ein, um die Systemdateiprüfung beim Start zu deaktivieren. Die Änderung bestätigen Sie mit *OK* und verlassen den Editor wieder.

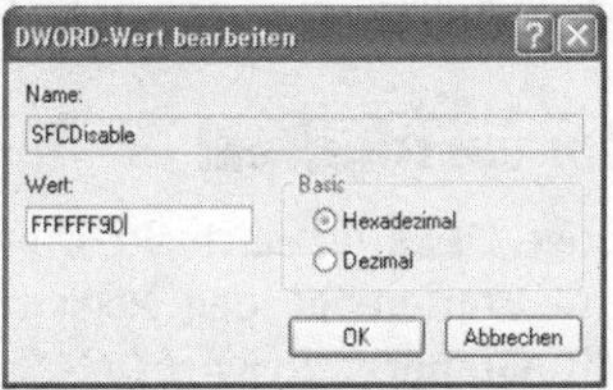

Ab sofort wird die Systemdateiprüfung nicht mehr automatisch beim Start des Betriebssystems ausgeführt - der Ladevorgang ist schneller beendet!

Aus Gründen der Systemsicherheit sollten Sie es sich allerdings zur Angewohnheit werden lassen, die Systemdateiprüfung regelmäßig manuell aufzurufen - Näheres dazu erfahren Sie in Kapitel 7.1!

DLL = Da Lassen oder Löschen?

Die Überschrift dürfen Sie nicht wörtlich nehmen, DLL ist keineswegs die Abkürzung für „**D**a **L**assen oder **L**öschen" - trotzdem umschreibt sie die DLL-Problematik unter Windows XP sehr gut!

DLL-Dateien sind für einen reibungslosen Betrieb von Anwendungen äußerst wichtig, allerdings steigt ihre Zahl beim Installieren neuer Software sprunghaft in die Höhe. Macht nichts, denken Sie, schließlich haben Sie eine große Festplatte? Nicht der Speicherplatzkonsum der meist relativ kleinen Dateien ist das Problem: Die wichtigen DLL-System-Dateien sind tief im System verwurzelt, werden in den Arbeitsspeicher geladen und verlangsamen in großer Anzahl das System erheblich.

DLL = Durchblick pur!

DLL ist die Abkürzung für Dynamic Link Library, was so viel heißt wie dynamische Verknüpfungsbibliothek! DLL-Dateien stellen Routinen innerhalb separater Dateien zur Verfügung, die von mehreren Prozessen gleichzeitig benutzt werden können; dieses Vorgehen spart Speicherplatz, da nicht jedes Programm seine eigene Datei benötigt. Bei der Installation einer Software werden trotzdem eine ganze Menge programmspezifischer DLLs auf der Festplatte gespeichert. Leider vergessen viele Programme bei der Deinstallation, die „mitgebrachten" DLL-Dateien wieder zu entfernen - die Zahl der DLLs wächst und wächst, das Betriebssystem wird immer langsamer; die Schwierigkeit besteht darin, die verwaisten DLL-Dateien aufzudecken, da viele Programme diese in den Systemordnern von Windows unterbringen und nicht im eigenen Programmordner ablegen.

DLL-Dateien: Endlich Überblick verschaffen!

Sie möchten wissen, wie viele wichtige DLLs heimlich ihr Unwesen auf Ihrem Rechner treiben? Kein Problem! Starten Sie den Registrierungseditor und stürzen Sie sich in folgenden Ordner: *HKEY_LOCAL_MACHINE\SOFTWARE\Microsoft\Windows\CurrentVersion\SharedDlls*. Fallen Sie bitte nicht vor Schreck über die riesige Anzahl von Ihrem PC-Hocker ...

Im rechten Teilfenster finden Sie in der Spalte *Name* den Namen und die Pfadangabe der entsprechenden DLL-Datei; interessant sind die Angaben unter *Wert*. Hinter jedem Eintrag finden Sie eine Zahl in Klammern dahinter stehend. Windows führt genau Buch über die Verwendung der DLL-Dateien: Sollte hinter einem Eintrag *(0)* zu lesen sein, deutet dieser Wert auf eine nicht mehr benötigte DLL-Datei hin (wahrscheinlich wurde sie bei der Deinstallation des entsprechenden Programms vergessen zu entfernen).

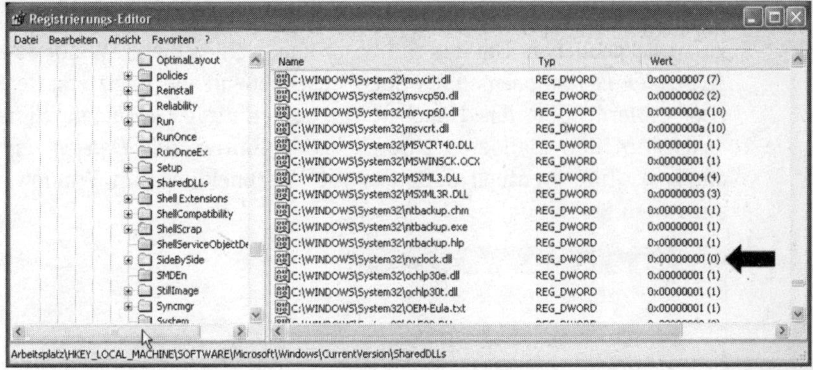

Der Wert (0) deutet auf eine nicht mehr benötigte DLL-Datei hin!

Vorsicht: Nicht gleich drauflöslöschen ...

Sie haben den angeblich verwaisten Eintrag bereits markiert und wollen ihn löschen - VORSICHT!! Das Löschen einer DLL-Datei ist gefährlich! Sollte Windows nicht ordentlich Buch geführt haben und die Datei wird noch benötigt, werden Sie große Probleme mit der entsprechenden Software bekommen. Haben Sie ein besonders wichtiges Exemplar erwischt, kann sogar das Betriebssystem danach Trouble bereiten - daher ist Vorsicht angesagt beim Löschen angeblich nicht mehr benötigter DLLs!

DLLs gefahrlos löschen – So geht's!

Notieren Sie sich den Namen und die Pfadangabe der DLL-Datei; öffnen Sie den Windows-Explorer und manövrieren sich in den notierten Ordner. Dort nennen Sie die angeblich nicht mehr benötigte DLL-Datei um (neuen Namen ebenfalls notieren). Arbeiten Sie jetzt einige Zeit mit Ihren Programmen - treten keine Fehler auf, wird die DLL-Datei tatsächlich nicht mehr benötigt und kann gefahrlos gelöscht werden. Entfernen Sie sowohl die umbenannte DLL-Datei, wie auch deren Eintrag in der Registry (Achtung: Hier wird der Original-Name verwendet).

Sie sollten auf diese Weise alle DLLs, die in der Registry den Wert *(0)* zugeteilt bekommen haben, checken und gegebenenfalls löschen, um ein möglichst „sauberes“ und schnelles System zu erhalten.

DLL nicht zu finden?

Auch das gibt's: Sie haben sich die Pfadangabe genau notiert, die verwaiste DLL ist aber nirgends zu finden! Die DLL wird von Windows gut versteckt und somit vor dem Löschen geschützt.

Vielleicht wurde sie bereits gelöscht und nur deren Eintrag in der Registry ist zurückgeblieben. Um das zu überprüfen, wählen Sie im Windows-Explorer *Extras/Ordneroptionen* und öffnen anschließend die Registerkarte *Ansicht*! Hier entfernen Sie das Häkchen vor dem Eintrag *Geschützte Systemateien ausblenden* und markieren zusätzlich den Eintrag *Alle Dateien und Ordner anzeigen*. Eine eventuell auftauchende Warnmeldung von Windows XP beantworten Sie mit *Ja*!

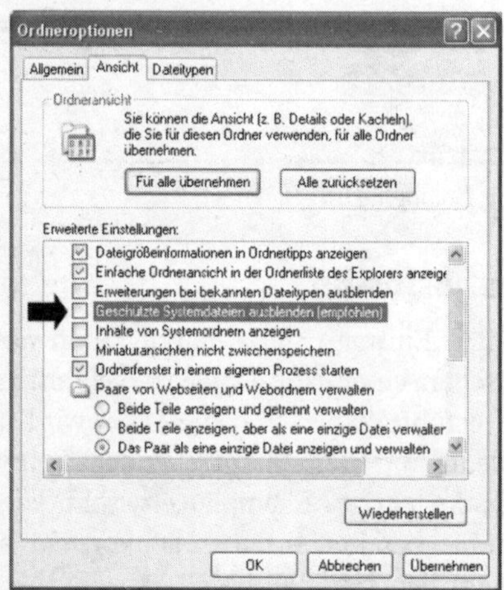

Freie Sicht auf alle Dateien und Ordner unter Windows XP!

Verlassen Sie das Fenster mit *OK* - die versteckte DLL sollte jetzt zu finden sein. Ist das nicht der Fall, wurde sie bereits gelöscht - entfernen Sie nur noch den verwaisten Eintrag in der Registry!

Lassen Sie doch automatisch unter dem „DLL-Gewimmel" aufräumen!

Ihnen ist das eigenhändige entfernen von nicht mehr benötigten DLL-Dateien zu riskant bzw. zu arbeitsintensiv? Wenn Sie nicht eigenhändig unter den zahlreichen DLL-Dateien aufräumen wollen und trotzdem für maximale Performance sorgen möchten, empfehlen wir Ihnen die Freeware DLL-Scan, die Sie sich unter *http://www.dg-software.de/html/dll-scan-Info.html* downloaden dürfen.

Das Programm überwacht über einen bestimmten - von Ihnen definierten - Zeitraum alle DLL-Dateien im Systemverzeichnis von Windows und kontrolliert, welche Dateien gebraucht werden und welche überflüssig sind. Ist der eingestellte Überwachungszeitraum abgelaufen, werden alle nicht benötigten DLL-Dateien in ein anderes Verzeichnis verschoben. Treten anschließend Probleme auf, lassen sich diese Dateien wieder in das Systemverzeichnis zurück kopieren. Ist dagegen alles in Ordnung, können die vom Programm in ein separates Verzeichnis verschobenen DLLs gefahrlos gelöscht werden.

DLL-Management unter Windows XP verbessern!

Das DLL-Management von Windows XP ist stark verbesserungsbedürftig: Das Betriebssystem lädt die erforderlichen DLL-Dateien in den Arbeitsspeicher, vergisst sie aber nach dem Beenden des jeweiligen Programms wieder zu entfernen. Mit der Zeit sammeln sich nicht mehr benötigte DLL-Dateien im Arbeitsspeicher an - das System wird mit fortdauerndem Betrieb immer träger, weil nicht mehr genug freier Arbeitsspeicher vorhanden ist! Oft liest man, dass hier als einziger Ausweg ein Neustart des Betriebssystems notwendig ist, um wieder flott arbeiten zu können - doch das stimmt nicht: Mit folgendem Registry-Eingriff schaffen Sie ohne einen Neustart Abhilfe!

1 Im Registrierungseditor hüpfen Sie in folgenden Ordner: *HKEY_LOCAL_MACHINE\SOFTWARE\Microsoft\Windows\CurrentVersion\Explorer*.

2 Legen Sie hier einen neuen Eintrag an, indem Sie im rechten Teilfenster einen Rechtsklick auf eine freie Stelle ausführen und im Menü *Neu/Zeichenfolge* wählen.

3 Den angelegten Eintrag nennen Sie *AlwaysUnLoadDLL*; führen Sie einen Doppelklick auf *AlwaysUnLoadDLL* aus und geben im erscheinenden Fenster in die untere Zeile die Zahl *1* ein. Bestätigen Sie mit *OK* und verlassen Sie den Editor wieder.

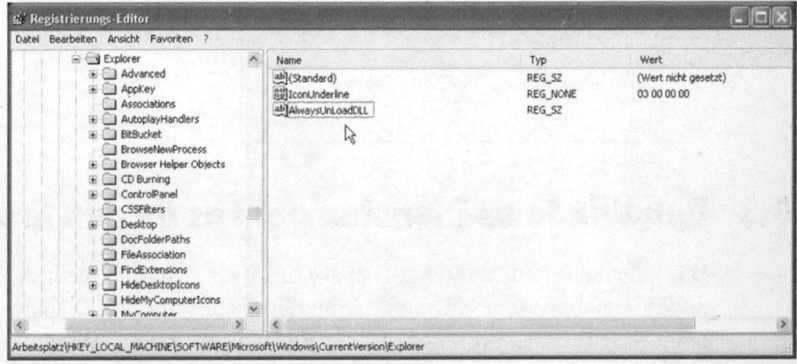

Durch diese Aktion weisen Sie Windows XP an, nicht mehr benötigte DLL-Dateien automatisch aus dem Arbeitsspeicher zu entfernen; das System reagiert dadurch auch nach längerem Betrieb flott und zuverlässig, weil ab sofort genügend freier Arbeitsspeicher vorhanden ist.

Unnötigen Windows-Krempel über Bord werfen!

Brauchen Sie wirklich die vielen Hintergrundbilder und Mauszeiger, die Windows XP standardmäßig auf Ihrer Festplatte installiert? Mit Sicherheit nicht! Entfernen Sie diesen überflüssigen Windows-Ballast, um ein sauberes, stabiles und flottes Betriebssystem mit mehr freiem Festplattenspeicher zu erhalten! Das Entfernen dieser Dateien ist unter Windows XP eigentlich sehr einfach, man muss nur wissen, wo die Deinstallationsmöglichkeiten zu finden sind.

1. Die unnötigen Dateien entfernen Sie in der Systemsteuerung über den Eintrag *Software;* anschließend klicken Sie auf *Windows-Komponenten hinzufügen/entfernen.*
2. Aktivieren Sie die Option *Zubehör und Dienstprogramme* und klicken danach auf *Details*; markieren Sie jetzt *Zubehör* und fördern Sie die Auswahlmöglichkeiten per Klick auf die Schaltfläche *Details* zu Tage!
3. Hier entfernen Sie das Häkchen vor den Einträgen, deren Dateien Sie entfernen möchten.

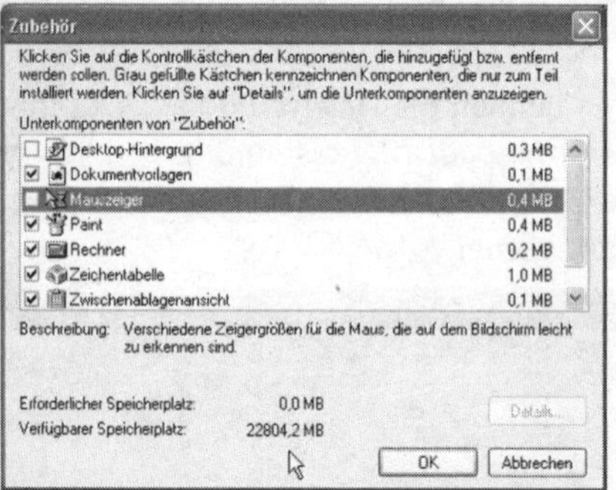

4.3 Den Windows-Diensten geht es an den Kragen!

Die so genannten Windows-Dienste sind ein wirklich heikles Thema: Das neue Betriebssystem lädt standardmäßig viele unnötige Dienste automatisch beim Start; diese verbrauchen eine Vielzahl an freien Systemressourcen und verlangsamen das System gewaltig! Natürlich könnte man jetzt auf den Gedanken kommen, alle Dienste für maximale Systemperformance zu deaktivieren - das ist allerdings nicht ratsam: Windows XP würde anschließend beispielsweise nicht mehr korrekt drucken! Sie dürfen also nur einzelne, für Ihren PC nicht benötigte Dienste abschalten - aber welche sind das? Im folgenden Abschnitt erfahren Sie alles Wissenswerte rund um das optimale Handling der Windows-Dienste.

Vorher unbedingt Sicherung anlegen!

Bevor Sie richtig loslegen und überflüssige Dienste deaktivieren, legen Sie eine Sicherheitsdatei an, um im Notfall den Rechner wieder in seinen ursprünglichen Zustand versetzen zu können! Entweder Sie erstellen mit der Systemwiederherstellung von Windows XP einen Wiederherstellungspunkt oder Sie sichern (wie in Kapitel 1 beschrieben) den folgenden Registry-Ordner-Schlüssel manuell: *HKEY_LOCAL_MACHINE\SYSTEM\CurrentControlSet\Services.*

So ändern Sie die Startart der Windows-Dienste!

Nach dem notwendigen Backup des betroffenen Registry-Ordners geht es ans „Eingemachte"! Den Starttyp eines Windows-Dienstes ändern Sie folgendermaßen:

1 In der Systemsteuerung klicken Sie auf die Kategorie *Leistung und Wartung* und anschließend auf *Verwaltung*; hier führen Sie einen Doppelklick auf das Symbol *Dienste* aus. Über die klassische Ansicht der Systemsteuerung kommen Sie schneller ans Ziel: *Verwaltung/Dienste*!

2 Das Fenster mit den einzelnen Diensten erscheint; um den Startyp eines einzelnen Dienstes zu verändern, öffnen Sie den entsprechenden Eintrag des Dienstes mit einem Doppelklick und wählen in der Registerkarte *Allgemein* die gewünschte Startoption aus!

Automatisch, Manuell oder Deaktiviert – Wie hätten Sie es gern?

Microsoft bietet für das Starten der Dienste drei Optionen an; allerdings sind die Bezeichnungen alles andere als eindeutig, daher ein kurzer Überblick:

- **Automatisch**: Der Dienst wird jedes Mal beim Start des Betriebssystems automatisch geladen - egal, ob er benötigt wird oder nicht.
- **Manuell**: Der Dienst wird von Windows nur automatisch geladen, wenn er benötigt wird.
- **Deaktiviert**: Der Dienst wird komplett abgeschaltet; er wird auch nicht mehr gestartet, wenn er benötigt wird! Vorsicht: Setzen Sie diese Option nur bei Diensten ein, von denen Sie genau wissen, dass Sie sie nicht benötigen - andernfalls ist Ärger vorprogrammiert ...

Genial: Dienste über ein eigenes Hardwareprofil schachmatt setzen!

Ganz auf der sicheren Seite sind Sie beim Experimentieren mit den Diensten, wenn Sie für die Deaktivierung der Dienste zum Testen ein eigenes Hardwareprofil erstellen. Windows fragt Sie dann bei jedem Systemstart, welches Hardwareprofil gestartet werden soll. So haben Sie zudem die Möglichkeit, mehrere Dienstszenarien parallel auszutesten und gegebenenfalls einen Benchmark drüberlaufen zu lassen, um die Auswirkungen zu testen. Zum Erstellen eines neuen Hardwareprofils gehen Sie folgendermaßen vor:

1 Öffnen Sie die Systemsteuerung und doppelklicken Sie auf das Symbol *System*. Wechseln Sie dann zur Registerkarte *Hardware* und klicken Sie auf die Schaltfläche *Hardwareprofile*.

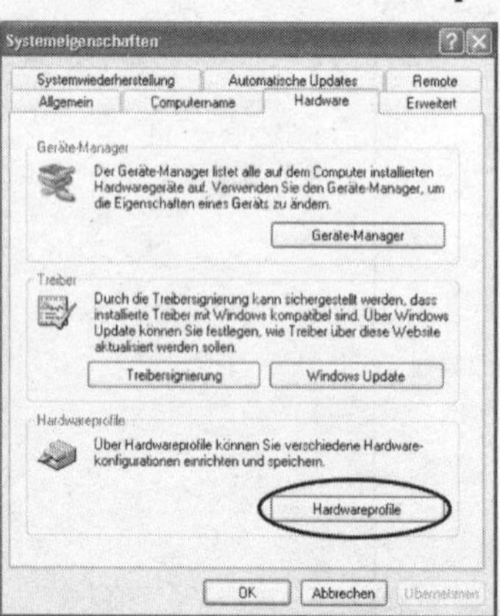

2 Klicken Sie nun auf *Kopieren*, um das aktuelle Hardwareprofil (Ausgangszustand) zu kopieren.

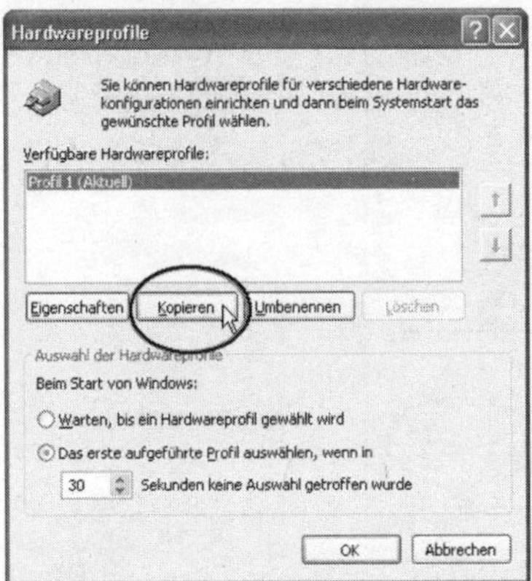

3 Nun können Sie für das neue Hardwareprofil einen beliebigen Namen eingeben, beispielsweise „Profil mit deaktivierten Diensten“.

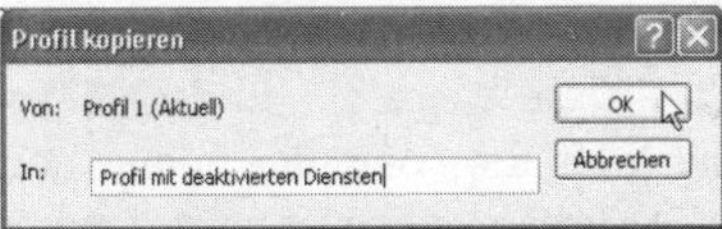

4 Starten Sie jetzt Ihren Rechner neu und wählen Sie im automatisch erscheinenden Menü der Hardwareprofile das gerade für die Testzwecke angelegte Profil aus.

5 Einen Dienst schalten Sie bei dieser Methode folgendermaßen aus; In der Systemsteuerung klicken Sie auf die Kategorie *Leistung und Wartung* und anschließend auf *Verwaltung*; hier führen Sie einen Doppelklick auf das Symbol *Dienste* aus. Über die klassische Ansicht der Systemsteuerung kommen Sie schneller ans Ziel: *Verwaltung/Dienste*!

6 Das Fenster mit den einzelnen Diensten erscheint; um den Startyp eines Dienstes zu verändern, öffnen Sie den entsprechenden Eintrag des Dienstes mit einem Doppelklick und wechseln zur Registerkarte *Anmelden*. Hier markieren Sie im Feld *Hardwareprofil* das neu angelegte Hardwareprofil. Klicken Sie nun auf *Deaktivieren*, um den ausgewählten Dienst für das ausgewählte Hardwareprofil zu deaktivieren.

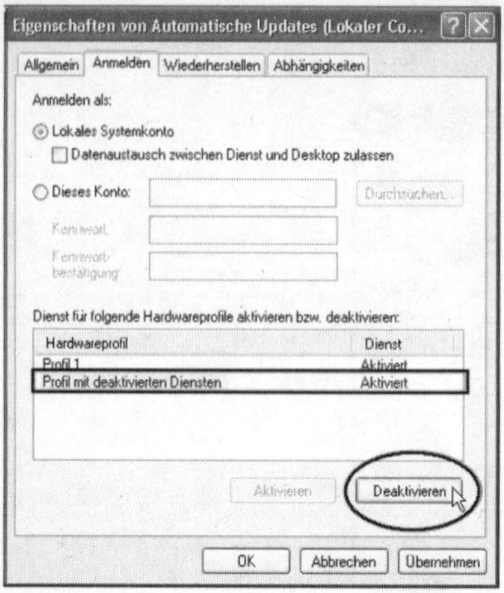

Das Besondere an dieser Vorgehensweise gegenüber der im Abschnitt vorher beschriebenen Methode: Haben Sie es bei der Deaktivierung der Dienste übertrieben, sodass sich schlimmstenfalls Windows nicht mehr starten lässt, können Sie das Betriebssystem immer noch über das ursprüngliche Hardwareprofil starten. Haben Sie auf diese Weise alle in der obigen Liste aufgeführten Dienste deaktiviert und läuft Ihr Computer immer noch rund, können Sie dagegen - wieder über *Systemsteuerung/System*, Registerkarte *Hardware*, Schaltlfläche *Hardwareprofile* - das ursprüngliche Profil löschen. Hinweis: Einen kleinen Nachteil hat die gerade beschriebene Methode doch: Sie können die Dienste nur aktivieren oder deaktivieren. Es lässt sich leider nicht der äußerst praktische Starttyp *Manuell* auswählen. Hierzu müssen Sie das zu Beginn des Abschnitts aufgezeigte Verfahren verwenden.

Im tiefen Dschungel der Windows-Dienste!

Nachdem Sie wissen, wie Sie die Windows-Dienste abschalten bzw. den Starttyp ändern, dürfen Sie richtig unter den Windows-Diensten „wüten“ und für jeden einen geeigneten Startyp festlegen; damit Sie sich nicht im Dickicht der Dienste verirren: Im Folgenden finden Sie wichtige Hinweise, damit die Deaktivierung der Windows-Dienste nicht im Windows-Desaster endet ...

Diese Dienste dürfen nicht deaktiviert werden!

Die folgenden Dienste sollten Sie NICHT deaktivieren, weil sie für einen reibungslosen Betrieb von Windows XP notwendig sind! Machen Sie um diese Dienste am besten einen großen „Mausbogen“.

Dienstname	Funktion	Starttyp
Arbeitsstationsdienst	Bietet Netzwerkverbindung und Netzwerkkommunikation.	Automatisch
COM+ Ereignissystem	Stellt COM-Komponenten die automatische Verteilung von Ereignissen zur Verfügung.	Manuell
Druckerwarteschlange	Lädt die zu druckenden Dateien in den Arbeitsspeicher, um sie später auf Papier zu bringen.	Automatisch
Geschützter Speicher	Bietet geschützten Speicherplatz für private Daten, um Zugriffe durch nicht autorisierte Dienste, Prozesse oder PC-User zu verhindern.	Automatisch
Netzwerkverbindungen	Verwaltet Objekte im Ordner *Netzwerk- und DFÜ-Verbindungen*.	Manuell
Plug & Play	Verwaltet Geräteinstallationen und Gerätekonfigurationen und informiert die Programme über eventuelle Änderungen; die Abschaltung würde zu Instabilitäten des Systems führen!	Automatisch
Sicherheitskontenverwaltung	Speichert Sicherheitsinformationen für lokale Benutzerkonten.	Manuell

Überflüssige Windows-Dienste entlarvt!

Neben den Diensten, die für Windows XP lebensnotwendig sind, gibt es eine Reihe von Diensten, die Sie für maximale Systemleistung besser deaktivieren; Hinweis: Die zu deaktivierenden Dienste hängen zum Teil von der jeweiligen Hardwareausstattung des PCs ab! Beseitigen Sie endlich das dicke Geflecht der Windows-Dienste, um den Windows-Dschungel schneller durchqueren zu können. Im Folgenden finden Sie die dicksten „Gestrüppe“, die es für einen schnellen Weg durch das Betriebssystem zu beseitigen gilt:

Dienstname	Funktion & Empfehlung
Ablagemappe	Der Dienst ermöglicht der Ablagemappe, Informationen zu speichern und diese mit einem Remotecomputer auszutauschen; aus Sicherheitsgründen sollten Sie den Dienst besser deaktivieren.
Automatisches Update	Aktiviert den automatischen Download von Updates für Windows XP; schalten Sie diesen Dienst besser aus und holen sich die notwendigen Updates manuell vom Microsoft-Server – so wissen Sie, was wirklich auf Ihrem Rechner „landet“! Vorher wählen Sie: *Systemsteuerung/System/Automatische Updates /Automatische Updates deaktivieren*!
Designs	Sie finden das klassische Design von Windows schöner als die bunte Windows XP-Oberfläche? Deaktivieren Sie diesen Dienst, um das klassische Aussehen zurückzuerhalten und Ihren Rechner dadurch zu beschleunigen.
Fehlerberichterstattung	Ermöglicht die Fehlerberichterstattung für Dienste und Anwendungen, die in nicht standardgemäßen Umgebungen ausgeführt werden; Voreinstellung: *Automatisch* – ändern Sie diese entweder in *Manuell* oder in *Deaktiviert!*

Dienstname	Funktion & Empfehlung
Hilfe und Support	Dieser Dienst ist für das Hilfe- und Supportcenter von Windows XP auf dem PC verantwortlich! Benötigen Sie keine Hilfe, deaktivieren Sie diesen Dienst!
IMAPI-CD-Brenn-COM-Dienste	Nutzen Sie die Brennengine von Windows XP nicht, deaktivieren Sie den Dienst unbedingt, um Probleme mit separater Brennsoftware (beispielsweise Nero oder WinOnCD) zu vermeiden!
Indexdienst	Durch die Indizierung von Dateiinhalten und Dateieigenschaften soll die Suche nach Dateien beschleunigt werden; dies hält sich allerdings in Grenzen. Der Dienst beeinträchtigt die Systemleistung negativ und sollte daher deaktiviert werden.
Remote-Registrierung	Ermöglicht Remotebenutzern, die Registrierungseinstellungen des PCs zu verändern; aus Sicherheitsgründen sollten Sie den Dienst deaktivieren. Schließlich sind Registry-Eingriffe immer eine kitzlige Sache – besonders über das Netzwerk!
Smartcard	Verwaltet und steuert den Zugriff auf eine Smartcard; besitzen Sie keine solche Karte, deaktivieren Sie diesen Dienst!
Smartcard-Hilfsprogramm	Unterstützt herkömmliche Smartcard-Lesegeräte; benutzen Sie kein solches Gerät, deaktivieren Sie den Dienst!
Taskplaner	Mithilfe des Taskplaners können Sie bestimmte Programme zu einem festgelegten Zeitpunkt ausführen lassen; nutzen Sie den Taskplaner nicht, deaktivieren Sie den Dienst!
Wechselmedien	Benutzen Sie keine Wechselmedien (beispielsweise ZIP-Laufwerke), schalten Sie diesen Dienst ebenfalls ab!

Diese gefährlichen Dienste sollte das Service Pack 2 deaktiviert haben!

Mittlerweile hat Microsoft erkannt, dass einige, automatisch bei jedem Start des Systems gestartete Dienste ein großes Sicherheitsrisiko darstellen. Zunächst war Microsoft bei Windows XP nach dem Motto verfahren: „Je mehr, desto besser“, weshalb fast alle Dienste des Systems bei jedem Start automatisch geladen wurden. Dies hat sich jedoch geändert: Durch die Installation des Service Pack 2 werden zwei der gefährlichsten Dienste automatisch deaktiviert. Hierbei handelt es sich um den *Nachrichtendienst*, der eigentlich für das Versenden von Nachrichten im Netzwerk gedacht ist - jedoch häufig für die Verbreitung von Spam genutzt wird, und um den *Warndienst*, der für die interne Alarm-Kommunikation dient, aber ebenfalls eine Sicherheitslücke darstellt.

Möchten Sie das Service Pack 2 wegen seiner Macken (siehe Kapitel 8) nicht installieren bzw. nachkontrollieren, ob die Abschaltautomatik auch auf Ihrem Computer fehlerfrei funktioniert hat („Vertrauen ist gut - Kontrolle ist besser!“), gehen Sie folgendermaßen vor:

1 Im Fenster der aufgelisteten Dienste suchen Sie zunächst den *Nachrichtendienst* und checken, ob für ihn in der Spalte *Autostarttyp* der Eintrag *Deaktiviert* gilt. Falls nicht, hat die Automatik des Service Pack 2 versagt und Sie müssen den Starttyp des Dienstes - wie auf Seite 119 beschrieben - eigenhändig ändern.

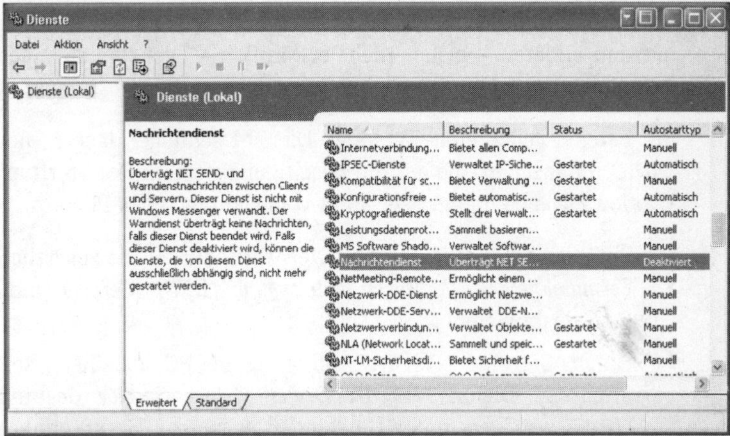

2 Anschließend suchen Sie in der Diensteauflistung den *Warndienst* und prüfen ebenfalls, ob in der Spalte *Autostarttyp* der Eintrag *Deaktiviert* bzw. *Manuell* zu lesen ist. Falls nicht, setzen Sie den Starttyp selbst auf *Manuell* oder *Deaktiviert*.

Fatales Dienstemanagement durch das Service Pack 2 bei Netzwerk-PCs?

Das Service Pack 2 kann für User in einem Netzwerk auf den ersten Blick fatale Nebenwirkungen haben: Nachdem Sie das Service Pack 2 installiert haben, funktioniert der Versand von Nachrichten im Netzwerk mithilfe des Nachrichtendienstes von Windows XP nicht mehr. Der Grund: Dieser gefährliche Dienst wird, wenn nichts schief läuft, bei der Installation des Service Pack 2 automatisch abgeschaltet (siehe vorangegangenen Abschnitt). Dadurch ist es nicht mehr ohne geeignete, zusätzliche Software unter Windows XP möglich, Nachrichten im Netzwerk zu versenden.

Natürlich könnten Sie den Nachrichtendienst bei Bedarf wieder eigenhändig aktivieren und hoffen, dass Sie von zukünftigen Spam-Attacken verschont bleiben, allerdings ist dies nicht ratsam - das Sicherheitsrisiko ist zu groß! Selbst Microsoft rät inzwischen von der Nutzung des Nachrichtendienstes ab! Realisieren Sie daher für den Nachrichtenversand im Netzwerk lieber eine andere Lösung, als auf den Nachrichtendienst von Windows XP zurückzugreifen.

Was geschieht mit den restlichen Diensten?

Bei der Vielzahl der aufgelisteten Dienste taucht natürlich die Frage auf, was mit den anderen - bisher nicht erwähnten - Diensten zu machen sei. Eine gute Frage!

Im bereits gelichteten Windows-Dienst-Dschungel lauern noch ein paar „zarte" Pflänzchen, die auf die Beseitigung warten. Der Starttyp der weiteren Windows-Dienste hängt sehr stark vom Gebrauch des PCs ab:

- Befinden Sie sich in keinem Netzwerk, dürfen Sie zusätzlich die Dienste *Terminaldienste, Verteiltes Dateisystem (DFS) (Server)* und *Routing und RAS* deaktivieren.
- Haben Sie eine NVIDIA-Grafikkarte im PC installiert, sollten Sie den nutzlosen Dienst *NVIDIA Driver Helper Service* deaktivieren; dieser Dienst verzögert unter Umständen sogar das Herunterfahren des Rechners erheblich!
- Besitzen Sie keinen Scanner und keine Digitalkamera, deaktivieren Sie zusätzlich den Dienst *Windows-Bilderfassung.*
- *Faxdienst*: Empfangen und verschicken Sie keine Faxe mit dem PC, sollten Sie diesen Dienst ebenfalls deaktivieren.

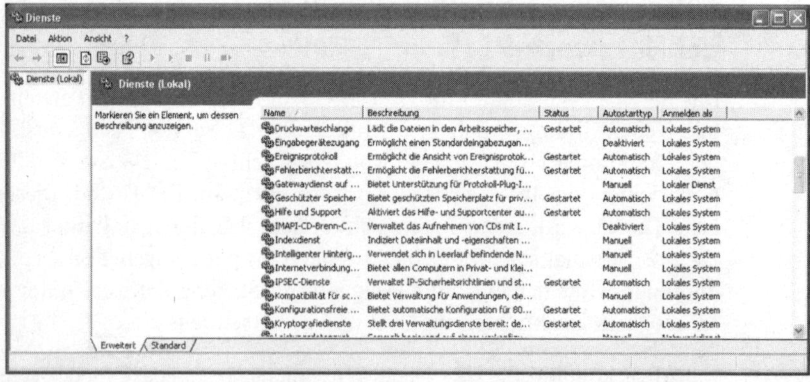

Windows-Dienste - so weit das Auge reicht!

Maximale Systemressourcen durch manuellen Starttyp!

Alle anderen, bisher nicht genannten Dienste, stellen Sie am besten für maximale Systemressourcen auf den Starttyp *Manuell*; der entsprechende Dienst wird dadurch erst geladen, wenn er benötigt wird.

Somit ist gesichert, dass ein nicht benötigter Dienst gleich mit Windows XP gestartet wird - den Startvorgang unnötigerweise verlängert und kostbare Systemressourcen verschlingt!

Durch diese Vorgehensweise ist gewährleistet, dass Sie nicht aus Versehen einen Dienst deaktivieren, der für den Betrieb einer Software wichtig wäre; leider bringen auch einige Softwareprogramme (beispielsweise Virenscanner) eigene Dienste mit, sodass schnell die Übersicht zwischen Windows- und Softwarediensten verloren geht!

Durch den manuellen Starttyp beschleunigen Sie den PC gefahrlos ...

4.4 Windows XP Light: nutzlose Microsoft-Tools aus dem System rauswerfen!

Sie wollen Windows XP einer radikalen Schlankheitskur unterziehen und unnötige Zusatztools, die Microsoft dem Betriebssystem verpasst hat, restlos entfernen?

Das ist ziemlich schwierig, schließlich hat sich Microsoft stets bemüht, die Zusatzkomponenten immer fester in das Betriebssystem zu integrieren - die Deinstallation ist kaum bzw. gar nicht möglich!

Das Ärgerliche an dieser Tatsache: Windows bläht sich immer stärker auf, weil Sie zusätzlich zu den nicht genutzten, aber trotzdem im System vorhandenen Microsoft-Tools alternative Anwendungen installieren, die mehr Funktionen besitzen bzw. Ihnen besser gefallen. Die Folge: Windows wird immer fetter und langsamer!

Was Gerichtsurteile gegen Microsoft bisher nicht erreichen konnten, muss trotzdem kein Wunschtraum bleiben: Ein (fast) Microsoft-freies Windows XP! Wir zeigen Ihnen, wie Sie überflüssigen und nutzlosen Windows-Krempel restlos über Bord gehen lassen ...

Defragmentierungsprogramm restlos beseitigen!

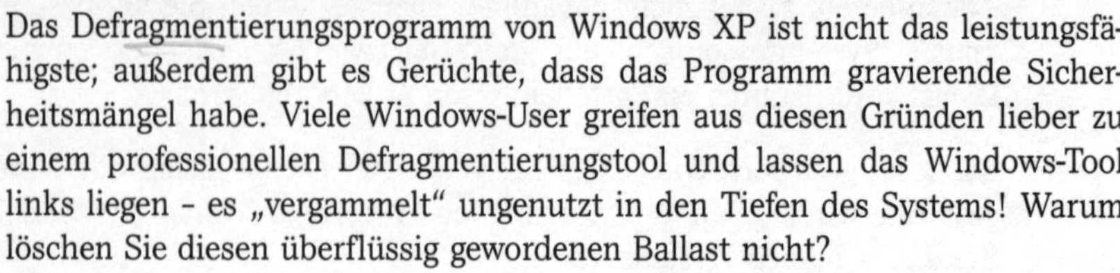

Das Defragmentierungsprogramm von Windows XP ist nicht das leistungsfähigste; außerdem gibt es Gerüchte, dass das Programm gravierende Sicherheitsmängel habe. Viele Windows-User greifen aus diesen Gründen lieber zu einem professionellen Defragmentierungstool und lassen das Windows-Tool links liegen - es „vergammelt" ungenutzt in den Tiefen des Systems! Warum löschen Sie diesen überflüssig gewordenen Ballast nicht?

Hinweis: Lesen Sie sich die folgende Anleitung erst genau durch, bevor Sie an die Arbeit gehen! Erstellen Sie vor der Aktion unbedingt mithilfe der Systemwiederherstellung einen aktuellen Wiederherstellungspunkt - misslingt die Durchführung aus irgendeinem Grund, können Sie Windows XP dadurch in Windeseile wieder in den vorherigen Zustand zurückversetzen. Sorgen Sie außerdem dafür, dass sich die Windows-Setup-CD nicht im Laufwerk befindet - dadurch würde die Entfernung sofort rückgängig gemacht werden.

Schritt 1: Registry-Ordner sichern und löschen!

Wurde Windows XP über ein Netzwerk installiert, wartet vor der eigentlichen Durchführung zusätzliche Arbeit. Sie müssen die Einträge des Installationspfads aus der Registry entfernen: Legen Sie zunächst ein Backup folgender Registry-Ordner an und löschen diese anschließend - andernfalls stellt der Windows-Dateischutz die gelöschten Dateien gleich wieder her! Haben Sie dagegen Windows XP von einer CD-ROM installiert, können Sie diesen Schritt überspringen!

Öffnen Sie den Registrierungseditor, markieren den entsprechenden Ordner und wählen *Datei/Exportieren*. Achten Sie darauf, dass unter *Exportbereich* die Option *Ausgewählte Teilstruktur* aktiviert ist! Nachdem Sie ein Backup der jeweiligen Schlüssel angelegt haben, löschen Sie diese!

- *HKEY_LOCAL_MACHINE\SOFTWARE\Microsoft\Windows NT\CurrentVersion\SourcePath*
- *HKEY_LOCAL_MACHINE\SOFTWARE\Windows\CurrentVersion\Setup\Service-PackSourcePath*
- *HKEY_LOCAL_MACHINE\SOFTWARE\Windows\CurrentVersion\Setup\InstallationSources*
- *HKEY_LOCAL_MACHINE\SOFTWARE\Windows\CurrentVersion\Setup\SourcePath*

Schritt 2: Dateien des Defragmentierungsprogramms löschen!

Starten Sie den Windows-Explorer und öffnen den Ordner *C:\Windows\System32\dllcache*; suchen Sie folgende Dateien und löschen sie, falls diese vorhanden sind:

- *DfrgFat.exe*
- *DfrgNtfs.exe*
- *Defrag.exe*
- *DfrgRes.dll*
- *DfrgSnap.dll*
- *DfrgUI.dll*

Anschließend öffnen Sie den Ordner *C:\Windows\System32* und entfernen hier ebenfalls die oben aufgelisteten Dateien. Dabei wird Sie der Windows-Dateischutz mit einem Warnfenster belästigen; klicken Sie auf *Abbrechen* und danach auf *Ja*.

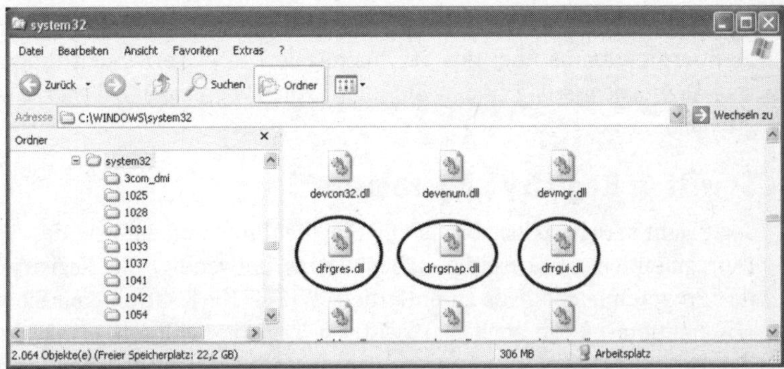

Löschen von drei Programmdateien des Defragmentierungsprogramms von Windows XP!

Ordner dllcache nicht zu finden? – Zugriff auf alle Systemdateien erlangen!

Sie können den Ordner *dllcache* nicht finden? Kein Problem! Windows XP versteckt standardmäßig wichtige Systemdateien und Ordner, um sie vor einem versehentlichen Löschen zu schützen - das müssen Sie ändern!

1 Wählen Sie Im Explorer-Fenster *Extras/Ordneroptionen* und wechseln in die Registerkarte *Ansicht*!

2 Entfernen Sie das Häkchen vor dem Eintrag *Geschützte Systemdateien ausblenden (empfohlen)* - die auftauchende Warnmeldung ignorieren Sie mit *Ja* - und markieren weiter unten die Option *Alle Dateien und Ordner anzeigen*.

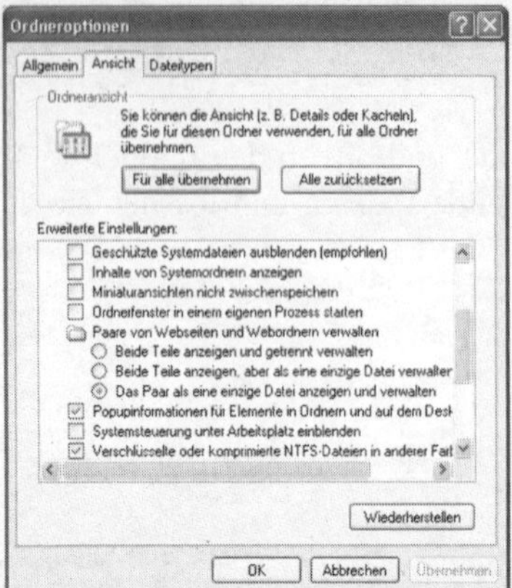

3 Verlassen Sie das Fenster mit einem Klick auf *OK* - alle Systemdateien sind sichtbar geworden!

Schritt 3: Menüeintrag beseitigen!

Dieser Schritt ist schnell erledigt: Löschen Sie den Menüeintrag des Defragmentierprogramms über das Startmenü; den zu entfernenden Programmeintrag *Defragmentierung* finden Sie unter: *Alle Programme/Zubehör/Systemprogramme.*

Schritt 4: Registry „bearbeiten"!

Jetzt geht's richtig los: Nachdem Sie die Programmdateien des Windows-Defragmentiertools beseitigt haben, ist es notwendig, die Registry-Einträge des Programms ebenfalls zu entfernen. WICHTIG: Kontrollieren Sie vor jeder Löschaktion, ob Sie auch den richtigen Registry-Schlüssel erwischt haben - das Entfernen eines falschen Ordners kann böse Folgen haben - unter Umständen startet Windows XP anschließend nicht mehr; in einem solchen Fall hilft die Systemwiederherstellung - allerdings bleiben Sie in dem Fall weiterhin auf dem Windows-Defragmentiertool sitzen ...

Im Registrierungseditor löschen Sie folgende Registrierungseinträge komplett - Anmerkung: Sie dringen dabei in die unendlichen Weiten der Registry vor, die nie ein Mensch zuvor gesehen hat ...

- *HKEY_LOCAL_MACHINE\SOFTWARE\Microsoft\Dfrg*
- *HKEY_LOCAL_MACHINE\SOFTWARE\Microsoft\Windows\CurrentVersion\Explorer\MyComputer\DefragPath*
- *HKEY_LOCAL_MACHINE\SOFTWARE\Microsoft\MMC\NodeTypes\{476e644a-aaff-11d0-b944-00c04fd8d5b0}\Extensions\ContextMenu\{43668E21-2636-11D1-A1CE-0080C88593A5}*

- *HKEY_LOCAL_MACHINE\SOFTWARE\Microsoft\MMC\NodeTypes\{476e644a-aaff-11d0-b944-00c04fd8d5b0}\Extensions\NameSpace\{43668E21-2636-11D1-A1CE-0080C88593A5}*
- *HKEY_CLASSES_ROOT\CLSID\{80EE4901-33A8-11d1-A213-0080C88593A5}*
- *HKEY_CLASSES_ROOT\CLSID\{80EE4902-33A8-11d1-A213-0080C88593A5}*
- *HKEY_LOCAL_MACHINE\SOFTWARE\Microsoft\MMC\SnapIns\{43668E21-2636-11D1-A1CE-0080C88593A5}*

Schritt 5: Gelöschte Registry-Einträge wiederherstellen!

Wenn Sie Windows XP über das Netzwerk installiert und Schritt 1 durchgeführt haben, müssen Sie die gelöschten Ordner nach der Entfernung des Defragmentierprogramms wiederherstellen: Dazu führen Sie im Explorer einen Doppelklick auf die angelegten Sicherungsdateien aus (keine vergessen!) - die gelöschten Ordner werden dadurch in die Registry zurückgeschrieben.

Schritt 6: Windows neu starten und zittern ...

Es wird spannend: Wir sind fertig, wenn Sie alles richtig gemacht haben, wurde das Defragmentierungstool vollständig entfernt - starten Sie Windows XP neu - zur Beruhigung sollten Sie sich vorher ein kühles Bier holen!

Jetzt heißt es hoffen, dass Sie im Eifer des Gefechts keinen falschen Registry-Eintrag gelöscht haben. Bei Ihnen startet Windows XP korrekt? - Prima, Sie haben die beschriebene Aktion erfolgreich durchgeführt! Sollte dagegen das Betriebssystem nur mit einer Fehlermeldung bzw. nicht mehr starten, haben Sie einen Fehler gemacht! Versetzen Sie das System mithilfe der Systemwiederherstellung in den Ausgangszustand und versuchen Sie es erneut - diesmal wird es bestimmt gelingen!

Lassen Sie den Internet Explorer, Outlook Express & Co. verschwinden!

Neben dem Defragmentierungsprogramm gibt es eine ganze Menge weiterer Zusatzprogramme in Windows XP: Beispielsweise den bekannten Internet Explorer, Outlook Express oder den Movie Maker! War es unter Windows 2000 bzw. ME noch möglich, beide Komponenten restlos zu entfernen, funktioniert es unter dem neuen Betriebssystem nicht mehr!

Das ist besonders ärgerlich, wenn Sie zum Surfen im Internet nicht den Microsoft-Browser, sondern einen Konkurrenten verwenden - Microsoft hat es endlich geschafft, die Programme im System fest zu verwurzeln, sodass sie nicht entfernt werden können, ohne Windows XP In Schutt und Asche zu legen!

„Großartige" Microsoft-Trickserei

Technisch gesehen, ist es bei vielen Microsoft-Tools nicht möglich, diese komplett aus dem System zu verbannen. Microsoft hatte jedoch auf den immer stärker werdenden Druck von außen reagiert und mit dem Service Pack 1 eine „elegante" Lösung herausgebracht: Die Programme werden nicht deinstalliert (technisch nicht möglich), sondern nur deren Einträge (beispielsweise im Programmmenü) entfernt!

Die Einträge der Zusatzprogramme von Microsoft lassen Sie nach der Installation des Service Packs folgendermaßen verschwinden:

1 Öffnen Sie in der Systemsteuerung (klassische Ansicht) den Eintrag *Software* mit einem Doppelklick.

2 Danach betätigen Sie am linken Fensterrand die Schaltfläche *Programmzugriff und -standards festlegen*. Sie haben jetzt die Möglichkeit, zwischen mehreren vordefinierten Konfigurationen zu wählen - auch eine für das komplette Verbannen der bekannten Microsoft-Tools aus Windows XP ist dabei. Voraussetzung: Sie haben für jede „Aufgabe" ein Programm eines anderen Herstellers installiert.

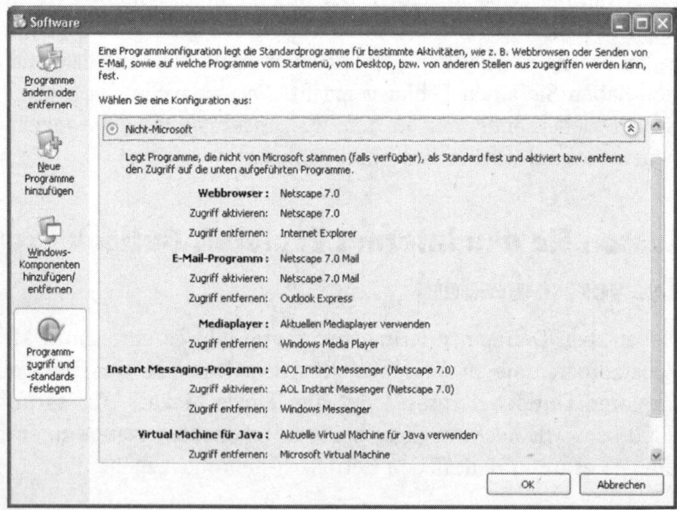

Machen Sie sich allerdings nicht zu viel Mühe mit diesen Konfigurationen - Sie verstecken dadurch nur die Einträge der Microsoft-Zusatztools! Toll, was? Der große „Windows-Schöpfer" Microsoft entfernt die Komponenten lediglich durch das Ausblenden der entsprechenden Programme - so etwas nennt man „fehlerhafte" und unvollständige Deinstallation, wenn man es überhaupt Deinstallation nennen darf! Würden alle Softwarehersteller nach dieser Methode vorgehen - Windows XP wäre in kürzester Zeit durch die unvollständigen Deinstallationsroutinen völlig aufgebläht und nicht mehr zu gebrauchen - nur Microsoft darf so etwas ...

Wieder raus damit: Das Service Pack 2 erweitert ungefragt das Startmenü!

Sie haben das Service Pack 2 installiert? In dem Fall werden Sie bemerkt haben, dass durch die Installation ungefragt das Startmenü von Windows XP durch den Eintrag *Programmzugriff und -standards* erweitert wurde. Es ist wirklich schlimm: Obwohl dieses Feature völlig nutzlos ist (siehe vorangegangenen Abschnitt) platziert es Microsoft durch das Service Pack 2 sogar im Startmenü - als ob man dort nicht wichtigere Dinge ablegen könnte!

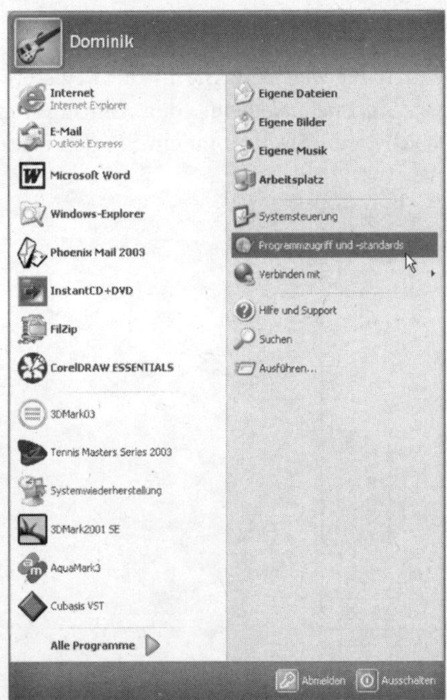

Im Folgenden zeigen wir Ihnen, wie Sie den neuen Eintrag wieder loswerden und das Startmenü an Ihre Bedürfnisse anpassen:

1 Führen Sie einen Rechtsklick auf die *Start*-Schaltfläche des Betriebssystems aus und wählen Sie im erscheinenden Menü *Eigenschaften*.

2 In der Registerkarte *Startmenü* klicken Sie rechts neben dem aktivierten Eintrag *Startmenü* auf die Schaltfläche *Anpassen*.

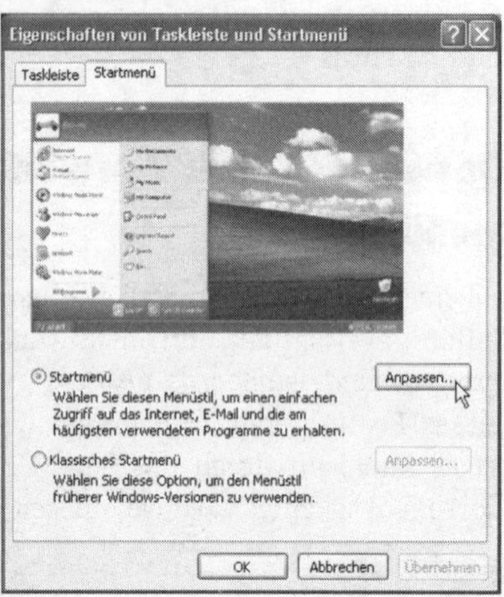

3 Ein neues Fenster erscheint. Hier wechseln Sie in die Registerkarte *Erweitert* und suchen unter *Startmenüelemente* den Eintrag *Programmzugriff und -standards*. Deaktivieren Sie ihn, indem Sie das Häkchen davor entfernen.

4 „Und wo wir schon mal da sind, da bleiben wir auch hier". In der Registerkarte *Erweitert* dürfen Sie nämlich weitere wichtige Menüeigenschaf-

ten festlegen: Entscheiden Sie beispielsweise, ob zuletzt installierte Programme hervorgehoben werden sollen oder ob die Systemsteuerung für eine schnellere Navigation als Menü angezeigt wird. Am besten experimentieren Sie ein wenig mit den diversen Einstellungen, bis Sie die optimale Konfiguration für ein bequemes Arbeiten gefunden haben.

5 Nach einem Klick auf *OK* ist der neue Eintrag aus dem Startmenü wieder verschwunden und das Startmenü erscheint in der von Ihnen bestimmten Form!

Nichts für schlanke Systeme: Service Pack 1 & 2

Die Installation der beiden Service Packs allein für das Entfernen der Zusatzkomponenten lohnt sich überhaupt nicht! Im Gegenteil, sowohl Service Pack 1 als auch 2 blähen das Betriebssystem weiter auf: Es werden unter anderem neue Hardwaretechnologien unterstützt und Windows XP bekommt durch das Service Pack 2 ein neues Sicherheitscenter verpasst.

Neben diesen - nicht für jeden User zwingend notwendigen - neuen Funktionen und „Kröten", die man bei der Installation der Service Packs ungefragt mitschlucken muss (siehe Kapitel 8), sorgen die Service Packs durch das Stopfen zahlreicher Sicherheitslecks für deutlich mehr Sicherheit, sodass man in der Regel um eine Installation nicht herum kommt! Das Ärgerliche an dieser Tatsache: Viele der neuen Features sind nur halbherzig umgesetzt, sodass trotz installiertem Service Pack 1 & 2 separate Programme, die die jeweilige Aufgabe besser erfüllen, verwendet werden müssen und die angeblich so tollen Zusatzfunktionen der beiden Service Packs nutzlos im System „vergammeln". Das Betriebssystem bläht sich dadurch immer stärker auf und wird langsamer. Einziger Ausweg aus diesem Dilemma: Sie verzichten auf die beiden Service Packs und laden sich die wichtigsten Bug-Fixes für mehr Sicherheit und bessere Stabilität des Systems einzeln aus dem Internet herunter, was aber aufgrund der großen Zahl ziemlich mühselig und unübersichtlich ist! Diese Vorgehensweise ist daher in der Regel nicht empfehlenswert, schließlich könnten Sie beispielsweise in der Hektik des Alltags versehentlich ein wichtiges Sicherheits-Update übersehen, was meistens üble Folgen nach sich zieht!"

WordPad, Paint & Co. über Bord werfen – so geht's!

Sie nutzen WordPad, Paint und die anderen Microsoft-Anwendungen, die mit Windows XP mitgeliefert werden, nicht? Weg damit! In der Regel sind diese

Programme für ambitionierte PC-User wirklich nicht empfehlenswert, da sie kaum Funktionen besitzen und man mit anderer Software deutlich besser fährt! Leider bringen die beiden Service Packs für Windows XP Ihnen für ein rankes Betriebssystem ohne überflüssige Microsoft-Anwendungen nichts - besser, Sie werden selbst tätig! Also auf geht's - zeigen Sie endlich den Programmierern von Microsoft, wie man ein flottes und schlankes System erhält und unnötige Tools restlos entfernt - Sie können es besser!

Schwache Auswahl an Deinstallationsmöglichkeiten!

Normalerweise finden Sie unter Windows XP nur eine kleine Auswahl an Komponenten, die Sie nachträglich deinstallieren dürfen - wenn Sie den zugehörigen Assistenten in der *Systemsteuerung* (klassische Ansicht) per Doppelklick auf *Software* und danach mit einem Klick auf *Windows-Komponenten hinzufügen/entfernen* aufrufen, werden nicht alle Windows-Komponenten aufgelistet: Zu der spärlichen Auswahl kommt hinzu, dass viele Einträge nur dazu dienen, das entsprechende Programmsymbol vom Desktop oder aus dem Startmenü zu entfernen - ansonsten bleibt die Windows-Installation unverändert! WordPad, Paint und Co. bekommen Sie auf diese Weise nicht vollständig weg! Fazit: Die Standard-Deinstallationsmöglichkeiten unter Windows XP sind katastrophal!

Nachträgliches Entfernen von Windows-Komponenten: Kaum Auswahl!

Gar nicht schwer: Sysoc.inf modifizieren

Sie wollen mehr Auswahlmöglichkeiten für das Löschen von Windows-Komponenten? Mit dem folgenden Trick decken Sie viel mehr zusätzlichen Ballast des Betriebssystems auf und entfernen ihn mithilfe des Assistenten restlos von der Platte!

1 Öffnen Sie den Windows-Explorer und wechseln Sie in den Ordner *C:\Windows\inf*; hier halten Sie nach der Datei *sysoc.inf* Ausschau und öffnen sie mit einem Doppelklick! Hinweis: Sollte die Datei nicht zu finden sein, versteckt Windows wichtige Systemdateien; sehen Sie auf Seite 129 nach, dort erfahren Sie, wie die gesuchte Systemdatei hervorgezaubert wird!

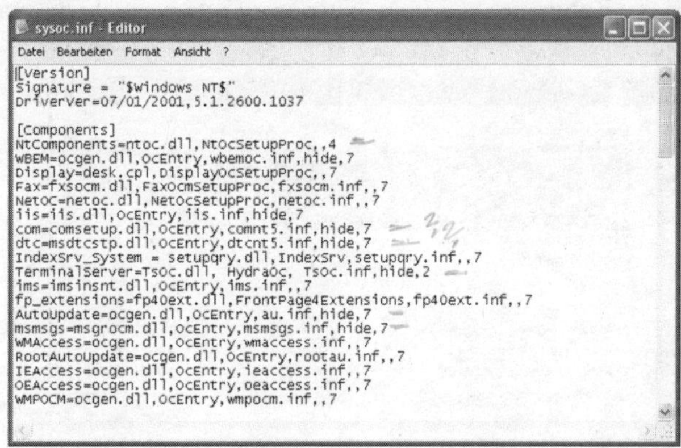

Die geöffnete Datei sysoc.inf im Originalzustand.

2 In der Datei *sysoc.inf* werden alle Windows-Komponenten aufgelistet, die nachträglich deinstalliert werden können; viele Windows-Komponenten werden allerdings durch den Eintrag *hide* vor der Deinstallation „geschützt“ (sie erscheinen dadurch nicht in der Auswahlliste der zu entfernenden Programme).

3 Wollen Sie sich im Deinstallations-Assistenten alle Windows-Komponenten anzeigen lassen, müssen Sie *hide* bei den entsprechenden Einträgen entfernen, dazu gehen Sie folgendermaßen vor: Wählen Sie *Bearbeiten/Ersetzen*!

4 Im erscheinenden Fenster geben Sie hinter *Suchen nach:* das Wort *hide* ein - das Feld hinter *Ersetzen mit:* lassen Sie frei! Klicken Sie anschließend auf die Schaltfläche *Alle ersetzen*!

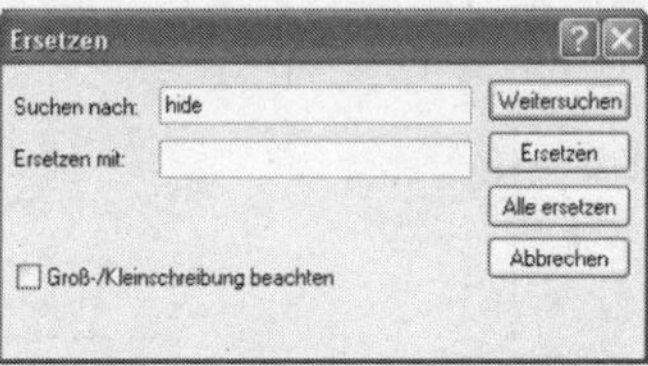

5 Schließen Sie die Datei *sysoc.inf* wieder (speichern nicht vergessen)!

Weg damit: Deinstallation durchführen

Nachdem Sie die Datei *sysoc.inf* wie beschrieben modifiziert haben, kann die Deinstallation der überflüssigen Microsoft-Programme beginnen:

1. Führen Sie in der *Systemsteuerung* (klassische Ansicht) einen Doppelklick auf *Software* aus und rufen Sie den Deinstallations-Assistenten für Windows-Komponenten über *Windows-Komponenten hinzufügen/entfernen* auf!

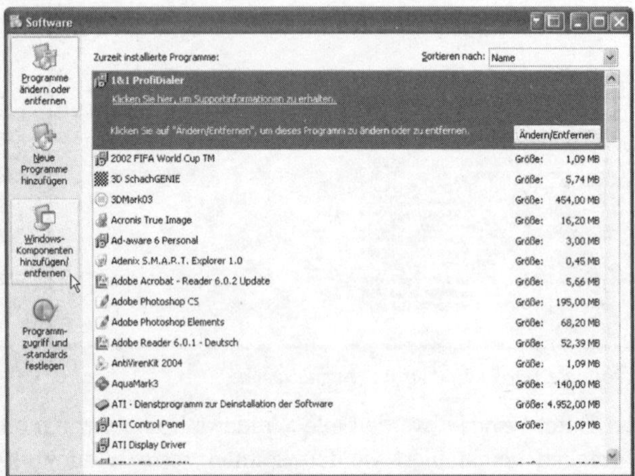

2. Sie werden sofort bemerken, dass er jetzt wesentlich mehr Einträge (auch in den Unterkategorien) enthält; Sie können beispielsweise ab sofort die beiden Microsoft-Anwendungen WordPad und Paint für die Deinstallation auswählen. Löschen Sie möglichst alle Komponenten, die Sie nicht benötigen, um ein schlankes und flottes Windows XP zu erhalten! ACHTUNG: Wenn Sie mit einem Eintrag nichts anfangen können, sollten Sie die Finger davon lassen und ihn nicht löschen! Es könnte, je nach PC-Konfiguration, schlimme Auswirkungen auf die Zuverlässigkeit des Betriebssystems haben.

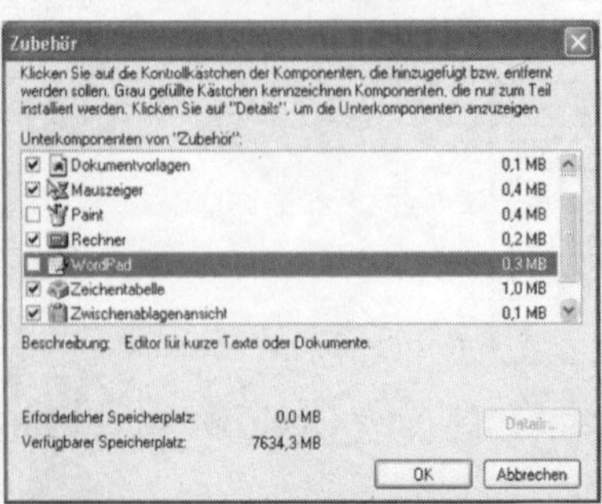

Wie werde ich den Messenger und Media Player los?

Natürlich können Sie auch auf die beschriebene Weise den Messenger und den Windows Media Player aus dem System werfen; wie Sie beide Komponenten aber elegant in den Griff bekommen und wo genau deren große Macken liegen, erfahren Sie in Kapitel 8.2.

Empfehlenswert: ZIP-Programm rauswerfen!

Sie nutzen das in Windows XP integrierte ZIP-Programm nicht, sondern greifen lieber für das Komprimieren und Entpacken von Dateien zu einem vollwertigen, professionellen Tool? In diesem Fall sollten Sie das ZIP-Tool von Windows XP deaktivieren, um einige Systemressourcen zu sparen:

1 Wählen Sie im Startmenü *Ausführen* und geben anschließend Folgendes ein: „regsvr32 /u zipfldr.dll".

2 Die Eingabe bestätigen Sie mit der [Enter]-Taste - das ZIP-Programm ist deaktiviert.

Sie haben gerade das Windows interne Zip-Programm deaktiviert und kein geeignetes Zip-Tool als Ersatz zur Hand? Als ausgezeichneter Profi-Ersatz für das mickrige Zip-Programm von Windows XP bietet sich die Freeware FilZip an, die Sie kostenlos unter *http://www.filzip.com/* erhalten.

Hinweis: Wollen Sie das Windows-Tool später aus irgendwelchen Gründen wieder aktivieren, wählen Sie im Startmenü *Ausführen* und tippen diesmal „regsvr32 zipfldr. dll" ein; nach einem Druck auf die [Enter]-Taste ist das ZIP-Programm von Windows XP wieder aktiviert worden!

Voraussetzung: Weisen Sie die Systemdateiprüfung in ihre Schranken!

Bevor Sie weitere, nutzlose Microsoft-Tools für ein schlankes und schnelles System von der Festplatte fegen, haben Sie etwas Vorarbeit zu leisten: Die Systemdateiprüfung muss deaktiviert werden.

Andernfalls ist Ihre Entrümpelungsarbeit völlig umsonst: Nachdem Sie die entsprechenden Anwendungen gelöscht haben, werden diese heimlich vom System wieder hergestellt! Lassen Sie sich das nicht bieten!

Die Systemdateiprüfung stellt sicher, dass keine Systemdatei fehlt bzw. fehlerhaft ist. Wird bei der Überprüfung eine fehlende Datei entdeckt, stellt das

System die entsprechende Datei automatisch wieder her; gegebenenfalls werden Sie hierbei aufgefordert, die Windows-Setup-CD einzulegen.

An sich ist die Systemdateiprüfung eine nützliche Sache! Läuft Ihr Betriebssystem jedoch seit einiger Zeit fehlerfrei und stabil, können Sie auf die Systemdateiprüfung getrost verzichten, um die nutzlosen Microsoft-Tools restlos und dauerhaft aus dem System entfernen zu können.

Eine detaillierte Anleitung zum Deaktivieren der Systemdateiprüfung finden Sie auf Seite 112. Hinweis: Nach dem Eliminieren der Microsoft-Tools dürfen Sie keinesfalls die Systemdateiprüfung manuell durchführen, da hierbei ebenfalls alle von Ihnen gelöschten Windows-Tools automatisch wieder hergestellt werden. Die Systemdateiprüfung ist also ab sofort tabu!

Weg mit der einseitigen Datenträgerbereinigung!

Die regelmäßige Säuberung der Festplatte von nicht mehr benötigtem Dateimüll (beispielsweise temporäre Dateien oder Internetspuren) ist rein schon aus Sicherheitsgründen äußerst wichtig.

Windows XP bringt bereits ein Programm namens „Datenträgerbereinigung“ für diesen Prozess mit; allerdings raten wir Ihnen von dessen Benutzung ab, da es auf dem Gebiet deutlich leistungsfähigere Programme gibt, die beispielsweise nicht nur die temporären Internetdateien des Internet Explorer beseitigen, sondern auch die Internetspuren von Netscape, Mozilla, Opera und Co. berücksichtigen.

1 Microsoft hat dem Datenträgerbereinigungs-Tool keine Deinstallationsroutine verpasst, weshalb Sie die Programmdatei manuell entfernen müssen. Voraussetzung für die folgende Aktion ist, dass Sie auf alle Dateien des Systems Zugriff haben. Haben Sie das Ausblenden von Systemdateien und das Verstecken von Systemordnern in Windows XP noch nicht unterbunden, holen Sie es bitte nach. Eine Anleitung finden Sie auf Seite 129.

2 Öffnen Sie danach auf der Festplatte den Ordner *C:\Windows\system32\dllcache* und löschen die Datei *cleanmgr.exe*. Anschließend wechseln Sie in den Ordner *C:\Windows\system32* und beseitigen hier ebenfalls die Datei *cleanmgr.exe*. Hinweis: Eine eventuell anschließend auftauchende Warnmeldung ignorieren Sie zuerst mit *Abbrechen* und danach mit *Ja*.

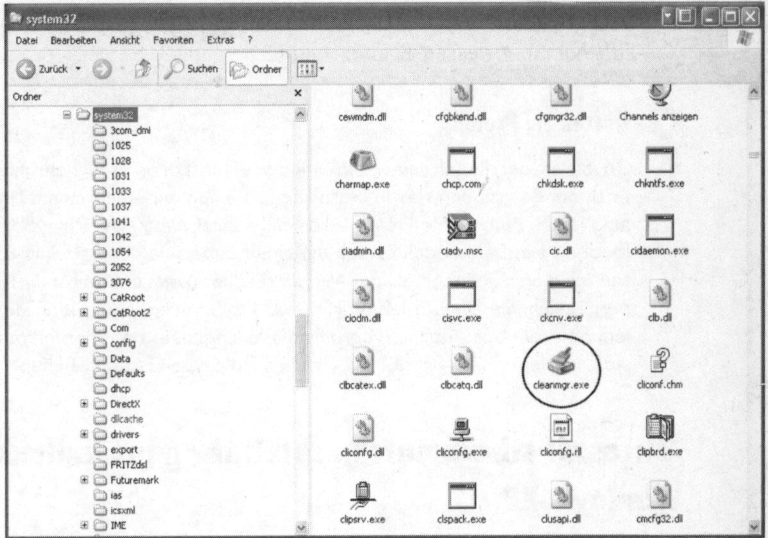

3 Zum Abschluss entfernen Sie den Eintrag *Datenträgerbereinigung* in der Programmgruppe *Zubehör/Systemprogramme* über dessen Kontextmenü.

INFO

Zuverlässigerer Festplattenputzer

In der Freeware-Ecke gibt es zahlreiche gute Programme zur Festplattensäuberung – zum Beispiel das kleine, leistungsstarke Tool ClearProg. Die Software dürfen Sie sich kostenlos unter *http://www.clearprog.de/* herunterladen. Im Vergleich zu dem Programm von Microsoft werden bei der Reinigung beispielsweise auch die gefährlichen Internetspuren von anderen Internetbrowsern (Opera & Co.) beseitigt. Des Weiteren können Sie eigene Ordner bestimmen, deren Inhalt das Programm bei der Ausführung automatisch löschen soll.

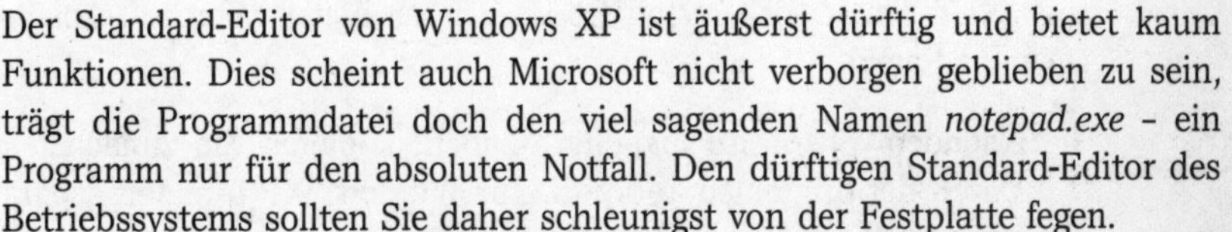

Werfen Sie den erbärmlichen Editor raus!

Der Standard-Editor von Windows XP ist äußerst dürftig und bietet kaum Funktionen. Dies scheint auch Microsoft nicht verborgen geblieben zu sein, trägt die Programmdatei doch den viel sagenden Namen *notepad.exe* - ein Programm nur für den absoluten Notfall. Den dürftigen Standard-Editor des Betriebssystems sollten Sie daher schleunigst von der Festplatte fegen.

1 Microsoft hat auch dem Editor keine eigene Deinstallationsroutine spendiert, weshalb Sie die Programmdatei manuell entfernen müssen: Öffnen Sie auf der Festplatte den Ordner *C:\Windows\system32* auf und löschen Sie die Datei *notepad.exe*.

2 Zum Abschluss entfernen Sie den Editor-Eintrag in der Programmgruppe *Zubehör* über dessen Kontextmenü.

INFO

Nutzen Sie Proton!

Da Sie in der Regel immer mal wieder einen Editor brauchen, müssen Sie sich nach der Beseitigung des Microsoft-Editors einen anderen suchen. Unsere Empfehlung lautet: Nutzen Sie Proton – kostenlos unter *http://www.meybohm.de/* downloadbar. Hierbei handelt es sich um einen äußerst leistungsstarken Editor, der wesentlich mehr Optionen als der Microsoft-Editor bietet und selbst für Programmierer ausgezeichnete Dienste leistet. Hinweis: Proton integrieren Sie in das Betriebssystem optimal über *Ansicht/Programmeinstellungen*. In der Registerkarte *Setup & Installation* legen Sie jetzt fest, mit welchen Dateitypen Proton verknüpft werden soll.

Microsoft schachmatt gesetzt: Ihr ganz individuelles Windows XP

Laut Microsoft ist es, wie bereits erwähnt, bei einigen Zusatztools (Internet Explorer, Outlook-Express oder dem Windows Media Player) nicht möglich, diese aus dem Betriebssystem zu entfernen, ohne Windows XP zu ruinieren. Das stimmt jedoch nicht ganz: Diese Komponenten lassen sich zwar nachträglich wirklich nicht aus einem bestehenden System werfen - allerdings können Sie bei einer Neuinstallation von Windows XP verhindern, dass die von Ihnen als überflüssig angesehenen Microsoft-Tools mit auf die Platte gespült werden. Die Folge: Ein rankes und schlankes Windows XP ohne Outlook-Express, Movie-Maker & Co.!

Hierzu müssen Sie nur die Installations-CD von Windows XP mit dem kleinen, kostenlosen Programm nLite, das Sie unter *http://nuhi.msfn.org/nlite.html* erhalten, entsprechend bearbeiten und Windows XP anschließend über die modifizierte Setup-CD neu installieren. Hinweis: Die aktuelle Beta-Version 0.98 von nLite funktioniert nur, wenn vorher das sogenannte Microsoft .NET Framework installiert ist. Dieses bietet Microsoft kostenlos zum Download an.

1 Nachdem Sie nLite installiert haben, kopieren Sie zunächst sämtliche Daten der originalen Setup-CD für Windows XP in einen separaten Ordner auf Ihrer Festplatte. Hinweis: Update-CDs und die meisten OEM-Ausgaben der Setup-CD bzw. die sogenannten Recovery-CDs können in der Regel auch verwendet werden.

2 Rufen Sie nLite auf und klicken Sie im Startfenster auf *Next*. Jetzt bestimmen Sie über *Browse* das Verzeichnis, in das Sie den Inhalt der Setup-CD kopiert haben, und klicken auf *Next*.

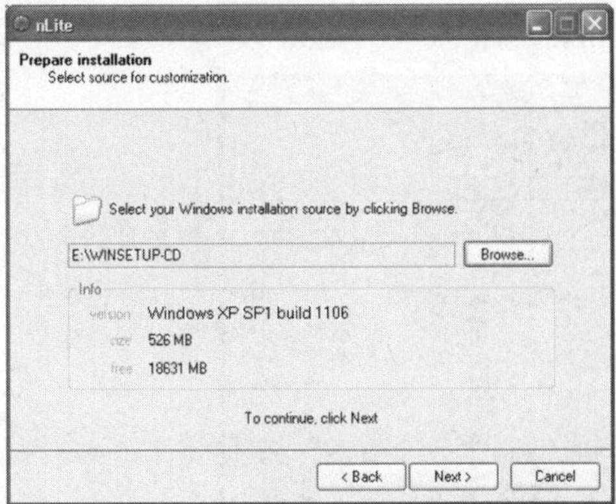

3 Das nächste Fenster bietet die Möglichkeit, das Service Pack 1 bzw. Service Pack 2, falls dies noch nicht auf der originalen Installations-CD vorhanden ist, per Klick auf *Browse* einzubinden. Wählen Sie *Next*.

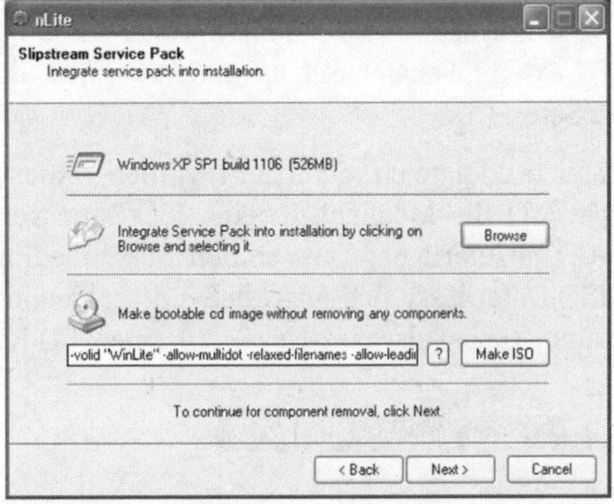

4 Jetzt geht's ans Eingemachte! Im neuen Fenster entscheiden Sie, welche Komponenten (Microsoft-Tools) bei der Erstellung der modifizierten Setup-CD nicht berücksichtigt werden. Vor alle Komponenten, die Sie nicht mehr im neu zu installierenden Betriebssystem haben möchten, setzen Sie ein Häkchen, um sie aus der anzufertigenden Setup-CD zu entfernen. Wichtig: Nicht alle Tools bzw. Komponenten sind - je nach PC-Konfiguration - entbehrlich! Entweder nutzen Sie ein vorkonfiguriertes Profil (beispielsweise *Recommended*) oder machen Sie sich im Internet kundig, was die Einträge bedeuten. Eine gute Anlaufstelle hierfür ist beispielsweise:

http://www.orthy.de/modules.php?name=News&file=article&sid=963.

Nach der Auswahl klicken Sie auf *Next*.

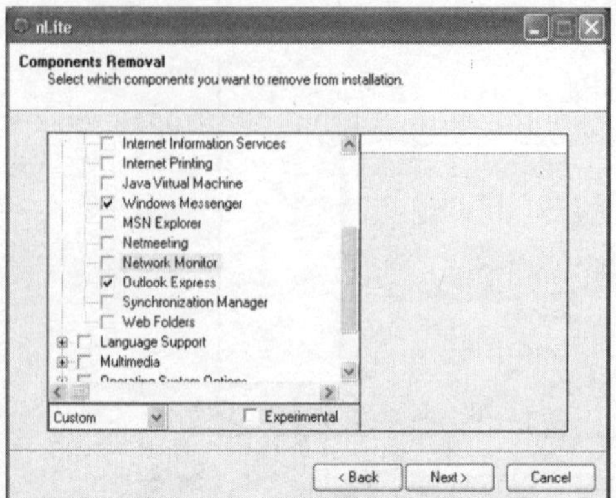

5 Die nächsten drei Fenster *Keep or remove additional files*, *Unattended setup* und *Set up options* verlassen Sie unverändert per Klick auf *Next*, da die Voreinstellungen normalerweise bereits optimal sind. Wiederum mit einem Klick auf *Next* im Fenster *Set up options* startet die Erstellung der modifizierten Setup-CD.

6 Nachdem alle Dateien erfolgreich modifiziert wurden, haben Sie über die Schaltfläche *Make ISO* die Möglichkeit, eine ISO-Datei von der gerade erstellten Setup-CD anzufertigen. Dies sollten Sie unbedingt durchführen. Die fertige ISO-Datei lässt sich anschließend problemlos mit fast jedem Brennprogramm (beispielsweise Nero) auf einen CD-Rohling befördern.

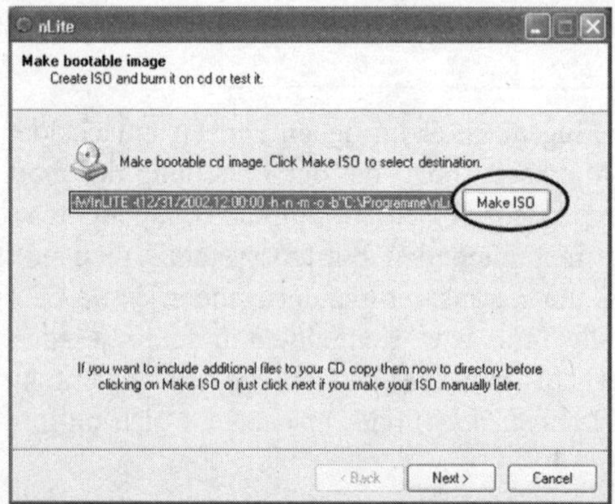

7 Ab sofort installieren Sie Windows XP nur noch über die eigens gebastelte und gerade gebrannte Setup-CD! Dadurch gelangt nur noch wirklich das auf die Festplatte, was Sie wünschen! Überflüssige und von Ihnen verschmähte Microsoft-Tools werden sich durch diese Vorgehensweise nicht mehr im frisch installierten Betriebssystem tummeln. Windows XP ohne Outlook-Express, Movie-Maker und Co. - ein Traum ist wahr geworden.

Hinweis: nLite liegt zurzeit ausschließlich als Beta-Version vor, daher kann es zu Problemen und unlösbaren Fehlern kommen. Funktioniert bei Ihnen das Programm nicht korrekt bzw. ist die resultierende Setup-CD unbrauchbar, schauen Sie im Internet nach, ob es eine aktuellere Version gibt. Eine Final-Version von nLite soll bald erhältlich sein.

4.5 Fitness-Training: Mit diesen Super-Tricks machen Sie XP Beine!

Windows XP läuft selbst auf einem modernen, leistungsfähigen PC relativ träge und schwerfällig! Mit den folgenden Tipps und Tricks legen Sie endlich bei dem Betriebssystem den Turbogang ein: Optimieren Sie die lebensnotwendige Registry, verteilen die CPU-Power perfekt oder steigern die Leistungsfähigkeit durch eine RAMDISK - am besten lesen Sie gleich weiter!

Bremsende Windows-Protokollierung deaktivieren!

Zur genauen Analyse protokolliert Windows XP besondere Ereignisse, wie Abstürze oder Konfigurationsänderungen - eigentlich ist das nützlich! Die Funktion hat jedoch einen großen Nachteil: Sie benötigt viel Rechenpower und schreibt die Ergebnisse ständig auf die Festplatte - das System wird gebremst! Wenn Sie keine Probleme mit Windows XP haben, deaktivieren Sie die Protokollierung, um mehr Leistung aus dem PC herauszukitzeln!

1 Im Registrierungseditor öffnen Sie folgenden Ordner: *HKEY_LOCAL_MACHINE\SOFTWARE\Microsoft\WBEM\CIMOM.*

2 Führen Sie im rechten Teilfenster einen Doppelklick auf dem Eintrag *EnableEvents* aus und geben Sie unter *Wert:* statt der *1* die Zahl *0* ein; die Änderung bestätigen Sie mit *OK*!

3 Suchen Sie jetzt den Eintrag *Logging*; diesen öffnen Sie ebenfalls per Doppelklick und tragen unter Wert: statt der *1* die Zahl *0* ein! Mit *OK* verlassen Sie das Eingabefenster.

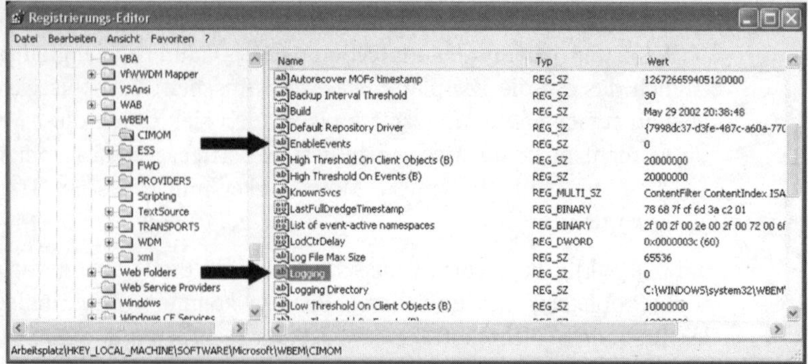

4 Als Nächstes öffnen Sie den Eintrag *Backup Intervall Threshold*; hier legen Sie den Zeitabstand in Minuten fest, bei dem die Protokollierung gespeichert wird. Die Voreinstellung *30* erhöhen Sie auf *100*, um Ihre Festplatte weiter zu entlasten.

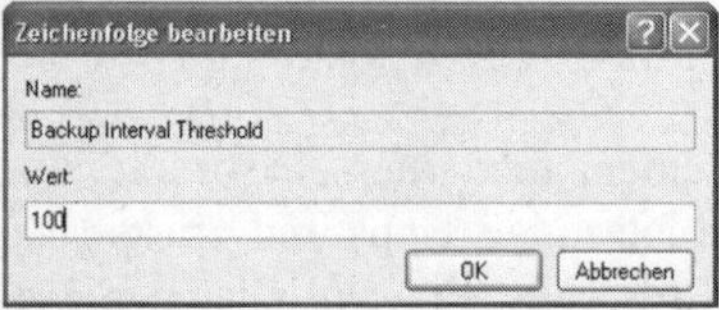

Schließen Sie danach den Registrierungseditor wieder - durch Ihre Aktion haben Sie das System entlastet; es steht Ihnen ab sofort mehr Rechenpower zur Verfügung!

Holen Sie die maximale Leistung aus dem Arbeitsspeicher!

Für die Gesamt-Performance des Systems spielt das Arbeitsspeichermanagement eine wichtige Rolle; unter Windows XP gibt es einige Tricks, mit denen Sie Ihren Arbeitsspeicher zur Höchstform bringen und Ihrem System dadurch einen gewaltigen Speed-Kick versetzen zu können.

Kernelauslagerung verhindern!

Als Kernel wird das „Herz“ von Windows XP bezeichnet, das für alle Ein- und Ausgabeoperationen zuständig ist; wenn Sie mit vielen Programmen gleichzeitig hantieren - also echtes Multitasking nutzen - kann es vorkommen, dass Windows XP den Kernel aus dem schnellen Arbeitsspeicher auf die langsamere Festplatte auslagert, um für die Anwendungen genügend freien Arbeitsspeicher bereitzustellen.

Leider geschieht das auch, wenn reichlich RAM im Rechner steckt und eine Auslagerung nicht zwingend notwendig ist. Für maximale Systemleistung verhindern Sie die Auslagerung des Kernels:

1 Starten Sie den Registrierungseditor und öffnen den Ordner *HKEY_LOCAL_MACHINE\System\CurrentControlSet\Control\Session Manager\Memory Management*.

2 Führen Sie einen Doppelklick auf den Eintrag *DisablePagingExecutive* und setzen Sie den Wert auf *1*! Durch die Änderung verhindern Sie die leistungsmindernde Auslagerung des „Windows-Herzens".

„Datei-Zwischenlager" im RAM vergrößern!

Windows XP ist ein intelligentes Betriebssystem: Es überwacht die Dateizugriffe und „merkt" sich Dateien und Anwendungen, die von Ihnen benutzt werden. Die Dateien eines gerade verwendeten und in der Zwischenzeit wieder geschlossenen Programms werden in einem bestimmten Teil des Arbeitsspeichers zwischengelagert - wird die Anwendung erneut aufgerufen, müssen die Daten nicht mehr von der langsamen Festplatte eingelesen werden, sondern stehen blitzartig durch den schnellen Arbeitsspeicher, in dem sie sich noch befanden, zur Verfügung. Aus diesem Grund kann ein bereits in der aktuellen Windows-Sitzung geöffnetes und wieder geschlossenes Programm beim erneuten Aufruf wesentlich schneller (meistens ohne „Festplattengerappel") gestartet werden!

Windows XP reserviert für die „Zwischenlagerung" der Dateien standardmäßig nur einen kleinen Teil der Arbeitsspeichergröße - mit folgendem Registry-Eingriff erhöhen Sie den Wert für eine optimalere Systemperformance!

1 Öffnen Sie im Registrierungseditor den Ordner: *HKEY_LOCAL_MACHINE\System\CurrentControlSet\Control\Session Manager\Memory Management*.

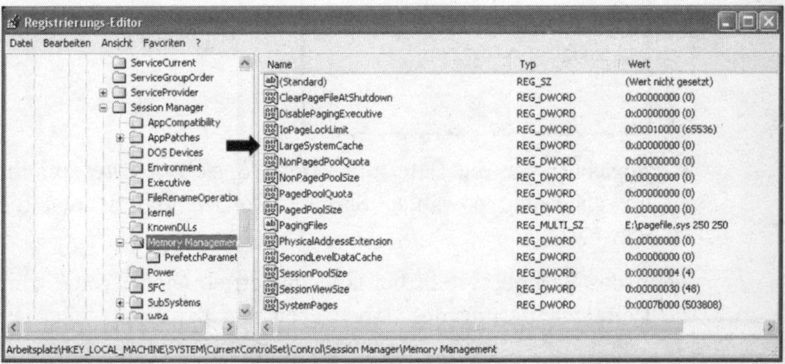

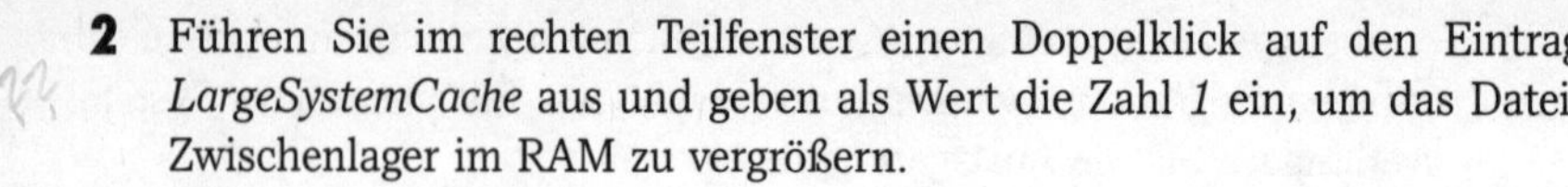

2 Führen Sie im rechten Teilfenster einen Doppelklick auf den Eintrag *LargeSystemCache* aus und geben als Wert die Zahl *1* ein, um das Datei-Zwischenlager im RAM zu vergrößern.

Leistungsbremse: Fragmentierter Arbeitsspeicher!

Sie haben im Rechner eine reichliche Menge Arbeitsspeicher installiert und Windows XP läuft nach dem Start auch schön flott - nur bei längerem Betrieb wird das System immer träger? Macht etwa Ihr PC bei Dauerbelastung schlapp? Der Grund für dieses Verhalten liegt im fragmentierten Inhalt des Arbeitsspeichers! Die Fragmentierung entsteht durch das Öffnen und Schließen mehrerer Anwendungen.

Genauso wie die Festplatte kann sich der Arbeitsspeicher bei längerem Betrieb fragmentieren - die Systemleistung sinkt stark ab, weil die benötigten Dateien vor dem Lesen erst wieder aus den einzelnen Bruchstücken zusammengesetzt werden müssen. Unter Windows XP defragmentieren Sie den Arbeitsspeicher mithilfe einer Datei auf Visual-Basic-Grundlage. Keine Panik, Sie müssen die Programmiersprache Visual Basic dafür nicht extra erlernen oder ein zusätzliches Programm erwerben!

1 Rechtsklick auf eine freie Stelle auf dem Windows-Desktop und *Neu/Textdokument* ausgewählt.

2 Öffnen Sie die angelegte Textdatei und geben die folgende Zeile ein: „Mystring = (80000000)"; sollten Sie weniger als 128 MByte RAM installiert haben (was unter Windows XP alles andere als empfehlenswert ist), wird es Zeit für die Aufrüstung des Arbeitsspeichers - bis dahin tippen Sie statt dessen „Mystring = (16000000)" ein.

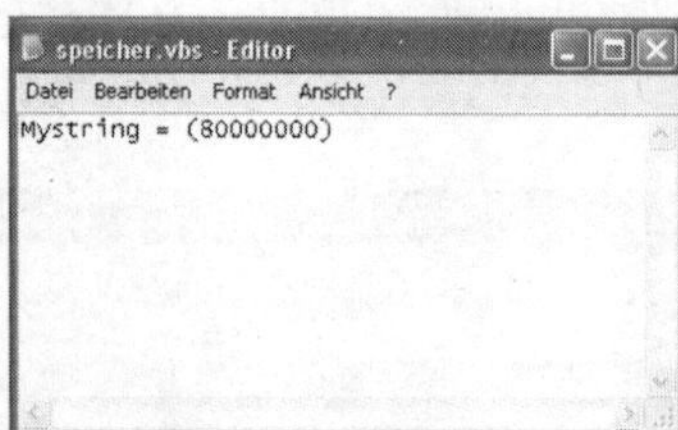

3 Speichern Sie die Datei über *Datei/Speichern unter* auf Ihrem Desktop ab; als Dateityp wählen Sie *Alle Dateien* und nennen die Datei *speicher.vbs*!

Wenn das Betriebssystem bei langem Betrieb wieder träge wird, starten Sie die Defragmentierung des Arbeitsspeichers per Doppelklick auf die gerade angelegte Datei *speicher.vbs*! Für optimale Ergebnisse schließen Sie vorher möglichst alle geöffneten Programme.

Arbeitsspeicher entrümpeln? – Kein Problem!

Die Fragmentierung des Arbeitsspeichers hat nichts gebracht - Ihr System lahmt nach längerem Betrieb weiterhin? In diesem Fall sollten Sie hart durchgreifen und den Arbeitsspeicher freiräumen!

Unter Windows XP reißen sich die Programme beim Start eine große Menge Arbeitsspeicher unter den Nagel und geben diesen nach dem Beenden nicht wieder vollständig her (es bleiben Programmreste zurück) - die Menge des freien Arbeitsspeichers sinkt während des Betriebs kontinuierlich! Die Folge: Es müssen immer mehr Dateien auf die langsamere Festplatte ausgelagert werden (am lauten Rappeln der Platte zu hören) - die Systemleistung bricht ein. Das müssen Sie sich nicht bieten lassen, mit dem nächsten Trick entrümpeln Sie den Arbeitsspeicher und sorgen auch bei längerem Betrieb für eine optimale Performance!

1 Rechtsklick auf den Desktop und *Neu/Textdokument* ausgewählt; öffnen Sie das angelegte Textdokument und geben Sie folgende Zeile ein: „Free Mem = Space(64000000)".

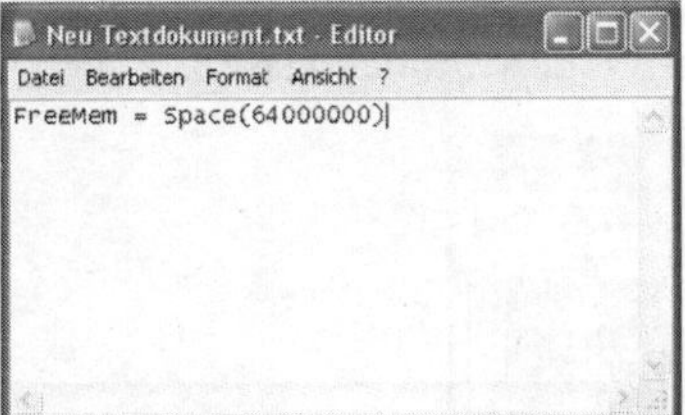

2 Wählen Sie *Datei/Speichern unter*, stellen als *Dateityp* die Option *Alle Dateien* ein und geben als Dateinamen *Freier Speicher.vbs* ein; die Datei speichern Sie am besten auf Ihrem Desktop ab, um sie immer „griffbereit" zu haben! Wenn die Leistung des Systems nachlässt, räumen Sie den Arbeitsspeicher mit einem Doppelklick auf die gerade erstellte Datei frei und verbessern dadurch die Leistung des Systems erheblich!

Hinweis: Durch die angelegte Datei werden 64 MByte Speicher freigeräumt; haben Sie viel RAM installiert (beispielsweise 512 MByte) können Sie mehr MByte freischaufeln lassen (zum Beispiel *256000000*) - allerdings sollten Sie nicht mehr als die Hälfte des installierten Arbeitsspeichers freiräumen, um Abstürze zu vermeiden - oder wollen Sie etwa Windows komplett aus dem Arbeitsspeicher fegen?

Stets maximale Arbeitsspeicher-Perfomance dank Automatikfunktion

Ihnen ist das eigenhändige Defragmentieren und Entrümpeln des Arbeitsspeichers während langer Windows-Sitzungen für stets maximale Performance zu mühselig? Kein Problem! Das Defragmentieren und Entrümpeln lässt sich automatisieren ...

Laden Sie sich die Freeware Z-DefragRAM unter *http://www.point2click.de/freeware/defragram.html* herunter. Das Programm sorgt auch bei längeren Windows-Sitzungen für gleichbleibend hohe RAM-Leistung, indem es beispielsweise den Arbeitsspeicher regelmäßig aufräumt und alle nicht mehr benötigten Dateien rauswirft.

Die Software ist vielfältig konfigurierbar und beherrscht auch das Defragmentieren des Arbeitsspeicherinhaltes. Sie können das Programm beispielsweise anweisen, wenn die Menge an freiem RAM einen bestimmten Wert unterschreitet bzw. die Fragmentierung der Daten im Arbeitsspeicher eine gewisse Schwelle überschreitet, automatisch in Aktion zu treten und wieder für eine bessere RAM-Performance zu sorgen.

Über einen Rechtsklick auf das Programmsymbol unten rechts in der Taskleiste können Sie die Arbeitsspeicheroptimierung jederzeit durch Auswahl des Befehls *Speicher defragmentieren durchführen* lassen.

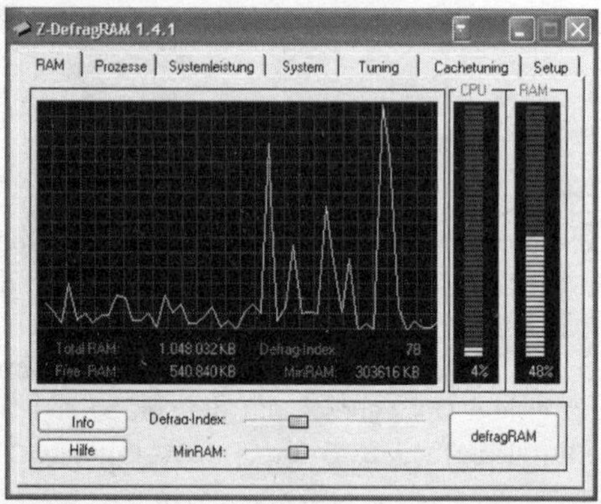

Z-DefragRAM sorgt automatisch auch bei längeren Windows-Sessions stets für maximale Arbeitsspeicherperformance.

Zusätzlich bietet Z-DefragRAM Auskünfte über alle aktiven Prozesse und die Ausnutzung des RAM bzw. des virtuellen Arbeitsspeichers. Auf diese Weise erfahren Sie komfortabel, ob Sie zwecks Verbesserung der Systemleistung Ihrem PC mehr RAM zur Verfügung stellen sollten.

CPU-Power unter Windows XP optimal einsetzen!

Neben der Grafikkarte, Festplatte und dem Arbeitsspeicher spielt die CPU eine wichtige Rolle für die Gesamtperformance des Systems! Windows XP bietet viele versteckte Optionen an, um die CPU-Leistung zu optimieren und mit voller Rechenpower an alle Arbeiten herangehen zu können! Ist nach der Optimierung die CPU immer noch zu schwach, hilft Overclocking weiter.

Mausschatten – der CPU-Schinder!

Ist Ihnen schon aufgefallen, dass der Mauspfeil unter Windows XP einen „hübschen" Schatten hat? Das ist zwar schön anzusehen, kostet aber Rechenleistung! Besitzen Sie keine besonders leistungsfähige CPU, sollten Sie ihn zugunsten eines flüssigeren Arbeitens deaktivieren.

1 In der Systemsteuerung wählen Sie *Drucker und andere Hardware/Maus*; in der klassischen Ansicht führen Sie nun einen Doppelklick auf das Symbol *Maus* aus.

2 Wechseln Sie in die Registerkarte *Zeiger* und deaktivieren Sie die Option *Zeigerschatten aktivieren*; bestätigen Sie die Änderung mit *OK* - ab sofort ist der Mausschatten verschwunden.

CPU-Rechenpower clever verteilen!

Unter Windows XP dürfen Sie festlegen, um welche Aufgaben sich die CPU vorrangig kümmern soll - mit der richtigen Einstellung beschleunigen Sie Ihre Anwendungen um einiges!

Prioritäten setzen: Programme oder Hintergrundprozesse!

1 Rechtsklick auf das *Arbeitsplatz*-Symbol und *Eigenschaften* ausgewählt! Öffnen Sie die Registerkarte *Erweitert* und klicken unter *Systemleistung* auf die Schaltfläche *Einstellungen*.

2 In der Registerkarte *Erweitert* kontrollieren Sie, ob die Prozessorleistung für die schnelle Ausführung von Programmen optimiert ist - unter *Prozessorzeitplanung* muss die Option *Programme* aktiviert sein! Ist das nicht der Fall, holen Sie diese wichtige Einstellung nach!

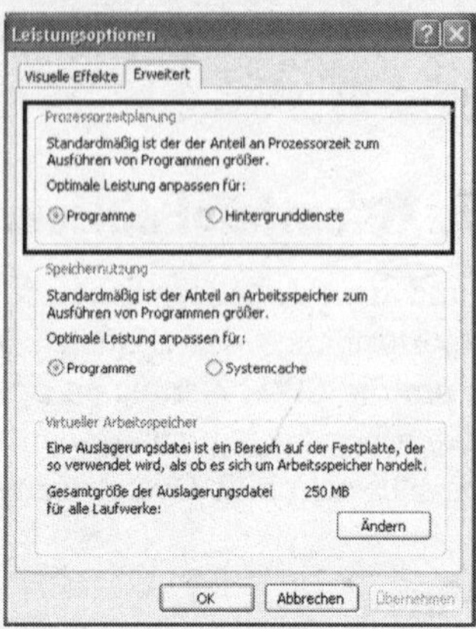

Einzelne Programme bevorzugen!

Unter dem neuen Betriebssystem ist es sogar möglich, für wichtige Programme eine höhere Priorität zu vergeben, damit deren Aufgaben vom Prozessor schneller erledigt werden:

1 Drücken Sie einmal die Tastenkombination Strg+Alt+Entf, um den Task -Manager von Windows XP aufzurufen; würden Sie diese Kombination aus Versehen zweimal wählen, startet das Betriebssystem unwiderruflich neu - alle nicht gesicherten Dokumente wären im PC-Nirwana verschwunden.

2 Öffnen Sie die Registerkarte *Prozesse*; hier werden alle zur Zeit aktiven Programme und Prozesse aufgelistet. Führen Sie einen Rechtsklick auf den Eintrag des Programms aus, für das Sie eine Priorität vergeben möchten. Im aufklappenden Menü wählen Sie *Priorität festlegen,* gefolgt von der gewünschten Prioritätsstufe.

Natürlich stellen Sie sich jetzt die Frage, wann es empfehlenswert ist, für ein Programm oder einen Prozess eine höhere Priorität festzulegen; beispielsweise wenn Sie Audio- oder Video-Dateien bearbeiten oder Videos mit dem PC aufzeichnen - hier kann die Zuweisung von mehr Rechenpower über Erfolg oder Misserfolg entscheiden.

Verschenken Sie keine CPU-Leistung!

Da hat man wieder den Technik-Salat: Die Industrie bemüht sich, immer leistungsfähigere Prozessoren zu entwickeln und spendiert diesen zur Leistungsmaximierung einen besonders großen, teuren Level2-Cache (schneller Datenzwischenspeicher) - aber was hilft das, wenn Windows XP diesen großen Cache nicht perfekt ausnutzt? Es ist skandalös: Das neue Betriebssystem hat erhebliche Probleme, den Level2-Cache von modernen Prozessoren richtig zu erkennen und optimal anzusprechen. Wird die CPU von Windows XP nicht erkannt, wird ein Standardwert für die Größe des Level2-Caches verwendet - die Systemleistung wird unnötig ausgebremst!

Wie groß ist der Level2-Cache Ihrer CPU?

Bevor Sie die korrekten Einstellungen unter Windows XP vornehmen, um den Level2-Cache Ihrer CPU optimal auszunutzen, müssen Sie herausbekommen, wie groß dieser Datenzwischenspeicher ist. In den seltensten Fällen finden Sie dazu eine Angabe im PC-Handbuch. Mit der Diagnose- und Benchmarksoftware Sandra von SiSoftware finden Sie das schnell heraus! Das Programm dürfen Sie sich in der Standard-Version unter *www.sisoftware.co.uk/sandra* kostenlos herunterladen.

1 Nachdem Sie das Programm gestartet haben, führen Sie im Programmfenster einen Doppelklick auf das Symbol *CPU & BIOS Information* aus.

2 Im auftauchenden Fenster erfahren Sie die Eckdaten Ihrer CPU, unter anderem auch die Größe des Level2-Caches!

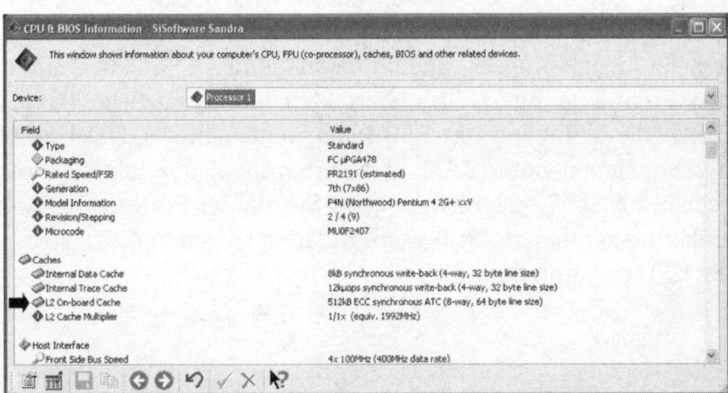

„Selbst ist der User": Teilen Sie Windows XP die richtige Cache-Größe mit!

Mit dem „erworbenen" Wissen bewaffnet, führen Sie die folgende Aktion aus, um den gesamten Datenzwischenspeicher unter Windows XP vollständig zu nutzen!

1 Öffnen Sie im Registrierungseditor den Ordner *HKEY_LOCAL_MACHINE\SYSTEM\CurrentControlSet\Control\Session Manager\Memory Management*.

2 Halten Sie im rechten Teilfenster nach dem Eintrag *SecondLevelDataCache* Ausschau und prüfen Sie, ob dieser für Ihre CPU richtig eingestellt ist (siehe folgende Tabelle). Sollte dies nicht der Fall sein, öffnen Sie den Eintrag per Doppelklick und nehmen die notwendige Änderung vor! Anschließend verlassen Sie den Editor wieder und dürfen sich ab sofort über die optimale Ausnutzung des schnellen Datenzwischenspeichers freuen.

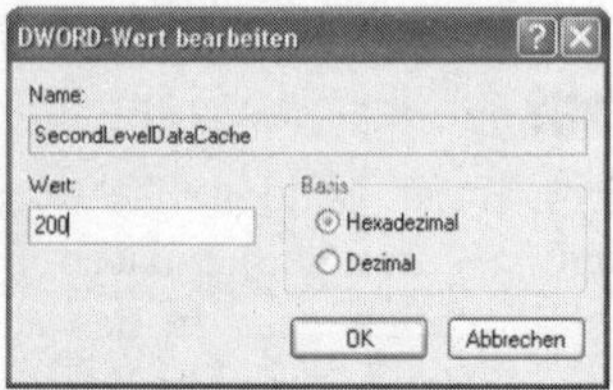

Level2-Cache der CPU	notwendiger Registry-Eintrag
256 KByte	0
512 KByte	200
1024 KByte	400

CPU übertakten? – Äußerst riskant!

Ihnen reicht die CPU-Leistung immer noch nicht? Für mehr Rechenpower müssen Sie in diesem Fall den Prozessor übertakten! Allerdings ist das eine äußerst kitzlige Angelegenheit - bei modernen CPUs müssen Sie in der Regel den Front-Side Bus (FSB) übertakten, um zusätzliche Power zu erhalten. Durch die Erhöhung des FSB-Takts werden in der Regel auch die übrigen Systemkomponenten (RAM, PCI-Karten usw.) übertaktet - das System wird schnell instabil! Außerdem müssen Sie, da der Prozessor außerhalb der Spezifikationen arbeitet, für bessere Kühlung sorgen, um einen schnellen Ausfall der CPU zu verhindern.

Wer wagt, der gewinnt – oder verliert alles ...

Sie haben sich trotzdem entschlossen, alles aus Ihrer CPU herauszuquetschen? Das Overclocking des Front-Side Busses wird entweder im BIOS oder durch eine separate - beim Mainboard-Hersteller erhältliche - Software unter Windows XP durchgeführt.

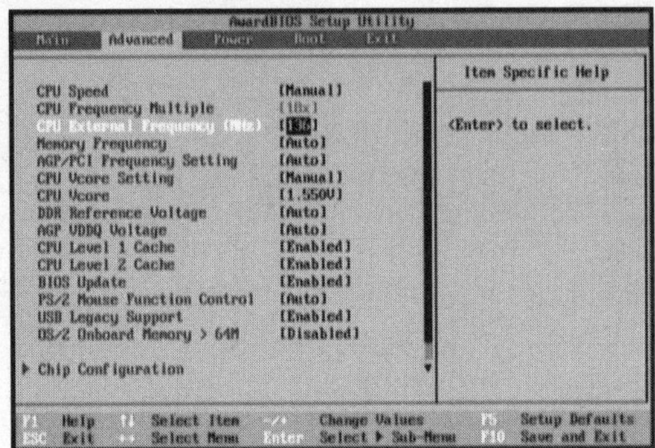

CPU-Overclocking-Optionen eines modernen ASUS-Mainboards mit Award-BIOS.

Am besten sehen Sie gleich einmal auf den entsprechenden Internetseiten des Mainboardherstellers nach. Egal, für welche Methode Sie sich entscheiden: Drehen Sie den Takt nur äußerst vorsichtig hoch, um das Risiko einer beschädigten Hardwarekomponente so gering wie möglich zu halten.

Verwandeln Sie Windows XP mit einem Klick in eine Performance-Rakete!

Einen großen Speed-Kick unter Windows XP erreichen Sie, wenn Sie auf die optischen „Spielereien" des neuen Betriebssystems verzichten können; dieser Tipp ist besonders für etwas leistungsschwächere Rechner gedacht. Mithilfe der folgenden Anleitung beschleunigen Sie Windows auf solchen „Maschinen" deutlich - aber auch bei High-End-PCs zeigt er Wirkung:

1. Rechtsklick auf das Arbeitsplatzsymbol und *Eigenschaften* ausgewählt; wechseln Sie in die Registerkarte *Erweitert* und klicken unter *Systemleistung* auf die Schaltfläche *Einstellungen*.

2. In der Registerkarte *Visuelle Effekte* wählen Sie die Option *Für optimale Leistung anpassen* und bestätigen die Änderung mit einem Klick auf *OK*! Nach kurzer Zeit befinden Sie sich im klassischen Erscheinungsbild von Windows - nix mehr mit dem bunten, poppigen Windows XP! Für

optimale Systemperformance ist dies aber eindeutig die bessere Wahl - die Arbeit verläuft wesentlich flüssiger!

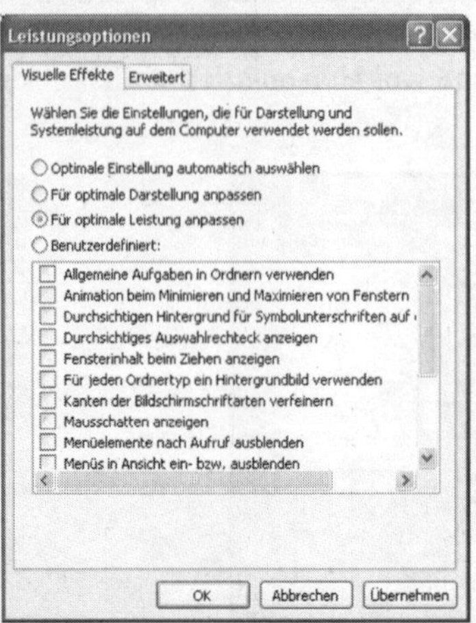

Ihnen ist diese Radikalkur viel zu heftig und Sie sehnen sich nach dem bunten XP-Stil zurück? Für ein möglichst flottes Windows XP ohne allzu große optische Einbußen wählen Sie in der Registerkarte *Visuelle Effekte* die Option *Benutzerdefiniert* und deaktivieren alle Einträge außer *Allgemeine Aufgaben in Ordnern verwenden, Durchsichtigen Hintergrund für Symbolunterschriften auf dem Desktop* und *Visuelle Stile für Fenster und Schaltflächen verwenden*. Durch diese Vorgehensweise hat Ihr Betriebssystem einen gehörigen Geschwindigkeitsschub verpasst bekommen, ohne dass Sie die knallbunte XP-Optik vermissen müssen.

Bringen Sie die Registry in Top-Form!

In diesem Buch haben Sie schon häufiger in der für Windows XP lebenswichtigen Registry „herumgewerkelt"; eine schlanke und fehlerfreie Registrierdatenbank ist für maximale Leistung und Stabilität des Betriebssystems entscheidend! Leider wird die Registry häufig durch fehlerhafte und unvollständige Deinstallationen „verschmutzt" - es bleiben verwaiste Einträge zurück, die die Registrierdatenbank unnötig aufblähen und Windows XP „lahm" werden lassen.

Das Dilemma lässt sich auf eine einfache Formel bringen: Je größer die Registry, umso langsamer und instabiler wird Windows XP! Doch jetzt ist Schluss damit, bringen Sie die Registrierdatenbank in Top-Form, indem Sie ungültige Einträge aufspüren, beseitigen und das Lebenselixier des Betriebssystems für Geschwindigkeit und Performance drastisch „verkleinern"!

Die „Allzweckwaffe" für eine perfekte Registry!

Der Geheimtipp für eine schlanke und fehlerfreie Registry unter Windows XP war bisher das Registry-Tool aus dem RegCleaner (*www.jv16.org*). Dieses empfehlenswerte Tool-Paket ist ab Version 1.4 leider keine Freeware mehr, weshalb Sie für das Registry-Tuning besser auf den bewährten RegCleaner ausweichen, der nach wie vor kostenlos erhältlich und ähnlich leistungsfähig wie das Registry-Tool der RegCleaner ist. Die Freeware RegCleaner wird nicht mehr weiterentwickelt, weshalb er keine eigene Downloadadresse hat; bemühen Sie daher eine Internetsuchmaschine (beispielsweise *www.google.de*), um eine der zahlreichen Downloadmöglichkeiten zu finden. Nach der Installation starten Sie das Programm und wählen *Options/Language/Select Language* und markieren die gewünschte Sprache.

Alte Softwareeinträge vollständig entfernen!

Gerade, wenn Sie viel mit Software hantieren - Programme installieren und wieder deinstallieren -, häufen sich mit der Zeit durch unvollständige und fehlerhafte Deinstallationen eine ganze Menge ungültiger Einträge in der Registry an - das Betriebssystem wird immer langsamer. Mit dem RegCleaner beseitigen Sie die verwaisten Einträge mühelos:

1 Beim Programmstart taucht automatisch in der Registerkarte *Software* eine Liste mit allen in der Registry eingetragenen Programmen auf; die Liste ist nach den Softwareherstellern sortiert.

2 Durchstöbern Sie die Liste nach von Ihnen deinstallierter Software; finden Sie den Eintrag eines bereits entfernten Programms, setzen Sie ein Häkchen davor, um die verwaisten Registry-Einträge der Software vollständig zu beseitigen. Die Säuberungsaktion starten Sie nach Ihrer Auswahl mit einem Klick auf *Markierte entfernen*.

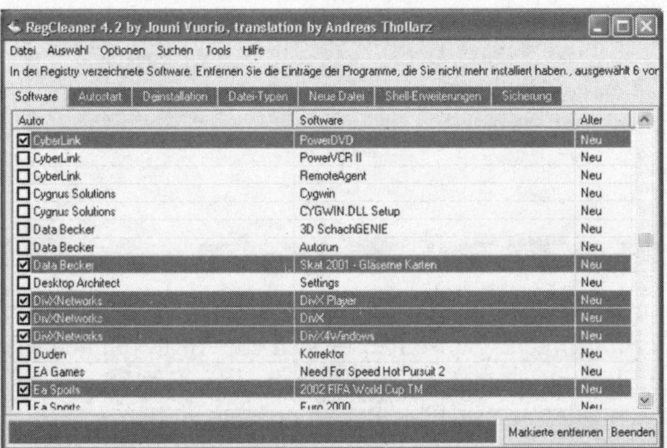

Große Putzaktion: Registry optimieren!

Die Optimierung der Registry geht weiter: Neben den verwaisten Einträgen bereits gelöschter Anwendungen befinden sich viele fehlerhafte oder ungültige Einträge in der Registrierdatenbank, die beispielsweise durch das Fehlverhalten von Anwendungen entstanden sind. Ungültige und fehlerhafte Einträge verlangsamen nicht nur das System, sie können unter Umständen sogar zu Systeminstabilitäten führen - also weg damit! Mit dem RegCleaner spüren Sie diese „Unruhestifter“ schnell auf und sorgen für eine perfekte und fehlerfreie Registrierdatenbank von Windows XP!

1 Im RegCleaner wählen Sie zunächst *Optionen/Registry säubern/Methode /Automatisch*. Über diesen Befehl erreichen Sie es, dass alle vom RegCleaner aufgespürten Registry-Fehler automatisch korrigiert werden; andernfalls müssten Sie bei jeder Fundstelle selbst entscheiden, ob der Eintrag gelöscht werden soll oder nicht - diese Vorgehensweise ist nur empfehlenswert, wenn Sie selbst entscheiden möchten, welche Registry-Einträge gelöscht werden. In der Regel funktioniert die Automatik zuverlässig, sodass der manuelle Weg unnötig ist.

2 Über *Tools/Registry säubern/Alles durchführen* starten Sie die gründliche Registry-Reinigung. Der RegCleaner beginnt seine Arbeit und kontrolliert die Registry auf fehlerhafte oder ungültige Einträge - das dauert etwas! Zum Abschluss werden alle Registry-Fehler vom Programm automatisch korrigiert.

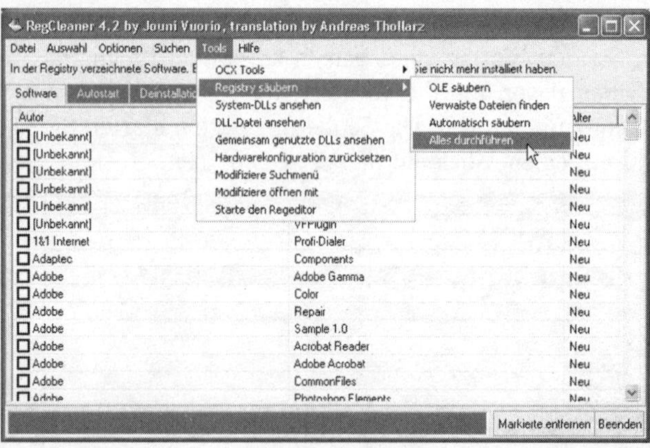

Nach dem Abschluss der Aktion haben Sie die Registry unter Windows XP in Top-Form gebracht. Sie sollten es sich zur Angewohnheit machen, die Registry mindestens einmal im Monat mit dem RegCleaner zu reinigen, um stets ein schnelles und stabiles Betriebssystem zu haben.

INFO

Der Aufbau der Registry:

Die Registrierdatenbank von Windows XP „zerfällt“ in fünf Teilbereiche:

HKEY_CLASSES_ROOT: Dieser „Zweig“ beinhaltet unter anderem Informationen über Treiber, Formatbezeichnungen und ist für den Programmstart zuständig.

HKEY_CURRENT_USER: Hier werden alle benutzerdefinierten Einstellungen zur Systemkonfiguration verwaltet.

HKEY_LOCAL_MACHINE: Wichtiger Teilbereich, er beinhaltet die genaue Konfiguration des Betriebssystems, der installierten Soft- und Hardware; zusätzlich befinden sich hier Informationen über die Benutzerrechte und Sicherheitsinformationen.

HKEY_USER: Hier werden die Standard-Einstellungen des angemeldeten Nutzers und Informationen über diesen abgelegt.

HKEY_CURRENT_CONFIG: Beinhaltet eine Kopie der Einträge aus dem Bereich HKEY_LOCAL_MACHINE; allerdings können diese Einträge benutzerdefiniert angepasst und gespeichert werden.

Probleme nach der Registry-Reinigung?

Selten kommt es vor, dass der RegCleaner etwas zu „eifrig“ ist und einen Eintrag zu viel aus der Registry fegt. In diesem Fall kann es passieren, dass ein Anwendungsprogramm nicht mehr startet bzw. nur mit Fehlermeldungen seinen Dienst verrichtet. Sie haben jetzt zwei Möglichkeiten:

Entweder Sie installieren die Anwendung neu (empfohlen) oder Sie machen die letzte Registry-Säuberung rückgängig - der RegCleaner legt nämlich bei jeder automatisch durchgeführten Reinigungsaktion ein Backup an: Dazu starten Sie den RegCleaner und öffnen die Registerkarte *Sicherung*. Markieren Sie den Eintrag der zuletzt durchgeführten Registry-Putzaktion und klicken auf *Wiederherstellen* - anschließend funktioniert die Software wieder tadellos. Durch das Zurückspielen des Backups wurden allerdings auch die vielen fehlerhaften Einträge wieder in die Registry „eingefügt“ - daher ist die Neuinstallation des „störrischen“ Programms die bessere Alternative.

So geht's: Registry-Änderungen überwachen!

Mit der Freeware „Regmon“, die Sie unter *www.sysinternals.com* erhalten, können Sie alle Registry-Änderungen unter Windows XP überwachen; anhand des Protokolls erfahren Sie beispielsweise, welche Änderungen die Installation einer neuen Software an der Registry hervorgerufen hat. Gerade wenn Sie oft mit neuer Software experimentieren, ist es durch das Programm Regmon möglich, die bei der Softwareinstallation angelegten Registry-Einträge manuell und absolut vollständig wieder zu entfernen. Dadurch schließen Sie eine fehlerhafte Registry mit vielen ungültigen Einträgen aus - Windows wird es Ihnen mit einem schnellen und stabilen Betrieb danken!

Zusätzlich protokolliert Regmon neben den Registry-Änderungen auch jeden Zugriff (sowohl Lese- als auch Schreibzugriffe) auf die Registrierdatenbank genau. Wie häufig unter Windows XP in der Registry „herumgewerkelt" wird, ist schon erstaunlich - allein aus Neugier sollten Sie sich das clevere Tool besorgen.

„Rammen" Sie die Leistungsspitzen des Systems: die RAM-Disk!

Sie haben in Ihrem PC reichlich Arbeitsspeicher eingebaut - mindestens 512 MByte? In diesem Fall können Sie mithilfe einer so genannten RAM-Disk die Leistungsfähigkeit des Systems weiter erhöhen! Für das Einrichten einer RAM-Disk benötigen Sie unter Windows XP einen zusätzlichen Treiber, den Microsoft kostenlos zur Verfügung stellt - besuchen Sie am besten gleich einmal die Internetseite *http://support.microsoft.com/?id=kb;en-us;q257405!* Hinweis: Der dort angebotene Treiber ist zwar ursprünglich nur für Windows 2000 gedacht; er funktioniert jedoch auch unter Windows XP problemlos.

Was ist eine RAM-Disk?

Bevor Sie loslegen, hier eine kurze Erläuterung: Bei einer RAM-Disk handelt es sich um eine virtuelle Festplatte (nur scheinbar vorhanden), die in einem Teil des Arbeitsspeichers eingerichtet wird. Der Vorteil: Ein solches virtuelles Laufwerk bringt Höchstleistungen, da der Arbeitsspeicher wesentlich schneller als herkömmliche Laufwerke ist.

Einsatzgebiete einer RAM-Disk

- Eine RAM-Disk können Sie als „Zwischenlager" für anfallende Temporär-Dateien verschiedener Programme verwenden. Werden diese benötigt, stehen Sie wesentlich schneller zur Verfügung, als wenn sie auf der Festplatte zwischenzeitlich abgelegt werden.
- Für schnelleren Surfspaß verlagern Sie beispielsweise den Ordner mit den beim Surfen anfallenden Temporär-Dateien in die RAM-Disk; die Internetseiten können dadurch viel schneller aufgebaut werden - Sie surfen mit „Lichtgeschwindigkeit".

- Entlasten Sie die Festplatte und kopieren Sie komplette, kleinere Anwendungen in die RAM-Disk - das Programm muss in diesem Fall nicht mehr auf die langsame Platte warten, sondern kann in der schnellen Geschwindigkeit des Arbeitsspeichers ablaufen. Hinweis: Für diese Methode sollten Sie allerdings eine riesige Menge an Arbeitsspeicher (mindestens 1.024 MByte) installiert haben - schließlich benötigt Windows bereits viel freien RAM; diese Methode wird daher kaum Verwendung finden ...

Nachteile der RAM-Disk

Da sich die RAM-Disk von der Größe des freien Arbeitsspeichers „bedient", sollten Sie eine RAM-Disk nur verwirklichen, wenn Sie reichlich Arbeitsspeicher installiert haben - andernfalls kann es aufgrund des knappen freien Speichers zu Systemhängern und Instabilitäten kommen.

Ein weiterer Nachteil: Beim Abschalten des Rechners (auch bei einem Absturz mit Bluescreen) gehen alle Daten in der RAM-Disk verloren, weil sie sich im flüchtigen Arbeitsspeicher befinden; dieser benötigt für den Erhalt der Daten ständig „Saft". Sie sollten also nicht auf die Idee kommen, wichtige, größere Dokumente für ein rasantes Arbeiten in die RAM-Disk zu kopieren - höchstens, wenn Sie nach deren Bearbeitung wieder daran denken, diese aus der RAM-Disk auf die Festplatte zurückzukopieren.

RAM-Disk unter Windows XP anlegen – So geht's!

Nachdem Sie sich den notwendigen Treiber (*Ramdisk.exe*) von der Microsoft-Internetseite heruntergeladen haben, entpacken Sie dessen Dateien in einen separaten Ordner. Bei der Installation der RAM-Disk müssen Sie den Hardware-Assistenten von Windows XP „überlisten", schließlich wollen Sie eine nur virtuell vorhandene Hardwarekomponente einrichten:

1. Rechtsklick auf das *Arbeitsplatz*-Symbol auf dem Desktop oder im Startmenü und *Eigenschaften* ausgewählt; öffnen Sie die Registerkarte *Hardware* und klicken auf die Schaltfläche *Hardware-Assistent*!
2. Der Assistent erscheint - klicken Sie auf *Weiter*; im nächsten Fenster wählen Sie *Ja, Hardware wurde bereits angeschlossen* und klicken auf *Weiter*.
3. Im erscheinenden Fenster markieren Sie den Eintrag *Neue Hardware hinzufügen* und klicken anschließend auf *Weiter*. Markieren Sie jetzt die Option *Hardware manuell aus einer Liste wählen und installieren* - schließlich zählen Sie doch zu den fortgeschrittenen PC-Usern - und mit

diesem Buch in der Hand sind Sie schlauer als der Hardware-Assistent von Microsoft!

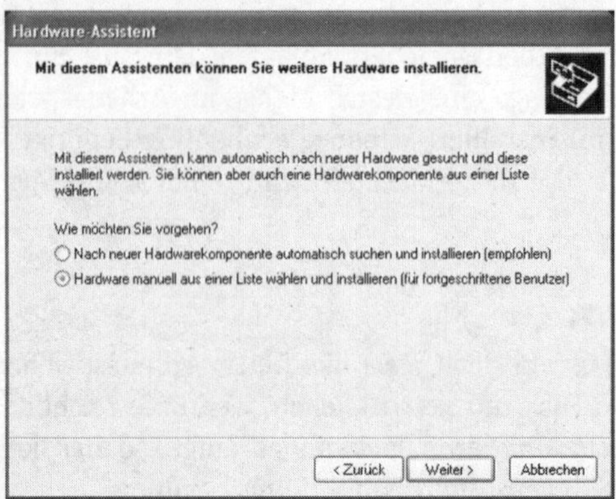

4 Als Nächstes markieren Sie den Eintrag *Alle Geräte anzeigen*; weiter geht's mit *Weiter*. Der PC benötigt etwas Zeit, bis ein neues Fenster erscheint.

5 Klicken Sie auf die Schaltfläche *Datenträger* und wählen Sie den Ordner aus, in dem Sie den Treiber für die RAM-Disk entpackt haben. Führen Sie einen Doppelklick auf die Treiberdatei aus - der Treiber wird installiert und die RAM-Disk automatisch angelegt - diese steht Ihnen sofort mit dem Laufwerkbuchstaben Z zur Verfügung.

Notwendig: Größe der RAM-Disk ändern!

Es wäre schon alles perfekt, wenn die automatisch bestimmte Größe der RAM-Disk nicht so „bescheuert" wäre: Nur 1 MByte groß ist die gerade angelegte virtuelle Festplatte - damit ist nichts anzufangen!

1 Starten Sie den Registrierungseditor und öffnen Sie den Ordner *HKEY_LOCAL_MACHINE\SYSTEM\ControlSet001\Services\Ramdisk\Parameters*. Sollte der Ordner nicht zu finden sein, schauen Sie einmal hier nach: *HKEY_LOCAL_MACHINE\SYSTEM\CurrentControlSet\Services\Ramdisk\Parameters*.

2 Im rechten Teilfenster sind die Einträge *DriveLetter* und *DiskSize* interessant; mit *DriveLetter* legen Sie den Laufwerkbuchstaben der RAM-Disk fest. Der zweite Eintrag bestimmt die Größe der virtuellen Festplatte im Arbeitsspeicher.

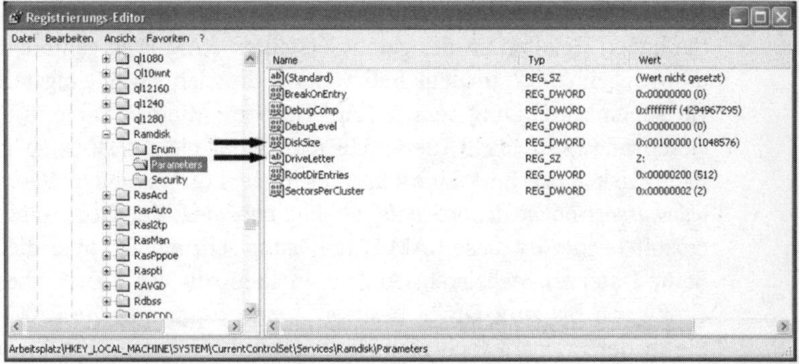

3 Um die Größe der RAM-Disk zu ändern, führen Sie einen Doppelklick auf *DiskSize* aus; im erscheinenden Fenster achten Sie darauf, dass *Hexadezimal* ausgewählt ist, und geben als Wert „1F00000“ ein, um die Größe auf ca. 31 MByte festzulegen. Größer kann die gerade mithilfe des Microsoft-Treibers angelegte RAM-Disk nicht werden - hierzu müssen Sie eine andere Softwarelösung einsetzen; allerdings ist eine größere RAM-Disk erst ab 1.024 MByte RAM empfehlenswert, da sie sonst das System eher bremst als beschleunigt.

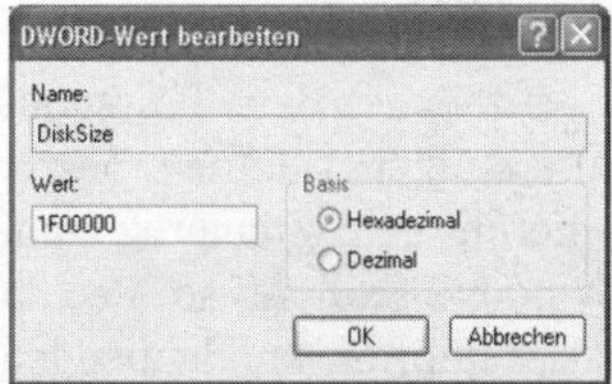

4 Verlassen Sie den Editor und starten Sie das Betriebssystem neu - ab sofort steht Ihnen eine RAM-Disk von 31 MByte zur Verfügung.

Verlagern Sie am besten gleich den Ordner mit den temporären Internetdateien über Ihren Internetbrowser auf die virtuelle Festplatte, um maximalen Surfspaß zu erleben.

Probleme mit der RAM-Disk?

Haben Sie aus Versehen eine falsche Größenangabe eingegeben, führt das keinesfalls zu Systemproblemen - „kleine“ Ausnahme: Die gerade angelegte RAM-Disk funktioniert nicht.

Wollen Sie die RAM-Disk wieder loswerden, setzen Sie entweder die Größe über den Registrierungseditor auf 0 oder deinstallieren Sie den RAM-Disk-Treiber wieder.

Noch mehr kostenlose RAM-Disk-Power

Sie haben Gefallen an der gerade erstellten RAM-Disk gefunden und nutzen diese regelmäßig? In dem Fall werden Sie sich nach einiger Zeit über die Größeneinschränkung bei der RAM-Disk von Microsoft ärgern: Für maximale Geschwindigkeit reicht die Größe manchmal nicht aus - eine neue, größere RAM-Disk muss her! Eine ausgezeichnete Lösung finden Sie unter *http://www.arsoft-online.de/products/product.php?id=1.* Im Gegensatz zu dem Microsoft-Treiber ist diese RAM-Disk-Lösung sehr einfach über die mitgelieferte Setup-Datei zu realisieren. Außerdem kann die RAM-Disk theoretisch eine Größe von bis zu 2 GByte besitzen - eine so gigantische RAM-Disk werden Sie in der Praxis jedoch niemals benötigen, da hierfür die Menge an installiertem Arbeitsspeicher nicht ausreicht.

Schneller navigieren unter Windows XP!

Unter dem neuen Betriebssystem gibt es eine ganze Menge Tipps und Tricks, die das Navigieren erleichtern bzw. erheblich beschleunigen! Hier vier bedeutende Navigations-Abkürzungen:

Windows-Explorer blitzartig öffnen!

Der Windows-Explorer ist die Schaltzentrale des Betriebssystems; damit können Sie alle Dateien auf der Festplatte studieren, öffnen, bearbeiten und löschen. Das Systemtool ist allerdings tief in der Systemprogramm-Gruppe versteckt. Blitzschnell öffnen Sie den Windows-Explorer so: Rechtsklick auf die Startschaltfläche auf dem Windows-Dekstop; im aufklappenden Menü wählen Sie *Explorer - Alle Benutzer* - fertig!

Geräte-Manager schneller öffnen!

Neben dem Windows-Explorer ist der Geräte-Manager die Anlaufstelle Nummer 1 bei „Hardwarefragen“: Hier werden Treiber deaktiviert, neue Geräte konfiguriert usw. Am schnellsten öffnen Sie den Geräte-Manager folgendermaßen:

Rechtsklick auf das *Arbeitsplatz*-Symbol auf dem Desktop oder im Startmenü und im Menü *Verwalten* ausgewählt - die *Computerverwaltung* erscheint. Unter dem Haupteintrag *System* im linken Teilfenster finden Sie den Eintrag des Geräte-Managers; markieren Sie ihn - schon erscheint im rechten Fensterteil die gewohnte Geräte-Manager-Ansicht.

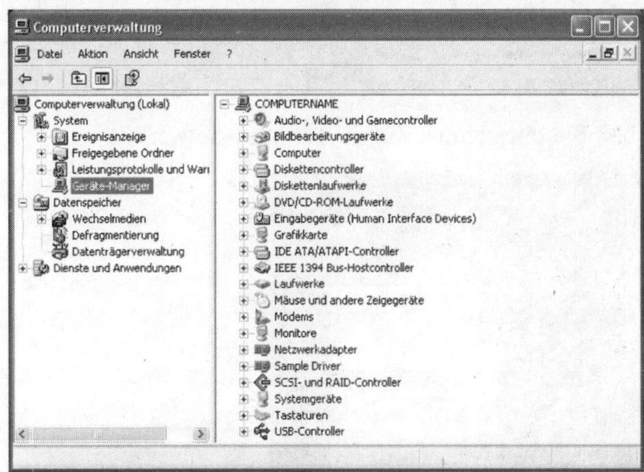

Der Geräte-Manager in der Computerverwaltung!

So geht's noch etwas schneller!

Noch rasanter öffnen Sie den Geräte-Manager folgendermaßen: Wählen Sie im Startmenü *Ausführen* und tippen Sie „devmgmt.msc“ ein; nach einem Druck auf die [Enter]-Taste erscheint sofort der Geräte-Manager.

Genial: Arbeitsplatz in der Taskleiste!

Der Arbeitsplatz als Schaltzentrale für sämtliche Laufwerke wird von Windows-Usern regelmäßig besucht; die Bedienung lässt sich allerdings erheblich vereinfachen - besonders, wenn Sie nach verschollenen Dateien suchen; verfrachten Sie den Arbeitsplatz am besten in die Taskleiste!

Rechtsklick auf die Taskleiste und *Symbolleisten/Neue Symbolleiste* ausgewählt. Im erscheinenden Fenster markieren Sie den Eintrag des Arbeitsplatzes und klicken auf *OK* - schon wird der Arbeitsplatz in die Taskleiste integriert.

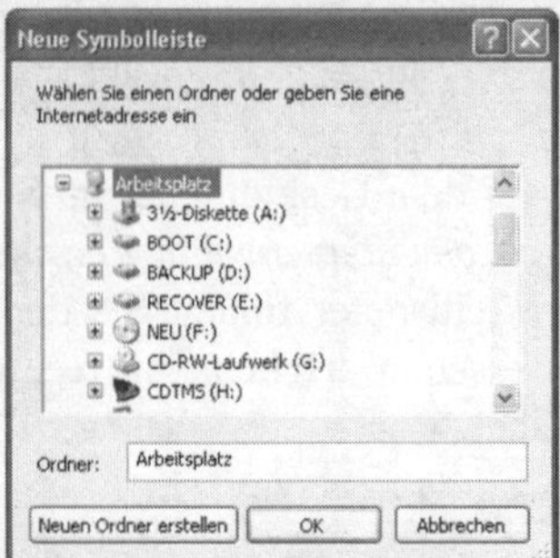

Bringen Sie den Arbeitsplatz in die Taskleiste!

Ab sofort haben Sie blitzschnell Zugriff auf alle Laufwerke.

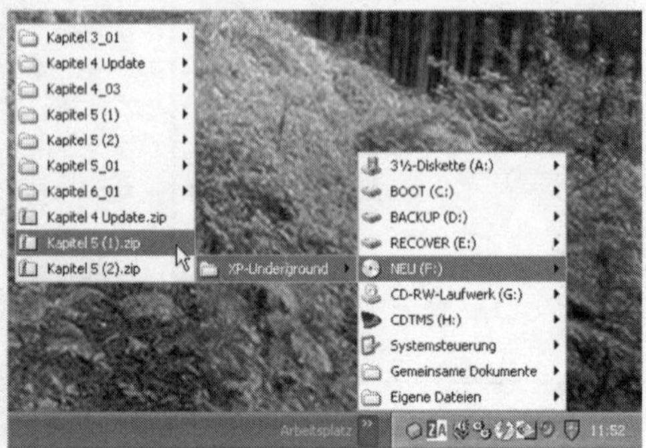

Der Arbeitsplatz in der Taskleiste - äußerst praktisch!

Schon bemerkt? Die Systemsteuerung ist jetzt ebenfalls über die Taskleiste zu erreichen!

Durch die Verlagerung des Arbeitsplatzes in die Taskleiste befindet sich die von PC-Profis häufig besuchte Systemsteuerung automatisch mit in der Taskleiste: Öffnen Sie das *Arbeitsplatz*-Menü über die Taskleiste - hier befindet sich bereits der Eintrag *Systemsteuerung*; über diesen Menüpunkt können Sie blitzschnell die einzelnen Einträge in der Systemsteuerung auswählen und sind ruck, zuck am Ziel.

4.6 Aufgedeckt: Top-Tools für XP – kostenlos verfügbar!

Für Windows XP gibt es viele Tools, die das Betriebssystem optimieren sollen. Viele dieser Tools sind relativ teuer und sollen laut Werbung wahre

Wunder vollbringen. Ist es also wirklich notwendig, zu einem teuren Tuning-Tool zu greifen, um Windows XP komfortabel zu beschleunigen und zu konfigurieren? Auf keinen Fall - es wäre Geldverschwendung! Wir haben Ihnen die besten kostenlosen Leistungsoptimierer,, die ihren kommerziellen Kollegen in nichts nachstehen - sie sogar manchmal weit übertreffen -, herausgesucht und stellen diese im Folgenden kurz vor.

Benutzung auf eigene Gefahr: Tweak-Tools!

Bevor die Hitparade der einzelnen Tuning-Tools für Windows XP beginnt, hier eine deutliche Warnung: So komfortabel die Verwendung solcher „Leistungsbeschleuniger" ist, sie kann unter Umständen gefährlich sein: Das Betriebssystem kann nach dem Einsatz eines Tweak-Tools instabil oder sogar langsamer werden!

Legen Sie daher vor jeder Benutzung eines solchen Programms einen Systemwiederherstellungspunkt an (siehe Kapitel 1), um bei Problemen das System schnell wieder in den Ausgangszustand versetzen zu können.

Unkompliziert und komfortabel: WinTuningKit2004

Das kostenlose Tweak-Tool WinTuningKit2004 nimmt Ihnen einige Arbeit bei der Optimierung von Windows XP ab; Sie können beispielsweise wichtige Registry-Optimierungen per Mausklick erledigen. WinTuningKit2004 bietet Einstellungsmöglichkeiten zur Performancesteigerung, Optik und Sicherheit unter dem neuen Betriebssystem an - allerdings begnügt es sich damit, die Optimierungsfunktionen des Betriebssystems zu aktivieren, zusätzliche Optionen sind nicht vorhanden. Die Optimierung lässt sich entweder automatisch durch einen Assistenten erledigen oder im Power-Modus eigenhändig vornehmen.

Wissen Sie im Power-Modus bei einem Eintrag nicht genau über dessen Bedeutung Bescheid, informiert Sie das Programm ausführlich, wenn Sie mit dem Mauspfeil auf den entsprechenden Eintrag zeigen.

Das Programm erhalten Sie in der Standard-Version kostenlos unter *http://www.wintuningkit.com/*; für Windows XP-Einsteiger ist es empfehlenswert; echte PC-Profis dagegen werden die notwendigen Einstellungen sicherlich eigenhändig an der Registry vornehmen wollen.

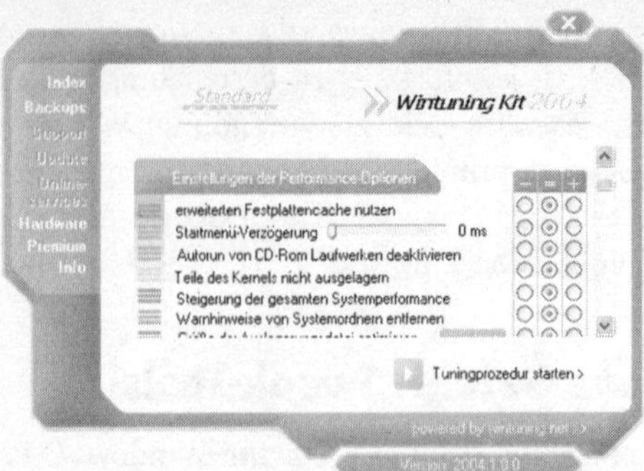

WinTuningKit2004 - kostenloses, einfach zu bedienendes Tweak-Tool!

Tweak UI – das Power-Tool vom Windows-Schöpfer!

Tweak UI ist Bestandteil der so genannten Powertoys XP, die Sie unter *http://www.microsoft.com* kostenlos erhalten. Das Tuning-Tool vom Windows -Schöpfer höchst persönlich lohnt wirklich die Bekanntschaft!

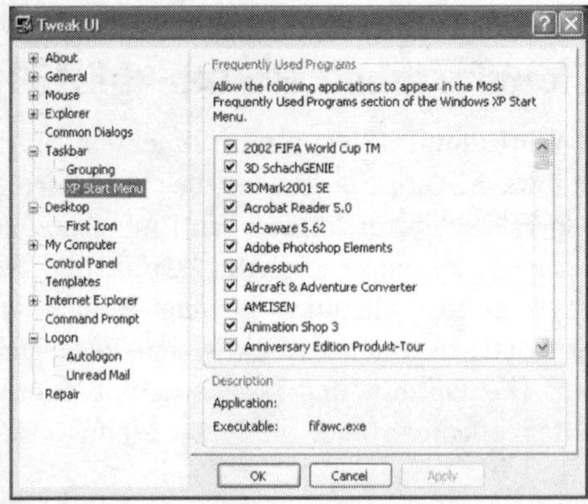

Tweak-UI - Ultimatives Tuning-Tool für jeden XP-PC!

- Mithilfe von Tweak UI deaktivieren Sie grafische Einstellungen und optische „Spielereien" zur Leistungssteigerung.
- Zusätzlich können beschädigte Icons oder ein beschädigter Schriftartenordner repariert werden. Nützlich ist ebenfalls die Möglichkeit, das Startmenü nach seinen Wünschen anzupassen: Es ist zum Beispiel möglich, gewisse Programme vom Erscheinen im Hauptmenü abzuhalten.
- Weiterhin dürfen Sie die Systempfade verändern, die Maus tunen, die Geschwindigkeit der Menüs erhöhen oder die Autoplay-Funktion für Laufwerke nach Ihrem Geschmack anpassen!

Fazit: Tweak UI sollte auf jedem PC installiert sein, da es viele zusätzliche, äußerst nützliche Einstellungen bietet - das Microsoft-Tool ist selbst absoluten PC-Profis zu empfehlen, da mit ihm Windows XP komfortabel eingerichtet, verbessert oder repariert werden kann.

Für „tuningsüchtige" Power-User: X-Setup Pro

Mit X-Setup Pro bearbeiten Sie sage und schreibe fast 1.700 versteckte Funktionen, um Windows XP und dessen Anwendungen an Ihre Bedürfnisse optimal anzupassen. Keine Panik: Mithilfe einer Log-Datei können vorgenommene Änderungen wieder rückgängig gemacht werden - haben Sie aus Versehen eine falsche Option erwischt, ist das also kein Beinbruch! Das Programm X-Setup Pro erhalten Sie kostenlos unter *http://www.x-setup.net/*; als Power-User sollten Sie sofort zugreifen, um in den Tiefen des Betriebssystems richtig „wüten" zu können und anschließend ein optimal auf Ihre Bedürfnisse angepasstes System zu erlangen.

Windows XP per Mausklick optimieren ...

Mit X-Setup Pro kann unter anderem der so genannte Windows-Systemdateischutz deaktiviert werden oder der Registrierungseditor gesperrt werden - die zuletzt genannte Option ist sehr sinnvoll, wenn am PC auch weniger erfahrene User arbeiten.

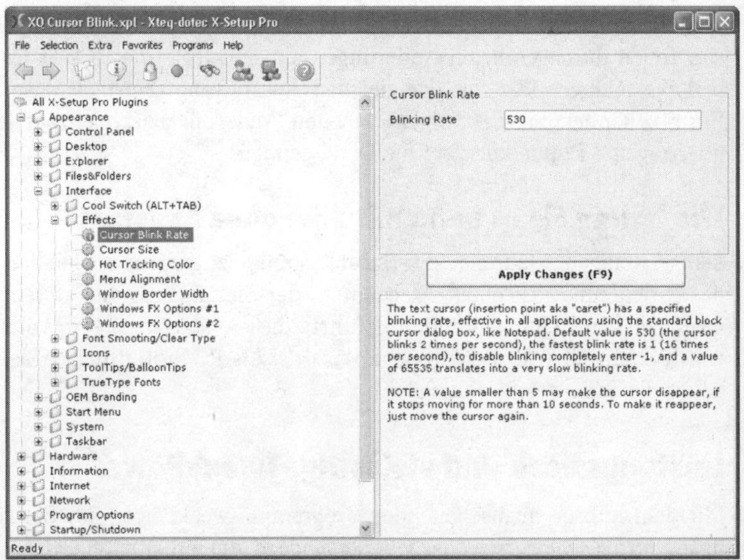

X-Setup - kostenloses, aber sehr professionelles Tuning-Tool.

Mehr Leistung erzielen Sie unter anderem durch das Optimieren von Cache- und Speicherverwaltung; außerdem kann das Start- und Shutdown-Verhalten des Betriebssystems nach eigenen Wünschen auf vielfältige Weise angepasst werden. Umfangreiche Einstellungsmöglichkeiten gibt es ebenfalls für den Windows-Desktop. Zu jeder Einstellungsoption finden Sie im rechten unteren Fensterbereich eine kurze Beschreibung; hier wird auch eventuell vor der Verwendung unter bestimmten Umständen gewarnt. Eine solche Warnung sollten Sie ernst nehmen.

Kein Problem: Zusatzsoftware optimieren!

Neben der Optimierung von Windows XP bietet X-Setup Pro eine Reihe nützlicher Einstellungsoptionen für den Internet Explorer, Outlook-Express, Netscape-Browser, Opera, den Windows Media Player und Office XP an. Es ist beispielsweise möglich, die beim Surfen eingefangenen „heimtückischen“ Cookies zu entfernen, den gesamten Cache des Internet Explorer zu löschen, die Titelleiste von Outlook-Express zu verändern oder den Windows Media Player per Mausklick zum Abspielen von DVD-Scheiben zu „überreden“ . Über Plug-Ins, die Sie kostenlos auf der Homepage von X-Setup Pro downloaden können, ist es möglich, weitere Anwendungen (beispielsweise Nero Burning ROM) mit X-Setup Pro optimal zu konfigurieren.

Mehrere PCs? – Wunderbar!

Eine Besonderheit von X-Setup Pro: Im Record Mode zeichnet das Tool alle von Ihnen durchgeführten Änderungen auf und legt eine REG-Datei an. Haben Sie mehrere PCs mit der gleichen Ausstattung (beispielsweise in einer Firma), können Sie die vorgenommenen Änderungen schnell auf jeden PC übertragen - Doppelklick auf die Datei genügt.

Wie hätten Sie es gern: mit oder ohne Assistent?

Selbst weniger erfahrene „PC-Hasen“ sollten zugreifen; schließlich enthält das Programm auch einen Assistenten, der Sie „fachkundig“ durch die notwendigen Einstellungen hindurchführt; diesen starten Sie im Startfenster von X-Setup über die Schaltfläche *Wizards*. Als PC-Profi drücken Sie dagegen lieber die Schaltfläche *Classic*!

Leistungsstark und vielseitig: TweakPower

Mit dem hübsch anzuschauenden Programm TweakPower, das Sie kostenlos unter *http://home.tiscali.de/zdata/mainpage.htm* erhalten, besitzen Sie ein geniales Tuning-Tool: Das Programm bietet zahlreiche Tuning-Optionen und ist übersichtlich aufgebaut, sodass Sie schnell die gewünschten Einstellungen finden.

Die Tuning-Möglichkeiten erstrecken sich vom Anpassen des Bootvorgangs über Hardware-Optimierungen bis hin zur Internet-Konfiguration für maximale Surfgeschwindigkeit. Sehr empfehlenswert sind die Optionen in der Kategorie *Tools*: Hier dürfen Sie zum Beispiel über den Unterpunkt *Optimieren* diverse Einstellungen bezüglich der CD-/DVD-Laufwerke, des Speichers oder der Auslagerungsdatei vornehmen, um die Geschwindigkeit des Rechners zu verbessern. Des Weiteren können Sie unter anderem Sicherheitseinstellungen vornehmen, Dateien verschlüsseln oder nicht mehr benötigte Dateien über den *CleanCenter* aufspüren und vernichten.

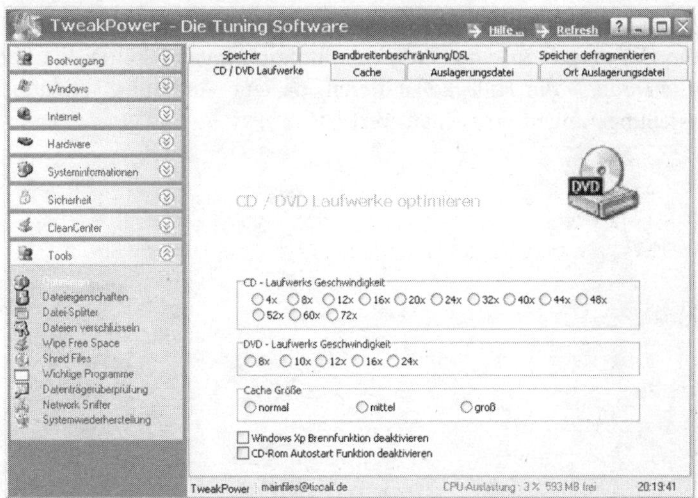

TweakPower ist ein leistungsstarkes, gut strukturiertes Tuning-Tool.

Senkrechtstarter TuneXP

TuneXP 1.5, das Sie kostenlos unter *http://www.driverheaven.net/dforce* herunterladen dürfen, ist eins der neusten Tuning-Tools für Windows XP und sorgte bei seinem Erscheinen für zum Teil große Begeisterung. Die englischsprachige Software ist in fünf Kategorien eingeteilt, die Ihnen Einstellungen bezüglich Speicher- und Dateisystemsverhaltens, Hardware, Internet, Dienste und Diverses erlauben.

TuneXP besitzt einige interessante Features, die Sie bei herkömmlichen Tuning-Tools meist vergeblich suchen: So dürfen Sie beispielsweise per Mausklick den Prefetch-Ordner des Systems leeren oder die Startdateien von

Windows XP defragmentieren bzw. neu organisieren, um dadurch mehr Bootperformance zu erzielen. Des Weiteren können Sie die Leistung des NTFS-Dateisystem erhöhen oder das Zip-Programm von Windows flott deaktivieren.

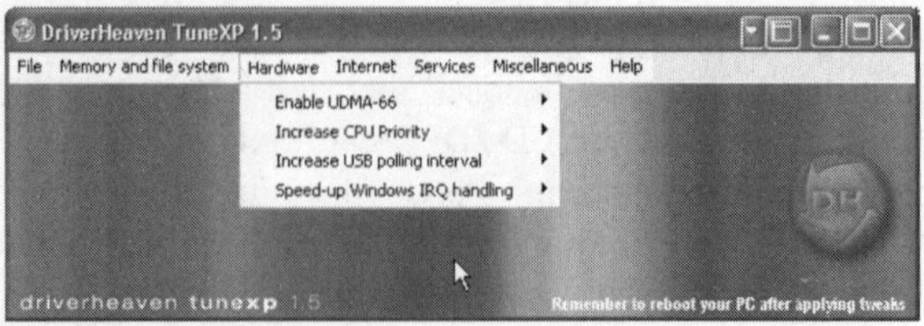

„Klein aber fein": TuneXP besitzt zum Teil Features, die kein anderes Tuning-Tool zu bieten hat.

Wenn Sie Fragen zu einer Programmfunktion haben, sollten Sie über *Help/ Documentation* die Hilfe konsultieren, da eine Änderung von unbekannten Einstellungen nicht empfehlenswert ist!

5. Heiße Tipps für kalte Platten: Versteckte Einstellungen für den Festplattenzugriff

Die Festplatte spielt für die gesamte Leistung des PCs eine entscheidende Rolle: Lahmt sie, macht die Arbeit mit Windows XP keinen Spaß!

Bevor Sie jetzt überstürzt in den nächsten PC-Laden eilen, um Ihre langsame Festplatte gegen eine schnellere auszutauschen, werfen Sie einen Blick in dieses Kapitel!

Statt einer neuen schnellen und daher auch heiß werdenden Festplatte benötigen Sie für Ihr altes, „kaltes“ Modell lediglich heiße Insider-Tipps, da in den meisten Fällen die Festplatte nur durch falsche bzw. ungünstige Einstellungen ausgebremst wird!

Nehmen Sie sich die Zeit und studieren Sie sorgfältig das Kapitel, um endlich die optimale Performance aus Ihrer Festplatte herauszukitzeln!

5.1 Mehr Speed durch versteckte BIOS- und Windows-Einträge

Die Optimierung der Festplattenleistung fängt nicht im Betriebssystem Windows XP, sondern im BIOS an. Das BIOS (**B**asic **I**nput **O**utput **S**ystem) ist die Schaltzentrale des Rechners und steuert die komplette Hardware! Ohne ein BIOS funktioniert kein PC, dies merken Sie spätestens, wenn ein BIOS-Update schief gegangen ist!

Geheime BIOS-Optionen enthüllt!

Das Setup-Programm des BIOS sieht in fast jedem Rechner anders aus, daher kann hier keine genaue Beschreibung gegeben werden, hinter welchem Menü sich die entsprechende Option verbirgt! Entweder Sie konsultieren dafür das mitgelieferte Mainboard- bzw. PC-Handbuch oder Sie suchen ein bisschen! Bereits die Methoden, an die BIOS-Einstellungen zu gelangen, unterscheiden sich von PC zu PC deutlich: Entweder müssen Sie nach dem Start schnell die [F1]- oder die [Entf]-Taste drücken! Die bekanntesten BIOS-Hersteller Award, AMI und Phoenix gehen konsequent eigene Wege. Werfen Sie am besten einen Blick auf deren Webseiten, falls Sie keine Anleitung für das BIOS-Setup-Programm haben!

Hinweis: Bei einigen Komplett-PCs sind die Einstellungsmöglichkeiten im BIOS ziemlich kastriert - es kann durchaus sein, dass Sie nicht immer fündig werden!

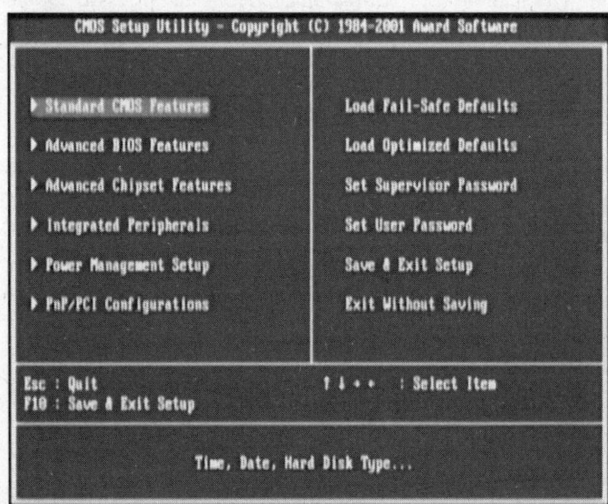

Das Hauptmenü eines modernen Award-BIOS.

Im BIOS gibt es keinen Mauspfeil, Sie müssen also mit den Pfeiltasten der Tastatur manövrieren; die jeweiligen Menüs verlassen Sie per Esc-Taste! Doch damit endet schon die gemeinsame Bedienung des Setup-Programms! Jede BIOS-Version wird unterschiedlich bedient; meistens finden Sie am unteren oder rechten Bildrand Hinweise, wie das BIOS zu bedienen ist!

Bei den meisten BIOS-Versionen gilt weiterhin Folgendes: Mit der Enter-Taste rufen Sie das entsprechende Menü auf oder nehmen bei einigen BIOS-Varianten die Einstellung per Untermenü vor. Bei den übrigen Setup-Programmvarianten nehmen Sie die Einstellungen per Bild rauf- und Bild runter-Taste vor!

Ändern Sie im BIOS keine unbekannte Option!

Bevor es richtig losgeht, eine deutliche Warnung: Das BIOS ist für jeden PC lebensnotwendig! Ändern Sie daher auf keinen Fall aus Experimentierfreude eine Ihnen unbekannte Einstellungsmöglichkeit im BIOS – Sie riskieren, dass der Rechner anschließend keinen Mucks mehr von sich gibt und der Gang zum Händler nötig wird! Also: Finger weg von unbekannten Optionen, ändern Sie ausschließlich Einstellungen, von denen Sie genau wissen, wofür Sie da sind!

Haben Sie aus Versehen etwas Unbekanntes verändert und wissen nicht mehr die Voreinstellung, suchen Sie im Hauptmenü des BIOS-Setup-Programms die Option *Load Setup Defaults* oder *Load Optimized Defaults*, um die werkseitig voreingestellten BIOS-Werte wieder zu laden! Dadurch gehen natürlich sämtliche von Ihnen bereits vorgenommenen Änderungen seit der Anschaffung des Rechners „flöten"; diese müssen Sie erneut vornehmen! Sollte der PC – wider Erwarten – nach der Optimierung der Festplattenwerte instabil werden (es häufen sich Abstürze), können Sie sehr schnell über *Load Setup Defaults* bzw. *Load Optimized Defaults* den Ausgangszustand wiederherstellen!

Unbedingt einschalten: IDE HDD Block Mode

Bei allen Festplatten ab Baujahr 1997 sollten Sie diese Option aktivieren (auf *Enable* stellen), um die Übertragungsleistung zu optimieren! Haben Sie dagegen einen Festplatten-Oldtimer im PC stecken, lassen Sie von dieser Option lieber die Finger, denn sie kann zu Datenverlust führen!

Durch die Aktivierung werden die benötigten Daten nicht Byte für Byte, sondern in Datenblöcken übertragen, was wesentlich schneller geht! Im modernen Award-BIOS finden Sie die Option im Menü *Integrated Peripherals*.

Immer auf Maximum: IDE HDD Block Mode Sectors

Sollten Sie den Eintrag *IDE HDD Block Mode* nicht finden und eine Festplatte ab Baujahr 1997 benutzen, halten Sie nach *IDE HDD Block Mode Sectors* Ausschau; hier kann festgelegt werden, wie viele Sektoren auf einmal übertragen werden. Stellen Sie den Wert so hoch wie möglich ein (beispielsweise *HDD Max*), um eine optimale Festplattenperformance zu erzielen.

„Vorausschauend" arbeiten: IDE Prefetch Mode

Im Menü *Integrated Peripherals* versteckt sich bei modernen PCs oft ein sehr wichtiger Eintrag für maximale Festplattenleistung: *IDE Prefetch Mode*. Diese Option sollte immer eingeschaltet (*Enabled*) sein, um das Voranfordern von Daten für einen schnelleren Laufwerkzugriff zu aktivieren.

Festplattencache: Immer einschalten!

Bei manchen Mainboards haben Sie unter dem Eintrag *Cache settings* die Möglichkeit, das Cache-Verhalten (Cache = schneller Datenzwischenspeicher) genau festzulegen. Hierbei unterscheidet man zwischen Schreib- und Lese-Cache! Für schnellstmögliche Festplattenleistung schalten Sie beide Caches ein!

Head-Crash vorhersehen: SMART Monitoring

Die Option *SMART Monitoring* oder *HDD S.M.A.R.T. Capability* (SMART = **S**elf **M**onitoring **A**nalysis and **R**eporting **T**echnologie) dient zwar nicht zur Leistungssteigerung - eher das Gegenteil ist der Fall - sie ist aber so enorm wichtig, dass ich sie hier erwähne: Das SMART Monitoring dient zur Selbstdiagnose von Festplatten und sollte unbedingt eingeschaltet werden! Die Einstellungsmöglichkeit finden Sie in vielen Fällen direkt bei den Parametern der Festplatte oder in modernen Award-BIOS-Varianten im Menü *Advanced BIOS Features*!

Head-Crash – das steckt dahinter!

Eine Festplatte besteht aus mehreren übereinander angeordneten Speicherplatten, die sich während des Betriebs sehr schnell drehen. Dadurch entsteht über den Speicherplatten ein Luftkissen, über das sich der jeweilige Lese- und Schreibkopf (für jede Speicherplatte ein eigener) bewegt. Lässt die Drehgeschwindigkeit beispielsweise durch einen Motorschaden nach, bricht das Luftkissen zusammen und die Festplattenköpfe krachen auf die Speicherscheiben („Head-Crash") – die Festplatte ist ein Fall für die Mülltonne! Durch das SMART-Monitoring kann dieser Head-Crash vorhergesagt werden, sodass Sie Ihre wichtigen Daten noch rechtzeitig vor dem Ausfall der Platte sichern können! Anmerkung:

Leider unterstützen nicht alle Festplatten bzw. BIOS-Versionen dieses nützliche Feature; besonders bei älteren Festplatten ist das Vorhersehen eines Head-Crashs leider nicht möglich!

Sensationell: SMART-Ergebnisse kostenlos auslesen!

Die Aktivierung des SMART-Monitoring im BIOS allein reicht allerdings nicht! Unter Windows XP benötigen Sie zum Auslesen des Ergebnisses der Selbstdiagnose zusätzlich eine geeignete Software. In vielen Fach-Artikeln werden für diesen Zweck die bekannten (aber auch teuren) Systemsuits von Ontrack oder Symantec angeführt! Für das Auslesen der SMART-Analyse brauchen Sie jedoch keinen Cent zusätzlich auszugeben: Die für nicht kommerzielle Zwecke kostenlose Software SmartExplorer von Adenix, die Sie sich unter *http://adenix.net/downloads.php* herunterladen dürfen, erledigt die Aufgabe perfekt!

1 Nach der Installation öffnen Sie den Arbeitsplatz. Markieren Sie den Laufwerkeintrag der Festplatte und klicken Sie mit der rechten Maustaste darauf! Im aufklappenden Menü wählen Sie *Eigenschaften* aus und wechseln in die Registerkarte *S.M.A.R.T*, die von der Freeware neu angelegt worden ist!

2 Unter *S.M.A.R.T* erfahren Sie hinter *Reliability* (Zuverlässigkeit) und *Performance* die von Ihrer Festplatte erzielten Werte bei der SMART-Analyse! Reichen beide Statusbalken bis ganz nach rechts, ist Ihre Platte in bestem Zustand! Bedenklich wird es, wenn sich die Werte dem Anfangsbereich um *Pre-failure* („vor dem Versagen") und *Degraded* (abbauend) nähern - in dem Fall müssen Sie mit einem baldigen Ausfall der Festplatte rechnen; sichern Sie unbedingt Ihre Daten!

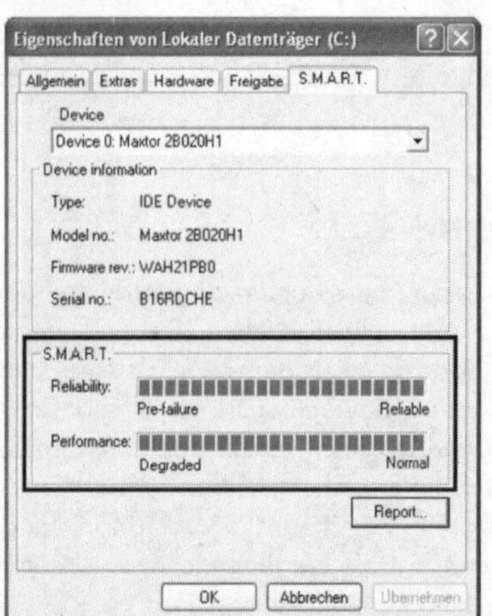

So sollten die SMART-Ergebnisse unter Windows XP aussehen!

Langsam und leise oder schnell und laut!

Viele moderne BIOS-Versionen bieten die Option *Acoustic Management* an, mit der Sie die Lautstärke der Festplatte regeln! Hier gilt: Entweder ist eine Festplatte laut und schnell oder leise und langsam! Sie müssen entweder den Festplattenkrach ertragen, um maximale Leistung zu erhalten, oder einen guten Mittelweg finden, um die schnelle Platte nicht leistungsmäßig vollständig zu kastrieren! Sie finden keine *Acoustic Management*-Option in Ihrem BIOS? Nicht verzagen: Ab und zu wird diese Einstellung bei modernen Festplatten nicht im BIOS vorgenommen, sondern per Software-Utility des Festplattenherstellers (auf der entsprechenden Internetseite nachsehen)! Als Alternative bietet sich die Shareware Doc's AAM Tool an, mit der Sie unter Windows XP die Acoustic-Management-Einstellungen Ihrer Festplatte konfigurieren. Sie erhalten das Tool zum Testen unter *http://www.drhardware.de/*. Bei einem modernen Mainboard mit Intel-Chipsatz können Sie auch mithilfe des Intel Application Accelerators das Acoustic-Management Ihrer Festplatte verändern.

Kein Acoustic Management für Ihre Festplatte? – Macht nichts!

Ihre Festplatte unterstützt das Acoustic Management nicht? Nicht traurig sein: Meistens ist es sowieso erfolgversprechender, den kompletten PC ruhig zu stellen, als nur den Festplattenkrach zu minimieren; weitere Informationen zum Flüster-PC bzw. benötigtes „Beruhigungsmaterial" für Ihren Rechner erhalten Sie z. B. unter *www.pc-silent.de* und *www.pc-cooling.de!* Für viele Festplatten gibt es zum Beispiel ein so genanntes „SilentDrive"-Zubehör, mit dem Sie den Lärm trotz maximaler Leistung hörbar reduzieren!

Maximaler Speed gratis: DMA richtig aktivieren!

Ganz entscheidend ist die richtige Einstellung des Übertragungsmodus einer IDE-Festplatte; der Begriff IDE ist die Abkürzung für **I**ntegrated **D**rive **E**lectronics und deutet darauf hin, dass ein Teil der Steuerungselektronik für den Datentransfer im Laufwerk selbst untergebracht ist! Wenn die Platte mit maximaler Leistung Daten lesen und schreiben soll, muss sowohl im BIOS als auch im Betriebssystem die höchstmögliche Übertragungsart eingestellt sein - der Prozessor wird dadurch entlastet, das System ist insgesamt wesentlich flotter!

INFO

DMA und PIO – das steckt dahinter!

Bei den einzelnen Modi für die Datenübertragung unterscheidet man zwischen PIO 1-4 (veraltet) und Ultra-DMA (aktuell)! DMA ist die Abkürzung für Direct Memory Access und bedeutet, dass die Festplatte mit dem Arbeitsspeicher (RAM) ohne Eingreifen der CPU kommuniziert!

Beim langsamen und veralteten PIO-Modus (Programmed Input/Output) muss der Prozessor bei der Datenübertragung zwischen Festplatte und Arbeitsspeicher jedes Mal tätig werden – er kann sich während dieser Zeit weniger um andere Aufgaben „kümmern" – die Systemleistung sinkt gewaltig!

Für maximalen Festplattenspeed aktivieren Sie den höchstmöglichen DMA-Übertragungsmodus sowohl im BIOS als auch unter Windows XP!

Vergessen Sie eine Aktion, lahmt Ihre Festplatte unnötigerweise vor sich hin!

Aktuelle Übertragungsmodi	Übertragungsgeschwindigkeit
PIO 4-Modus (auch Multiword-DMA/2 genannt)	Bis zu 16,6 MByte/s
Ultra-DMA/33 (DMA 3)	Bis zu 33,3 MByte/s
Ultra-DMA/66 (DMA 4)	Bis zu 66,6 MByte/s
Ultra-DMA/100 (DMA 5)	Bis zu 100 MByte/s
Ultra-DMA/133 (DMA 6)	Bis zu 133 MByte/s

Die DMA-Option aktivieren Sie bei Festplatten ab Baujahr 1997 (bei älteren Modellen droht bei der Aktivierung Datenverlust!!!) im modernen Award-BIOS im Menü *Integrated Peripherals*!

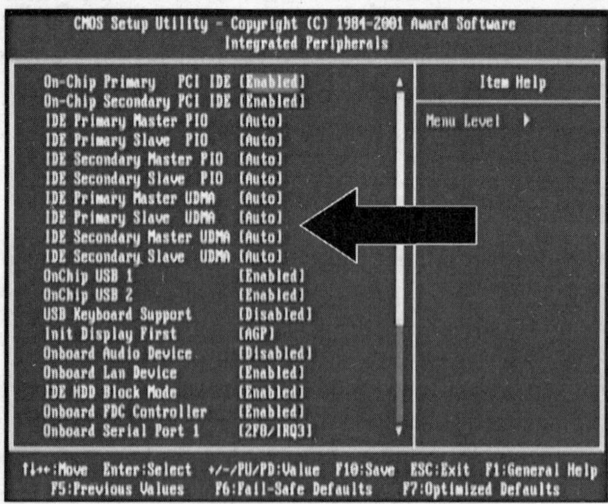

Setzen Sie die DMA-Erkennung am besten auf Auto!

Hier dürfen Sie die Werte für die Einträge *IDE Primary Master UDMA*, *IDE Primary Slave UDMA*, *IDE Secondary Master UDMA* und *IDE Secondary Slave UDMA* entweder auf *Auto* stellen, um den optimalen Übertragungsmodus vom BIOS automatisch erkennen zu lassen, oder Sie stellen - wenn Sie der Automatisierung misstrauen - manuell den höchstmöglichen Wert ein, den Ihre Festplatte bzw. die am jeweiligen IDE-Controller hängenden Laufwerke unterstützen (sehen Sie dazu in den mitgelieferten Handbüchern nach oder konsultieren Sie den Laufwerkhersteller im Internet)!

Durch Ihre Aktion ist gesichert, dass alle am IDE-Controller hängenden Laufwerke optimal (prozessorschonend) arbeiten!

Nachdem Sie die notwendigen Einstellungen vorgenommen haben, drücken Sie die [Esc]-Taste, um in das Hauptmenü des BIOS zu gelangen!

Hier wählen Sie den Eintrag *Save & Exit Setup*, um die optimalen Einstellungen zu speichern und das Setup-Programm zu verlassen! Die Frage, ob die Änderungen gespeichert werden sollen, beantworten Sie mit einem Druck auf die [Z]-Taste (im BIOS gilt die amerikanische Tastaturbelegung, bei der [Z] und [Y] vertauscht sind!). Der Rechner startet neu!

Endlich maximale DMA-Power unter Windows XP!

Wollen Sie unter Windows XP in den vollen „DMA-Geschwindigkeitsrausch" kommen, müssen Sie nach dem BIOS-Tuning zusätzlich das Betriebssystem anweisen, mit maximaler Performance auf die Dateien der Festplatte zuzugreifen, da Windows XP den optimalen Übertragungsmodus häufig nicht automatisch richtig erkennt!

Greifen Sie ein und bereiten Sie dieser unnötigen Leistungsbremse ein Ende!

Anders als bei den vorherigen Windows-Versionen wird der maximale DMA-Übertragungsmodus im Geräte-Manager nicht direkt bei den Laufwerken, sondern bei den IDE-Controller-Einträgen aktiviert!

1 Rechtsklick auf das *Arbeitsplatz*-Symbol auf dem Desktop oder im Startmenü und den Eintrag *Eigenschaften* ausgewählt. Öffnen Sie die Registerkarte *Hardware* und klicken auf die Schaltfläche *Geräte-Manager*!

2 Führen Sie einen Doppelklick auf den Eintrag *IDE ATA/ATAPI-Controller* aus, um die Untereinträge erscheinen zu lassen! Mit einem Doppelklick auf *Primärer IDE-Kanal* geht's weiter!

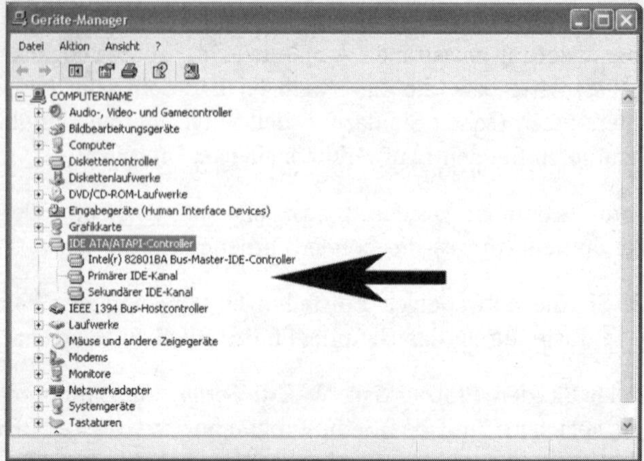

3 Öffnen Sie die Registerkarte *Erweiterte Einstellungen*. Hier stellen Sie hinter *Aktueller Übertragungsmodus* fest, ob Windows XP automatisch den höchstmöglichen Transfermodus aktiviert hat! Sollte das nicht der Fall sein, wählen Sie hinter *Übertragungsmodus:* für beide Geräte (falls zwei Laufwerke angeschlossen sind) *DMA, wenn verfügbar* aus und klicken anschließend auf *OK*! Die gleiche Prozedur führen Sie für die Geräte am *Sekundären IDE-Kanal* durch!

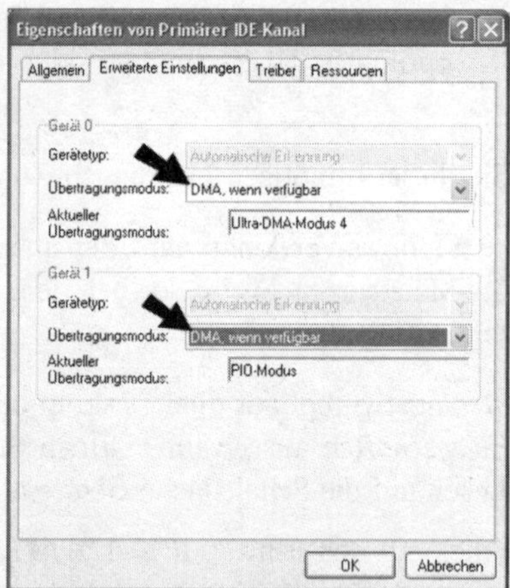

4 Zum Abschluss starten Sie den PC neu, damit die Änderungen Wirkung zeigen!

Aktuelle Treiber einsetzen!

Für maximale Festplatten-Performance und System-Stabilität sollten Sie auf jeden Fall einen aktuellen Chipsatztreiber (inklusive des dazugehörigen IDE-

Controller-Treibers) installieren und nicht die in Windows XP vorhandenen veralteten Treiberversionen benutzen, die bei der Installation automatisch verwendet werden!

Warum sind aktuelle Chipsatztreiber so wichtig?

Der Chipsatz auf dem Mainboard ist für die Kommunikation der Hardwarekomponenten untereinander zuständig; er regelt beispielsweise die Datenübertragung zwischen dem Arbeitsspeicher und der CPU. Der Chipsatz spielt neben der Leistungsfähigkeit des Prozessors eine entscheidende Rolle für die Performance des Systems. Für die optimale Unterstützung und einen fehlerfreien Betrieb des Chipsatzes durch das installierte Betriebssystem sind daher aktuelle Chipsatztreiber notwendig! Aktuelle Treiber sind fehlerbereinigt und verbessern oft die Performance – daher sollten Sie immer zugreifen! Besonders die bekannten Systeminstabilitäten im Zusammenhang mit einigen Chipsätzen des Herstellers VIA lassen sich durch ein Treiberupdate (die so genannten 4in1-Treiber) meistens beheben bzw. minimieren.

Der aktuelle Chipsatztreiber enthält in der Regel ebenfalls aktuelle Treiber für die IDE-Controller – diese sind für die Kommunikation zwischen den Laufwerken (zum Beispiel der Festplatte) und dem Arbeitsspeicher äußerst wichtig! Ist der Treiber für den IDE-Controller fehlerhaft, treten beim Kopieren großer Datenmengen Fehler auf, die sogar zu Datenverlust führen können!

Erkennt Windows XP den Chipsatz nicht (weil er für das Betriebssystem zu „neu" ist), wird bei der Installation automatisch ein Standard-Treiber eingerichtet, der das System unnötig ausbremst! Die aktuellen Treiber für Chipsatz und IDE-Controller erhalten Sie entweder beim Mainboard- oder Chipsatz-Hersteller im Internet.

Chiphersteller	Internetadresse
Intel	www.intel.com
VIA	www.viaarena.com
SIS	www.sis.com
ALI	www.ali.com.tw

Hersteller aufgedeckt!

Gerade bei Komplett-PCs ist es ziemlich schwer, den Hersteller des Chipsatzes bzw. des IDE-Controllers aufzudecken! Wenn der PC ordentlich konfiguriert ist, wurde bereits der passende Chipsatztreiber (inklusive der dazugehörigen Treiber für den IDE-Controller) installiert – Sie können in diesem Fall den Hersteller unter Windows XP im Geräte-Manager per Doppelklick auf den Eintrag *IDE ATA/ATAPI-Controller* aufdecken!

Ist allerdings nur der Standard-Treiber von Windows XP installiert, gehen Sie folgendermaßen vor: Entweder Sie haben Glück und finden im mitgelieferten PC-Handbuch die gewünschte Angabe oder studieren noch einmal die Verpackung des Rechners! Irgendwo wird der Hersteller des Chipsatzes aufgeführt! Es reicht übrigens aus, den Hersteller zu kennen, die genaue Chipsatzbezeichnung ist meistens nicht wichtig, da auf der entsprechenden Internetseite ein Treiberpaket für alle Chipsätze angeboten wird! Bei der Installation wird automatisch der richtige Treiber ausgewählt!

Betreiben Sie dagegen Ihre Festplatte an einer separaten IDE-Controller-Karte (selten) bzw. an einem RAID-Controller, sehen Sie auf den Internetseiten des Kartenherstellers nach, um aktuelle Treiberversionen zu erhalten!

40 % mehr Speed: Intel Application Accelerator!

Sie besitzen einen modernen PC mit Intel-Chipsatz? In diesem Fall dürfen Sie noch mehr Festplattenperformance zum Nulltarif herauskitzeln! Intel bietet für alle Chipsätze ab 810, die Ultra DMA/66 oder höher unterstützen, den so genannten Intel Application Accelerator im Internet kostenlos zum Download an (*www.intel.com*).

Das Tool optimiert den Festplattenzugriff und das Cache-Verhalten (Cache = schneller Datenzwischenspeicher). Dadurch werden die letzten Prozent (bis zu 40 %) Leistung aus Ihrer Platte herausgeholt! Voraussetzung für die Installation des Intel Application Accelerators: Sie müssen vorher den aktuellen Intel-Chipsatztreiber (das Intel Chipset Utility) downloaden und installieren!

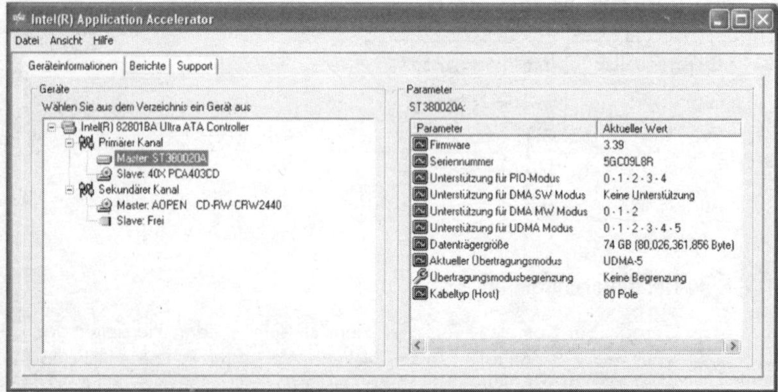

Leistungssteigerung durch den Intel Application Accelerator.

Nach der Installation des Intel Application Accelerators werden die DMA-Optionen nicht mehr über den Geräte-Manager von Windows XP geregelt, sondern im Tool selbst vorgenommen! Da der Intel Application Accelerator sehr zuverlässig den optimalen Übertragungsmodus erkennt und automatisch einrichtet, brauchen Sie sich nach der Installation eigentlich um nichts mehr zu kümmern!

Das Tool können Sie auch zu Informationszwecken über die am IDE-Controller hängenden Laufwerke aufrufen, da Sie in der Registerkarte *Geräteinformationen* sehr genau über die Geräte-Eigenschaften in Bezug auf unterstützte Übertragungsmodi aufgeklärt werden!

Disk-Cache für maximale Leistung optimieren!

Für maximale Festplattenperformance sollten Sie unbedingt den Disk-Cache unter Windows XP an die Größe Ihres Arbeitsspeichers anpassen!

Der Disk-Cache ist ein schneller Datenzwischenspeicher (im Arbeitsspeicher abgelegt), in dem die Festplatte Dateien zwischenlagert.

Werden Daten von einem Programm angefordert, wird zunächst der Inhalt des Disk-Caches überprüft: Befinden sich dort bereits die benötigten Dateien (= die Suche hat einen Treffer gelandet), können sie sehr schnell aus dem Disk-Cache eingelesen werden - andernfalls muss auf das langsamere Laufwerk zurückgegriffen werden.

Für eine optimale Trefferquote im Disk-Cache und der daraus resultierenden Performancesteigerung passen Sie dessen Größe an die im Rechner installierte Arbeitsspeichermenge an:

1. Wählen Sie im Startmenü *Ausführen*, tippen „regedit" ein und drücken anschließend die Enter-Taste!

2. Der Registrierungseditor von Windows XP öffnet sich; stürzen Sie sich durch Doppelklicks in die Tiefen der Registrierdatenbank des Betriebssystems in folgenden Ordner: *HKEY_LOCAL_MACHINE\System\CurrentControlSet\Control\Session Manager*. Hier öffnen Sie den Ordner *Memory Management* und suchen im rechten Fensterteil den Eintrag *IoPageLockLimit*!

3. Sollte ein solcher Eintrag nicht existieren, legen Sie ihn selbst an: Klicken Sie mit der rechten Maustaste im rechten Teilfenster auf eine freie Stelle und wählen im erscheinenden Menü *Neu/DWORD-Wert*. Den entstandenen Eintrag nennen Sie *IoPageLockLimit*.

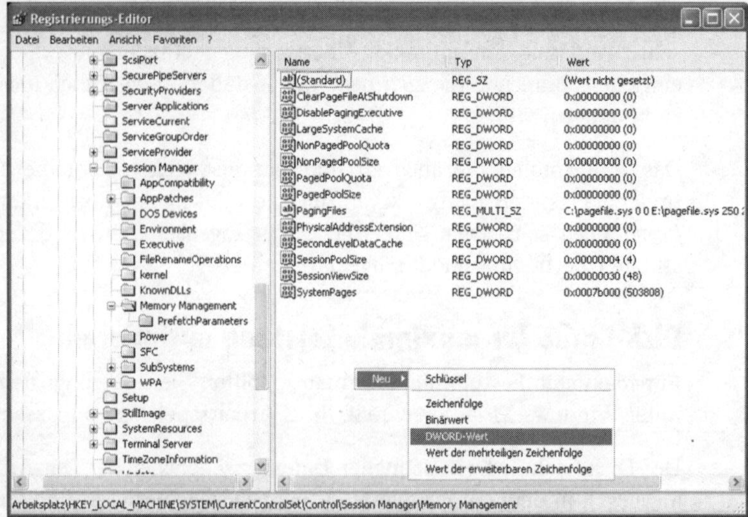

4 Führen Sie einen Doppelklick auf den neu angelegten Eintrag aus; es öffnet sich ein Fenster. Achten Sie darauf, dass unter *Basis* die Option *Hexadezimal* aktiviert ist. Unter *Wert:* geben Sie die optimale Cache-Größe für Ihren Arbeitsspeicher ein (siehe folgende Tabelle)!

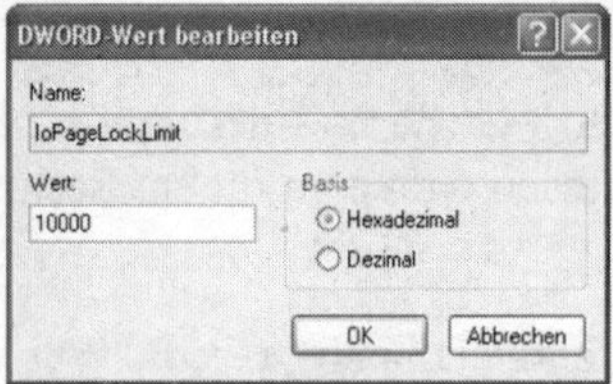

Bei 256 MByte RAM geben Sie 10.000 für eine optimale Cache-Größe ein!

Arbeitsspeichergröße	Einzutippender Registry-Wert
32 MByte RAM	1.000
64 MByte RAM	2.000
128 MByte RAM	4.000
256 MByte RAM	10.000
512 MByte RAM (oder mehr)	40.000

Um die Änderungen wirksam werden zu lassen, schließen Sie den Registrierungseditor und starten Windows XP neu!

Mehr Speed durch Firmwareupdate!

Viele Festplattenhersteller bieten im Internet Firmware-Updates für ihre Festplatten an; meistens erreicht die Platte mit der aktualisierten Firmware eine bessere Performance!

Sie sollten daher immer zugreifen, wenn der Hersteller der Platte im Internet ein Firmware-Update anbietet!

Festplattenhersteller	Internetadresse
Maxtor	www.maxtor.com
IBM	www.storage.ibm.com
Western-Digital	www.westerndigital.com
Seagate	www.seagate.com
Quantum	www.quantum.com

Firmware – was ist das?

Jedes PC-Laufwerk (beispielsweise die Festplatte oder der CD-Brenner) besitzt eine so genannte Firmware. Dabei handelt es sich um ein kleines Betriebssystem, das in einem Speicherchip fest in das Gerät eingebaut wurde und dieses steuert.

Die Firmware kann in den meisten Fällen aktualisiert werden, damit das Gerät neue Eigenschaften (beispielsweise eine bessere Performance) erhält! Wie Sie ein solches Firmware-Update vornehmen, entnehmen Sie bitte den Beschreibungen des Laufwerkherstellers, da dies sehr unterschiedlich ablaufen kann!

5.2 FAT32 & NTFS: Dateisysteme über ihre Grenzen einsetzen!

Bereits bei der Installation von Windows XP haben Sie die Qual der Wahl: Entweder Sie wählen als Dateisystem das „veraltete“, in der Presse wegen seiner angeblichen Schnelligkeit oft hochgelobte FAT32 (FAT = **F**ile **A**llocation **T**able) oder Sie wenden sich dem neuen NTFS-Dateisystem (NTFS = **N**ew **T**echnology **F**ile **S**ystem) zu!

In diesem Abschnitt erfahren Sie, welches Dateisystem das Beste für Windows XP ist und wie es von „Altlasten“ befreit werden kann, um optimale Performance und Stabilität zu gewährleisten!

FAT32 für Windows XP wirklich empfehlenswert?

In der Fachpresse liest man mitunter, dass das Dateisystem FAT32 für Windows XP besser geeignet sei, da es wesentlich schneller sei als NTFS! Das stimmt aber nicht mehr!

FAT wurde bereits 1981 mit der DOS-Version 1.0 von Microsoft eingeführt und im Laufe der Jahre weiterentwickelt. Zunächst entstand FAT16, später FAT32, das zur Zeit die aktuellste FAT-Variante ist und unter Windows 98 bzw. ME eingesetzt wird. Eine Weiterentwicklung von FAT wird es nicht mehr geben, da Microsoft mit Windows XP auf das professionellere NTFS-Dateisystem umgestiegen ist.

Dateisystem – endlich enträtselt!

Das Dateisystem ist Teil des Betriebssystems und für die Strukturierung und Aufteilung der Datenträger (Festplatte) verantwortlich. Viele Betriebssysteme haben ein eigenes Dateisystem, wodurch der Zugriff auf Dateien eines anderen Betriebssystems auf dem gleichen Rechner nur sehr schwierig bzw. gar nicht möglich ist!

Das Dateisystem definiert, auf welche Art und Weise die Dateien und Programme auf dem Datenträger abgespeichert werden – es legt beispielsweise die Blockgröße fest. Die Speicherposition der einzelnen Dateien wird in Listen festgehalten, damit auf die Daten später wieder zugegriffen werden kann – andernfalls würden die gespeicherten Dateien vom Betriebssystem auf der Festplatte nicht mehr gefunden werden.

Die Verwendung des FAT32-Dateisystems unter Windows XP hat leider gewaltige Nachteile: Viele Sicherheitsfunktionen, die NTFS bietet, können nicht genutzt werden; außerdem ist die Performance von FAT32 bei den heutigen großen Festplatten schlechter als bei NTFS!

Sollte man FAT32 noch einsetzen?

Wenn Sie auf Ihrem PC Windows XP nicht parallel zu Windows 98 oder Windows ME einsetzen möchten (beide Betriebssysteme können mit dem NTFS-Dateisystem nichts anfangen), sollten Sie für Windows XP unbedingt NTFS bevorzugen, um größere Systemsicherheit (auch nach einem Crash) zu gewährleisten! Außerdem besteht dadurch eine gewisse Zukunftssicherheit, da Microsoft bei zukünftigen Betriebssystemen voll und ganz auf NTFS setzen wird!

Wollen Sie beispielsweise auf dem Rechner mit bereits installiertem Windows 98 das neue Windows XP zusätzlich einrichten, installieren Sie es entweder im FAT32-Dateisystem – um auch von den alten Betriebssystemen aus ohne zusätzliche Software an Ihre Daten von Windows XP gelangen zu können - oder Sie besorgen sich eine Software, mit der Sie auch unter Windows 98 auf Partitionen im NTFS-Dateisystem zugreifen können. Nähere Informationen zu einem solchen Tool erhalten Sie unter *http://www.sysinternals.com/ntw2k/freeware/NTFSDOS.shtml.*

Welches Dateisystem werkelt auf Ihrem Rechner?

Sie möchten wissen, welches Dateisystem Sie verwenden? Kein Problem, das bekommen Sie ganz schnell heraus:

1 Öffnen Sie den Arbeitsplatz und markieren die Festplatte bzw. Festplattenpartition, auf der Windows XP installiert ist!

2 Klicken Sie mit der rechten Maustaste und wählen Sie im aufklappenden Menü den Eintrag *Eigenschaften.* In der Registerkarte *Allgemein* erfahren Sie im oberen Drittel hinter *Dateisystem* die gesuchte Information.

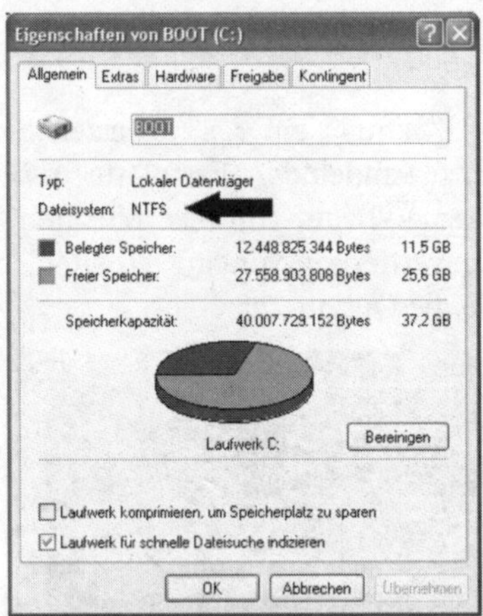

Dateisystem aufgedeckt!

Vorinstalliertes Windows XP im FAT32-Dateisystem?

Sie haben sich einen Komplett-PC mit vorinstalliertem Windows XP zugelegt und stellen fest, dass das Betriebssystem im für Windows XP ungünstigen FAT32-Dateisystem installiert worden ist? Betreiben Sie ausschließlich Windows XP auf diesem PC, sollten Sie das Dateisystem nachträglich ändern!

Kein Grund zur Panik - Sie müssen, um in den Genuss der Vorzüge des NTFS-Dateisystems zu kommen, nicht das Betriebssystem neu installieren! Microsoft bietet in Windows XP ein kostenloses Tool an, das das FAT32-Dateisystem nach NTFS konvertiert! Da es sich allerdings um einen tiefen Eingriff handelt, bei dem unter Umständen etwas schief gehen kann, sollten Sie vorher ein Festplattenbackup anlegen oder zumindest Ihre wichtigen Daten sichern (beispielsweise mit der in Windows XP integrierten Brennfunktion)!

So geht's: Aus FAT32 wird NTFS!

Nachdem Sie das Backup angefertigt haben, sollten Sie die Festplatte auf Fehler untersuchen lassen - wie Sie das professionell durchführen, steht in Abschnitt 4.3! Nach dem Festplattencheck konvertieren Sie das FAT32-Dateisystem über die Eingabeaufforderung von Windows XP folgendermaßen nach NTFS:

1. Am schnellsten starten Sie die Eingabeaufforderung so: Wählen Sie im Startmenü den Befehl *Ausführen* und tippen „cmd" ein; die Eingabe bestätigen Sie mit der Enter-Taste!
2. Tippen Sie hier „convert x: /fs:ntfs" ein („x" ersetzen Sie durch den Laufwerkbuchstaben der umzuwandelnden Festplatte bzw. Festplattenpartition) und drücken die Enter-Taste! Hinweis: Möchten Sie genauere Informationen über den Konvertierungsvorgang erhalten, ergänzen Sie hinter der angegebenen Zeile die Option */v*!

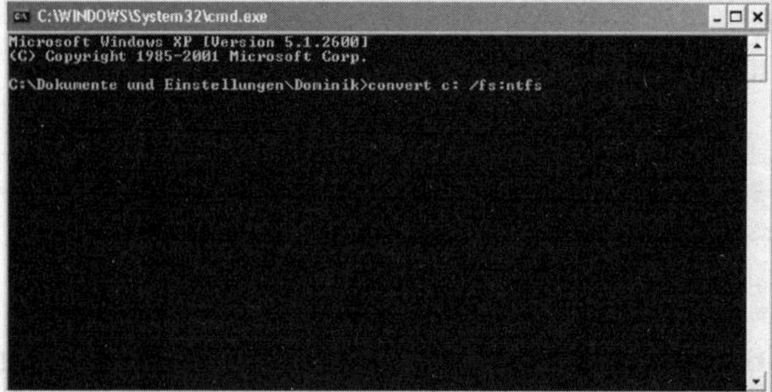

3. Aus Sicherheitsgründen müssen Sie jetzt noch die eventuell vorhandene Bezeichnung des zu konvertierenden Laufwerks angeben. Diese erfahren Sie beispielsweise im Arbeitsplatz vor dem Laufwerkbuchstaben.

Wenn das umzuwandelnde Laufwerk gerade verwendet wird, kann es erst beim nächsten Start des Betriebssystems konvertiert werden - Sie erhalten in diesem Fall eine Meldung. Während sich Windows an die Arbeit macht und das Dateisystem konvertiert, lesen Sie am besten den nächsten Abschnitt durch, um über die genauen Vorteile von NTFS informiert zu sein.

NTFS – Für Windows XP optimal!

Das NTFS-Dateisystem wurde zum ersten Mal bei Windows NT integriert und seitdem über Windows 2000 und aktuell bei Windows XP verbessert. Das neue Betriebssystem enthält das so genannte NTFS5, eine neue, weiterentwickelte Form.

Das unterscheidet die NTFS- von der FAT-Technologie:

Im Gegensatz zu FAT-Dateisystemen, bei denen die Dateiattribute (beispielsweise schreibgeschützt oder versteckt) separat in den Verzeichnissen untergebracht werden und die Dateien ausschließlich Nutzdaten enthalten, werden bei NTFS die Attribute direkt mit den Nutzdaten in der Datei abgespeichert.

Herzstück des NTFS-Dateisystems ist der so genannte MasterFileTable (MFT = Master-Dateitabelle), der die Dateiverwaltung regelt und alle Angaben über Dateien und Verzeichnisse enthält. In der MasterFileTable werden allerdings nicht nur Benutzerdateien, sondern auch Datenträger-spezifische „Metadaten" in Form von Dateien abgelegt. Da der MFT für das NTFS-Dateisystem lebensnotwendig ist, gibt es ihn gleich in doppelter Ausführung: als Original am Anfang und als Sicherheitskopie in der logischen Mitte der Festplatte! Sollte der originale MFT einmal beschädigt werden, kann Windows auf die Sicherheitskopie automatisch zurückgreifen und das System dadurch retten!

Die wichtigsten Vorteile von NTFS:

NTFS bzw. das neue NTFS5 von Windows XP hat eine ganze Menge Vorteile und nützliche Zusatzfunktionen gegenüber FAT32! Hier ein paar der wichtigsten:

Clever: Speicherplatz individuell verteilen!

Es können so genannte Datenträgerkontingente vergeben werden; das ist äußerst praktisch, wenn mehrere User an einem PC arbeiten! Der Systemadministrator kann in diesem Fall jedem User eine ganz bestimmte Festplattenkapazität zur Verfügung stellen - dadurch kann der freie Platz auf der Festplatte auf alle PC-Benutzer gerecht verteilt werden.

Datenträgerkontingente erstellen Sie folgendermaßen: Im Arbeitsplatz markieren Sie das entsprechende Laufwerk, klicken mit der rechten Maustaste und wählen *Eigenschaften* aus. In der Registerkarte *Kontingent* können Sie die gewünschten Werte und Einstellungen vornehmen.

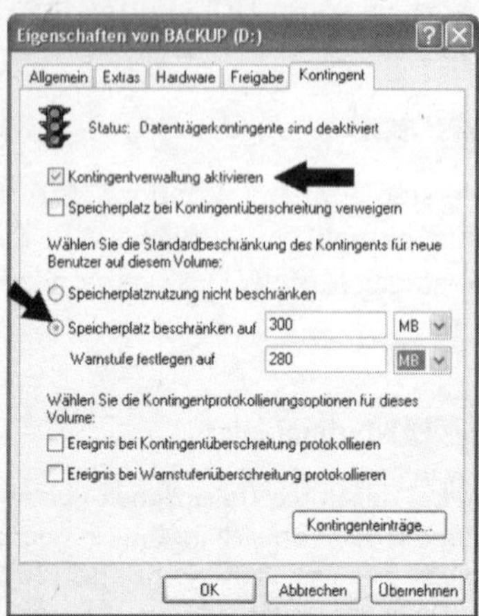

Datenträgerkontingente erstellen.

Möchten Sie beispielsweise verhindern, dass Ihr Sohnemann den neusten E-goshooter auf Ihrem Rechner installiert, beschränken Sie doch einfach sein Speicherplatz-Kontingent auf maximal 250 MByte und der Spaß hat ein Ende.

Mehr Speicherplatz dank NTFS!

Weil NTFS die einzelnen Dateien auf der Festplatte wesentlich effizienter als FAT32 verwaltet, erhalten Sie nach der Konvertierung eine große Menge an frei gewordenem Speicherplatz auf der Platte zurück! Wollen Sie diesen optimal nutzen, sollten Sie direkt nach der Konvertierung von FAT32 nach NTFS ein Defragmentierungsprogramm laufen lassen (siehe Kapitel 4.5).

Dateiverschlüsselung inklusive!

Es gibt für das NTFS-Dateisystem eine Dateiverschlüsselung (EFS = **E**ncrypting **F**ile **S**ystem): Sie wollen, dass niemand Ihre Werke öffnen und lesen kann? Mit NTFS ist dies - dank der integrierten 128-Bit-Verschlüsselung - kein Problem, allerdings gibt es dieses Feature nur in der Windows XP Professionell Edition! Wollen Sie eine Datei bzw. einen kompletten Ordner verschlüsseln, gehen Sie folgendermaßen vor: Markieren Sie die zu verschlüsselnden Daten, klicken Sie mit der rechten Maustaste und wählen *Eigenschaften* aus. Klicken Sie unten rechts auf die Schaltfläche *Erweitert* und aktivieren Sie anschließend die Option *Inhalt verschlüsseln, um Daten zu schützen* - fertig ist die ganze Hexerei! Da sich dahinter eine ziemlich mächtige und auch nicht ganz ungefährliche Technologie verbirgt, sollten Sie unbedingt Kapitel 9.3 lesen, bevor Sie sich an die Verschlüsselung Ihrer Dateien begeben!

Hinter dieser Schaltfläche verbirgt sich die integrierte Verschlüsselung.

Fehlerhafte Sektoren auf der Platte? – Kein Problem!

NTFS unterstützt Hot-Fixing! Daten aus fehlerhaften Sektoren der Festplatte werden automatisch an eine andere Stelle des Laufwerks abgespeichert und die fehlerhaften Bereiche für neue Schreibzugänge unzugänglich gemacht. Diese Funktion beugt Datenverlust vor.

Maximale Performance bei großen Festplatten!

Die Festplattenperformance nimmt mit der Größe der Laufwerke nicht wie bei FAT32 immer stärker ab. Selbst sehr große Festplatten laufen unter NT FS noch zügig - das ist bei den aktuellen Festplattengrößen (60 GByte und mehr) äußerst wichtig.

Zugriffsregeln für Dateien und Ordner!

Es gibt die Möglichkeit, so genannte Berechtigungen für einzelne Dateien oder Ordner festzulegen. So kann beispielsweise entschieden werden, dass ein User die Datei zwar lesen, aber nicht verändern darf! Durch diese Option können Sie sicher sein, dass ein PC-Benutzer Ihre wichtigen Daten nicht versehentlich ändert oder gar löscht.

Durch Dateikomprimierung mehr Speicherplatz!

NTFS ist in der Lage, Dateien zu komprimieren! Sie können entscheiden, ob Sie eine einzelne Datei oder ein komplettes Verzeichnis komprimieren möchten, um wieder mehr freien Speicherplatz zu erhalten. Bedenken Sie jedoch, dass das Lesen von komprimierten Dateien länger dauert - komprimieren Sie also ausschließlich Dateien, die Sie nur äußerst selten benötigen!

Markieren Sie die zu komprimierende Datei (oder den Ordner) und klicken Sie mit der rechten Maustaste! Im aufklappenden Menü wählen Sie *Eigenschaften* aus und klicken anschließend unten auf die Schaltfläche *Erweitert*. Im erscheinenden Fenster aktivieren Sie die Option *Inhalt komprimieren, um Speicherplatz zu sparen*!

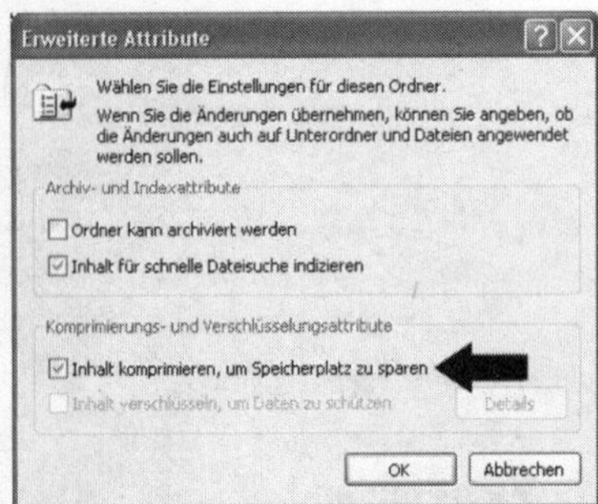

Speicherplatz sparen leicht gemacht dank NTFS!

Weniger Fragmentierung = Mehr Performance!

Große Festplatten fragmentieren sich unter dem NTFS-Dateisystem nicht so schnell, wie dies unter FAT32 der Fall ist! Vorteil: Das zeitraubende - aber für die Systemperformance äußerst notwendige - Defragmentieren großer Festplatten muss nicht so häufig durchgeführt werden! Alles Wissenswerte rund um die Defragmentierung lesen Sie in Abschnitt 5.6!

Geheimoptionen: NTFS-Dateisystem optimieren

Mit den folgenden Tricks holen Sie die letzten Leistungsreserven aus dem NTFS-Dateisystem heraus; dadurch wird die Arbeit unter Windows XP noch angenehmer, weil die Programme noch schneller starten und Sie auf keinen Fall „Däumchen drehen" müssen! Zusätzlich zum Speedgewinn erhalten Sie noch mehr Stabilität und Systemsicherheit!

Speedgewinn: MasterFileTable-Cache erhöhen!

Die Zugriffsgeschwindigkeit auf den MasterFileTable spielt eine entscheidende Rolle bei der Gesamtperformance des NTFS-Laufwerks! Der MasterFileTable ist selbst eine große Datei und kann daher auch fragmentiert (in mehrere Teile aufgeteilt) werden - das beeinträchtigt allerdings die Systemleistung enorm, da diese Einzelteile beim Zugriff erst wieder zusammengesetzt werden müssen. Standardmäßig wird daher eine gewisse Anzahl Cluster (= Speichereinheit auf der Festplatte) rund um den MasterFileTable freigehalten, um einer schnellen und starken Fragmentierung entgegenzuwirken!

Im Laufe der Zeit, wenn sich die Festplatte mit vielen Daten und Programmen füllt und füllt, wächst auch die Dateigröße der MasterFileTable durch die Dateieintragungen an - besonders bei stark fragmentierten Festplatten, weil für die einzelnen Dateifragmente der Nutzdaten mehrere Einträge notwendig sind. Es kann daher sein, dass der freigehaltene Festplattenplatz für den kompletten MasterFileTable nicht mehr ausreicht - die Performance sinkt, da die „Herz-Datei“ des NTFS-Dateisystems nicht mehr an einem Ort abgelegt werden kann; das geschieht besonders schnell auf kleineren Festplatten, da hier wenig Speicherplatz rund um den MasterFileTable reserviert wird! Mit folgendem Trick verhindern Sie dies und sorgen für eine optimale Leistungsfähigkeit des NTFS-Dateisystems.

1 Starten Sie den Registrierungseditor! Hangeln Sie sich bis zu folgendem Ordner durch: *HKEY_LOCAL_MACHINE\SYSTEM\CurrentControlSet \Control\FileSystem*!

2 Im rechten Teilfenster klicken Sie mit der rechten Maustaste auf einen freien Bereich und wählen im erscheinenden Menü *Neu/DWORD-Wert*!

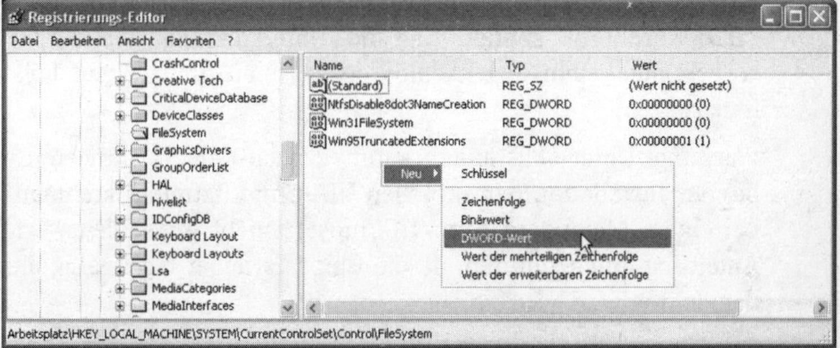

3 Den neuen Eintrag nennen Sie *NtfsMftZoneReservation*; anschließend führen Sie einen Doppelklick auf den gerade angelegten Wert aus.

4 Im aufklappenden Fenster tippen Sie unter *Wert:* die Zahl *2* ein und bestätigen Ihre Eingabe mit *OK*! Danach schließen Sie den Registrierungseditor und lehnen sich entspannt zurück.

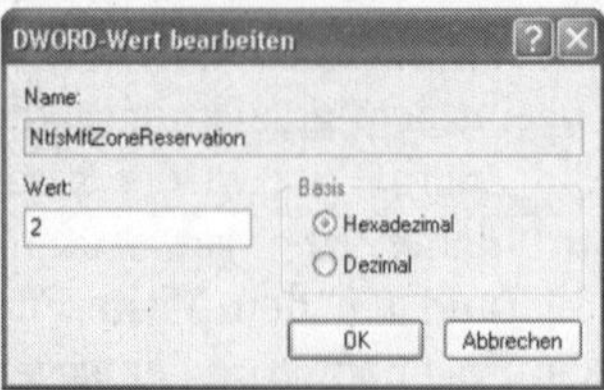

Standardmäßig werden ca. 12,5 % des freien Festplattenplatzes rund um den MasterFileTable freigehalten; durch Ihre Aktion haben Sie den Wert auf 25 % erhöht! Somit ist gesichert, dass der MasterFileTable selbst bei einer ziemlich vollen Festplatte mit vielen Dateieinträgen nicht fragmentiert wird! Sie hätten auch die Werte 3 und 4 bei Ihrer Aktion eingeben können, aber dies ist unnötig, da Sie in diesem Fall zu viel Festplattenplatz für das Herzstück des NTFS-Dateisystems reservieren würden - um eine solche Größe zu erreichen, müssten Sie schon eine gewaltige Menge an Dateien auf Ihrer Festplatte ablegen ...

Verbannen Sie die Altlasten aus dem NTFS-Dateisystem!

Das Lesen und Schreiben von Daten unter NTFS wird durch die Unterstützung für alte Dateinamen aus der „PC-Steinzeit" von Windows 3.1/DOS verlangsamt! Damals gab es die so genannte 8.3-Regel zum Vergeben von Dateinamen: Der eigentliche Dateiname durfte nur aus acht Buchstaben (keinerlei Sonderzeichen) und einer 3-stelligen Dateiendung bestehen! Arbeiten Sie nicht mehr mit einem solch alten Betriebssystem, nutzen keine DOS-Programme oder sind kein Mitglied in einem Netzwerk mit Windows 3.1-/DOS-Rechnern, können Sie die Unterstützung der 8.3-Dateinamen im NTFS-Dateisystem bedenkenlos deaktivieren, um weitere Leistungsreserven freizusetzen!

Warnung: Unter Umständen kann es nach dem Deaktivieren zu Problemen bei der Installation der aktuellen VIA-Chipsatztreiber kommen! Es ist daher bei einem Mainboard mit VIA-Chipsatz nicht empfehlenswert, die folgende Anleitung durchzuführen, da die Chipsatztreiber regelmäßig aktualisiert werden sollten!

1 Öffnen Sie den Registrierungseditor und „stürzen" sich in folgenden Ordner:
HKEY_LOCAL_MACHINE\SYSTEM\CurrentControlSet\Control\FileSystem!

2 Suchen Sie im rechten Teilfenster den Eintrag *NtfsDisable8dot3NameCreation* und führen einen Doppelklick auf diesen aus!

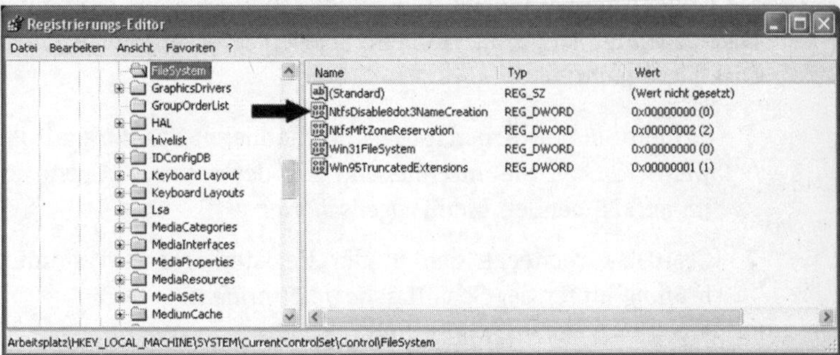

3 Im auftauchenden Fenster geben Sie unter *Wert:* die Zahl *1* ein und bestätigen mit *OK*! Verlassen Sie den Registrierungseditor und starten das Betriebssystem neu, um die Optimierungen am NTFS-Dateisystem wirksam werden zu lassen!

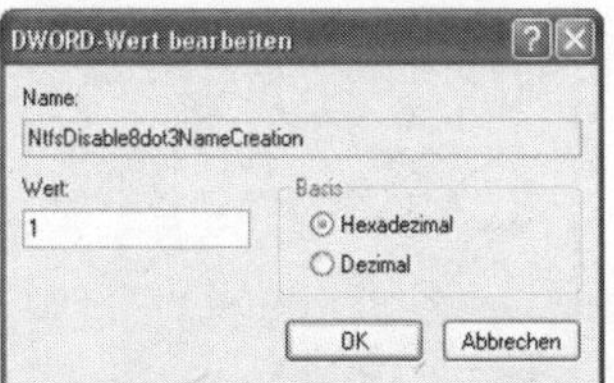

5.3 Besser prüfen – Volle Kontrolle über CheckDisk!

Sie sollten es sich zur Angewohnheit machen, Ihre Festplatte mindestens einmal pro Monat auf Fehler untersuchen zu lassen, um Datenverlust und Systemproblemen vorzubeugen! Unter Windows 98 und ME benutzte man dazu das Programm ScanDisk, das in der Systemprogrammgruppe zu finden ist.

Bei Windows XP gibt es das Programm anscheinend nicht mehr, da die Systemprogrammgruppe keinen entsprechenden Eintrag enthält!

Microsoft weiß sehr wohl, warum das Programm im neuen Betriebssystem so gut versteckt wird - der Funktionsumfang von ScanDisk hat nämlich beträchtlich abgenommen! Unter Windows XP brauchen Sie trotzdem keine zusätzliche Software, um die Festplatte professionell zu kontrollieren!

Hier steckt das „mickrige“ ScanDisk!

Sie wollen unter Windows XP einmal sehen, was aus dem guten alten ScanDisk geworden ist? Kein Problem, aber erschrecken Sie als ehemaliger „ScanDisk-Fan“ nicht:

1. Öffnen Sie den Arbeitsplatz und markieren das zu kontrollierende Laufwerk. Klicken Sie anschließend mit der rechten Maustaste und wählen im aufklappenden Menü *Eigenschaften* aus!
2. ScanDisk versteckt sich in der Registerkarte *Extras* unter *Fehlerüberprüfung* hinter der Schaltfläche *Jetzt prüfen*!

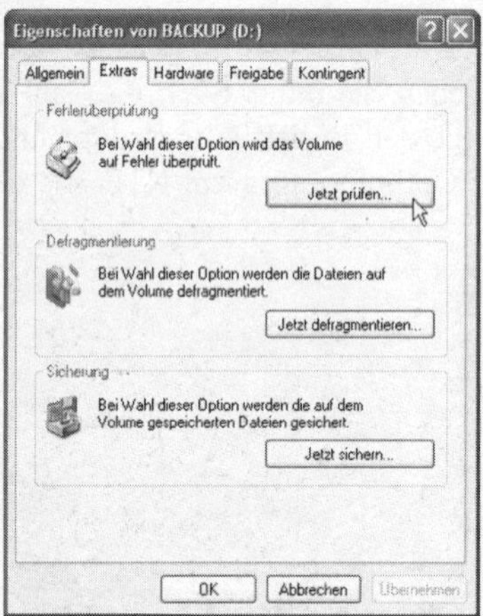

3. Gerade einmal zwei dürftige Optionen bietet Microsoft im erscheinenden Fenster zur „Beeinflussung“ der Festplattenüberprüfung an - das ist schon skandalös! Vergessen Sie ScanDisk (schließen Sie das Programm gleich wieder) und wenden sich lieber einem, in Windows XP noch besser versteckten, professionellen Festplattenprüfprogramm zu, nämlich CheckDisk!

Festplattenkontrolle – So machen's Profis!

Nach unserem kleinen Ausflug zu ScanDisk zeige ich Ihnen den perfekten Weg, um unter Windows XP die Festplatte professionell auf Fehler hin zu überprüfen! Bei dem Prüfprogramm handelt es sich um das altbekannte CheckDisk! Mit diesem Tool können Sie Ihre Festplatte unter Windows XP gründlichst untersuchen und Fehler beseitigen lassen!

1 Wählen Sie im Startmenü den Befehl *Ausführen* und tippen Sie anschließend „chkdsk“ ein. Ihre Eingabe bestätigen Sie mit der [Enter]-Taste!

2 Das Programm CheckDisk startet. Fallen Sie jetzt bitte auf keinen Fall von Ihrem PC-Hocker - wir sind nicht in die PC-Steinzeit katapultiert worden, auch wenn dies vielleicht so aussieht! Ja, selbst in der bunten, poppigen Windows XP-Welt gibt es noch ein Programm, das die Ereignisse einzig und allein in schwarz-weißem Text (wie unter dem alten DOS) auf Ihren Bildschirm „zaubert“ - das hätten Sie nicht gedacht?

3 Auch wenn die Grafik nicht atemberaubend ist, das Programm hat es in sich: Ihre Festplatte wird genau analysiert! Nach dem Abschluss der Festplattenkontrolle schließt sich das „moderne“ Programmfenster automatisch!

```
C:\WINDOWS\System32\chkdsk.exe
Der Typ des Dateisystems ist NTFS.
Die Volumebezeichnung lautet BOOT.

WARNUNG! Der Parameter F wurde nicht angegeben.
CHKDSK wird im schreibgeschützten Modus ausgeführt.

CHKDSK überprüft Dateien (Phase 1 von 3)...
Dateiüberprüfung beendet.
CHKDSK überprüft Indizes (Phase 2 von 3)...
Indexüberprüfung beendet.
CHKDSK überprüft Sicherheitsbeschreibungen (Phase 3 von 3)...
100 Prozent bearbeitet.
```

INFO

Die drei Prüfphasen von CheckDisk!

Die Kontrolle einer Festplatte im NTFS-Dateisystem durch CheckDisk „zerfällt“ in drei verschiedene Prüfphasen:

Zunächst werden die so genannten Metadaten (Teile der MasterFileTable) untersucht. In Phase 2 prüft CheckDisk die Indizes (NTFS-Verzeichnisse) und kontrolliert die Festplatte auf verwaiste Dateien. In der letzten Phase wird gecheckt, ob die Sicherheitsbeschreibungs-Struktur (beispielsweise die aufgelisteten Benutzer und deren Berechtigung) sinnvoll ist.

Mit einer solchen Prüfung in drei Phasen kann man schon mehr anfangen, als mit dem dürftigen ScanDisk, doch das war noch nicht alles - CheckDisk kann noch wesentlich mehr!

Aufgedeckt: die Aufruf-Parameter von CheckDisk!

Das Programm CheckDisk leistet noch wesentlich mehr, wenn Sie es mit einem Zusatzparameter aufrufen!

Wollen Sie beispielsweise nur einen bestimmten Datenträger kontrollieren, geben Sie den Laufwerkbuchstaben, gefolgt von einem Doppelpunkt, hinter dem Befehl *chkdsk* an. Möchten Sie Laufwerk D checken, nehmen Sie folgende Eingabe vor:

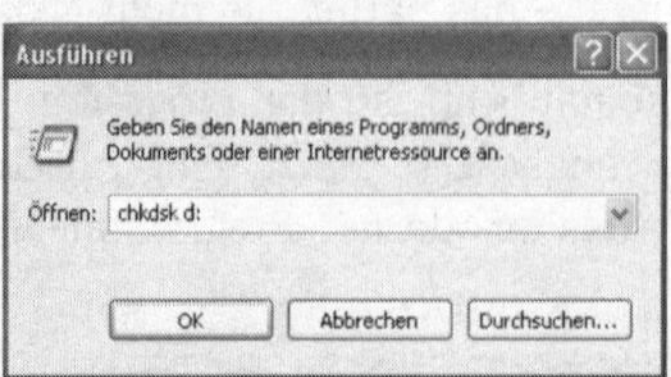

Einzelne Laufwerke testen – das geht schneller!

Informationen über das Laufwerk anzeigen lassen!

Stört es Sie, dass Sie zum Abschluss von CheckDisk keinerlei Informationen über das Laufwerk erhalten? Kein Problem! Diese Infos erhalten Sie, wenn das Programm nicht über den Befehl *Ausführen* im Startmenü, sondern über die Eingabeaufforderung gestartet wird!

1 Öffnen Sie die *Eingabeaufforderung* von Windows XP! Tippen Sie jetzt den Befehl „chkdsk" (eventuell gefolgt von dem gewünschten Parameter) ein und bestätigen Sie mit der [Enter]-Taste!

2 CheckDisk überprüft das Laufwerk und zeigt Ihnen zum Abschluss interessante Informationen (Speicherplatz, Größe der fehlerhaften Sektoren usw.) über das kontrollierte Laufwerk an! Wenn Sie diese studiert haben, schließen Sie die *Eingabeaufforderung* wieder!

```
Eingabeaufforderung
Die Volumebezeichnung lautet BOOT.

WARNUNG! Der Parameter F wurde nicht angegeben.
CHKDSK wird im schreibgeschützten Modus ausgeführt.

CHKDSK überprüft Dateien (Phase 1 von 3)...
Dateiüberprüfung beendet.
CHKDSK überprüft Indizes (Phase 2 von 3)...
Indexüberprüfung beendet.
CHKDSK überprüft Sicherheitsbeschreibungen (Phase 3 von 3)...
Überprüfung der Sicherheitsbeschreibungen beendet.

  39070048 KB Speicherplatz auf dem Datenträger insgesamt
  12068204 KB in 61059 Dateien
     19340 KB in 3532 Indizes
         0 KB in fehlerhaften Sektoren
    132008 KB vom System benutzt
     65536 KB von der Protokolldatei belegt
  26850496 KB auf dem Datenträger verfügbar

      4096 Bytes in jeder Zuordnungseinheit
   9767512 Zuordnungseinheiten auf dem Datenträger insgesamt
   6712624 Zuordnungseinheiten auf dem Datenträger verfügbar

C:\Dokumente und Einstellungen\Dominik>
```

Programmparameter im Überblick!

Doch dies ist immer noch nicht alles gewesen! Mit einigen Aufrufparametern können Sie das Prüfveralten von CheckDisk ganz Ihrem Geschmack anpassen! In der folgenden Tabelle sind alle möglichen Parameter aufgelistet:

Aufrufparameter	Wirkung
/F	Behebt gefundene Fehler auf dem Datenträger automatisch; sollte CheckDisk bei der Routinekontrolle (ohne Aufrufparameter) Fehler melden, rufen Sie das Programm erneut mit diesem Parameter auf, um diese zu beheben!
/R	Findet fehlerhafte Sektoren auf dem Datenträger und stellt die lesbaren Daten wieder her (dieser Aufrufparameter bedingt /F). Da CheckDisk mit dieser Option sehr lange für die Prüfung benötigt, sollte diese nur selten (bei massiven Festplattenproblemen) ausgeführt werden!
/V	Zeigt zusätzlich Bereinigungsmeldungen an (falls vorhanden).
/I	Verhindert die Kontrolle der Indizes (spart Zeit); allerdings ist die Kontrolle dadurch nicht vollständig.
/C	Überspringt den Check von Zyklen innerhalb der Ordnerstruktur (spart Zeit); die Prüfung ist bei dieser Option nicht vollständig!
/L:Größenangabe in KByte	Durch die Option kann die Größe der Protokolldatei geändert werden. Die Angabe der neuen Größe erfolgt direkt hinter dem Doppelpunkt in KByte! Fehlt eine Größenangabe, wird die aktuelle Größe der Protokolldatei angezeigt! (Aufrufparameter nur über die Eingabeaufforderung möglich).
/X	Erzwingt das Aufheben der Bereitstellung des Datenträgers (falls vorhanden). Alle geöffneten Handles auf dem Datenträger werden dann ungültig (bedingt /F).

Viele Parameter können Sie über den Ausführ-Befehl im Startmenü in Verbindung mit *chkdsk* nutzen - einige Parameter dagegen zeigen nur über die *Eingabeaufforderung* Wirkung; die Parameter trennen Sie immer durch eine Leertaste vom Hauptbefehl:

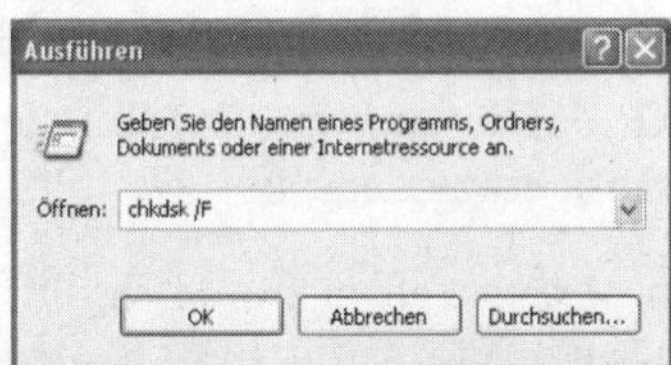

CheckDisk mit Aufrufparameter /F zur Fehlerbeseitigung.

Bei manchen Aufrufparametern erhalten Sie allerdings unter Windows XP folgende „Fehlermeldung":

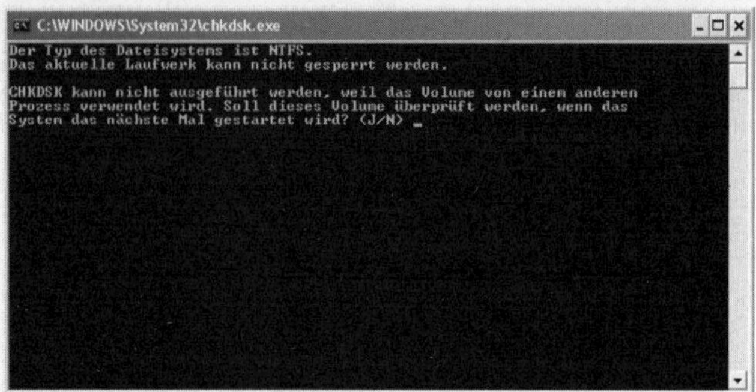

Fehlerbeseitigung mit CheckDisk bei laufendem Windows XP - unmöglich!

CheckDisk kann bei laufendem Betriebssystem keine Reparaturen auf der Festplatte vornehmen! Sie bekommen daher beispielsweise nach dem Aufruf von CheckDisk mit Parameter /F (zur Fehlerbeseitigung) die oben abgebildete Meldung zu sehen! Die Frage, ob CheckDisk vor dem nächsten Start von Windows XP ausgeführt werden soll, beantworten Sie mit Ja (J-Taste drücken) - die Festplattenüberprüfung inklusive Fehlerbeseitigung findet nach einem Neustart des Rechners statt!

CheckDisk optimal einsetzen!

Am besten rufen Sie CheckDisk zunächst ohne Zusatzparameter auf (geht am schnellsten)! Sollte das Programm Fehler auf der Festplatte melden, können Sie als Erstes einen Reparaturversuch mit dem Aufrufparameter /F versuchen! Kann das Programm den Fehler nicht reparieren, verwenden Sie den Parameter /R! Die Prozedur dauert zwar jetzt erheblich länger, aber der Fehler sollte dadurch behoben werden!

Besondere Aufrufparameter für das FAT32-Dateisystem!

Werkelt bei Ihnen unter Windows XP das ungünstige FAT32-Dateisystem, heißen die Aufrufparameter für CheckDisk etwas anders:

- Die Parameter /I & /C gibt es in diesem Fall nicht, da sie nur für das NTFS-Dateisystem Gültigkeit besitzen!
- Der Parameter /L:Größe der Protokolldatei ist ebenfalls beim FAT32-Dateisystem nicht zu gebrauchen!
- Neu ist die Option, dass Sie hinter den Befehl *chkdsk* (Leertaste dazwischen) die zu überprüfenden Dateien angeben dürfen! Dies spart enorm Zeit, da nur diese und nicht die komplette Festplatte geprüft werden.

- Der Parameter /V hat unter demFAT32-Dateisystem eine andere Bedeutung als bei NTFS: Er zeigt den vollständigen Pfad und Namen jeder Datei auf dem Datenträger an!

Hilfe! CheckDisk zeigt ständig Fehler an!

Dann wird es langsam Zeit für eine neue Festplatte ...

Das ist leider kein böser Scherz! Treten bei Ihnen ständig Fehler auf und nehmen diese im Laufe der Zeit sogar zu, ist das das erste Anzeichen dafür, dass Ihre Festplatte langsam den Geist aufgibt! Auf jeden Fall sollten Sie schleunigst ein Backup der wichtigsten Daten durchführen! Anschließend können Sie mithilfe von SMART-Monitoring (siehe Seite 177) Ihre Festplatte kontrollieren!

INFO

Gewaltiger Unterschied: physikalische und logische Fehler!

Physikalische Fehler sind Fehler auf der Festplattenoberfläche und sehr ernst zu nehmen, da sie eine Beschädigung des Datenträgers aufzeigen! Es können Alterserscheinungen sein (eine Festplatte hält leider nicht ewig, da die Magnetisierung der Speicherplatten im Laufe der Zeit nachlässt) oder auch auf Materialschäden beruhen! Die „Chance" von Datenverlust ist bei physikalischen Fehlern der Festplatte äußerst groß! Mit CheckDisk spüren Sie diese Fehler auf; anschließend werden die fehlerhaften Bereiche „markiert", sodass sie vom Betriebssystem nicht mehr verwendet werden! Übrigens: Festplatten enthalten (von Beginn an) eine gewisse Anzahl physikalische Fehler – die Stellen werden jedoch beim Formatieren von der weiteren Benutzung ausgeschlossen! Jede Festplatte hat zusätzlich eine gewisse Reserve an „tadellosem" Speicherplatz – dieser wird beim Auffinden fehlerhafter Bereiche statt der schadhaften Stellen verwendet, um eine Kapazitätsverringerung zu vermeiden.

Logische Fehler führen zwar ebenfalls unter ungünstigen Umständen zu Datenverlust, liegen aber nicht in der Abnutzung oder Materialschäden der Festplatte begründet! Logische Fehler liegen an „Macken" von Software (beispielsweise dem Betriebssystem); diese Fehler beseitigen Sie mit CheckDisk mühelos! Gefährlich ist es, wenn verlorene Cluster auftreten: In diesem Fall gibt es Dateien, die nicht mehr im MasterFileTable eingetragen sind, aber dennoch auf der Festplatte exstieren! Die Chance, solche Dateien zu reparieren, ist minimal! Am besten löschen Sie diese „Platzverschwender"! Sollte es sich jedoch um wichtige Dateien handeln, speichern Sie die „Reste" ab und betrachten Sie diese mit einem Editor, ob noch etwas davon zu gebrauchen ist.

5.4 Dateileichen und Verzeichnisbaracken in XP entsorgen!

Windows XP benötigt sehr viel freien Festplattenplatz - ca. 500-mal so viel wie das alte Windows 3.1! Hinzu kommt, dass heutige Software (besonders Multimedia-Programme) ebenfalls viel Speicherplatz für die Installation beanspruchen - da ist die große Festplatte schnell voll! Aber ist es wirklich notwendig, eine neue - noch größere - Festplatte zu besorgen? Auf keinen Fall!

Mit folgenden Tricks und Tipps erfahren Sie, wie Sie wieder jede Menge Speicherplatz zurückbekommen, indem Sie Windows XP in seine Schranken weisen. Hinweis: Bevor Sie Systemordner löschen, muss die so genannte „System File Protection" deaktiviert werden - wie das geht, steht in Kapitel 4.2; andernfalls werden die gelöschten Ordner unter Umständen beim nächsten Systemstart wiederhergestellt und Ihre Arbeit war für die Katz!

„Speicherplatzfresser" Papierkorb!

Gerade bei sehr großen Festplatten wird von Windows XP eine gewaltige Menge freier Speicherplatz für den Papierkorb als „Zwischenlager" der gelöschten Dateien reserviert!

Auf einer ca. 40 GByte großen Festplatte wird von Windows XP sage und schreibe ca. 4 GByte freier Speicherplatz für den Papierkorb reserviert - das ist absoluter Schwachsinn - oder wollen Sie die vor zehn Jahren gelöschten Dokumente nach so langer Zeit wieder aus dem Papierkorb holen? Ein 300-seitiges Word-Dokument ist beispielsweise nicht größer als 300 KByte - Sie können sich jetzt schnell ausrechnen, wie viele solcher Dokumente nutzlos im Papierkorb auf ihr endgültiges „Ende" warten!

Größe des Papierkorbs einschränken!

Bereiten Sie der Speicherplatzverschwendung durch den überdimensionierten Papierkorb - ein solch gewaltiges Exemplar gibt es auch in der Realität nicht - endlich ein Ende:

1 Markieren Sie auf dem Desktop den Papierkorb und klicken Sie mit der rechten Maustaste! Im Menü wählen Sie *Eigenschaften* aus.

2 In der Registerkarte *Global* entscheiden Sie, ob Sie für jede Festplatte bzw. Festplattenpartition eine eigene Einstellung vornehmen möchten (dies ist bei unterschiedlich großen Laufwerken empfehlenswert); wollen

Sie die Größe der Papierkörbe für jedes Laufwerk extra einstellen, wählen Sie *Laufwerke unabhängig konfigurieren*!

3 Die genauen Einstellungen nehmen Sie per Schieberegler in den entsprechenden Registerkarten der einzelnen Festplatten bzw. Festplattenpartitionen vor!

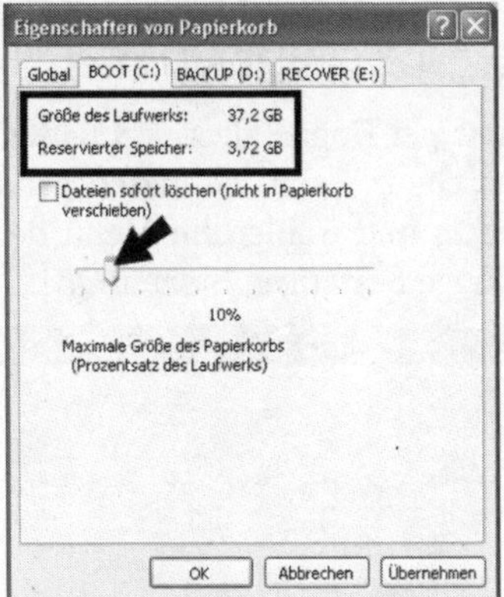

4 Wenn Sie den Schieberegler nach rechts schieben, um den Papierkorb zu verkleinern, werden Sie oben hinter *Reservierter Speicher* über die Größenänderung direkt informiert!

Die optimale Größe Ihres Papierkorbs!

Sicherlich werden Sie sich jetzt überlegen, welches die optimale Größe des Papierkorbs ist! Dies hängt ganz von Ihren Arbeitsgewohnheiten ab! Hantieren Sie am PC mit vielen Multimedia-Dateien (nehmen Sie Musik auf, bearbeiten Sie Videos), dann sollten Sie den Papierkorb auf ca. 600 MByte einstellen, sodass eine versehentlich gelöschte Multimedia-Datei im Bedarfsfall wiederhergestellt werden kann.

Nutzen Sie dagegen den Rechner ausschließlich für Office-Arbeiten (Texte schreiben, Tabellen erstellen usw.), dann reicht bereits eine Größe von ca. 80 MByte – und das ist fast immer noch zu viel!

Die Option *Dateien sofort löschen (nicht in den Papierkorb verschieben)* sollten Sie nicht aktivieren! Ein deaktivierter Papierkorb birgt ein zu großes Risiko: Eine versehentlich gelöschte Datei kann nur noch mit Spezialprogrammen wiederhergestellt werden! Kleiner Tipp am Rande: Wenn Sie beim Löschen die [Umschalt]-Taste gedrückt halten, werden die zu löschenden Dateien bzw. Ordner sofort von der Platte entfernt und nicht erst im Papierkorb „zwischengelagert"!

Sie benötigen keine Hilfe? – Hilfsdateien löschen!

Wenn Sie auf die so genannte Onlinehilfe des Betriebssystems verzichten können, holen Sie ca. 170 MByte Speicherplatz zurück:

1 Öffnen Sie im Arbeitsplatz mit einem Doppelklick den Laufwerkeintrag, auf dem Sie Windows XP installiert haben (normalerweise ist es das Laufwerk mit dem Buchstaben C = die erste Festplatte im System).

2 Öffnen Sie den Ordner *Windows* per Doppelklick und halten nach einem Unterordner namens *Help* Ausschau. Wenn Sie diesen gefunden haben, markieren Sie ihn, klicken rechts und wählen im Menü den Befehl *Löschen* aus! Die auftauchende Frage bestätigen Sie mit *OK*!

3 Nach Ihrer Aktion sollten Sie den Papierkorb leeren, um wirklich alle Hilfedateien ins PC-Nirwana zu schicken und ca. 170 MByte zusätzlichen Speicherplatz freizuräumen!

Und noch mehr unnötige Hilfedateien ...

Hier noch ein kleiner Tipp: Benötigen Sie die Hilfedateien der einzelnen Anwendungsprogramme nicht, können Sie diese ebenfalls bedenkenlos löschen! Wählen Sie im Startmenü *Suchen* und klicken Sie anschließend im linken Teil des Such-Fensters auf *Dateien und Ordner*! Geben Sie als Suchbegriff „*.hlp“ ein - *.hlp* ist die Endung für Hilfedateien - und klicken auf die Schaltfläche *Suchen*! Alle nach der Suche aufgeführten Dateien löschen Sie folgendermaßen: Wählen Sie zunächst *Bearbeiten/Alles markieren* und anschließend *Datei/Löschen*! Um die Hilfedateien endgültig von der Platte zu putzen, leeren Sie den Papierkorb!

Treibersicherungsordner – wird nicht benötigt!

Der so genannte Treibersicherungsordner enthält sämtliche Treiberdateien, die für eine eventuelle Installation einer neuen Hardwarekomponente gebraucht werden. Basteln Sie nicht ständig an Ihrem PC herum und tauschen Hardwarekomponenten aus, können Sie diesen Ordner getrost löschen! Sie erhalten dadurch ca. 70 MByte freien Speicherplatz zurück.

Selbst für PC-Bastler ist es eine Überlegung wert, diesen Ordner von der Platte zu fegen: Meistens wird sowieso zusammen mit der neuen Hardware eine Treiber-CD mitgeliefert, die die benötigten aktuellen Treiber enthält - der Windows-Treiber-Ordner ist dadurch witzlos geworden! Außerdem können Sie die Windows-Treiber jederzeit durch das Einlegen der Windows XP-CD neu installieren - also ran ans Werk und den Ordner gelöscht:

1 Im Arbeitsplatz führen Sie einen Doppelklick auf den Laufwerkbuchstaben aus, hinter dem sich Ihre Windows XP-Installation verbirgt!

2 Öffnen Sie den Ordner *Windows* und suchen den Unterordner *Driver Cache*! Markieren Sie ihn, klicken rechts und wählen *Löschen* aus, um den kompletten Ordner in den Papierkorb zu verfrachten!

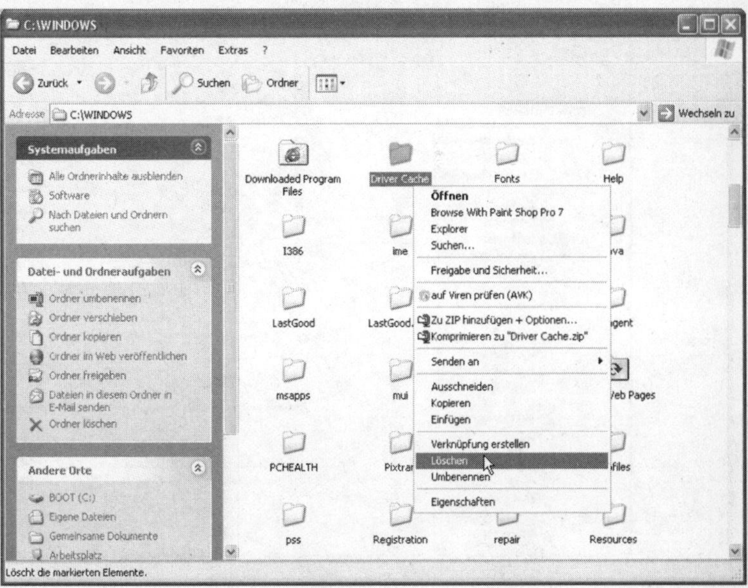

3 Zum Abschluss dieser Aktion leeren Sie den Papierkorb, um die Windows-Treiber endgültig zu beseitigen!

Tonnenweise unnötige Backup-Dateien eliminieren

Bei jedem Hotfix, Sicherheitsupdate bzw. Service Pack, das Sie von Microsoft installieren, wird von den zu aktualisierenden Systemdateien automatisch ein Backup erzeugt, um die Aktualisierung später wieder rückgängig zu machen. In der Regel werden Sie jedoch niemals ein eingespieltes Microsoft-Update wieder deinstallieren, da diese meistens wichtige Sicherheitslücken im System schließen. Fegen Sie daher die unnötigen Backup-Dateien endlich von der Festplatte! Allein das Backup, das bei der Installation des Service Pack 1 automatisch angelegt wurde, verschwendet ca. 135 MByte freien Speicherplatz!

1 Im Arbeitsplatz führen Sie einen Doppelklick auf den Eintrag der Festplatte aus, die das Betriebssystem enthält.

2 Öffnen Sie den Windows-Ordner (in der Regel *C:\WINDOWS*); hier halten Sie nach Unterordnern Ausschau, die mit *$NtUninstall...* bzw. *$NtServicePackUninstall...* beginnen. Diese Ordner enthalten die nutzlosen Backup-Dateien und können gelöscht werden. Hinweis: Das Deinstallieren des jeweiligen Updates ist anschließend nicht mehr möglich!

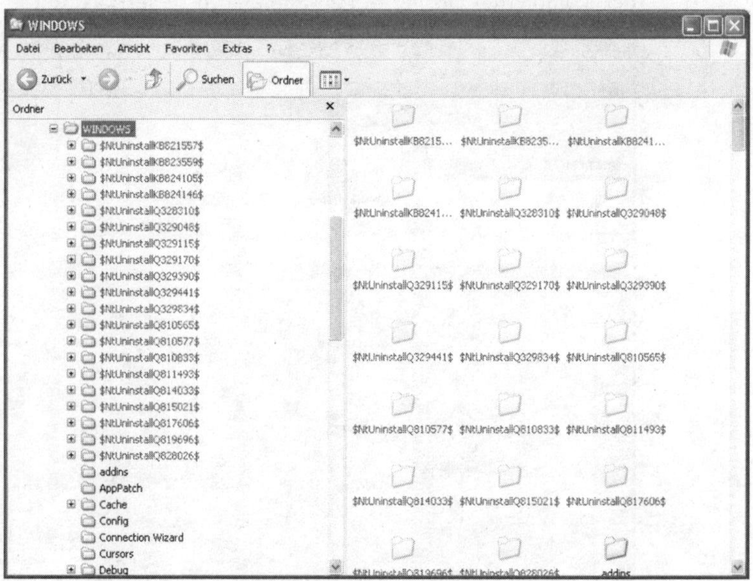

Dateileichenbeseitigung – aber bitte vollständig!

Windows XP bringt ein auf den ersten Blick nützliches Tool mit, das sich, wenn Sie es noch nicht über Bord geworfen haben, in der Systemprogrammgruppe (*Alle Programme/Zubehör/Systemprogramme*) versteckt und *Datenträgerbereinigung* heißt! Mithilfe dieses Programms sind Sie in der Lage, schnell und einfach Ihre Festplatte von nutzlosen Dateileichen und sicherheitsgefährdenden Temporär-Dateien zu befreien! Allerdings ist das Microsoft-Tool alles andere als empfehlenswert: Hiermit können Sie beispielsweise nur die temporären Internetdateien des Internet Explorer beseitigen. Surfen Sie mit einem anderen Browser, bleiben dessen Temporär-Dateien unangetastet auf der Festplatte zurück und bieten ein gefundenes Fressen für PC-Schnüffler. Nutzen Sie daher lieber ein anderes Programm - beispielsweise die Freeware ClearProg“, die Sie unter *http://www.clearprog.de/* erhalten. Mit der Software können Sie unter anderem Cookies und Temporär-Dateien von diversen Internetbrowsern (unter anderem Netscape, Mozilla und Opera) löschen und zusätzlich eigene Ordner festlegen, die regelmäßig gesäubert werden sollen.

1 Starten Sie das Programm und bestimmen Sie zunächst, welche Ordner von der Software gesäubert werden sollen. Surfen Sie mit Netscape oder Mozilla, müssen Sie zusätzlich über *Extras/Netscape/Mozilla* das entsprechende Profil auswählen, unter dem Sie mit den Browsern im Internet unterwegs sind.

2 Möchten Sie den Inhalt von ganz bestimmten, nicht aufgeführten Ordnern löschen lassen, wählen Sie *Eigene Ordner/Festlegen* und suchen anschließend die gewünschten Verzeichnisse aus.

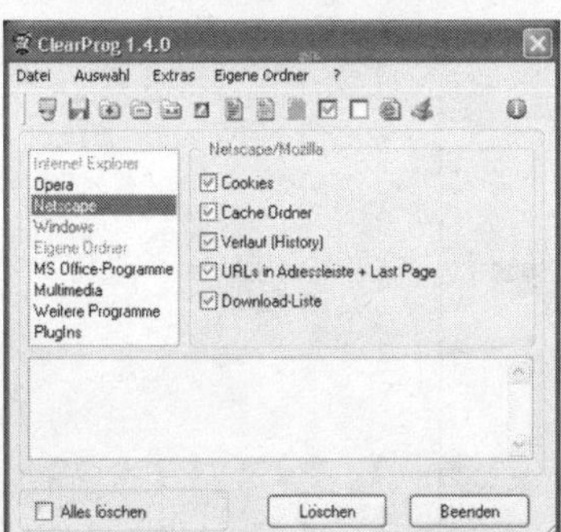

3 Nachdem Sie die zu säubernden Ordner ausgwählt haben, können Sie die Programmkonfiguration über *Datei/Einstellungen speichern* sichern, damit Sie die gewünschten Ordner nicht jedes Mal für die Säuberung manuell auswählen müssen.

4 Die Putzaktion starten Sie anschließend mit einem Klick auf *Löschen*. Zum Abschluss erhalten Sie eine Übersicht über den zurückgewonnen Festplattenplatz: Sie werden staunen, wie viel Speicherkapazität die Software durch Löschen unnötiger Dateien wieder zum Vorschein geholt hat.

So gewinnen Sie bis zu 1,5 GByte Platz zurück!

Sie haben nicht mehr genug freien Speicherplatz auf Ihrer Festplatte, um ein neu gekauftes Programm zu installieren? Mit folgendem Trick schaffen Sie genügend freien Platz auf der Festplatte! WARNUNG: Dieser Tipp geht auf Kosten der Betriebssicherheit von Windows XP! Sie löschen nämlich die vom Betriebssystem gespeicherten Wiederherstellungspunkte! Sollte das angeblich stabilste Betriebssystem aller Zeiten doch einmal Probleme bereiten, können Sie nicht mehr auf die Wiederherstellungspunkt zurückgreifen, um die Probleme dadurch aus der PC-Welt zu schaffen! Sie müssen sich also entscheiden ob Sie lieber Sicherheit oder viel mehr freien Festplattenplatz haben wollen!

Vorbereitung: Systemwiederherstellung abschalten!

Bevor Sie die Ordner für die Wiederherstellungspunkte löschen dürfen, ist es notwendig, die Systemwiederherstellung auszuschalten! Dazu gehen Sie folgendermaßen vor:

1 Wählen Sie *Start/Systemsteuerung* und führen einen Doppelklick auf das Symbol *System* aus!

2 Öffnen Sie die Registerkarte *Systemwiederherstellung* und aktivieren die Option *Systemwiederherstellung auf allen Laufwerken deaktivieren*! Ihre Änderung bestätigen Sie danach mit *OK*!

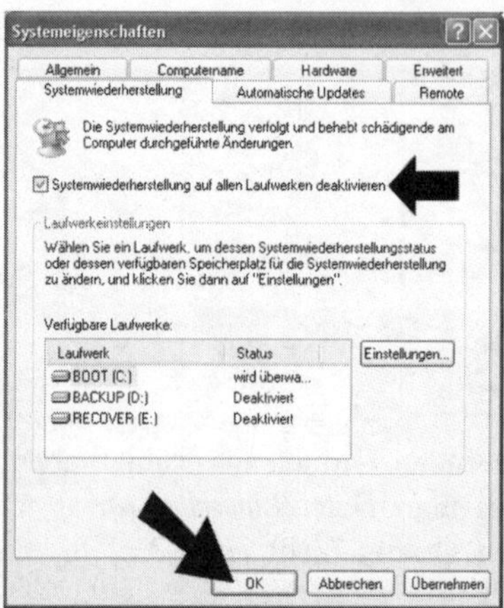

In der Regel sollte dadurch die Systemwiederherstellung deaktiviert sein! In einigen Fällen ist dies jedoch nicht der Fall - die Systemwiederherstellung muss per Registry-Änderung ausgeschaltet werden.

Systemwiederherstellung in der Registry ausschalten!

1. Starten Sie den Registrierungseditor und hangeln sich zu folgendem Ordner durch: *HKEY_LOCAL_MACHINE\SOFTWARE\Microsoft\Windows NT\CurrentVersion\SystemRestore*.

2. Halten Sie im rechten Teilfenster nach folgendem Eintrag Ausschau: *DisableSR*. Werden Sie nicht fündig, legen Sie diesen Eintrag selbst an: Rechtsklick an eine freie Stelle im rechten Teilfenster und *Neu/DWORD-Wert* ausgewählt! Den neu entstandenen Eintrag nennen Sie *DisableSR*.

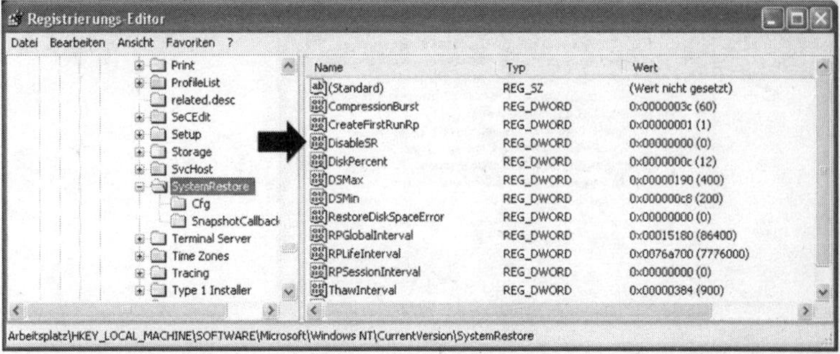

3. Als Nächstes führen Sie einen Doppelklick auf den neu angelegten Eintrag aus. Im sich öffnenden Fenster geben Sie unter *Wert:* die Zahl *1* ein und bestätigen anschließend mit *OK*! Verlassen Sie danach den Registrierungseditor - die Systemwiederherstellung ist ab sofort ausgeschaltet!

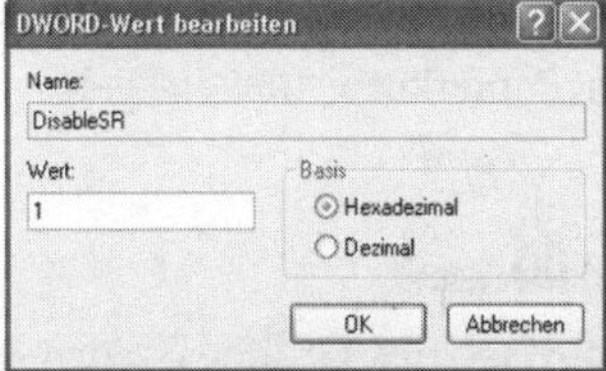

Den Ordner System Volume Information löschen

Der zweite Schritt zur Rückgewinnung einer gigantischen Menge freien Speicherplatzes besteht im Löschen des Systemordners *System Volume Information* - doch das ist nicht leicht! Windows XP schützt seine wichtigen Ordner, indem es sie versteckt! Diese Eigenschaft müssen Sie Windows XP zuerst abgewöhnen.

1 Öffnen Sie den Arbeitsplatz; wählen Sie *Extras/Ordneroptionen* und hüpfen in die Registerkarte *Ansicht*!

2 Entfernen Sie zunächst das Häkchen vor *Geschützte Systemdateien ausblenden* (die auftauchende Warnmeldung beantworten Sie mit *Ja*!); weiter unten aktivieren Sie unter *Versteckte Dateien und Ordner* den Eintrag *Alle Dateien und Ordner anzeigen*! Mit einem Klick auf *OK* bestätigen Sie Ihre Änderungen!

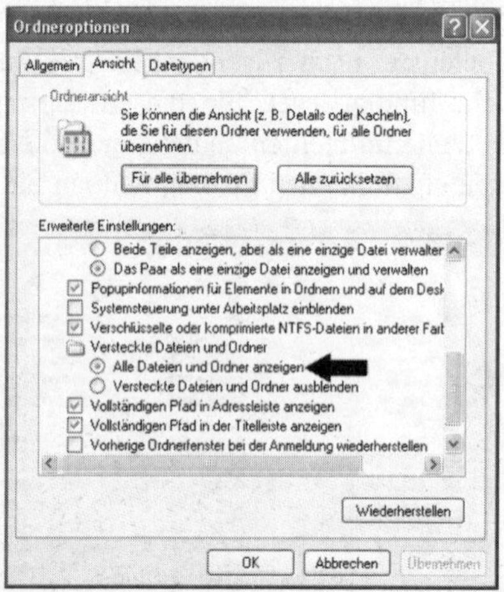

Der bisher versteckte Ordner *System Volume Information* ist sichtbar geworden: Führen Sie im Arbeitsplatz einen Doppelklick auf das Laufwerk aus, das Windows XP enthält! Markieren Sie den Ordner, klicken rechts und wählen Sie *Löschen* aus! Da Windows XP Wiederherstellungspunkte für alle Festplatten bzw. Festplattenpartitionen anlegt, löschen Sie auf den anderen Laufwerken (falls vorhanden) ebenfalls den Ordner *System Volume Information*! Nach der Aktion leeren Sie den Papierkorb, um die gelöschten Dateien für immer vom PC zu verbannen!

Der Ordner lässt sich immer noch nicht löschen?

Unter Umständen kann es passieren, dass der Ordner *System Volume Information* trotz aller Maßnahmen nicht gelöscht werden kann! Keine Panik - wir bekommen das gemeinsam schon hin:

1 Starten Sie die Eingabeaufforderung. Geben Sie nun so lange „cd..“ ein, bis ausschließlich der Laufwerkbuchstabe am Anfang der neuen Zeile auftaucht (siehe Abbildung).

2 Geben Sie jetzt folgenden Befehl ein: „cacls „c:\System Volume Information“ /E /G NAME:F“! Den Buchstaben *c* ersetzen Sie natürlich durch den Laufwerkbuchstaben, auf dem Windows XP installiert wurde! Anstelle von *NAME* geben Sie Ihren Benutzernamen an. Den Befehl bestätigen Sie mit der Enter-Taste! Nach einiger Zeit erhalten Sie eine Mitteilung, dass das Verzeichnis bearbeitet worden ist - es hat funktioniert!

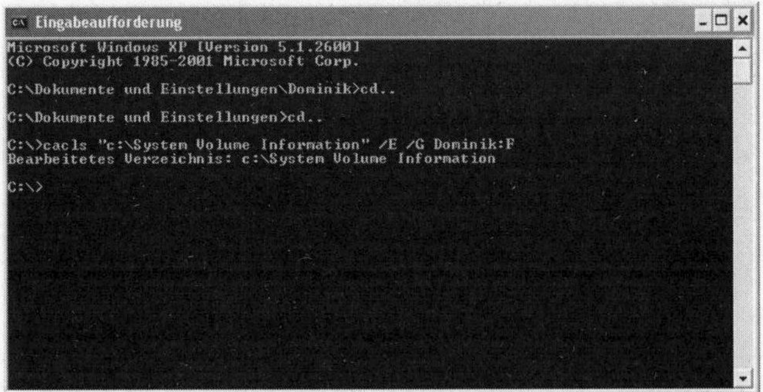

3 Jetzt dürfen Sie den Ordner *System Volume Information* löschen (markieren, rechts klicken und *Löschen* auswählen) und haben (nachdem Sie den Papierkorb geleert haben) viel wertvollen Speicherplatz zurückgewonnen!

Diese Ordner können Sie zusätzlich ausmisten ...

Ihnen reicht der bisher gewonnene Speicherplatz immer noch nicht? Dann misten Sie zusätzlich folgende Ordner aus:

- Wenn Sie auf die Windows-Sounds verzichten können und diese bereits über die Systemsteuerung per Doppelklick auf das Symbol *Sounds und Audiogeräte* deaktiviert haben, dürfen Sie den kompletten Inhalt des Unterordners *Media* im Windows-Verzeichnis (meistens *Windows* - falls bei der Installation nicht geändert) löschen!

- Wenn Sie nicht gerade Grafikdesigner sind, werden Sie die vielen Schriften, die Windows XP mitbringt, nicht benötigen! Zusätzlich bringen viele Grafik- bzw. Textverarbeitungsprogramme eigene Schriftarten mit, sodass der Schriftarten-Ordner von Windows XP unnötigerweise wächst und wächst! Die installierten Schriften finden Sie im Unterordner *Fonts* im Windows-Verzeichnis!

  Löschen Sie hier kräftig drauflos und lassen Sie nur die Schriftarten übrig, die Sie bei der täglichen Arbeit brauchen! VORSICHT: Löschen Sie keine Systemschriftarten - das könnte Ihnen Windows sehr übel nehmen! Systemschriftarten erkennen Sie an dem roten großen *A* im Symbol! Wollen Sie auf Nummer sicher gehen, brennen Sie den kompletten Schriftartenordner auf eine CD; so können Sie im Notfall (wenn Sie eine wichtige Schriftart versehentlich gelöscht haben und Windows XP Probleme macht) die Schrift wieder installieren!

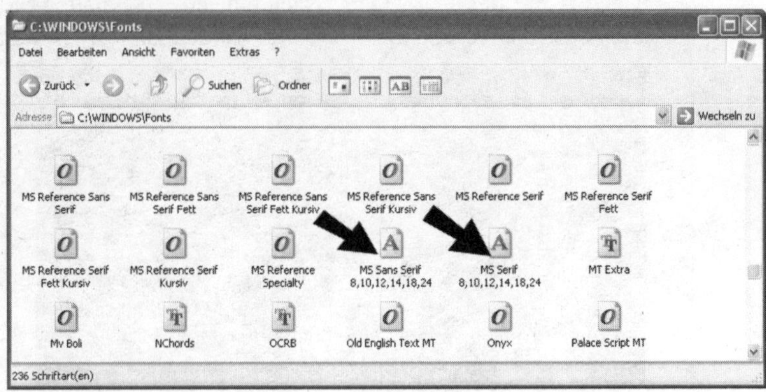

Löschen Sie aus Versehen keine Systemschriftarten- das kann böse enden!

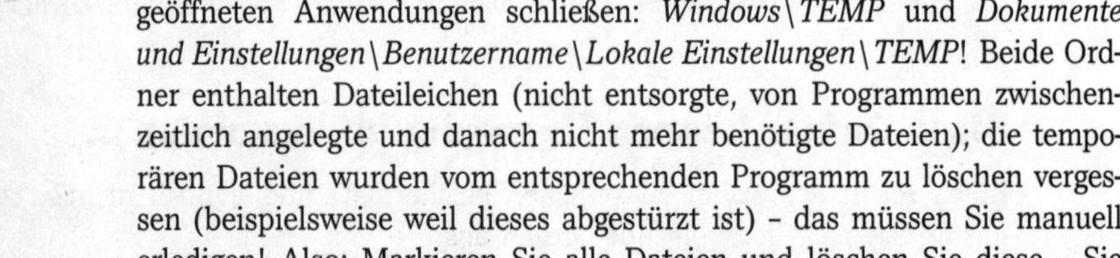

- Den Inhalt folgender Ordner sollten Sie regelmäßig löschen - vorher alle geöffneten Anwendungen schließen: *Windows\TEMP* und *Dokumente und Einstellungen\Benutzername\Lokale Einstellungen\TEMP*! Beide Ordner enthalten Dateileichen (nicht entsorgte, von Programmen zwischenzeitlich angelegte und danach nicht mehr benötigte Dateien); die temporären Dateien wurden vom entsprechenden Programm zu löschen vergessen (beispielsweise weil dieses abgestürzt ist) - das müssen Sie manuell erledigen! Also: Markieren Sie alle Dateien und löschen Sie diese - Sie gewinnen durch die Aktion eine große Menge freien Speicherplatzes auf Ihrer Festplatte zurück!

5.5 Bequem: Defragmentierungsbefehl im Kontextmenü!

Durch die Defragmentierung Ihrer Festplatte erzielen Sie einen sehr großen Geschwindigkeitsgewinn! Windows bringt ein Programm zum Defragmentieren bereits mit, es „versteckt" sich hier: *Start/Alle Programme/Zubehör/Systemprogramme/Defragmentierung*! Die regelmäßige Defragmentierung (mindestens einmal im Monat durchzuführen) ist äußerst wichtig, um die Festplattenleistung unter Windows XP stets auf gleich hohem Level zu halten!

Es empfiehlt sich daher, das Programm auf komfortablere Weise aufzurufen - schließlich wollen Sie sich nicht ständig in die „Tiefen" der Programmgruppe stürzen, um die Defragmentierung durchzuführen!

Defragmentieren – Warum eigentlich?

Beim täglichen Löschen und Speichern von Dateien auf der Festplatte passiert es immer wieder, dass aus Platzgründen eine Datei, die gespeichert werden soll, in mehrere Teile aufgespaltet und an unterschiedlichen Stellen des Datenträgers abgelegt wird – die Datei ist fragmentiert! Daraus ergibt sich beim Lesen ein großer Geschwindigkeitsverlust, da der Lesekopf der Festplatte zum Lesen der Datei ständig neu positioniert werden muss; unter Umständen kann dies zur Systeminstabilität führen!

Das Defragmentierungsprogramm untersucht die Festplatte, setzt die verstreuten Dateifragmente wieder zusammen und legt die komplette Datei an EINER Stelle der Festplatte ab. Die Datei kann anschließend wesentlich schneller (in einem Rutsch) gelesen werden. Bevor Sie die Defragmentierung vornehmen, sollten Sie den Virenscanner vorübergehend deaktivieren, da dieser den Vorgang verlangsamen kann!

Zusätzlich lassen Sie am besten den Rechner „in Ruhe", damit dieser die Defragmentierung zügig erledigt – das Weiterarbeiten während dieses Vorgangs ist nicht empfehlenswert!

So gelangt der Defrag-Befehl in das Kontextmenü!

Mit der folgenden Anleitung befördern Sie den Defragmentierungsbefehl in das Kontextmenü, sodass Sie nicht mehr in die Tiefen der Programmgruppen hinabsteigen müssen.

1 Öffnen Sie über *Start/Alle Programme/Zubehör* den *Editor*! Geben Sie jetzt die folgenden Zeilen ein:

```
[version]
signature="$CHICAGO$"

[DefaultInstall]
AddReg=Defrag

[Defrag]
HKCR,"Drive\Shell\Defragmentieren\command",,,"DEFRAG.EXE %1"
```

2 Kontrollieren Sie noch einmal, ob Sie sich auch nicht vertippt haben; anschließend wählen Sie *Datei/Speichern* und speichern die Datei als *Defrag.inf* ab. Verlassen Sie den Editor.

3 Markieren Sie die gerade erstellte Datei *Defrag.inf* und klicken rechts. Im aufklappenden Menü wählen Sie den Befehl *Installieren* - der Defragmentierungsbefehl wird dadurch in das Kontextmenü eingetragen!

Sie wollen Ihr Werk gleich einmal bestaunen? Öffnen Sie den Arbeitsplatz, markieren Sie das zu defragmentierende Laufwerk und klicken rechts - voilà, ab sofort ist der Eintrag *Defragmentieren* im Menü zu finden. Wenn Sie den Befehl auswählen, öffnet sich eine DOS-Box und ohne weitere Kommentare rappelt die Festplatte los! Wollen Sie die Defragmentierung abbrechen, wählen Sie die Tastenkombination [Strg]+[C]!

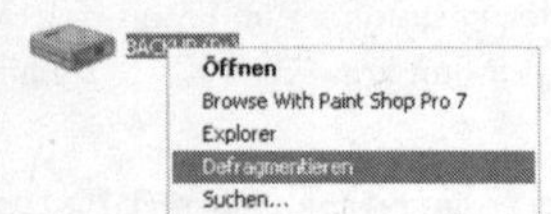

Defragmentieren über das Kontextmenü!

Hilfe! Wie werde ich den Defrag-Befehl wieder los?

Sie haben sich ein professionelles Defragmentierungsprogramm besorgt und benutzen das Defragmentierungsprogramm von Microsoft nicht mehr? In diesem Fall wird Sie sicherlich der unnötige Defragmentierungsbefehl im Kontextmenü stören! Diesen können Sie ohne große „Kunst" wieder aus dem Menü entfernen:

1 Starten Sie den Registrierungseditor! Navigieren Sie sich per Doppelklicks durch die folgenden Ordner: *HKEY_CLASSES_ROOT\Drive\shell*!

2 Löschen Sie hier den Ordner *Defragmentieren*, um den entsprechenden Befehl wieder aus dem Kontextmenü zu verbannen!

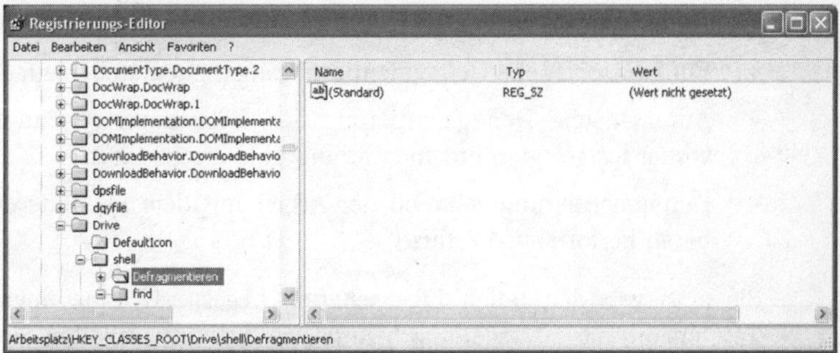

5.6 Besser als XPs Bordwerkzeug – Festplattenbeschleunigung effektiver!

Zugegeben, das Defragmentierungsprogramm von Windows XP erledigt seine Arbeit, nämlich verstreute Dateifragmente wieder zusammenzusetzen, aber das war es auch schon! Besondere Features sucht man vergeblich!

Wollen Sie die optimale Leistung Ihrer Festplatten unter Windows XP herauskitzeln, sollten Sie sich von dem Defragmentierungsprogramm von Windows XP verabschieden und sich ein professionelles Tool besorgen!

Der Profi unter den Defragmentierern: O&O Defrag

Die Defragmentierungsprogramme schießen zurzeit wie reife Pilze aus den Softwarefirmen - schließlich hat es sich schon bis dorthin herumgesprochen, dass das in Windows XP integrierte Defragmentierungsprogramm professionellen Ansprüchen nicht genügt!

Bei der Vielzahl an unterschiedlichen Defragmentiertools fällt es schwer, die Übersicht zu behalten: Schnell greift man versehentlich zu einem unausgereiften, teuren Produkt, das kaum mehr Vorteile als das in Windows XP integrierte Defragmentierungsprogramm besitzt.

Das muss nicht sein! Sie wollen zum Defragmentieren ein richtiges Profi-Tool einsetzen? In diesem Fall sollten Sie sich das Defragmentierungsprogramm O&O Defrag näher ansehen! O&O Defrag ist ein eigenständiges, kommerzielles Programm, das „nur" zum Defragmentieren der Festplatte eingesetzt wird! Es bietet viele nützliche Features - hier die wichtigsten:

- Es kann mehrere Laufwerke in einem Rutsch defragmentieren.
- Fünf verschiedene Defragmentierungsmethoden stehen zur Auswahl.
- Automatische Defragmentierung des Datenträgers, wenn dieser einen vorher festgelegten Fragmentierungsgrad erreicht hat.
- Defragmentierung während der Arbeit mit dem PC ohne deutlich spürbaren Performance-Verlust!

Sie sind von den tollen Eigenschaften begeistert? Eine uneingeschränkte Testversion, die 30 Tage lang benutzt werden darf, erhalten Sie unter *www.oo-software.de!* Dann also rein ins Internet und die Testversion heruntergeladen - es lohnt sich!

Nie mehr Zeit verlieren: Defragmentieren Sie im Hintergrund!

Das Defragmentieren einer gigantischen Festplatte kann ziemlich lange dauern - mitunter bis zu zwei Stunden, wenn Sie die Platte beispielsweise zum ersten Mal defragmentieren.

Das Schlimme daran: Während dem Defragmentieren der Festplatte können Sie keine anderen Aufgaben am Computer erledigen, da hierfür nicht genügend Performance zur Verfügung steht. Die eigentliche Arbeit am PC würde (wenn überhaupt) nur im Schneckentempo vorangehen, da der Rechner mit dem Defragmentieren der Festplatte bereits ausgelastet ist. Gleichzeitiges Defragmentieren und Arbeiten ... bisher unmöglich! Welche Zeitverschwendung!

O&O Defrag schafft endlich Abhilfe: Das Programm kann die Festplatte, während Sie (wie gewohnt) mit dem Computer arbeiten, defragmentieren, ohne dass ein großer Performanceverlust spürbar wird. Die Defragmentierung geschieht „performanceorientiert“.

Möchten Sie die Festplatte im Hintergrund defragmentieren, markieren Sie im Programmfenster zunächst alle Laufwerke, die im Hintergrund optimiert werden sollen, und wählen anschließend *Defragmentierung/STEALTH*. Die Software macht sich sofort an die Arbeit. Währenddessen können Sie problemlos mit dem PC weiterarbeiten - und vergeuden ab sofort keine wertvolle Zeit mehr!

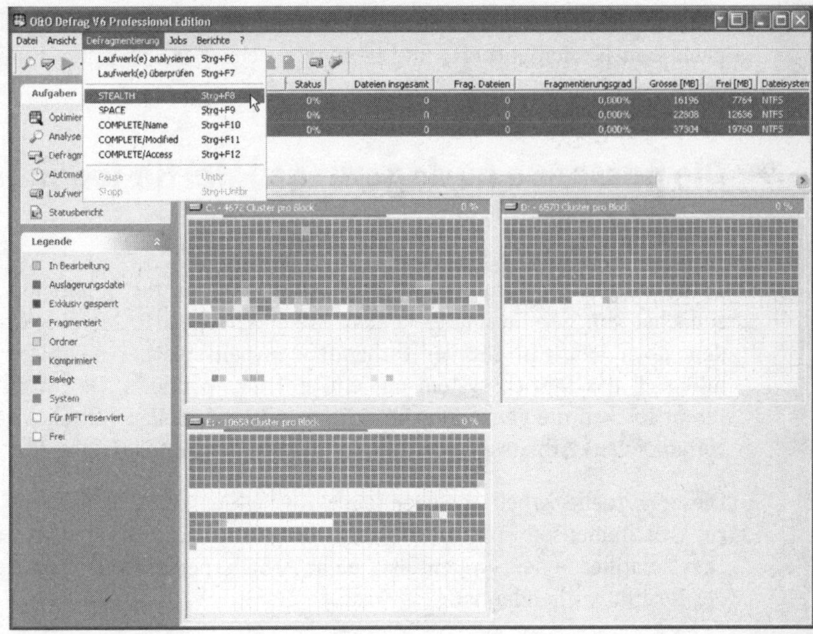

Mit O&O Defrag ist es möglich, die Festplatte während der eigentlichen Arbeit am PC zu defragmentieren.

Maximale Festplattenpower durch das Defragmentieren erzielen

Wie bereits erwähnt, bietet O&O Defrag fünf verschiedene Defragmentiermethoden. So schön die Stealth-Methode ist, noch bessere Ergebnisse erzielen Sie in der Regel mit den anderen Defragmentier-Methoden des Programms. Haben Sie eine besonders stark fragmentierte Festplatte bzw. setzen O&O Defrag zum ersten Mal ein, verwenden Sie am besten die Space-Methode, weil dadurch die Defragmentierung nicht ganz so lange dauert und Sie trotzdem der Festplatte einen gehörigen Leistungsschub verpassen.

Für wirklich maximale Festplatten-Performance setzen Sie am besten eine der Complete-Methoden von O&O Defrag ein; bedenken Sie jedoch, dass die Defragmentierung im Complete-Modus deutlich länger dauert, weil die Dateien sortiert und neu angeordnet werden!

Wollen Sie beispielsweise, dass Windows XP noch schneller startet, wählen Sie am besten die Methode Complete/Name: Hierbei werden alle Dateien im

Windows-Systemverzeichnis auf der Festplatte hintereinander angeordnet (= nach dem Namen sortiert) und können anschließend in einem Rutsch gelesen werden!

5.7 Die passende Auslagerungsdatei für jeden Zweck!

Bevor Sie ein Programm benutzen können, müssen die benötigten Dateien zunächst von der Festplatte in den Arbeitsspeicher (RAM) eingelesen werden; doch häufig reicht der vorhandene Arbeitsspeicher nicht aus - dann hilft sich das Betriebssystem mit einem Trick: Windows XP „wühlt" hinter Ihrem Rücken die ganze Zeit im so genannten virtuellen (physikalisch nicht vorhandenen) Arbeitsspeicher herum, der auf der Festplatte abgelegt ist!

Dieser virtuelle Arbeitsspeicher (auch Auslagerungsdatei genannt) dient dazu, den immensen Hunger des Betriebssystems an kostbarem Arbeitsspeicher zu stillen - dem System also mehr Arbeitsspeicher vorzugaukeln, als in der Realität vorhanden ist!

Es werden vorübergehend nicht mehr benutze Dateien aus dem echten Arbeitsspeicher in die Auslagerungsdatei verfrachtet und gleichzeitig andere wieder in den realen Arbeitsspeicher eingelesen, weil diese vom System benötigt werden!

So weit, so gut! Allerdings passt Windows XP (genauso wie die Vorgängerversionen) die Größe dieser Auslagerungsdatei dynamisch an: Sie wird ständig verkleinert bzw. vergrößert - das kostet wertvolle Systemressourcen und verlangsamt das System! Greifen Sie ein und legen Sie eine permanente Auslagerungsdatei fester Größe an!

Permanente Auslagerungsdatei optimal einrichten!

Microsoft hat die Einstelloption für die Größe der Auslagerungsdatei gut im Betriebssystem versteckt - so gelangen Sie ans Ziel:

1 Rechtsklick auf das Arbeitsplatzsymbol auf dem Desktop oder im Startmenü und im Menü *Eigenschaften* ausgewählt! Öffnen Sie die Registerkarte *Erweitert* und klicken auf die Schaltfläche *Einstellungen* unter *Systemleistung*!

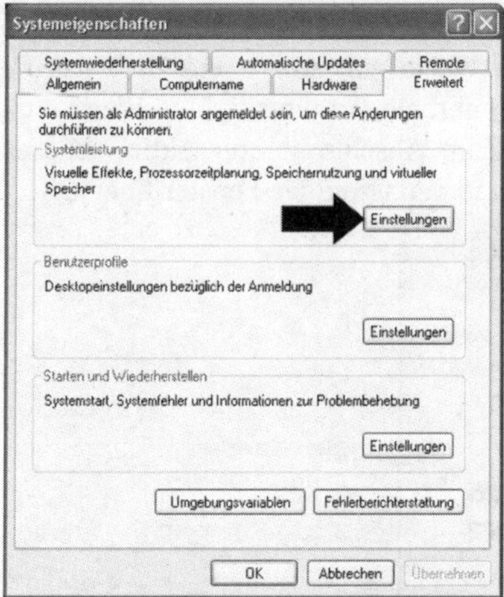

2 Im auftauchenden Fenster hüpfen Sie in die Registerkarte *Erweitert* und klicken unten auf die Schaltfläche *Ändern*!

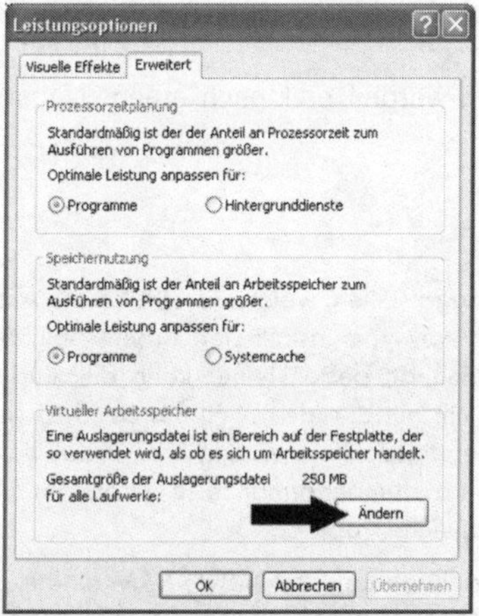

3 Wir sind endlich am Ziel! Vor Ihnen „liegen" die Einstellungsmöglichkeiten für eine permanente Auslagerungsdatei! Markieren Sie zunächst das Laufwerk bzw. die Festplattenpartition, auf der Sie die permanente Auslagerungsdatei einrichten wollen! Haben Sie neben der Festplatte mit dem Betriebssystem eine zusätzliche Festplatte eingebaut, verlegen Sie die Auslagerungsdatei am besten dorthin, um die Performance des Systems weiter zu verbessern!

4 Als Nächstes aktivieren Sie die Option *Benutzerdefinierte Größe:* und geben hinter *Anfangsgröße:* und *Maximale Größe:* jeweils den gleichen

Wert in MByte an (siehe folgender Infokasten)! WICHTIG: Tragen Sie unbedingt die gleichen Werte ein, sonst verändert das Betriebssystem die Auslagerungsdatei innerhalb der eingetippten Werte - dadurch haben Sie nichts gewonnen! Zum Abschluss Ihrer Aktion klicken Sie auf die Schaltfläche *Festlegen* und verlassen das Fenster über *OK*!

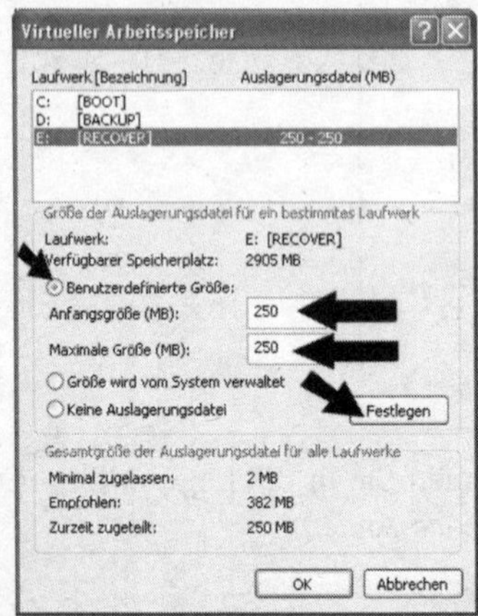

5 Die Wirkungen Ihrer Aktion werden erst nach einem Neustart von Windows XP wirksam!

Welche Größe ist optimal?

Sie werden sich natürlich die Frage stellen, welche Größe für die Auslagerungsdatei optimal ist! Dies hängt sehr stark vom installierten Arbeitsspeicher ab: Je mehr realer Arbeitsspeicher vorhanden ist, desto kleiner kann die Auslagerungsdatei sein! Kommen Sie aber jetzt nicht auf die Idee, weil Sie ca. 500 MByte RAM im PC stecken haben, die Auslagerungsdatei zu deaktivieren - das kann Ihnen Windows sehr übel nehmen und die Systemperformance sinkt trotz der Menge an physikalisch vorhandenem Arbeitsspeicher rapide!

Für den täglichen Gebrauch reicht ab ca. 250 MByte RAM eine Auslagerungsdatei von 500 MByte, ab ca. 500 MByte RAM (besitzen die meisten modernen PCs) dagegen eine Auslagerungsdatei von ca. 250 MByte! Bei bis zu 1.000 MByte RAM dürfen Sie den Wert sogar auf 100 MByte reduzieren! Arbeiten Sie allerdings mit großen Datenmengen (Multimedia oder Spiele), kann es notwendig sein, eine größere Auslagerungsdatei von bis zu 500 MByte anzulegen, damit alle Programme problemlos laufen! Bedenken Sie allerdings, dass eine viel zu große Auslagerungsdatei die Systemperformance negativ beeinträchtigen kann und außerdem viel freien Speicherplatz auf Ihrer Festplatte verschlingt! Daher unser Tipp: Legen Sie zunächst eine Auslagerungsdatei von 250 MByte an - sollte das nicht ausreichen (ein Programm startet nicht oder nur mit einer Fehlermeldung), können Sie den Wert immer noch erhöhen!

Kontrolle: Reicht die Größe der Auslagerungsdatei?

Ob die Größe der eingestellten Auslagerungsdatei ausreicht, können Sie sehr schnell nachprüfen:

1. Öffnen Sie die Programme, mit denen Sie täglich arbeiten.
2. Drücken Sie einmal die Tastenkombination Strg+Alt+Entf, um den Windows-Task-Manager aufzurufen! Drücken Sie diese Tastenkombination auf keinen Fall ein zweites Mal - Windows XP würde sofort einen Neustart hinlegen und Ihre noch nicht gespeicherten Dokumente wären zum Teufel ...
3. Wechseln Sie in die Registerkarte *Systemleistung* und sehen anhand der Grafik nach, ob Ihre Auslagerungsdatei vollständig ausgelastet ist! Sollte das der Fall sein, müssen Sie die Größe erhöhen - da eine volle Auslagerungsdatei zu Systeminstabilitäten führen kann! Ein Drittel der Auslagerungsdatei sollte mindestens frei sein (anhand der Grafik gut zu erkennen)!

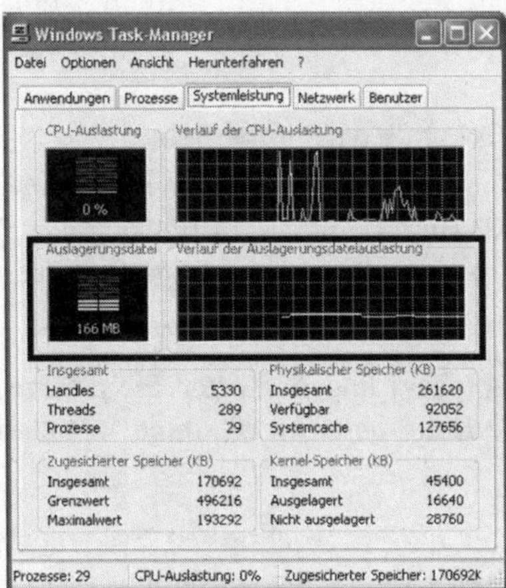

Teuflisch: Fragmentierte Auslagerungsdatei!

Da hat man wieder das Malheur: Die optimal eingestellte Auslagerungsdatei bringt Ihnen nichts, wenn sie völlig „zerbröselt" (fragmentiert) auf Ihrer Festplatte ist! Leider ist der virtuelle Arbeitsspeicher nicht von der Fragmentierung ausgenommen - also was kann man dagegen unternehmen? Eine fragmentierte Auslagerungsdatei kann gewaltige Auswirkungen auf die Systemperformance (bis hin zur Systeminstabilität) haben!

Der Geheimtipp: Auslagerungsdatei defragmentieren!

Einige kommerzielle Defragmentierungsprogramme (beispielsweise O&O Defrag) sind in der Lage, die Auslagerungsdatei zu defragmentieren!

Was machen Sie aber, wenn Sie das in Windows XP integrierte Defragmentierungsprogramm verwenden? Müssen Sie für die wichtige Defragmentierung der Auslagerungsdatei zusätzlich „Kohle" ausgeben!

Nein, das wäre - wenn Sie nur deshalb ein neues Defragmentierungsprogramm kaufen - Geldverschwendung!

So ist es viel zu umständlich!

Häufig wird zum Defragmentieren des virtuellen Arbeitsspeichers folgender „Trick" beschrieben:

Auslagerungsdatei zunächst vollständig deaktivieren, Windows XP neu starten, Standard-Defragmentier-Programm ausführen und anschließend den virtuellen Arbeitsspeicher erneut anlegen - Fazit: wirkungsvoll, aber viel zu umständlich!

Komfortabel und schnell mit Freeware defragmentieren!

Besorgen Sie sich auf der Internetseite *www.sysinternals.com* die Freeware „PageDefrag" für Windows XP (unter *Utilities* zu finden); das Tool kann sowohl den virtuellen Arbeitsspeicher als auch wichtige Systemdateien wieder zusammensetzen.

1. Nachdem Sie die Datei entpackt haben, starten Sie die Freeware mit einem Doppelklick auf die Datei *pagedfrg.exe* (eine Installation ist nicht nötig).

2. Das Programm zeigt unter *File* die wichtigsten Systemdateien des Betriebssystems an - die Stärke ihrer Fragmentierung erfahren Sie in der Spalte *Fragment(s)*; steht dort eine *1*, gibt es nichts zu defragmentieren.

3. Der virtuelle Arbeitsspeicher versteckt sich hinter dem Eintrag *pagefile.sys*; um ihn zusammen mit den anderen Systemdateien zu defragmentieren und dadurch für optimale Performance zu sorgen, wählen Sie *Defragment at next boot* und bestätigen mit *OK* - die Defragmentierung findet beim nächsten Start von Windows XP statt.

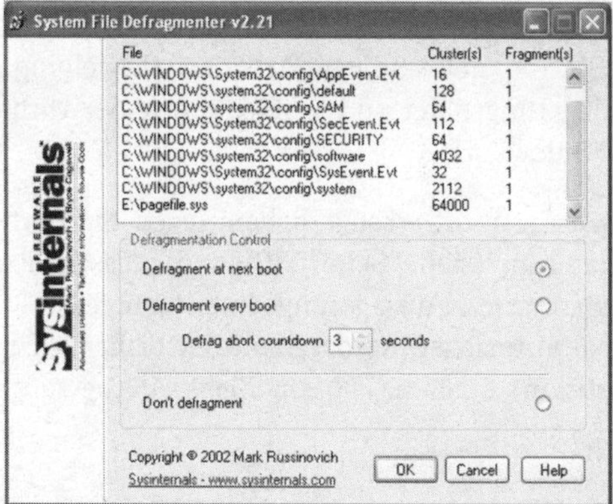

4 Wollen Sie eine fragmentierte Auslagerungsdatei für immer ausschließen, wählen Sie *Defragment every boot*; allerdings verlängert sich dadurch der Startvorgang etwas, weil der Fragmentierungsgrad jedes Mal untersucht wird - wenden Sie daher lieber den folgenden Trick an.

Nie mehr eine fragmentierte Auslagerungsdatei!

Sie haben keine Lust, den virtuellen Arbeitsspeicher ständig zu defragmentieren? Da sich dieser mit der Zeit auf einer häufig benutzten Festplattenpartition immer wieder fragmentiert, sollten Sie entweder die „Defragmentierungs-Prozedur" regelmäßig durchführen oder den folgenden Trick anwenden - das stabilste Betriebssystem aller Zeiten wird es Ihnen danken!

Legen Sie sich für die Auslagerungsdatei am besten eine eigene kleine Festplattenpartition (ca. 1000 MByte - damit Sie genug Reserve haben) an und verschieben den virtuellen Arbeitsspeicher dorthin, um eine Neufragmentierung zu vermeiden! Voraussetzung: Auf der Partition befinden sich neben der Auslagerungsdatei keine weiteren Dateien und Sie legen eine permanent große Auslagerungsdatei mit gleicher Anfangs- und Endgröße dort an!

Unbedingt professionelle Partitionierungssoftware besorgen!

Schlagen Sie sich für die Neu-Partitionierung Ihrer Festplatte - wenn Sie kein absoluter PC-Profi sind - nicht mit der relativ unkomfortabel zu bedienenden Partitionierungssoftware, die in Windows XP integriert ist, oder mit dem kostenlosen Oldtimer „Fdisk" von Microsoft herum - das geht mit Sicherheit schief - Datenverlust ist vorprogrammiert!

Für die komfortable und risikolose Neupartitionierung der Festplatte besorgen Sie sich am besten ein kommerzielles Profi-Tool - beispielsweise das bekannte PartitionMagic oder die Acronis Disk Director Suite. Mit beiden Programmen erledigen Sie die notwendigen Arbeiten (Erstellung einer neuen Partition für die Auslagerungsdatei und Verkleinerung der vorhandenen Partition) direkt unter Windows XP.

Nachdem Sie die neue Partition erzeugt haben, legen Sie dort eine permanente Auslagerungsdatei an (siehe Seite 220) und müssen ab sofort nicht mehr mit einer fragmentierten Auslagerungsdatei kämpfen ... Hinweis: Vergessen Sie nicht, die alte Auslagerungsdatei auf der bisher einzigen Partition (= Betriebssystempartition) über die Option *Keine Auslagerungsdatei* zu beseitigen.

Mehrere Festplatten? – Prima!

Haben Sie mehrere Festplatten eingebaut, errichten Sie die entsprechende Partition aus Performancegründen am besten nicht auf der Systemfestplatte! Bei Zugriffen auf die Systemfestplatte kann in diesem Fall gleichzeitig die Auslagerungsdatei auf der anderen Festplatte „verwaltet“ werden; heraus springt ein spürbarer Geschwindigkeitsgewinn!

Was ist eine Partition?

Auf einer Festplatte können mehrere Partitionen erstellt werden. Dadurch ist es möglich, mehrere Betriebssysteme auf einer Platte parallel zu betreiben. Partitionen sind logische Bereiche, in welche die Festplatte eingeteilt wird. Das Betriebssystem behandelt jede einzelne Partition auf der Festplatte wie ein eigenes Laufwerk und vergibt dieser einen Laufwerkbuchstaben!

Was ist denn jetzt los? Laufwerkbereinigungs-Assistenten abschießen!

Sie haben sich, wie empfohlen, eine kleine Partition erstellt, um dort ausschließlich die Auslagerungsdatei zu platzieren und einer Fragmentierung entgegenzuwirken? Prima! Allerdings wartet gleich die nächste Überraschung auf Sie, wenn auf der Partition mit der Auslagerungsdatei nur noch wenig freier Speicher zur Verfügung steht: Bei jedem Start des Betriebssystems erscheint automatisch der Laufwerkbereinigungs-Assistent und fordert Sie auf, auf der Partition mit der Auslagerungsdatei aufzuräumen, weil dort nur noch sehr wenig freier Speicherplatz vorhanden ist.

Dies ist jedoch unnötig, da sich die Auslagerungsdatei nicht automatisch vergrößern wird und somit immer ausreichend freier Speicher zur Verfügung steht. Aus dem Grund sollten Sie den nervenden und vorlauten Laufwerkbereinigungs-Assistenten über einen Registry-Hack abschalten!

1 Wählen Sie im Startmenü *Ausführen* und geben Sie „regedit“ ein. Mit einem Druck auf die [Enter]-Taste startet der Registrierungseditor.

2 Öffnen Sie dort folgenden Registry-Schlüssel: *HKEY_CURRENT_USER \Software\Microsoft\Windows\CurrentVersion\Policies\Explorer*.

3 An einer freien Stelle im rechten Teilfenster führen Sie jetzt einen Rechtsklick aus und wählen im erscheinenden Menü *Neu/DWORD-Wert*. Ein neuer Eintrag wird daraufhin im rechten Teilfenster erzeugt; diesen nennen Sie *NoLowDiskSpaceChecks* und öffnen ihn mit einem Doppelklick.

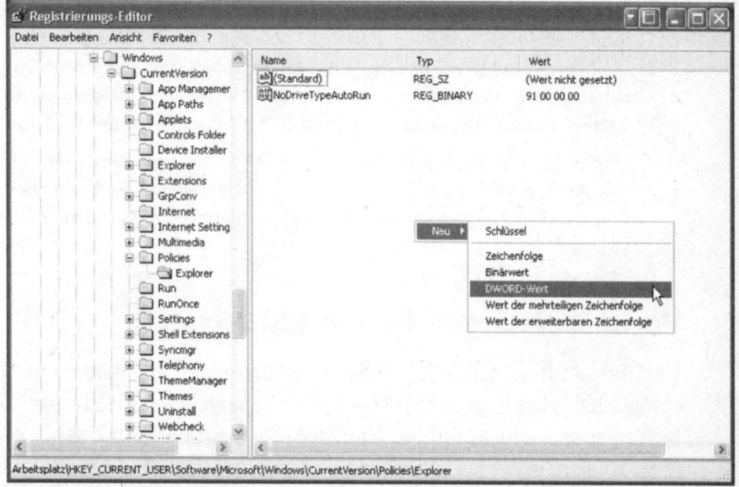

4 In die Zeile unter *Wert* geben Sie die Zahl „1“ ein und betätigen *OK*. Schließen Sie den Registrierungseditor. Ab sofort wird Sie weder der Warnhinweis noch der Laufwerkbereinigungsassistent beim Start von Windows XP nerven.

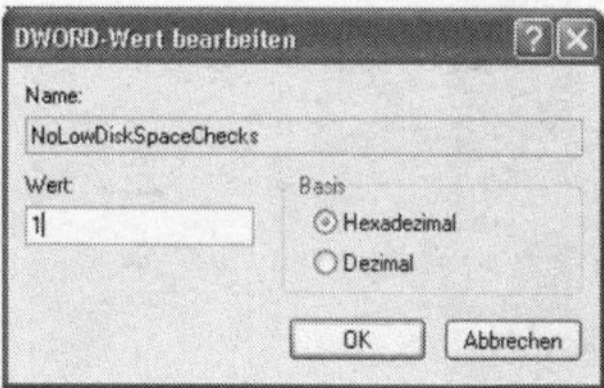

5.8 Doppelte Festplattengeschwindigkeit oder unschlagbare Datensicherheit?

Was liest und hört man nicht so alles über die so genannte RAID-Technologie! Mit deren Hilfe und mindestens zwei Festplatten würde alles doppelt so schnell gehen und auch die Datensicherheit sei wesentlich besser! Doch stimmt das wirklich? Wenn Sie nicht aufpassen, entwickelt sich Ihr RAID-System zu einem wahren „Albtraum" ...

INFO

RAID – endlich enträtselt!

Die Abkürzung RAID steht für Redundant Array of Independent Disk und ist für Hochleistungsserver erfunden worden, um die Festplattenperformance und die Datensicherheit zu erhöhen! Bei RAID werden die Daten auf mehrere Festplatten gleichzeitig aufgeteilt und verteilt! Das Betriebssystem bekommt von all dem nichts mit und behandelt die als RAID-Verbund zusammenhängenden Platten wie ein Laufwerk; die Verteilerarbeit übernimmt hardwaremäßig der RAID-Controller!

Es gibt verschiedene RAID-Modi (auch RAID-Level genannt), die die unterschiedliche Art und Weise der Datenverteilung auf die einzelnen Festplatten beschreiben. Ziel des RAID-Systems ist es, eine ausgefallene Festplatte problemlos ersetzen zu können!

Voraussetzungen für ein RAID-System

Für den Aufbau eines RAID-Systems benötigen Sie neben mindestens zwei (möglichst gleich großen) Festplatten zusätzliche Hardware: Entweder Sie besorgen sich ein Mainboard mit RAID-Controller „on board" oder erwerben eine so genannte RAID-Controller-Karte für den PCI-Steckplatz, an die Sie Ihre Festplatten anschließen!

In die weißen PCI-Steckplätze des Mainboards gehört die RAID-Controller-Karte!

Vergessen Sie in diesem Fall nicht, die beiden nutzlos gewordenen IDE-Controller auf dem Mainboard im BIOS zu deaktivieren (im Mainboard-Handbuch nachsehen), um wertvolle Systemressourcen zurückzugewinnen! Als Alternative dazu dürfen Sie auch bis zu acht IDE-Laufwerke anschließen - Voraussetzung: Sie haben überhaupt so viele!

Hinweis: Viele RAID-Controller für IDE-Systeme bieten nur eine gewisse Anzahl von RAID-Leveln an und unterstützen nicht alle! Achten Sie beim Kauf genau darauf, dass der Controller das von Ihnen gewünschte RAID-Verfahren unterstützt! Die gängigen Controller unterstützen heutzutage folgende Level: RAID 0, RAID 1, RAID 0 + 1 (auch RAID 10 genannt) und RAID 5.

Fit für die Zukunft: RAID-Controller mit Serial-ATA-Anschlüssen

Mittlerweile gibt es bereits die ersten RAID-Controller, die die neue Schnittstelle Serial-ATA unterstützen; diese soll in naher Zukunft die veraltete IDE-Schnittstelle ersetzen. Serial-ATA besitzt zahlreiche Vorteile: Die Anschlusskabel sind im Vergleich zu den breiten IDE-Flachbandkabeln wesentlich flexibler, robuster und schmaler, sodass eine bessere Luftzirkulation im Gehäuse gewährleistet ist. Außerdem werden in Zukunft mit Serial-ATA deutlich höhere Übertragungsraten als bei der IDE-Schnittstelle (maximal 133 MByte) erzielt. Wollen Sie sich ein neues RAID-System anschaffen, sollten Sie überlegen, ob Sie nicht schon jetzt auf diese neue Technik setzen!

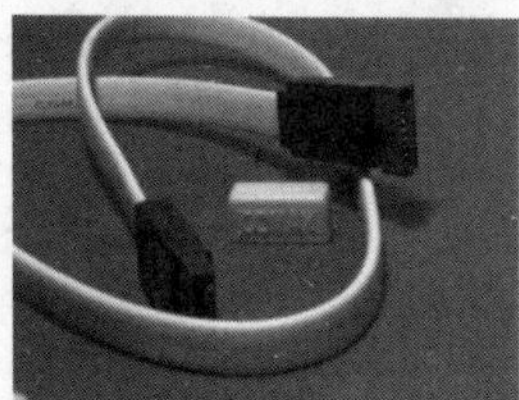

Die neuen Serial-ATA-Kabel haben viele Vorteile gegenüber IDE-Kabeln.

Schuss in den Ofen: Software-RAID unter Windows XP

Microsoft warb eine ganze Zeit lang für das Software-RAID-Feature bei Windows XP in der Professional Edition. Hierbei sollte es ohne zusätzliche Hardware (RAID-Controller) möglich sein, ein RAID-System aufzubauen. In der Praxis zeigte es sich jedoch, dass Software-RAID unter Windows XP ein Schuss in den Ofen ist: Entweder funktioniert das Einrichten nicht, da wichtige Funktionen fehlen, oder der Rechner wird durch Software-RAID deutlich langsamer, weil das Betriebssystem und die CPU die Datenverteilung auf die Festplatten im softwaremäßigen RAID-Verbund übernehmen müssen. Diese Aufgabe fällt normalerweise dem RAID-Controller zu. Nach diversen Schwierigkeiten gab Microsoft kleinlaut zu, dass bestimmte Software-RAID-Level unter Windows XP zuzeit nicht aktivierbar seien und es sich dabei um einen Fehler im Betriebssystem handelt! Vergessen Sie daher das Software-RAID-Feature! Selbst wenn es fehlerfrei funktionieren würde, ist Software-RAID aus den genannten Gründen nicht empfehlenswert! Wollen Sie ein sicheres und schnelles RAID-System aufbauen, um maximale Systemperformance zu erzielen, nutzen Sie ausschließlich Hardware-RAID! Hierbei regelt der RAID-Controller die Datenverteilung, wodurch die CPU spürbar entlastet wird!

Die Qual der Wahl: RAID-Level im Überblick

Heutzutage kommen hauptsächlich vier unterschiedliche RAID-Level beim Einrichten eines RAID-Verbundes zum Einsatz: RAID 0, RAID 1 RAID 5 oder RAID 10 (auch als RAID 1 + 0 bezeichnet). Im Folgenden zeigen wir Ihnen die Vor- und Nachteile der verschiedenen RAID-Level und ihre Funktionsweise.

Mit Karacho in den Datenabgrund: RAID 0

Bei einem System im RAID-Level 0 werden alle Daten auf die angeschlossenen Festplatten gleichmäßig verteilt. Dadurch wird eine gewaltige Platten-Kapazität an einem Stück erzielt, weil das Betriebssystem die zusammenhängenden Festplatten wie ein Laufwerk betrachtet. Zusätzlich erzielt man bei RAID 0 gigantische Transferraten: Die einzelnen Daten werden in Blöcken (englisch: Stripes) auf alle Platten verteilt gelesen und geschrieben! Jede Festplatte im RAID-Verbund muss sich also nur um einen Teil der insgesamt zu übertragenden Daten kümmern - den anderen Teil übernimmt die zweite Platte; dieses Vorgehen bringt einen großen Geschwindigkeitsgewinn!

Klingt alles wunderbar - nicht wahr? Es wäre wirklich traumhaft schön, wäre nicht ein Haken an der Sache - wie das in der Computerbranche üblich ist: Ein System im RAID Level 0 birgt ein hohes Datenrisiko! Fällt eine der beiden Festplatten im RAID-Verbund aus, sind ALLE Daten futsch, da die einzelnen Dateien zur Performancesteigerung auf beide Festplatten verteilt werden - und die „Chancen" eines Festplattenausfalls bei zwei Laufwerken stehen so schlecht nicht: Gerade die modernen ausschließlich auf Leistung getrimmten Festplatten haben hohe Ausfallraten! Die Daten auf der defekten Festplatte im RAID 0-Verbund sind nirgends mehr vorhanden, da zur Performancesteigerung die Dateien gleichmäßig auf beide Platten verteilt werden! RAID 0 ist daher ausschließlich für „wagemutige" PC-User, die der Verlust sämtlicher Daten nicht zur Verzweiflung treibt, „empfehlenswert".

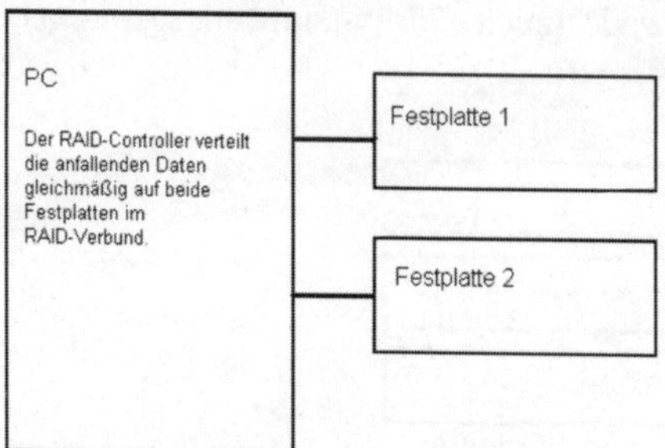

RAID-Level 0 - Daten werden auf die Festplatten verteilt!

Hohe Datensicherheit: RAID 1

Bei RAID 1 werden die Festplatten miteinander kombiniert, um die Datensicherheit zu erhöhen! Alle Daten einer Festplatte werden gespiegelt (englisch: Mirroring) und auf einer anderen als Sicherheitskopie abgelegt! Fällt die eine Platte aus, übernimmt die zweite das „Zepter" - der Anwender merkt von dem Ausfall nichts, da keinerlei Daten verloren gehen! Eine Performancesteigerung findet allerdings durch die beiden Festplatten nicht statt! Genauso wenig erfolgt eine Verdopplung des Festplattenplatzes: Zwei 60 GByte große Platten ergeben nicht 120 GByte, da die zweite nur aus Sicherheitsgründen vorhanden ist!

Schnell, sicher und effizient: RAID 5

Bei RAID 5 findet eine blockartige Aufteilung der einzelnen Daten auf die verschiedenen Festplatten statt. Zusätzlich findet eine so genannte Paritätsprüfung (siehe unten) statt - dadurch ist es möglich, die Anzahl der Laufwerke, die zur Datensicherheit benötigt werden, gering zu halten. Die durch die Paritätsprüfung ermittelten Daten werden bei RAID 5 nicht auf einem separaten Parity-Laufwerk abgelegt, sondern zusammen mit den Nutzdaten gleichmäßig auf die Platten verteilt! Dieses RAID-System bietet eine ausgezeichnete Schreib- und Leseperformance bei gleichzeitig hoher Datensicherheit und wird daher gern bei Datenbankservern eingesetzt! Allerdings darf nur eine Festplatte vorübergehend ausfallen, sonst können nicht mehr alle Daten rekonstruiert werden.

So funktioniert die Paritätsprüfung:

Alle Dateien auf einer Festplatte werden in binärer Form (also mithilfe der beiden Zahlen 1 oder 0) abgelegt! Bei der Paritätsprüfung geschieht Folgendes: Die einzelnen Nutzdaten der Festplatten im RAID-Verbund werden über eine Exlusiv-Oder-Operation miteinander verbunden und das Resultat wird auf einem separaten Laufwerk (auch Parity-Laufwerk genannt) abgespeichert!

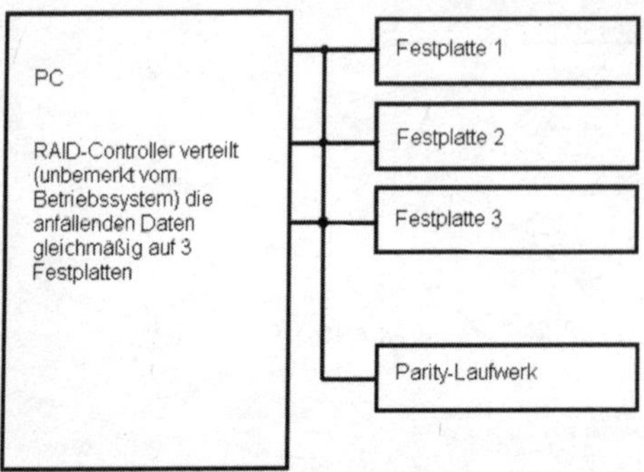

Paritätsprüfung - vereinfacht dargestellt.

Als Ergebnis wird eine 1 auf dem Parity-Laufwerk gespeichert, wenn die Anzahl von Bitstellen, die eine 1 beinhalten, ungerade ist! Eine 0 entsteht auf dem separaten Laufwerk, wenn die Anzahl gerade ist (siehe vereinfachtes Beispiel in der folgenden Tabelle)!

Laufwerk	Inhalt
Laufwerk 1	001100
Laufwerk 2	010101
Laufwerk 3	111011
Parity-Laufwerk	100010

Geht eine der drei Festplatten kaputt, können durch eine erneute Exklusiv-Oder-Operation die Daten der defekten Platte mithilfe des Parity-Laufwerks wiederhergestellt werden!

Die optimale Lösung: RAID 10

Neben den bereits erläuterten RAID-Leveln unterstützen die gängigsten RAID-Controller eine weitere, äußerst interessante Variante: RAID Level 0 + 1 (manchmal auch RAID 10 genannt). Hierbei werden die Vorteile der beiden RAID-Level 0 und 1 miteinander kombiniert - es entsteht ein schnelles und sicheres RAID-System!

Der Aufbau dieses RAID-Levels ist etwas komplizierter: Es werden vier Laufwerke benötigt! Zuerst werden zwei Festplatten miteinander verbunden, um „gespiegelt" zu werden, und schließlich mit einer anderen Platte, die wiederum „gespiegelt" wird, zu einem RAID-Level 0 zusammengeführt, um zusätzlich zur Datensicherheit die Performance zu erhöhen! Durch die Kombination der Vorteile von RAID 0 und RAID 1 erhält man durch RAID 0 + 1 ein schnelles und sicheres System!

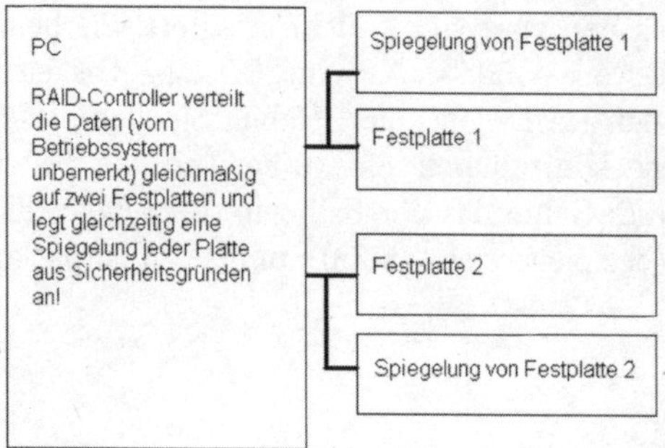

RAID-Level 0 + 1 - Daten werden verteilt und aus Sicherheitsgründen gespiegelt!

Fazit: Das optimale RAID-System für jeden PC-User

Zum Abschluss der Ausführungen stellt sich die Frage, welcher Level zu bevorzugen ist! Das ist von PC-User zu PC-User unterschiedlich:

- „Performancesüchtige" PC-Benutzer, die maximale Festplattenleistung benötigen, setzen am besten - trotz des Datenrisikos - Level 0 ein! In diesem Fall sollten Sie aber häufig ein Backup Ihrer wichtigsten Daten durchführen, um für den Notfall (Ausfall einer Festplatte) gewappnet zu sein! RAID 0 dürfte beispielsweise für den Videoschnitt interessant sein, da hier eine gewaltige Datenmenge anfällt, die es schnellstmöglich zu bewältigen gilt!
- „Sicherheitsfanatiker" dagegen verwirklichen am besten Software-RAID im Level 1, um eine hohe Datensicherheit zu gewährleisten! Dieses Level ist besonders für Office-Anwendungen gut geeignet, da es hierbei nicht um eine Performancesteigerung, sondern um maximale Datensicherheit geht!
- Wollen Sie maximale Festplattenleistung und gleichzeitig hohe Datensicherheit, setzen Sie RAID im Level 5 oder 10 um! Das ist zwar aufgrund der benötigten Festplattenzahl kostspieliger als die anderen RAID-Varianten - allerdings erhalten Sie nur so ein RAID-System mit hoher Performance und gleichzeitig großer Datensicherheit!

Windows XP auf einem RAID-System installieren!

Wenn Sie Windows XP auf einem Rechner mit RAID-Controller installieren möchten, ist einiges zu beachten:

Zuerst müssen Sie den RAID-Verbund hardwaremäßig richtig konfigurieren, damit die Installation des Betriebssystems nicht scheitert! Sie benötigen zusätzlich zu der Setup-CD von Windows XP eine CD bzw. Diskette mit den passenden Treibern für den RAID-Controller! Haben Sie sich diese aus dem Internet heruntergeladen, kontrollieren Sie vorher, ob die Dateien nicht komprimiert (gezippt) sind! Sollte das der Fall sein, verwenden Sie ein entsprechendes Programm (beispielsweise WinZip), um sie zu entpacken!

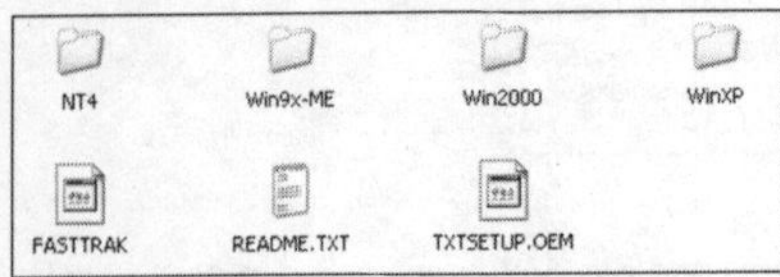

Dateistruktur auf der Diskette mit einem Treiber für den RAID-Controller.

Starten Sie jetzt das Setup-Programm von Windows XP! Zu Beginn des Setups werden Sie am unteren Bildschirmrand aufgefordert, die Taste [F6] zu drücken, um den Treiber für einen RAID-Controller zu installieren! Befolgen Sie die Anweisung und drücken die entsprechende Taste! Sie werden dann - etwas später - aufgefordert, den Treiber für den RAID-Controller auszuwählen! Legen Sie also die Diskette ein und geben die Speicherposition des Treibers an; anschließend läuft die Installation von Windows XP „normal" weiter!

6. Leidgeprüfte Gamer? – Spielhölle Windows XP!

Spielen am PC kann so schön sein - allerdings scheint Windows XP häufig etwas dagegen zu haben und nervt den Spiel-Freak mit vielen Problemen: Entweder startet ein Spiel nicht oder der Bildschirm flimmert während des „Spielgenusses" vor sich hin! Das sind noch recht harmlose Probleme, richtig ärgerlich wird es, wenn die Spiele auf dem neuen High-End-Rechner ruckeln und Sie sich dabei an eine Diashow oder einen Stummfilm à la „Dick und Doof" erinnert fühlen - das verdirbt jegliches Spielvergnügen!

6.1 Großer Troubleshooting-Guide für Ihre Spiele!

Sie haben sich ein Spiel gekauft, die Software installiert und starten es voller Freude - doch was passiert da? Der Start des Spieles bricht ab - entweder erscheint eine Fehlermeldung in Computer-Chinesisch oder Sie sitzen plötzlich wieder vor dem bekannten Windows XP-Desktop - von Spielfreude nicht die geringste Spur! Noch schlimmer: Das Spiel startet, Sie spielen eine Weile und an der interessantesten Stelle (natürlich gerade, wenn Sie am Gewinnen sind) stürzt der PC ab - alles steht still! Ein Druck auf die Reset-Taste erlöst Sie von diesem Dilemma - allerdings nur vorübergehend! Ein weiterer Absturz während der nächsten Spielsession ist vorprogrammiert - schließlich stürzt der Rechner nicht grundlos ab!

Startschwierigkeiten und Abstürze? – Kein Problem!

Wenn ein Spiel nicht starten will oder kurz nach dem Start abstürzt, sollten Sie als Erstes kontrollieren, für welche DirectX-Version das Spiel programmiert wurde (auf der CD-Hülle oder der Spielverpackung nachsehen)!

Ohne geht es nicht: DirectX

Unter Windows XP wird bei der Installation automatisch DirectX in der Version 8.1 eingerichtet; die aktuelle DirectX-Version 9.0c müssen Sie separat unter *www.microsoft.com/directx* herunterladen und nachträglich installieren.

INFO

DirectX durchleuchtet

DirectX wurde von Micorosoft mit Windows 95 eingeführt, ständig weiterentwickelt und verbessert. Das X steht für die verschiedenen Komponenten innerhalb des Standards.

DirectX bezeichnet eine standardisierte Programm- und Multimediaschnittstelle im Betriebssystem. Über diesen Standard ist es Programmierern von Anwendungen und Spielen möglich, auf die im PC installierte Hardware zuzugreifen! Würde es DirectX nicht geben, müssten sich die Programmierer zusätzlich darum kümmern, das breite Spektrum der vielfältigen Hardwarekomponenten direkt mit ihrer Software anzusteuern – dank DirectX entfällt diese aufgrund der Vielzahl an Hardwarekomponenten fast unmöglich gewordene Arbeit! Die wichtigsten Teil-Kompo nenten von DirectX sind: DirectDraw (Schnittstelle für 2-D-Grafiken), DirectSound (Schnittstelle für die Ansteuerung der Soundkarte), Direct3D (für 3-D-Grafiken – für Spieler wichtig) und DirectPlay (für das Spielen über das Internet wichtig), DirectInput (für Eingabegeräte – beispielsweise Joysticks). Neben Spielen, die auf DirectX basieren, gibt es auch Spiele, die auf der OpenGL-Schnittstelle beruhen! Diese Programmschnittstelle ist deutlich älter als Microsofts DirectX, allerdings kann sie sich kaum durchsetzen – die meisten Spiele laufen auf DirectX-Basis!

In der Regel sollten alle Games, die DirectX 7, 8 oder 9 benötigen, fehlerfrei unter Windows XP laufen. Ist Ihr Spiel älteren Datums (beispielsweise für DirectX 3 geschrieben), kann das ein großes Problem darstellen: Wie Sie alte Spiele unter Windows XP zum Laufen bekommen, lesen Sie auf Seite 242!

Traumhafter Blödsinn: Systemanforderungs-Angaben!!

Jedes Spiel stellt hohe Anforderungen an die Hardwareausstattung des Systems - allerdings sind die Hersteller von PC-Spielen ganz anderer Meinung: Angeblich sollen moderne und grafisch anspruchsvolle Games unter Windows XP selbst auf älteren Rechnern mit einem Prozessor mit ca. 700 MHz, 256 MByte RAM und einer Grafikkarte mit 32 MByte spielbar sein.

Mindestvoraussetzungen

- Microsoft Windows® 98SE/2000/Me/XP
- Intel Pentium III mit 700 MHz oder 100% kompatibler Prozessor
- 128 MB RAM für Windows 98SE/Me oder 256 MB RAM für Windows 2000/XP
- 8fach CD-ROM-/DVD-Laufwerk
- Direct3D-Grafikkarte mit 32 MB und zu DirectX™ 9.0b kompatiblem Treiber
- 1 GB freier Festplattenplatz
- Zu DirectX 9.0b kompatible Soundkarte
- Tastatur, Maus
- Unterstützte Grafikkarten: nVidia GeForce oder höher, ATI Radeon oder höher; SiS 315; Matrox G400 oder höher oder Matrox Parhelia

Systemanforderungen eines aktuellen Spiels – einfach nur lächerlich!

Haben Sie schon einmal versucht, ein aktuelles, actionreiches Spiel in akzeptabler Grafikauflösung mit exakt diesen Voraussetzungen zu zocken - Sie werden nicht sehr weit kommen! Entweder bricht das Spiel gleich zusammen oder es kommt durch das starke Ruckeln kein Spielspaß auf - eine Diashow verläuft dagegen flüssig! Unter solchen Bedingungen laufen höchsten Kartenspiele problemlos ab ...

Das benötigen Sie wirklich zum perfekten Spielgenuss!

Die Hersteller von PC-Spielen geben die viel zu niedrigen Systemanforderungen an, um ihr Produkt einer breiten Masse von PC-Usern „schmackhaft" zu machen - es wäre wirklich super, ein topaktuelles Game auf einem alten Rechner perfekt zocken zu können - dagegen wären sicherlich die Hersteller von Komplett-PCs, weil sie in diesem Fall auf ihren leistungsfähigen Geräten sitzen bleiben würden; damit Sie nicht im Kampf um die Gunst des Käufers die realen Tatsachen aus dem Auge verlieren, finden Sie hier die notwendige Hardwareausstattung für perfekten Spielgenuss auch bei aktuellen, actionreichen und grafikintensiven Games:

- „vollwertiger" Prozessor mit **mindestens** 2 GHz; „abgespeckte", billige CPU-Modelle à la Intel Celeron oder AMD Duron sind für echte Spielfreaks aufgrund diverser Kastrierungen (beispielsweise kleinerer Level2-Cache oder langsamer Front-Side Bus) nicht so zu empfehlen
- leistungsfähige, moderne AGP-Grafikkarte mit mindestens 64-128 MByte RAM (am besten nicht älter als ein Jahr); auch hier sollten Sie kein „kastriertes" Modell (beispielsweise Grafikkarten in der „ominösen" SE-Version) verwenden. Natürlich können Sie auch mit einer „älteren" Grafikkarte (ATI RADEON 8500 oder GeForce 4 (kein MX-Modell!!) noch ordentlich zocken - in der Regel müssen Sie dann aber für einen flüssigen Ablauf vollständig auf die Kantenglättung oder besondere Grafikdetails im Spiel verzichten!
- möglichst 512 MByte RAM (oder mehr) - durch viel RAM ist gewährleistet, dass während des Spiels nicht ständig die Festplatte aktiv werden muss. Positiv für die Spielleistung ist es natürlich, wenn Sie auf Ihrem Mainboard den schnellen DDR-RAM einsetzen können
- große Festplatte, damit Sie alle Dateien des Spiels zur Leistungssteigerung auf der Festplatte ablegen können - das CD-ROM-Laufwerk muss nicht mehr während des Games aktiv werden

Bei der Auflistung gilt ebenfalls: Je leistungsfähiger die von Ihnen eingesetzte Hardware ist, desto besser! Sehen Sie also die aufgeführten Eckdaten für ein perfektes Spielesystem nur als kleine Orientierungshilfe an. Übertrifft Ihr

Computer die vom Spielhersteller genannten Systemanforderungen deutlich, ist das optimal: Hier brauchen Sie selbst bei maximalen Grafikdetails und hoher Auflösung keine Ruckler und Probleme zu befürchten - das Zocken macht richtig viel Spaß!

Alle aktiven Programme schließen

Wenn ein Spiel den Start verweigert bzw. gleich abstürzt, schließen Sie zunächst alle aktiven Programme, um maximale Systemressourcen zu gewährleisten! Auf jeden Fall sollten Sie es sich zur Angewohnheit machen, den permanenten Virenscanner vorübergehend (während des Zockens) zu deaktivieren! Wie das geht, entnehmen Sie bitte der Anleitung des Programms! Gerade Virenscanner benötigen für ihre Virensuche häufig eine gehörige Portion Systemressourcen, die dem Game fehlen - das Spiel startet nicht bzw. das System wird durch maximale Belastung instabil!

Overclocking? – Rückgängig machen!

Sie betreiben als PC-Freak Ihren Rechner außerhalb der Spezifikationen, um noch ein bisschen mehr Leistung herauszukitzeln? Schalten Sie alle Overclocking-Maßnahmen bei Spieltrouble aus und betreiben Sie den PC im Normalzustand! Durch das Overclocking werden die Bauteile schneller als zulässig betrieben - dies kann bei aktuellen Spielen, die nach viel Leistung verlangen, sehr gefährlich sein: Die Bauteile werden überfordert, überhitzen und der PC stürzt ab!

Alternative: Frische Luft für Ihren PC!

Sie wollen keine „lahme“ Kiste? Eine Alternative zum Abschalten des Overclockings ist eine bessere Kühlung des PCs - die an ihrer Leistungsgrenze betriebenen Bauteile werden gut gekühlt, überhitzen dadurch nicht mehr - der Rechner läuft stabil!

Bei Overclocking sollten Sie für eine optimale Frischluftzufuhr sorgen!

Besorgen Sie sich im Fachhandel zwei große Gehäuselüfter und bauen sie ein: Achten Sie darauf, dass Sie bei der Montage keinen „Luftstau" im Gehäuse erzeugen: Ein Lüfter sollte die Luft an der Gehäusefront ein-, der zweite diese auf der Rückseite wieder absaugen - so ist für einen optimalen Luftaustausch mit der Umgebung gesorgt. In den meisten PC-Gehäusen befinden sich an den geeigneten Stellen bisher ungenutzte Montagemöglichkeiten für zwei zusätzliche Lüfter. Die Temperatur von CPU und Motherboard können Sie entweder mit der Freeware „Motherboard Monitor" oder einem speziellen Tool des Mainboardherstellers unter Windows XP komfortabel kontrollieren.

Spiel-Patches aus dem Internet

Generell gilt: Wenn Sie irgendwelche Probleme mit einem Spiel haben (das Game startet nicht, es gibt häufige Abstürze, die Menüs sind kaum zu lesen, Sound setzt ab und zu aus usw.), gehen Sie ins Internet und halten auf der Seite des Spielherstellers nach Updates bzw. Patches für das entsprechende Spiel Ausschau! Oft finden sich bereits kurz nach der Veröffentlichung des Spiels diverse Updates auf der Internetseite, um auftretende Probleme zu beheben! Erst wenn Sie auf der Herstellerseite nicht fündig werden, liegt die Vermutung nahe, dass die Probleme mit Ihrer Systemkonfiguration zusammenhängen!

Aktuelle Treiber installieren!

Sie haben den eventuell vorhandenen Spiel-Patch installiert und nichts hat sich gebessert? Es treten nach wie vor Abstürze auf? In dem Fall liegen die Spielprobleme an Ihrer Systemkonfiguration. Besorgen Sie sich, um Treiberinkompatibilitäten mit dem Spiel bei der weiteren Fehlersuche auszuschließen, folgende Treiberupdates für Ihre Hardware im Internet auf der entsprechenden Herstellerseite:

- Chipsatztreiber inklusive der dazugehörenden IDE-Controller-Treiber (erhältlich bei dem Chipsatz- oder Mainboardhersteller)
- Grafikkartentreiber (enorm wichtig für maximale und stabile PC-Leistung)

BIOS-Update für die Grafikkarte!

In einigen Fällen kann es bei Absturzproblemen notwendig sein, der Grafikkarte ein neues BIOS zu verpassen; dieses erhalten Sie auf den Internetseiten des Grafikkartenherstellers. Halten Sie sich genau an dessen Anweisungen bezüglich des Update-Vorgangs. Ein falsch durchgeführtes BIOS-Update kann Ihre Grafikkarte ins PC-Nirwana schicken - Sie müssen diese anschließend zur Servicestelle bringen!

Spielentscheidend: der Kompatibilitätsmodus

Sicherlich ist es Ihnen auch schon passiert: Sie wollten gerade Ihr altes Lieblingsspiel auf dem neuen Windows XP installieren, doch irgendwie klappt das nicht - das Setup bricht mit einer Fehlermeldung ab! Noch schlimmer: Das Programm lässt sich fehlerfrei installieren, verweigert aber anschließend den Start! Lautes Fluchen hilft nicht: Müssen Sie sich wirklich von Ihrem lieb gewonnenen Spielhit unter Windows XP verabschieden? Auf keinen Fall!

Mithilfe des Kompatibilitätsmodus bekommen Sie unter Windows XP viele ältere Programme und Spiele zum Laufen! Entweder Sie wenden ihn bereits für das Setup-Programm der Software an oder erst wenn das installierte Spiel nicht läuft!

1 Suchen Sie im Programmmenü den Eintrag des Spieles, für das Sie den Kompatibilitätsmodus verwenden möchten! Führen Sie einen Rechtsklick auf dem entsprechenden Eintrag aus und wählen im aufklappenden Menü den Eintrag *Eigenschaften*!

2 Öffnen Sie die Registerkarte *Kompatibilität* und aktivieren die Option *Programm im Kompatibilitätsmodus ausführen für:*! Darunter stellen Sie das Betriebssystem ein, für das das Programm geschrieben wurde (im Beispiel *Windows 98/Windows ME*).

3 Unter *Anzeigeeinstellungen* dürfen Sie noch genauere Angaben zur Ausführung des Programms vornehmen: Bei Spielproblemen kann es helfen, die Option *Visuelle Designs deaktivieren* einzustellen! Bei relativ alten Games müssen Sie eventuell die beiden anderen Optionen *Mit 256 Farben ausführen* und *In Bildschirmauflösung 640x480 ausführen* aktivieren!

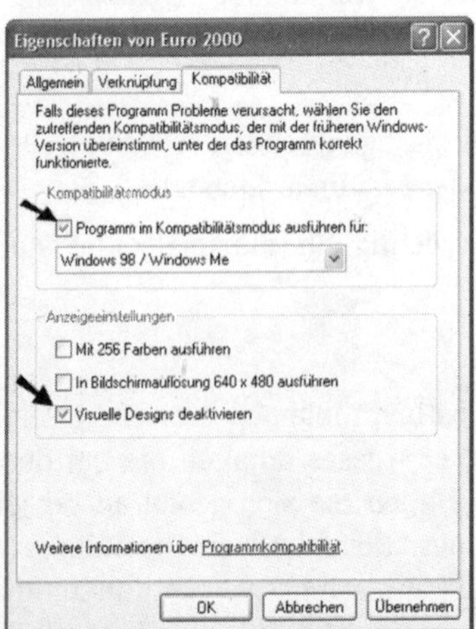

Leider kann keine generelle Empfehlung für die notwendigen Einstellungen gegeben werden - Sie müssen nach dem Prinzip „Try and Error" (Versuch und Irrtum) vorgehen! So unsinnig es klingen mag, manchmal hilft es, ein Spiel, das für Windows 98 geschrieben wurde, nicht im Kompatibilitätsmodus von *Windows 98/Windows ME* auszuführen, sondern die Einstellung *Windows 95* zu versuchen!

Setup bricht ab?

Wenn Sie das ältere Programm gar nicht erst installieren können, weil die Installation mit einer Fehlermeldung abbricht, müssen Sie bereits das Installationsprogramm im Kompatibilitätsmodus ausführen! Öffnen Sie den Arbeitsplatz und wählen das Laufwerk aus, das die Installations-CD enthält! Halten Sie auf der CD nach einer Datei namens *Setup.exe* bzw. *Install.exe* Ausschau (meistens im Hauptverzeichnis untergebracht)! Haben Sie diese gefunden, markieren Sie sie, klicken rechts und wählen *Eigenschaften* aus! In der Registerkarte *Kompatibilität* stellen Sie den gewünschten Kompatibilitätsmodus ein, um das Setup-Programm zum Laufen zu bringen!

Bequemer: Der Programmkompatibilitätsassistent

Microsoft ist bekannt für seine vielen im Betriebssystem integrierten Assistenten, die dem PC-User das Leben erleichtern sollen - aber komischerweise immer dann automatisch auftauchen, wenn man Sie nicht benötigt! Der Programmkompatibilitätsassistent ist allerdings eine gelungene Schöpfung: Mit ihm gelangen Sie bequemer ans Ziel, wenn Sie ein „bockiges" Programm unter Windows XP zum Laufen bekommen möchten! Der Programmkompatibilitätsassistent ist nichts anderes als ein komfortabel zu bedienendes Tool für die vorzunehmenden Einstellungen des Kompatibilitätsmodus! Den Assistenten müssen Sie manuell aufrufen: Im Startmenü wählen Sie dazu *Alle Programme/Zubehör/Programmkompatibilitäts-Assistent*! Der Assistent startet und führt Sie automatisch durch die notwendigen Einstellungen hindurch! Näheres zur Bedienung des Programmkompatibilitätsassistenten erfahren Sie beispielsweise in „Das große Buch Windows XP Home" von DATA BECKER.

Fühlen Sie Ihrer Grafikkarte endlich auf den Zahn!

Wenn ein für DirectX 7, 8 oder 9 programmiertes Spiel trotz aktualisiertem Grafikkartentreiber unter Windows XP weiterhin Ärger bereitet, gibt es Hilfe: Mit dem DirectX-Diagnoseprogramm finden Sie schnell heraus, ob die Grafikkarte wirklich schuld an dem Spielfrust ist!

Grafikkartentreiber mit dem Diagnosetool kontrollieren!

1 Wählen Sie im Startmenü *Ausführen* und geben „dxdiag" ein! Nach einem Druck auf die [Enter]-Taste startet das Diagnoseprogramm und checkt einen kurzen Augenblick das System. In der Registerkarte *System* erfahren Sie die wichtigsten Daten Ihres Systems und welche DirectX-Version installiert ist. Wechseln Sie in die Registerkarte *Anzeige*, um der Grafikkarte auf den Zahn zu fühlen! Hinweis: Je nach Grafikkartenmodell bzw. Rechnerkonfiguration tauchen eventuell mehrere Registerkarten mit dem Namen *Anzeige* im Diagnoseprogramm auf. In dem Fall führen Sie die notwendigen Tests in beiden Anzeige-Registerkarten durch, um auf Nummer sicher zu gehen, dass es keine Probleme gibt.

2 Unter *DirectX-Funktionen* sehen Sie, welche Beschleunigungen für die Grafikdarstellung eingeschaltet sind! Rechts daneben finden Sie die zwei wichtigsten Schaltflächen im Diagnoseprogramm: Mit *DirectDraw testen* und *Direct3D testen* kontrollieren Sie, ob der Treiber Ihrer Grafikkarte mit DirectX perfekt harmoniert!

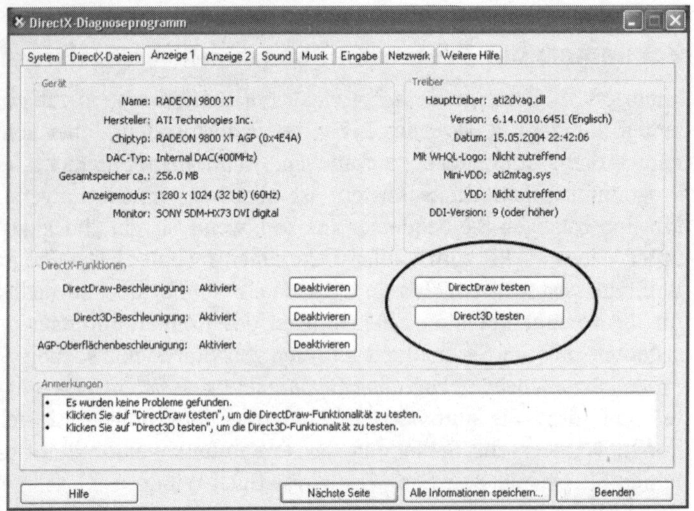

3 Nach einem Klick auf die entsprechende Schaltfläche werden Sie durch die zu absolvierenden Tests automatisch hindurchgeführt! Ist ein Test erfolgreich absolviert, werden Sie darüber informiert! Treten keine Probleme während des Tests auf, harmoniert Ihr Grafikkartentreiber optimal mit DirectX – die Spielprobleme haben eine andere Ursache!

DirectX-Probleme aufspüren und beseitigen

Treten beim im Abschnitt vorher beschriebenen Text Abstürze auf, wurden wahrscheinlich wichtige DirectX-Dateien auf Ihrem PC beschädigt (beispielsweise durch die Installation eines älteren Spieles) oder der installierte Grafikkartentreiber harmoniert nicht mit der installierten DirectX-Version!

1 Springen Sie in die benachbarte Registerkarte *DirectX-Dateien*!

2 Hier sollte unter *Anmerkungen* die beruhigende Nachricht *Es wurden keine Probleme gefunden* zu lesen sein!

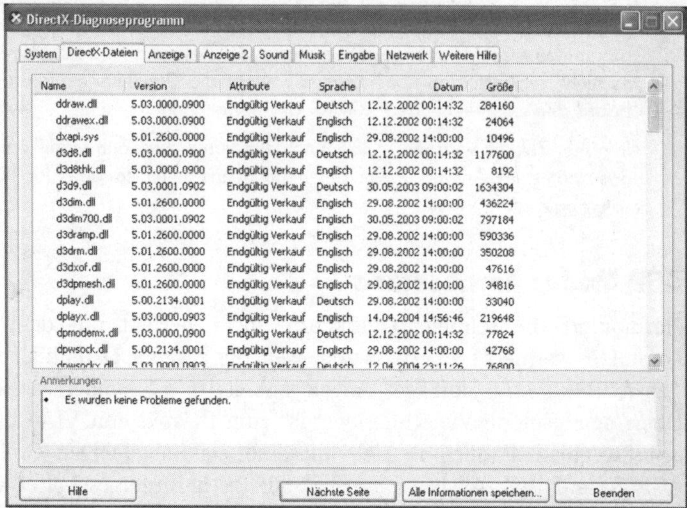

3 Falls es irgendwelche Probleme gibt: Installieren Sie DirectX erneut, um die beschädigten DirectX-Dateien reparieren zu lassen! Laden Sie sich dazu entweder unter *www.microsoft.com/directx* die aktuelle DirectX-Version für Windows XP herunter oder durchstöbern Sie die CDs der aktuellen PC-Fachzeitschriften danach! Nach der Neuinstallation von DirectX sind die Probleme behoben!

Hartnäckige AGP-Probleme lösen

Abstürze beim Spielen können auch an einem AGP-Problem liegen. Im Crash-Notfall müssen Sie daher eigenhändig eingreifen und die AGP-Konfiguration versuchsweise ändern.

INFO

AGP – die (veraltete) Hochleistungsschnittstelle

AGP ist die Abkürzung von Accelerated Graphics Port und stellt eine Hochleistungsschnittstelle für moderne Graphikkarten dar; die AGP-Technik ist eine Weiterentwicklung des PCI-Busses, dessen Leistungsfähigkeit (Bandbreite maximal 132 MByte/s) für die Darstellung realistischer 3-D-Grafiken nicht ausreichte.

Um größere Datenmengen (bis zu 2 GByte/s) auf schnellste Weise mit dem Arbeitsspeicher auszutauschen und Texturen (Oberflächenstruktur eines grafisch darzustellenden Objekts) – wenn der Grafikkartenspeicher voll ist – möglichst schnell in den Arbeitsspeicher auslagern zu können, wurde von Intel der AGP-Bus in die PC-Welt gesetzt. Im Laufe der Zeit wurde die Leistung des Hochgeschwindigkeitsbusses weiter gesteigert. Die Leistungsfähigkeit der Datenübertragung wird in so genannten AGP-Modi angegeben: Von AGP 1x (völlig veraltet) bis AGP 8x; damit es nicht zu Abstürzen kommt, muss sowohl die Grafikkarte als auch das Mainboard den entsprechenden AGP-Modus perfekt beherrschen.

In naher Zukunft wird die AGP-Schnittstelle durch das noch schnellere PCI-Express, das spätestens Anfang 2005 der neue Schnittstellenstandard für PC-Karten sein soll, abgelöst.

AGP-Modus herabsetzen

Harmoniert die schnelle Grafikkarte nicht perfekt mit dem Mainboard, kommt es vermehrt zu Abstürzen, weil die rasante Datenübertragung über den AGP-Bus eine „kitzlige“ Angelegenheit ist - besonders bei hohen AGP-Übertragungsmodi. Viele Mainboards (zum Beispiel mit VIA-Chipsatz) müssen für einen stabilen Betrieb mit einer leistungsfähigen Grafikkarte von AGP 8x auf AGP 4x bzw. von 4x auf 2x heruntergeschaltet werden. Das Herabsetzen des AGP-Modus führen Sie entweder über das BIOS des Computers durch (im Mainboardhandbuch nachsehen) oder mithilfe des Grafikkartentreibers direkt unter Windows XP - siehe Seite 305 (NVIDIA) und Seite 325 (ATI).

Durch die Reduzierung des AGP-Modus verlieren Sie übrigens bei einer Grafikkarte mit mindestens 64 MByte RAM nur relativ wenig Leistung, da solche Modelle aufgrund der Größe des Grafikkartenspeichers nur äußerst selten Texturen in den Arbeitsspeicher auslagern müssen. Bei Modellen mit 128/256 MByte RAM merken Sie meistens gar keinen Unterschied mehr, weil der Arbeitsspeicher nicht benötigt wird.

Weitere AGP-Optionen im BIOS richtig konfigurieren!

Neben dem Herabsetzen des AGP-Transfermodus hilft es bei Spieltrouble, mit weiteren AGP-Optionen zu „jonglieren“:

Im BIOS finden Sie im Menü *Advanced Chipset Features* häufig einen Eintrag namens *AGP Fast-Writes*. Diesen sollten Sie bei Spielproblemen probeweise deaktivieren, um Ihrem System zusätzlich zu mehr Stabilität zu verhelfen - leider verlieren Sie durch die Abschaltung etwas Leistung.

Unterstützt das Mainboard bzw. die Grafikkarte jedoch die Funktion *AGP Fast-Writes* nicht fehlerfrei, kommt es zu hartnäckigen Systemstillständen während des Zockens. Hinweis: Der AGP Fast-Writes-Modus der Grafikkarte kann auch direkt im Betriebssystem aktiviert bzw. deaktiviert werden, dies ist komfortabler (siehe Abschnitte über das Treibertuning).

Im Menü *Advanced Chipset Features* des BIOS findet sich zusätzlich die Option *AGP Aperture Size*; hier stellen Sie die Größe des Texturauslagerungsspeichers ein.

In der Regel sollte mindestens die Hälfte des installierten Arbeitsspeichers angegeben werden - auch wenn Sie eine Grafikkarte mit viel Speicher besitzen. Fatal ist es, einen zu kleinen Wert einzustellen - das Spiel startet nicht bzw. bricht plötzlich ab. Als unterste Grenze stellen Sie am besten mindestens 64 MByte ein!

Im AGP-Notfall: Oberflächenbeschleunigung deaktivieren

Haben Sie immer noch Absturz-Probleme beim Spielen, die Sie mit keinem anderen Trick beheben konnten, schalten Sie probeweise die AGP-Oberflächenbeschleunigung bei DirectX-Spielen aus. Dadurch bricht zwar die Grafikperformance ein, aber das System sollte anschließend stabil laufen. Diese Notfallmaßnahme ist jedoch nur erforderlich, wenn Grafikkarte und Mainboard überhaupt nicht harmonieren.

1 Wählen Sie im Startmenü *Ausführen*, geben „dxdiag" ein und drücken die Enter-Taste, um das DirectX-Diagnoseprogramm aufzurufen.

2 Wechseln Sie in die Registerkarte *Anzeige*, klicken hinter *AGP Oberflächenbeschleunigung* auf die Schaltfläche *Deaktiviert* und verlassen das Diagnoseprogramm. Nach einem Neustart des Systems testen Sie das Spiel erneut - es sollte jetzt keinen Absturz mehr geben! Hinweis: Je nach Rechnerkonfiguration bzw. Grafikkartenmodell gibt es eventuell mehrere Registerkarten mit dem Namen *Anzeige*. In dem Fall führen Sie das Deaktivieren der Oberflächenbeschleunigung in beiden Anzeige-Registerkarten durch, um auf Nummer sicher zu gehen, dass danach alles fehlerfrei funktioniert.

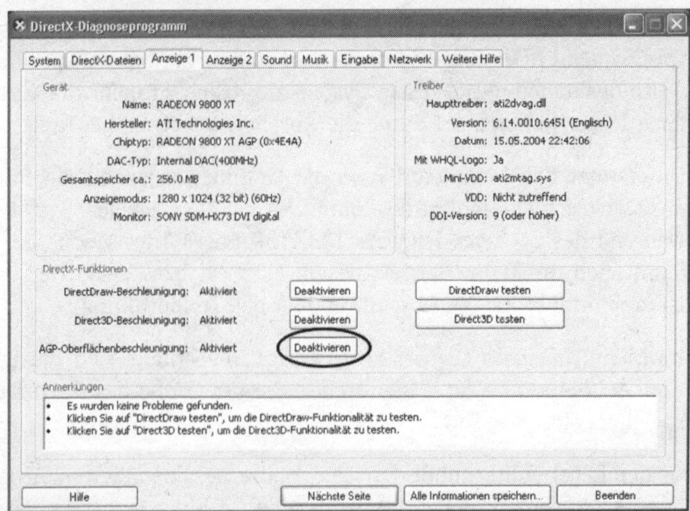

Noch einmal der Hinweis: Das Abschalten ist nur im äußersten Notfall sinnvoll. Manche Games verweigern außerdem den Start, wenn der AGP-Datentransfer komplett deaktiviert ist. Versuchen Sie daher die AGP-Probleme lieber auf eine andere Weise (beispielsweise durch ein BIOS-Update) in den Griff zu bekommen!

Oft vernachlässigt: Unterdimensioniertes Netzteil!

Gerade bei aktuellen, grafikintensiven Spielen müssen die Komponenten (besonders Grafikkarte und CPU) im PC mit voller Power schaffen; die modernen, äußerst leistungsfähigen (und daher auch stromhungrigen) Hardwarekomponenten benötigen für ihre Arbeit viel „Saft", den das Netzteil in ausreichender Form und über einen längeren Zeitraum kontinuierlich bereitstellen muss! Ist das Netzteil zu schwach, bricht die Spannungsversorgung unter der Last zusammen - das Spiel stürzt ab! Dies kann direkt beim Spielstart oder erst nach kurzer Spielzeit geschehen!

250 Watt? – Heutzutage viel zu wenig!

Leider haben viele Hersteller von Komplett-PCs die Gefahr eines unterdimensionierten Netzteiles immer noch nicht erkannt und verbauen mickrige Netzteile mit 200-250 Watt!

Das ist heutzutage einfach zu wenig - jeder moderne Rechner sollte mindestens mit einem 300-Watt-Netzteil ausgestattet sein!

Haben Sie eine topaktuelle Grafikkarte in Verbindung mit einer Athlon-CPU im PC stecken, dürfen es sogar 350 Watt sein, da Athlon-CPUs und leistungsfähige Grafikchips für ihren „Stromhunger" bekannt sind!

Bevor Sie das Spielen unter Windows XP aus lauter Frust aufgeben oder schon nach einem neuen PC Ausschau halten, sollten Sie bei ständigen Absturzproblemen von modernen Spielen die Leistung Ihres Netzteils checken und es gegebenenfalls gegen ein stärkeres austauschen!

Achtung: Der Austausch kann zu Garantieverlust führen; außerdem sollten Sie technisch versiert sein, da falsche Handhabung lebensgefährliche Folgen haben kann!

Immer noch keine Besserung? Grafikkartenbeschleunigung herabsetzen

Wenn Ihr Spiel noch nicht problemlos läuft, liegt die Vermutung nahe, dass der Grafikkartentreiber fehlerhaft ist - eigentlich müssten Sie warten, bis der Grafikkartenhersteller eine neue Version im Internet zum Download anbietet!

Hardwarebeschleunigung & Write Combining deaktivieren!

Haben Sie keine Geduld, führen Sie den folgenden Tipp aus; er wird zwar die Abstürze beheben, allerdings gleichzeitig auch die Grafikkartenleistung herabsetzen!

1. Rechtsklick auf den Windows-Desktop und *Eigenschaften* ausgewählt! Öffnen Sie die Registerkarte *Einstellungen* und klicken auf die Schaltfläche *Erweitert*!
2. Springen Sie in die Registerkarte *Problembehandlung* (sagt schon alles) und schieben zunächst den Schieberegler hinter *Hardwarebeschleunigung* in Mittelposition auf den dritten Strich von links gesehen! Wollen Sie die Grafikbeschleunigung unter Windows XP vollständig ausschalten, schieben Sie ihn ganz nach rechts - allerdings werden Sie dann an Ihren Spielen keine große Freude mehr haben, versuchen Sie es daher zuerst mit der mittleren Stellung!
3. Zum Schluss deaktivieren Sie die Option *„Write Combining" aktivieren*, indem Sie das Häkchen davor entfernen! Die Änderungen übernehmen Sie per Klick auf *OK*!

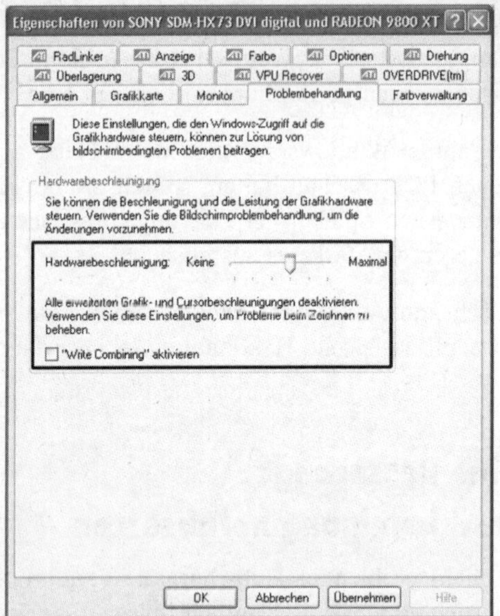

„Write Combining" durchleuchtet!

Durch *„Write Combining"* wird die Geschwindigkeit beim Datentransfer stark erhöht; beim Schreiben von Daten in einen zusammenhängenden Speicherbereich werden mehrere Schreibvorgänge gemeinsam als Burst durchgeführt. Durch die Optimierung des Bussystems für Burst-Transfers wird durch diese Technik eine hohe Grafikleistung erzielt.

Kommt es zu Problemen mit der Grafikkarte, sollten Sie *„Write Combining"* versuchsweise abschalten. Früher musste *„Write Combining"* per BIOS-Einstellung aktiviert bzw. deaktiviert werden – unter Windows XP nehmen Sie die Einstellung komfortabel im Betriebssystem direkt vor.

Die beschriebenen Aktionen sind ausschließlich im Notfall durchzuführen, wenn Ihr Spielvergnügen häufig durch Abstürze und andere Probleme behindert wird - Sie verlieren durch die beschriebenen Maßnahmen eine Menge Grafikkartenpower; halten Sie daher weiterhin nach einem aktuellen Grafikkartentreiber Ausschau.

Soundkartentrouble – wie ärgerlich!

Neben der Grafikkarte spielt die Soundkarte bei modernen Games eine wichtige Rolle! Aktuelle Spiele bieten eine atemberaubende Geräuschkulisse - umso ärgerlicher ist es, wenn der Sound Knackser beinhaltet oder viel zu leise ist.

Spielt Ihre Soundkarte korrekt mit?

Genauso wie die Grafikkarte wird die Soundkarte ebenfalls über die DirectX-Schnittstelle angesprochen; daher ist es bei Soundproblemen wichtig, zu wissen ob die Soundkarte mit DirectX problemlos harmoniert:

1 Starten Sie das DirectX-Diagnoseprogramm und wechseln in die Registerkarte *Sound*. Um die DirectX-Fähigkeit der Soundkarte zu checken, klicken Sie auf die Schaltfläche *DirectSound testen*! Vorher sollten Sie Ihre PC-Lautsprecher einschalten, weil der Test auf der Wiedergabe von „Musikstücken" beruht!

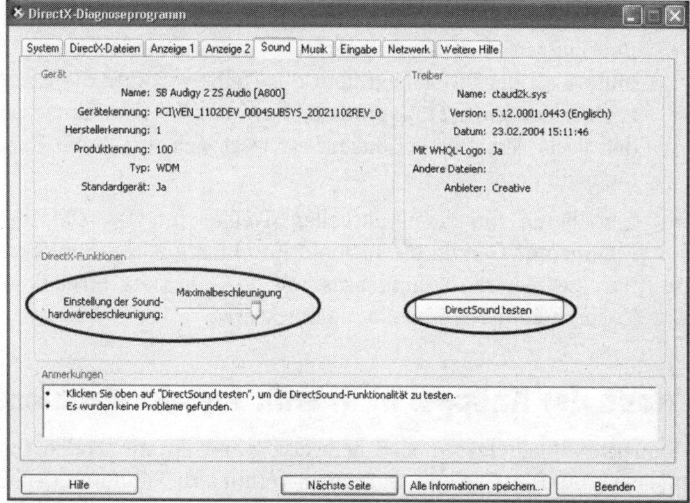

2 Sollte es Probleme beim Test geben (Knackser usw.), versuchen Sie diese zuerst dadurch zu beseitigen, dass Sie den Schieberegler unter *Maximalbeschleunigung* nach links ziehen, um die Beschleunigungsfunktionen zu verringern!

So beseitigen Sie Soundprobleme und Knackser endgültig!

Sollten Sie Ihre Soundprobleme noch nicht in den Griff bekommen haben, versuchen Sie Folgendes:

- Treten die Knackser im Sound nur während lauter Stellen auf, deutet dies auf eine digitale/analoge Übersteuerung hin. Rufen Sie den Windows-Mixer oder den speziellen Soundkarten-Mixer auf und reduzieren

Sie die Lautstärke für den Wave-Abspielkanal und den Masterkanal. Alternativ hierzu können Sie die Lautstärke der Geräuschkulisse auch direkt im Spiel über eine entsprechende Einstellung (bei den meisten Games vorhanden) verringern. Nachdem Sie die Lautstärke reduziert haben, sollten die Soundknackser verschwunden sein.

- Suchen Sie im Internet einen aktuellen Soundkartentreiber auf der Internetseite des Kartenherstellers; neue Treiber harmonieren oft besser mit der aktuellen DirectX-Version! Den Hersteller und die Modellbezeichnung der Soundkarte bzw. den Treiberanbieter finden Sie entweder im mitgelieferten PC-Handbuch oder über das DirectX-Diagnosetool in der Registerkarte *Sound* heraus!
- Bei einigen Terratec-Soundkarten (beispielsweise DMX 6fire 24/96) muss man bei Problemen über die Treibersoftware die Einstellungen bezüglich der *DMA Puffergröße* ändern, um die Soundknackser verschwinden zu lassen. Der optimale Wert lässt sich nur durch Experimentieren herausfinden.
- Installieren Sie einen aktuellen Treiber für den Chipsatz auf Ihrem Mainboard! Gerade die beliebte Kombination von Soundkarten der Firma Creative mit Mainboards mit VIA-Chipsatz erzeugt bei veralteten Treibern zum Teil üble Soundknackser!

Wenn der Knüppel nicht will: Joystick-Probleme

Moderne Spiele lassen sich teilweise ohne Joystick oder Gamecontroller nicht vernünftig spielen - außerdem verhindern Sie durch den Einsatz eines solchen Spielgeräts, dass Sie vor Wut über ein verlorenes Spiel Ihre Tastatur zertrümmern ...

Leider gibt es mit einem Joystick oder Gamecontroller viele Probleme: Entweder das Gerät wird nicht erkannt oder funktioniert nicht bei allen Spielen! Bevor Sie Ihren „Gameknüppel" aus Frust in lauter Einzelteile zerlegen, lesen Sie bitte weiter: Ein perfekt funktionierender Joystick ist Grundlage für vollkommenes Spielvergnügen am PC; daher finden Sie auf den folgenden Seiten die wichtigsten Tricks zum problemlosen Betrieb!

Kein Joystick im Spiel vorhanden?

Wenn Sie den notwendigen Treiber für den Joystick bzw. Gamecontroller installiert haben, das Gerät aber in Ihren Spielen nicht benutzt werden kann (nicht vorhanden ist), beginnt das Grübeln! Bevor Sie lange überlegen: Öffnen Sie im DirectX-Diagnoseprogramm die Registerkarte *Eingabe*! Hier gibt es zwar keinen Testmechanismus, aber Sie erkennen, ob Ihr Gerät unter DirectX einsatzbereit ist - dazu muss es unter *DirectInput-Geräte* aufgeführt werden!

Sollte der Joystick oder Gamecontroller aufgeführt sein, aber trotzdem in einem Spiel nicht richtig funktionieren (bei anderen Games funktioniert er tadellos), dann liegt das am Spiel und nicht an einer falschen Systemkonfiguration! In dem Fall helfen leider keine Tricks - Sie müssen auf ein Spielupdate durch den Hersteller warten, das das Problem beseitigt!

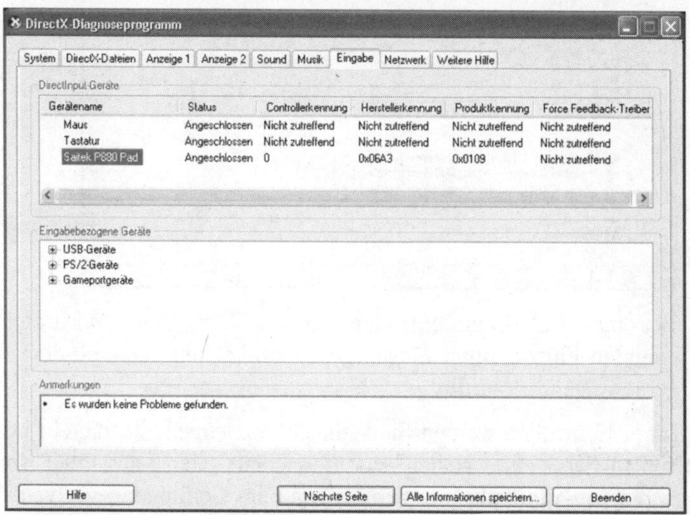

Kein Joystick weit und breit?

Richtig „kriminell“ ist es, wenn Sie den Gamecontroller zwar angeschlossen haben, er aber im DirectX-Diagnoseprogramm nicht aufgeführt wird und folglich in keinem Spiel funktioniert! Versichern Sie sich noch einmal, ob das Gerät richtig angeschlossen worden ist und alle Kabel fest eingesteckt wurden! Ist das der Fall, müssen Sie dem Geräte-Manager von Windows XP einen Besuch abstatten!

1 Rechtsklick auf das *Arbeitsplatz*-Symbol auf dem Desktop oder im Startmenü und *Eigenschaften* ausgewählt! Öffnen Sie die Registerkarte *Hardware* und klicken auf die Schaltfläche *Geräte-Manager*!

2 Je nachdem, wie Sie den „Game-Knüppel“ angeschlossen haben, müssen Sie folgende Einträge checken: Haben Sie das Eingabegerät an den Gameport der Soundkarte angeschlossen (veralteter Anschluss), überprüfen Sie den Eintrag des Gameports (unter *Audio-, Video- und Gamecontroller* versteckt). Haben Sie dagegen einen modernen USB-Joystick, checken Sie, ob die USB-Anschlüsse aktiviert sind (entsprechende Einträge unter *USB-Controller* kontrollieren)!

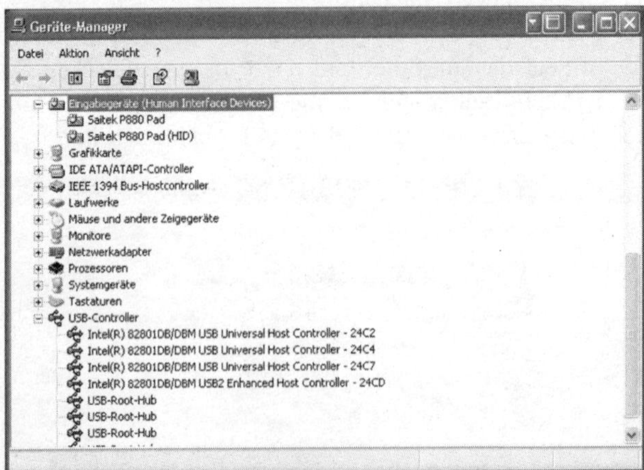

3 Bei einem USB-Gamecontroller checken Sie zusätzlich noch den entsprechenden Eintrag unter *Eingabegeräte* und sehen nach, ob dort Ihr Spielgerät aufgeführt wird!

Bei Ihren Kontrollen werden Sie vielleicht vor einem Eintrag ein besonderes Zeichen in Form eines gelben Ausrufezeichens oder eines roten Kreuzes gesehen haben - die typischen Fehlersignale im Geräte-Manager von Windows XP! Was sie bedeuten und wie sie beseitigt werden, steht in Kapitel 7.4!

INFO

Gameporttreiber = Soundkartentreiber!

Wenn Sie Probleme mit dem Gameport haben, hilft eventuell ein Treiberupdate; da sich dieser Anschluss direkt an der Soundkarte befindet, erhalten Sie die aktuellen Treiber vom Hersteller der Soundkarte. Häufig bieten diese im Internet ein Treiberpaket an, das sowohl die aktualisierten Treiber für die Soundkarte als auch für den Gameport beinhaltet.

Megawichtig – oft vergessen: Joystick kalibrieren!

Wer kennt das nicht: Beim Spielen stellen Sie fest, dass der Joystick (bzw. Gamecontroller) Ihre Bewegungen nicht exakt ausführt bzw. wenn Sie ihn in der Mittelstellung loslassen, die Spielfiguren bzw. das Flugzeug im Simulator nicht geradeaus „marschieren“, sondern einen Rechts- oder Linksdrall haben - das erstickt sofort jegliches Spielvergnügen!

Beim Installieren eines Joysticks vergessen viele PC-User das Allerwichtigste: Das Gerät muss vor der Verwendung kalibriert werden, damit die Spielfiguren in der Mittelstellung des Eingabegeräts auch geradeaus laufen. Die Kalibrierung nehmen Sie in der Systemsteuerung über den Eintrag *Gamecontroller* in der Kategorie *Drucker und andere Hardware* vor.

Immer noch Probleme? – Kein Problem!

Sie sind am Ende des Troubleshooting-Kapitels für Spiele unter Windows XP angelangt! Wir hoffen, dass Sie mit den vorhandenen Tricks all Ihre Lieblingsspiele unter dem neuen Betriebssystem problemlos und in rasantem Tempo zocken können!

Sollte dies nicht der Fall sein, hier ein allerletzter Tipp, der immer hilft und besonders bei alten Spielen empfehlenswert ist: Legen Sie sich ein Festplattenpartition an (geht beispielsweise mit dem Programm Partition Magic von PowerQuest sehr einfach) und installieren Sie dort - parallel zu Windows XP - das für alte Games optimale Windows 98 SE! Wie Sie Windows 98 nachträglich auf einem Rechner mit Windows XP installieren, erfahren Sie in Kapitel 7.7!

6.2 Die heißesten Tipps für Gamer!

Nach dem großen Troubleshooting-Abschnitt werden Sie Ihre Spiele zum Laufen gebracht, Sound- und Joystick-Probleme beseitigt haben! Jetzt wird es Zeit für ein paar Tipps und Tricks, mit denen das Zocken am PC noch mehr Spaß macht!

Holen Sie aus jedem Spiel das Optimum heraus!

Viele Games speichern bei der Standard-Installation nicht alle Daten auf der Festplatte ab; die Folge: Während des Spielablaufs müssen Daten sowohl von der schnellen Festplatte als auch von dem langsameren CD-ROM- bzw. DVD-Laufwerk gelesen werden! Diese Vorgehensweise kostet eine erhebliche Portion Leistung, weil das optische Laufwerk die Daten nicht schnell genug liefern kann - das Spiel fängt an zu ruckeln bzw. zu stottern!

Verzichten Sie auf die Standard-Installation!

Für optimale Performance und Spielspaß sollten Sie alle notwendigen Daten der Software auf die Festplatte holen - Voraussetzung: Auf Ihrer Festplatte ist genügend freier Speicherplatz; die komplette Installation eines Games kann mehr als ein GByte Platz benötigen. Wählen Sie bei der Installation statt der „Standard-Installation" die „Benutzerdefinierte-Installation", um wirklich alle Dateien auf die Festplatte herunterzuholen.

Hinweis: Zum Starten des Spiels muss die CD nach wie vor in das CD-ROM-Laufwerk eingelegt werden, weil das Spiel sonst nicht startet! Der Vorteil des gerade durchgeführten Tipps ist, dass während des Spielens nicht mehr auf das CD-ROM- bzw. DVD-Laufwerk zugegriffen wird!

Wenn Spiele die Original-CDs nicht mehr „finden"...

... ist Schluss mit Spiellust unter Windows XP! Wenn kein Spiel mehr funktioniert, weil die Software die eingelegte Original-CD nicht mehr findet, liegt das an „vertauschten" Laufwerkbuchstaben.

Jedes Game legt beim Setup den Laufwerkbuchstaben des bei der Installation benutzten Laufwerks in der Registry ab - dadurch wird die zum Spielen notwendige Original-CD im entsprechenden Laufwerk auch wiedergefunden. Hat sich jedoch die Buchstabenzuteilung seit der Installation verändert, wird die eingelegte Original-CD häufig nicht gefunden. Laufwerkbuchstaben ändern sich beispielsweise automatisch durch die Erstellung einer neuen Partition auf der Festplatte, bei einer Konfigurationsänderung (beispielsweise Vertauschen von Master und Slave am IDE-Controller) oder beim Einbau eines neuen Laufwerks - das gilt auch für das Einrichten von „virtuellen" Laufwerken. Verzweifelte PC-User installieren in diesem Fall alle Spiele neu - eine aufwendige Arbeit! Mit folgendem Tipp stellen Sie unter Windows XP schnell die alte Laufwerkbuchstabenverteilung wieder her.

Schritt 1: Alten Laufwerkbuchstaben aufdecken

Damit Sie die alte Laufwerkbuchstaben-Zuteilung wieder herstellen können, müssen Sie den alten Laufwerkbuchstaben für das CD-ROM/DVD-ROM-Laufwerk kennen, das Sie für das Zocken verwenden. Die gewünschte Information finden Sie folgendermaßen heraus:

1 Im Startmenü wählen Sie *Ausführen*, geben „regedit" ein und drücken die [Enter]-Taste - der Registrierungseditor startet.

2 Hier öffnen Sie den Registry-Schlüssel *HKEY_LOCAL_MACHINE\SOFTWARE* und halten dort nach den Unterschlüsseln der installierten Spiele (meistens Name des Herstellers) Ausschau. Haben Sie den passenden Schlüssel gefunden, öffnen Sie ihn per Doppelklick und suchen in der rechten Fensterhälfte einen Eintrag namens *CD Drive* oder *Instal-*

led From (oder so ähnlich). Dort erfahren Sie den benötigten Laufwerkbuchstaben für Ihr CD-ROM/DVD-ROM-Laufwerk.

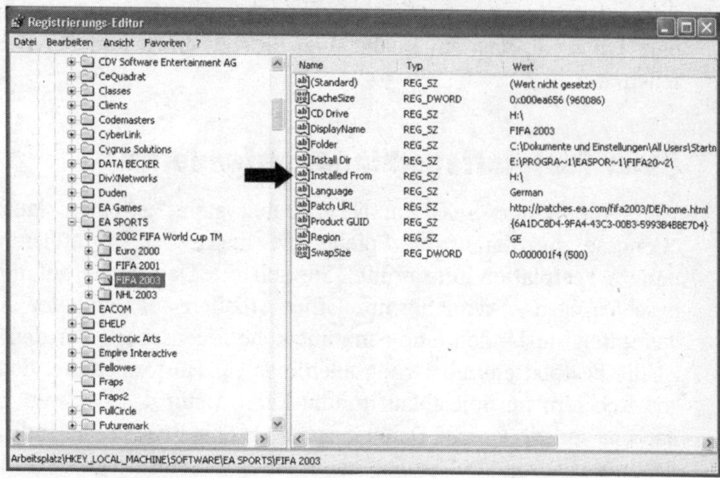

Schritt 2: Laufwerkbuchstaben manuell ändern

1 Rechtsklick auf das Arbeitsplatzsymbol auf dem Desktop oder im Startmenü und *Verwalten* ausgewählt; öffnen Sie den Eintrag *Datenspeicher* und markieren *Datenträgerverwaltung*.

2 Im rechten Fenster werden alle Laufwerke (auch die virtuellen Genossen) aufgelistet; um den Laufwerkbuchstaben zu ändern, führen Sie einen Rechtsklick auf den entsprechenden Eintrag aus, wählen *Laufwerksbuchstaben und -pfade ändern* und nehmen die gewünschte Änderung vor.

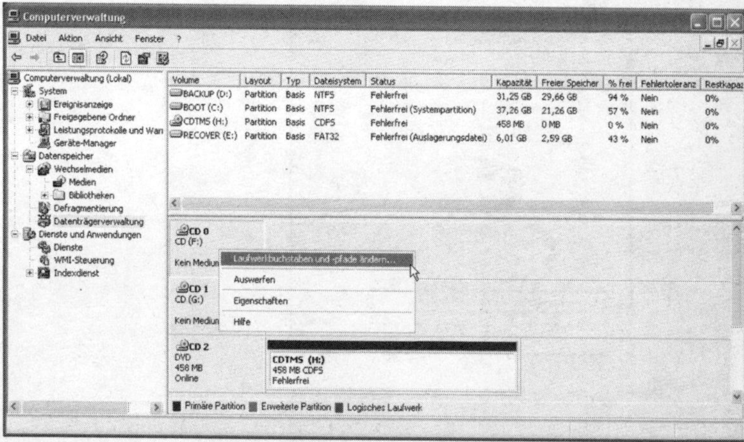

Hinweis: Wenn Sie ein zusätzliches Laufwerk eingebaut haben, ist meistens der benötigte Laufwerkbuchstabe nicht frei - in diesem Fall müssen Sie erst den entsprechenden Laufwerkbuchstaben „freischaufeln", indem Sie zuerst dem Laufwerk, das den Buchstaben besetzt, einen anderen Buchstaben zuteilen ...

Übler Festplattenschinder aufgedeckt!

Wenn Sie Windows XP im NTFS-Dateisystem betreiben, lauert ein übler „Genosse" nur darauf, die Spielleistung negativ zu beeinflussen: Die so genannte Festplatten-Indizierung! Sie soll die Dateisuche auf dem Laufwerk beschleunigen - wenn Sie nur Office-Arbeiten am Computer ausführen, ist das unter Umständen eine ganz nützliche Eigenschaft. Für den Spiele-Freak ist die Festplatten-Indizierung allerdings ein Horror-Feature, da sie zu nervigen Rucklern im Spielablauf führen kann, wenn das Laufwerk während des Zockens indiziert wird! Daher unser Rat: Schalten Sie die Indizierung aus - sie bringt bei der Dateisuche kaum einen Geschwindigkeitsgewinn, sondern „schindet" nur unnötig die Festplatte beim Zocken!

1 Öffnen Sie den Arbeitsplatz, markieren den Eintrag Ihrer Festplatte (die erste Festplatte im System hat den Laufwerkbuchstaben *C*!) und klicken rechts! Im aufklappenden Menü wählen Sie *Eigenschaften* aus! Im auftauchenden Fenster deaktivieren Sie unten die Option *Laufwerk für schnelle Dateisuche indizieren*, indem Sie das Häkchen davor entfernen, und übernehmen die Änderung per Klick auf *OK*!

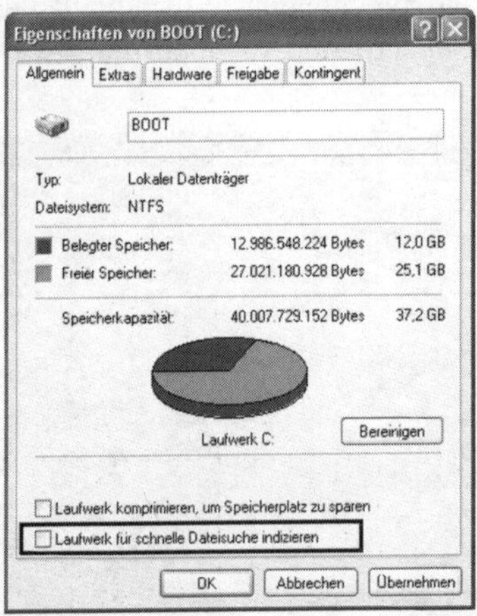

2 Die beschriebene Aktion sollten Sie für eventuell vorhandene weitere Festplatten bzw. Festplattenpartitionen wiederholen, um die Indizierung vollständig auf allen Laufwerken für perfekten Spielgenuss abzuschalten!

Durchblick im Getümmel: Welcher Grafikkarten-Treiber ist der beste?

Man kann es nicht oft genug wiederholen - auf jeden Fall eine aktuelle Version! Dies gilt besonders für aktuelle, moderne Grafikkarten! Häufig wird mit einer neuen Treiberversion die Performance der Grafikkarte deutlich verbessert, sodass auch moderne Games ruckelfrei über den Bildschirm „flimmern"! Ein veralteter Treiber führt außerdem in Verbindung mit einem aktuellen Spiel häufig zu Abstürzen und anderen Inkompatibilitäten! Wichtig ist, dass Sie ausschließlich Treiber verwenden, die für die auf Ihrem Rechner installierte DirectX-Version optimiert wurden - sonst handeln Sie sich Ärger ein!

Referenz-, Hersteller-, Fremd- oder Betatreiber?

Wenn Sie nach einem neuen Treiber für Ihre ATI- oder NVIDIA-Grafikkarte Ausschau halten, haben Sie die Wahl zwischen so genannten Referenz-, Hersteller- oder Fremdtreibern - hier die Unterschiede sowie Vor- und Nachteile der einzelnen Treiberarten:

- **Referenztreiber**: Der Referenztreiber stammt vom Hersteller des Grafikchips; Referenztreiber sind die aktuellsten Treiber für die jeweilige Grafikkarte! Der Referenztreiber unterstützt nur die Grundfunktionen der Karte - Übertaktungsmöglichkeiten suchen Sie oft vergeblich! Dafür ist die Kompatibilität zu Spielen sehr gut! Bei den Referenztreibern wird zusätzlich zwischen „digital signierten" und „nicht digital signierten" unterschieden: Wurde der Treiber von Microsoft getestet und für gut befunden, wird er digital signiert und für die Verwendung im entsprechenden Betriebssystem empfohlen. Nicht digital signierte Treiber wurden nicht getestet - sie können daher in seltenen Fällen Probleme bereiten.
- **Herstellertreiber**: Diese Treibersorte ist ein vom Grafikkartenhersteller modifizierter und an die vorhandene Hardware optimal angepasster Referenztreiber! Herstellertreiber erhalten Sie auf der Internetseite des Grafikkartenherstellers. Oft werden die Treiber von den Grafikkartenproduzenten gegenüber den Referenztreibern etwas erweitert (es gibt Übertaktungsmöglichkeiten usw.). Herstellertreiber sind immer „älter" als die Referenztreiber, da es etwas dauert, die gerade veröffentlichten Referenz-

treiber anzupassen! Eine Auflistung von Herstellertreibern finden Sie beispielsweise unter *www.treiber.de!*

- **Fremdtreiber**: Fremdtreiber basieren ebenfalls auf den Referenztreibern des Herstellers des Grafikchips; diese wurden von cleveren Programmierern und Spiel-Freaks so verändert, dass sie beispielsweise für ein bestimmtes Spiel optimiert sind. Allerdings sind diese Treiber mit Vorsicht zu genießen, da durch die Veränderung eventuell die Kompatibilität gelitten hat! Die so genannten **Omegatreiber** stellen eine besondere Form der Fremdtreiber dar und sind die bekanntesten Treiber auf diesem Gebiet. Die auf der Internetseite *www.omegadrivers.net/* angebotenen Treiber sollen für eine bessere Bildqualität im Spiel sorgen! Das ist jedoch kaum der Fall, zusätzlich geschieht die Bildverbesserung auf Kosten der Performance, was Benchmark-Tests beweisen: Mit dem Omegatreiber erzielt man in der Regel bis zu 500 Punkte weniger.
- **Betatreiber**: Von Betatreibern, die auf manchen Internetseiten zum Download angeboten werden, sollten Sie in der Regel die Finger lassen! Beta-Treiber sind Vorversionen von in Zukunft erscheinenden Treiberversionen mit eventuell neuen Features; sie gelangen häufig auf „besonderen Wegen" in das Internet. Beta-Treiber sind nicht für die Öffentlichkeit bestimmt und nur für experimentierfreudige und hartgesottene „PC-Hasen" empfehlenswert, da sie meist nicht hunderprozentig fehlerfrei sind. Im schlimmsten Fall legen Sie damit Ihr Windows XP in Schutt und Asche, schließlich ist ein fehlerfreier Grafikkartentreiber äußerst wichtig für einen stabilen Betrieb des Systems. Unser Sicherheitstipp: Haben Sie aus irgendwelchen Gründen vor, einen Beta-Treiber zu installieren, machen Sie sich vorher unbedingt in den entsprechenden Internet-Foren kundig, ob der Treiber keine gravierenden Fehler besitzt! Wird dort nicht von schwerwiegenden Problemen berichtet, dürfen Sie den Beta-Treiber auch auf Ihrem System testen - Trouble mit dem inoffiziellen Treiber ist im Großen und Ganzen nicht zu befürchten. Aus Sicherheitsgründen legen Sie allerdings unbedingt vorher einen Systemwiederherstellungspunkt an, um den PC schnell wieder in den Ursprungszustand versetzen zu können (siehe Kapitel 1).

Fazit: Welche Treibersorte verwenden?

Unserer Meinung nach sind Sie mit den Referenztreibern der Grafikchip-Hersteller am besten bedient: Die Treiber sind für den Chipsatz optimiert und am aktuellsten!

Außerdem ist durch die Verwendung der Referenztreiber gewährleistet, dass Tuning-Tools, die Sie zur Performancesteigerung einsetzen wollen, problemlos funktionieren! Nur in äußerst seltenen Fällen lohnt sich der Griff zum Hersteller- bzw. Fremdtreiber!

INFO

Warum überhaupt neue Treiber installieren?

In den meisten Fällen bringt ein neuer Treiber einen gehörigen Geschwindigkeitsschub mit sich! Das kommt daher, dass die Hersteller das Produkt wegen der großen Konkurrenz schnellstmöglich auf den Markt bringen, ohne schnell und stabil laufende Treiber entwickelt zu haben! Die Treiberoptimierung findet immer erst statt, wenn ein Produkt bereits auf dem Markt ist – je älter ein Produkt ist, umso ausgereifter und besser sind dessen Treiber!

Aus diesem Grund sollten Sie, wenn für Ihre Hardware neue Treiber im Internet erhältlich sind, nicht zögern, sie unverzüglich downloaden und installieren, um die maximale Performance und Stabilität des Systems zu gewährleisten! Leistungsmäßig sehr schlecht sind die in Windows XP integrierten Treiber, da sie bereits veraltet sind; verwenden Sie diese langsamen Genossen nicht, wenn Sie anspruchsvolle Games zocken wollen! Genaue Informationen zu den aktuellen Treibern finden Sie in den weiter unten aufgeführten Internetforen für die entsprechende Grafikkarte!

Frische Power für Ihre Karte? – Hier downloadbar!

Referenztreiber für ATI- bzw. NVIDIA-Karten

- *www.ati.com* (Früher unterschied ATI zwischen Treibern für Eigenproduktionen (Built by ATI) und Treibern für Karten fremder Hersteller (Powerd by ATI). Diese Unterscheidung gibt es nicht mehr!) Wichtig: Neben dem eigentlichen Treiber müssen Sie zusätzlich jedes Mal auch das aktuelle ATI Control Panel downloaden. Besitzer einer schnellen Internetverbindung können auch das zusätzlich angebotene Komplett-Paket herunterladen.
- *www.nvidia.com* (hier finden Sie die Referenztreiber für NVIDIA-Grafikkarten; früher wurden diese Treiber Detonatoren genannt; ab der Version 52.16 haben sie einen neuen Namen erhalten und heißen ForceWare).

Informationen zu ATI- & NVIDIA-Karten und Treibern

Interessante Informationen und Hinweise zu neuen Grafikkartenmodellen, optimierten Fremdtreibern bzw. der Leistungsfähigkeit der einzelnen Referenztreiberversionen und der diversen Grafikkarten finden Sie beispielsweise unter:

- *www.dark-tweaker.com,*
- *www.guru3d.com*
- *www.3dcenter.de*
- *www.rivastation.de*
- *www.rageunderground.com* (auch wenn es so klingt, die Seite ist nicht nur für ATI-Rage-Karten geeignet!)
- *www.ati-news.de*
- *www.treiber.de/forum/forum.asp?FORUM_ID=13*
- *www.hardware3d.com*
- *www.atinews.de*
- *www.nvnews.net!*

Hinweis: Auf den angegebenen Seiten finden Sie außerdem zahlreiche Diskussions-Foren und zusätzliche Tools zur Performancesteigerung!

Unnötige Downloads vermeiden: Welche Treiberversion ist installiert?

Fast jeden Monat werden tonnenweise neue Grafikkartentreiber im Internet zum Download angeboten, da kann man schnell die Übersicht verlieren! Bevor Sie einen angeblich neuen Treiber herunterladen (hierbei handelt es sich meistens um ca. 20 MByte), prüfen Sie, welche Treiberversion auf Ihrem Rechner installiert ist - vielleicht ist der Treiber ja gar nicht „neu"!

Bei einer NVIDIA-GeForce-Grafikkarte erfahren Sie die installierte Treiberversion folgendermaßen - Besitzer einer ATI-Grafikkarte springen zur folgenden Schritt-Anleitung:

1. Rechtsklick auf eine freie Stelle des Windows-Desktop und *Eigenschaften* ausgewählt. In der Registerkarte *Einstellungen* klicken Sie unten rechts auf *Erweitert* und öffnen die Registerkarte mit dem Namen Ihrer NVIDIA-Grafikkarte.

2. Markieren Sie im nach links aufklappenden Fenster den Namen Ihrer Grafikkarte. Die installierte Treiberversion erfahren Sie unten im rechten Hauptfenster in der Spalte *Version*. Hier sind nur die letzten vier Zahlen wichtig - im Beispiel ist der ForceWare-Treiber in der Version 61.21 installiert.

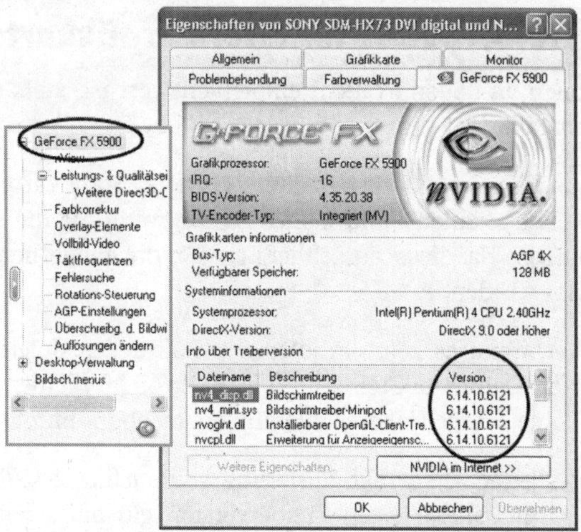

Besitzer einer ATI-Grafikkarte decken die installierte Treiberversion folgendermaßen auf:

1 Rechtsklick auf eine freie Stelle des Windows-Desktop und *Eigenschaften* ausgewählt. In der Registerkarte *Einstellungen* klicken Sie unten rechts auf *Erweitert*.

2 Öffnen Sie die Registerkarte *ATI Optionen*; hier erfahren Sie oben hinter *CATALYST-Version* die installierte Version des ATI-Treibers.

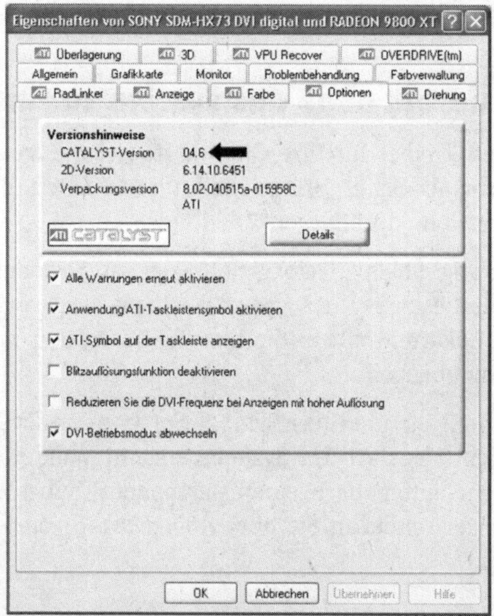

Maximale Treiberpower für ältere Grafikkarten

Es gibt Situationen, in denen es nicht empfehlenswert ist, stets den aktuellsten Treiber zu installieren!

Besitzen Sie zum Beispiel eine etwas ältere NVIDIA-Grafikkarte (GeForce 2-4) bringt es meistens keinen Performance-Schub, wenn Sie die neuen ForceWare-Treiber nutzen, da diese ausschließlich für die modernen GeForce 5-Modelle optimiert wurden.

Sie können daher, wenn es keine Probleme mit aktuellen Spielen gibt, auch bei den bewährten Detonator-Treibern 30.82 oder 45.23 bleiben - diese sind optimal auf GeForce 3 bzw. GeForce 4-Grafikkarten abgestimmt.

Generell gilt: Bei jeder Treiberaktualisierung sollten Sie sich die Installationsdateien der vorher installierten Treiberversion gut aufheben, um sie im Notfall (Probleme mit dem neuen Treiber bzw. Performance-Einbruch) griffbereit zu haben.

Probieren Sie beispielsweise die neuen ForceWare-Treiber mit Ihrer etwas älteren GeForce-Grafikkarte aus und stellen fest, dass die Grafik-Performance seit dem Aufspielen der neuen Treiber schlechter geworden ist, können Sie den alten Detonator-Treiber mühelos wieder einspielen!

Wenn Sie keine ältere Treiberversion zur Hand haben, müssen Sie meistens das Internet mit einer Suchmaschine danach durchforsten, da NVIDIA beispielsweise nur jeweils die aktuellste Treiberversion zum Download anbietet.

Treiber aktualisieren, ohne das System zu ruinieren

Sie haben einen neuen Treiber für Ihre Grafikkarte heruntergeladen, der einen gewaltigen Performance-Schub bringen soll, und möchten diesen einfach über die alte Treiberversion „drüberlegen"?

Vorsicht, das gibt häufig üblen „Treibersalat", der zu Systeminstabilitäten führen kann! Sie sollten es sich zur Angewohnheit machen, vor der Installation eines neuen Grafikkartentreibers die alte Treiberversion zu deinstallieren, um Problemen vorzubeugen.

Die Deinstallation führen Sie über das Symbol *Software* in der *Systemsteuerung* durch. Nach einem Neustart des Systems erkennt Windows die Grafikkarte neu und versucht automatisch einen passenden Treiber einzurichten; das erscheinende Fenster schließen Sie über *Abbrechen*. Spielen Sie jetzt die neue Treiberversion ein.

Hinweis: Bei dieser Vorgehensweise gehen leider die von Ihnen in der Treibersoftware eventuell gespeicherten Profile verloren, allerdings gibt es keine Alternative: Das „Drüberlegen" eines neuen Treibers auf eine alte Version ist einfach zu gefährlich!

Bei einer ATI-Grafikkarte nutzen Sie entweder das spezielle Deinstallationsprogramm für alle ATI-Komponenten oder entfernen, wenn Sie die Treiberdatei und das Control-Panel einzeln heruntergeladen haben, zuerst das Control-Panel.

Es gibt zwar einige spezielle Deinstallationstools für ATI- und NVIDIA-Grafikkartentreiber, diese sind jedoch in der Regel nicht notwendig - die Deinstallationsroutinen der aktuellen Grafikkartentreiber entfernen die alten Dateien sehr zuverlässig und komplett.

Schonen Sie Ihre Augen beim Zocken!

Windows XP hat für Spielfreunde einen schlimmen Bug, der auch durch das Service Pack aufgrund der vielen Kombinationsmöglichkeiten von Monitor- und Grafikkartenmodell nicht beseitigt werden kann: Bei Anwendungen, die auf DirectX oder OpenGL beruhen, sinkt die Bildwiederholrate auf 60 Hz ab, obwohl die Grafikkarte und der Monitor mehr leisten könnten!

Bei 60 Hz beginnt jeder Röhrenmonitor stark zu flimmern und Ihnen schmerzen bereits nach kurzem Spielvergnügen die Augen - das muss nicht sein!

Die Konfiguration der Bildwiederholfrequenz ist nur bei Röhrenmonitoren notwendig, da TFT-Displays selbst bei 60 Hz absolut flimmerfrei sind.

Trotzdem kann es auch bei einem TFT sinnvoll sein, die Bildwiederholfrequenz manuell zu erhöhen, um für einen flüssigeren Spielablauf zu sorgen, ohne dass die vertikale Synchronisation aktiviert werden muss!

Bildwiederholfrequenz bei NVIDIA-GeForce konfigurieren

Bei den GeForce-Modellen von NVIDIA gehen Sie bei den ForceWare-Treibern folgendermaßen vor, um die Bildwiederholfrequenz bei Games zu ändern - Besitzer einer ATI-Grafikkarte springen dafür zum nächsten Abschnitt:

1 Rechtsklick auf eine freie Stelle des Desktops und *Eigenschaften* ausgewählt; wechseln Sie in die Registerkarte *Einstellungen* und klicken unten rechts auf *Erweitert*.

2 Öffnen Sie die Registerkarte mit dem Namen Ihrer GeForce-Grafikkarte und markieren im nach links aufklappenden Fenster den Eintrag *Überschreibg. d. Bildwi...*

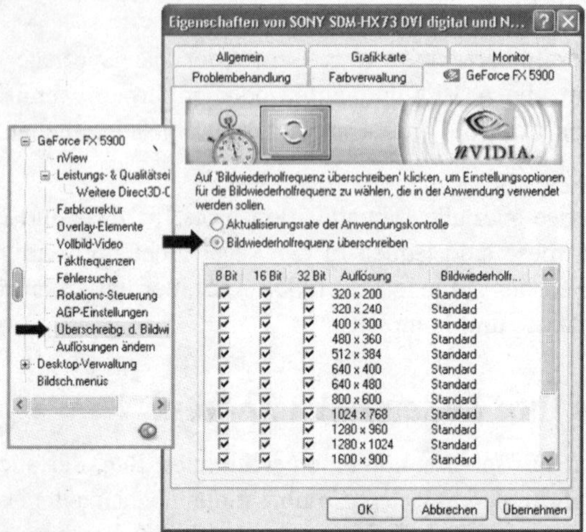

3 Aktivieren Sie im rechten Hauptfenster *Bildwiederholfrequenz. Überschreiben* und suchen Sie die Zeile mit der entsprechenden Farbtiefe und Auflösung aus, für die Sie die Bildqiederholfrequenz ändern wollen.

4 In der Spalte *Bildwiederholfr...* führen Sie in der Zeile einen Doppelklick auf den Eintrag *Standard* aus und wählen im automatisch erscheinenden Menü die gewünschte Bildwiederholfrequenz aus - für flimmerfreien Spielbetrieb auf einem Röhrenmonitor sollten es mindestens 75 Hz sein.

Bildwiederholfrequenz bei ATI-RADEON einstellen

Besitzen Sie eine ATI RADEON-Grafikkarte, konfigurieren Sie die Bildwiederholfrequenz bei den Catalyst-Treibern (ab Version 3.8) folgendermaßen:

1 Rechtsklick auf eine freie Stelle des Desktops und *Eigenschaften* ausgewählt; wechseln Sie in die Registerkarte *Einstellungen* und klicken unten rechts auf *Erweitert*.

2 Wechseln Sie in die Registerkarte *ATI Anzeige* und klicken dort auf die Schaltfläche *Monitor* bzw. wenn Sie einen TFT-Display nutzen auf die Schaltfläche *FPD*.

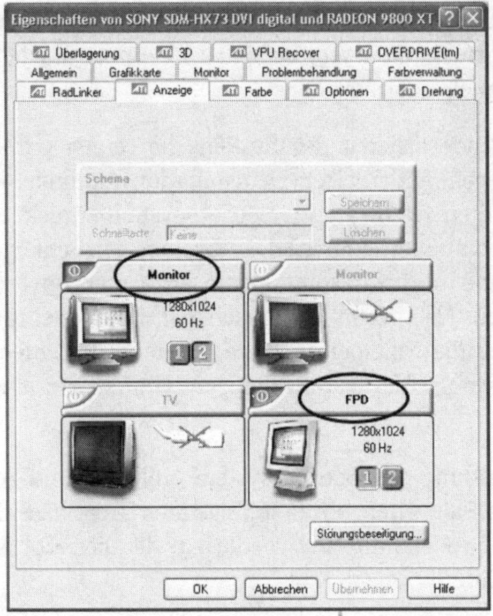

3 Die Bildwiederholfrequenz stellen Sie in der Registerkarte *Daten* ein: Wählen Sie den gewünschten Wert unter *Wiederholfrequenz Aufhebung* aus (für einen flimmerfreien Spielbetrieb auf einem Röhrenmonitor mindestens 75 Hz) und verlassen das Fenster.

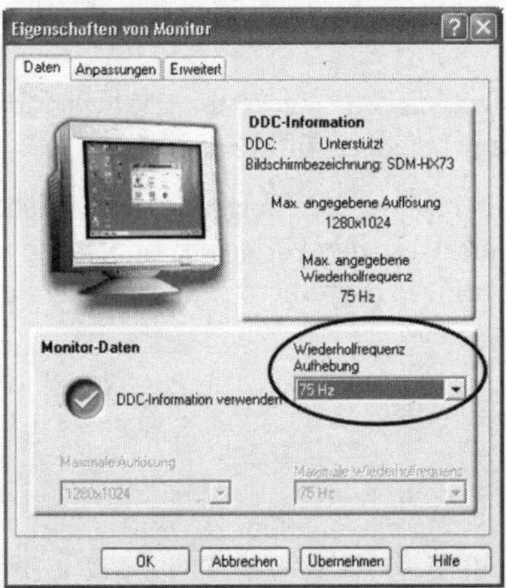

Hoppla! – Mehrere Grafikkarten im System?

Gerade echte Spiel-Freaks müssen hardwaremäßig stets auf dem neusten Stand sein und die Hardware häufig gegen leistungsfähigere austauschen!

Die wohl am meisten getauschte Hardwarekomponente dürfte die Grafikkarte sein (eine Grafikkarte veraltet sehr schnell): Eine neue Karte bringt meistens sehr viel mehr Spielperformance!

Doch das ständige Modernisieren des Systems hat einen großen Nachteil: Häufig bleiben - wegen fehlerhafter Deinstallationsroutinen - gefährliche Treibertrümmer der alten Hardware im Betriebssystem zurück, die zu Instabilität und Leistungseinbußen führen! Das System versucht weiterhin, die nicht mehr vorhandene Hardwarekomponente anzusprechen - das kann in einem Desaster enden: Nach dem Austausch der Komponente stürzen die Spiele häufig ab oder die Spielperformance ist deutlich schlechter als vor dem Austausch - obwohl eine leistungsfähigere Grafikkarte eingesetzt wurde!

Bevor Sie aus Verzweiflung das Betriebssystem mühevoll und zeitaufwendig neu installieren, lesen Sie weiter: Mit dem folgenden Trick beseitigen Sie alte Treiberleichen endlich vollständig, um wieder ein deutlich flotteres und stabileres System zu erhalten!

Alle Treiberleichen aufdecken – So geht's!

1 Rechtsklick auf das *Arbeitsplatz*-Symbol auf dem Desktop oder im Startmenü und im aufklappenden Menü *Eigenschaften* ausgewählt! Öffnen Sie die Registerkarte *Erweitert* und klicken unten auf die Schaltfläche *Umgebungsvariablen*!

2 Im erscheinenden Fenster klicken Sie unter *Systemvariablen* auf die Schaltfläche *Neu*. Das Eingabefenster öffnet sich.

3 Geben Sie hinter *Name der Variablen:* Folgendes ein (nicht vertippen): „devmgr_show_details"; als *Wert der Variablen:* tippen Sie eine „1" ein! Nach Ihrer Eingabe (unbedingt kontrollieren) klicken Sie auf *OK*!

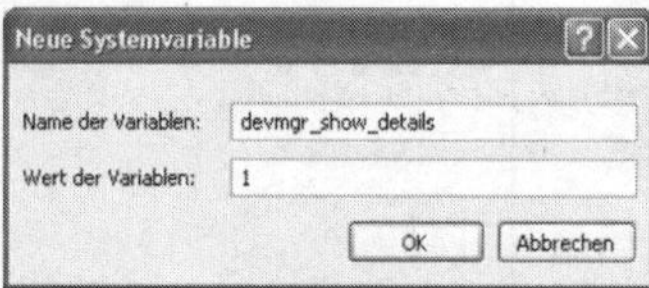

4 Klicken Sie jetzt erneut unter *Systemvariablen* auf die Schaltfläche *Neu*, um eine weitere Eingabe vorzunehmen!

5 Diesmal geben Sie hinter *Name der Variablen:* Folgendes ein: „devmgr_show_nonpresent_devices" ein und tippen hinter *Wert der Variablen:* die Zahl „1" ein (bitte nicht vertippen)! Klicken Sie anschließend auf *OK*!

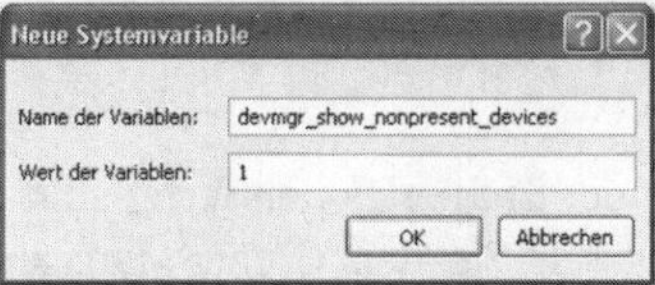

6 Verlassen Sie die Fenster *Umgebungsvariablen* und *Systemeigenschaften* jeweils per *OK* und starten Sie den Rechner neu!

Treiberleichen im Geräte-Manager entfernen!

Nach dem Neustart kann die „Leichenbeseitigung" endgültig beginnen:

1 Öffnen Sie den Geräte-Manager und wählen *Ansicht/Ausgeblendete Geräte anzeigen*, um die im System vorhandenen Treibertrümmer sichtbar zu machen!

2 Kontrollieren Sie jetzt alle Haupteinträge auf bereits nicht mehr vorhandene Hardware: Dazu führen Sie einen Doppelklick auf den entsprechenden Eintrag (beispielsweise *Grafikkarte*) aus, um die Untereinträge hervorzuzaubern! Nicht mehr vorhandene Hardware erkennen Sie durch das „blassere" Symbol vor dem entsprechenden Eintrag! VORSICHT: Entfernen Sie nur die blassen Einträge, die Sie mit einer von Ihnen ausgetauschten Hardware in Verbindung bringen können - nicht alle blassen Einträge sind Löschkandidaten!

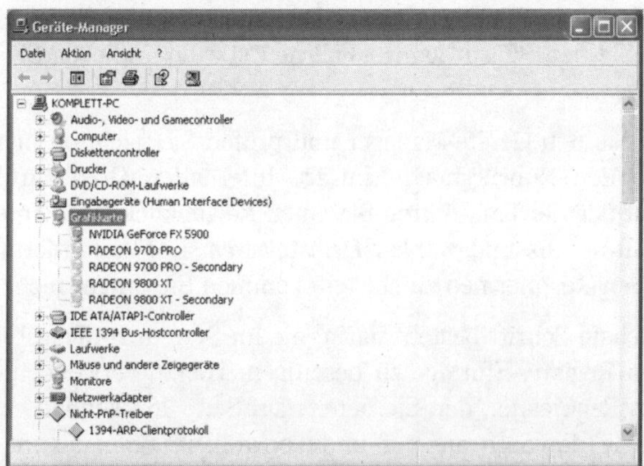

Fünf Grafikkarten im System? das kann nicht gut gehen!

3 Haben Sie einen blassen Kandidaten gefunden, dessen Eintrag von einer nicht mehr vorhandenen Hardwarekomponente stammt, führen Sie einen Rechtsklick darauf aus und wählen im erscheinenden Menü *Deinstallieren*! Die eventuell auftauchende Warnung von Windows, dass

Sie das Gerät aus der Systemkonfiguration entfernen, dürfen Sie bedenkenlos ignorieren!

4 Wenn Sie mit der Beseitigung der Treiberleichen fertig sind und alle Einträge kontrolliert haben, verlassen Sie den Geräte-Manager wieder und starten Windows XP neu! Ab sofort haben Sie wieder ein stabiles und schnelles Betriebssystem ohne alte Treibertrümmer.

Grafikkarte ohne hochbrisante Langzeitfolgen wechseln

Sie haben sich eine neue Grafikkarte zugelegt und möchten diese so schnell wie möglich in den PC verfrachten? Vorsicht! Einfach alte raus und neue rein - so einfach geht das nicht! Beim Grafikkartenaustausch ist einiges zu beachten, um Windows XP nicht zu ruinieren, Instabilitäten beim Zocken zu verhindern und keine großen Leistungseinbußen durch Treiberrelikte der alten Karte hinnehmen zu müssen. Die Grafikkarte ist schließlich neben dem Mainboard der wichtigste Bestandteil eines Computers und daher fest im Betriebssystem verwurzelt. Für einen problemlosen Grafikkartenaustausch ohne gravierende Langzeitfolgen gehen Sie folgendermaßen vor:

1 Zunächst einmal lassen Sie die alte Grafikkarte noch im Rechner stecken und deinstallieren die Treiber der Karte mithilfe des Treiberdeinstallationsprogramm. Wichtig: Zum Abschluss des Deinstallationsprozesses dürfen Sie den PC auf keinen Fall neu starten - klicken Sie deshalb auf *Abbrechen*.

2 Öffnen Sie den Geräte-Manager und prüfen Sie nach, ob hier in der entsprechenden Rubrik noch Einträge Ihrer alten Grafikkarte vorhanden sind. Ist das der Fall, führen Sie einen Rechtsklick auf dem entsprechenden Eintrag aus und wählen *Deinstallieren*. Der Aufforderung von Windows, den Rechner neu zu starten, kommen Sie erneut nicht nach!

3 Der nächste Schritt besteht darin, die im System zurückgebliebenen, ungültigen Registry-Einträge zu beseitigen. Hierzu verwenden Sie am besten den RegCleaner, den Sie bereits auf Seite 157 kennen gelernt haben. Rufen Sie die Software auf und kontrollieren Sie, ob im Startfenster noch Einträge des Herstellers der auszutauschenden Grafikkarte (zum Beispiel *ATI*, *ATI Technologies* oder *NVIDIA*) zu finden sind. In diesem Fall setzen Sie ein Häkchen vor den entsprechenden Eintrag und klicken unten auf *Markierte entfernen*, um die in der Registry zurückgebliebenen Einträge Ihrer alten Grafikkarte beseitigen zu lassen. Danach verlassen Sie den RegCleaner wieder.

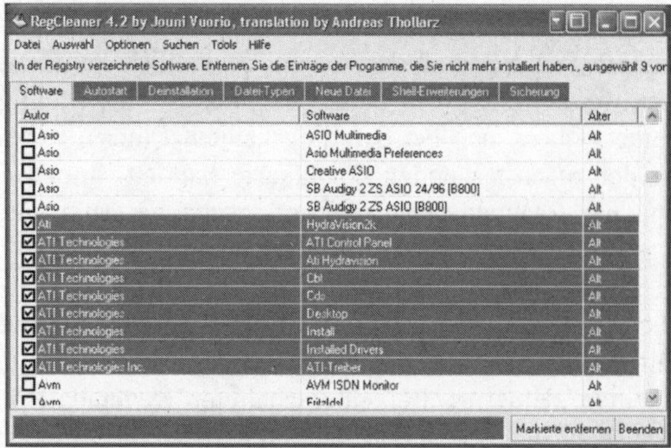

4 Fahren Sie jetzt den Computer herunter, entfernen Sie die alte Grafikkarte und setzen Sie die neue, wie vom Hersteller im beiliegenden Handbuch beschrieben, ein. Starten Sie anschließend den PC; Windows erkennt, dass eine neue Grafikkarte installiert wurde und versucht automatisch einen passenden Treiber dafür zu finden. Diesen Vorgang beenden Sie mit einem Klick auf *Abbrechen*.

5 Bevor Sie den passenden Treiber für die neue Grafikkarte installieren, ist noch etwas Arbeit angesagt: Sie müssen auf Ihrer Festplatte nach gefährlichen Treibertrümmern der alten (bereits entfernten) Grafikkarte Ausschau halten, die die Deinstallationsroutine übersehen hat. Rufen Sie die Suchfunktion von Windows XP auf und lassen Sie auf der Festplatte bzw. Partition mit dem Betriebssystem nach sämtlichen Dateien, die mit „nv“ (wenn Sie eine NVIDIA-Karte entfernt haben) bzw. „ati“ (für ATI) beginnen, suchen.

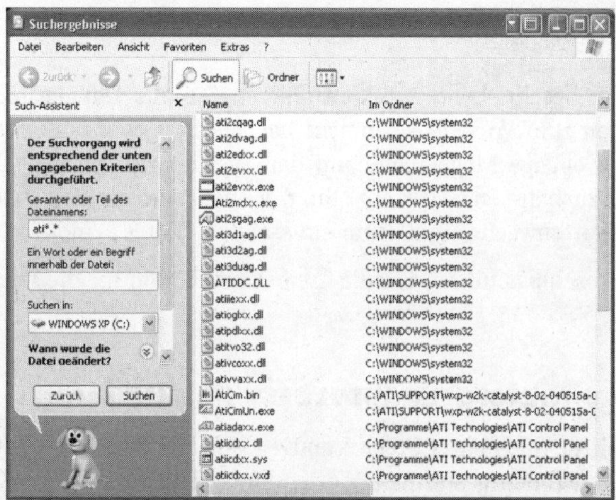

6 Die von der Suchfunktion gefundenen Dateien dürfen Sie auf keinen Fall ohne nähere Prüfung einfach löschen, schließlich kann niemals ausgeschlossen werden, dass sich unter den Treffern eine wichtige Systemdatei befindet. Ob es sich bei den aufgelisteten Dateien wirklich um Treiberreste der zu entfernenden Grafikkarte handelt, finden Sie auf diese Weise heraus: Rechtsklick auf die entsprechende Datei und *Eigenschaften* ausgewählt. Hüpfen Sie in die Registerkarte *Version*. Hier markieren Sie den Eintrag *Firma*. Sollte rechts daneben unter *Wert* der Name des Herstellers der auszutauschenden Grafikkarte (ATI oder NVIDIA) erscheinen, handelt es sich um einen Treiberrest, den Sie unbedingt löschen sollten. Hinweis: Bei eingeschalteter Systemdateiprüfung kann Windows versuchen, die gerade gelöschte Datei wiederherzustellen. Eine solche Aktion beenden Sie über *Abbrechen* und *Ja*.

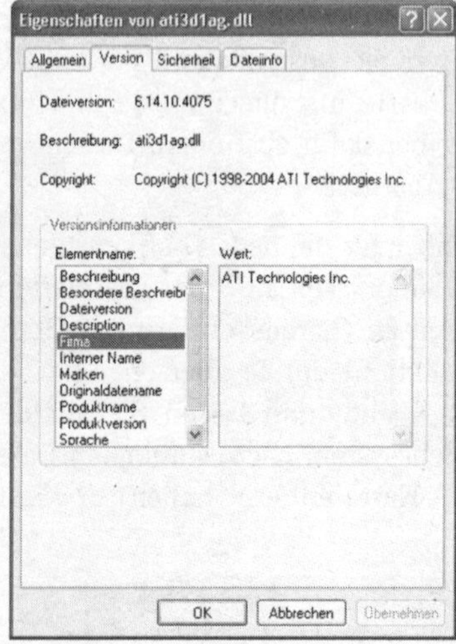

7 Auf die beschriebene Art kontrollieren Sie alle Dateien, die die Suchfunktion zum Vorschein gebracht hat. Dies ist zwar äußerst mühsam, aber die einzige Möglichkeit, um das System wirklich von allen Treiberresten zu befreien. Als Lohn Ihrer Mühen besitzen Sie auch nach dem Grafikkartenwechsel weiterhin ein stabiles, flottes Windows.

8 Zum Abschluss führen Sie die Treiberinstallation für die neue Grafikkarte aus.

Unnötige Hintergrundprozesse deaktivieren

Grundregel für maximales Spielvergnügen am PC: Beenden Sie vor dem Zocken alle von Ihnen gestarteten Anwendungen! Während Ihrer Gamesession sollten Sie zusätzlich nicht benötigte Hintergrundprozesse deaktivieren, um maximale Systemressourcen für ein ruckelfreies Spielvergnügen bereitzustellen. Zu diesen Hintergrundprozessen gehört auch der permanente Virenwächter - diesen brauchen Sie während des Zockens nicht und können ihn daher vorübergehend deaktivieren. Vergessen Sie nach der Gamesession nicht, ihn wieder einzuschalten, um eine Virenverseuchung zu verhindern. Nutzen Sie eine Firewall-Software oder diverse Taskplaner (zum Beispiel für die Videoaufnahme), sollten Sie diese ebenfalls während des Zockens abschalten, um dem Spiel maximale System-Performance zur Verfügung zu stellen.

Lassen Sie die Grafikkarte drei Bilder berechnen!

Viele Spiele bieten bei den 3-D-Einstellungen für die Grafikkarte eine Option *Triple Buffering* (dreifacher Puffer) an. Eine Grafikkarte berechnet bei Spielen normalerweise immer zwei Bilder: Das aktuelle und das folgende Bild im Hintergrund.

Durch das Aktivieren des dreifachen Puffers berechnet die Grafikkarte drei Bilder gleichzeitig: Neben dem aktuellen Bild werden die beiden nächsten Bilder im Hintergrund bereits vorausberechnet und stehen dadurch schneller zur Verfügung - das Resultat: deutlich flüssigere Bewegungsabläufe!

Voraussetzung für die Aktivierung des dreifachen Puffers: Ihre Grafikkarte zählt zu den leistungsfähigen Modellen mit mindestens 64 bzw. 128 MByte Speicher; andernfalls kommt die Grafikkarte mit der Berechnung nicht nach - der Spielfluss stottert!

Ruckelnde Spiele – Farbtiefe und Auflösung reduzieren!

Ruckelt bei Ihnen das ein oder andere aktuelle Spiel, hilft es oft, für einen flüssigeren Betrieb die Farbtiefe zu reduzieren. Viele Games sehen mit 16 Bit Farbtiefe genauso gut aus, wie mit 32 Bit - bei 16 Bit ist der Rechenaufwand allerdings wesentlich geringer - das nervende Ruckeln verschwindet.

Die notwendige Einstellung nehmen Sie entweder im Spiel selbst vor oder reduzieren die Farbtiefe unter Windows XP: Rechtsklick auf eine freie Stelle des Desktop und *Eigenschaften* ausgewählt. In der Registerkarte *Einstellungen* reduzieren Sie die Farbtiefe auf 16 Bit. Hinweis: Bei einigen Spielen leidet durch diese Veränderung die Darstellungsqualität (besonders bei Nebel-

und Raucheffekten) erheblich - die Farbtiefenreduzierung ist also nur für den „Ruckel-Notfall" geeignet.

Alternativ zur Reduzierung der Farbtiefe können Sie auch die Grafikauflösung herabsetzen, um einen ruckelfreien Ablauf zu gewährleisten und das System zu entlasten. Allerdings macht sich die Reduzierung der Auflösung besonders bei TFT-Displays negativ bemerkbar - diese müssen niedrige Auflösungen interpolieren - das Bild wirkt verwaschen und unscharf! Außerdem ist eine hohe Auflösung für optimale Übersicht im Spiel zwingend notwendig - die Reduzierung der Auflösung ist daher nur im absoluten Ruckelnotfall empfehlenswert! Die Änderung der Auflösung führen Sie direkt im Spiel durch - meistens über den Menüpunkt *Optionen*; einige Games bieten dazu auch ein separates Setup-Programm (in der jeweiligen Programmgruppe zu finden) an, mit dem Sie die Grafikoptionen konfigurieren.

Internetseiten für das totale Spielvergnügen

Sicherlich werden Sie auch einmal mit einem bestimmten Spiel Probleme gehabt haben, sei es, dass Sie mit dem Spielverlauf nicht klarkommen oder dass Sie Lösungen irgendwelcher Art benötigen! Bevor Sie vor Wut an die Decke gehen, weil Sie immer an der gleichen Stelle im Spielverlauf scheitern, lesen Sie lieber weiter - schließlich soll Spielen Spaß machen und nicht auf die Nerven gehen! Im Folgenden habe ich Ihnen drei interessante Links aufgelistet, mit deren Hilfe Ihre Fragen und Probleme beseitigt werden!

Die erste Internetseite ist eine der größten Tipp- und Trick-Sammlungen zu Computerspielen, die es gibt. Die beiden anderen Links sind weitere interessante Webseiten rund um Problemlösungen und Tipps & Tricks zu PC-Spielen bzw. stellen Downloadmöglichkeiten für diverse Spiele zur Verfügung - da ist für jeden Spiel-Fan etwas dabei! Auf jeder Seite finden Sie Links zu weiteren empfehlenswerten Internetadressen rund um das Zocken.

- *http://DLH.Net*
- *http://cheatz.spieletips.de/de/*
- *http://www.softgames.de/* (650 verschiedene Spiele zum Download)

6.3 Gut geprüft ist halb gewonnen – So benchmarken Sie richtig!

1995 stellte die damals noch unbekannte Firma NVIDIA den erste Grafikchip vor, der 3-D-Grafiken hardwaremäßig beschleunigen konnte; ein Jahr später folgten ATI Rage und S3 Virge. Die Performance dieser Grafikkarten war allerdings sehr niedrig, weshalb die Spielprogrammierer lieber auf die softwaremäßige Grafikbeschleunigung mithilfe der CPU zurückgriffen.

Nach und nach wurden die Grafikkarten jedoch leistungsfähiger, sodass die Grafik hardwaremäßig beschleunigt werden konnte - immer schnellere Grafikchips wurden herausgebracht. Die Hersteller lieferten sich einen erbitterten Wettkampf - jeder wollte die leistungsfähigste Karte herausbringen, das Benchmarken der Grafikleistung eines PCs wurde zum „Volkssport" ...

Benchmarken – wirklich notwendig?

Neben den Vergleichsmöglichkeiten zwischen verschiedenen Rechnern wird das Benchmarken der Grafikleistung eines PCs heute immer wichtiger: Sie wissen nicht, ob Ihr PC für moderne, grafisch aufwendige Games geeignet ist? Das ist schlecht! Auf die Systemanforderungsangaben der Spielhersteller können Sie sich beim besten Willen nicht verlassen, da sie „Traumvorstellungen" sind und überhaupt nicht der Realität entsprechen! Wenn Ihr Rechner nicht für das Zocken aktueller Games ausgelegt ist, endet das Spielvergnügen in einer lästigen Diashow.

Wollen Sie keinen Fehlkauf tätigen, kontrollieren Sie am besten die Spielleistung Ihres Rechners - Sie finden auf diese Weise schnell und vor allem zuverlässig heraus, ob moderne, grafikintensive Games für Sie in Frage kommen.

Wichtige Vorbereitungen für jeden Leistungstest!

Bevor Sie loslegen und die Leistung des PCs checken, müssen für wirklich aussagekräftige Ergebnisse einige Vorbereitungen getroffen werden!

Ganz wichtig: Neue Treiber

Als Erstes sollten Sie im Internet nachsehen, ob es für die von Ihnen verwendeten Hardwarekomponenten (besonders für die Grafik- und die Soundkarte) neue Treiber gibt; die entsprechenden Treiber finden Sie auf den Internetseiten der Hersteller!

Treiber auf Standardeinstellungen setzen!

Als Nächstes sollten Sie die Direct3D-Einstellungen der Grafikkartentreiber auf die Standardkonfiguration setzen. Dies ist wichtig, um die Benchmark-Ergebnisse nicht negativ zu beeinflussen.

1 Rechtsklick auf eine freie Stelle des Desktops und *Eigenschaften* ausgewählt. In der Registerkarte *Einstellungen* klicken Sie rechts unten auf die Schaltfläche *Erweitert*.

2 Bei einer ATI-Grafikkarte aktivieren Sie anschließend in der Registerkarte *ATI 3D* unter *3D-Einstellungen für* die Option *Direct3D* und wählen als Profil *Ausgewogen* aus. Eventuell müssen Sie vorher die Option *Benutzerdefinierte Einstellungen verwenden* ausschalten.

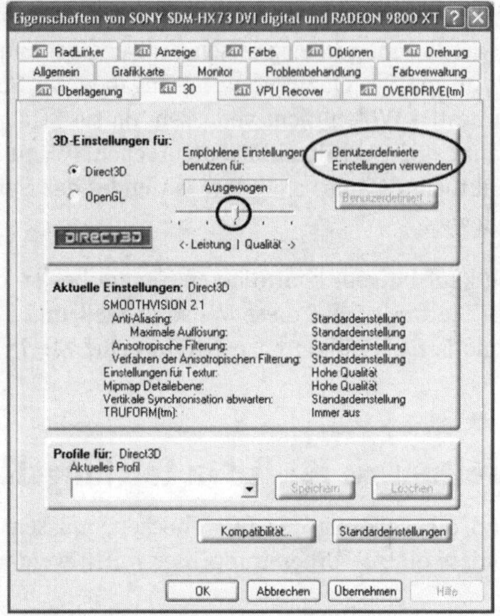

3 Besitzen Sie eine NVIDIA-Grafikkarte, öffnen Sie dagegen die Registerkarte mit dem Namen Ihrer Grafikkarte und markieren im nach links aufklappenden Fenster den Eintrag *Leistungs- & Qualitäts....* Im rechten Hauptfenster aktivieren Sie jeweils für *Anti-Aliasing-Einstellungen* und *Anisotropische Filterung* die Option *Anwendungsgesteuert*.

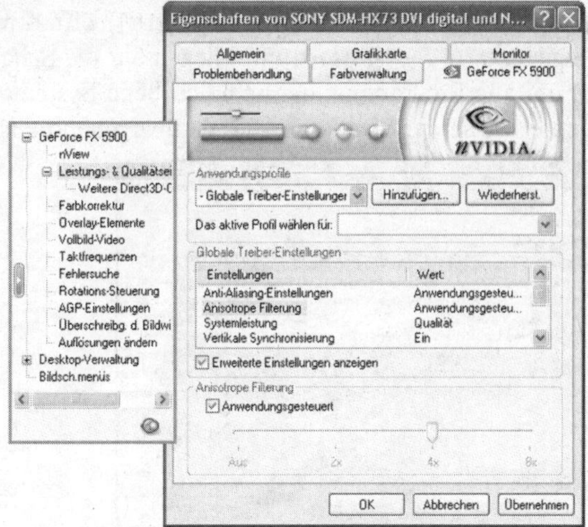

INFO

Weg mit der vertikalen Synchronisation!

Deaktivieren Sie auf jeden Fall vor dem Start des Benchmarks die vertikale Synchronisation über die Treiberoptionen der Grafikkarte, da diese das Benchmark-Resultat verfälscht! Näheres zur vertikalen Synchronisation erfahren Sie im Abschnitt 6.4 (NVIDIA) bzw. 6.5 (ATI).

Hintergrundprozesse für den Test deaktivieren!

Nachdem Sie Ihr System mit frischen Treibern „geimpft" haben, muss Windows XP vor dem Leistungstest etwas „entrümpelt" werden!

Ziel aller Aktionen ist es, Windows XP von allen aktiven Programmen und Prozessen, die nicht direkt zum Betriebssystem gehören, zu befreien! Jede aktive Anwendung benötigt Systemressourcen und würde das Benchmark-Ergebnis negativ beeinflussen - sorgen Sie für maximale Systemressourcen, um vergleichbare Messwerte zu erzielen! Auch wenn PC-Fachzeitschriften PC-Systeme testen, kommen stets Rechner mit frisch installiertem Betriebssystem zum Einsatz, das nicht durch zusätzliche Software gebremst wird.

1 Schließen Sie alle geöffneten Programme und speichern Sie Ihre Dokumente ab! Misten Sie die Programmgruppe *Autostart* im Programmmenü aus! Alle nicht von Ihnen benötigten Einträge können Sie löschen.

2 Wählen Sie im Startmenü *Ausführen* und tippen Sie „msconfig" ein; die Eingabe bestätigen Sie mit der Enter-Taste!

3 Das Systemkonfigurationsprogramm (tolles Wort!!) öffnet sich! Hüpfen Sie in die Registerkarte *Systemstart* und klicken auf die Schaltfläche *Alle deaktivieren*, um alle Programme, die heimlich beim Systemstart geladen werden (beispielsweise der Virenscanner), vorübergehend auszuschalten!

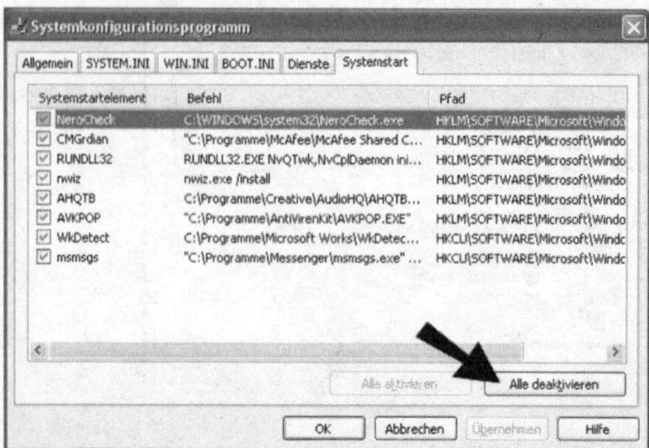

Nachdem der PC neu gestartet ist, taucht eine „Warnmeldung“ des Systemkonfigurationsprogramms auf. Aktivieren Sie die Option *Meldung nicht mehr anzeigen und dieses Programm beim Windows-Start nicht mehr starten* und klicken auf *OK*! Prüfen Sie zum Abschluss, ob Ihr permanenter Virenscanner deaktiviert ist - falls nicht, schalten Sie ihn vorübergehend (während der Leistungsmessung) aus. Jetzt kann der Leistungstest beginnen!

Wichtig: Betriebssystem in den alten Zustand versetzen!

Ihr Rechner hat alle Leistungstests absolviert? Prima! Vergessen Sie keinesfalls, das Betriebssystem nach dem Test wieder in den alten Zustand zu versetzen - andernfalls laufen Sie Gefahr, dass der PC mit Viren verseucht wird, da für das Benchmarking der automatische Start Ihres Virenscanners verhindert wurde!

Im Systemkonfigurationsprogramm öffnen Sie die Registerkarte *Systemstart*; um alle Programme beim Systemstart wieder automatisch zu laden, klicken Sie auf die Schaltfläche *Alle aktivieren*! Wollen Sie dagegen weiterhin wertvolle Systemressourcen sparen, aktivieren Sie nur die notwendigen Programm-Einträge in der Liste (Genaueres siehe Kapitel 4)!

3DMark2001 – Benchmark für DirectX 7 & 8

Das beliebteste, bekannteste und vielleicht auch schönste Benchmark-Programm, um die Spielleistung eines PCs in Bezug auf DirectX 7 & 8 zu testen, ist der 3DMark2001 SE von MadOnion. Eine funktionseingeschränkte Version (die zum Testen vollständig ausreicht) erhalten Sie unter *http://www.futuremark.com!* Wenn Sie den 40 MByte-Download scheuen, durchstöbern Sie die CDs der aktuellen PC-Zeitschriften - dort ist das beliebte Tool häufig zu finden. Den 3DMark2001 sollten Sie zur Leistungsmessung nutzen, wenn Sie mit Ihrem PC hauptsächlich Games, die DirectX 7 oder DirectX 8 benötigen, spielen. Viele aktuelle Games beruhen nach wie vor auf diesen beiden DirectX-Versionen, obwohl es bereits einige Zeit die neue Version DirectX 9 gibt. Wollen Sie die Spielleistung des PCs für (zukünftige) Games, die auf DirectX 9 basieren, messen, nutzen Sie den 3DMark03 oder AquaMark 3.

Benchmark perfekt durchführen!

Nachdem Sie die Software installiert haben und das Betriebssystem auf den Test vorbereitet haben, kann die Leistungsmessung beginnen!

Ganz wichtig: Benchmark-Test wiederholen lassen!

1 Klicken Sie im Programmfenster zunächst links unter *Options* auf die Schaltfläche *Change*!

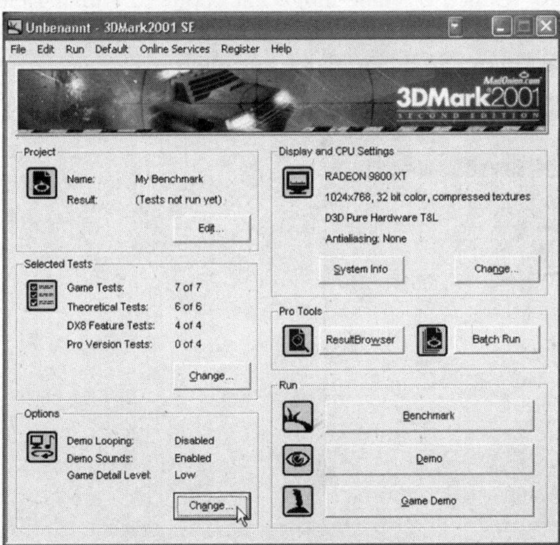

2 Im erscheinenden Fenster setzen Sie die Zahl hinter *Test repeat count:* auf *3*! Warum diese Änderung? Das Benchmark-Ergebnis ist genauer, wenn die Tests mehrere Male durchlaufen werden. Für einen flüssigeren Testablauf aktivieren Sie oben unter *Benchmark* die Option *Disable title screens between tests* - allerdings erfahren Sie in diesem Fall nicht, wenn ein Test übersprungen wird, weil Ihre Hardware gewisse DirectX-Features nicht unterstützt. Sie sollten die Option daher beim ersten Durchlauf des 3DMark2001 noch nicht einschalten.

Hardwareeinstellungen des 3DMark2001 optimieren!

1. Über die Schaltfläche *Change* unter *Display and CPU Settings* nehmen Sie genaue Hardwareeinstellungen für den 3DMark2001 vor. Im Abschnitt *Display Settings* wählen Sie als Erstes die gewünschte Auflösung und Farbtiefe aus; zusätzlich können Sie hier die Antialiasing-Funktion der Grafikkarte aktivieren. Tipp: Führen Sie einmal den Benchmark ohne und einmal mit Antialiasing aus, so stellen Sie zuverlässig fest, wie gut die Grafikkarte das Glätten von Kanten beherrscht und wie stark die Systemleistung bei aktiviertem Antialiasing einbricht. Unter *Frame Buffer* stellen Sie anschließend ein, ob die Grafikkarte ein oder zwei Bilder neben dem aktuell angezeigten im Hintergrund berechnen soll.

2. Legen Sie im Abschnitt *Rendering Options* als Nächstes das Textur-Format (für beste Bildqualität wählen Sie *Compressed*, falls das der Treiber Ihrer Grafikkarte unterstützt) und die Z-Buffer-Tiefe fest. Für den Z-Buffer gilt: Wählen Sie eine möglichst „hohe" Z-Buffer-Tiefe aus (*24 bit* oder *32 bit*), erzielen Sie die beste Bildqualität - bei *16 bit* kann es passieren, dass störende Bildartefakte auftreten.

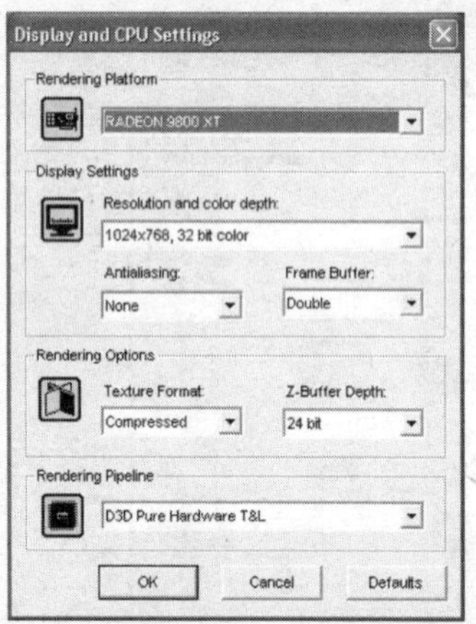

3. Unter *Rendering Pipeline* stellen Sie die Optionen zur T&L-Beschleunigung ein. Besitzen Sie eine DirectX-8-fähige Grafikkarte, wählen Sie die äußerst leistungsfähige *D3D Pure Hardware T&L*-Option; bei einer DirectX-7-Grafikkarte stellen Sie *D3D Hardware T&L* ein, was etwas langsamer ist! Wollen Sie die Leistungsfähigkeit der T&L-Einheit der Grafikkarte testen, führen Sie zusätzlich einen Testdurchlauf in der Einstellung

D3D Software T&L durch. Bei dieser Option übernimmt die CPU die T&L-Berechnung; liegen die Benchmarkergebnisse jetzt höher, taugt die T&L-Einheit Ihrer Grafikkarte nicht viel - lassen Sie am besten Ihre leistungsfähige CPU die Berechnung der Spielwelt vollständig übernehmen.

T&L – ein Meilenstein in der Grafikbeschleunigung?

Normalerweise verläuft die Berechnung der darzustellenden Grafik folgendermaßen: Die CPU berechnet die „Drahtgitterwelt" (Formen und Strukturen) der Szene – die Grafikkarte füllt diese anschließend „nur" noch mit Farben!

Moderne Grafikkarten mit einer so genannten T&L-Einheit (Transform and Lighting) nehmen dem Prozessor einen Teil der Berechnungen ab – Voraussetzung: Die Software unterstützt die Berechnung der „Drahtgitter-Welt" durch die Grafikkarte! T&L wurde in der Fachpresse als der Meilenstein in der Grafikbeschleunigung angepriesen. Bei den meisten Systemen bringt diese Methode auch einen deutlichen Performanceschub, besitzen Sie allerdings eine äußerst leistungsfähige CPU, kann es manchmal geschickter sein, auf die langsame T&L-Einheit der Grafikkarte zu verzichten, um optimale Spielperformance zu erreichen.

Hinweis: Wenn Sie die Display- und CPU-Settings zu stark verändern, leidet die Vergleichbarkeit der Ergebnisse mit den Resultaten anderer PCs darunter. Sie sollten daher immer erst einen Durchlauf mit den Standardeinstellungen (*Defaults*) durchführen und sich das Resultat notieren, bevor Sie die Optionen Ihren Wünschen anpassen.

Lassen Sie den Rechner in Ruhe schaffen

Starten Sie den Leistungstest im Hauptfenster per Klick auf die Schaltfläche *Benchmark*! Wichtig: Während des Tests sollten Sie Ihren PC absolut in Ruhe lassen (auch die Maus nicht bewegen), um das Testergebnis nicht zu verfälschen.

Was geschieht beim Leistungstest?

3DMark2001 lässt beim Test Spielsequenzen auf Basis von DirectX 7 & 8 laufen, um die Leistungsfähigkeit des gesamten Systems zu testen! Es wird beispielsweise ermittelt, wie schnell die Grafikkarte Objekte berechnet und mit Texturen belegt! Außerdem wird getestet, wie schnell die Karte Oberflächenstrukturen berechnet!
Je schneller das System ist, desto mehr Bilder werden bei den einzelnen Spielsequenzen pro Sekunde angezeigt! Wie viel Bilder pro Sekunde Ihr System beim gerade ablaufenden Test erzielt, sehen Sie in der unteren rechten Ecke des Bildschirms – je mehr, desto besser! Ab 25 Bildern pro Sekunde nimmt das menschliche Auge bei schnellen Bewegungen kein Ruckeln mehr wahr.

Der „Nature-Test" benötigt eine Grafikkarte mit DirectX 8-Support.

„No hardware support" – das ist aber schade!

Gerade der so genannte Nature-Test wird bei älteren Grafikkarten in der Regel mit der Meldung „No hardware support" übersprungen, was wirklich schade ist, da er toll aussieht. Für den Test ist es allerdings notwendig, dass Ihre Grafikkarte die DirectX-8.1-Features (beispielsweise Vertex Shader und Pixel Shader) hardwaremäßig vollständig unterstützt - ist das nicht der Fall, wird der Test übersprungen.

Pixel- & Vertex Shader – Technik im Detail

Seit der GeForce 3 wurden Pixel- und Vertex-Shader als Teil der neuen nfiniteFX-Engine von NVIDIA integriert. Bei den GeForce-4-Modellen wurden beide Prozessoren noch einmal gründlich optimiert und leistungsmäßig verbesssert. Sowohl Pixel- als auch Vertex-Shader verbessern die Bildqualität und lassen Objekte realistischer (lebendiger) aussehen. Gesichtszüge beim Lachen, Kleiderstrukturen oder Raucheffekte wirken dadurch äußerst realitätsnah.

Der Vertex-Shader berechnet in Echtzeit Spezialeffekte für 3-D-Grafiken, indem er alle Scheitelpunkte (Vertices) der Polygone neu berechnet; durch diese Aktion entstehen unter anderem detaillierte Informationen zu Licht-, Transparenz- oder Animationseffekten. Die Vertex-Berechnung übernahm vorher die T&L-Einheit der Grafikkarte oder die CPU! Bei der GeForce 4 gibt es zwei Vertex-Shader, um die Verarbeitungsleistung zusätzlich zu steigern.

Durch den neuen Pixel-Shader ist es Programmierern möglich, Licht- und Transparenzeffekte individuell zu programmieren. Zusätzlich ist der Pixel-Shader in der Lage, bis zu vier Texturen gleichzeitig zu verarbeiten – früher waren mehrere Durchläufe dazu notwendig. Durch die höhere Verarbeitungsleistung können die Objekte realistischer dargestellt werden.

Bei Ihnen wird der Nature-Test durchgeführt? Prima: Ihre Grafikkarte unterstützt alle Features von DirectX 8 vollständig - für die Spiel-Zukunft sind Sie gut gewappnet! Schießen Sie gleich mithilfe der Taste F12 einen Screenshot der Nature-Szene und drucken ihn aus, um überall damit „prahlen" zu können - Ihre PC-Freunde werden staunen ...

Benchmark-Ergebnisse professionell auswerten!

Nach den Testdurchläufen erhalten Sie das Ergebnis in so genannten *3D-Marks* präsentiert:

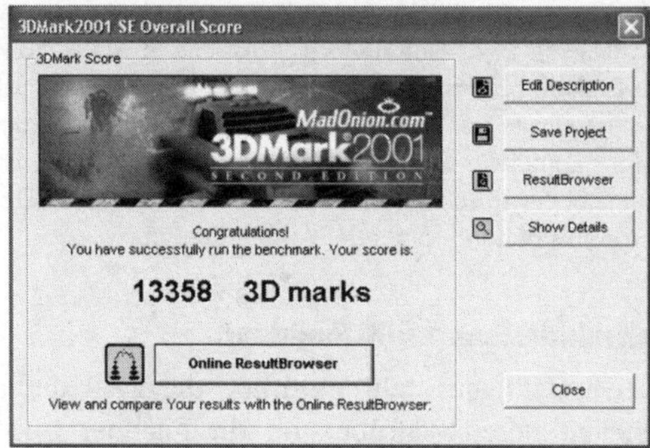

13358 Punkte - das ist beim 3DMark2001 SE ein ausgezeichnetes Ergebnis!

Detaillierte Informationen über den Leistungstest erhalten Sie durch einen Klick auf die Schaltfläche *Show Details*! Im Abschnitt *RESULTS* finden Sie die Leistungsergebnisse der einzelnen Tests!

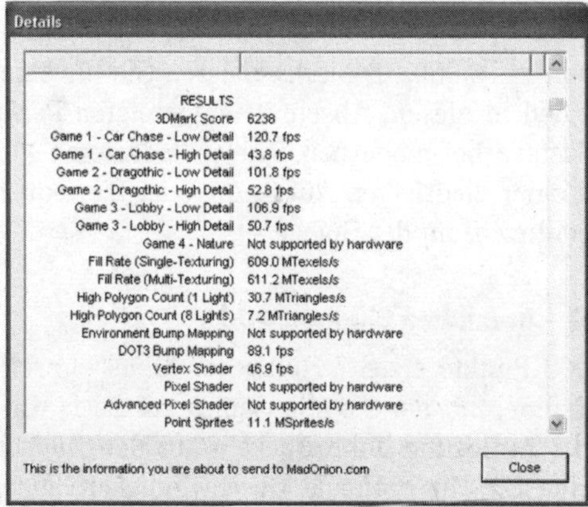

Detaillierte Informationen zum 3DMark2001.

Es wird für jede Spielsequenz (*Game*), die beim Test durchlaufen wurde, das Ergebnis in Bildern pro Sekunde (*fps* = **f**rames **p**er **s**econd) angegeben! Außerdem erfahren Sie, ob Ihre Grafikkarte alle Hardwarestandards unterstützt, beispielsweise Pixel- und Vertex-Shader, besitzt und wie leistungsfähig diese sind. Lesen Sie als Ergebnis *Not supported by hardware*, unterstützt die Grafikkarte die entsprechende Anforderung nicht!

INFO

Vorsicht vor der Option Online ResultBrowser!

3DMark2001 bietet Ihnen im Ergebnisfenster die Schaltfläche *Online ResultBrowser* an, durch deren Benutzung Sie Ihr Ergebnis mit denen im Internet veröffentlichten vergleichen dürfen! Dies ist zwar eine äußerst praktische Sache - man kann so schnell und einfach feststellen, ob der PC das leistet, was er eigentlich leisten muss - doch Vorsicht: Sie müssen sich per Mail-Adresse und Passwort anmelden und übermitteln zusätzlich Ihre komplette Systemkonfiguration (nicht nur das Ergebnis)! Wollen Sie Ihre Daten nicht preisgeben, verzichten Sie lieber auf diese Option und analysieren Sie das Ergebnis anhand folgender Ausführungen!

Richtig zocken? – Nur mit mindestens 6.000 Punkten!

Im Vordergrund aller Auswertungen steht natürlich die Zahl der erzielten „3D-Marks"! Sie entscheidet bereits darüber, ob Ihr Rechner zum Zocken von modernen und graphisch aufwendigen Spielen geeignet ist! Für einen einigermaßen ruckelfreien Spielbetrieb bei actionreichen Games auf Basis von DirectX 7 & 8 sind mindestens 6.000 Punkte notwendig! Liegt der von Ihrem PC erreichte Wert deutlich darunter, sollten Sie über einen neuen leistungsfähigeren Rechner nachdenken bzw. eine Aufrüstung der Grafikkarte in Erwägung ziehen, um moderne Spiele „genießen" zu können!

Selbst bei einem Wert von ca. 6.000 3D-Marks müssen Sie für einen flüssigen Spielablauf - neben den in diesem Abschnitt aufgezeigten Performance-Tricks - die grafischen Details bei modernen Spielen reduzieren - entweder Sie spielen die Games in einer niedrigeren Auflösung oder Sie reduzieren bei hoher Auflösung den Detailreichtum des Spiels!

Mehr als 10.000 Punkte? – herzlichen Glückwunsch!

Sie haben mehr als 10.000 Punkte erzielt? Herzlichen Glückwunsch! Ihr PC ist die perfekte Spielmaschine, mit der Sie alle Games auf Basis von DirectX 7 & 8 in hoher grafischer Auflösung ohne Ruckeln auf den Bildschirm bekommen! Trotzdem dürfen Sie für optimale Geschwindigkeit auch bei zukünftigen Spielen Ihren Rechner mit den folgenden Tricks noch mehr auf Vordermann bringen, um alle Spiele in höchster Bildqualität und bester Performance genießen zu können.

Fit für die Zukunft? – 3DMark03

Sie besitzen eine Grafikkarte, die DirectX 9 unterstützt, und glauben, damit für die Spielzukunft gut gerüstet zu sein? Vorsicht! Allein, dass Ihre Grafikkarte DirectX 9 beherrscht, sagt gar nichts aus - sie muss auch entsprechend leistungsfähig sein, um damit zukünftige Spiele in voller Pracht und ruckelfrei genießen zu können.

Nutzen Sie am besten den 3DMark03, um die Spielperformance Ihres PCs in Bezug auf DirectX 9 zu testen. Das Benchmarkprogramm erhalten Sie in einer Free-Version unter *http://www.futuremark.com*. Achtung: Es handelt sich hierbei um einen Download von ca. 177 MByte - Sie sollten daher über eine schnelle Internetverbindung verfügen. Falls nicht, durchstöbern Sie die CD-Beigaben aktueller PC-Zeitschriften, dort ist der 3DMark03 häufig zu finden.

Wichtige Neuerungen bei DirectX 9

DirectX 9 bringt gegenüber der Vorversion zahlreiche Neuerungen, Verbesserungen und Fehlerbereinigungen. Microsoft hat in DirectX 9 eine neue Sprache zum Programmieren von 3-D-Grafiken (C-ähnlich) eingeführt, die den Namen High Level Shading Language trägt und die die Spielprogrammierung erleichtert, weil Pixel- und Vertex-Shader-Effekte nicht mehr direkt für jeden einzelnen Grafikchip entwickelt werden müssen. Weiterhin wurde die Geschwindigkeit der 3-D-Ausgabe über die Schnittstelle Direct3D erhöht und das von Matrox entwickelte Hardware Displacement Mapping (HDM) als Standard integriert. Damit die neuen Features von DirectX 9 genutzt werden können, benötigt man eine Grafikkarte mit neuem Pixel-Shader und Vertex Shader in der Version 2.0. Beide wurden zum ersten Mal bei Grafikkarten, die DirectX 8 unterstützen, in der Version 1.0 integriert.

Leistungsmessung durchführen

Der 3DMark03 funktioniert nur, wenn Sie DirectX 9 auf Ihrem System installiert haben; ist dies nicht der Fall, holen Sie die Installation nach! Treffen Sie danach die bereits beschriebenen Vorbereitungen für ein aussagekräftiges Benchmark-Ergebnis und rufen den 3DMark03 auf.

Die Free-Version des Programms lässt keinerlei Einstellungsänderungen zu, starten Sie den Benchmark mit einem Klick auf die Schaltfläche *Run 3DMark*. Die Standardkonfiguration des 3DMark03 ist in der Regel optimal, weshalb Sie nicht die kommerzielle Version des Programms benötigen, bei der Sie die Einstellungen verändern dürfen.

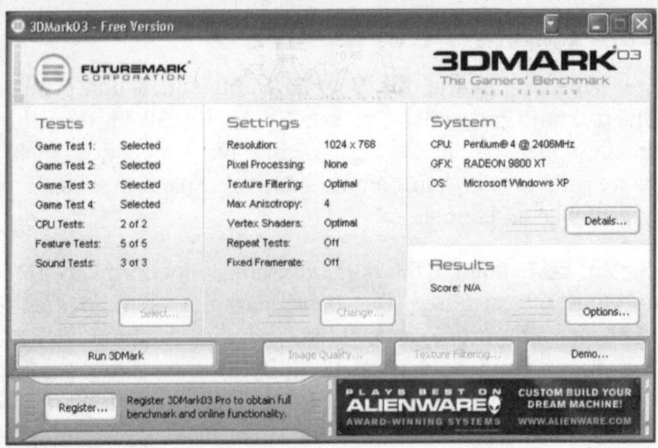

Die Free-Version des 3DMark03 ermöglicht keine Änderungen.

Während des Benchmark-Verlaufs lassen Sie Ihren PC in Ruhe, um das Ergebnis nicht negativ zu beeinflussen. Der Test besteht aus diversen Spielsequenzen, die größtenteils DirectX 9-Features benötigen. Aus diesem Grund ist der 3DMark03 nur bei Grafikkarten mit DirectX 9-Support empfehlenswert! Besonders der neue Nature-Test ist äußerst beeindruckend und verlangt der Grafikkarte alles ab.

Dank DirectX 9 entsteht eine sehr realistische Spielwelt.

Ergebnisanalyse

Nachdem alle Tests abgeschlossen sind, wird Ihnen das Ergebnis in Form von Punkten (so genannten 3DMarks) angezeigt. Wundern Sie sich nicht, wenn Sie nur wenig Punkte erzielt haben - der 3DMark benötigt sehr viel Rechenpower - ein Wert von über 3.500 Punkten ist als gut zu bezeichnen; ein Wert über 4.500 Punkten zeigt Ihnen, dass Ihr PC selbst für die nächste Spielgeneration auf DirectX 9-Basis topfit ist! Der 3DMark03 wird häufig zur Leistungsmessung von modernen PCs herangezogen; durch die zahlreichen Testergebnisse im Internet (beispielsweise auf den Seiten der PC-Zeitungen) haben Sie eine ausgezeichnete Möglichkeit, die von Ihrem PC erzielten Werte mit den Resultaten ähnlicher PC-Konfigurationen zu vergleichen und so herauszufinden, ob Ihr Rechner bereits die maximale Performance erzielt. Zusätzlich ist es möglich, über die Option *Online ResultBrowser* im Ergebnisfenster seine Ergebnisse mit den Ergebnissen anderer 3DMark-Benutzers zu vergleichen. Allerdings werden bei diesem Vorgang einige Daten über Ihr System übermittelt. Wollen Sie das nicht, müssen Sie auf diese Vergleichsmöglichkeit verzichten!

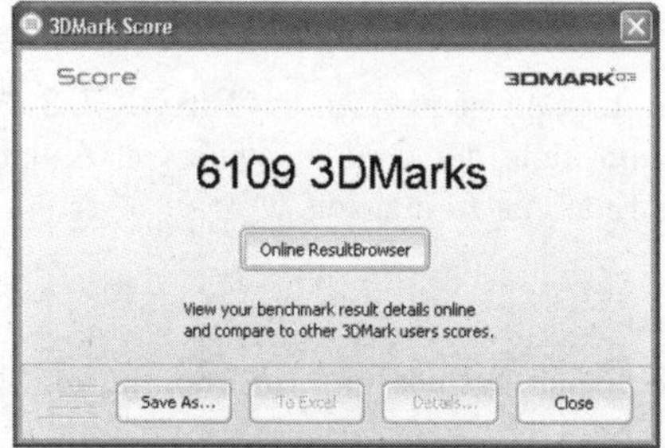

6109 Punkte sind ein ausgezeichnetes Ergebnis!

Nicht alle DirectX 9-Grafikkarten sind fit für die Zukunft!

Sie besitzen zwar eine DirectX 9-fähige Grafikkarte und einen modernen PC und haben trotzdem deutlich weniger 3DMarks (beispielsweise ca. 2.500) erzielt? Das ist leider keine Seltenheit! Versuchen Sie zunächst durch System- und Treiberoptimierung mehr Punkte zu erzielen. Bringt dies nichts, haben Sie leider eine minderwertige Grafikkarte erwischt: Die Grafikkartenhersteller buhlen immer häufiger mit unseriösen Mitteln und verwirrenden Produktbezeichnungen um die Käufergunst: Es werden beispielsweise Grafikkarten angeboten, die zwar DirectX 9 vollständig unterstützen, aber deren Leistungsfähigkeit durch gewisse Kastrierungen stark eingeschränkt wurde. Eine solche Grafikkarte bietet zwar die Grundvoraussetzungen (Unterstützung von DirectX 9) für moderne Games, taugt aber trotzdem für zukünftige Spiele aufgrund der schlechten Leistung nichts!

Alternativer DirectX 9-Benchmark: AquaMark 3

Wollen Sie möglichst aussagekräftige Ergebnisse über die Spiel-Performance Ihres Rechners in Bezug auf moderne Games mit DirectX 9 erhalten, sollten Sie mehrere Benchmarks auf dem System laufen lassen.

Durch die verschiedenen Resultate haben Sie eine bessere Vergleichsmöglichkeit mit anderen PC-Systemen (es werden niemals alle Benchmarks auf einem PC getestet) und „sicherere" Ergebnisse - schließlich benutzt jeder Benchmark eine andere Grafik-Engine, mit der jeder PC bzw. die Grafikkarte unterschiedlich gut zurechtkommt.

Neben dem 3DMark03 wird ein weiterer Benchmark häufig zur Leistungsmessung von aktuellen PC-Systemen herangezogen: der AquaMark 3. Diesen erhalten Sie in einer Free-Version unter *http://www.aquamark3.com* - es handelt sich hierbei um eine ca. 60 MByte große Datei, sodass Sie über eine schnelle Internetverbindung verfügen sollten.

Falls nicht, schauen Sie auf den CD-Beigaben aktueller PC-Zeitschriften nach - dort findet man den AquaMark 3 relativ häufig.

Der AquaMark 3-Benchmark nutzt Spielsequenzen auf DirectX 7, 8 & 9-Basis (Grundlage aktueller Spiele) und Teile der Grafik-Engine von Aquanox, um ein möglichst aussagekräftiges Ergebnis zu erzielen.

Leistungsmessung durchführen

Bereiten Sie das System für die Leistungsmessung vor und starten Sie AquaMark 3.

1. Im Programm klicken Sie zunächst auf *Options*, um die genauen Grafikeinstellungen zu konfigurieren. Sie dürfen beispielsweise die Auflösung verändern oder die Farbtiefe auswählen. Sie sollten die Grafikoptionen nicht zu stark verändern, damit die erzielten Ergebnisse vergleichbar bleiben.
2. Nachdem Sie die Grafikeinstellungen vorgenommen haben, wählen Sie im Hauptfenster des Benchmarks *Select Measurement*.
3. Im neuen Fenster klicken Sie unter *AquaMark Score Measurement* auf *Start Measurement*, um den Benchmark zu starten. Nach dem Ende der Leistungsmessung werden Ihnen die erzielten Punkte angezeigt.

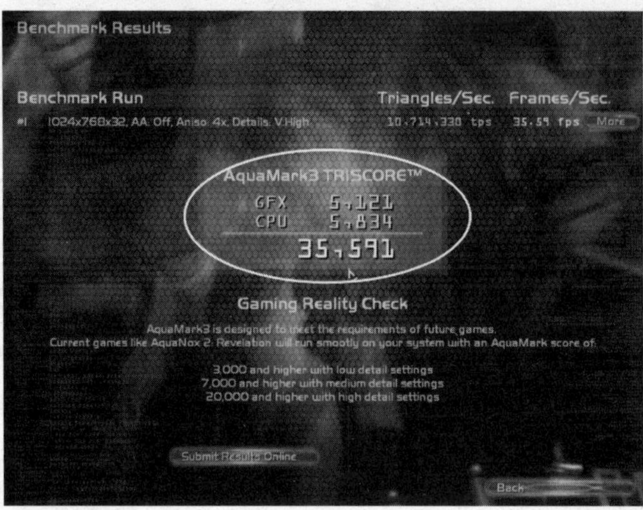

Ergebnis unter der Lupe

Das Resultat des AquaMark 3 sollten Sie genau studieren. Zunächst einmal fällt das Gesamtergebnis in der Mitte des Fensters, das sich aus der Leistungsfähigkeit der Grafikkarte und des Prozessors zusammensetzt, auf. Für moderne (zukünftige) Games auf DirectX 9-Basis sollten Sie mindestens einen Wert um 7.000 erzielt haben, andernfalls macht das Zocken keinen Spaß, da Sie für ruckelfreie Darstellung mit niedriger Auflösung und wenig Details spielen müssen. Optimal ist ein Ergebnis von ca. 20.000 bzw. höher - Ihr PC ist für aktuelle, actionreiche Spiele bestens geschaffen! Bei einem Wert über 30.000 dürfen Sie sich über Ihren „PC-Renner“ freuen: Selbst neue, in Zukunft erscheinende Games werden Sie in hohen Auflösungen ruckelfrei genießen können. Genauere Informationen über die Resultate der einzelnen Tests erhalten Sie, wenn Sie im Ergebnisfenster rechts oben auf die Schaltfläche *More* klicken.

Moderner Rechner und schlechtes Benchmark-Ergebnis?

Es kann jeden treffen: Ein moderner, leistungsfähiger Rechner „stolpert“ über einen Benchmark-Test (3DMark 2001 SE, 3DMark03 oder AquaMark 3) und erzielt ein schlechtes, viel zu niedriges Ergebnis. In diesem Fall ist guter Rat teuer! Doch nicht verzweifeln, es gibt Mittel und Wege, um die Performance des PCs zu verbessern bzw. die Gründe für das schlechte Abschneiden aufzudecken!

INFO

Performance der Grafikkarte ist entscheidend

3DMark03 bzw. AquaMark 3 sind für die Leistungsmessung von modernsten Systemen mit einer leistungsfähigen Grafikkarte, die bereits vollständig zu DirectX 9 kompatibel ist, optimiert worden. Aus diesem Grund erreicht zum Beispiel ein PC mit einer „alten" DirectX-8-Grafikkarte ein wesentlich schlechteres Ergebnis als ein Rechner mit DirectX-9-kompatibler Hardware. Berücksichtigen Sie also bei der Auswertung Ihres Benchmarkergebnisses unbedingt die DirectX-Fähigkeit der Grafikkarte! Leider gibt es auch unter den modernen Grafikkarten, die DirectX 9 unterstützen, große Leistungsunterschiede: Ich habe den AquaMark 3 beispielsweise auf ein und demselben PC mit zwei unterschiedlichen modernen Grafikkarten (RADEON 9800 XT & GeForce FX5600) durchgeführt. Zwar unterstützen beide Grafikkarten DirectX 9, aber es gab stark differierende Ergebnisse: Mit der Radeon 9800 XT erzielte der PC einen Wert von ca. 35.000, mit der GeForxce FX5600 dagegen „nur" ca. 17.500. Die Resultate hängen also nicht nur von dem DirectX-Feature Ihrer Grafikkarte ab – gute Ergebnisse erzielen Sie ausschließlich mit einer leistungsfähigen Grafikkarte!

Steckt im modernen Rechner zum Beispiel eine alte, schwache Grafikkarte, die hardwaremäßig nur DirectX 8 unterstützt, kann der Verursacher des „desolaten" Abschneidens beim 3DMark03 bzw. AquaMark 3 schon gefunden worden sein. Hier hilft in der Regel nur der Einbau einer leistungsfähigeren, topaktuellen Grafikkarte!

Wann ist Handlungsbedarf angesagt?

Natürlich wäre es Quatsch, beispielsweise wegen 50 fehlender 3DMarks den Rechner auf den Kopf zu stellen und die angeblich „bremsende" Hardwarekomponente aufzudecken - das wird überhaupt nicht möglich sein. Erst wenn Sie Resultate erzielen, die deutlich unter den vergleichbaren Werten liegen (beispielsweise ca. 300-350 Punkte zu wenig bzw. stark unterschiedliche Ergebnisse im Vergleich mit gleich ausgestatteten Systemen), ist Handlungsbedarf angesagt!

Die richtige Suchstrategie ist entscheidend

Bevor Sie zur Tat schreiten, um den PC auf Vordermann zu bringen, ist die Leistungsbremse des Systems aufzudecken! Mit dem entsprechenden Benchmark-Programm ist das kein Problem! Im Gegensatz zu den bisher vorgestellten Benchmark-Programmen, die nur die Gesamtperformance des Systems ermitteln, gibt es ebenfalls Software, die einzelnen Komponenten auf den Zahn fühlt! Dadurch finden Sie jeden „Leistungsverweigerer" in Ihrem System und können die Systembremse entweder durch optimale Einstellungen (wie in diesem Buch beschrieben) auf mehr Leistung trimmen oder die

Komponente gegen eine leistungsstärkere austauschen, ohne gleich einen neuen Rechner für schnelle Spiele anschaffen zu müssen!

Leistungsverweigererern auf der Spur!

Um Leistungsverweigerer in Ihrem System aufzuspüren, benötigen Sie - wie bereits beschrieben - ein zusätzliches Benchmark-Programm! Für den Test einzelner Komponenten gibt es eine ganze Reihe Leistungsmessprogramme!

Eines der besten Programme für diesen Zweck ist „Sandra 2004" (schöner Name!!) von SiSoftware; die Software dürfen Sie sich als Standardversion (für den privaten Gebrauch kostenlos) unter *http://www.sisoftware.co.uk/* downloaden! Das Programm dient einerseits zum Benchmarken und andererseits auch zur genauen Systemanalyse! Die Software ist in verschiedene Einzelprogramme unterteilt! Auf dem folgenden Bild erkennen Sie, welche Programmmodule für die Untersuchung wichtig sind!

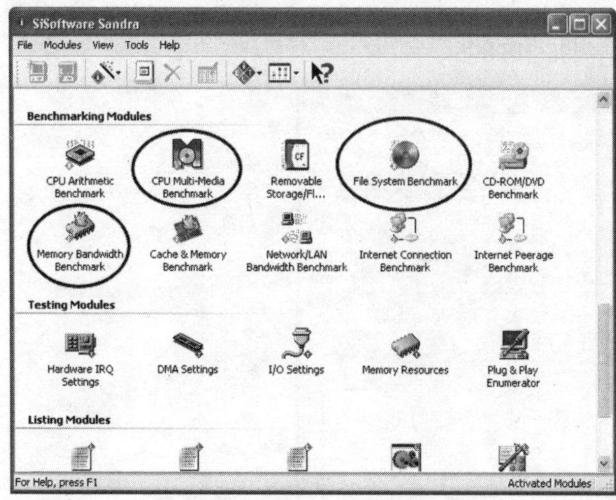

Die wichtigen Benchmarkprogramme innerhalb des Programms Sandra von SiSoftware!

Tickt Ihr Prozessor richtig?

Als Erstes sollten Sie prüfen, ob Ihr Prozessor die geforderte Leistung bringt:

1 Führen Sie dazu einen Doppelklick auf das Symbol *CPU Multi-Media Benchmark* aus und klicken Sie unten auf das Refresh-Symbol (viertes Symbol von rechts gesehen)! Anschließend lassen Sie den PC in Ruhe, bis das Ergebnis präsentiert wird - selbst das versehentliche Bewegen der Maus würde das Ergebnis drastisch verfälschen!

2 Nach einiger Zeit wird Ihnen das Resultat angezeigt. Hinter *Current CPU:* werden die ermittelten Leistungswerte Ihres Prozessors angezeigt! Stellen Sie jetzt unter *Reference CPU 1:* den gleichen Prozessor ein, der in Ihrem Rechner „werkelt“, um die Werte analysieren zu können!

Sollte Ihr CPU-Typ nicht aufgeführt werden, wählen Sie einen möglichst gleich starken aus!

Beispiel: Sie besitzen einen Intel Pentium IV-Prozessor mit 2,5 GHz. Nehmen wir einmal an, dieses Modell gäbe es in der Auswahl nicht - in dem Fall wählen Sie einen Intel Pentium IV mit 2,4 GHz aus, um die Leistungen Ihrer CPU damit zu vergleichen - sie muss natürlich etwas schneller sein als ein 2,4-GHz-Modell!

Unter *Reference CPU 2-4:* dürfen Sie noch weitere Prozessormodelle zum Vergleich heranziehen! Sie können dadurch gut einschätzen, ob Ihre CPU genügend Leistung bringt!

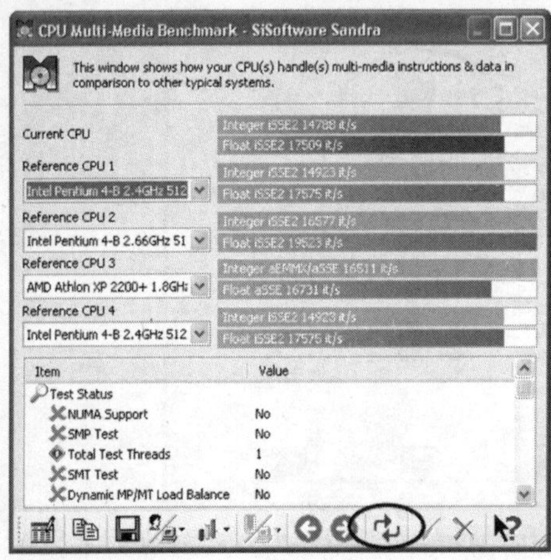

So leistungsfähig ist Ihre CPU!

CPU-Werte viel zu niedrig?

Sie stellen fest, dass der im PC installierte Prozessor überhaupt nicht die entsprechende Leistung bringt (kleinere Abweichungen nach unten oder o-ben sind immer möglich)? In dem Fall prüfen Sie zunächst, ob wirklich alle Hintergrundprozesse im Betriebssystem abgeschaltet worden sind (siehe Seite 227)! Wenn alle Programme deaktiviert sind, kommen nur noch drei Gründe für die schwache Prozessorleistung in Frage:

Entweder die CPU wird vom Mainboard nicht richtig erkannt oder der Prozessor ist defekt! Der dritte Grund trifft glücklicherweise nur äußerst selten zu: Ihnen ist eine leistungsschwächere CPU „untergejubelt" worden! Es soll gefälschte Intel-Prozessoren geben, die längst nicht an die Leistung der Originale herankommen!

Im ersten Fall hilft in der Regel ein BIOS-Update, das Sie auf der Internetseite des Mainboardherstellers erhalten! Bei einem Komplett-PC suchen Sie dafür zuerst die Internetseite des PC-Herstellers auf; werden Sie dort nicht fündig, müssen Sie herausfinden, von wem das Mainboard im Rechner stammt! Die Aufgabe ist dank „Sandra" schnell erledigt: Führen Sie im Programm einen Doppelklick auf das Symbol *Mainboard Information* aus; im sich öffnenden Fenster erhalten Sie die gesuchten Informationen! Dort erfahren Sie auch die genaue Modellbezeichnung, was für ein BIOS-Update ebenfalls von entscheidender Bedeutung ist.

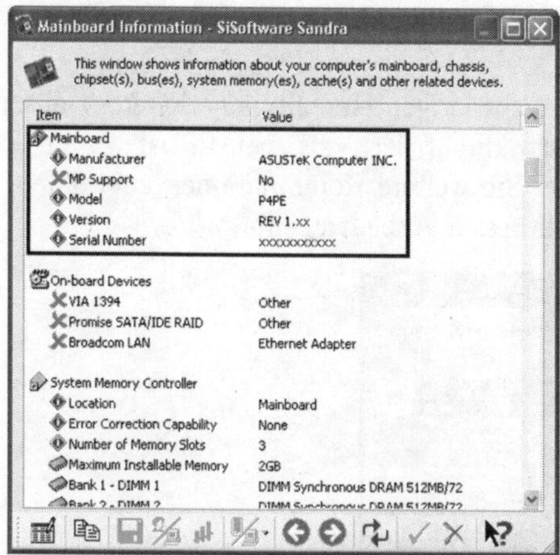

Von wem stammt das Mainboard? Mit Sandra finden Sie es schnell heraus!

Arbeitet der Arbeitsspeicher schnell genug?

Neben der CPU und der Grafikkarte ist der Arbeitsspeicher für die Spielleistung entscheidend. Ein nur langsam arbeitender Speicher bremst das komplette System aus!

Bevor Sie den Arbeitsspeicher-Benchmark starten, müssen Sie - um die Ergebnisse vergleichen zu können - zusätzlich zu dem im Rechner installierten

Arbeitsspeicher (beispielsweise SDRAM oder DDR) auch den Chipsatz auf Ihrem Mainboard kennen, da dieser eine wichtig Rolle für die Leistungsfähigkeit des RAM spielt!

1 Wenn Sie Ihren Chipsatz nicht kennen, finden Sie ihn ebenfalls mit „Sandra" heraus: Starten Sie das Programm (falls Sie es nach dem CPU-Benchmark bereits wieder geschlossen haben) und führen einen Doppelklick auf *Mainboard Information* aus; anschließend suchen Sie den Eintrag *Chipset*!

2 Um die Leistung des Arbeitsspeichers zu erfahren, doppelklicken Sie auf das Symbol *Memory Bandwidth Benchmark* und klickn anschließend unten auf das Refresh-Symbol (viertes Symbol von rechts gesehen). Auch diesmal sollten Sie den PC in Ruhe lassen, damit die Resultate nicht negativ beeinflusst werden.

3 Nach Abschluss des Tests erfahren Sie die Ergebnisse hinter *Current Chipset/Memory:*. Zur Analyse wählen Sie unter *Reference Chipset/Memory 1:* den geeigneten „Vergleichspartner" aus - in Klammern ist immer der jeweilige Prozessortyp angegeben, an dem Sie sich bei der Auswahl orientieren können)!

Bei Chipsets ist es ungleich schwieriger, eine ähnliche Referenz auszuwählen (falls nichts Passendes auswählbar ist), als bei CPUs! Unter *Reference Chipset/Memory 2-4:* dürfen Sie weitere Kombinationen auswählen, um die Leistung Ihres Systems noch besser zu beurteilen!

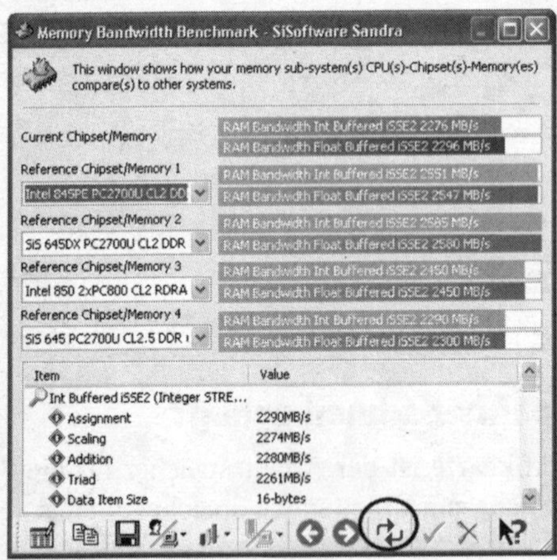

Sandra deckt auf, dass der getestete Arbeitsspeicher etwas zu langsam ist.

DDR, SDRAM & CL 2 & 3? – Fachchinesich enträtselt!

Gerade im Bereich des Arbeitsspeichers bekommt der PC-User eine ganze Menge Fremdwörter um die Ohren „gehauen" – hier eine kurze Erläuterung, damit Sie wissen, was hinter den Begriffen steckt, die Sandra verwendet!:

SDRAM = Abkürzung für Single Date Rate (einfache Datenrate); am häufigsten verwendeter Arbeitsspeichertyp bei Systemen mit folgender CPU: Pentium III, Celeron, AMD Duron oder AMD Athlon! Speichermodule in zwei verschiedenen Taktarten erhältlich: PC 100 und PC 133.

DDR = Abkürzung für Double Date Rate (doppelte Datenrate); schneller als SDRAM! Häufig verwendet bei Pentium IV-Systemen und modernen Athlon-PCs! Folgende Taktarten sind möglich: PC 200 und PC 266 (bzw. nach Datenübertragung auch PC 1600 und PC 2100 genannt).

CL 2 & CL 3 = Abkürzung für CAS-Latency; gibt die Zugriffsverzögerung beim Lesen der Daten aus dem Arbeitsspeicher an! Hier gilt: Je weniger, desto schneller geschieht dies – CL2 ist also besser als CL3!

Der Arbeitsspeicher ist deutlich zu langsam?

Das ist sehr ärgerlich! Viele Hersteller von Komplett-PCs sparen ausgerechnet an dieser wichtigen Komponente und verbauen langsame Speichermodule! Mit den Tipps in diesem Buch (besonders Kapitel 4.5) machen Sie dem lahmen Speicher Beine!

Eventuell können Sie die Einstellungen für den Speicher im BIOS optimieren; sehen Sie dazu entweder im Mainboard-Handbuch nach oder besorgen Sie sich von DATA BECKER „Das große Buch BIOS", um die notwendigen Tuningmaßnahmen im BIOS durchzuführen. Bedenken Sie auch, dass ein übertriebenes Tuning auf Kosten der Stabilität gehen kann!

Alle Optimierungsversuche haben nicht gefruchtet – Ihr Arbeitsspeicher ist nach wie vor zu langsam? Besorgen Sie sich schnellere Arbeitsspeicher-Riegel und installieren Sie diese (Achtung: Beim Öffnen des Gehäuses können Sie die Garantie verlieren!). Tipp: Kaufen Sie unbedingt Arbeitsspeicher von einem namhaften Anbieter; RAM-Module von No-Name-Anbietern erweisen sich häufig als sehr fehleranfällig und bringen das System zum Absturz!

Rappel, rappel – ruckel? Wie schnell ist die Festplatte?

Gerade bei aufwendigen Games hat die Festplatte viel zu schaffen, um die benötigte große Datenmenge schnellstmöglich zu liefern – bemerkbar am lauten und ständigen Rappeln, das aus dem Rechner dringt.

Arbeitet die Festplatte nur im Schneckenmodus, treten trotz leistungsfähigem Prozessor und Grafikkarte starke Ruckler beim Spielen auf, weil die angeforderten Daten nicht schnell genug gelesen werden! Ob Ihre Festplatte mit vollem Speed läuft, kontrollieren Sie mit Sandra folgendermaßen:

1 Führen Sie den *File System Benchmark* aus und wählen im erscheinenden Fenster hinter *Drive:* das zu überprüfende Laufwerk!

2 Sandra macht sich sofort an die Arbeit und testet die Leistungsfähigkeit der Festplatte; dieser Test dauert etwas länger, auch hier gilt: Lassen Sie den PC währenddessen in Ruhe!

3 Nach Abschluss des Tests müssen Sie wieder, um das Ergebnis analysieren zu können, geeignete Vergleichskandidaten aussuchen! Finden Sie nichts Passendes, wählen Sie die Einträge, die den Angaben Ihrer Festplatte am nächsten kommen! Achten Sie darauf, bei der Auswahl der Vergleichsobjekte die richtige Anschlussvariante auszusuchen. Die Abkürzung *ATA* vor dem Eintrag bedeutet, dass die Festplatte an einen IDE-Controller angeschlossen wurde, was meistens der Fall ist. Bei einem Eintrag, der mit *SCSI* beginnt, wurde die Platte dagegen mit einem SCSI-Controller verbunden; neu ist die Anschlussoption *SATA* (Abkürzung für die neue Anschlussvariante Serial ATA). Nutzen Sie diese topaktuelle Verbindung bereits, achten Sie darauf, ausschließlich solche Vergleichsobjekte auszuwählen.

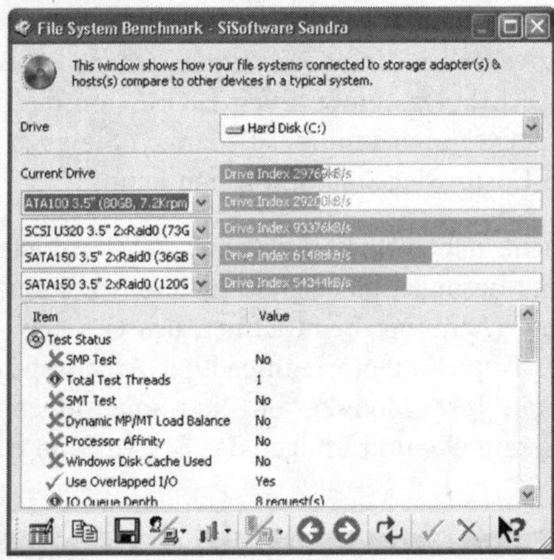

Die Festplattenleistung aufgedeckt – mithilfe von Sandra!

Festplatte zu langsam?

Dann haben Sie den bisherigen Inhalt des Buches noch nicht vollständig in die Tat umgesetzt; nach den Maßnahmen von Kapitel 5 sollte aus Ihrer Festplatte eigentlich ein Daten-Renner geworden sein!

Ist das nicht der Fall, schlagen Sie Kapitel 5 auf und führen Sie die Anregungen zur Performancesteigerung (BIOS optimieren, defragmentieren usw.) durch!

Alles top und trotzdem desaströse Benchmark-Ergebnisse?

Sie haben alle beschriebenen Tests mit „Sandra“ durchgeführt und die entsprechenden Komponenten bringen ungefähr die geforderte Leistung? Woran liegt es dann, dass Sie so schlechte Benchmark-Ergebnisse erzielten? Erste Frage: Haben Sie aktuelle Treiber installiert? Falls nicht, holen Sie dies nach und führen die Benchmarks erneut durch!

Übeltäter Grafikkarte!

Eine für die Spielperformance wichtige Komponente haben wir noch nicht separat getestet: die Grafikkarte! Leider ist das kaum möglich, da bei der Grafikkartenleistung der Prozessor eine große Rolle spielt: Bei einer schlappen CPU dümpelt auch eine leistungsfähige Grafikkarte vor sich hin! Ist die Grafikkarte allerdings zu schwach, bringt Ihnen die schnellste CPU nichts, weil sie durch die Grafikkarte ausgebremst wird!

Wenn also CPU, Arbeitsspeicher und Festplatte die gewünschte Leistung bringen und trotzdem die Spiele ruckeln bzw. Sie nur schlechte Benchmark-Resultate erzielen, dann ist mit ziemlicher Sicherheit die Grafikkarte als Übeltäter entlarvt! Im Abschnitt 6.4 bzw. 6.5 erfahren Sie, wie Sie die optimale Leistung aus Ihrer Grafikkarte herausholen!

Sollte auch durch das Übertakten der Karte nicht genügend Leistung herausspringen, werden Sie sich für das absolute Spielvergnügen eine neue, leistungsfähigere Karte aussuchen müssen! Vorher sollten Sie unbedingt den folgenden Tests durchführen, um auf Nummer sicher zu gehen, ob wirklich die Grafikkarte der Übeltäter ist.

Ist die Grafikkarte wirklich am Ruckel-Desaster schuld?

Sie haben vor, sich eine neue Grafikkarte zu kaufen, weil die von Ihnen bevorzugten Games stark ruckeln bzw. die Benchmarkergebnisse äußerst schlecht ausfallen - und das, obwohl Arbeitsspeicher, Festplatte und CPU laut der Testsoftware „Sandra" eine ordnungsgemäße Leistung bringen? Langsam! Nicht immer ist in diesem Fall die Grafikkarte der Übeltäter - die Gesamtperformance eines Systems wird durch viele Faktoren beeinflusst. Ob die Grafikkarte tatsächlich an der desaströsen Gesamtleistung des PCs schuld ist, bekommen Sie mit folgendem Trick heraus:

1. Suchen Sie sich ein Lieblingsspiel heraus (sollte möglichst actionreich sein).
2. In der Treibersoftware der Grafikkarte schalten Sie sowohl die *Anisotrope Filterung* als auch *Anti-Aliasing* (Kantenglättung) vollständig aus, falls noch nicht geschehen. Hinweis: Wie Sie dazu vorgehen müssen, erfahren Sie in den Abschnitten 6.4 (NVIDIA) und 6.5 (ATI).
3. Zocken Sie jetzt eine Runde und achten Sie darauf, wie stark das Game ruckelt.
4. Nachdem Sie das Spiel (hoffentlich siegreich) beendet haben, rufen Sie die Treiberoptionen wieder auf und aktivieren diesmal die *Anisotrope Filterung* und *Anti-Aliasing*. Setzen Sie beide Bildverbesserer am besten auf die Option 2x.
5. Zocken Sie jetzt Ihr Lieblingsspiel erneut mit den veränderten Treibereinstellungen; kontrollieren Sie hierbei, ob das Game jetzt deutlich stärker als vorher ruckelt. Der Test ist damit abgeschlossen.

Testauswertung

Ruckelt das Spiel noch mehr, wenn Sie die *Anisotrope Filterung* und *Anti-Aliasing* aktiviert haben, ist die Grafikkarte tatsächlich zu schwach! Sie werden um einen Neukauf nicht herumkommen! Ruckelt das Game jedoch bei eingeschalteter Kantenglättung (Anti-Aliasing) und anisotropischer Filterung gleich stark, liegt es nicht an Ihrer Grafikkarte: Sie hat genügend Zeit und Leistungsfähigkeit, um die Bildqualität ohne weitere Performanceeinbußen zu verbessern. Das Ruckeln liegt nicht an der Grafikkarte sondern daran, dass die Daten des Spiels nicht schnell genug vom System verarbeitet und an die Karte weitergeleitet werden! Abhilfe schafft in diesem Fall entweder mehr Arbeitsspeicher, eine schnellere CPU (wenn Sie einen Prozessor mit weniger als 1,8 GHz besitzen) oder ein neues, schnelleres Mainboard.

Lahme Enten und Sparversionen: die fiesen Abzockertricks der Kartenhersteller

Sie haben alles versucht, aber Ihre alte Grafikkarte ist einfach zu schlapp? Bevor Sie jetzt losstürmen, um eine schnellere Karte zu kaufen, sollten Sie unbedingt den folgenden Abschnitt aufmerksam zu Ende lesen: Selbst eine moderne Grafikkarte bürgt nicht automatisch, wie bereits erwähnt, für gute Benchmarkergebnisse und ein ruckelfreies Zocken von actionreichen Games! Es reicht schließlich nicht aus, dass die neue Grafikkarte DirectX 9 vollständig unterstützt - sie muss zusätzlich auch genügend Power haben.

Leider buhlen inzwischen einige Grafikkartenherstellern mit unseriösen Mitteln um die Käufergunst, sodass der Neukauf einer guten Grafikkarte immer schwerer wird. Ein Beispiel: Nehmen wir an, Sie haben nach ausführlicher Recherche (stets empfehlenswert vor dem Kauf neuer Hardware) im Internet bzw. mithilfe von PC-Zeitungen herausgefunden, dass die Grafikkarte "PowerMAX 3000" für ca. 200 Euro (so viel kostet in der Regel eine gute Grafikkarte) zurzeit das beste Preis-/Leistungsverhältnis besitzt. Im Computershop bzw. Fachzhandel finden Sie dagegen eine Grafikkarte namens "PowerMAX 3000 SE" für sage und schreibe 120 Euro. Ein tolles Schnäppchen? Auf keinen Fall!! Diese Karte ist nicht identisch mit dem Originalmodell - das Kürzel SE steht für "Small Edition" und nicht, wie man vielleicht anfangs vermuten könnte, „Super Edition“. SE bei einem Grafikkartenmodell bedeutet, dass die Performance der Karte in irgendeiner Weise kastriert wurde. Diese Kastrierungen fallen in der Regel ziemlich drastisch aus und werden auf der Verpackung meistens verheimlicht: Entweder besitzt die Grafikkarte nur wesentlich weniger Grafikpipelines als das Originalmodell, die Speicherschnittstelle ist nur halb so schnell oder Chip- und Speichertakt wurden stark herabgesetzt. Mit so einer kastrierten Grafikkarte werden Sie als Zocker überhaupt nicht glücklich, auch wenn der Preis noch so verlockend ist! Bestes Beispiel waren in der Vergangenheit die MX-Modelle der GeForce 4-Reihe - diese brachten im Vergleich zu den echten GeForce4-Karten nur erbärmliche Leistung! Die Verwirrung rund um die Modellbezeichnungen von Grafikkarten erreicht ihren Höhepunkt, wenn man erfährt, dass nicht alle angehängten Kürzel Leistungskastrierungen bedeuten: So ist zum Beispiel eine RADEON 9800 XT deutlich leistungsfähiger als eine RADEON 9800 oder RADEON 9800 Pro. Die Grafikkartenhersteller haben es endgültig erreicht, die Käufer durch die diversen Modellkürzel dermaßen zu verunsichern, dass kein „normaler Kunde“, der eigentlich nur eine leistungsfähige Grafikkarte kaufen will, mehr richtig durchblickt.

Fazit: Kann man beim Erwerb einer neuen Grafikkarte also nur hereinfallen? Auf keinen Fall! Mit der folgenden Vorgehensweise ist dies vollständig ausgeschlossen: Machen Sie sich vor dem Kauf mithilfe des Internets und PC-Zeitschriften kundig, welche Grafikkartenmodelle aktuell empfehlenswert sind. Beim Kauf müssen Sie dann „nur noch“ auf die exakte Grafikkartenbezeichnung achten, um nicht doch auf einen fiesen Abzockertrick hereinzufallen. Gibt es zwischen der empfehlenswerten und der im Shop vorhandenen Grafikkarte auch nur den kleinsten Unterschied in der Modellbezeichnung, lassen Sie lieber die Finger davon!

128 MByte oder 265 MByte RAM?

Fast alle modernen Grafikkarten besitzen heutzutage entweder 128 oder 256 MByte RAM. Es stellt sich die Frage, ob man wirklich eine Grafikkarte mit 256 MByte RAM zum flüssigen Zocken benötigt, da diese Modelle meistens etwas teurer sind als Karten mit „nur“ 128 MByte RAM. Ausnahmsweise lohnt es sich überhaupt nicht, mehr Geld auszugeben, denn mit einer Grafikkarte mit 256 MByte RAM erzielen Sie keinen zusätzlichen Leistungsgewinn! Das Gegenteil ist unter Umständen der Fall: Auf den Modellen mit 256 MByte RAM wird häufig langsamerer Speicher verwendet als bei Karten mit 128 MByte RAM. Die Folge: Grafikkarten mit 128 MByte RAM sind meistens einen Tick schneller als ihre Kollegen mit der doppelten RAM-Menge. Auch für das Zocken zukünftiger Games lohnt sich die Investition in eine teurere Grafikkarte mit 256 MByte RAM nicht, weil diese Karte für einen ruckelfreien Spielbetrieb nicht mehr genügend Performance besitzen wird, wenn in (ferner) Zukunft die Spiele tatsächlich 256 MByte RAM benötigen ...

Benchmark-Ergebnisse: Alles Lug und Trug?

Eine gute Frage! Schließlich gibt es einiges an dem Ermittlungsverfahren der diversen Benchmarks zur Messung der Spiel-Performance „auszusetzen“: Der PC rechnet „still vor sich hin“ - er muss auf keine Befehle seitens des PC-Users reagieren. Bei jedem Game geben Sie zum Beispiel Steuerungsbefehle, der PC muss auf Ihre Strategie reagieren oder es werden Bilder im Hintergrund für eine mögliche Wiederholung der gerade ablaufenden Szene mitgeschnitten - all das fehlt beim Leistungstest mithilfe der bisher vorgestellten Benchmark-Programme.

Realität ade: Treibermanipulationen

Zusätzlich macht den Benchamarks Folgendes zu schaffen: Die Grafikchiphersteller manipulieren die Treiber, um bei den bekannten Leistungsmessprogrammen bessere Ergebnisse zu erzielen. Die Treiber werden speziell für die Benchmark-Programme optimiert und zum Beispiel so gestaltet, dass unwichtige Details beim Benchmarken nicht dargestellt werden und sich die Karte nur auf die wichtigen Dinge konzentrieren kann. Die Folge: Es wird ein deutlich höheres Ergebnis erzielt, als dies bei unmanipulierten Treibern der Fall wäre. Es kann dadurch also sein, dass Sie laut Benchmark-Ergebnis moderne, actionreiche Games problemlos auf Ihrem PC zocken können, in der Realität die Spiele jedoch nur ruckartig verlaufen, weil die Benchmark-Resultate nicht der Wahrheit entsprechen! Zwar haben ATI und NVIDIA ihre Treibermanipulationen kleinlaut zugegeben und wieder aus der Treibersoftware entfernt; zusätzlich haben die Programmierer der bekannten Benchmark-Tools ebenfalls Maßnahmen ergriffen, um diesen Manipulationen entgegenzuwirken - es bleibt aber ein fader Beigeschmack!

Benchmarks nach wie vor aussagekräftig?

Trotz dieser Nachteile zählen die vorgestellten, großen Benchmark-Programme 3DMark2001 SE, 3DMark03 und der AquaMark 3 nach wie vor zu den zuverlässigen Leistungsermittlern, da sie zum Benchmarken aktuelle, grafikintensive Szenen benutzen, die auf realen „Grafik-Engines" für moderne Spiele beruhen. Außerdem lassen sich die Ergebnisse aufgrund der weiten Verbreitung der Benchmarks gut vergleichen. Die Resultate sind also aussagekräftig und lohnen durchaus, genauer studiert zu werden.

Eventuell vorhandene Treibermanipulationen von Seiten der Grafikchiphersteller werden meistens relativ schnell aufgedeckt und beseitigt. Den fehlenden und stets in das Spielgeschehen eingreifenden PC-User können Sie in die Benchmarks integrieren, indem Sie das Ergebnis etwas nach unten korrigieren! Hinweis: Wollen Sie die Systemleistung Ihres PC unter realsten Bedingungen mithilfe eines Lieblingsspiels benchmarken, sehen Sie im folgenden Abschnitt nach!

Reale Spielleistung ermitteln: Benchmarken mit Fraps!

Der Leistungstest mithilfe eines der bekannten Benchmarktools ist zwar aussagekräftig, da es sich um weit verbreitete Programme handelt und bei vielen PC-Tests ebenfalls diese Leistungsmessprogramme zum Einsatz kommen; allerdings benchmarken Sie damit nicht die reale Spielleistung, da beispielsweise der PC während des Tests nicht auf die Strategie des menschlichen Gegners reagieren muss. Mit der folgenden Ausführung ermitteln Sie die wirkliche Spielleistung des Rechners mithilfe Ihrer Lieblingsspiele. Realitätsnäher kann ein Benchmark-Verfahren nicht sein!

Fraps – das kleine Genie!

Für die Leistungskontrolle der wirklichen Spielperformance Ihres PCs benötigen Sie ein kleines Programm namens Fraps, das Sie sich unter *www.fraps.com* heruntersaugen dürfen! Sie haben die Wahl zwischen einer alten Freewareversion und einer Demoversion von Fraps 2.0. Die Demoversion ist für die Leistungsmessung optimal und uneingeschränkt nutzbar! Der Download der winzigen Datei ist ruck, zuck erledigt! Das Programm zeigt Ihnen während des Spieles in einer Ecke des Bildschirms an, wie viele Bilder pro Sekunde Ihr PC erreicht! Nach der Installation des Programms kann der Leistungstest beginnen:

1. Starten Sie Fraps und wechseln Sie in die Registerkarte *FPS*!
2. In der Regel lassen Sie die Voreinstellungen unverändert und wählen nur über *Overlay Corner*, in welcher Bildschirmecke die von Fraps ermittelten Ergebnisse während des Spiels angezeigt werden sollen.

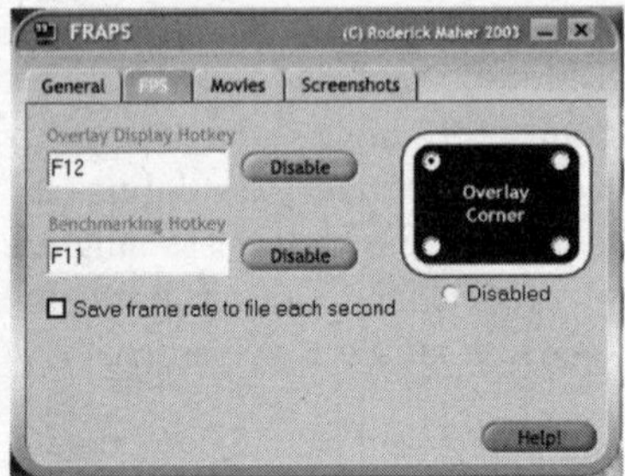

3. Lassen Sie Fraps geöffnet und starten Sie jetzt Ihr Lieblingsspiel! Fraps wird Sie über die erreichte Anzahl der Bilder pro Sekunde in der eingestellten Bildschirmecke stets auf dem Laufenden halten! Achten Sie allerdings nicht allzu sehr auf die Information - schließlich wollen Sie das Spiel gewinnen.

Polizeiverfolgung mit Fraps- bei dieser Verfolgungsjagd werden gerade 60 Bilder in der Sekunde erzielt!

Keine Leistungsmessung möglich?

Für die Leistungsmessung mit Fraps benötigen Sie eine moderne ATI- oder NVIDIA-Grafikkarte. Bei älteren Grafikkartenmodellen funktioniert Fraps häufig nicht korrekt. Leider gibt es zusätzlich ein paar Spiele, bei denen Fraps nicht funktioniert! Doch dies ist die Ausnahme: Mit den meisten alten und modernen Games gibt es allerdings keinerlei Probleme bei der Leistungsermittlung mit Fraps!

Auf die Bilder kommt es an

Sie haben einen Testlauf mit Fraps durchgeführt und Ihr Spiel siegreich zu Ende gebracht? Wunderbar! Für ein rassiges Spielvergnügen sollte Fraps zu jeder Zeit (besonders bei actionsreichen Situationen) mindestens 25-30 Bilder pro Sekunde angezeigt haben! Alles, was darunter liegt, empfindet das menschliche Auge als ruckelnde Darstellung! Je mehr Bilder pro Sekunde Ihr PC erreicht, desto besser!

Sollten bei Ihnen streckenweise nur 15-20 Bilder angezeigt worden sein, führen Sie am besten die vielen Tricks zur Performancesteigerung in diesem Buch durch und starten einen erneuten Testlauf mit Fraps - Sie werden sehen, die Mühe lohnt sich: Nach der Optimierung des Systems erreichen Sie deutlich mehr Bilder pro Sekunde - das Spiel verläuft wesentlich flüssiger und macht dadurch noch mehr Spaß! Sollte keine Besserung eintreten, ist Ihre Grafikkarte zu schwach! Wichtige Informationen zum Grafikkartenkauf bzw. wie Sie herausfinden, ob Ihre Grafikkarte wirklich schuld an der Misere ist, erfahren Sie ab Seite 298.

Welches Betriebssystem ist zum Spielen am besten?

Eine äußerst kontrovers diskutierte Frage! Es gibt Spiel-Freaks, die auf das gute alte Windows 98 SE schwören, weil dies angeblich zum Spielen die beste Performance bringt, andere sagen, Windows XP biete eine bessere Grundlage für das flüssige Spielerlebnis! Was stimmt?

Viele Spielhersteller haben Ihre Games für das immer noch weit verbreitete Windows 98 SE optimiert; lässt sich solch ein Game unter Windows XP zum Laufen bringen, ist es dort mindestens genauso schnell, da Windows XP auf Multimedia hin optimiert wurde - die moderne Multimediaschnittstelle DirectX 8.1 gehört bei Windows XP bereits zum Lieferumfang! Anders sieht es bei Windows ME und Windows 2000 aus: Beide Betriebssysteme sind weniger gut für rasante Spiele zu gebrauchen, da sie (bei Windows ME = nur ein „aufgeblasenes" Windows 98 SE) mit zusätzlichen Tools und Programmen von Microsoft derart „zugerümpelt" sind, dass die Leistung auf der Strecke bleibt, oder (bei Windows 2000) von Microsoft nicht als Spielsystem konzipiert worden sind - die Spielperformance ist relativ schlecht!

6.4 ForceWare-Tuning für NVIDIA

Grafikkarten veralten relativ schnell: Was heute noch das leistungsfähigste Top-Modell ist, will in ca. drei Monaten keiner mehr haben, weil es angeblich leistungsmäßig zu schwach sei! Gerade die beiden Marktführer NVIDIA und ATI sind dafür bekannt, regelmäßig leistungsfähigere Grafikkarten herauszubringen.

Müssen Sie also als Spiel-Freak alle drei Monate Ihre Grafikkarte austauschen? Auf keinen Fall! Mit den folgenden Tipps und Tricks holen Sie aus jeder NVIDIA-Karte die maximale Leistung heraus, sodass Sie lange an ihr Freude haben! Hinweis: Besitzer einer ATI-Karte springen zum Abschnitt 6.5.

Geheimtipp: Versteckte Features bei ForceWare freischalten

Wie die Detonator-Treiber besitzen die neuen Grafikkartentreiber von NVIDIA einige versteckte Features, die nur darauf warten, ans Licht der PC-Welt befördert zu werden.

Bevor es mit dem Tuning der NVIDIA-Treiber losgeht, sollten Sie diese Features (zum Beispiel Konfiguration der AGP-Rate oder Overclocking-Utility) freischalten.

Das Hervorzaubern der verborgenen Optionen erreichen Sie entweder manuell über die Registry (sehr mühsam) oder mithilfe des Tuningtools NVHardPage, das Sie sich unter *www.guru3d.com* kostenlos herunterladen können.

1 Starten Sie das Programm nach dem Entpacken der komprimierten Datei mit einem Doppelklick auf die Datei *NVHardPage.exe* - eine Installation ist nicht erforderlich. Nach dem Programmstart bestimmen Sie zunächst per Klick auf *Options* die gewünschte Sprache.

2 In der Registerkarte *Tweaks* aktivieren Sie die verborgenen Features der ForceWare über die entsprechende Schaltfläche (*Cool Bits AN, Hardware Optionen AN, AGP Optionen AN*). Die Schaltfläche *Leistung/Qualität AN* brauchen Sie in der Regel nicht anzuklicken, da dieses Feature bei den aktuellen Treiberversionen bereits automatisch vorhanden ist.

Verlassen Sie das Programm anschließend wieder - das Tuning der NVIDIA-Treiber kann beginnen!

Bei Problemen: AGP-Modus individuell konfigurieren

Bei Ihnen treten während des Zockens häufig Abstürze auf - der PC steht plötzlich still? Diese Verhaltensweise des Rechners kann ihren Ursprung in AGP-Inkompatibilitäten zwischen Mainboard und Grafikkarte haben.

Ändern Sie probeweise die Einstellungen bezüglich des Datentransfers über den AGP-Bus, um die Probleme in den Griff zu bekommen!

Hinweis: Die AGP-Einstellungsmöglichkeit ist bei den NVIDIA-Treibern standardmäßig versteckt, Sie müssen diese, falls noch nicht geschehen, vorher mit NvHardPage hervorzaubern.

1. Rechtsklick auf eine freie Stelle des Windows-Desktop; im erscheinenden Menü wählen Sie *Eigenschaften* aus und öffnen anschließend die Registerkarte *Einstellungen*. Klicken Sie rechts unten auf *Erweitert* und öffnen Sie die Registerkarte mit dem Namen Ihrer NVIDIA-Grafikkarte.

2. Im nach links aufklappenden Fenster markieren Sie den Eintrag *AGP-Einstellungen*. Im rechten Hauptfenster sollten Sie bei Problemen zunächst die Optionen *Fast Writes* und *Sideband-Adressierung* deaktivieren. Harmonieren Grafikkarte und Mainboard nicht hundertprozentig, kann es, wenn beide Optionen aktiviert sind, zu Systeminstabilitäten kommen. Deaktivieren Sie beide Optionen nur im Notfall, da beide für zusätzliche Grafik-Performance sorgen!

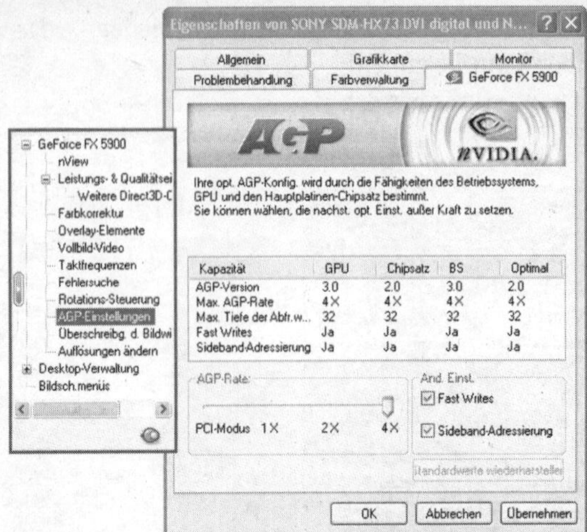

3 Starten Sie anschließend den Rechner neu und zocken die nächste Runde. Treten immer noch Abstürze auf, reduzieren Sie zusätzlich die AGP-Transferrate mithilfe des Schiebereglers unter *AGP-Rate*.

AGP Fast-Writes & Sideband-Adressing:

AGP Fast-Writes dient genauso wie die Funktion Sideband-Adressing zur Beschleunigung des Datentransfers über die AGP-Schnittstelle.

Während bei Sideband-Adressing der Grafikkarte zusätzliche Kanäle zur Verfügung stehen, um Daten und Steuerbefehle getrennt zu übertragen, kann die Grafikkarte durch die Option AGP Fast-Writes die Daten direkt (ohne den üblichen Umweg über den Arbeitsspeicher) mit der CPU austauschen, was zu einer Leistungssteigerung führt.

AGP Fast-Writes beherrschten als erste Grafikkarten die mittlerweile veralteten GeForce 256-Modelle von NVIDIA.

Holen Sie das letzte Quentchen Leistung aus Ihrer Grafikkarte!

Was nützt die teuerste und leistungsfähigste Grafikkarte, wenn die Treibereinstellungen nicht optimal sind und daher die Karte ausgebremst wird?

Mit den folgenden Tricks holen Sie durch professionelle Einstellungen die optimale Leistung aus Ihrer NVIDIA GeForce-Grafikkarte heraus!

AGP-Einstellungen checken!

Bevor es richtig mit dem Treibertuning losgeht, checken Sie, ob die AGP-Einstellungen optimal konfiguriert sind. Stimmt die hardwaremäßige Basis nämlich nicht, erreichen Sie auch keine gute Grafik-Performance!

Bei der Installation des Treibers wird die optimale AGP-Konfiguration automatisch ermittelt. In der Regel klappt dies zwar gut, aber eine Kontrolle ist noch besser!

Prüfen Sie über den Eintrag *AGP-Einstellungen* im Fenster mit den NVIDIA-Treiberoptionen (siehe Seite 306), ob, falls Mainboard und Grafikkarte diese Features unterstützen (in der Spalte *GPU* und *Chipsatz* erkennbar), sowohl die Option *Fast Writes* als auch *Sideband-Adressing* aktiviert ist, um für einen möglichst flotten Datentransfer über die AGP-Schnittstelle zu sorgen.

Zum Abschluss prüfen Sie, ob die schnellste *AGP-Rate*, die Mainboard und Grafikkarte gemeinsam unterstützen, eingestellt ist.

Mehr Performance zum Nulltarif!

Mit den folgenden Einstellungen versetzen Sie Ihrer Grafikkarte einen mächtigen Performance-Schub, der allerdings etwas zu Lasten der Bildqualität geht.

1 Rechtsklick auf eine freie Stelle des Windows-Desktop; im Menü wählen Sie *Eigenschaften* aus und öffnen anschließend die Registerkarte *Einstellungen*! Klicken Sie auf *Erweitert* und wechseln Sie in die Registerkarte mit dem Namen Ihrer NVIDIA-Grafikkarte.

2 Markieren Sie im nach links aufklappenden Fenster den Eintrag *Leistungs- und Qualitätseinstellungen*. Unter *Anwendungsprofile* wählen Sie zunächst den Eintrag *Globale Treiber-Einstellungen* aus.

3 Für maximale Grafik-Performance klicken Sie danach im rechten Fensterbereich auf den Eintrag *Anti-Aliasing-Einstellungen*, deaktivieren die Option *Anwendungsgesteuert* und positionieren danach den Schieberegler auf *Aus*.

Durch Anti-Aliasing wird die Grafikqualität etwas verbessert (es werden beispielsweise Kanten geglättet) - das kostet viel Rechenpower, die Geschwindigkeit sinkt rapide! Daher unsere Empfehlung: Deaktivieren Sie Anti-Aliasing über die Option *Aus* - hierdurch wird die Bildqualität kaum merklich schlechter!

Wollen Sie auf die Kantenglättung nicht verzichten und besitzen eine leistungsfähige NVIDIA-Karte ist *2xQ* (Q steht für *Quincunx*) die ideale Einstellung; hierbei handelt es sich um eine patentierte NVIDIA-

Technik, die fast die Qualität von 4x-Anti-Aliasing erreicht - die Performance dagegen entspricht dem schnelleren (aber qualitativ nicht so hochwertigen) 2x-Anti-Aliasing.

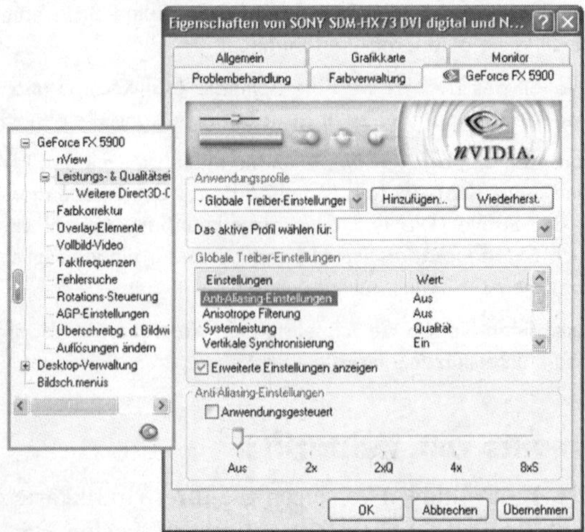

4 Für rasante Grafik-Performance klicken Sie zusätzlich auf den Eintrag *Anisotrope Filterung,* deaktivieren die Option *Anwendungsgesteuert* und bringen den Schieberegler in die Position *Aus.*

Die anisotrope Filterung verwendet eine Textur-Filtertechnik, die mehrere Texturmuster miteinander vermischt - heraus kommt ein äußerst detailliertes, scharfes Bild. Für maximale Spiel-Performance sollten Sie allerdings auf die anisotrope Filterung verzichten.

Nur bei modernen, leistungsfähigen Grafikkarten ist es empfehlenswert, die anisotrope Filterung zu aktivieren - allerdings ist meistens nur die Einstellung *2x* sinnvoll, da sonst das Spiel stark ruckelt, schließlich benötigt die anisotrope Filterung viel Grafik-Performance.

5 Als Nächstes markieren Sie den Eintrag *Systemleistung* und setzen den Schieberegler auf *Leistung.*

Hinweis: Wenn Sie den Schieberegler in die Stellung *Hohe Leistung* bringen, erzielen Sie zwar eine noch etwas bessere Grafikperformance, allerdings leidet hierunter die Bildqualität enorm, sodass diese Einstellung nicht empfehlenswert ist.

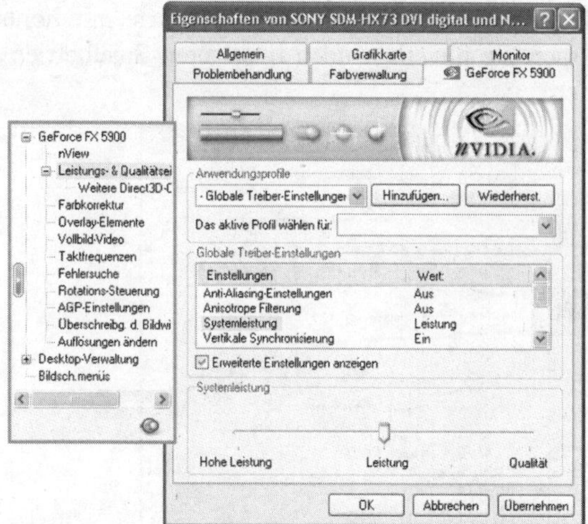

6 Markieren Sie zum Abschluss der Tuning-Tour den Eintrag *Mipmaps erzwingen*; damit dieser sichtbar ist, müssen Sie vorher die Option *Erweiterte Einstellungen anzeigen* einschalten.

Den Schieberegler für *Mipmaps erzwingen* setzen Sie für maximale Leistung auf die Option *Keine*. Besitzen Sie dagegen eine moderne, leistungsstarke Grafikkarte und bevorzugen eine ausgezeichnete Bildqualität, nutzen Sie die Option *Trilinear*.

Feintuning für DirectX-Games

Die aktuellen ForceWare-Treiber bieten leider nur sehr wenige Feintuning-Möglichkeiten in Bezug auf DirectX-Spiele; die zusätzlichen Optionen im Fenster *Leistungs- & Qualitätseinstellungen* sind nämlich ausschließlich für Spiele auf OpenGL-Basis.

Möchten Sie mehr Einstellmöglichkeiten haben (Stichwort: Vertikale Synchronisation usw.), müssen Sie zu einem separaten Tuningtool greifen - siehe Seite 317.

1 Markieren Sie in den Treiberoptionen Ihrer NVIDIA-Grafikkarte im linken Fenster unter *Leistungs- und Qualitätseinstellungen* den Eintrag *Direct3D-Einstellungen*, um den Grafikkartentreiber für DirectX-Spiele zu optimieren! Hier nehmen Sie für maximale Grafik-Performance und perfekten Spielspaß bei DirectX-Games folgende Änderungen vor:

2 Für perfekte Leistung setzen Sie bei einer etwas älteren, relativ leistungsschwachen Grafikkarte die Option *Max. Bilder im Voraus rendern* auf *0*! Besitzen Sie dagegen eine moderne Karte mit hoher Grafikperformance lassen Sie für einen noch flüssigeren Spielbetrieb *3* Bilder im Voraus rendern.

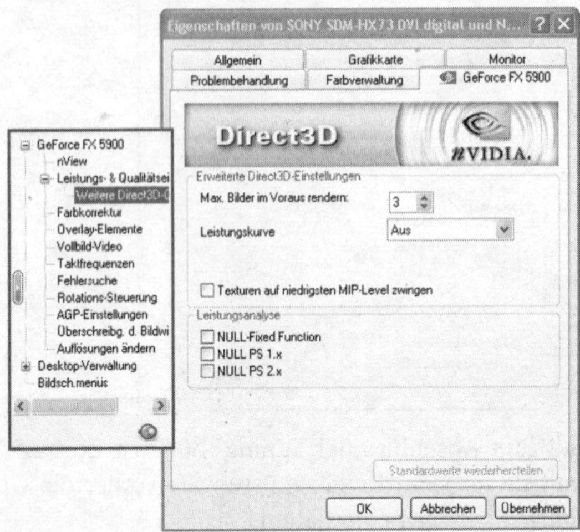

3 Des Weiteren wählen Sie hinter *Leistungskurve* den Eintrag *Aus*, deaktivieren die Option *Texturen auf niedrigsten MIP-Level zwingen* (eingeschaltet kann die Option zu Darstellungsprobleme in diversen Games führen) und schalten ebenfalls alle Einträge unter *Leistungsanalyse* aus.

4 Nach Ihren Einstellungen verlassen Sie das Fenster per Klick auf *OK*! Die Treiber-Optimierungen für höchste Performance bei DirectX-Spielen sind damit abgeschlossen!

Feintuning für OpenGL-Spiele

Das Feintuning für perfekte Performance bei OpenGL-Spielen konfigurieren Sie folgendermaßen:

1 In der linken Fensterhälfte der Treiberoptionen Ihrer NVIDIA-Grafikkarte markieren Sie, falls noch nicht geschehen, *Leistungs- und Qualitätseinstellungen* und aktivieren im rechten Fensterbereich die Option *Erweiterte Einstellungen anzeigen*.

2 Schalten Sie aus Kompatibilitätsgründen unbedingt die Option *Übereinstimmende Texture-Clamp* ein. Sollte es bei einem Spiel auf OpenGL-Basis Probleme geben, deaktivieren Sie diese Option probeweise wieder.

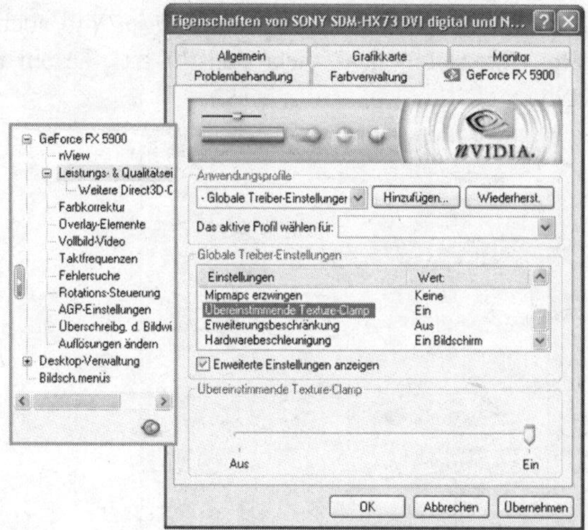

3 Klicken Sie auf den Eintrag *Vertikale Synchronisierung*, deaktivieren Sie darunter die Option *Anwendungsgesteuert* und schalten Sie die *Vertikale Synchronisation* (Details hierzu siehe Seite 318) je nach Systemkonfiguration ein oder aus. Bei einem Röhrenmonitor sollten Sie sie in der Regel deaktivieren - bei einem modernen TFT-Display ist dagegen das Einschalten der vertiaklen Synchronisation empfehlenswert, um das Zerreißen des Bildes zu verhindern. Hinweis: Die Konfiguration der vertikalen Synchronisierung gilt nur für Games auf OpenGL-Basis!

4 Die Tuning-Tour ist damit bereits abgeschlossen; klicken Sie auf *OK*. Wenn Sie mehr Einstellmöglichkeiten wünschen, benötigen Sie ein separates Tuning-Tool - siehe Seite 317).

So geht's: Für jedes Spiel optimale Treibereinstellungen!

Häufig werden Sie feststellen, dass die für Spiel 1 optimale Treibereinstellung bei Spiel 2 nicht perfekt ist: Bei Spiel 1 dürfen Sie beispielsweise für maximale Bildqualität die Kantenglättung einschalten, bei Spiel 2 muss diese dagegen für einen ruckelfreien Betrieb deaktiviert sein! Warum legen Sie sich nicht so genannte Spielrprofile an, damit Sie jedes Spiel mit den optimalen Einstellungen zocken?

Die Treibersoftware von NVIDIA bietet im Bereich Leistungs- und Qualitätseinstellungen die Möglichkeit, eigene Anwendungsprofile zu erzeugen.

1 Hierzu klicken Sie auf die Schaltfläche *Hinzufügen* und suchen sich die Programmdatei (Exe-Datei) des Spiels aus, für das Sie ein neues Profil erstellen möchten.

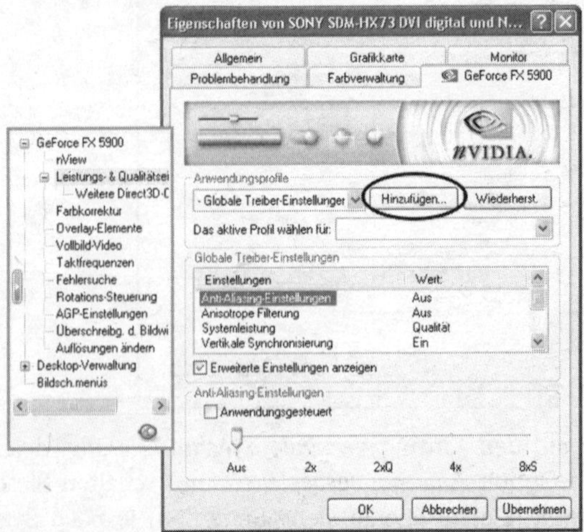

2 Danach wählen Sie unter Anwendungsprofile das neu angelegte Profil aus und bestimmen im Fenster darunter, welche Treiberoptionen im Profil berücksichtigt werden sollen. Hierzu setzen Sie ein Häkchen vor den entsprechenden Eintrag und konfigurieren ihn nach Ihren Wünschen. Zum Abschluss klicken Sie auf *Übernehmen*, um die Änderungen im Profil zu speichern.

3 Sobald Sie das Spiel, für das Sie gerade ein neues Profil erstellt haben, starten, werden automatisch die von Ihnen im Spielprofil festgelegten Treiberoptionen aktiviert. Sollte diese Autoamtik einmal versagen, haben Sie zusätzlich die Möglichkeit, das entsprechende Profil im Notfall manuell über das Kontextmenü des NVIDIA-Symbols unten rechts in der Taskleiste vor Spielstart auszuwählen.

Farbbalance und Helligkeit optimieren

Es ist zwar kein Tuning-Trick für „Performancesüchtige", aber unter Umständen ist es notwendig, Farb- und Helligkeitskorrekturen für das ein oder andere Spiel durchzuführen. Gerade manche TFT-Displays bieten beispielsweise eine schlechte Helligkeitsregelung an, sodass man diese über die Treibersoftware der Grafikkarte durchführen muss.

1 Rechtsklick auf eine freie Stelle des Windows-Desktop und anschließend *Eigenschaften* ausgewählt. Öffnen Sie die Registerkarte *Einstellungen* und klicken Sie unten auf die Schaltfläche *Erweitert*!

2 In der Registerkarte mit dem Namen Ihrer NVIDIA-Grafikkarte markieren Sie im nach links aufklappenden Fenster den Eintrag *Farbkorrektur*.

3 Im erscheinenden Fenster dürfen Sie jetzt die gewünschten Änderungen mithilfe der zahlreichen Schieberegler vornehmen, um Farbbalance, Helligkeit und Kontrast nach Ihren Wünschen einzustellen! Das Ergebnis Ihrer Änderungen wird sofort sichtbar! Interessant ist das Feature *Digitale Schwingung* für leuchtende, brilliante Farben und *Bildschärfung*, das bei modernen GeForce-Grafikkarten zur Verfügung steht - mit dieser Option wird ein deutlich schärferes Bild erzielt.

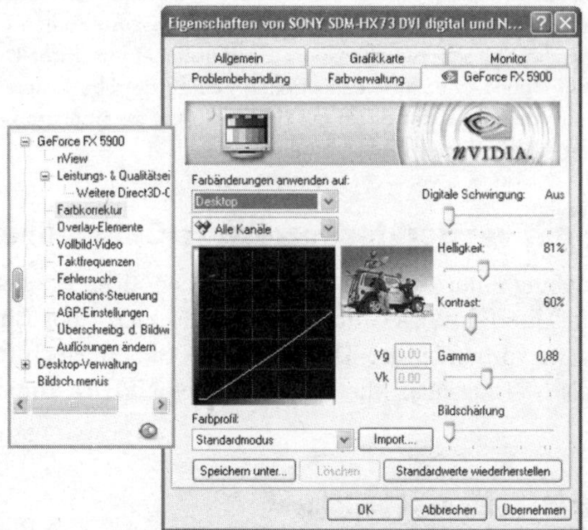

4 Wenn Sie die optimalen Einstellungen für Ihren Monitor gefunden haben, speichern Sie diese ab. Das gespeicherte Farbprofil wird automatisch beim Start von Windows XP geladen. Haben Sie für verschiedene Games mehrere Farbprofile erzeugt, wählen Sie das gewünschte am schnellsten mit einem Rechtsklick auf das NVIDIA-Symbol unten rechts in der Taskleiste aus.

So machen es Profis: NVIDIA-Grafikkarten übertakten!

Selbst nach allen bereits in diesem Kapitel aufgezeigten Optimierungen finden Sie Ihre Grafikkarte noch zu langsam? Kein Problem! Mit Overclocking legen Sie bei Ihrer Grafikkarte den Turbogang ein! Natürlich ist es Blödsinn, eine topaktuelle, leistungsfähige Grafikkarte durch Übertaktung „in die Luft zu jagen"! Sie sollten nur ältere Modelle, die Sie eigentlich schon längst gegen eine leistungsfähigere Karte ausrangieren wollten, durch Overclocking ans Leistungslimit bringen, um damit noch einmal viel Spaß zu haben!

VORSICHT: Das Übertakten (= das Betreiben einer Hardwarekomponente außerhalb der erlaubten Spezifikationen) kann bei unsachgemäßer Handhabung zu Beschädigungen führen - halten Sie sich daher genau an die Anweisungen, um die Wahrscheinlichkeit einer Beschädigung so gering wie möglich zu halten; eine Garantie können wir Ihnen allerdings nicht geben!

INFO

Grafikkarte übertakten – Für bessere Kühlung sorgen!

Eine übertaktete Grafikkarte wird – weil Sie mehr zu schaffen hat – natürlich auch heißer; daher sollten Sie beim Übertakten immer für eine optimale Kühlung der Komponenten sorgen! Bauen Sie beispielsweise einen zusätzlichen Gehäuselüfter ein, um den Luftaustausch zwischen dem Gehäuseinnern und der Umgebungsluft zu verbessern! Häufig ist es für einen stabilen Betrieb der übertakteten Grafikkarte sinnvoll, einen stärkeren Lüfter direkt auf dem Chipsatz zu montieren und die Speicherbausteine mit Kühlrippen zu versorgen!

Grafikkarte mit versteckter ForceWare-Option übertakten

Für das Overclocking einer GeForce-Grafikkarte benötigen Sie keine spezielle Software, da ein Übertaktungs-Utility mit dem Namen Cool Bits bereits in der Treibersoftware vorhanden ist. Dieses müssen Sie nur noch freischalten - zum Beispiel mit NVHardPage, wie zu Beginn des NVIDIA-Tuningabschnitts beschrieben.

GeForce-Grafikkarte gefahrlos übertakten!

1 Rechtsklick auf eine freie Stelle des Windows-Desktop und *Eigenschaften* ausgewählt! Öffnen Sie die Registerkarte *Einstellungen* und klicken unten auf die Schaltfläche *Erweitert*!

2 Hüpfen Sie in die Registerkarte, die den Namen Ihrer Grafikkarte trägt, und markieren Sie im nach links aufklappenden Fenster den Eintrag *Taktfrequenzen*!

3 Im rechten Hauptfenster aktivieren Sie zunächst die Option *Manuelle Übertaktung* und wählen darunter hinter *Einstellungen*, ob die Übertaktung für den 2-D- oder 3-D-Betrieb gelten soll. Für mehr Grafik-Performance bei Spielen stellen Sie hier *Leistung (3D)* ein und schieben darunter zur Übertaktung beide Schieberegler für die *Kern-Taktfrequenz* (Chiptakt) und die *Speichertaktfrequenz* etwas (maximal um 5-10 MHz mehr, andernfalls riskieren Sie die Beschädigung Ihrer Grafikkarte!)

nach rechts! Wenn Sie die Einstellung vorgenommen haben, klicken Sie auf die Schaltfläche *Änderungen testen*, um die Übertaktungseinstellungen zu testen!

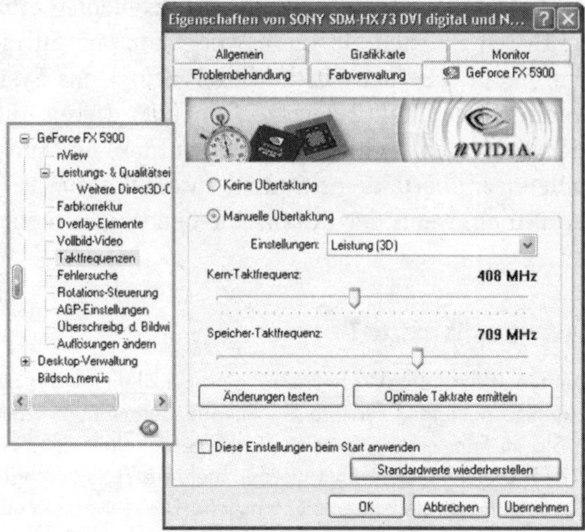

4 Nach dem erfolgreichen Absolvieren des Übertaktungstests (es treten währenddessen keine Bildstörungen auf) schließen Sie die Treibereinstellungen über *OK*! Als Nächstes sollten Sie die Grafikkarte richtig stressen, beispielsweise mit mehreren Durchläufen eines grafikintensiven Benchmarks, den Sie mehrmals hintereinander durchlaufen lassen! Auf diese Weise finden Sie heraus, ob die übertaktete Grafikkarte auch unter voller Belastung und über längere Zeit immer noch fehlerfrei und stabil ihre Arbeit verrichtet!

5 Tauchen bei den Benchmark-Durchläufen Pixelfehler auf bzw. stürzt das System ab, ist dies ein deutliches Zeichen dafür, dass die übertaktete Grafikkarte zu heiß wird - Sie müssen die Übertaktung wieder etwas reduzieren!

Hinweis: Möchten Sie die Übertaktung wieder rückgängig machen, klicken Sie auf die Schaltfläche *Standardwerte wiederherstellen*! Ein Klick auf diese Schaltfläche ist auch empfehlenswert, wenn Sie die Standardfrequenzen der Grafikkarte nicht mehr kennen - schließlich ruiniert ein allzu starkes Overclocking auf Dauer jede Karte!

Grafikkartenperformance maximal ausreizen

Sie gehören zu den wagemutigen PC-Benutzern? Prima! Holen Sie per Overclocking das letzte Quentchen Leistung aus der Karte heraus, indem Sie diese bis an ihre Schmerzgrenze übertakten! Öffnen Sie die Treibereinstellungen und ziehen die beiden Schieberegler noch etwas weiter nach rechts (maximal 5-10 MHz)! Anschließend lassen Sie wieder ein grafikintensives Benchmark-Programm laufen! Gibt es keinerlei Abstürze und Pixelfehler, erhöhen Sie die Taktraten weiter. Tasten Sie sich auf diese Weise langsam an die Leistungsgrenze Ihrer Karte heran! Hierbei gilt die Regel: Stürzt das System nach einer weiteren Erhöhung der Taktfrequenzen ab oder treten Bildfehler auf, schieben Sie beide Regler ein deutliches Stück zurück, um auch unter Volllast ein stabil laufendes, übertaktetes System zu erhalten! Was bringt Ihnen die höchste Übertaktung, wenn der PC anschließend nicht mehr stabil seine Arbeit verrichtet?

Overclocking-Automatik nutzen?

Seit kurzer Zeit bietet der ForceWare-Treiber eine Funktion, mit der Sie die optimalen Overclocking-Einstellungen für Ihre Grafikkarte automatisch ermitteln können: Dazu klicken Sie im Fenster der Overclocking-Eigenschaften auf die Schaltfläche *Optimale Taktrate ermitteln*. Daraufhin werden mehrere Tests durchgeführt, um die optimalen Übertaktungseinstellungen zu ermitteln. Die entsprechenden Taktarten werden automatisch eingestellt. So komfortabel diese Automatik ist, Sie sollten sich nicht darauf verlassen! Werden beispielsweise aufgrund eines Fehlers zu hohe Werte ermittelt, können Sie Ihre Grafikkarte beschädigen! Führen Sie daher das Overclocking lieber vorsichtig in kleinsten Schritten manuell durch, das ist sicherer - außerdem können Sie dann im Freundeskreis behaupten, Ihre Grafikkarte eigenhändig an die Leistungsgrenzen getrieben zu haben.

Übertaktungseinstellungen automatisch beim Start laden!

Sie haben die optimale Einstellung für das Übertakten Ihrer Grafikkarte gefunden? Herzlichen Glückwunsch! Sie sollten zum Abschluss noch dafür sorgen, dass diese Einstellungen automatisch beim Start des Betriebssystems aktiviert werden! Dafür öffnen Sie die Registerkarte mit den Übertaktungsoptionen erneut und aktivieren dort unter den Schiebereglern zur Übertaktung die Option *Diese Einstellungen beim Start anwenden*! Sollte sie nicht aktivierbar sein, müssen Sie zunächst noch einmal die Schaltfläche *Änderungen testen* anklicken!

Genial: Übertaktete Grafikkarte im 2-D-Betrieb schonen

Haben Sie Ihre Grafikkarte für perfektes Spielvergnügen im 3-D-Betrieb stark übertaktet, sollten Sie ihr im 2-D-Betrieb (*Standard (2D)*) eine Verschnaufpause gönnen: Untertakten Sie hier die Karte, indem Sie eine deutlich niedrigere Frequenz als die Standardfrequenz einstellen - das macht sich im

Windows-Alltag in der Regel nicht bemerkbar! Auf diese Weise kann die Grafikkarte schneller abkühlen und hält daher auch etwas länger!

Mehr Tuning-Features für DirectX & OpenGL aufdecken

Im Internet gibt es viele kostenlose Tuningtools für NVIDIA-Grafikkarten, mit denen Sie das Handling der verschiedenen Spieleinstellungen optimieren oder weitere Features aufdecken. Im Folgenden stellen wir Ihnen das geniale Tool NVHardPage etwas genauer vor und zeigen Ihnen, wie Sie damit beispielsweise die Vertikale Synchronisation für DirectX-Games konfigurieren.

Feintuning für Profis mit NVHardPage!

Mit der bereits am Anfag des NVIDIA-Tuningabschnitts eingesetzten Freeware NVHardPage, die Sie sich kostenlos unter *www.guru3d.com* herunterladen dürfen, optimieren Sie Ihre GeForce-Karte mit wenigen Klicks. Hinweis: Die Änderungen werden sofort wirksam.

1 In den Registerkarten *Direct3D* und *OpenGL* finden Sie viele Einstellungsmöglichkeiten, die die „regulären" Treiberoptionen nicht bieten.

2 Sie können für maximale Bildqualität bei DirectX-Games beispielsweise die Tiefe des Z-Buffers festlegen und den W-Buffer aktivieren, falls trotz aktiviertem Z-Buffer immer noch Grafikkartefakte entstehen. Für mehr Performance stellen Sie beide Optionen jedoch auf *Disable*!

3 Außerdem haben Sie die Möglichkeit, die Texturschärfung (*Texture sharp*) bei einer leistungsstarken Grafikkarte für ein gestochen scharfes Bild zu aktivieren bzw. für maximale Leistung zu deaktivieren.

4 Die Vertikale Synchronisation für DirectX-Spiele schalten Sie für optimale Spielleistung aus (klicken Sie hinter *Vertical sync* auf *AUS*)! Sollten beim Spielbetrieb Grafikfehler (beispielsweise „Zerreißen" des Bildes oder ruckartige Bewegungen) auftreten, kann es nützlich sein, die vertikale Synchronisation per Klick auf *AN* einzuschalten (siehe folgender Info-Kasten)!

5 Wollen Sie genauere Informationen über die einzelnen Einträge, klicken Sie rechts auf die Schaltfläche *Info*. Bei einigen Optionen, die für die Bildverbesserung zuständig sind, erhalten Sie einen Vorgeschmack auf die Auswirkungen der jeweiligen Einstellungsmöglichkeiten angezeigt (siehe bei anisotropischer Filterung) - das ist äußerst praktisch.

INFO

Vertikale Synchronisation: Was ist das?

Jeder PC-Monitor schafft maximal eine gewisse Anzahl von Bildern pro Sekunde (beispielsweise 75 Hz - das Bild wird 75-mal pro Sekunde neu aufgebaut); ist die Grafikkarte in der Lage, bei einer Anwendung mehr Bilder pro Sekunde zu liefern, als der Monitor darstellen kann, werden die Bewegungen im Spiel nur noch ruckartig dargestellt - der Monitor ist überlastet! Durch die vertikale Synchronisation wird die Grafikkarte so ausgebremst, dass sie nur so viele Bilder pro Sekunde liefert, wie der Bildschirm darstellen kann - das Ruckeln hat ein Ende!

Durch die vertikale Synchronisation kann die topaktuellste, leistungsfähigste Grafikkarte durch einen alten, schwachen Monitor zur „Schnecke" gemacht werden!

Bei einem modernen Monitor, der bis zu 85- bzw. 100-mal das Bild neu aufbaut, schalten Sie die vertikale Synchronisation ab, um maximale Spielperformance zu haben! Besitzen Sie dagegen einen Bildschirm, der nur 60 Hz Bildwiederholfrequenz beherrscht, (beispielsweise viele moderne TFT-Displays) sollte die vertikale Synchronisation für ruckelfreien Spielbetrieb in der Regel eingeschaltet werden!

Eine raketenartige Optimierung sowohl für Direct3D- als auch OpenGL-Spiele erreichen Sie über einen Klick auf *Presets* - Sie dürfen hier zwischen Bildqualität und Performance wählen und optimieren die Grafikkartenleistung per „Knopfdruck" nach Ihren Wünschen - schneller geht es wirklich nicht!

Weitere Tuningtools für NVIDIA-Grafikkarten

Im Internet gibt es neben NVHardPage eine Reihe weiterer nützlicher Übertaktungs- und Tuning-Tools; im Folgenden finden Sie drei weitere „Exemplare", die empfehlenswert sind:

- **Riva Tuner** (optimales Tuning-Tool für NIVIDIA-Grafikkarten) deckt viele versteckte Treibereinstellungen auf - für „GeForce-Profis" sehr empfehlenswert; downloadbar beispielsweise unter *www.guru3d.com.*
- **Geforce Tweak Utility** (Tuning- und Übertaktungs-Tool für GeForce-Grafikkarten) deckt viele Geheimoptionen der GeForce-Grafikkarten auf; downloadbar unter *www.guru3d.com.*
- **NVMax** (Tuning-Tool für NVIDIA-Grafikkarten; downloadbar unter *http://www.overclocker-tools.de.* In der Downloadsektion der Grafik-Tweaks finden Sie weitere interessante Tools für das Tuning von NVIDIA-Grafikkarten.

6.5 Power-Tuning für ATI-RADEON

Neben der GeForce von NVIDIA zählen die RADEON-Grafikkarten von ATI zu den beliebtesten auf dem PC-Markt. Bei den Catalyst-Treibern für ATI RADEON-Grafikkarten müssen Sie zusätzlich zu der eigentlichen Treiberdatei das „ATI Control-Panel" downloaden, um die genauen Treibereinstellungen vornehmen zu können. Hinweis: Bevor es mit dem Tuning losgeht, checken Sie, ob die AGP-Konfiguration Ihrer Grafikkarte optimal (für maximale Leistung) eingestellt ist - Näheres hierzu erfahren Sie auf Seite 325.

Treibertuning für DirectX-Spiele

Die Treibereinstellungen von ATI sind sehr anwenderfreundlich gestaltet, sodass Sie mit wenigen Einstellungen bereits das Optimum aus Ihrer RADEON-Karte herausholen!

1 Rechtsklick auf eine freie Stelle des Windows-Desktop und *Eigenschaften* ausgewählt! Öffnen Sie die Registerkarte *Einstellungen* und klicken unten auf die Schaltfläche *Erweitert*

2 !Hüpfen Sie in die Registerkarte *ATI 3D* und aktivieren Sie unter *3D-Einstellungen für* den Eintrag *Direct3D.* Über den Schieberegler rechts daneben dürfen Sie zwischen maximaler Performance und optimaler Bildqualität wählen. In der Voreinstellung steht der Regler auf der Mittelposition - in der Regel ein ganz guter Kompromiss! Wollen Sie allerdings auch noch die letzte Leistungsreserve aus Ihrer Karte „quetschen", verzichten Sie lieber auf die vorkonfigurierten Profile, aktivieren *Benutzerdefinierte Einstellungen verwenden* und wählen darunter die Schaltfläche *Benutzerdefiniert*!

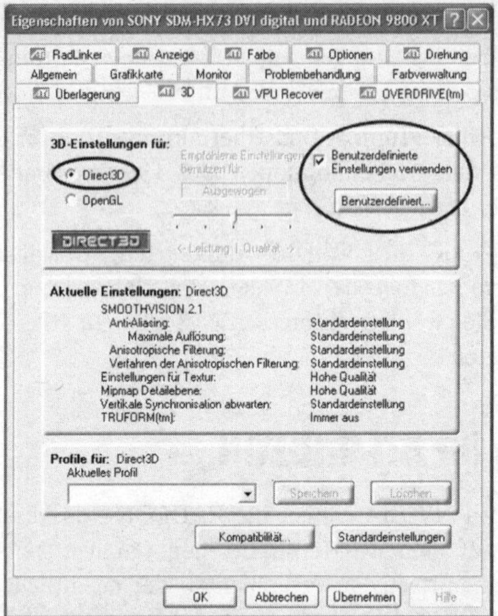

3 Aktivieren Sie unter *Benutzerdefinierte Einstellungen* bei *Anti-Aliasing* und *Anisotropische Filterung* auf jeden Fall den Eintrag *Standardeinstellung* - wenn das nicht automatisch geschehen ist! In der Standardeinstellung sind beide Bildverbesserer - aber auch „Performancevernichter" - so gut wie deaktiviert (völlig abschalten lassen sie sich leider nicht). Besitzen Sie dagegen eine leistungsfähige, moderne RADEON-Grafikkarte, können Sie mit den Einstellungen bezüglich Anti-Aliasing und anisotropischer Filterung „spielen".

Deaktivieren Sie bei beiden die Option *Standardeinstellung* und setzen *Anti-Aliasing* beispielsweise auf *2x* und die *Anisotropische Filterung* ebenfalls auf *2x* bei gleichzeitiger Aktivierung der Option *Leistung*.

4 Ziehen Sie die Schieberegler bei den Optionen *Einstellungen für Textur* und *Mipmap Detailebene* für volle Grafikpower ganz nach links! Dadurch wird Ihre RADEON-Karte zu einem Rennpferd - bedenken Sie jedoch, dass die Bildqualität durch diese Einstellungen ziemlich leidet!

Ein guter Kompromiss stellt die Einstellung *Qualität* dar; bei modernen RADEON-Karten können Sie auch *Höchste Qualität* nutzen, ohne Performance-Einbrüche erleben zu müssen.

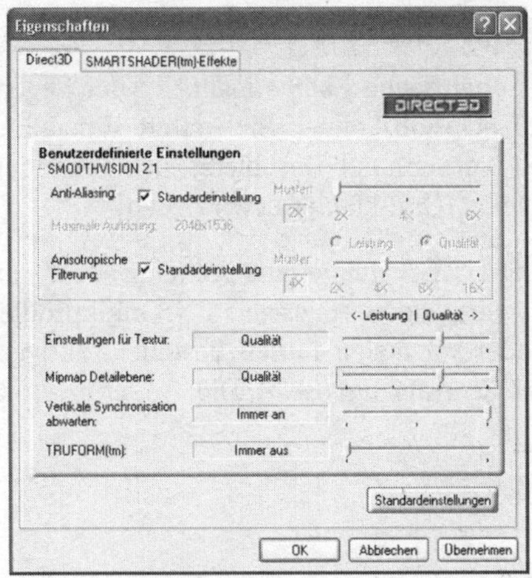

5 Als Nächstes setzen Sie die Option *Vertikale Synchronisation abwarten* auf *Immer aus*! Treten Bildstörungen („Zerreißen" des Bildes bzw. ruckartige Bewegungen) auf, aktivieren Sie diese Option probeweise (siehe Info-Kasten auf Seite 318)! Die ATI-spezifische Technik *TRUFORM(tm)* zur Optimierung von Körperdarstellungen sollten Sie zugunsten einer maximalen Grafikleistung deaktivieren (auf *Immer aus* setzen).

6 Wechseln Sie in die Registerkarte *SMARTSHADER(tm)-Effekte* und kontrollieren, dass hier kein Effekt ausgewählt ist. Mithilfe der SMARTSHADER-Effekte können Sie beispielsweise durch Farbveränderung ein Spiel „alt aussehen" lassen. Für maximale Performance verzichten Sie allerdings auf solche Spielereien! Schließen Sie das Fenster jetzt mit *OK*.

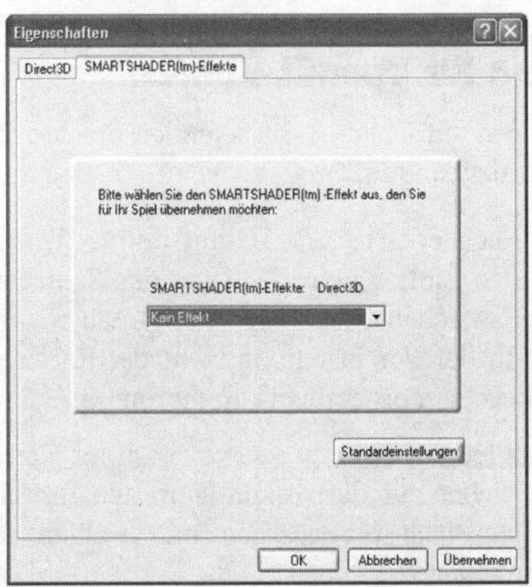

Spielkompatibilität der RADEON verbessern!

Mit einem Klick auf die Schaltfläche *Kompatibilität* in der Registerkarte *ATI 3D* bei aktivierter *Direct3D*-Option können Sie weitere Einstellungen für auf DirectX basierende Spiele vornehmen! Das bietet sich besonders an, wenn Sie mit einem Spiel Probleme (Grafikfehler usw.) haben!

Den Eintrag *Unterstützung DTX-Texturformate* sollten Sie für eine möglichst gute Spielekompatibilität stets aktiviert lassen. Bei Grafikproblemen, die in Form von horizontalen oder vertikalen Linien bestehen, aktivieren Sie probeweise die Option *Pixel Zentrum wechseln*! Die Änderungen übernehmen Sie mit Klick auf *OK*!

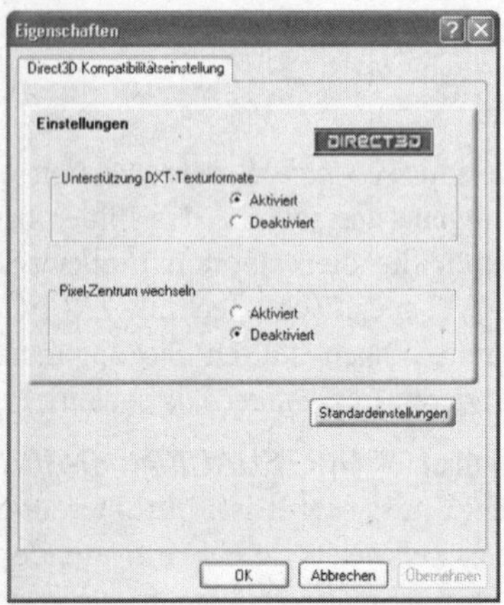

Spielprobleme?- Kompatbilitätseinstellungen einer ATI RADEON.

Treiberoptimierung für OpenGL-Games!

Wenn Sie eines der wenigen auf Open-GL basierenden Spiele zocken, sollten Sie den RADEON-Treiber dafür optimieren!

1 Rufen Sie dazu die Registerkarte *ATI 3D* auf und aktivieren Sie unter *3D-Einstellungen für* den Eintrag *OpenGL*. Über den Schieberegler rechts daneben dürfen Sie zwischen maximaler Performance und optimaler Bildqualität wählen. In der Voreinstellung steht der Regler auf der Mittelposition - in der Regel ein ordentlicher Kompromiss!

2 Wollen Sie jedoch die letzte Leistungsreserve aus Ihrer Karte hervorzaubern, verzichten Sie lieber auf die vorkonfigurierten Profile, aktivieren *Benutzerdefinierte Einstellungen verwenden* und wählen darunter die Schaltfläche *Benutzerdefiniert*!

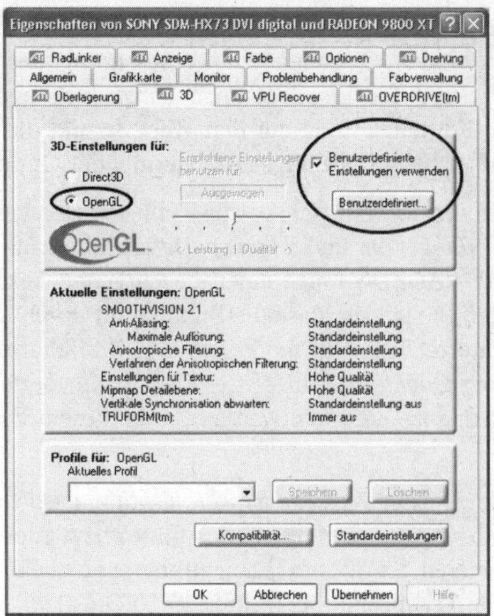

3 Schalten Sie zunächst unter *Benutzerdefinierte Einstellungen* die Kantenglättung *Anti-Aliasing* durch die Option *Standardeinstellung* aus. Die *Anisotropische Filterung* setzen Sie ebenfalls für maximale Performance auf *Standardeinstellung*! In der Standardeinstellung sind beide „Bildverbesserer“ (aber auch „Performancetöter“) fast deaktiviert - ganz abschalten kann man sie leider nicht.

Eigenschaften
OpenGL
SMARTSHADER(tm)-Effekte
OpenGL
Benutzerdefinierte Einstellungen
SMOOTHVISION 2.1
Anti-Aliasing: Standardeinstellung
Anisotropische Filterung: Standardeinstellung
<- Leistung | Qualität ->
Einstellungen für Textur: Qualität
Mipmap Detailebene: Qualität
Vertikale Synchronisation abwarten: Immer an
TRUFORM(tm): Immer aus
Standardeinstellungen
OK
Abbrechen
Übernehmen

Besitzen Sie eine moderne, leistungsfähige RADEON-Grafikkarte, können Sie mit den beiden Optionen zur Verbesserung der Bildqualität jonglieren: Deaktivieren Sie jeweils *Standardeinstellung* und setzen Sie beispielsweise die Kantenglättung auf den Wert *2x* und die anisoptropische Filterung auf *2x* bei gleichzeitiger Aktivierung der Option *Leistung*.

4 Ziehen Sie für maximale Performance die Schieberegler bei den Optionen *Einstellungen für Textur* und *Mipmap Detailebene* ganz nach links! Dadurch wird Ihre RADEON-Karte einen beachtlichen Leistungssprung machen - bedenken Sie jedoch, dass die Bildqualität durch diese Einstellungen verschlechtert wird! Bei modernen ATI-Grafikkarten empfiehlt sich die Einstellung *Qualität* oder *Höchste Qualität* für perfekte Bildqualität - einen Performance-Einbruch werden Sie in diesem Fall nicht erleben.

5 Setzen Sie jetzt die Option *Vertikale Synchronisation abwarten* auf *Immer aus*! Treten Bildstörungen („Zerreißen" des Bildes bzw. ruckartige Bewegungen) auf, aktivieren Sie diese Option probeweise (siehe Info-Kasten auf Seite 318)! Die ATI-spezifische Technik *TRUFORM(tm)* zur Optimierung von Körperdarstellungen sollten Sie zugunsten einer maximalen Grafikleistung deaktivieren (auf *Immer aus* setzen).

6 Wechseln Sie zum Abschluss der Tuningtour in die Registerkarte *SMARTSHADER(tm)-Effekte* und kontrollieren, dass kein Effekt ausgewählt ist. Mithilfe der SMARTSHADER-Effekte können Sie beispielsweise durch Farbveränderung ein Spiel „alt aussehen" lassen. Für maximale Performance verzichten Sie allerdings auf solche unnötigen Effekte! Schließen Sie das Fenster jetzt mit *OK*.

Probleme mit OpenGL-Spielen?

Sie haben Probleme mit auf OpenGL basierenden Spielen? Kein Problem! Die RADEON-Treiber von ATI bieten einige Lösungsmöglichkeiten! In der Registerkarte *ATI 3D* bei aktivierter *OpenGL*-Option klicken Sie unten auf die Schaltfläche *Kompatibilität* - es öffnet sich ein neues Fenster.

Hier dürfen Sie beispielsweise die Tiefe des Z-Puffers festlegen; durch einen niedrigen Z-Puffer von 16 Bit kann die Grafikgeschwindigkeit weiter erhöht werden! Haben Sie Probleme mit Spielen, sollten Sie dagegen die Option *Tiefe des Z-Puffer erzwingen* probeweise auf *Deaktiviert* stellen! Für maximale Grafik-Performance und Kompatibilität sollten Sie außerdem die *Dreifache Pufferung* deaktivieren. Verläuft das OpenGL-Game trotz moderner Hardware sehr ruckelig, kann es jedoch hilfreich sein, diese Option zu aktivieren, um für einen flüssigeren Ablauf zu sorgen.

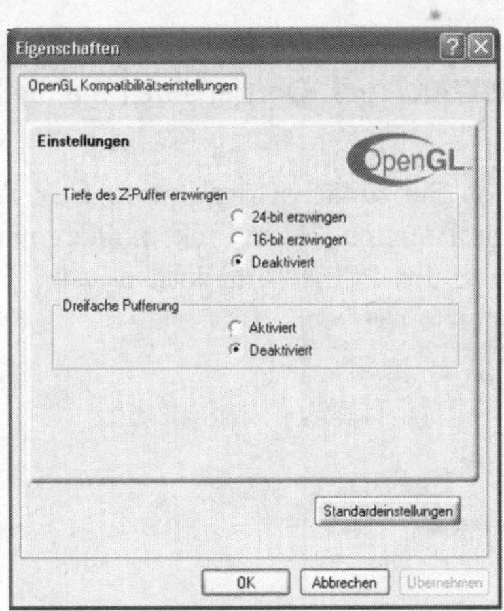

Hilft bei Grafikproblemen - Kompatibilitätseinstellungen von OpenGL-Games.

Farbkorrekturen in Spielen durchführen

Ab und zu ist es notwendig, in Spielen Helligkeits- und Farbkorrekturen durchzuführen - beispielsweise besitzen viele TFT-Displays keine ausreichende Helligkeitsregelung. Leider gibt es bei vielen Games keine Optionen zur Farb- und Helligkeitskorrektur. Nutzen Sie daher die Bildkorrekturen der ATI-Treibersoftware. Rufen Sie dazu die Treiberoptionen auf und wechseln Sie in die Registerkarte *ATI Farbe*. Hier aktivieren Sie zunächst die Option *3D-Vollbild* und nehmen die gewünschten Bildkorrekturen für Direct3D-Games vor. Vergessen Sie nicht, diese zum Abschluss zu speichern!

AGP-Probleme über ATI SMARTGART beseitigen

Bei Ihnen wird jegliche Spielfreude durch unvorhersehbare Abstürze im Keim erstickt? Haben alle bisherigen Troubleshooting-Tricks nicht geholfen, liegen die Systeminstabilitäten wahrscheinlich an einer Inkompatibilität Ihrer Grafikkarte zum Mainboard. Harmonieren diese beiden Komponenten nicht hundertprozentig, treten bei dem Transfer der gewaltigen Datenmengen über den AGP-Bus Abstürze auf. Bei der Installation des Grafikkartentreibers wird automatisch die optimale AGP-Konfiguration ermittelt - leider ist diese Automatik nicht fehlerfrei! Bei Problemen suchen Sie zunächst nach einem BIOS-Update für Ihr Mainbaord und die Grafikkarte. Werden Sie nicht fündig bzw. bringt das Update nichts, greifen Sie manuell ein und verändern die AGP-Optionen!

1 Rufen Sie die Treiberoptionen der ATI-Software auf und hüpfen Sie in die Registerkarte *ATI SMARTGART(tm)*. Dort erfahren Sie die aktuelle AGP-Konfiguration.

2 Bei häufigen Abstürzen sollten Sie zunächst die Option *Fast Schreiben* deaktivieren, da diese bei bestimmten Hardwarekombinationen Ärger macht. Starten Sie anschließend den PC neu und zocken los!

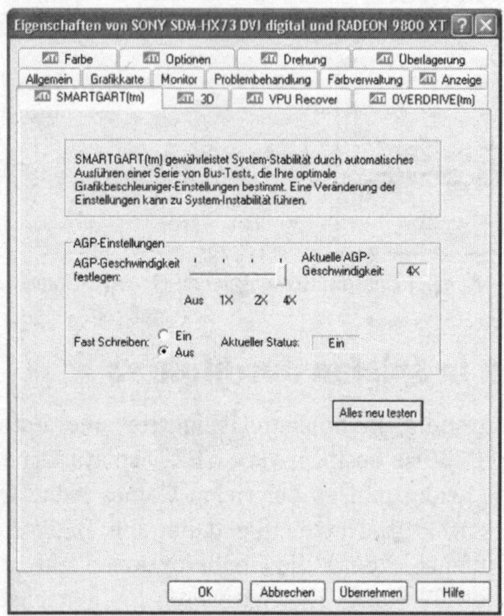

3 Hat das Ausschalten der Option *Fast Schreiben* nichts gebracht, reduzieren Sie über die Registerkarte *ATI SMARTGART* die AGP-Rate mithilfe des Schiebereglers hinter *AGP-Geschwindigkeit festlegen*. Nach einem Neustart sollten die Absturzprobleme endgültig der Vergangenheit angehören.

Maximale Leistung für die AGP-Schnittstelle

Durch die Änderungen der voreingestellten AGP-Konfiguration verlieren Sie in der Regel Leistung! Sie sollten daher ausschließlich eingreifen, wenn Sie ernsthafte Probleme mit dem PC haben und diese sich nicht anders lösen lassen! Für maximale Performance sollte in der Registerkarte *ATI SMARTGART* die Option *Fast Schreiben* aktiviert und die höchste Transferrate, die sowohl vom Mainboard als auch der Grafikkarte unterstützt wird, eingestellt sein.

Können Sie Ihre Absturz-Probleme mithilfe der Optionen in der Registerkarte *ATI SMARTGART* nicht beheben, sollten Sie sich einmal die so genannten DNA-Treiber (modifizierte ATI-Treiber) näher betrachten. Diese Treiber bieten noch mehr Einstellmöglichkeiten bezüglich der AGP-Konfiguration: So dürfen Sie beispielsweise entscheiden, ob Daten überhaupt über die AGP-Schnittstelle gelesen und geschrieben werden dürfen. Die DNA-Treiber erhalten Sie kostenlos unter *http://www.dna-drivers.nl/*. Dort finden Sie auch weiterführende Informationen und ein großes Forum.

ATI VPU Recover: Lieber deaktivieren ...

Mit dem Feature VPU Recover, das ATI zum ersten Mal bei der Catalyst-Version 3.8 in die ATI-Treibersoftware integrierte, soll es möglich sein, Abstürze des Grafikkartenbeschleunigers abzufangen und den Betrieb ohne einen Neustart fortzusetzen. Die Tauglichkeit dieses neuen Features konnte sich bis heute im Praxis-Alltag noch nicht bewähren: In vielen Fällen stürzte der Computer bei eingeschaltetem VPU Recover häufiger bzw. gravierender ab, als wenn das neue Feature deaktiviert ist. Schließlich ist es stets eine kitzlige und riskante Sache, nach einem Teilabsturz des Rechners ohne Neustart weiterzuarbeiten. Ob bei Ihnen VPU-Recover aktiviert ist, erfahren Sie in der Registerkarte *ATI VPU Recover*. Unsere Empfehlung: Schalten Sie es lieber aus! Es verschlingt unnötig Ressourcen und bringt in den meisten Absturz-Fällen keine Besserung.

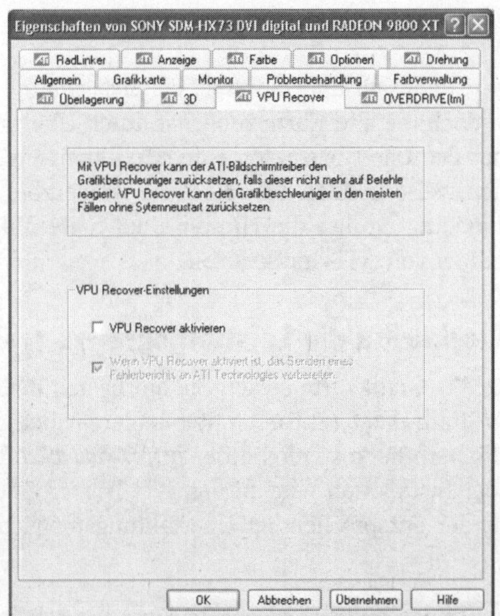

Abstürze des Grafikbeschleunigers fangen Sie mit VPU Recover ab!

ATI Overdrive = Kinderkram!

Im Gegensatz zu NVIDIA hat ATI bisher keine Übertaktungsmöglichkeit in die Treibersoftware integriert - Ausnahme: Für die Grafikkartenmodelle RADEON 9600XT (nicht bei allen Karten) und 9800XT bietet ATI ein Overclocking-Utility in der Treibersoftware an, das den Namen *ATI Overdrive* trägt.

ATI Overdrive ist jedoch alles andere als ein wirksames Feature: Der Chip- und Speichertakt soll automatisch je nach Temperatur der Karte etwas angehoben werden - eine manuelle Konfiguration ist leider nicht möglich. Die Folge: Die Karte bringt bei eingeschaltetem *ATI Overdrive* nur ein bisschen mehr Leistung als im Normalbetrieb.

Das Overclocking werden Sie beim Zocken also kaum bzw. überhaupt nicht bemerken. *ATI Overdrive* ist Kinderkram! Wollen Sie wirklich maximale Leistung aus Ihrer Grafikkarte (egal welches Modell) herausquetschen, müssen Sie das selbst in die Hand nehmen ... Vorher ist es zwingend notwendig, *ATI-Overdrive* abzuschalten; andernfalls ruinieren Sie Ihre Grafikkarte!

Ausquetschen statt neu kaufen: ATI-RADEON kostenlos übertakten

Ihre Grafikkarte ist etwas zu langsam und Sie möchten sich eine neue Kaufe? Abwarten! Bringen Sie doch die alte Karte zunächst durch Übertakten an ihre Leistungsgrenzen! Hinweis: Das Übertakten einer Grafikkarte ist gefährlich - bei falscher Vorgehensweise können Sie die Karte irreparabel beschädigen. Lesen Sie daher unbedingt vorher die Hinweise auf Seite 314 - diese gelten auch für das Übertakten von ATI-Grafikkarten.

ATI-Karten mit RadClocker an die Leistungsgrenze treiben

Für die Übertaktung einer ATI-Grafikkarte setzen Sie am besten das kostenlose Tool RadClocker bzw. RadLinker (enthält unter anderem den RadClocker) ein. Die Software erhalten Sie kostenlos unter *http://www28.Brinkster.com/chrisww1942/*. Bei der Installation wird in den ATI-Treiberoptionen eine neue Registerkarte mit der entsprechenden Übertaktungsmöglichkeit erzeugt.

1 Rufen Sie die Treiberoptionen auf und wechseln Sie - je nach installiertem Tool - in die Registerkarte *ATI RadClocker* bzw. *ATI RadLinker*.

2 In dem Register *ATI Clock Rate* befindet sich die Übertaktungsoption. Aktivieren Sie zwecks Overclocking zunächst die Option *Enable Clock Rate Change* und entscheiden Sie über *Sync Rates*, ob Sie den Tekt von Chip und Speicher synchron erhöhen möchten oder nicht.

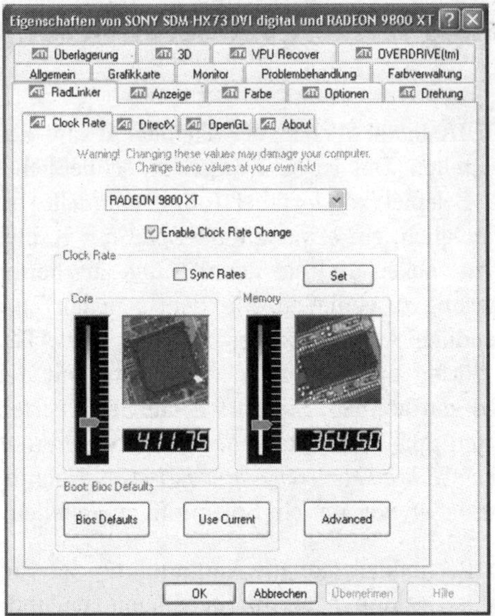

3 Erhöhen Sie jetzt den Chip-(Core) und Speichertakt (Memory) mithilfe der beiden Schieberegler um maximal 5-10 MHz - andernfalls riskieren Sie eine Beschädigung der Grafikkarte. Die Änderungen übernehmen Sie mit einem Klick auf die Schaltfläche *Set*.

4 Führen Sie jetzt entweder mehrmals einen grafikintensiven Benchmark oder eine lange „Zockrunde“ durch. Treten keinerlei Pixel- und Grafikfehler auf, hat die Grafikkarte das Overclocking gut verkraftet. Sie dürfen die Chip- und Speichertakt weiter in 5-10er-Schritten erhöhen und anschließend die Karte mit Benchmarks oder Spielen testen, bis Darstellungsfehler entstehen. In dem Fall reduzieren Sie den Chip- und Speichertakt wieder um mindestens 8 MHz, um auf der sicheren Seite zu sein!

5 Haben Sie die optimale Übertaktungseinstellung ermittelt, können Sie die Software über die beiden Schaltflächen *Use Current* und *Bios Defaults* im Bereich *Boot: Bios Defaults* veranlassen, diese Werte automatisch bei jedem Start des Systems zu berücksichtigen und die Karte stets zu übertakten.

Wollen Sie die Grafikkarte wieder „unübertaktet“ betreiben, deaktivieren Sie in der Registerkarte *ATI RadLinker* im Register *ATI Clock Rate* die Option *Enable Clock Rate Change.*

So geht's: Optimale Treiberkonfiguration für jedes Spiel

Im Gegensatz zu NVIDIA bietet ATI in der Treibersoftware keine Möglichkeit, Spielprofile zu erstellen. Das ist sehr ärgerlich, schließlich wäre es mithilfe der Profile zum Beispiel komfortabel (ohne manuelle Änderung der Treibereinstellungen) möglich, ein etwas älteres Spiel mit Kantenglättung in höchster Bildqualität zu zocken und ein neues Game aus Performancegründen ohne Bildverbesserung zu genießen. Mit dem genialen Zusatztool RadLinker schaffen Sie endlich Abhilfe, sodass Sie auch für ATI-Grafikkarten Spielprofile erstellen dürfen und ab sofort jedes Game mit den optimalen Treibereinstellungen zocken können. Sie dürfen die Grafikkarte damit sogar nur bei ganz bestimmten Spielen übertakten. Die Software erhalten Sie kostenlos unter *http://www28.brinkster.com/chrisww1942/.* Nach der Installation gehen Sie folgendermaßen vor, um ein Spielprofil zu erstellen:

1 Führen Sie einen Rechtsklick auf die Verknüpfung der Programmdatei des Spiels auf dem Desktop oder im Startmenü aus und wählen Sie *Create RadLink.*

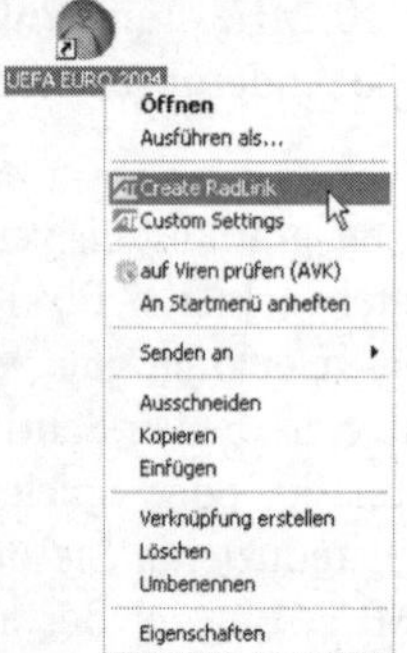

2 Daraufhin wird eine neue (RadLink-)Verknüpfung angelegt. In deren Kontextmenü wählen Sie *Eigenschaften* aus, um das neu erstellte Spielprofil zu konfigurieren.

3 Die gewünschten Treibereinstellungen bestimmen Sie jetzt in den ATI-Registerkarten des erscheinenden Fensters. Wollen Sie beispielsweise die Einstellungen für ein DirectX-Game ändern, wechseln Sie in die Regis-

terkarte *ATI DirectX*, deaktivieren die Option *Use Defaults* und nehmen die favorisierten Treiberänderungen vor.

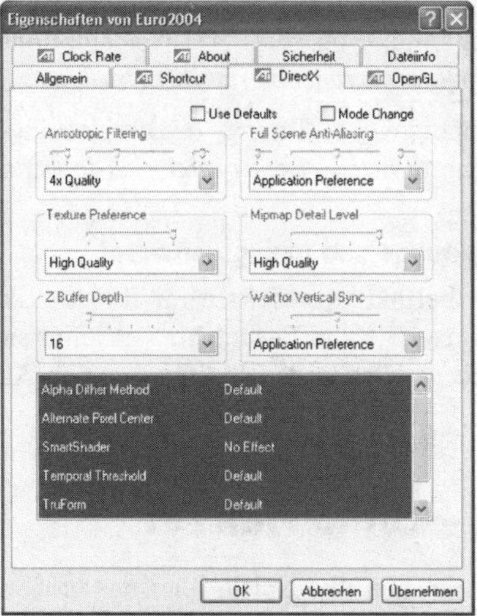

4 Alle im Fenster vorgenommenen Einstellungen gelten nur für das entsprechende Spiel. Nachdem Sie die Konfiguration abgeschlossen haben, verlassen Sie das Fenster mit *OK*. Möchten Sie in den Genuss des angelegten Spielprofils mit den optimalen Treibereinstellungen kommen, starten Sie das Game über die neu erzeugte und gerade konfigurierte (RadLink-)Verknüpfung - und nicht über die Standard-Verknüpfung.

5 Auf die beschriebene Weise dürfen Sie weitere Spielprofile für Ihre Games erstellen.

Tolle Tuning-Tools für ATI-Grafikkarten

- **Rage3D Tweak** (Tuning-Tool für RADEON-Grafikkarten mit Übertaktungsmöglichkeit - auch wenn der Name etwas anderes vermuten lässt); das Tool deckt viele versteckte Treiberoptionen auf und ist sehr empfehlenswert; downloadbar unter *www.rage3d.com*.
- **Radeonator 2.0:** Einfach zu bedienendes Übertaktungs- und Tuning-Tool mit vielen Einstellungsmöglichkeiten; am besten suchen Sie mit einer Suchmaschine nach einer der zahlreichen Downloadmöglichkeiten.
- **ATI Tray Tools**: Möchten Sie die Treibereinstellungen Ihrer ATI-Grafikkarte über das Kontextmenü eines Symbols in der Taskleiste ruck zuck ändern können, sollten Sie sich die kostenlosen ATI Tray Tools

einmal genauer ansehen. Im Gegensatz zu dem Standard ATI-Icon in der Taskleiste bieten die ATI Tray Tools zahlreiche Einstell- und erweiterte Tuningmöglichkeiten per Mausklick. Dadurch müssen Sie nicht für jede Konfigurationsänderung mühevoll die ATI-Treiberoptionen aufrufen. Download-Adresse: *http://www.radeon2.ru/atitray/*.

- **Raid on Tweaker** (umfangreiches Tuning- & Overclocking-Tool); downloadbar beispielsweise unter *http://www.overclocker-tools.de.*

Große Sammlung an Übertaktungs- und Tuningssoftware!

Suchen Sie eine spezielle Übertaktungssoftware für Ihre Grafikkarte? Dann statten Sie folgender Internetseite einen Besuch ab - es lohnt sich bestimmt: *http://www.overclocker-tools.de* Hier finden Sie für jede Grafikkarte das optimale Tool!

6.6 Konsolen-Feeling – Zocken am TV!

Sie wollen es professionell machen und Spiele über das große TV-Gerät zocken? Kein Problem, das ist meist viel schöner als am kleinen PC-Monitor - Voraussetzung: Ihre Grafikkarte besitzt einen Video-Ausgang! Allerdings lauern auf dem relativ kurzen Weg vom PC zum Fernseher einige hohe Hürden, die es zu überwinden gilt!

Das Anschlussproblem!

Sie haben sich entschlossen, die Spiele am großen Fernsehschirm zu zocken? Prima! Als Erstes müssen Sie das TV-Gerät mit dem PC verbinden, dafür gibt es in der Regel zwei Möglichkeiten:

Entweder Sie übertragen das Grafiksignal per leuchtend gelber Video-Cinch-Buchse (Standard-Videosignal, auch Composite genannt) auf den Fernseher oder Sie verwenden den Super-Video-Hosiden-Stecker zur Signalübertragung!

Welchen Signalweg nehmen?

Diese Frage entscheidet sich bereits meistens durch einen Blick auf die Ausgänge der Grafikkarte:

Billig: Das Standard-Videosignal!

Viele moderne Grafikkarten haben einen Video-Ausgang! Häufig wird - besonders bei billigen Modellen - die gelbe Chinch-Buchse für den Video-

Ausgang zu finden sein! Das ist die billigste Methode, um das Signal der Grafikkarte an den Fernseher zu übermitteln! Die Bildqualität ist daher auch relativ mäßig: Bei diesem Signalweg werden alle Farb- und Helligkeitsinformationen mit einer Leitung übertragen - heraus kommt ein kontrastarmes Standard-Videosignal! Haben Sie keine Möglichkeit, das Signal per Fernseher oder Grafikkarten-Software zu optimieren, macht das Zocken am PC wenig Spaß!

Kabel für den Standardvideo-Signalweg mit Kopplungsstecker auf S-VHS-Stecker.

Professionell: S-VHS

Besitzt Ihre Grafikkarte dagegen einen S-VHS-Ausgang, in den ein so genannter Super-Video-Hosiden-Stecker passt und finden Sie einen Super-Video-Eingang an Ihrem TV-Gerät, steht der professionellen Spielerei über den Fernseher in bester Bildqualität nichts mehr im Wege! Die Bildqualität bei dieser Signalübertragung ist besser, weil die Farb- und Helligkeitsinformationen über getrennte Leitungen transportiert werden!

S-VHS-Kabel für perfekte Bildqualität am TV!

Welche Signalübertragung bevorzugen?

Wenn Sie die Möglichkeit haben, die Grafikkarte über den S-VHS-Ausgang mit dem Fernseher zu verbinden, sollten Sie diesen Weg einer Verbindung per Standard-Video-Signal (gelbe Cinch-Buchse) unbedingt vorziehen! Zwar liefern viele Grafikkartenhersteller zu Ihrer Karte nur das Standard-Videosignal-Kabel (Kabel mit den gelben Anschlussbuchsen) mit - sollte die Karte aber auch einen S-VHS-Ausgang haben, investieren Sie zusätzlich etwas Geld für das geeignete Kabel mit den Super-Video-Hosiden-Steckern - es lohnt sich auf jeden Fall!

Anschlussprobleme beheben

Besitzt Ihr TV-Gerät weder einen Composite- noch einen SVHS-Videoeingang, brauchen Sie trotzdem nicht auf das Zocken am TV zu verzichten! Setzen Sie beispielsweise einen Scart-Adapter ein, mit dem Sie das über Composite bzw. S-VHS ankommende Videosignal der Grafikkarte in den Scart-Eingang Ihres Fernsehers einspeisen. Solche Scart-Adapter liegen ab und zu etwas teureren Grafikkarten bei oder können im gut sortierten Fachhandel für ein paar Euro erworben werden.

Bei Anschlusstrouble setzen Sie einen Scart-Adapter ein.

Zocken am TV – Nix geht?

Schalten Sie den PC aus und verbinden Sie den Fernseher mit dem Video-Ausgang der Grafikkarte - viele Grafikkarten erkennen beim Start des Betriebssystems automatisch, dass ein Fernseher angeschlossen worden ist, und nehmen die notwendigen Voreinstellungen für das Spielen per TV eigenständig vor - ohne dass Sie eingreifen müssen - daher sollten Sie das Gerät ausschließlich bei ausgeschaltetem PC anschließen!

Wenn die „Verkabelungsarbeiten" abgeschlossen sind, schalten Sie den Rechner ein! In der Regel sollte auf dem Monitor und am TV nach dem Start des Betriebssystems der Windows-Desktop zu sehen sein!

Hilfe! Ich sehe nur schwarz!

Auf Ihrem Fernseher herrscht nach wie vor ein schwarzes Bild - nichts ist zu sehen? Lassen Sie sich nicht entmutigen, wir bekommen das schon hin!

Wurde das TV-Gerät überhaupt erkannt?

Diese Frage ist die erste, die es bei einem schwarz bleibenden Fernseher zu beantworten gilt! Bei einer ATI-RADEON-Grafikkarte gehen Sie zwecks Überprüfung folgendermaßen vor:

1. Rechtsklick auf eine freie Stelle des Windows-Dekstop und *Eigenschaften* ausgewählt; öffnen Sie die Registerkarte *Einstellungen* und klicken unten auf die Schaltfläche *Erweitert*!
2. In der Registerkarte *ATI Anzeige* sehen Sie nach, ob der angeschlossene Fernseher von der Grafikkarte erkannt wurde - das erkennen Sie daran, dass der Eintrag *TV* schwarz ist und auf dem symbolisch dargestellten Fernsehschirm der Windows-Desktop sichtbar ist!
3. Kontrollieren Sie außerdem, ob der grün/rot gefärbte Einschaltknopf (links neben der Schaltfläche *TV*) heruntergedrückt ist - falls nicht, klicken Sie einmal mit der Maus darauf und betätigen *Übernehmen* - am Fernseher sollte jetzt der Windows-Desktop erscheinen! Verlassen Sie die Einstellungen mit *OK*!

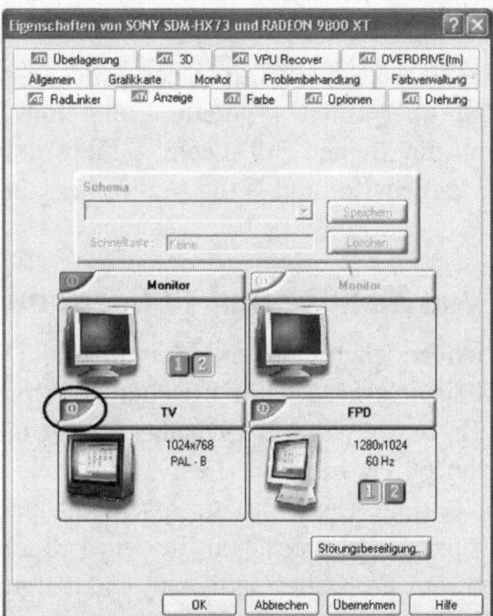

Schwarzer Bildschirm? TV-Ausgabe per Treiber aktivieren!

TV-Ausgabe manuell erzwingen!

Erscheint nach wie vor kein Windows-Desktop auf Ihrem TV bzw. wurde der Fernseher gar nicht automatisch erkannt, erzwingen Sie die TV-Ausgabe folgendermaßen:

1 Klicken Sie in der Registerkarte *ATI Anzeige* unten rechts auf die Schaltfläche *Störungsbeseitigung*.

2 Im neuen Fenster aktivieren Sie *Erkennung meines TV erzwingen* und klicken auf *OK*.

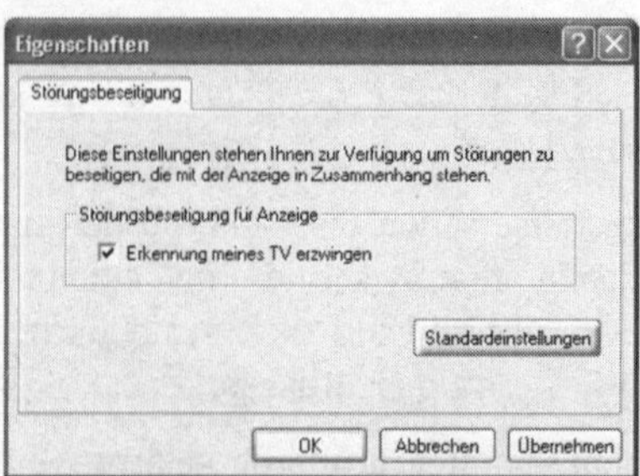

3 Klicken Sie jetzt auf denn rot eingefärbten Einschaltknopf links neben der Schaltfläche *TV* und anschließend auf *Übernehmen*. Der Windows-Desktop wird auf dem Fernsehgerät sichtbar.

Kontrollieren Sie die Verbindungskabel!

Ist immer noch kein Windows-Desktop auf Ihrem Fernseher erschienen, sollten Sie das Anschlusskabel überprüfen - gerade Kabel mit Super-Video-Hosiden-Steckern sind durch die kleinen Stifte sehr anfällig! Ist ein Stift etwas verbogen, bekommt er keinen Kontakt - die Verbindung PC - TV funktioniert nicht!

Kein Parallelbetrieb von Monitor und TV-Gerät möglich

In manchen Fällen ist es nicht möglich, dass Sie Monitor und TV-Gerät parallell betreiben können, da beispielsweise der Fernseher eine maximale Bildwiederholfrequenz von 50 Hz besitzt, Ihr TFT-Display jedoch mindestens eine Bildwiederholfrequenz von 60 Hz benötigt. Leider sind viele Grafikkarten nicht in der Lage, Monitor und TV-Gerät mit unterschiedlichen Bildwiederholfrequenzen/Auflösungen parallel zu betreiben. In dem Fall können Sie die Grafikausgabe ausschließlich am Fernseher genießen, was aufgrund der kleinen Schriftdarstellung etwas mühsam ist.

Nur schwarz-weiße Darstellung möglich?

Sie haben es geschafft und den Windows-Desktop auf den Fernsehschirm gezaubert? Wie ärgerlich, wenn die bunte Windows XP-Oberfläche dort nur in Schwarz-Weiß erscheint! Das ist allerdings kein Problem, mit der richtigen Einstellung wird auch Ihr Fernsehbild wieder bunt:

1 Öffnen Sie die Registerkarte *ATI Anzeige* und klicken auf die Schaltfläche mit der Aufschrift *TV* (nur möglich, wenn der Fernseher korrekt erkannt wurde)!

2 Hüpfen Sie in die Registerkarte *Format*, aktivieren die Option *Auswahl nach Land/Region* und wählen unter *Land/Region* den Eintrag *Deutschland* aus! Durch Ihre Aktion wird das Signal automatisch richtig (auf PAL) eingestellt! Per Klick auf *OK* übernehmen Sie die Einstellungen - Ihr Fernseher sollte „bunt" geworden sein, weil das Grafiksignal jetzt dem in Deutschland verwendeten PAL-Standard entspricht! Hinweis: Haben Sie einen exotischen Fernseher, der im NTSC-Verfahren angesprochen werden muss, wählen Sie zunächst die Option *Auswahl nach Norm* und stellen anschließend das gewünschte Format ein!

Optimale Bildqualität am TV erzielen!

Bevor das Zocken losgehen kann, nehmen Sie für einen optimalen Spielgenuss mit dem TV-Gerät einige Einstellungen für eine perfekte Bildqualität vor:

1 In der Registerkarte *ATI Anzeige* klicken Sie auf die Schaltfläche mit der Aufschrift *TV* (nur möglich, wenn der Fernseher korrekt erkannt wurde)!

2 Öffnen Sie jetzt die Registerkarte *Daten* - hier dürfen Sie per Schieberegler den *Kontrast* und die *Farbsättigung* des Video-Ausgangssignals den eigenen Wünschen anpassen! Zusätzlich erfahren Sie in der oberen rechten Ecke, in welcher Auflösung und mit welcher Bildwiederholfrequenz der Fernsehschirm betrieben wird!

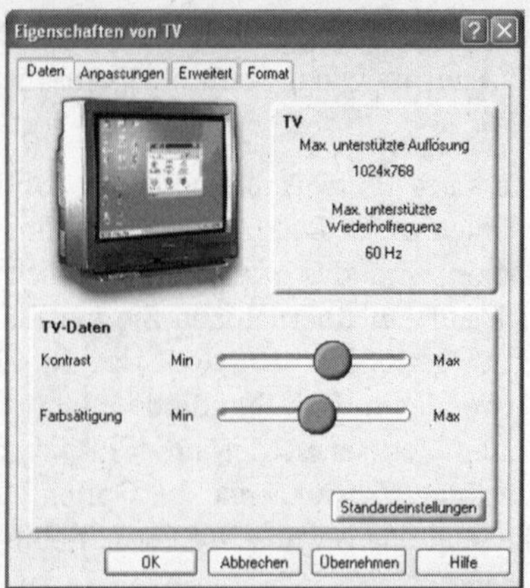

3 In der Registerkarte *Anpassungen* ist es möglich, das Bild am Fernseher zu strecken und zu stauchen! Sollten am TV-Gerät schwarze Balken an den Rändern zu sehen sein oder sollte das Bild nicht ganz auf den Bildschirm passen, können Sie diese Probleme schnell und einfach lösen! Allerdings ist das nicht immer erfolgsversprechend - es bleiben kleine schwarze Balken zurück; um sie vollständig zu entfernen, sehen Sie im folgenden Abschnitt nach.

4 Die Registerkarte *Erweitert* ist für eine perfekte Bildqualität äußerst wichtig! Die Schärfe des ausgestrahlten Videosignals lässt sich für den entsprechenden Video-Ausgang regeln und auftretendes Bildflimmern kann minimiert werden!

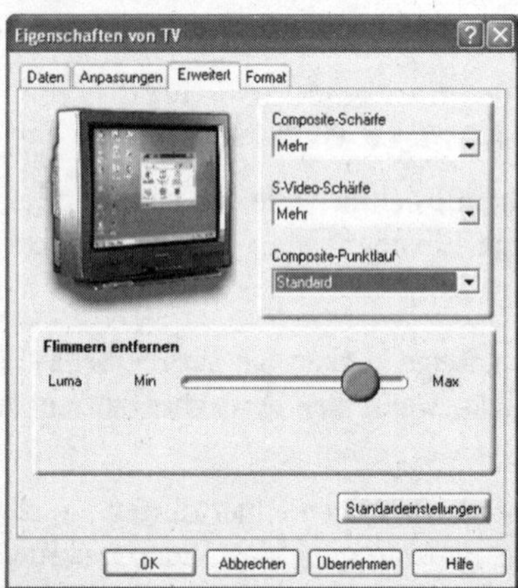

Schwarze Ränder vollständig vermeiden!

ATI-Grafikkarten sind für ihre hervorragende TV-Ausgabe bekannt. Umso ärgerlicher ist es, wenn der Spielgenuss durch schwarze Ränder am Fernseher gestört wird.

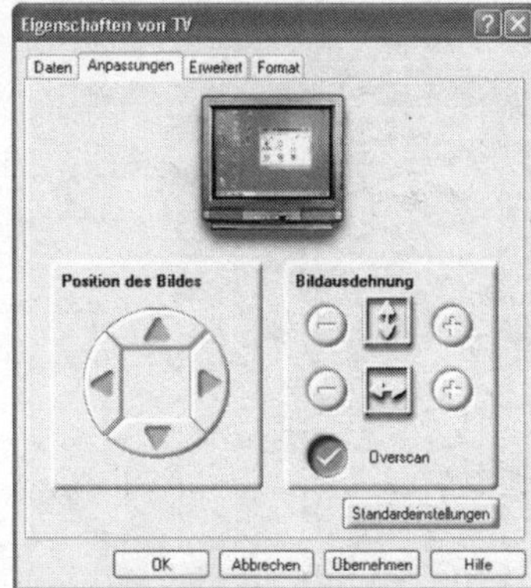

Schwarze Trauerränder restlos mit Overscan beseitigen!

Obwohl es in der Registerkarte *Anpassungen* möglich ist, das TV-Bild zu strecken, bleiben häufig die schwarzen Ränder penetrant erhalten. Ist dies bei Ihnen der Fall, aktivieren Sie unter *Bildausdehnung* die Option *Overscan*. Die schwarzen Trauerränder sind dadurch verschwunden. Hinweis: Sollte die Option *Overscan* nicht vorhanden sein, müssen Sie diese erst mit einer geeigneten Tuning-Software (beispielsweise Rage3D Tweak (siehe Seite 331) hervorzaubern.

Fernsehspaß mit NVIDIA-Grafikkarten!

Ich habe die Ausführungen für perfekten Spielgenuss am Fernseher mit einer ATI-RADEON demonstriert - deren Treiberoptionen sind für ein perfektes Ergebnis geradezu vorbildlich! Spiel-Freaks mit einer NVIDIA-Grafikkarte brauchen trotzdem nicht in die „Röhre“ zu schauen! Hier ein Crash-Kurs:

1. Schließen Sie den Fernseher an, schalten ihn ein und starten den PC neu. Sollte der Windows-Desktop nicht automatisch auf dem TV-Gerät erscheinen, gehen Sie folgendermaßen vor:
2. Rechtsklick auf eine freie Stelle des Windows-Desktop und *Eigenschaften* ausgewählt! Öffnen Sie die Registerkarte *Einstellungen* und klicken unten auf die Schaltfläche *Erweitert*!
3. Öffnen Sie die Registerkarte mit dem Namen Ihrer NVIDIA-Grafikkarte; im nach links aufklappenden Fenster markieren Sie den Eintrag *Fehler-*

suche und klicken im rechten Hauptfenster auf *Anzeigegeräte erkennen*. Das TV-Gerät wird jetzt erkannt und es erscheint in der linken Fensterhälfte ein neuer Eintrag namens *nView*. Hinweis: Sollte der Fernseher dort immer noch nicht auswählbar sein, aktivieren Sie die Option *Mein angeschl. Ferns. Erscheint nicht in dieser Liste* und klicken auf *OK* - danach ist das Problem behoben.

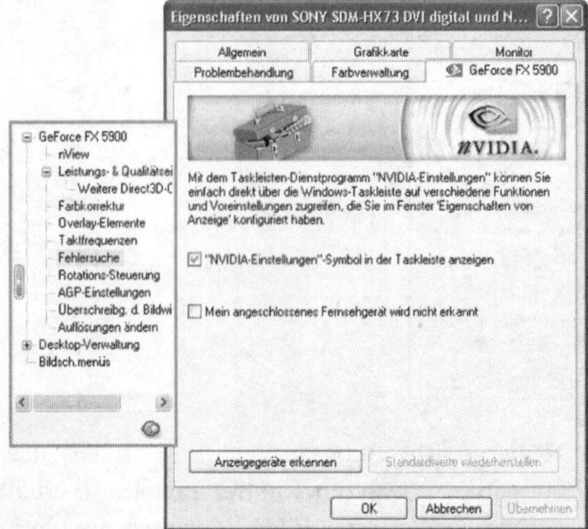

4 Markieren Sie den neuen Eintrag *nView*; im rechten Hauptfenster wählen Sie hinter *nView-Modi* die Option *Klonen* aus, um den Windows-Desktop sowohl auf dem Monitor als auch auf dem Fernseher erscheinen zu lassen, und entscheiden darunter die Kombination bzw. Reihenfolge der Anzeigegeräte. Klicken Sie auf *Übernehmen* - der Desktop sollte auf beiden Geräten erscheinen.

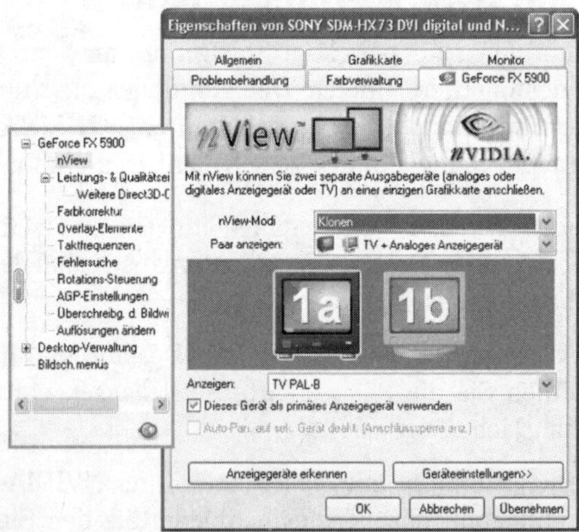

5 Für das Feintuning der TV-Ausgabe gehen Sie folgendermaßen vor: Führen Sie im Fenster einen Rechtsklick auf den symbolisch dargestellten Fernseher aus und wählen Sie den gewünschten Befehl zur optimalen TV-Konfiguration aus. Über *TV-Format wählen* dürfen Sie zum Beispiel die Fernsehnorm bei schwarzweißer Darstellung ändern.

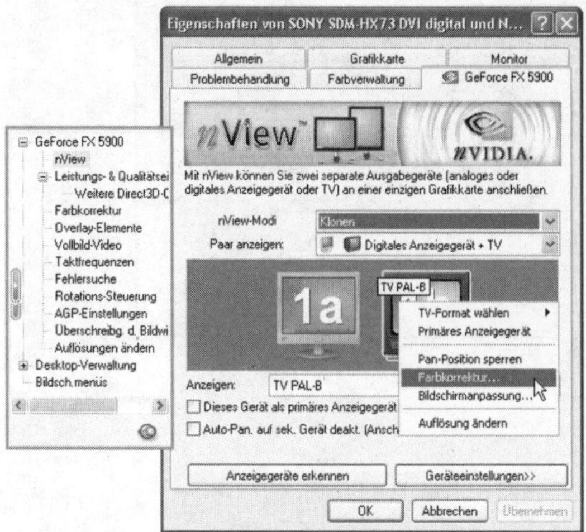

Kein Parallelbetrieb von Monitor und Fernseher möglich?

In manchen Fällen ist der parallele Betrieb von TV-Gerät und Monitor nicht möglich, weil der Fernseher beispielsweise eine maximale Bildwiederholfrequenz von 50 Hz verträgt, der TFT-Display jedoch mindestens eine Wiederholfrequenz von 60 Hz benötigt.

In dem Fall müssen Sie die Grafikausgabe ausschließlich an den Fernseher leiten:

1 Wählen Sie im Bereich *nView* hinter *nView-Modi* den Eintrag *Einzelne Anzeige*.

2 Darunter wählen Sie den Eintrag *TV* aus, klicken auf *Übernehmen* und konfigurieren das TV-Gerät anschließend wie beschrieben. Hinweis: Durch diese Aktion wird der an den PC angeschlossene Monitor (vorübergehend) deaktiviert - der Windows-Desktop erscheint nur auf dem Fernseher.

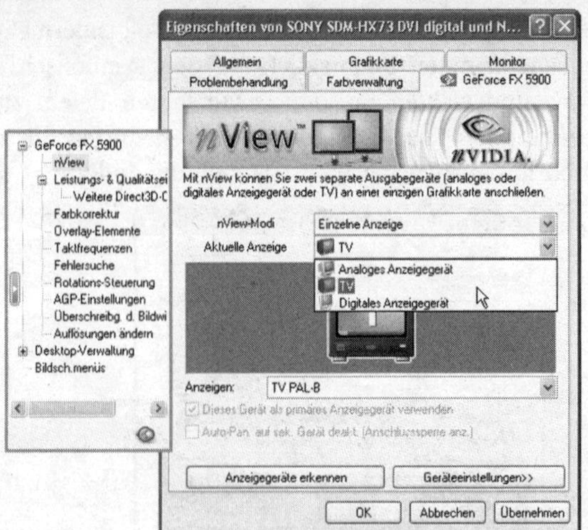
Eigenschaften von SONY SDM-HX73 DVI digital und N...
Allgemein
Grafikkarte
Monitor
Problembehandlung
Farbverwaltung
GeForce FX 5900
nView
nVIDIA.
Mit nView können Sie zwei separate Ausgabegeräte (analoges oder digitales Anzeigegerät oder TV) an einer einzigen Grafikkarte anschließen.
nView-Modi
Einzelne Anzeige
Aktuelle Anzeige
TV
Analoges Anzeigegerät
TV
Digitales Anzeigegerät
Anzeigen:
TV PAL-B
Dieses Gerät als primäres Anzeigegerät verwenden
Auto-Pan. auf sek. Gerät deakt. (Anschlusssperre anz.)
Anzeigegeräte erkennen
Geräteeinstellungen>>
OK
Abbrechen
Übernehmen
GeForce FX 5900
nView
Leistungs- & Qualitätsei
Weitere Direct3D-C
Farbkorrektur
Overlay-Elemente
Taktfrequenzen
Fehlersuche
Rotations-Steuerung
AGP-Einstellungen
Überschreibg. d. Bildwi
Auflösungen ändern
Desktop-Verwaltung
Bildsch.menüs

7. Das stabilste Windows aller Zeiten? Bluescreen, Ausnahmefehler und Co.!

Was Microsoft-Gründer Bill Gates bei der Vorführung einer neuen Windows-Version passiert ist, wird Sie auch schon „überrascht" haben: Windows zeigt sich nur noch im „modischen Blau" und reagiert auf Ihre Anweisungen nicht mehr.

Zugegeben: Windows XP ist ein sehr stabiles Betriebssystem, aber ab und zu macht es richtig Ärger: Die Installation scheitert, das System startet nicht mehr oder bleibt während des Betriebs hängen, der Rechner fährt nicht vollständig herunter, die nachträgliche Installation von Windows 98/ME legt Windows XP in Schutt und Asche ... Wie Sie solche Fehler beseitigen? In diesem Abschnitt finden Sie Troubleshooting-Anleitungen zu den häufigsten Problemen - einen Bluescreen, das verspreche ich, werden Sie anschließend nicht mehr wiedersehen!

7.1 Windows XP: Ärger von Anfang bis Ende!

Boot- und Shutdown-Probleme gibt es bei Windows XP eine ganze Menge! Wer kennt es nicht: Man schaltet den PC ein, um mit Windows XP zu arbeiten - doch das Betriebssystem startet nicht mehr, es bleibt beim Startbildschirm einfach hängen! Also: Rechner aus- und wieder einschalten! Leider wird Ihnen das kaum etwas bringen - auf diese Weise bekommen Sie Windows XP nicht zum Laufen!

Noch schlimmer: Nach verrichteter Arbeit möchte man so schnell wie möglich den PC ausschalten - doch was ist das? Windows XP fährt nicht mehr herunter! Statt den Feierabend genießen zu können, muss man erst den Rechner ausbekommen, ohne das Betriebssystem zu ruinieren - ein Druck auf den Power-Schalter bzw. die Reset-Taste ist auf Dauer zu gefährlich!

Aller Anfang ist schwer: Windows XP bootet nicht mehr – erste Hilfe!

Bei Ihnen startet das Betriebssystem nicht mehr und Sie haben weder ein Image der Systemfestplatte erstellt bzw. die Festplatte geklont (siehe Kapitel 1)? In diesem Fall fragen Sie sich, was jetzt zu tun sei. Wichtig: Ruhe bewahren! Eine falsche bzw. unbedachte Aktion würde die Chancen, das Betriebssystem schnell wieder flott zu bekommen, drastisch reduzieren! Im Folgenden erfahren Sie zwei Möglichkeiten, Windows XP blitzschnell wieder zu reaktivieren.

Genial: Schnellste Rettung in höchster PC-Not!

Wenn Windows XP nach einer Konfigurationsänderung (beispielsweise wurde ein neuer Treiber oder neue Soft- bzw. Hardware installiert) nicht mehr starten will, gibt es eine geniale Lösung, um die Startprobleme schnell und komfortabel zu beheben:

1 Schalten Sie den PC ein und drücken - kurz bevor der Startbildschirm von Windows XP erscheint - die [F8]-Taste auf der Tastatur.

2 Im Auswahlmenü der Notfall-Startoptionen von Windows XP markieren Sie mithilfe der Pfeiltasten den Eintrag *Letzte als funktionierend bekannte Konfiguration* und drücken danach die [Enter]-Taste! Sie weisen dadurch Windows XP an, die Konfiguration zu verwenden, mit der das Betriebssystem zum letzten Mal korrekt gestartet ist - die Startschwierigkeiten sind behoben!

Bootprobleme durch neue Grafikkarte bzw. neuen Grafikkartentreiber?

Sie haben Ihrem PC eine neue leistungsfähigere Grafikkarte spendiert und stellen fest, dass Windows XP anschließend nicht mehr startet? Wahrscheinlich haben Sie in der Hektik vergessen, den Grafikkartentreiber der alten Karte zu deinstallieren, damit Windows XP die neue Karte erst einmal im Standard-Modus ansprechen kann! Das ist kein Beinbruch:

Im Auswahlmenü der Windows XP-Startoptionen ([F8] vor dem Startbildschirm drücken) markieren Sie die Option *VGA-Modus aktivieren.* Windows XP wird dadurch „gezwungen“, die neue Grafikkarte im Standard-VGA-Modus anzusprechen - die Startprobleme sind behoben!

Diese Vorgehensweise hilft ebenfalls, wenn Sie einen neuen Treiber für Ihre Grafikkarte installiert haben und Windows XP anschließend nicht mehr bootet!

Hartnäckiges Bootproblem? – Im Abgesicherten Modus durchstarten!

Sie konnten Windows XP mit den vorangegangenen Tricks nicht wiederbeleben? Starten Sie das Betriebssystem zur Fehlerbeseitigung im so genannten „Abgesicherten Modus“!

Abgesicherten Modus durchleuchtet!

Wenn Sie Windows XP im Abgesicherten Modus starten, werden nur die notwendigsten Dateien und Treiber geladen - beispielsweise die wichtigsten Systemdateien und der Standard-VGA-Treiber für die Grafikausgabe! Schaffen Sie es, dass das Betriebssystem im Abgesicherten Modus fehlerfrei startet, haben Sie fast gewonnen - der Fehler lässt sich in diesem Fall aufspüren und beseitigen!

Hinweis: Windows XP unterstützt im Abgesicherten Modus keine serielle Maus - Sie benötigen entweder ein PS/2- oder ein USB-„Nagetier"!

Abgesicherten Modus aktivieren!

1. Um im Abgesicherten Modus durchstarten zu können, wählen Sie im Menü der Notfall-Startoptionen (über Druck auf [F8] vor dem Windows-Startbild zu erreichen) den Eintrag *Abgesicherter Modus*!
2. Nach kurzer Zeit startet das Betriebssystem! In allen Ecken des Bildschirms lesen Sie jetzt, dass Sie sich im Abgesicherten Modus befinden.

Nachdem Windows XP im Abgesicherten Modus läuft, sind zunächst Fehleranalyse und Fehlerbeseitigung angesagt: Überprüfen Sie beispielsweise Ihre Festplatte auf Fehler (siehe Kapitel 5.3) oder führen Sie folgende Tipps aus, damit Windows XP wieder im normalen Betrieb funktioniert!

Einfache Reparatur: Systemwiederherstellung!

Die schnellste und komfortabelste Reparatur von Windows XP geschieht über die Systemwiederherstellung - diese funktioniert auch im abgesicherten Modus. Details zur Systemwiederherstellung finden Sie in Kapitel 1.

Ohne Systemwiederherstellung Windows XP reparieren!

Hat die Systemwiederherstellung das Startproblem nicht behoben, haben Sie keinen aktuellen Systemwiederherstellungspunkt angelegt - oder haben Sie die Systemwiederherstellung deaktiviert, gehen Sie im Abgesicherten Modus folgendermaßen vor:

Neue Software wieder entfernen!

Wurde vor den Startproblemen neue Software installiert? In dem Fall entfernen Sie diese probeweise wieder von der Festplatte; Hinweis: Im Abgesicherten Modus funktioniert die Windows-Installatiosroutine (der „Windows Installer") nicht - Sie müssen hoffen, dass die frisch installierte Software ein eigenes Deinstallationsprogramm mitbringt, sonst werden Sie die störrische Software im Abgesicherten Modus nicht los.

Treiberaktualisierung wieder rückgängig machen!

Wurden vor den Startschwierigkeiten neue Treiber installiert? Manchmal kommt es vor, dass eine aktuelle Treiberversion zu Fehlern im Betriebssystem führt, wenn die Programmierer den Treiber vorher nicht gründlich getestet haben! Auf in den Geräte-Manager von Windows XP und die Treiberaktualisierung rückgängig gemacht!

1. Rechtsklick auf das *Arbeitsplatz*-Symbol auf dem Desktop oder im Startmenü und *Verwalten* ausgewählt! Öffnen Sie den Haupteintrag *System* per Doppelklick und markieren Sie anschließend den Eintrag *Geräte-Manager*; dieser wird Ihnen im rechten Fensterteil angezeigt!
2. Suchen Sie hier die Hardwarekomponente, für die Sie einen aktualisierten Treiber installiert haben! Führen Sie auf den entsprechenden Eintrag einen Doppelklick aus und wechseln in die Registerkarte *Treiber*!
3. Per Klick auf die Schaltfläche *Installierter Treiber* (etwas irreführende Bezeichnung) startet ein Assistent, der Sie durch die notwendige Aktion führt, um die Treiberaktualisierung rückgängig zu machen!

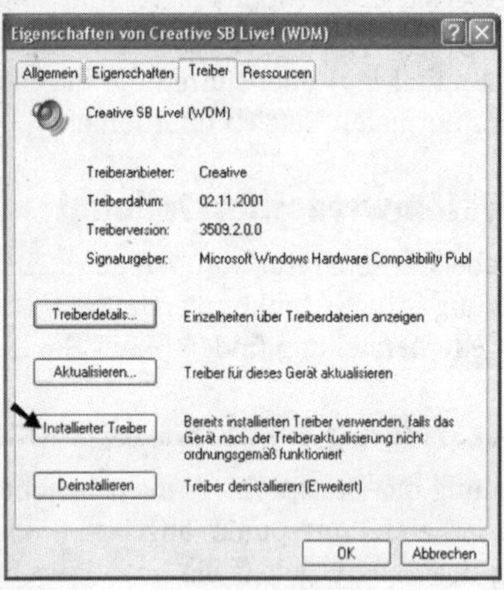

Notfall-Trick: Hardware neu einrichten!

Löst die Reanimierung des alten Treibers das Boot-Problem nicht, hilft Folgendes: Markieren Sie im Geräte-Manager die Hardwarekomponente, die im Verdacht steht, die Startschwierigkeiten hervorzurufen, und drücken die [Entf]-Taste! Die auftauchende Warnmeldung ignorieren Sie und starten das Betriebssystem neu! Verdächtig sind alle Hardwarekomponenten, die direkt vor den Startproblemen installiert bzw. deren Treiber aktualisiert wurden.

Windows XP wird nach dem Neustart die entsprechende Hardwarekomponente neu erkennen und den notwendigen Treiber (eventuell Treiber-CD erforderlich) frisch einrichten - die Neukonfiguration einer störrischen Hardwarekomponente hat schon oft geholfen, Bootprobleme zu meistern.

Letzte Rettung: Hardware über den Geräte-Manager entfernen!

Gibt es immer noch Probleme mit einer Hardware? Bevor Sie das Computer-Gehäuse aufschrauben, um die entsprechende Komponente zu entfernen, deaktivieren Sie diese lieber probeweise im Betriebssystem:

1. Öffnen Sie den Geräte-Manager, markieren den Eintrag der störrischen Hardware und klicken rechts.
2. Im aufklappenden Menü wählen Sie *Deaktivieren* und starten Windows neu - lagen die Startschwierigkeiten wirklich an einer inkompatiblen Hardware, müsste Windows XP problemlos wieder hochfahren.

Mithilfe dieser Methode finden Sie auch heraus, ob die Startschwierigkeiten vielleicht gar nicht an der Hardware direkt liegen, sondern auf „Treiberstreit" zurückzuführen sind: Manchmal kommt es vor, dass Treiber A nicht mit Treiber B harmoniert und daher Startprobleme entstehen. Lösung: Legen Sie im Treiber-Notfall unter Windows XP Hardwareprofile an (siehe Seite 403)!

Nicht digital signierte Systemdateien rauswerfen!

Spüren Sie im Abgesicherten Modus nicht digital signierte Systemdateien auf und werfen die eventuellen Unruhestifter raus! Wichtige Systemdateien sollten digital signiert sein - also von Microsoft getestet und für die Verwendung freigegeben worden sein. Welche Dateien auf Ihrem Rechner dieser Eigenschaft nicht entsprechen, finden Sie schnell heraus:

1. Wählen Sie im Startmenü *Ausführen* und tippen Sie „sigverif.exe" ein; das Programm Dateisignaturverifizierung startet. Klicken Sie auf *Starten*, um mit der Überprüfung zu beginnen.

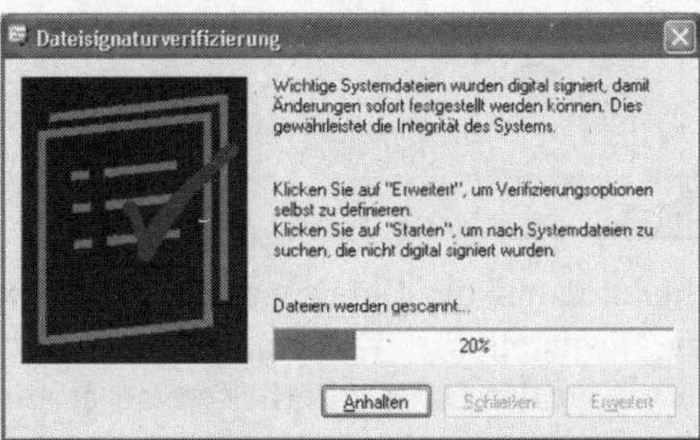

2 Nach kurzer Zeit werden die nicht digital signierten Systemdateien aufgelistet. Sie sollten sich deren Namen notieren, um sie vorübergehend zu deaktivieren.

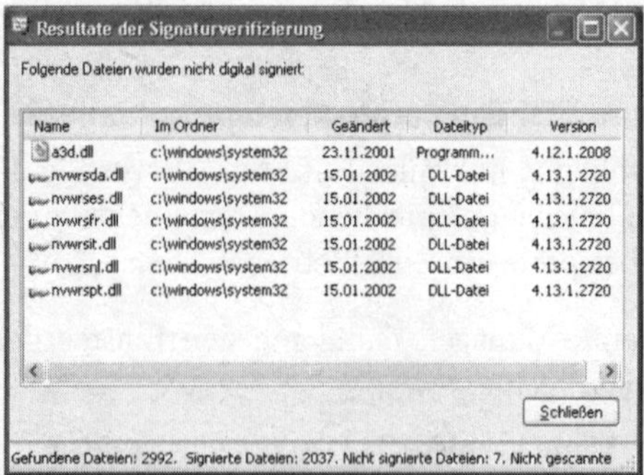

3 Suchen Sie jetzt die entsprechenden Dateien und deaktivieren Sie sie durch Umbenennen (hängen Sie beispielsweise die Endung *.bak* an); falls die Dateien nicht die Ursache für die Startschwierigkeiten sind, aktivieren Sie diese wieder, indem Sie die angehängte Endung *.bak* entfernen.

4 Wollen Sie wissen, von wem die nicht digitalisierte Datei ist bzw. zu welcher Soft- bzw. Hardware sie gehört?

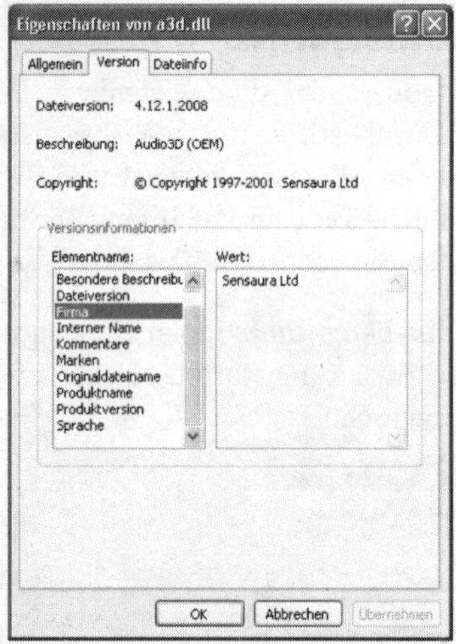

Kein Problem: Rechtsklick auf die Datei und *Eigenschaften* ausgewählt: Wechseln Sie in die Registerkarte *Version*, um nähere Informationen (Firma, Hersteller usw.) zu der Datei zu erhalten; so erfahren Sie, wozu die Datei gehört.

Fehlende bzw. beschädigte Systemdateien?

Windows startet zwar im Abgesicherten Modus durch, allerdings erhalten Sie eine Fehlermeldung, dass die Systemdatei „xyz" fehlerhaft sei bzw. fehle? Kein Problem: Notieren Sie sich den genaue Namen der fehlenden bzw. fehlerhaften Datei. Legen Sie Ihre Windows-Setup-CD ein und wählen im Startmenü *Ausführen*; tippen Sie „msconfig" ein und bestätigen die Eingabe mit der Enter-Taste - das Systemkonfigurationsprogramm startet. In der Registerkarte *Allgemein* klicken Sie unten auf die Schaltfläche *Datei erweitern...* (irreführende Bezeichnung!!). Im erscheinenden Fenster geben Sie zunächst den genauen Namen der wiederherzustellenden Datei ein und wählen darunter Ihr CD-ROM-/DVD-Laufwerk als Quelle der wiederherzustellenden Datei aus. Den richtigen Speicherort legt daraufhin Windows XP in der Regel selbst fest; sollte das nicht der Fall sein, müssen Sie ihn manuell angeben. Mit einem Klick auf *Erweitern* wird die gewünschte Systemdatei wiederhergestellt - der Rechner startet danach wieder fehlerfrei!

Schwarzer Bildschirm? – So verhindern Sie ihn!

Sie haben sich ein teures TFT-Display (beispielsweise den Testsieger aller PC-Zeitschriften) besorgt, sofort angeschlossen und staunen, dass dieses während bzw. nach dem Start des Betriebssystems schwarz bleibt? Natürlich „spukt" jetzt folgende Überlegung in Ihrem Kopf herum: Wie kann es sein, dass ein „Supermodell", das nicht einmal in der Lage ist, den Windows-Desktop darzustellen, Testsieger geworden ist?

An dem Monitor liegt es mit Sicherheit nicht! Mit dem folgenden Tipp ersparen Sie sich viel Ärger: Bevor Sie den Monitor austauschen, stellen Sie die Bildschirmaktualisierungsrate unbedingt auf maximal 60 Hertz ein! Gerade moderne TFT-Displays sind im Gegensatz zu Röhrenmonitoren häufig nicht in der Lage, mit einer höheren Bildschirmaktualisierungsrate zu arbeiten. Tauschen Sie beispielsweise einen alten, 85 Hertz „schnellen" Röhrenmonitor - ohne die Aktualisierungsrate vorher zu senken - gegen ein modernes TFT-Display aus, ist das Malheur passiert: Auf dem Monitor ist nach dem Start des Betriebssystems nichts zu sehen, er bleibt schwarz!

In diesem Fall starten Sie Windows zunächst im Abgesicherten Modus - hier wird die Bildschirmaktualisierungsrate automatisch reduziert, sodass Sie wieder etwas zu sehen bekommen und die notwendigen Änderungen vornehmen können. Wenn Sie die weiteren Arbeiten (Treiberinstallation) im normalen Betrieb von Windows XP erledigen möchten, wählen Sie im Geräte-Manager zunächst einen Monitortyp mit geringerer Bildwiederholrate aus (zum Beispiel den Treiber für den Standardmonitor). Dadurch ist gesichert, dass jeder Monitor im Normalbetrieb von Windows XP ein Bild darstellt.

Monitoraustausch: Bildwiederholrate vorher senken

Sie sollten es sich zur Angewohnheit machen, bevor Sie einen Monitor austauschen, die Bildwiederholrate auf maximal 60 Hz einzustellen und die Auflösung herabzusetzen. Dadurch ist gesichert, dass Sie nach dem Austausch nicht vor einem schwarzen Bildschirm sitzen.

1 Rechtsklick auf eine freie Stelle des Windows-Desktop und *Eigenschaften* ausgewählt! Öffnen Sie die Registerkarte *Einstellungen* und aktivieren Sie unter *Bildschirmauflösung* die gewünschte Darstellungsauflösung - stellen Sie keine zu hohe Auflösung ein, Sie könnten dadurch Ihren neuen Monitor beschädigen! Optimal ist für den Monitoraustausch eine Auflösung von 1024x768 - eine solche Auflösung kann jeder moderne Monitor problemlos darstellen. Die Auflösungs-Änderung wird mit einem Klick auf *Übernehmen* wirksam! Hinweis: Nach Installation des neuen Monitortreibers sollten Sie sie Ihren Wünschen entsprechend wieder ändern.

2 Weiter geht's: Klicken Sie auf die Schaltfläche *Erweitert* und hüpfen Sie in die Registerkarte *Monitor*. Hier wählen Sie unter *Bildschirmaktualisierungsrate:* 60 Hertz aus und betätigen *OK*. Nach dem Monitoraustausch sollten Sie hier die maximal von Ihrem Monitor unterstützte Bildwiederholfrequenz (mindestens 75 Hz) für eine flimmerfreie Darstellung einstellen. Bei einem TFT-Display reichen dagegen 60 Hz aus; viele Geräte neigen bei einer höheren Wiederholrate zu einer unscharfen Darstellung.

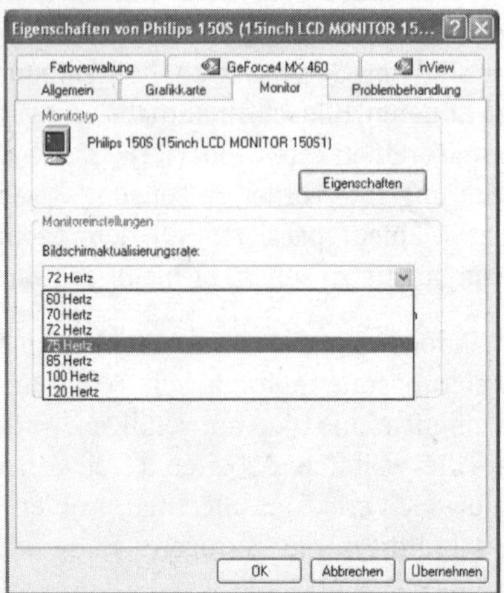

Abgesicherter Modus funktioniert auch nicht?

Das ist unerfreulich! Über den Abgesicherten Modus ist es in den meisten Fällen möglich, Windows XP zu reparieren, sodass es anschließend wieder fehlerfrei startet! Was ist aber zu unternehmen, wenn das Betriebssystem noch nicht einmal im Abgesicherten Modus startet?

Master-Boot-Record mit Viren verseucht?

Zunächst sollten Sie Ihren Rechner mit einem Virenscanner auf PC-Schädlinge untersuchen; vielleicht wurde der PC von einer üblen Viren-Species infiziert, die den so genannten Master-Boot-Record auf der Festplatte überschrieben hat, weshalb Windows XP nicht mehr starten kann! Für die Virenprüfung starten Sie den Rechner mithilfe der bootfähigen Original-CD des Virenscanners oder dessen Startdisketten, die Sie hoffentlich angelegt haben. Wie Sie zur Virenprüfung vorgehen müssen, entnehmen Sie bitte der Bedienungsanleitung des Antiviren-Programms. Nach der Virenuntersuchung und der eventuell notwendigen Virenvernichtung starten Sie die Rettungskonsole, um den Master-Boot-Record neu anzulegen (siehe Kapitel 7.2)!

Sehr wichtig: Master-Boot-Record!

Der Master-Boot-Record (auch MBR genannt) liegt am Anfang der Festplatte und enthält die so genannte Partitionstabelle. Beim Start des Systems wird dieser Bereich als Erster eingelesen, da er wichtige Informationen über die Aufteilung der Festplatte (beispielsweise die Anzahl der Partitionen) enthält! Ist der Master-Boot-Record beschädigt, startet das System nicht bzw. nur mit einer Fehlermeldung!

In den Master-Boot-Record-Bereich der Festplatte dürfen nur einige wenige Programme (zum Beispiel das Betriebssystem oder ein Boot-Manager) ihre Daten hineinschreiben. Leider gelingt es aber auch einigen heimtückischen Computerviren, in diesen Bereich einzudringen und den Master-Boot-Record zu beschädigen!

Wichtige Startdateien fehlen oder sind defekt?

Sie erhalten beim Start des Betriebssystems (auch im Abgesicherten Modus) die Mitteilung, dass die Datei *xyz* nicht gefunden wurde und Sie Windows neu installieren sollen? In dem Fall wurde eine wichtige Systemdatei beschädigt - um den PC auch ohne Systemwiederherstellung oder Neuinstallation wieder flott zu bekommen, nutzen Sie die Rettungskonsole (siehe Kapitel 7.2)!

Wichtige Vorbereitungen für den nächsten Crash!

Wenn Sie Ihr Windows XP mit den beschriebenen Tipps und Tricks wieder zum Laufen gebracht haben, warten Sie nicht auf den nächsten Systemcrash, sondern treffen für die Vermeidung zukünftiger System- bzw. Startschwierigkeiten optimale Vorbereitungen.

Gut versteckt: Geheimrezept gegen Systemprobleme!

Systemprobleme in Form von Startschwierigkeiten oder Abstürzen lassen sich unter Windows XP nicht hundertprozentig verhindern! Allerdings hat Microsoft ein äußerst nützliches Tool in den Tiefen des Betriebssystems versteckt, das gegen solche „Macken" hilft - die Systemdateiprüfung! Das Programm analysiert alle wichtigen Systemdateien von Windows XP und kontrolliert sie auf Beschädigungen bzw. darauf, ob die Originaldatei von einer fremden Software überschrieben wurde.

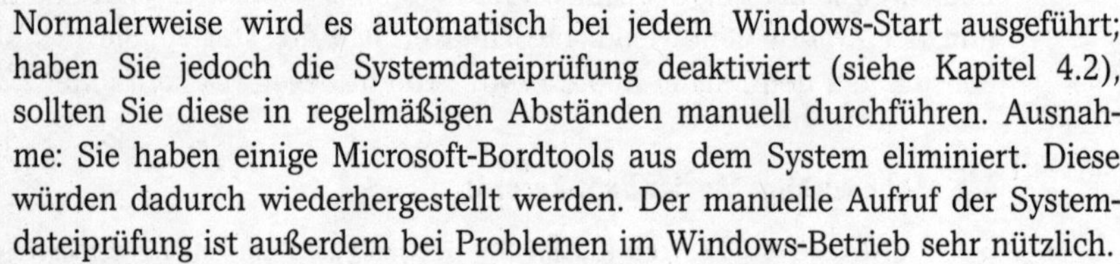

Normalerweise wird es automatisch bei jedem Windows-Start ausgeführt; haben Sie jedoch die Systemdateiprüfung deaktiviert (siehe Kapitel 4.2), sollten Sie diese in regelmäßigen Abständen manuell durchführen. Ausnahme: Sie haben einige Microsoft-Bordtools aus dem System eliminiert. Diese würden dadurch wiederhergestellt werden. Der manuelle Aufruf der Systemdateiprüfung ist außerdem bei Problemen im Windows-Betrieb sehr nützlich.

1 Wählen Sie im Startmenü *Ausführen* und tippen Sie „sfc /scannow" ein; die Eingabe bestätigen Sie mit der [Enter]-Taste!

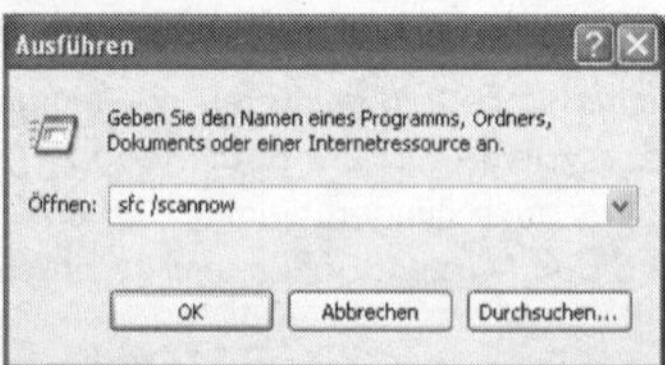

2 Windows beginnt sofort mit der Überprüfung aller Systemdateien; findet das Programm eine beschädigte Datei, werden Sie unter Umständen aufgefordert, die Original-Windows-Setup-CD einzulegen, damit die fehlerhafte Datei wiederhergestellt wird!

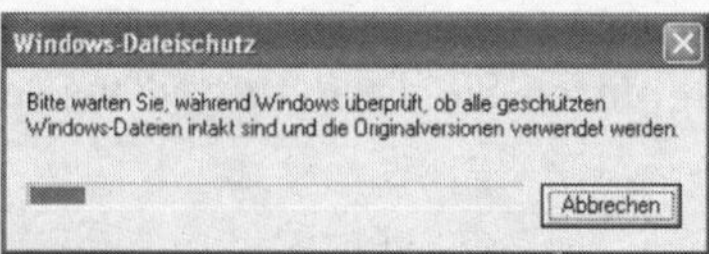

Machen Sie es sich zur Angewohnheit, die Systemdateiprüfung mindestens einmal im Monat (bei häufigerer PC-Nutzung auch öfter) durchzuführen, um schwerwiegenden Systemproblemen vorzubeugen!

Vorbeugen: Daten-GAU durch clevere Partitionierung vermeiden

Das Schlimmste an einem ruinierten Windows ist, dass Sie im härtesten Notfall nicht mehr an Ihre aktuellen Daten und Dokumente gelangen und diese bei einer Neuinstallation des Systems „flöten" gehen. Mit einer cleveren Festplattenpartitionierung vermeiden Sie das: Legen Sie auf der Platte mindestens zwei Partitionen an. In die erste Partition installieren Sie Windows und Ihre Anwendungsprogramme, die zweite Partition nutzen Sie ausschließlich für Ihre eigenen Dateien. Hinweis: Die Partitionierung der Festplatte führen Sie entweder vor einer Neuinstallation von Windows XP durch oder nutzen ein spezielles Programm (zum Beispiel das bekannte PartitionMagic von PowerQuest), um auf einer Festplatte mit bereits installiertem Betriebssystem die Partitionierung ohne Datenverlust zu verändern und beispielsweise eine neue Partition für Ihre Dateien anzulegen.

Ab sofort verliert jedes Startproblem seinen größten Schrecken: Fährt Windows nicht mehr hoch, können Sie das Betriebssystem erneut in der ersten Partition von Grund auf einrichten, ohne Ihre Daten auf der zweiten Partition zu verlieren - jede Festplattenpartition wird von Windows wie eine eigene Festplatte behandelt. Nach der geglückten Neuinstallation von Windows XP gelangen Sie wieder an Ihre Daten!

Hinweis: Diese Vorgehensweise bringt Ihnen nur bei Startproblemen etwas, die eine softwaremäßige Ursache haben. Geht die Festplatte kaputt, sind natürlich auch die Daten auf der zweiten Partition verloren! Daher sollten Sie trotz einer optimalen Partitionierung der Festplatte regelmäßig ein Backup Ihrer wichtigen Daten anlegen - zum Beispiel mit dem in Windows XP integrierten Backup-Programm!

Windows mit dem ultimativen Windows-„Ambulanzwagen" retten

Startprobleme gibt es leider immer mal wieder - umso wichtiger ist es, für den Notfall gerüstet zu sein, um den Fehler schnell und komfortabel aufzudecken, hartnäckige Viren beseitigen und wertvolle Daten auf der brachliegenden Festplatte im schlimmsten Fall (vor der Neuinstallation von Windows) auf CD/DVD sichern zu können! Leisten Sie wertvolle Vorarbeit für den nächsten PC-Crash und bauen Sie sich Ihren eigenen „PC-Rettungswagen"!

Viele Rettungswerkzeuge taugen im Notfall nichts!

Die meisten Rettungsinstrumente zum Reparieren von Windows bzw. zum Retten von wertvollen Daten auf einem ruinierten System haben gewaltige Macken, die man leider erst im Notfall zu spüren bekommt: Entweder erlauben diese Tools zum Beispiel keinen Zugriff auf Festplatten und Medien, die größer als 2 GByte sind, oder können mit Partitionen im NTFS-Dateisystem, das von allen aktuellen Windows-Versionen genutzt wird, nicht vollständig umgehen. So ist es unter Umständen nicht möglich, einem heimtückischen Virus Herr zu werden, weil dieser zwar aufgestöbert, aber nicht vernichtet werden kann, da das Programm keine Schreibzugriffe auf einer NTFS-Partition unterstützt.

Geniales Tool: Bart's PE Builder

Mit der kostenlosen Software "Bart's PE Builder" erstellen Sie sich dagegen eine professionelle Rettungsdisk ohne große Einschränkungen; damit starten Sie auf dem PC mit dem ruinierten Betriebssystem ein Notfall-Windows und führen die erforderlichen Reparaturmaßnahmen komfortabel und erfolgreich aus. Die mit dem Bart's PE Builder erzeugte Rettungsdisk besitzt so gut wie keine Einschränkungen, da sie auf Windows PE beruht.

Bei Windows PE handelt es sich um ein abgespecktes Windows-Betriebssystem (Windows PE = Windows Preinstalled Environment), das eigentlich für das Vorbereiten von Computern für eine Windows-Installation von vielen PC-Herstellern genutzt wird. Für den Normal-Anwender bzw. Administrator bietet Microsoft Windows PE dagegen nicht an. Mithilfe des Tools Bart's PE Builder kommen Sie trotzdem in den Genuss der vielen Vorzüge von Windows PE, da es die Grundlage der Rettungsdisk darstellt. Die mit dem Programm angefertigte Notfalldisk erlaubt beispielsweise den vollständigen Zugriff auf Datenträger und Partitionen, die größer als 2 GByte sind und unterstützt außerdem Festplatten im NTFS-Dateisystem. Dadurch ist es zum Beispiel endlich möglich, auch auf einem Windows-PC im NTFS-Dateisystem gefährliche Viren zu vernichten oder wertvolle Daten auf dem ruinierten System auf CD/DVD zu brennen. Außerdem bietet Ihnen das Notfallsystem volle Netzwerkunterstützung und die Möglichkeit, das System durch spezielle Treiber und Software zu erweitern und somit genau Ihren Bedürfnissen anzupassen.

Voraussetzungen

Als Basis für die geniale Rettungsdisk benötigen Sie zunächst das Tool Bart's PE Builder; die aktuellste Version des Programms dürfen Sie sich kostenlos unter *http://www.nu2.nu/pebuilder/* downloaden. Nach dem Download entpacken Sie die komprimierte Datei in einen separaten Ordner.

Zusätzlich brauchen Sie für die Erzeugung der Notfalldisk eine geeignete Windows-Installations-CD: Sie dürfen hierzu die Setup-CD entweder von Windows XP in der Home oder Professional Edition verwenden. Auf der Setup-CD von Windows XP muss allerdings das Service Pack 1 eingebunden sein. Besitzen Sie keine geeignete Original-CD, basteln Sie sich eine passende Scheibe anhand der Anleitungen in Kapitel 2.4

Plug-Ins für die Windows-Rettungsdisk

Das Integrieren von zusätzlicher Software auf die mit Bart's PE Builder erstellte Notfalldisk geschieht über Plug-Ins. Bart's PE Builder bringt standardmäßig bereits viele Plug-Ins mit, sodass Sie nur noch die erforderlichen Dateien der gewünschten Software an entsprechender Stelle unterbringen müssen. Einen Virenscanner mit aktuellen Virendefinitionen sollten Sie auf jeden Fall einbinden, um für den Virennotfall bestens gerüstet zu sein.

Wollen Sie ein Programm aufnehmen, für das Bart's PE Builder kein Plug-In mitbringt, haben Sie zwei Möglichkeiten: Entweder fertigen Sie das Plug-In eigenhändig an, was in den meisten Fällen nicht sehr schwer ist, oder Sie machen sich im Internet auf die Suche nach dem notwendigen Plug-In. Aufgrund der großen Beliebtheit von Bart's PE Builder gibt es immer mehr Webseiten, auf denen Sie zahlreiche Plug-Ins für diverse Programme kostenlos herunterladen dürfen. Auf der Internetseite *http://www.nu2.nu/pebuilder/#plugins* finden Sie viele Plug-Ins bzw. Links zu Internetseiten, auf denen weitere Plug-Ins angeboten werden. Generell gilt: Um das jeweilige Programm bei der Erstellung der Notfalldisk zu berücksichtigen, gehen Sie exakt so vor, wie von dem Anbieter des Plug-Ins beschrieben. Andernfalls kann die Erstellung der Notfalldisk scheitern, weil Bart's PE Builder beispielsweise die erforderlichen Programmdateien nicht findet. Im Folgenden zeigen wir Ihnen beispielhaft, wie Sie Nero Burning ROM 5/6 auf die Rettungs-Disk integrieren, um im Notfall auf einem völlig ruinierten System wenigstens Ihre wertvollen Daten auf CD/DVD sichern zu können.

1 Laden Sie sich die aktuellste Nero-Version herunter und installieren Sie diese. Kopieren Sie anschließend sämtliche Dateien des Programmordners *Nero* in das Verzeichnis *plugin/nero burning rom/files* von Bart's PE Builder.

2 Öffnen Sie jetzt im Ordner *plugin/nero burning rom* die Datei *penero.inf* über den Eintrag *Öffnen* im Kontextmenü der Datei oder mit einem Editor Ihrer Wahl.

3 Entfernen Sie die ";" vor den Zeilen ab *[Software.AddReg]*, im Abschnitt *Nero v5.x* oder *Nero v6.x*, um diese zu aktivieren. Tippen Sie anschließend in die erste Zeile unter *[Software.AddReg]* an die geeignete Stelle Ihren Namen; in die nächste Zeile geben Sie die Information bezüglich Ihrer Firma ein. Darunter geben Sie Ihre Nero-Seriennummer ein, speichern die Änderungen und schließen das Fenster.

```
; nero.inf
; PE Builder v3 plug-in INF file for Nero Burning Rom 5.5.x and 6.x
; Created by Bart Lagerweij

[Version]
Signature= "$Windows NT$"

[PEBuilder]
Name="Nero Burning Rom"
Enable=0
Help="penero.htm"

; Nero v5.x
; Uncomment the 4 lines below to include registration
; Make sure you also uncomment the "[Software.AddReg]" line!!!
;
; [Software.AddReg]
; 0x1, "ahead\Nero - Burning Rom\Info", "User", "Your name"
; 0x1, "ahead\Nero - Burning Rom\Info", "Company", "Your company name"
; 0x1, "ahead\Nero - Burning Rom\Info", "Serial5", "nnnn-nnnn-nnnn-nnnn-nnnn-nnnn"

; Nero v6.x
; Uncomment the 4 lines below to include registration
; Make sure you also uncomment the "[Software.AddReg]" line!!!
;
[Software.AddReg]
0x1, "ahead\Nero - Burning Rom\Info", "User", "Your name"
0x1, "ahead\Nero - Burning Rom\Info", "Company", "Your company name"
0x1, "ahead\Nero - Burning Rom\Info", "Serial6", "Your Nero v6 serial"

[WinntDirectories]
a="Programs\Nero",2

[SourceDisksFiles]
files\*.cfg=a,,1
```

4 Sollten Sie die Seriennummer nicht kennen (bei Nero in der OEM-Version durchaus möglich), rufen Sie den Registrierungseditor von Windows über das Startmenü auf und öffnen folgenden Schlüssel: *HKEY_LOCAL_MACHINE\SOFTWARE\Ahead\Nero - Burning Rom\Info*. Hinter dem Eintrag *Serial6* bzw. *Serial5* erfahren Sie die aktuelle Seriennummer.

Windows-Rettungs-CD erstellen und brennen

Nachdem Sie alle gewünschten Programme für die Rettungsdisks entsprechend der jeweiligen Anleitungen eingebunden haben, kann die Erzeugung der Notfalldisk beginnen.

1 Starten Sie Bart's PE Builder mit einem Doppelklick auf die Datei *pebuilder.exe* (im Hauptverzeichnis der entpackten Programmdateien zu finden). Eine Installation ist nicht erforderlich!

2 Im erscheinenden Fenster klicken Sie auf *Next* und stellen anschließend unter *Path to Windows installation files* den Pfad zur Windows-Installations-CD ein. Betätigen Sie *Next*.

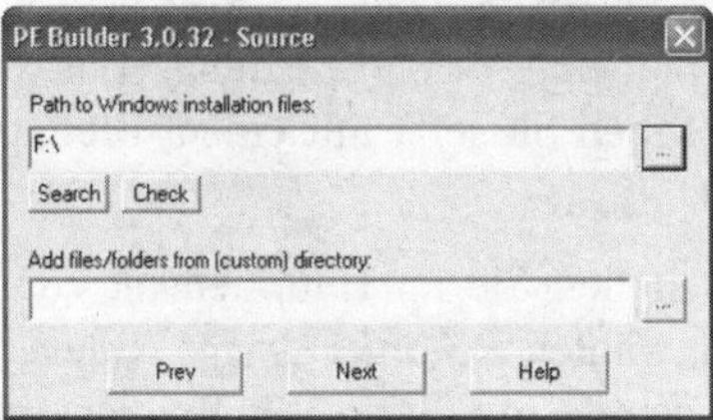

3 Ein neues Fenster taucht auf; hier bestimmen Sie, welche Plug-Ins bei der Erstellung der Rettungsdisk berücksichtigt werden. Standardmäßig eingeschaltete Plug-Ins sollten nicht verändert werden. Aktivieren Sie im Fenster zusätzlich alle Plug-Ins für die von Ihnen gewünschten Programme. ACHTUNG: Die für das jeweilige Plug-In benötigten Programmdateien müssen sich an der entsprechenden Stelle befinden, andernfalls erhalten Sie eine Warnmeldung bzw. die Erzeugung der Notfalldisk scheitert!

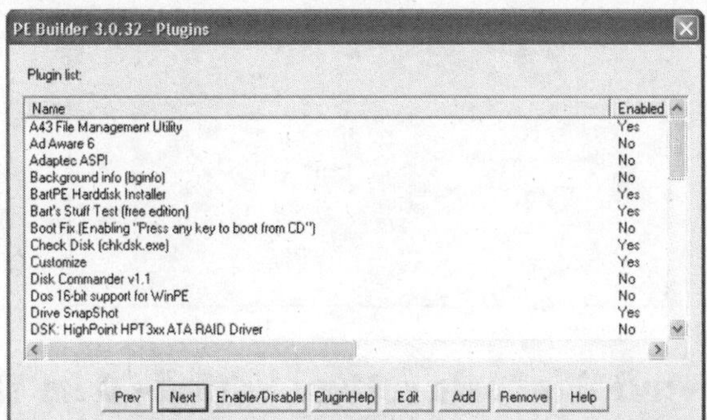

4 Mit einem Klick auf *Next* gelangen Sie nach der Plug-In-Auswahl zum nächsten Fenster. Hier legen Sie den Speicherort für die zu erstellenden Rettungsdisk-Dateien fest. Aktivieren Sie unbedingt die Option *Create ISO Image* - die vorgegebenen Pfadangaben lassen Sie am besten unverändert. Über *Next* starten Sie die Erstellung; dieser Vorgang dauert etwas - haben Sie Geduld!

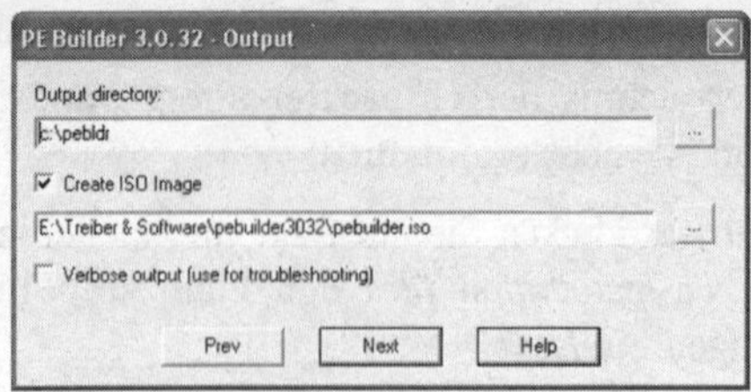

5 Zum Abschluss erhalten Sie eine Erfolgsmeldung. Das erzeugte ISO-Image der Rettungsdisk brennen Sie jetzt mit einem Brennprogramm Ihrer Wahl auf eine CD/DVD.

6 Bei Nero Burning ROM 6 stellen Sie im Hauptfenster zunächst den zu verwendenden Brenner ein, wählen *Rekorder/Image brennen* und markieren im neuen Fenster die gerade mit Bart's PE Builder erstellte Image-Datei.

7 Mit einem Klick auf *Öffnen* rufen Sie das Brennfenster von Nero Burning ROM auf. Hier kontrollieren Sie, ob die Option *CD abschließen* eingeschaltet ist, und starten den Brennvorgang.

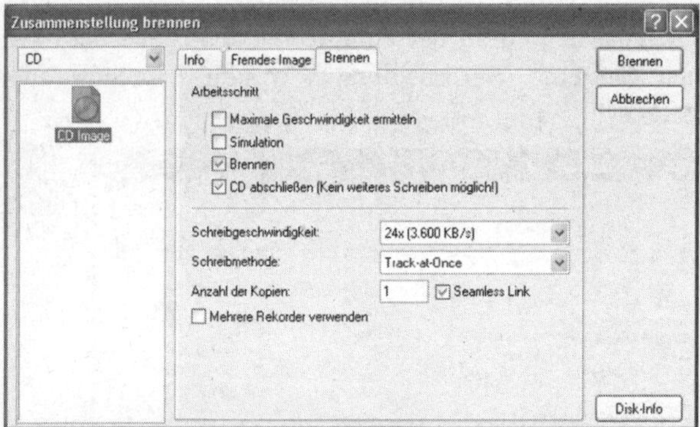

Windows mit Windows retten: Notfall-CD im Einsatz

Nachdem Sie sich mit Bart's PE Builder eine Notfalldisk erstellt haben, geht das Beseitigen zukünftiger PC-Probleme wesentlich komfortabler und schneller - schließlich retten Sie Windows mit Windows! Wenn Sie den PC mithilfe der erzeugten Notfalldisk starten, wird Windows PE (eine abgespeckte Windows-Version) geladen. Im Gegensatz zu allen anderen Windows-Betriebssystemen lässt sich diese Version von CD booten, da sie während der Startphase keinerlei Schreibzugriffe auf dem Bootmedium durchführt. Das Notfall-Windows unterscheidet sich in seiner Bedienung kaum von den gewöhnlichen Microsoft-Betriebssystemen.

INFO

Ihr PC bootet nicht von der CD?

An diesem Fehlverhalten ist das BIOS schuld: Um den Rechner von CD/DVD starten zu können, müssen Sie das CD/DVD-ROM-Laufwerk in der Bootreihenfolge an die erste Stelle (vor Ihre Festplatte) setzen. Dazu rufen Sie das BIOS auf - in der Regel drücken Sie hierfür die Taste [Entf] direkt nach dem Einschalten des PCs. Sollte das BIOS-Setupprogramm nicht erscheinen, müssen Sie im Mainboard- bzw. PC-Handbuch nachsehen, wie Sie ins BIOS gelangen. Halten Sie im BIOS nach einem der folgenden Menüs Ausschau: *Bios Features Setup, Advanced BIOS Features, Advanced CMOS Setup* oder in neueren Varianten auch kurz *Boot* genannt. Rufen Sie das vorhandene Menü auf und suchen Sie dort nach dem Eintrag *Bootsequenz* oder bei neueren BIOS-Versionen *First Boot Device*. Ändern Sie die Bootreihenfolge entsprechend und verlassen Sie über *Save & Exit Setup* das BIOS wieder - Ihr PC bootet ab sofort von CD/DVD.

Nachdem das Notfall-Windows vollständig von CD gestartet ist, sitzen Sie vor einem leeren, blauen Desktop. Unten links versteckt sich die Schaltfläche *Go*. Mit einem Klick darauf rufen Sie das englische Startmenü des Notfall-Systems auf und können darüber die gewünschten Programme und Tools starten.

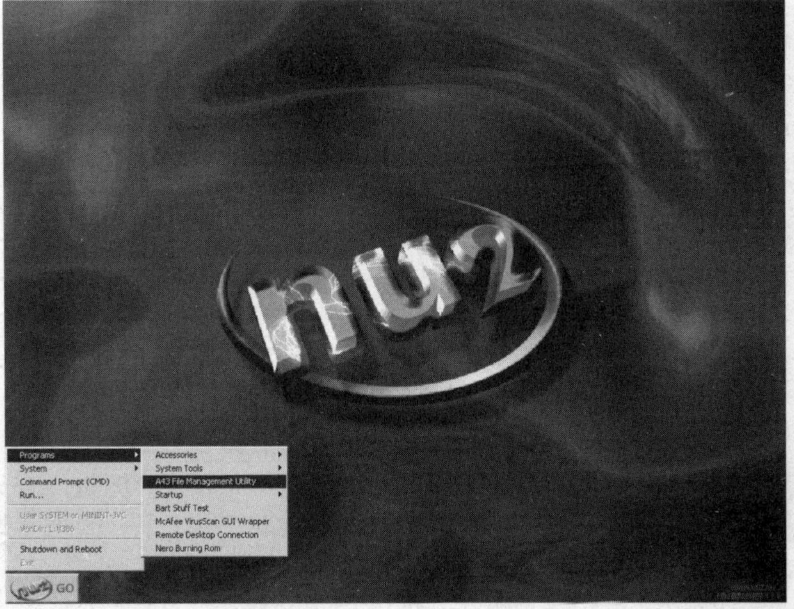

Bevor Sie mit der Rettungsaktion beginnen, ändern Sie am besten das Tastaturlayout, um in den Genuss der deutschen Tastaturbelegung zu kommen.

Hierzu wählen Sie im Startmenü *System/Keyboard-Layout* und tippen im erscheinenden Fenster „gr“ ein. Anschließend rufen Sie die integrierten Rettungs-Tools auf, um das System zu reparieren, nach Viren zu suchen oder wichtige Daten auf der brachliegenden Partition auf eine CD/DVD zu brennen.

INFO

Alternative: Windows und Daten mit Knoppix retten

Ein Rettungswagen allein reicht oft nicht - Sie brauchen häufig einen zweiten, um allen Notfällen gerecht zu werden! Auch die Komplettausstattung für den zweiten Wagen erhalten Sie kostenlos aus dem Internet - das Rettungssystem Knoppix! Das Rettungssystem Knoppix beruht auf einer Linux-Basis und kann unter *http://www.knoppix.net* heruntergeladen werden; eine moderne, schnelle Internetverbindung ist von Nöten, da Sie ca. 700 MByte auf Ihren Rechner herunterholen müssen - das Knoppix-Rettungssystem finden Sie ab und zu auch auf den CD-Beigaben diverser PC-Zeitungen. Nach dem Download brennen Sie das ISO-Image auf einen Rohling und starten im Notfall damit den PC! Auf der angegebenen Internetseite finden Sie zahlreiche, englischsprachige Dokumentationen über die optimale Verwendung von Knoppix. Mit Knoppix können Sie beispielsweise ein ruiniertes Windows retten oder Ihre wichtigen und verloren geglaubten Daten auf einer brachliegenden Windows-Partition sichern, bevor Sie das Betriebssystem neu installieren. Ein idealer Wegbegleiter für Ihre Ausflüge in das Rettungssystem Knoppix ist „Das große Buch Knoppix“ von DATA BECKER, das Sie für 17,95 Euro unter *www.databecker.de* bestellen können.

Boot.ini: Das Lebenselixier von Windows XP!

Sie haben den Dateinamen „*Boot.ini*“ noch nie gehört? Macht nichts, denn benutzt wird die Datei von Ihnen ständig, handelt es sich doch um das Lebenselixier des neuen Betriebssystem - ohne die Systemdatei *Boot.ini* startet kein Windows XP..

Bei dieser Datei handelt es sich um eine Konfigurationsdatei für den Boot-Manager von Windows XP, der automatisch bei der Installation des Betriebssystems im Master-Boot-Record der Festplatte eingerichtet wird und mehrere Betriebssysteme auf einer Festplatte verwalten bzw. starten kann. Haben Sie beispielsweise Windows XP parallel zu Windows 98/ME auf der gleichen Festplatte installiert, dürfen Sie das gewünschte Betriebssystem über ein Bootmenü auswählen - dieses Verfahren wird mithilfe der Systemdatei *Boot.ini* umgesetzt! Die Einrichtung des Boot-Managers geschieht bei der Installation von Windows XP ohne Zutun des PC-Users und kann nicht verhindert werden. Ist das alles? So viel Rummel um eine Datei, die „nur“ verschiedene Betriebssysteme starten kann? Nein! - *Boot.ini* kann noch viel mehr: Mithilfe der Datei beeinflussen bzw. optimieren Sie den Systemstart in vielerlei Hinsicht - lesen Sie bitte weiter!

Aufgedeckt: Hier steckt der Boot-Manager von Windows XP!

Wenn Sie die Systemdatei bearbeiten wollen, müssen Sie zunächst wissen, wo sich diese auf der Festplatte versteckt! Die Datei *Boot.ini* wird bei der Installation von Windows XP im Hauptverzeichnis der Festplatte abgelegt. Bevor Sie allerdings jetzt gleich den Windows-Explorer starten, um auf die vergebliche Suche nach der Datei zu gehen - die Datei wird von Windows aus Sicherheitsgründen ausgeblendet -, lesen Sie weiter: Unter Windows XP gibt es einen äußerst komfortablen Weg, um an die Datei *Boot.ini* heranzukommen:

1 Rechtsklick auf das *Arbeitsplatz*-Symbol auf dem Desktop oder im Startmenü und im aufklappenden Menü *Eigenschaften* ausgewählt!

2 Öffnen Sie die Registerkarte *Erweitert* und klicken unter *Starten und Wiederherstellen* auf die Schaltfläche *Einstellungen*! Daraufhin erscheint ein neues Fenster - die Datei *Boot.ini* versteckt sich hinter *Bearbeiten*.

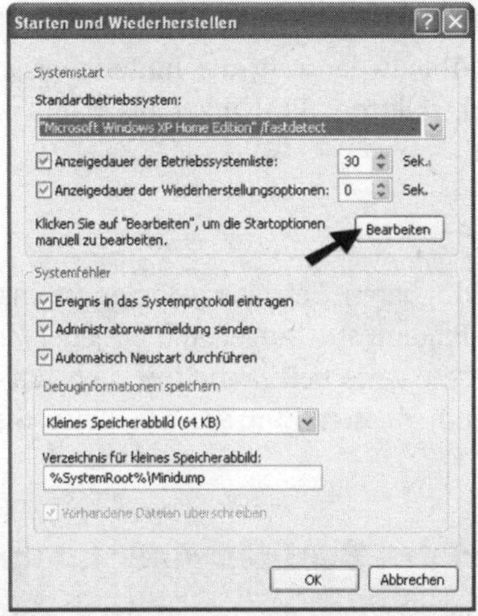

Aufbau der Boot.ini entschlüsselt!

Bevor Sie mit der Bearbeitung bzw. Optimierung der Datei beginnen, betrachten Sie zunächst deren Struktur und Aufbau genauer:

Die Systemdatei besteht aus zwei Abschnitten; der erste beginnt mit der Zeile *[boot loader]*, der zweite mit *[operating systems]*.

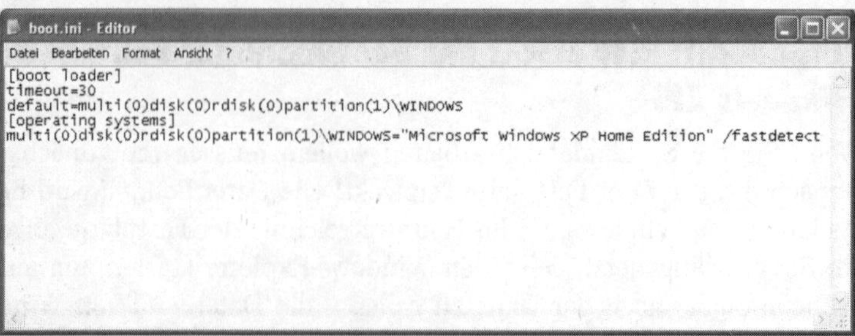

Die Boot.ini bei einer Standardinstallation von Windows XP.

Abschnitt 1: boot loader!

Im ersten Teil der *Boot.ini* wird zunächst hinter *timeout* die Zeit in Sekunden angegeben, die das Boot-Menü beim Start des Rechners erscheint - Voraussetzung: Sie haben neben Windows XP noch ein weiteres Betriebssystem installiert (beispielsweise Windows 98/ME), sonst taucht das Bootmenü beim Systemstart nicht auf, sondern Windows XP startet gleich.

In der folgenden Zeile, die mit *default* beginnt, wird der Pfad des Betriebssystems angegeben, das nach Ablauf der Zeit, die hinter *timeout* angegeben ist, automatisch gestartet wird, falls der PC-Nutzer bis dahin kein anderes Betriebssystem ausgewählt hat.

Abschnitt 2: operating systems

In Abschnitt 2 werden alle verfügbaren Betriebssysteme, die installiert wurden, mit der dazugehörenden Pfadangabe aufgelistet. In jeder Zeile befindet sich ein Eintrag in Gänsefüßchen - hierbei handelt es sich um die entsprechende Zeile für das Bootmenü, dessen Einträge Sie beim Start des PCs auswählen können.

Neues Betriebssystem in den Boot-Manager integrieren!

Die Pfadangaben für die Betriebssysteme werden in der Fachsprache auch ARC-Pfad (**A**dvanced **R**isc **C**omputing) genannt. Die Einträge in der *Boot.ini* folgen immer dem gleichen Muster:

```
Partitionsangabe (auch Pfadangabe genannt) = „Anzeige im Bootme-
nü“ /besonderer Parameter
```

Wollen Sie im Bootmenü statt dem langweiligen Eintrag „Windows XP Home Edition" einen eigenen „fetzigen" Namen vergeben, tippen Sie diesen zwischen den Gänsefüßchen ein!

Die Partitionsangabe besteht immer aus den vier Begriffen *multi, disk, rdisk* und *partition*. Hinter dem jeweiligen Begriff wird die entsprechende Zahl in Klammern eingetragen! Doch was steckt hinter diesem Technik-Kauderwelsch?

Pfadangabe	Begriffserläuterung
multi	Der Wert in Klammern gibt die Nummer des Controllers an, an dem die Platte mit dem Betriebssystem hängt: 0 = erster DIE-Port oder erster SCSI-Controller. Bei reinen SCSI-Systemen lautet der gleiche Eintrag auch „scsi".
disk	SCSI Nummer - normalerweise ist dieser Wert immer auf 0 einzustellen.
rdisk	SCSI-LUN-Nummer der entsprechenden Festplatte; bei IDE gilt Folgendes: Primärer Controller Master/Slave = 0/1, Sekundärer Controller Master/Slave = 2/3.
partition	Nummer der Partition, auf der das zu startende Betriebssystem installiert wurde; die Zählung beginnt immer bei 1!

Kleiner Tipp am Rande: Haben Sie das zusätzliche Betriebssystem auf einer anderen Partition der gleichen Festplatte wie Windows XP installiert, kopieren Sie sich zunächst die Pfadangabe von Windows XP in eine neue Zeile und ändern die Zahl hinter *partition* entsprechend ab. Danach müssen Sie noch den Hauptinstallationspfad des hinzugefügten Betriebssystems angeben (statt *Windows*) und dessen Eintrag für das Bootmenü in Gänsefüßchen erstellen! Nach der Änderung schließen Sie die *Boot.ini*-Datei wieder (speichern nicht vergessen), weil die Zusatzparameter für den Aufruf der Betriebssysteme auf eine andere Weise komfortabler zu editieren sind!

Perfekt: Betriebssystem-Einträge der Boot.ini kontrollieren lassen!

Sie sind sich nicht sicher, ob der von Ihnen hinzugefügte Eintrag für das neue Betriebssystem korrekt ist bzw. haben den Verdacht, dass ein Betriebssystemeintrag in der *Boot.ini*-Datei nicht stimmt? Ein falscher Eintrag kann fatale Folgen haben - das betroffene Betriebssystem lässt sich nicht mehr starten! Mit dem folgenden Trick gehen Sie der Sache auf den Grund:

1. Im Startmenü wählen Sie *Ausführen* und tippen „msconfig" ein; den Befehl schicken Sie mit einem Druck auf die [Enter]-Taste ab!
2. Das Systemkonfigurationsprogramm (toller Name!!) öffnet sich; hüpfen Sie in die Registerkarte *BOOT.INI*! Klicken Sie auf die Schaltfläche *Alle*

Startpfade überprüfen; nach kurzer Zeit erhalten Sie - hoffentlich - die Mitteilung, dass alle Startpfade in Ordnung sind! Sollte dies nicht der Fall sein, müssen Sie die Pfadangabe des entsprechenden Betriebssystems korrigieren (wie oben beschrieben)!

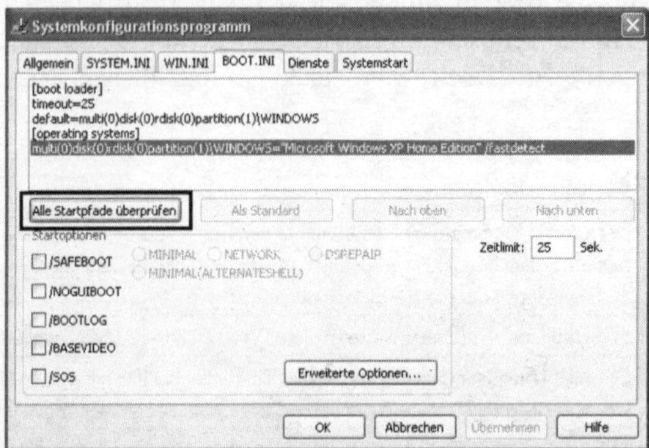

Die entscheidenden Zusatz-Parameter für die Boot.ini-Einträge

Ihnen wird sicherlich aufgefallen sein, dass der Startpfad von Windows XP in der *Boot.ini* zusätzlich den Parameter */fastdetect* beinhaltet. In diesem Abschnitt zeige ich Ihnen die wichtigsten Zusatz-Parameter und deren Bedeutung auf. Über die Registerkarte *BOOT.INI* im Systemkonfigurationsprogramm dürfen Sie diese folgendermaßen setzen:

1. Markieren Sie im Abschnitt *[operating systems]* den Pfadeintrag des Betriebssystems, dem Sie einen zusätzlichen Parameter anhängen wollen.
2. Unter *Startoptionen* können Sie den gewünschten Zusatzparameter aktivieren. Ist er dort nicht aufgelistet, klicken Sie auf die Schaltfläche *Erweiterte Optionen...*, dadurch werden weitere Aufrufparameter sichtbar!

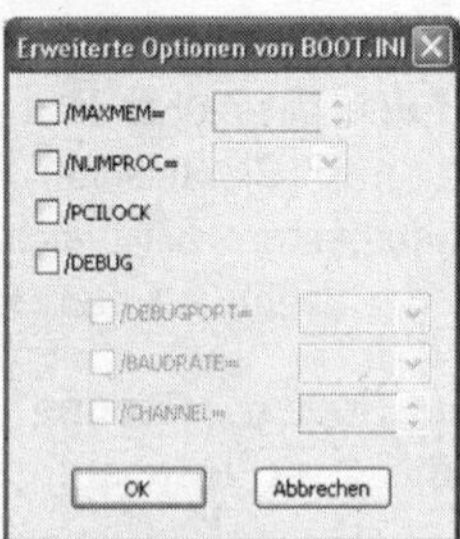

Zusatzparameter	Bedeutung
/FASTDETECT	Diese Option ist bei Windows XP automatisch gesetzt und verhindert die Überprüfung der parallelen und seriellen Schnittstellen des PCs.
/NOGUIBOOT	Durch diesen Parameter wird der Startbildschirm von Windows XP abgeschaltet.
/SOS	Zur Fehlersuche werden durch Setzen dieses Parameters beim Start von Windows XP die geladenen Treiber angezeigt.
/SAFEBOOT	Mit der Option SAFEBOOT startet Windows immer im Abgesicherten Modus (nur bei schlimmen Startproblemen empfehlenswert).
/BASEVIDEO	Weist Windows XP an, den Standard-VGA-Treiber beim Start zu verwenden.
BOOTLOG	Dieser Parameter erzeugt eine LOG-Datei namens Ntbtlog.txt über den Start des Betriebssystems; das kann bei einer schwierigen Fehlersuche helfen!
/MAXMEM=	Hier können Sie Windows XP anweisen, beim Start nur eine gewisse Menge Arbeitsspeicher zu verwenden! Vermuten Sie beispielsweise einen defekten RAM-Baustein, kann die Begrenzung des Arbeitsspeichers bei der Fehlersuche aufschlussreich sein! Achtung: Stellen Sie keinen Wert unter 128 MByte ein – andernfalls startet Windows XP nicht mehr!

Wenn Sie die gewünschten Änderungen vorgenommen haben, klicken Sie auf die Schaltfläche *OK* und starten den Rechner per Klick auf *Neu starten* neu! Nach dem erneuten Start erscheint automatisch ein Fenster des Systemkonfigurationsprogramms:

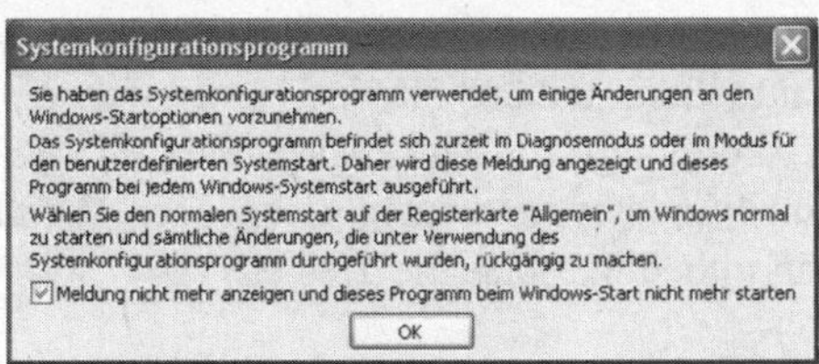

„Warnmeldung“ des Systemkonfigurationsprogramms beim Neustart des PCs.

Wollen Sie die vorgenommenen Änderungen behalten, aktivieren Sie die Option *Meldung nicht mehr anzeigen und dieses Programm beim Windows-Start nicht mehr starten* und klicken auf *OK*! Andernfalls öffnen Sie anschließend das Systemkonfigurationsprogramm und machen die Änderungen rückgängig!

Windows XP – und kein Ende in Sicht!

Nicht nur das Starten von Windows XP bereitet manchmal gehöriges Kopfzerbrechen, auch das Beenden des Betriebssystems ist leichter gesagt, als getan! In einigen Fällen bleibt Windows XP beim Herunterfahren hängen - was ist denn jetzt schon wieder los? Leider gibt es bei den so genannten Shutdown-Problemen kein Allheilmittel; daher zeige ich Ihnen eine Vielzahl von Lösungsmöglichkeiten, die Sie im Notfall nacheinander ausprobieren sollten, um Windows XP zu zeigen, wo es langgeht - schließlich wollen Sie so schnell wie möglich den Feierabend genießen!

Notwendig: Alle aktiven Programme manuell schließen!

Bei Herunterfahrproblemen ist es ratsam, vor dem Beenden des Betriebssystems alle aktiven Programme manuell zu schließen! Denken Sie dabei unbedingt auch an die beim Betriebssystemstart automatisch geladenen Hintergrundprozesse (beispielsweise den Virenscanner).

In der Taskleiste am rechten unteren Bildrand darf kein aktives Programm mehr angezeigt werden. Sollte dies der Fall sein, müssen Sie folgendermaßen vorgehen, um es zu beenden: Führen Sie einen Rechtsklick auf das entsprechende Symbol in der Taskleiste aus und wählen im aufklappenden Menü entweder *Beenden* oder *Exit* aus; nachdem alle Programme geschlossen wurden, fahren Sie das Betriebssystem herunter - es sollte jetzt fehlerfrei möglich sein.

Unbedingt aktuelle Treiber verwenden!

Man kann es nicht oft genug sagen: Bei Systemproblemen sollten Sie immer zuerst auf die Suche nach aktuellen Treibern für Ihre Hardwarekomponenten gehen. Ein fehlerhafter Treiber kann zu schwerwiegenden Systemhängern führen, die das Beenden von Windows XP unmöglich machen. Aktualisieren Sie bei Shutdown-Problemen unbedingt folgende Treiber:

- Grafikkarten-Treiber
- Soundkarten-Treiber
- Chipsatztreiber (inklusive Treiber für IDE-Controller bzw. RAID-Controller)
- Maustreiber (wenn Sie für Ihre Maus einen eigenen Treiber des Herstellers einsetzen)

Geheimoption: Shutdown durch Registry-Hack erzwingen!

Die Treiberaktualisierung hat nichts gebracht? Versuchen Sie einen Geheimtrick: Mit folgender Registry-Änderung bringen Sie Ihren PC meist erfolgreich zum Stillstand!

1 Im Registrierungseditor öffnen Sie folgenden Ordner: *HKEY_LOCAL_MACHINE\SOFTWARE\Microsoft\WindowsNT\CurrentVersion\Winlogon*. Halten Sie im rechten Teilfenster nach dem Eintrag *PowerdownAfterShutdown* Ausschau! Sollte er nicht zu finden sein, führen Sie einen Rechtsklick auf eine freie Stelle im rechten Teilfenster aus und wählen *Neu/Zeichenfolge*, um einen neuen Eintrag zu erzeugen; diesen nennen Sie *PowerdownAfterShutdown*!

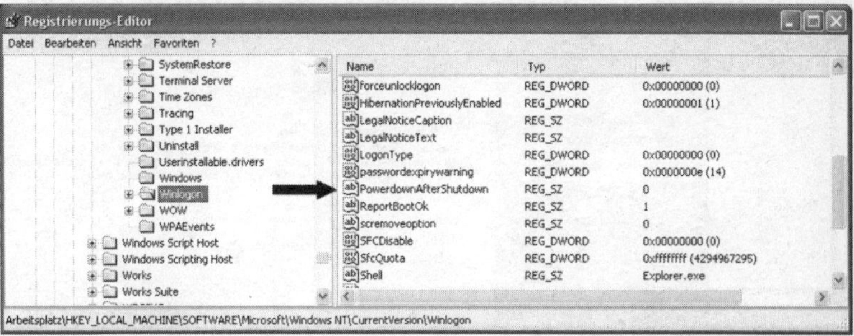

2 Öffnen Sie den entsprechenden Eintrag mit einem Doppelklick; im erscheinenden Fenster geben Sie unter *Wert* statt der Voreinstellung *0* die Zahl *1* ein und bestätigen es mit *OK*!

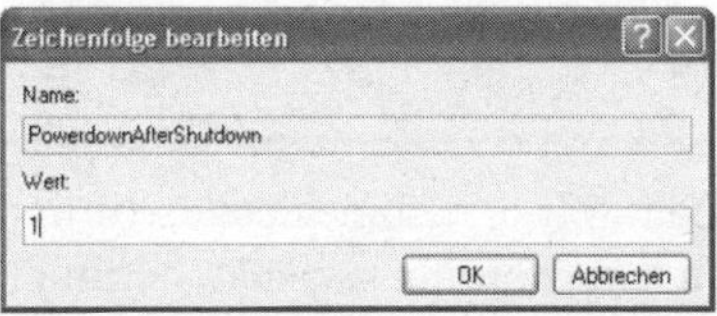

3 Verlassen Sie den Registrierungseditor und starten Windows XP neu, weil Registry-Änderungen erst nach einem Neustart wirksam werden! Ab sofort sollte das Herunterfahren gelingen!

Skandalös: Der Abmeldebildschirm verhindert das Windows-Ende!

Die Registry-Option hat bei Ihnen nichts bewirkt? Kein Problem, wir sind erst am Anfang der Problemlösungen: Der Abmeldebildschirm von Windows XP kann an den Herunterfahrproblemen schuld sein - am besten schalten Sie diesen nutzlosen Ballast ab:

1 Wählen Sie im Startmenü *Systemsteuerung* und klicken anschließend auf den Kategorieeintrag *Benutzerkonten* (bzw. in der klassischen Ansicht auf das entsprechende Symbol)!

2 Im erscheinenden Fenster klicken Sie auf den Eintrag *Art der Benutzeranmeldung ändern*, um den Abmeldebildschirm abzuschalten!

3 Ein neues Fenster taucht auf! Hier deaktivieren Sie die Option *Willkommensseite verwenden* und klicken danach auf die Schaltfläche *Optionen übernehmen*. Der An- und Abmeldebildschirm wird Sie von jetzt an nicht mehr belästigen!

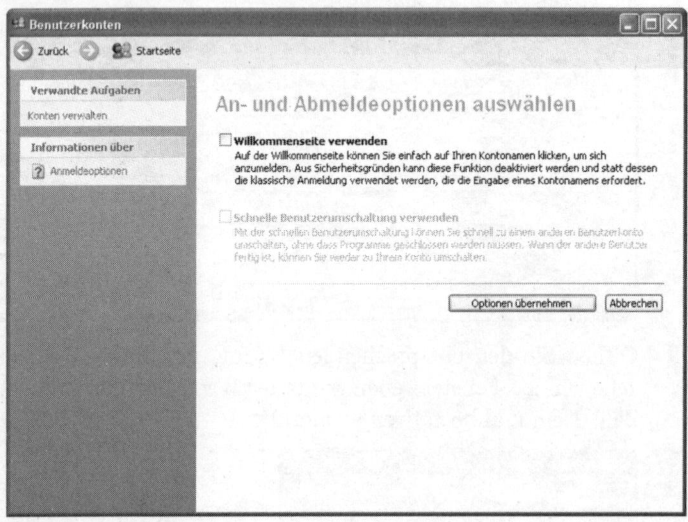

4 Starten Sie Windows XP neu; war der Abmeldebildschirm der Übeltäter, fährt das Betriebssystem ab sofort ordnungsgemäß herunter.

Manchmal notwendig: BIOS-Update!

Wenn Windows XP Ihr Mainboard nicht richtig in Bezug auf die Energieverwaltung erkennt, kann das ebenfalls zu Shutdown-Trouble führen! Als Beispiel seien die bekannten Hauptplatinen Asus P2BF und GByte GA6BXC-C genannt.

Besitzen Sie ein solches Mainboard, hilft in den meisten Fällen ein BIOS-Update; dieses bekommen Sie auf den Internetseiten des Mainboardherstellers. Halten Sie sich zwecks Durchführung des Updates unbedingt an die Anleitung des Herstellers! Geht ein BIOS-Update schief, bleibt Ihnen meist nichts anderes übrig, als mit dem „geschrotteten“ Motherboard Ihren Händler aufzusuchen, um es wiederbeleben zu lassen!

Weiterer Übeltäter aufgedeckt: SoundBlaster Live!

Wenn Sie ein Soundkartenmodell der beliebten SoundBlaster Live!-Serie von Creative im PC eingebaut haben, wartet ein weiterer Übeltäter, der Windows am Herunterfahren hindert, darauf, endlich entlarvt zu werden. Zusammen mit dem notwendigen Soundkartentreiber wird die so genannte LiveWare! installiert - hierbei handelt es sich um ein vielfältiges Tool-Paket für die Soundkartenbenutzung! Allerdings kommt es nach der Installation beim Shutdown des Betriebssystems manchmal zu einer Fehlermeldung, die die Datei *devldr.exe* betrifft - der Rechner bleibt hängen und lässt sich nicht mehr herunterfahren!

Leider hilft eine Treiberaktualisierung (neue Treiber unter *www.soundblaster.com*) häufig nicht weiter - höchstens, Sie installieren Windows XP neu und verwenden ausschließlich die neue Treiberversion!

Mit folgendem Trick verhindern Sie jedoch die zeitaufwendige Neuinstallation von Windows XP:

1 Starten Sie das Betriebssystem im Abgesicherten Modus!

2 Nachdem Windows XP hochgefahren ist, öffnen Sie den Arbeitsplatz und führen einen Doppelklick auf de Laufwerkeintrag der Festplatte mit dem Betriebssystem aus (in der Regel *C:*).

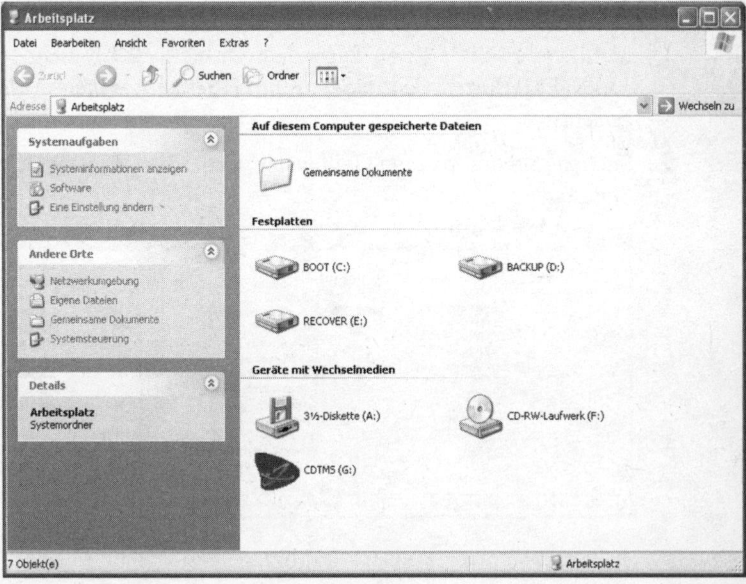

3 Manövrieren Sie zu folgendem Ordner: *C:\Windows\System32* und halten Sie dort nach einer Datei namens *devldr.exe* Ausschau! Markieren Sie die Datei und klicken rechts. Im aufklappenden Menü wählen Sie *Umbenennen* aus und vergeben der Datei einen anderen Namen, um sie zu deaktivieren - beispielsweise *devldralt.exe*!

4 Durch Ihre Aktion sollte der Rechner wieder herunterfahren; allerdings haben Sie die volle Funktionstüchtigkeit des LiveWare-Softwarepakets dadurch beeinträchtigt (manche Tools funktionieren anschließend nicht mehr)! Hat die Änderung keine Wirkung - der Rechner fährt immer noch nicht herunter -, machen Sie die Änderung gleich wieder rückgängig und versuchen den Fehler auf andere Weise zu beseitigen!

Tückisch: Shutdown-Trouble durch Löschen der Auslagerungsdatei!

Aus Gründen der Datensicherheit wird häufig empfohlen, die Auslagerungsdatei von Windows XP beim Herunterfahren automatisch löschen zu lassen! Das kann unter dem neuen Betriebssystem unter Umständen zu Herunterfahrproblemen führen.

Schalten Sie im Fehlerfall probeweise die Lösch-Aktion ab - wo wird das durchgeführt? Sie haben es erraten: Im Registrierungseditor von Windows XP!

1 Manövrieren Sie sich zu folgendem Ordner: *HKEY_LOCAL_MACHINE\SYSTEM\CurrentControlSet\Control\Session Manager\Memory Management*!

2 Suchen Sie im rechten Teilfenster nach dem Eintrag *ClearPageFileAtShutdown*!

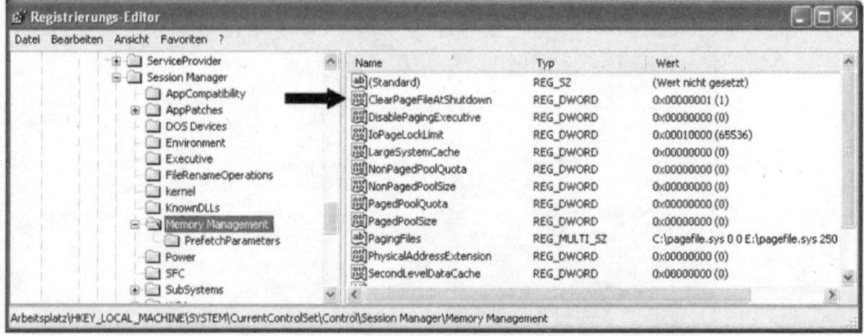

3 Öffnen Sie den Eintrag mit einem Doppelklick und geben unter *Wert:* eine „0" ein, um das Löschen der Auslagerungsdatei zu verhindern; danach bestätigen Sie mit *OK*!

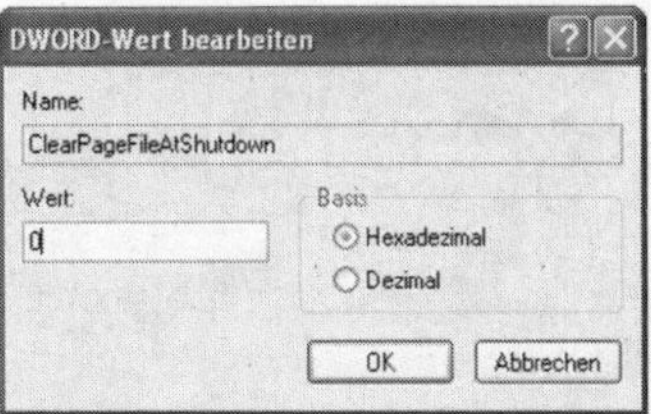

4 Verlassen Sie den Registrierungseditor wieder; vielleicht haben Sie Glück und Ihr PC fährt nach einem Neustart wieder fehlerfrei herunter!

Auch nicht übel: Advanced PowerManagement verhindert PC-Abschaltung!

Es klappt immer noch nicht mit dem problemlosen Shutdown des Rechners? Hier die nächste Lösungsmöglichkeit: Unter Windows XP gibt es zwei Arten des PowerManagements, entweder das alte APM oder das neue ACPI!

Welche Methode Windows XP bei Ihrem Rechner für den Standby-Modus bzw. den Shutdown verwendet, hängt davon ab, ob Ihr Mainboard die ACPI-Spezifikationen erfüllt und die Setup-Routine diese richtig erkennt!

Leider bereitet das alte APM auf einigen (vorwiegend älteren) Rechnern erhebliche Probleme: Der Standby-Modus funktioniert überhaupt nicht bzw. das System fährt nicht komplett herunter!

Wenn Ihr PC allerdings den APM-Spezifikationen 1.2 entspricht (im Handbuch oder im Internet nachsehen), gibt es eine elegante Lösung für den Shutdown-Trouble:

1 Wählen Sie im Startmenü *Systemsteuerung* und klicken auf die Kategorie *Leistung und Wartung*! Wenn Sie die klassische Systemsteuerungs-Ansicht verwenden, führen Sie einen Doppelklick auf das Symbol *Energieoptionen* aus und überspringen den nächsten Schritt!

2 Klicken Sie im auftauchenden Fenster unten auf den Eintrag *Energieoptionen.*

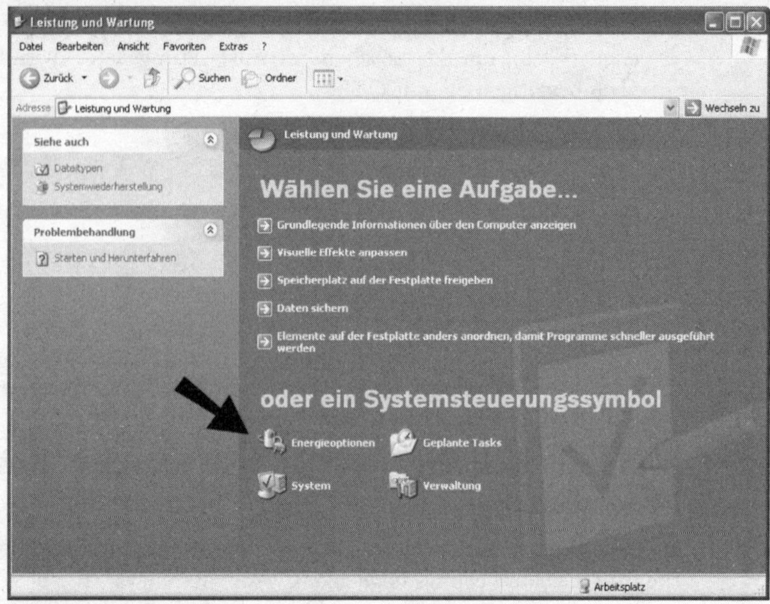

3 Öffnen Sie die Registerkarte *APM* und aktivieren die Option *Unterstützung für Advanced Power Management aktivieren*! Das Fenster schließen Sie über *OK* - die Herunterfahrprobleme sind nach einem Neustart hoffentlich behoben.

Hinweis: Sollte bei Ihnen die Registerkarte *APM* nicht existieren, verwendet Windows XP bereits das moderne ACPI; in dem Fall liegt der Shutdown-Trouble nicht am Power Management!

BIOS-Einstellungen der Netzwerkkarte checken!

Ab und zu sind auch die BIOS-Einstellungen für die Netzwerkkarte an den Problemen, Windows zu beenden, schuld! Bei Shutdown-Trouble schalten Sie im BIOS die Optionen *Wake on PCI Card* und *Wake on Lan* versuchsweise aus. Beide Einträge sind in der Regel im BIOS-Menü *Power Management* versteckt.

Für die genaue Durchführung konsultieren Sie bitte das Mainboard-Handbuch (bzw. PC-Handbuch) oder suchen die Internetseite des Mainboardherstellers auf - eine detaillierte Beschreibung kann aufgrund der äußerst unterschiedlichen BIOS-Gestaltungen nicht gegeben werden!

Letzter Übeltäter aufgedeckt: NVIDIA-Grafikkarte!

Es ist schon verhext: Das Herunterfahren klappt bei Ihnen immer noch nicht - entweder dauert das Herunterfahren eine Ewigkeit oder es funktioniert überhaupt nicht? Keine Panik, es folgt eine letzte Lösungsmöglichkeit, die bestimmt auch bei Ihnen hilft - Voraussetzung: Sie besitzen eine Grafikkarte von NVIDIA!

1 Wählen Sie im Startmenü *Systemsteuerung* und wechseln Sie durch einen Klick oben links auf *Zur klassischen Ansicht wechseln* in diese - oder wollen Sie stundenlang in der Kategorieansicht nach dem richtigen Eintrag suchen?

2 Führen Sie einen Doppelklick auf das Symbol *Verwaltung* aus; im erscheinenden Fenster „öffnen" Sie das Symbol *Dienste* ebenfalls mit einem Doppelklick!

3 Im auftauchenden Fenster suchen Sie rechts den Eintrag *NVIDIA Driver Helper Service* und führen darauf einen Doppelklick aus! Der Dienst lädt und entlädt einzelne Treiberdateien des gesamten NVIDIA-Treibers „on the fly" in bzw. aus dem Arbeitsspeicher. Bei älteren Systemen mit wenig RAM ist das nützlich, weil nicht mehr benötigte Treiberdateien automatisch wieder aus dem wertvollen Speicher entfernt werden - anschließend steht mehr kostbarer Arbeitsspeicher zur Verfügung. Bei den modernen Windows XP-Rechnern mit viel RAM ist diese Vorgehensweise allerdings unnötig geworden: Haben Sie Shutdown-Ärger, deaktivieren Sie den überflüssigen Dienst!

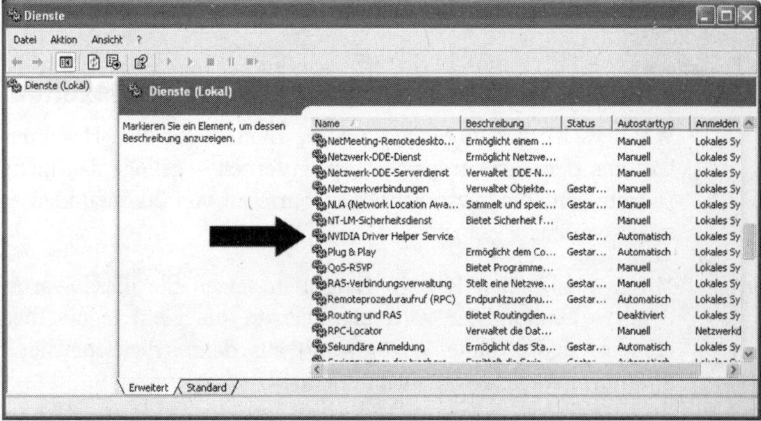

4 Ein weiteres Fenster taucht auf; hinter *Starttyp:* stellen Sie *Deaktiviert* ein, um den Dienst nicht automatisch mit dem Betriebssystem zu star-

ten, und klicken zusätzlich auf die Schaltfläche *Beenden*, um ihn sofort zu deaktivieren! Ihre Änderungen übernehmen Sie mit einem Klick auf *OK* - Windows XP wird endlich fehlerfrei herunterfahren und den PC zum Abschalten bringen! Hinweis: Die Funktionstüchtigkeit Ihrer Grafikkarte wird durch die Aktion in keiner Weise eingeschränkt!

Windows XP rasant „herunterschießen“ lassen!

Nach dem großen Troubleshooting-Abschnitt zum Beseitigen der Herunterfahrprobleme von Windows XP nun zwei Tipps, um Windows XP wirklich rasant zu beenden - schließlich dauert dieser Vorgang bei dem neuen Betriebssystem erheblich zu lange!

Schneller geht es nicht: Weg mit den Wartezeiten!

Windows XP hat Probleme, gewisse Dienste vor dem Herunterfahren „regulär“ aus dem Arbeitsspeicher zu entfernen - gelingt das nicht, werden die Dienste von Windows nach einer Wartezeit von 20 Sekunden „zwangsweise“ rausgeworfen.

Mit den folgenden Registry-Eingriffen setzen Sie diese Wartezeit drastisch herab - Windows XP wirft alle Dienste, die nicht regulär beendet werden können, sofort (ohne Verzögerung) aus dem Arbeitsspeicher heraus - der Shutdown-Vorgang verläuft blitzschnell.

1 Im Registrierungseditor öffnen Sie den Ordner *HKEY_LOCAL_MACHINE\SYSTEM\CurrentControlSet\Control*.

2. Suchen Sie im rechten Teilfenster den Eintrag *WaitToKillServiceTimeOut* und öffnen ihn mit einem Doppelklick. Hinter *Wert:* lautet die Voreinstellung *20000*; 20.000 Millisekunden Wartezeit - das ist eindeutig zu lange! Tragen Sie stattdessen in die untere Zeile die Zahl „1" ein und bestätigen die Änderung über *OK*!
3. Öffnen Sie als Nächstes den Ordner *HKEY_CURRENT_USER\Control Panel\Desktop*.
4. Führen Sie im rechten Teilfenster einen Doppelklick auf den Eintrag *AutoEndTask* aus, um ihn zu öffnen. Geben Sie jetzt in die untere Zeile (unter *Wert:*) die Zahl „1" ein und schließen das Fenster mit *OK*! Verlassen Sie den Registrierungseditor wieder - Windows XP wird durch die vorgenommenen Änderungen ab sofort blitzartig herunterfahren und den PC zum Stillstand bringen.

7.2 Letzte Rettung in höchster Windows-Not: die Wiederherstellungskonsole!

Wenn Windows überhaupt nicht mehr starten will, Sie kein Image der Systemfestplatte haben und selbst die Reparaturversuche mit Knoppix und Co. gescheitert sind, gibt es noch Hoffnung: Mithilfe der Wiederherstellungskonsole hat Microsoft den PC-Usern ein leistungsstarkes Tool zur Hand gegeben, mit dem Sie sogar ein völlig „zerrüttetes" Windows XP wieder zum Starten bringen!

(K)eine Kunst: Wiederherstellungskonsole starten!

Das Starten der Wiederherstellungskonsole ist so eine Sache - damit Sie nicht verzweifeln, hier eine genaue Anleitung:

1. Ändern Sie als Erstes die Bootreihenfolge im BIOS - stellen Sie diese so ein, dass der PC von CD startet (siehe Seite 421).
2. Legen Sie die Windows XP-Setup-CD in das CD-ROM-Laufwerk ein und starten Sie den PC neu! Der Rechner startet von CD - zunächst werden ein paar Dateien kopiert, anschließend erscheint das Willkommen-Fenster der Setup-Routine von Windows XP: Hier wählen Sie durch Drücken der Taste [R] die Reparaturoption.

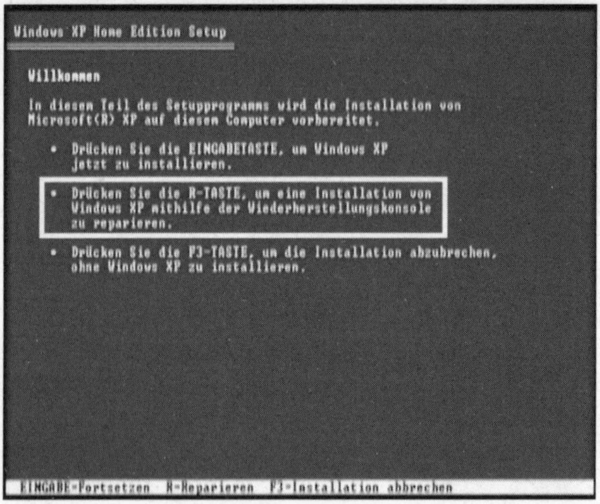

3 Die Wiederherstellungskonsole startet: Sie werden gefragt, welche Installation von Windows XP repariert werden soll; da Sie wahrscheinlich das Betriebssystem nur einmal auf der Festplatte haben, geben Sie eine „1" ein!

4 Als Nächstes müssen Sie das Administratorpasswort eingeben; für die Windows XP Home Edition geben Sie nichts ein und drücken die Enter-Taste. Besitzen Sie dagegen die Professional Edition, geben Sie hier exakt das Passwort ein, das bei der Installation festgelegt wurde - Achtung: Es muss sich hierbei um das Passwort für das Administrator-Konto handeln! Nach der erfolgreichen Anmeldung erscheint der Prompt *C:\Windows>* der Wiederherstellungskonsole!

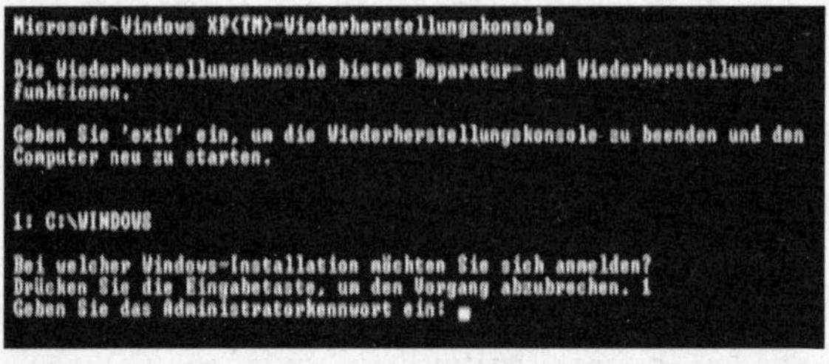

So bringen Sie Ihr Windows XP wieder in Schwung!

Nachdem Sie die Rettungskonsole gestartet haben, werden Sie sich fragen, was als Nächstes zu tun ist! Es gibt eine Vielzahl von Optionen, um Windows XP wieder auf die Beine zu helfen, hier die wichtigsten:

- **CHKDSK**: Festplattenprüfprogramm, spürt Fehler auf der Festplatte auf und beseitigt sie - Näheres dazu siehe Kapitel 4.3.
- **FIXBOOT**: Wenn Windows überhaupt nicht mehr gebootet werden kann, verwenden Sie diesen Befehl, um den Bootsektor der angegebenen Partition neu zu schreiben.
- **FIXMBR**: Mithilfe von FIXMBR schreiben Sie den Master-Boot-Record der Festplatte neu; das ist empfehlenswert, wenn ein Virus diesen Bereich verseucht hat und Sie große Startprobleme haben!
- **BOOTCFG**: Konfiguration und Wiederherstellung der Startkonfiguration (*Boot.ini*); am komfortabelsten ist der Aufruf von *BOOTCFG /REBUILD*; hierbei werden die Einträge in die für den Windows-Start wichtige Datei *Boot.ini* neu erstellt.
- **DISABLE**: Liegen die Startprobleme an einem fehlerhaften Treiber bzw. irgendeinem „störrischen“ Programm (Dienst), können Sie dieses mit dem Befehl deaktivieren, um Windows XP wieder zu starten!
- **DELETE**: Mit diesem Befehl löschen Sie defekte Dateien oder Ordner.
- **COPY**: Sie müssen Dateien kopieren? Kein Problem - mithilfe von COPY geht das schnell und einfach.
- **RENAME (Ren)**: Benennt eine einzelne Datei um - durch Umbenennen können Sie beispielsweise eine fehlerhafte Datei oder ein fehlerhaftes Programm deaktivieren.
- **CHDIR (Cd)**: Mithilfe dieses Befehls wechseln Sie in einen anderen Ordner.
- **RMDIR (Rd):** Löscht ein Verzeichnis.

Sie haben eine Frage? – kein Problem!

Wenn Sie Fragen zur genaueren Anwendung eines Befehls bzw. zu dessen Parametern haben, geben Sie den Namen gefolgt von dem Parameter /? ein, um Hilfsinformationen zur erhalten! Für nützliche Informationen zu FIXBOOT tippen Sie „FIXBOOT/?“ ein!

Wichtige Systemdateien beschädigt?

Wenn Windows nicht startet, weil eine wichtige Systemdatei beschädigt wurde bzw. fehlt (Name der Datei bitte notieren) oder die Registry fehlerhaft ist, gehen Sie folgendermaßen vor:

Starten Sie die Wiederherstellungskonsole und wechseln Sie in das folgende Verzeichnis: *c:\windows\system32\config*.

Hier geben Sie „dir" ein, um die beschädigte (bzw. als fehlend bezeichnete) Datei zu suchen; sollte sie vorhanden sein, nennen Sie sie mithilfe des *ren*-Befehls zunächst um.

Geben Sie jetzt, um die Standardsystemstruktur zu kopieren, Folgendes ein: „copy c:\windows\repair\system"; wollen Sie die Systemstruktur kopieren, die bei der letzten Verwendung des Windows-Sicherungsprogramms angelegt wurde, geben Sie „copy c:\windows\repair\regback\system" ein!

Nach Abschluss der Aktion verlassen Sie die Reparaturkonsole und starten den PC neu! Der Start sollte problemlos möglich sein, allerdings müssen Sie sämtliche Änderungen, die Sie seit dem Anlegen der letzten Systemsicherung durchgeführt haben, erneut ausführen.

So erwecken Sie Windows aus dem „Dornröschenschlaf"!

Wenn Ihnen auch die Wiederherstellungskonsole nicht weitergeholfen hat, gibt es eine weitere Möglichkeit, ein hoffnungslos zerschossenes Windows XP wieder zu erwecken: Lassen Sie das Betriebssystem automatisch reparieren, um wieder an Ihre wichtigen Daten zu gelangen! Alles, was Sie dazu benötigen, ist die Windows-Setup-CD.

1. Legen Sie die Setup-CD ein und stellen Sie im BIOS die Bootreihenfolge so ein, dass der PC von CD startet (siehe Seite 421). Starten Sie jetzt den Rechner neu.
2. Im erscheinenden Willkommenfenster des Setup-Programms wählen Sie die erste Option (*Windows XP installieren*), indem Sie die [Enter]-Taste drücken. Setzen Sie die Installation wie gewohnt fort!
3. Das Setup-Programm bemerkt, dass bereits eine Windows XP-Installation auf der Festplatte vorhanden ist, und bietet an, diese zu reparieren. Wählen Sie dazu die brachliegende Windows-Installation aus und drücken Sie die [R]-Taste. Das Setup-Programm versucht nun, die Windows-Version zu reparieren, was in den meisten Fällen gelingt! Währenddessen dürfen Sie sich entspannt zurücklehen oder beten, dass der automatische Reparaturversuch gelingt.

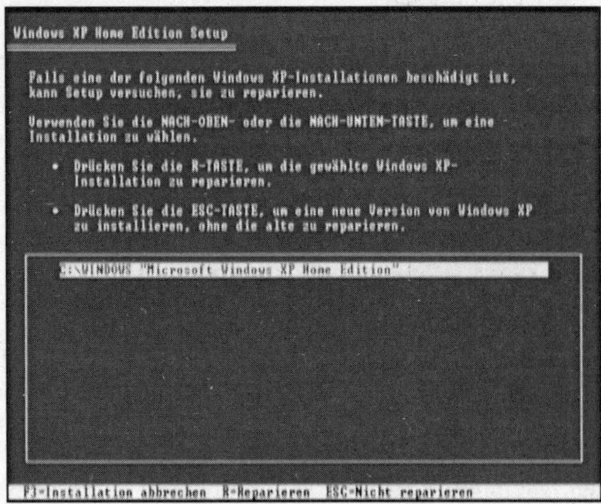

So komfortabel diese Windows-Reparatur ist, sie hat einen entscheidenden Nachteil: Eventuell beschädigte Dateien können anschließend nach wie vor auf der Festplatte vorhanden sein und zu Systeminstabilitäten bzw. Startproblemen führen. Die automatische Windows-Reparatur ist nur empfehlenswert, wenn Sie vor einer Neuinstallation wichtige Daten auf der ruinierten Windows-Partition sichern müssen - andernfalls spielen Sie lieber gleich das Betriebssystem neu auf!

Nix geht mehr? Wichtige Dateien ohne Notfall-Disk retten!

Bei Ihnen haben alle Rettungsversuche versagt - Windows XP ist nicht mehr zum Leben zu erwecken? Haben Sie sich eine Rettungsdisk, wie auf Seite 355 beschrieben, angelegt? Nein? In dem Fall sind Sie sicherlich am Verzweifeln, wenn sich auf der Partition des in Schutt und Asche gelegten Windows XP wichtige Dateien befinden, die Sie vor dem System-Crash nicht gesichert haben, und Sie kein geeignetes Rettungssystem zur Hand haben!

Wenn die Festplatte nicht defekt ist, gibt es noch eine Möglichkeit, an Ihre wichtigen Daten des brachliegenden Betriebssystems zu gelangen! Voraussetzung: Auf der Festplatte sind mindestens 2 GByte Speicherplatz vorhanden.

1 Legen Sie sich mithilfe eines Partitionierprogramms (beispielsweise dem bekannten PartitionMagic) eine neue Partition für ein zweites Betriebssystem an (eventuell muss die vorhandene verkleinert werden). Achtung:

Die Partition mit dem defekten Betriebssystem dürfen Sie auf keinen Fall löschen, sonst wird es nichts mit der Reanimierung Ihrer Daten.

2 Installieren Sie auf der neu angelegten Partition ein zweites Windows XP; nach dessen Installation können Sie problemlos auf sämtliche Daten des „ruinierten" Betriebssystems zugreifen und so Ihre wichtigen Dokumente und Dateien retten.

7.3 BSOD – Blauer Schirm des Todes!

Wenn der Computer nicht mehr auf Ihre Anweisungen reagiert und Windows sich im „modischen" Blau zeigt, ist ein Fehler aufgetreten, der das System zum Absturz brachte! Microsoft kämpft schon jahrelang darum, diese tödlichen, blauen Abstürze - in der Fachsprache harmlos STOP-Fehler genannt - zu vermeiden, allerdings vergeblich - übrig bleiben genervte Windows-User, die der Farbe Blau überhaupt nichts Positives mehr abgewinnen können.

Aufgedeckt: neue BSOD-Strategie unter Windows XP!

Trat unter den alten Windows-Versionen ein tödlicher Absturz auf, zeigte sich ein so genannter Bluescreen, der eine kryptische Fehlermeldung präsentierte und den User aufforderte, den Rechner mit der Tastenkombination Strg+Alt+Entf neu zu starten oder mit einer beliebigen Taste fortzufahren - auf eine solche Anweisung werden Sie unter Windows XP vergeblich warten, denn die Zeiten haben sich geändert.

So „vertuscht" Windows XP einen tückischen Absturz!

Trotz aller Bemühungen von Seiten Microsofts ist auch das neue Betriebssystem nicht absturzfrei; um dem bekannten und inzwischen von allen Usern gefürchteten Bluescreen den Schrecken zu nehmen, entwarf Microsoft unter Windows XP eine neue Absturz-Strategie.

Microsoft-Strategie unter Windows XP: Aktivität statt Passivität!

Statt die Windows-User mit einem blauen Bildschirm zu erschrecken, führt das Betriebssystem blitzschnell nach einem erfolgten Absturz automatisch einen Neustart durch - von einem hängen gebliebenen Rechner keine Spur - ganz nach dem Motto: Aktivität statt Passivität oder Angriff ist die beste Verteidigung!

Hintergedanke: Der User soll möglichst nicht mitbekommen, dass es sich um einen Absturz handelt - ein Neustart des Betriebssystems ist so ungewöhnlich nicht, schließlich ist der User von Windows-Betriebssystemen einiges gewohnt.

Leider hat die neue Bluescren-Strategie von Microsoft einen gewaltigen Nachteil: Sie können die Fehlermeldung des Bluescreens nicht entziffern, da gleich ein Neustart erfolgt - eine Fehlersuche ist somit überhaupt nicht mehr möglich.

Windows XP ausgetrickst: Bluescreen hervorzaubern!

Mit folgendem Trick holen Sie auch unter Windows XP bei einem Absturz den „klassischen" Bluescreen zurück, um die kryptische Fehlermeldung studieren zu können und den Fehler mithilfe dieses Kapitels zu beseitigen!

1. Rechtsklick auf das *Arbeitsplatz*-Symbol auf dem Desktop oder im Startmenü und im aufkappenden Menü *Eigenschaften* ausgewählt!
2. Hüpfen Sie in die Registerkarte *Erweitert* und klicken unter *Starten und Wiederherstellen* auf die Schaltfläche *Einstellungen*!
3. Im erscheinenden Fenster deaktivieren Sie unter *Systemfehler* die Option *Automatisch Neustart durchführen* und bestätigen die Änderung mit *OK*! Ab sofort dürfen Sie bei einem Absturz wieder „stundenlang" den klassischen Bluescreen bewundern und dessen Fehlermehldung analysieren.

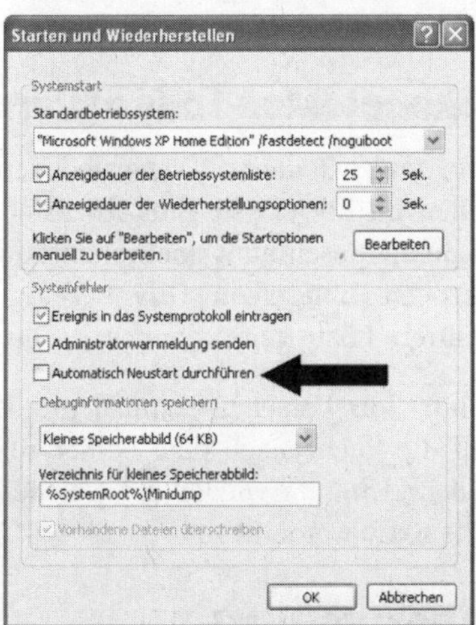

Bluescreen-Analyse im Detail!

Bei Ihnen ist gerade wieder ein blauer Todesschirm aufgetaucht? Nehmen Sie sich Zeit, um die Fehlermeldung genauer zu analysieren:

Alle Bluescreens sind ähnlich aufgebaut; folgende Zeilen werden Sie immer beim Auftauchen eines Bluescreens auf Ihrem Monitor bewundern können:

```
STOP 0x0000000A(0xVVVVVVV, 0xWWWWWWW, 0xXXXXXXX, 0xYYYYYYY)
IRQL-NOT_LESS_OR_EQUAL
[Treibername] Address 0xYYYYYYY has base at [address] - [driver]
```

In der ersten Zeile wird hinter STOP der STOP-Code angegeben; in der Klammer befinden sich zusätzliche Parameter. Was sie bedeuten? Hier die Erklärung:

Fehlerparameter	Bedeutung
0xVVVVVVV	falsche Adresse, auf die verwiesen wurde
0xWWWWWWWW	notwendiger IRQL zum Zugriff auf den Speicher
0xXXXXXXX	Art des Zugriffs (schreiben = 1, lesen = 0)
0xYYYYYYY	Adresse der Instruktion, die auf den Speicherbereich versuchte zuzugreifen

In der zweiten Zeile sehen Sie den Namen des Bluescreens; merken Sie sich diesen genau, um ihn mithilfe der folgenden Fehlerbeseitigungsmaßnahmen zu vertreiben!

In der dritten Zeile wird häufig die Treiberdatei, die den Bluescreen ausgelöst hat, aufgeführt. Dadurch bekommen Sie schnell heraus, wer schuld an dem PC-Desaster ist.

Horrorkabinett der bekanntesten Todes-Schirme!

Unter Windows XP gibt es eine ganze Reihe von verschiedenen Bluescreen-Fehlermeldungen; ich habe Ihnen im Folgenden eine „Hitliste" der häufigsten blauen Todesschirme und deren Beseitigungsmethoden aufgeführt. Hinweis: Es gibt für keinen einzigen Bluescreen DIE Beseitigungsmethode schlechthin - man muss oft mehrere Lösungen probieren.

Hinweis: Erscheint bei Ihnen nur „aus Versehen" einmal pro Jahr ein Bluescreen, lohnt es sich nicht, auf die Suche nach dem Fehler zu gehen - erst wenn sich die Abstürze häufen und immer wieder der gleiche blaue Todesbildschirm auftaucht, sollten Sie aktiv werden.

HILFE!! UNMOUNTABLE_BOOT_VOLUME!

Dieser äußerst tückische STOP-Fehler taucht ausschließlich beim Start des Betriebssystems auf und kann zwei Ursachen haben:

Wie schön: Bluescreen direkt nach Update auf Windows XP!

Zeigt das neue Betriebssystem gleich sein wahres Gesicht? Taucht der blaue „Todesengel“ direkt nach einem Update des alten Betriebssystems auf Windows XP auf, liegt es daran, dass Sie Ihre schnelle IDE-Festplatte mit einem „falschen“ Kabel angeschlossen haben. Wenn der IDE-Controller auf dem Mainboard und Ihre Festplatte mindestens den Transfermodus Ultra-DMA/66 (Näheres dazu siehe Kapitel 4) beherrschen, benötigen Sie für die Verbindung unbedingt ein 80-poliges Anschlusskabel! Verwenden Sie dagegen das 40-polige Standardkabel (bis Ultra-DMA/33 zu gebrauchen), kann die maximale Übertragungsgeschwindigkeit nicht erreicht werden - Microsoft warnt Sie zu Recht mit diesem blauen Bildschirm! Also in den nächstgelegenen PC-Laden und ein 80-poliges IDE-Anschlusskabel für Ultra-DMA/66 (und höher) besorgt - anschließend ist der Bluescreen verschwunden!

Bluescreen tritt plötzlich auf?

Sie haben schon geraume Zeit mit Windows XP gearbeitet, als der Bluescreen beim Start des Betriebssystems auftauchte? Der blaue Todesbildschirm zeigt an, dass es ein Problem mit Ihrer Festplatte gibt!

In der Regel starten Sie die Rettungskonsole (siehe Kapitel 7.2) und untersuchen die Festplatte mithilfe von *chkdsk* auf Fehler; setzen Sie zusätzlich den Parameter */F* oder */R*, um die gefundenen Fehler auf dem Laufwerk automatisch zu beheben!

Vorsicht bei OEM-Versionen von Windows XP!

Wenn Sie als Datenträger eine IDE-Festplatte im NTFS-Dateisystem einsetzen und Windows XP als OEM-Version besitzen (OEM = **O**riginal **E**quipment **M**anufacturer; Version von Windows XP, die Sie zusammen mit einem Komplett-PC erhalten), passiert es, dass es unmöglich ist, *chkdsk* über die Wiederherstellungskonsole zu starten. In dem Fall sollten Sie sich unbedingt folgenden Patch von Microsoft herunterladen, der den Fehler beseitigt:

http://download.microsoft.com/download/whistler/Patch/Q315403/WXP/DE/q315403_WXP_SP1_x86_DEU.exe

Virusgefahr: INACCESSIBLE_BOOT_DEVICE

Dieser Bluescreen steht ganz weit oben in der Hitliste der blauen Bildschirme! Die Beseitigungsmethoden und Gründe sind allerdings äußerst vielseitig! Entweder wurde der Master-Boot-Record der Festplatte (beispielsweise durch einen tückischen Virus) beschädigt, die Festplatte ist fehlerhaft, es wurde aus Versehen ein falscher Treiber für den Laufwerkcontroller installiert oder die Festplatte ist defekt!

Meistens gelingt es trotz des blauen Bildschirms, das Betriebssystem über die bootfähige Setup-CD von Windows XP oder den Abgesicherten Modus zu starten, um den Fehler zu beheben. Andernfalls muss die Rettungskonsole helfen. Die Beseitigungsmethoden im Überblick:

Master-Boot-Record beschädigt?

- Führen Sie ein Antiviren-Programm aus, um den Rechner auf eine Virenverseuchung hin zu kontrollieren. Entweder starten Sie Windows XP über die Windows-Setup-CD und führen auf der Windows-Ebene den Virenscanner aus, nutzen Ihren eigens angefertigten Windows-Ambulanzwagen (Voraussetzung: Sie haben dort einen Virenscanner mit aktuellen Virendefinitionen eingebunden) oder booten direkt mit der Setup-CD bzw. den erstellten Notfalldisketten des Antiviren-Programms! Hinweis: Einige Virenscanner können in der „Notfall-Ausgabe“ nicht auf Partitionen im NTFS-Dateisystem zugreifen. Haben Sie einen solchen erwischt, hilft nur noch der Virenscanner auf der vorher hoffentlich angelegten Rettungsdisk (siehe Seite 355).
- Nachdem die Virenkontrolle abgeschlossen ist und eventuell vorhandene Viren beseitigt wurden, stellen Sie mithilfe der Rettungskonsole den Master-Boot-Record wieder her (siehe Kapitel 6.2).

Festplattenprobleme beseitigen!

- Setzen Sie *chkdsk* ein, um die Festplatte von der Rettungskonsole aus auf Fehler zu überprüfen; setzen Sie unbedingt als zusätzlichen Aufrufparameter */F* oder */R*, um die gefundenen Fehler automatisch beseitigen zu lassen!
- Wurde in der Hektik ein falscher Treiber für den Festplattenkontroller installiert und erhalten Sie seitdem diesen blauen Todesbildschirm? Starten Sie den Rechner neu und drücken vor dem Auftauchen des Windows-Startbildschirms die Taste [F8]. Im erscheinenden Menü wählen Sie mithilfe der Pfeiltasten *Letzte als funktionierend bekannte Konfiguration* und drücken die [Enter]-Taste! Taucht der blaue Bildschirm weiterhin auf, versuchen Sie, das Betriebssystem im *Abgesicherten Modus* (wieder [F8] drücken und entsprechenden Eintrag im Menü auswählen) zu starten! Deinstallieren Sie jetzt im Geräte-Manager den irrtümlich installierten Treiber für den Festplattencontroller (Näheres siehe Seite 348) oder nutzen Sie die Systemwiederherstellung!

- Haben alle Lösungsvorschläge nicht geholfen, ist wahrscheinlich der gefürchtete Super-GAU aufgetreten: Die Festplatte ist defekt! Es bleibt Ihnen leider nichts anderes übrig, als eine neue Platte zu erwerben - hoffentlich haben Sie ein Backup Ihrer wichtigsten Daten angefertigt ...

Etwas ist defekt: UNEXPECTED_KERNEL_MODE_TRAP

Klingt toll - nicht wahr? Tritt ein solcher Bluescreen häufig auf, ist das ein Zeichen, dass es ein Hardwareproblem (meistens einen Hardwaredefekt) im Rechner gibt.

Haben Sie vor dem Auftreten des üblen Genossen eine neue Hardwarekomponente installiert, sollten Sie diese (inklusive der installierten Treiber) probeweise wieder entfernen.

Wurde dagegen keine neue Hardware eingebaut, deutet der Todesbildschirm UNEXPECTED_KERNEL_MODE_TRAP auf einen wahrscheinlich defekten Speicherbaustein hin: Am besten tauschen Sie den installierten Arbeitsspeicherriegel gegen einen neuen aus - haben Sie mehrere Speicherriegel installiert, reicht es natürlich, diese einzeln zu testen!

Der Bluescreen-Hit: IRQL_NOT_LESS_OR_EQUAL!

Den ersten Platz in der Bluescreen-Hitparade belegt eindeutig die Schreckensmeldung IRQL_NOT_LESS_OR_EQUAL! Sie tritt während des Betriebs in unregelmäßigen Abständen auf und der PC verabschiedet sich. Der STOP-Fehler zeigt an, dass ein Systemprozess oder ein Treiber unberechtigterweise versuchte, auf Speicherplatz zuzugreifen!

Die häufigsten Gründe des Bluescreens sind: Fehlerhafte bzw. inkompatible Treiber für eine Hardwarekomponente oder eine defekte Hardware (beispielsweise ein Arbeitsspeicherdefekt). Hinweis: Haben Sie vor dem Auftreten des blauen Bildschirms eine neue Hardwarekomponente installiert, entfernen Sie diese versuchsweise wieder.

So schließen Sie fehlerhafte Treiber aus!

- Besorgen Sie sich zunächst die aktuellsten Treiber für Ihre Hardware (Grafikkarte, Soundkarte, Chipsatz auf dem Motherboard).
- Suchen Sie ebenfalls im Internet nach einem BIOS-Update für Ihr Mainboard; wenn Sie den Hersteller nicht kennen, erfahren Sie diesen beispielsweise mithilfe des Systemtools Sandra von SiSoftware (siehe Kapitel 6.3)!

- Verwenden Sie - falls die Aktualisierung der Treiber keinen Erfolg brachte - für Ihre Hardwarekomponenten die Standard-Treiber von Windows XP oder digital signierte Treiber! Diese sind zwar veraltet und bieten schlechtere Performance, gelten aber im Betrieb als fehlerfrei und äußerst stabil!
- Microsoft empfiehlt zusätzlich, beim Auftreten eines solchen Bluescreens alle so genannten Filtertreiber probeweise zu deaktivieren. Filtertreiber werden von Sicherheitsprogrammen zur Überwachung des Rechners installiert (beispielsweise Virenscanner und Firewall-Programme). Deinstallieren Sie diese Programme (Achtung: Wenn Sie den Virenscanner deinstallieren, sind Sie Internetviren schutzlos ausgeliefert) und kontrollieren, ob der Bluescreen immer noch auftritt - falls nicht, lag es an einer fehlerhaften Schutzsoftware.

Was sind überhaupt Treiber? - Wozu brauche ich sie?

Kleine Verschnaufpause zwischen den Schreckenszenarien der Bluescreens: Ohne einen Treiber kann die entsprechende Hardware von Windows XP nicht richtig erkannt werden - sie ist nutzlos. Der Treiber ist ein kleines Programm, das in der Regel vom Hardwarehersteller mitgeliefert wird und das Peripheriegerät bzw. die Hardware ins Betriebssystem einbindet und steuert.

Auf Grund der Vielzahl an Hardwarekomponenten und deren herstellerspezifischen Steuerungsstandards ist es beispielsweise nicht möglich, alle Drucker mit dem gleichen „Standard-Treiber" anzusprechen. Ein solcher Standard-Treiber kann nur (wenn überhaupt) die rudimentärsten Funktionen des Geräts ausnutzen.

Der herstellerspezifische Treiber dagegen teilt dem System die kompletten Funktionsmöglichkeiten mit und übersetzt die Signale (Befehle des Systems) in eine für die entsprechende Hardwarekomponente „verständliche" Sprache! Ist das Steuerungsprogramm fehlerhaft, treten Abstürze und Fehlfunktionen auf, da die Treiber fest im System verwurzelt sind - aus diesem Grund sollten Sie ausschließlich die aktuellsten Treiberversionen für Ihre Hardware einsetzen.

Fehlerhaften Hardwarekomponenten auf der Spur!

Die Treiberaktualisierung hat nichts geholfen? Sie müssen für die weitere Fehlersuche den „geliebten" PC in seine Einzelteile zerlegen. Achtung: Durch das Öffnen des PC-Gehäuses können Sie die Garantie verlieren; um die Bauteile beim Hantieren nicht zu beschädigen, sollten Sie sich im Fachhandel ein so genanntes Erdungsarmband besorgen!

- Überprüfen Sie den Arbeitsspeicher, indem Sie ihn gegen neue Speicherriegel austauschen oder bei mehreren Riegeln die Größe durch das Entfernen einzelner Speichermodule reduzieren. Durch Austauschen der

Speicherriegel finden Sie schnell heraus, ob das Auftreten des Bluescreens an einem defekten Speicherbaustein liegt!

- Am Arbeitsspeicher hat es nicht gelegen? Betreiben Sie den PC in einer Minimal-Konfiguration - alle „unnötige" Hardware (beispielsweise Soundkarte oder Modem) entfernen Sie zunächst. Tritt kein Bluescreen über längere Zeit mehr auf, installieren Sie wieder EINE zusätzliche Hardwarekomponente und prüfen die Systemstabilität erneut! So tasten Sie sich langsam voran, bis der Bluescreen wieder auftaucht - in dem Fall wissen Sie, dass die zuletzt hinzugefügte Hardware entweder nicht mit Ihrem System kompatibel oder defekt ist! Wenn Sie einen zweiten Rechner besitzen, testen Sie die verdächtige Hardware am besten dort, um herauszubekommen, ob sie defekt ist!

Insider-Tipp für „Bluescreen-Gestresste"!

Sie wollen endlich ein stabiles Windows XP ohne ständig auftretende Bluescreens? Ihnen kann geholfen werden: Häufig haben Systemstillstände und blaue Abstürze ihre Ursache in Interrupt-Doppelbelegungen. Mit dem Insider-Tipp auf Seite 398 weisen Sie jedem Gerät unter Windows XP einen eigenen Interrupt zu, verringern dadurch die Bluescreen-Gefahr drastisch und sorgen für das stabilste Windows aller Zeiten. Ich konnte mit diesem Tipp die blauen „Todesengel" für immer von meinem PC vertreiben - einen Bluescreen habe ich seitdem nicht mehr gesehen. Bei Ihnen wird sich dieser Trick ebenfalls äußerst positiv bemerkbar machen - schauen Sie gleich einmal nach!

Der „ultimative" PC-Tipp: nie wieder Bluescreens!

Sollte bei Ihnen immer noch ab und zu ein blauer Bildschirm „vorbeischauen", beseitigen Sie ihn mit diesem Tipp endgültig - versprochen! Für die folgende Aktion benötigen Sie ein kleines Programm namens „Blue Screen of Death Color Changer"; weil das Programm ein echter Insider-Tipp ist, finden Sie es so leicht im Internet nicht: Steuern Sie am besten eine Suchmaschine (beispielsweise *www.google.de)* an und lassen dort nach einer Downloadmöglichkeit suchen ...

1 Nachdem Sie die Datei entpackt haben, führen Sie einen Doppelklick auf die Datei *Bsod.exe* aus, um das Tool zu starten.

2 Als Nächstes suchen Sie sich durch mehrmaliges Drücken der Taste [B] die gewünschte Hintergrundfarbe für den nächsten Bluescreen aus. Haben Sie die favorisierte Farbe gefunden, drücken Sie [F], um die Farbe für den Text des nächsten Todesschirms auszuwählen!

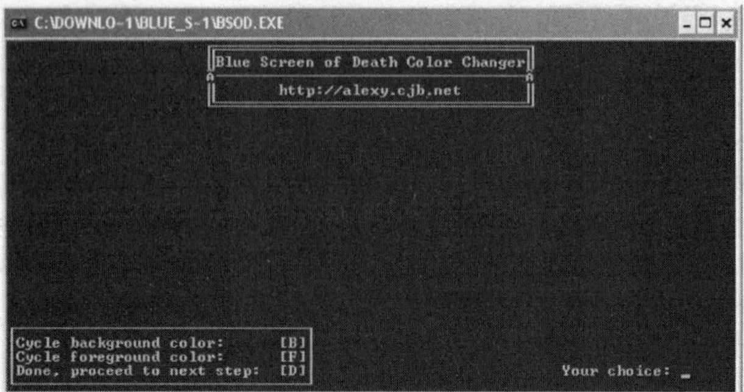

3 Nach Ihrer Farbauswahl drücken Sie [D]; ein neues Fenster taucht auf. Hier wird Ihnen das weitere Vorgehen genau erklärt - Sie müssen zunächst die Datei *system.ini* im Verzeichnis *C:\Windows* öffnen und im Abschnitt *[386Enh]* die aufgeführten Zeilen eintragen!

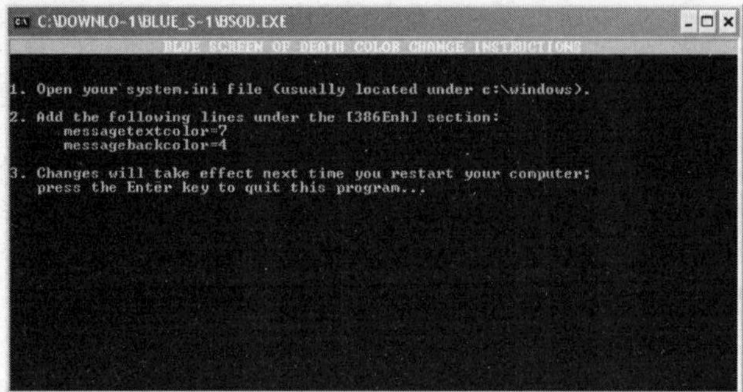

Nach einem Neustart des Rechners wird Sie ein BLAUER Todesbildschirm nicht mehr belästigen.

Im Gegenteil: Sicherlich warten Sie jetzt schon ungeduldig und ganz gespannt auf den nächsten PC-Absturz, um den „bunten" Bildschirm endlich bestaunen zu können - hoffentlich tritt nach den in diesem Buch beschriebenen Maßnahmen überhaupt noch ein Absturz auf ...

7.4 Alltagsärger unter Windows XP!

Wer kennt es nicht: Gerade im Alltag, wenn man es richtig eilig hat, fängt Windows XP häufig an zu spinnen: Der PC bleibt hängen, Laufwerke verschwinden urplötzlich oder das Brennen einer CD mit Windows XP endet im

Datendesaster. Kein Problem, mit den folgenden Tricks behalten Sie über Windows die Oberhand und führen jede Arbeit erfolgreich zu Ende.

Wichtig für das Troubleshooting: Mit welcher Windows-Version arbeiten Sie?

Beim Lösen von Problemen ist es in der Regel zwingend erforderlich, die genaue Windows-Version zu kennen, mit der Sie arbeiten - egal, ob Sie das Problem eigenhändig oder über eine Support-Hotline lösen lassen. Möchten Sie nicht in die Tiefen des Betriebssystems hinabsteigen, um die benötigte Information aufzustöbern, verwirklichen Sie folgenden Trick, mit dem die exakte Windows-Version permanent auf dem Desktop angezeigt wird und Sie nicht mehr lange suchen müssen - das spart Telefonkosten.

1 Wählen Sie im Startmenü *Ausführen* und tippen Sie „regedit" ein. Nach einem Druck auf die Enter-Taste erscheint der Registrierungseditor von Windows XP.

2 Manövrieren Sie sich in den Registry-Schlüssel *HKEY_CURRENT_USER\Control Panel\Desktop* und halten Sie dort im rechten Teilfenster nach dem Eintrag *PaintDesktopVersion* Ausschau.

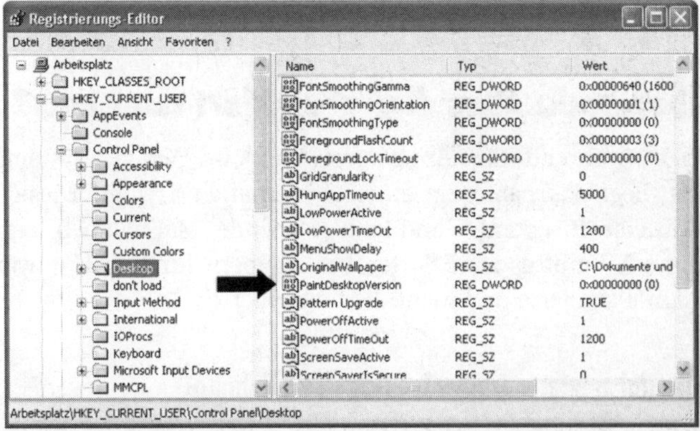

3 Mit einem Doppelklick öffnen Sie diesen Eintrag, geben in die Zeile unter *Wert:* die Zahl „1" ein und betätigen *OK*. Verlassen Sie den Registrierungseditor und starten Sie den Computer neu bzw. melden Sie sich unter Windows XP neu an. Ab sofort wird die exakte Betriebssystemversion, mit der Sie arbeiten, auf dem Desktop unten rechts in schwarzer Schrift angezeigt.

Fehlerberichterstattung? – Nein, danke!

Wenn Sie das System nach einem Absturz wieder zum Laufen gebracht haben, taucht gleich ein Fenster auf, das anbietet, Microsoft über das aufgetretene Problem zu informieren. Wirklich toll: Sie haben allein den Fehler beheben müssen und jetzt soll Microsoft davon auch noch profitieren?

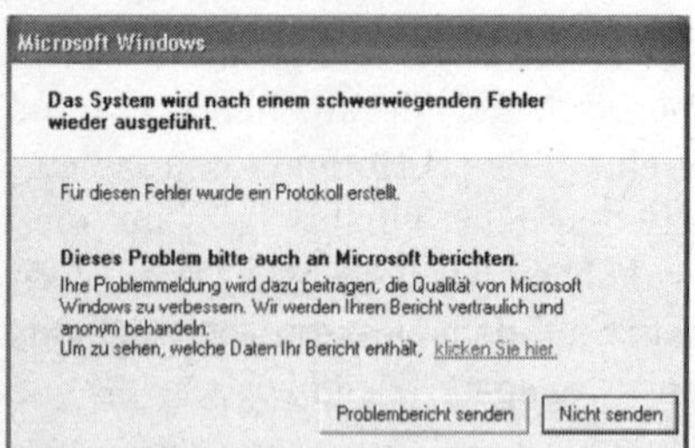

Die Fehlerberichterstattung - Hilfe für Microsoft?

Dieses „aufdringliche“ Fenster, das nach Systemproblemen jedes Mal automatisch auftaucht, werden Sie folgendermaßen los: Rechtsklick auf das *Arbeitsplatz*-Symbol auf dem Desktop oder im Startmenü und *Eigenschaften* ausgewählt. Wechseln Sie in die Registerkarte *Erweitert* und klicken auf die Schaltfläche *Fehlerberichterstattung*; im erscheinenden Fenster lässt sich die „nervige“ Funktion von Windows XP deaktivieren.

Treibercheck: Alles digital signiert oder was?

Wenn es während der Arbeit mit Windows XP zu Systeminstabilitäten kommt, liegt das häufig an einem fehlerhaften Treiber! Diese Tatsache hat auch Microsoft erkannt und entsprechende Maßnahmen ergriffen: Unter Windows XP gibt es zwei Sorten von Treibern für Ihre Hardwarekomponenten: digital signierte und nicht digital signierte.

Digital signierte Treiber? – Das steckt dahinter!

Microsoft bietet den Treiberherstellern an, deren aktuelle Versionen ausgiebig auf Stabilität, Funktionalität und Kompatibilität zu testen; erfüllt der Treiber die hohen Anforderungen von Microsoft, wird er digital signiert und für die Verwendung unter dem entsprechenden Betriebssystem empfohlen!

Leider passieren auch Microsoft Fehler bei der Treiberprüfung: Die in Windows XP integrierten (und digital signierten) Treiber für SoundBlaster Live!-Soundkarten der Firma Creative stellten sich als fehlerhaft heraus. Sollten Sie eine solche Soundkarte im Rechner haben, besorgen Sie sich neue Treiber auf der Internetseite *www.soundblaster.com!*

Hinweis: Durch die aufwendigen Tests sind die digital signierten Treiberversionen meistens älteren Datums und der Treiberhersteller hat mittlerweile bereits eine neue (nicht signierte) Version herausgebracht.

Für maximale Systemstabilität und Kompatibilität zu allen Anwendungen sollten Sie ausschließlich digital signierte Treiber verwenden - bei der Installation eines nicht von Microsoft getesteten Treibers werden Sie mit einem Informationsfenster vor der Verwendung dieses Treibers gewarnt! Andernfalls laufen Sie Gefahr, mit einer unausgereiften Treiberversion von Hersteller X Ihr System zu ruinieren!

Diese Treiber sollten auf jeden Fall digital signiert sein:

Ganz wichtig ist, dass die Treiber für Grafik- und Soundkarte (mit die wichtigsten Hardwarekomponenten im PC) digital signiert sind, um Systemprobleme durch einen fehlerhaften Treiber zu minimieren! Auf der sicheren Seite sind Sie allerdings erst, wenn sämtliche Treiber Ihrer Hardware den Microsoft-Test bestanden haben! Ob das bei Ihren Treibern der Fall ist, prüfen Sie folgendermaßen:

1. Rechtsklick auf das *Arbeitsplatz*-Symbol auf dem Desktop oder im Startmenü und *Verwalten* ausgewählt! Öffnen Sie den Haupteintrag *System* per Doppelklick und markieren anschließend den Eintrag *Geräte-Manager*; dieser wird Ihnen im rechten Fensterteil angezeigt!
2. Öffnen Sie jetzt per Doppelklick den Eintrag der entsprechenden Hardwarekomponente, deren Treiber Sie checken wollen! Wechseln Sie in die Registerkarte *Treiber* und sehen nach, ob das Gerät mit einem signierten Treiber arbeitet. Hinweis: Lesen Sie dort *Microsoft Windows Hardware Compatibility Publisher* bzw. *WHQL*, ist der Treiber von Microsoft getestet und für fehlerfrei befunden worden.

Sie müssen hinter *Signaturgeber* die Bemerkung *Nicht digital signiert* lesen? Bei Systemproblemen suchen Sie im Internet entweder auf der Seite des Herstellers einen signierten Treiber (die Signierung wird in den meisten Fällen erwähnt) oder suchen über die Windows-Update-Funktion nach einem geprüften Treiber direkt bei Microsoft.

> **INFO**
>
> **Spielfreak? – Verzichten Sie auf signierte Treiber!**
>
> Für maximale Performance sollten Sie auf die Treibersignierung keinen Wert legen, sondern immer den aktuellsten Treiber auf der Internetseite des Herstellers einsetzen! Oft sind digital signierte Treiberversionen aus Gründen der Systemstabilität langsamer als ihre nicht signierten Kollegen!

Dem Fehler auf der Spur: die Ereignisanzeige!

Bei Ihnen treten unerklärliche Abstürze, Fehlermeldungen und Systeminstabilitäten auf? In diesem Fall sollten Sie einmal der so genannten Ereignisanzeige von Windows XP einen Besuch abstatten:

1 Rechtsklick auf das *Arbeitsplatz*-Symbol auf dem Desktop oder im Startmenü und *Verwalten* ausgewählt! Öffnen Sie den Haupteintrag *System* und anschließend *Ereignisanzeige*.

2 Über die Untereinträge *Anwendung* und *System* spüren Sie schnell und zuverlässig Fehler bei Anwendungs- bzw. Systemprogrammen auf.

3 Genauere Informationen über den aufgetretenen Fehler erhalten Sie, wenn Sie auf den entsprechenden Eintrag einen Doppelklick ausführen!

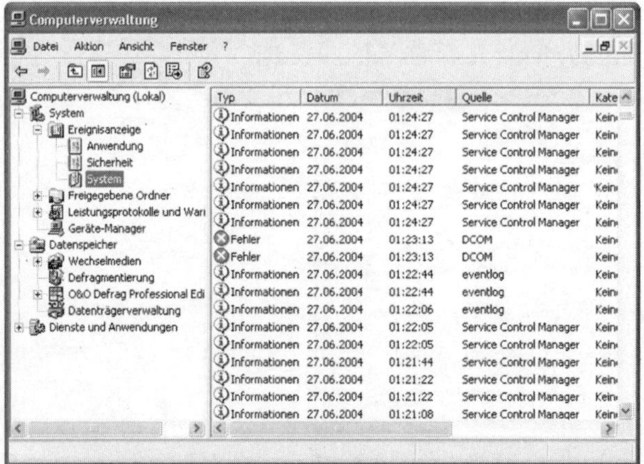

Lesen Sie im auftauchenden Fenster beispielsweise, dass der Dienst XYZ ein Problem verursacht hat, schalten Sie diesen am besten versuchsweise ab (siehe Kapitel 4.3).

Ist der Fehler in einem Anwendungsprogramm aufgetreten, suchen Sie im Internet nach einem Update oder fegen den störrischen Esel von der Festplatte.

Aufgedeckt: Fehlercodes im Geräte-Manager!

Wenn Windows XP mal wieder Abstürze produziert und Sie beispielsweise abstruse Fehlermeldungen über eine spezielle Hardwarekomponente erhalten („Auf Gerät xyz konnte nicht zugegriffen werden"), sollten Sie den Geräte-Manager von Windows XP öffnen!

Sticht hier ein Geräte-Eintrag durch ein rotes Kreuz oder ein gelbes Ausrufezeichen hervor, gibt es Ärger mit der entsprechenden Komponente!

Rotes Kreuz vor einem Eintrag?

Spielen Sie Sanitäter und „reanimieren" die leblose Hardwarekomponente! Ein rotes Kreuz vor dem Eintrag signalisiert, dass das Gerät deaktiviert wurde und daher nicht verwendet werden kann!

Zum Aktivieren gehen Sie folgendermaßen vor:

1. Führen Sie einen Doppelklick auf dem mit einem roten Kreuz markierten Eintrag aus; daraufhin öffnet sich ein neues Fenster!
2. Hier klicken Sie unten auf die Schaltfläche *Gerät aktivieren*! Klicken Sie auf *Weiter* und anschließend *Fertigstellen* - das Gerät wurde aktiviert und ist wieder einsetzbar.

Gelbes Ausrufezeichen vor dem Eintrag?

Bei einem gelben Ausrufezeichen ist allerdings Ihre Tatkraft gefragt: Windows XP hat bei der Ansteuerung dieses Geräts Schwierigkeiten, die Sie beseitigen müssen!

Führen Sie einen Doppelklick auf den entsprechenden Eintrag aus, öffnet sich ein neues Fenster; unter *Gerätestatus* dürfen Sie dann den Fehlercode bestaunen!

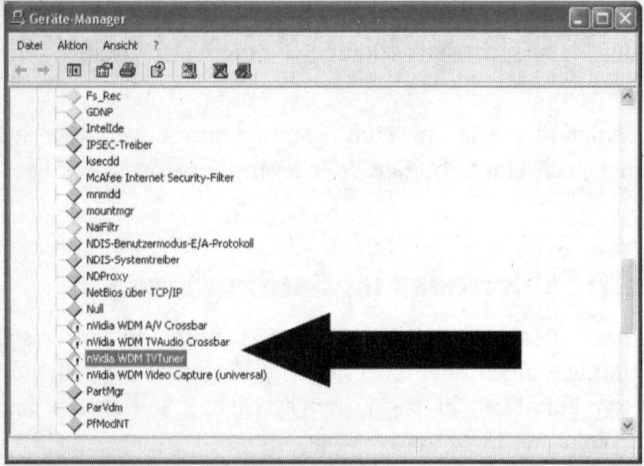

Gelbes Ausrufezeichen - hier ist irgendetwas nicht in Ordnung!

Zusätzlich belehrt Sie Microsoft mit äußerst „hilfreichen" Bemerkungen - ein Beispiel gefällig? Bitte schön: *Dieses Gerät ist entweder nicht vorhanden* (witzig, warum wird es dann im Geräte-Manager aufgeführt?), *funktioniert nicht ordnungsgemäß* (als ob Sie das noch nicht bemerkt hätten) *oder es wurden nicht alle Treiber installiert* - wunderbar, jetzt wissen Sie genau Bescheid!

Gerätestatus: Fehlercode 24! - Was bedeutet das?

Sämtliche Fehlercodes mit zwei Schlägen beseitigen!

Bevor Sie sich über die genauen Unterschiede der einzelnen Fehlercodes (es gibt mehr als 30) den Kopf zerbrechen, beseitigen Sie lieber die Schwierigkeiten: 90 % aller Fehlercodes im Geräte-Manager weisen auf ein Treiberproblem hin und das lösen Sie ganz schnell:

Lösungsmöglichkeit 1:

Bei einem externen Gerät (zum Beispiel Joystick oder Maus) prüfen Sie als Erstes, ob die Kabelverbindung in Ordnung ist. Nicht zu Unrecht nerven die Hersteller-FAQs mit recht banalen Lösungsvorschlägen: Prüfen Sie, ob das Netzkabel eingesteckt wurde, das Verbindungskabel keine Knicke aufweist und fest mit dem PC verbunden ist ...

Lösungsmöglichkeit 2:

Markieren Sie im Geräte-Manager den entsprechenden Eintrag mit dem gelben Ausrufezeichen und drücken die Entf-Taste! Die Warnmeldung von Windows XP ignorieren Sie mit Klick auf *OK* und starten das Betriebssystem neu!

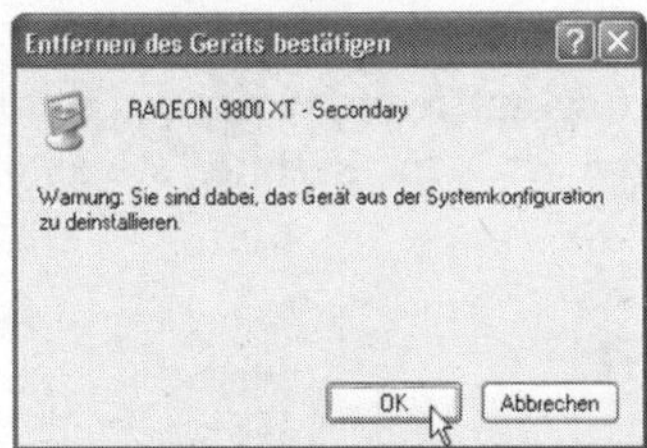

Löschen Sie den Problemverursacher im Geräte-Manager!

Nach dem Neustart wird Windows XP die entfernte Hardware neu erkennen und die notwendigen Treiber frisch einrichten (eventuell wird die Treiber-CD benötigt). Durch die Neukonfiguration des Geräts sind die Probleme verschwunden - sehen Sie am besten gleich im Geräte-Manager nach!

Ausnahmefälle:

In einigen äußerst seltenen Fällen bringt die Neukonfiguration der entsprechenden Hardware nichts:

- Bei Code 2 liegt das Problem nicht an Windows XP, sondern am BIOS: Dieses kann die installierte Hardware nicht korrekt erkennen - ein BIOS Update behebt das Problem!
- Für Code 7 und 26 benötigen Sie eventuell einen neuen Treiber, um die Schwierigkeiten zu beseitigen.

- Besonders kritisch ist Code 19: Er deutet auf ein Registry-Problem hin - in diesem Fall führen Sie die Systemwiederherstellung von Windows XP aus!
- Code 22 & 33: Schlägt die Neukonfiguration fehl, ist die entsprechende Hardwarekomponente defekt!

Tickt bei Ihnen eine Zeitbombe unter Windows XP?

Windows XP wird auf neuen PCs stets im ACPI-Modus (**A**dvanced **C**onfiguration and **P**ower **I**nterface) installiert; durch ACPI werden die Stromsparfunktion nicht dem BIOS überlassen, sondern dieses tauscht die Informationen mit dem Betriebssystem für optimale Ergebnisse aus.

Leider hat ACPI auf Windows XP-PCs einen großen Nachteil: Das Betriebssystem legt automatisch bei der Installation manche Hardwarekomponenten auf einen IRQ zusammen - harmonieren die Treiber bzw. Geräte nicht vollständig miteinander, kommt es häufig zu Bluescreens (beispielsweise IRQL_NOT_LESS_OR_EQUAL) und Systemstillständen! Diese Abstürze können auch erst nach einer Treiberaktualisierung auftreten, wenn der neue Treiber fehlerhaft oder inkompatibel zu anderen ist - im Rechner steckt also eine hochwirksame Zeitbombe!

IRQ – was ist denn das schon wieder?

IRQ ist die Abkürzung für Interrupt Request Line; über den IRQ-Kanal stehen die Hardwarekomponenten (beispielsweise Grafikkarte oder Soundkarte) mit der CPU in ständiger Verbindung. Über so genannte Interrupts (Unterbrechungsanforderungen) signalisieren die Geräte, dass sie Rechenzeit benötigen. Die heutigen PCs besitzen maximal 16 IRQs - bei einem „voll gestopften" Rechner kann es durchaus sein, dass nicht jedes Gerät einen eigenen IRQ zugeteilt bekommt.

Windows XP besitzt die Fähigkeit, mehrere Geräte auf einen IRQ zu legen; dies ist zwar eine praktische Sache, die aber gefährlich ist: Harmonieren die Komponenten (und deren Treiber) nicht vollständig miteinander, kommt es häufig zu Abstürzen! Für maximale Systemstabilität sollte jede Hardware einen eigenen Interrupt haben; das gilt besonders für die Grafik-, TV- und Videoschnitt-Karte! Hinweis: Bei modernen XP-Rechnern kommt es vor, dass im Geräte-Manager eine höhere IRQ-Nummer als 15 angezeigt wird. Diese Angaben von Windows XP sind nicht korrekt - jeder PC (selbst topaktuelle Rechenmaschinen) besitzen die (alte) IRQ-Begrenzung, lassen Sie sich von Windows also nicht „ins Bockshorn jagen"!

Ist Ihr Rechner von der Interrupt-Mehrfachbelegung betroffen?

Sie wollen wissen, ob in Ihrem PC eine Zeitbombe in Form von Interrupt-Doppelbelegungen in den Tiefen von Windows XP tickt? Kein Problem:

1 Starten Sie den Geräte-Manager und wählen *Ansicht/Ressourcen nach Typ*!

2 Öffnen Sie den Eintrag *Interruptanforderung (IRQ)* per Doppelklick und prüfen Sie, ob bei den aufgelisteten Einträgen eine Zahl doppelt oder gar mehrfach vorkommt - ist das der Fall, teilen sich mehrere Geräte diesen Interrupt! Im optimalen Fall wurde jeder IRQ nur einer Hardwarekomponente zugeteilt - je mehr Doppel- bzw. Mehrfachbelegungen, desto problematischer ist die Situation.

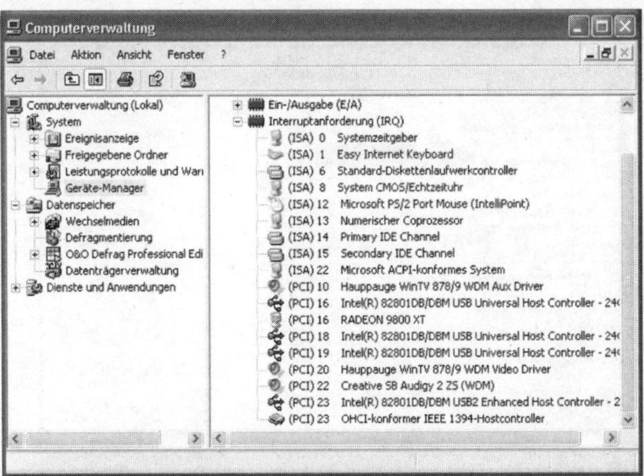

So verhindern Sie Hardwaretrouble trotz Interrupt-Sharing!

Bei Ihnen teilen sich mehrere Geräte einen Interrupt? Das ist gefährlich! Aber was soll man machen? Gerade bei „voll gestopften" PCs reichen die 16 IRQs häufig nicht aus! Selbst wenn noch ein IRQ nicht benutzt wird: Unter Windows XP können Sie ohne große Systemeingriffe nicht mehr manuell die Interrupts verteilen - da hilft nur hartes Durchgreifen: Entweder Sie sind „wagemutig" und verwirklichen den folgenden Insider-Tipp, um die IRQ-Doppelbelegungen zu verhindern, oder Sie nutzen die Hardwareprofile in Windows XP (siehe Seite 403).

IRQs manuell verteilen – So geht's auch unter Windows XP!

Bei Ihnen liegen mehrere Geräte auf einem Interrupt-Kanal zusammen? Der folgende Tipp hilft häufig, Abstürze und „blaue" Fehlermeldungen für immer zu vertreiben. Fertigen Sie aus Sicherheitsgründen vor der Durchführung der Aktion ein Backup Ihrer wichtigsten Daten an - schließlich handelt es sich hierbei um eine tief gehende Systemänderung! Die Durchführung der folgenden Aktion geschieht auf eigene Gefahr - es kann nicht ausgeschlossen werden, dass der PC anschließend nicht mehr fehlerfrei funktioniert. Hinweis: Der PC schaltet sich nach dieser Aktion nicht mehr automatisch aus - Sie müssen mit einem Druck auf den Power-Schalter nachhelfen.

1 Schließen Sie alle aktiven Programme; öffnen Sie den Geräte-Manager, führen einen Doppelklick auf den Eintrag *Computer* und danach auf den Untereintrag *ACPI-Uniprozessor-PC* aus.

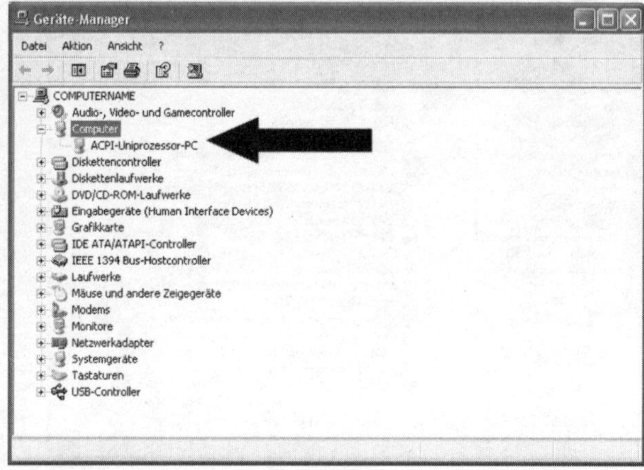

2 Hüpfen Sie in die Registerkarte *Treiber* und klicken auf *Aktualisieren...*! Es startet der Hardwareupdate-Assistent; wählen Sie *Software von einer Liste oder bestimmten Quelle installieren* und klicken auf *Weiter*!

3 Im nächsten Fenster aktivieren Sie die Option *Nicht suchen, sondern den zu installierenden Treiber selbst wählen*. Mit einem Klick auf *Weiter* geht es weiter.

4 Im erscheinenden Fenster wählen Sie unter *Modell* den Eintrag *Standard-PC* aus und klicken auf *Weiter*. Folgen Sie den Anweisungen des Assistenten und starten nach der Installation des Treibers das System neu.

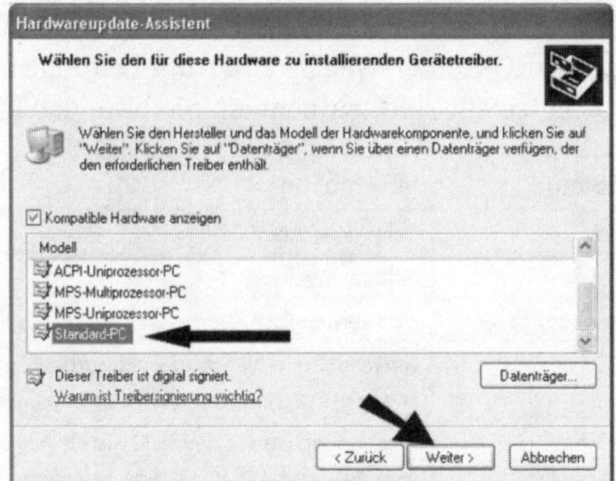

5 Nach dem Neustart führt Windows XP die Hardwareerkennung erneut durch - in einigen Fällen werden Sie aufgefordert, die notwendige Treiber-CD einzulegen.

6 Nach der erfolgreich abgeschlossenen Hardwareerkennung starten Sie den PC neu; anschließend öffnen Sie im Geräte-Manager den Eintrag *Computer* und führen einen Doppelklick auf den Untereintrag *Standard-PC* aus. Wechseln Sie in die Registerkarte *IRQ-Steuerung* und konfigurieren die IRQ-Steuerung wie gewünscht.

Ab sofort ist es Ihnen möglich, manuell in die Verteilung der IRQs einzugreifen: Öffnen Sie den Geräte-Manager und führen einen Doppelklick auf den Eintrag der Hardwarekomponente aus, deren IRQ Sie ändern möchten. Die notwendigen Einstellungen nehmen Sie in der Registerkarte *Ressourcen* vor!

Das kleine IRQ-Einmaleins!

Bei der manuellen Vergabe der Interrupt-Leitungen ist einiges zu beachten; man unterscheidet zunächst zwischen „hohen" und „niedrigen" IRQs: Als „niedrige" Interrupts werden alle Kanäle bis 9 bezeichnet, darüber befinden sich die „hohen" IRQs. Einige Geräte (beispielsweise Grafik- oder Soundkarten) benötigen ausschließlich einen „hohen" Interrupt - andernfalls funktionieren sie nicht bzw. nicht richtig!

Diese IRQs sind (noch) frei!

Obwohl es „nur" 16 IRQs gibt, werden bereits viele für interne Systemzwecke verwendet - Sie können bei der IRQ-Vergabe nicht genutzt werden; wenn kein passender Interrupt mehr frei ist, müssen Sie etwas jonglieren: Benötigen Sie beispielsweise einen hohen Interrupt anstelle eines freien niedrigen, trennen Sie sich von Ihrer PS/2-Maus, deaktivieren Sie die PS/2-Schnittstelle im BIOS und setzen Sie ein altes, serielles „Mauserl“ ein - heraus springt ein freier hoher IRQ-Kanal! Welche Interrupt-Leitungen verwendbar sind und wie die IRQs aufgeteilt sind, entnehmen Sie bitte der Tabelle:

IRQ-Kanal	Verwendung	Information
IRQ 0	System-Timer	nicht verwendbar
IRQ 1	Tastatur	nicht verwendbar
IRQ 2	interne Zwecke	nicht verwendbar
IRQ 3	2. serielle Schnittstelle	verwendbar, wenn Schnittstelle nicht benötigt wird; vorher muss diese allerdings im BIOS deaktiviert werden
IRQ 4	1. serielle Schnittstelle	verwendbar, wenn Schnittstelle nicht benötigt wird; vorher muss diese im BIOS abgeschaltet werden
IRQ 5	2. Druckerschnittstelle	verwendbar, falls nur eine Druckerschnittstelle vorhanden, kann sie im BIOS deaktiviert werden
IRQ 6	Diskettenlaufwerk	nicht verwendbar
IRQ 7	1. Druckerschnittstelle	verwendbar, wenn Drucker per USB angeschlossen wird – in diesem Fall vorher im BIOS deaktivieren
IRQ 8	CMOS-Echtzeituhr	nicht verwendbar
IRQ 9	interne Zwecke	nicht verwendbar
IRQ 10	frei	verwendbar
IRQ 11	frei	verwendbar
IRQ 12	PS/2-Anschluss	falls keine PS/2-Maus benutzt wird, ist dieser hohe Interrupt verwendbar; vorher PS/2-Schnittstelle im BIOS deaktivieren
IRQ 13	numerischer Koprozessor	nicht verwendbar
IRQ 14	1. IDE-Controller	nicht verwendbar (es sei denn, Sie benutzen SCSI – dann im BIOS deaktivieren)
IRQ 15	2. IDE-Controller	nicht verwendbar (es sei denn Sie benutzen SCSI oder kommen mit einem IDE-Controller aus – dann im BIOS deaktivieren)

BIOS-Einstellungsmöglichkeiten nutzen!

Einige BIOS-Versionen erlauben es, für jeden Steckplatz auf dem Motherboard einen IRQ manuell zu vergeben (zu reservieren); das geht schneller und komfortabler als unter Windows XP.

Schauen Sie am besten gleich im Mainboardhandbuch nach, ob Ihre BIOS-Version eine solche Option anbietet.

Teilen sich trotz Ihrer Aktionen weiterhin zwei Steckkarten einen Interrupt, sollten Sie eine Karte in einem anderen Steckplatz unterbringen; das ist nichts Besonderes: Durch die begrenzte Anzahl an IRQs ist es Mainboardherstellern nicht möglich, jedem Steckplatz einen eigenen Interrupt zuzuteilen - entweder werden Sie im Mainboardhandbuch darüber informiert, welche Steckplätze das sind, oder Sie müssen es durch Tauschen der Karten selbst herausfinden.

Optimal ist es, wenn jedes Gerät unter Windows XP seinen eigenen Interrupt hat - das System läuft dadurch wesentlich stabiler!

Hardwarekonflikte vermeiden: Windows XP optimal installieren!

Kleiner Tipp am Rande: Haben Sie vor, Windows XP neu zu installieren, können Sie bereits bei der Installation festlegen, ob ACPI verwendet wird oder nicht. Wollen Sie in die IRQ-Verteilung eingreifen, verzichten Sie am besten darauf: Während der Meldung *Setup untersucht die Hardware-Konfiguration des Computers* drücken Sie die Taste [F5] - kurze Zeit später erscheint eine Auswahloption zwischen ACPI-PC und Standard-PC; danach setzen Sie die Installation wie gewohnt fort!

Windows XP schnell und stabil? – Hardwareprofile anlegen!

Im PC-Alltag werden Sie sicherlich nicht immer alle Geräte bzw. Hardwarekomponenten benötigen: Für Office-Anwendungen benötigen Sie beispielsweise keine Video- oder Soundkarte, bei Games können Sie beispielsweise auf die USB-Anschlüsse für Drucker und Scanner verzichten usw.

Für ein stabiles und schnelles System schalten Sie am besten mit so genannten Hardwareprofilen nicht benötigte Komponenten vorübergehend aus - eine IRQ-Doppelbelegung wird dadurch häufig verhindert! Außerdem sinkt durch die Deaktivierung einiger Hardwarekomponenten die Treiberlast des Systems - es befinden sich nicht mehr so viele Treiberdateien im Arbeitsspeicher, Windows XP läuft flotter.

1. Rechtsklick auf das *Arbeitsplatz*-Symbol und *Eigenschaften* ausgewählt! Öffnen Sie die Registerkarte *Hardware* und klicken Sie auf die Schaltfläche *Hardwareprofile*!

2. Ein neues Fenster öffnet sich und zeigt die vorhandenen Hardwareprofile an; in der Ausgangssituation ist natürlich nur eins vorhanden.

   Mit einem Klick auf *Kopieren* legen Sie ein neues Profil an - diesem sollten Sie unbedingt einen aussagekräftigen Namen verpassen!

3 Um die einzelnen Profile beim Start von Windows XP auswählen zu können, markieren Sie den entsprechenden Eintrag und klicken auf *Eigenschaften*. Aktivieren Sie im erscheinenden Fenster unter *Auswahl der Hardwareprofile* die Option *Dieses Profil beim Start von Windows immer einschließen* und verlassen das Fenster mit *OK*! Wiederholen Sie die Aktion für alle anderen Profil-Einträge!

4 Beim nächsten Start des Betriebssystems wählen Sie das gewünschte Hardwareprofil, das Sie nach dem ersten Aufruf zunächst einmal konfigurieren müssen! Öffnen Sie den Geräte-Manager und deaktivieren Sie alle nicht benötigten Geräte: Rechtsklick auf den entsprechenden Eintrag und *Deaktivieren* auswählen!

Laufwerke verschwunden? Ruhe bewahren!

Da hat man wieder den Salat: Sie benötigen wichtige Daten von einer CD-ROM, öffnen den Arbeitsplatz und müssen feststellen, dass Ihr CD-ROM- bzw. DVD-Laufwerk und der CD-Brenner verschwunden sind - hat Ihnen jemand die Laufwerke geklaut? Ja, es ist in der Tat so und der Dieb ist auch schon aufgedeckt: Die Laufwerke verschwinden meistens durch fehlerhafte Installation bzw. Deinstallation eines Brennprogramms (zum Beispiel: Easy CD-Creator)! Langes Suchen hilft nicht - Sie müssen tätig werden. Löschen Sie die entsprechenden Laufwerkeinträge im Geräte-Manager (meist mit einem gelben Warnsymbol markiert) und starten Sie den PC neu. Windows erkennt die Laufwerke erneut und bindet sie wieder korrekt in das System ein. Hilft diese Vorgehensweise nicht - Ihre Laufwerke sind nach wie vor verschwunden -, müssen Sie zur endgültigen Fehlerbehebung die Registry von Windows XP „besuchen"!

1 Im Registrierungseditor öffnen Sie folgenden Ordner: *HEKEY-LOCAL_MACHINE\SYSTEM\CurrentControlSet\Control\Class\{4D36E965-E325-11CE-BFC1-08002BE10318}* - erwischen Sie auf keinen Fall einen falschen Ordner, das kann unvorhersehbare Folgen nach sich ziehen!

2 Halten Sie dort im rechten Teilfenster nach den beiden Einträgen *UpperFilters* und *LowerFilters* Ausschau; sollten Sie die Einträge finden, löschen Sie diese!

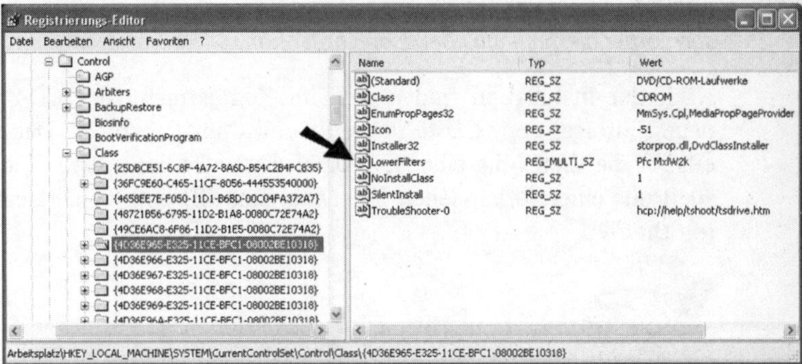

3 Verlassen Sie den Registrierungseditor und starten Windows XP neu - die Laufwerke sind daraufhin wieder im Arbeitsplatz aufgeführt!

Windows XP kann brennen? – Von wegen!

Das Schöne an Windows XP: Das Betriebssystem kann CDs brennen - Daten lassen sich per Drag & Drop im Windows-Explorer auf einen Rohling sichern. Das Schlechte daran: Mit der Kompatibilität der gebrannten CDs steht es ziemlich schlecht!

Haben Sie beispielsweise versucht, eine gebrannte Daten-CD unter einer anderen Windows-Version zu lesen? Das ist nicht möglich, sie wird nicht erkannt! Auch die mit der Brennengine von Windows XP erstellten Audio-CDs bereiten Kopfzerbrechen! Das Abspielen der Silberscheiben auf einem CD-Player wird zur Qual: Die Titelanwahl klappt nicht richtig - manchmal fehlen sogar ganze Tracks! All diese Probleme beheben Sie mit einem Update der Brennengine von Windows XP, das Sie sich unter folgender Adresse downloaden können:

http://download.microsoft.com/download/whistler/Patch/Q320174/WXP/DE/Q320174_WXP_SP1_x86_DEU.exe

Tipp: Wenn Sie die Brennfunktion von Windows XP nicht nutzen, sollten Sie diese unbedingt deaktivieren (siehe Kapitel 4.3). Bei eingeschalteter Brennfunktion kann es nämlich zu hartnäckigen Problemen mit Brennsoftware anderer Anbieter kommen.

Clever: Brennfunktion von Windows XP erweitern!

Der Funktionsumfang der Brennfunktion von Windows XP ist nicht gerade berauschend: Ganze CDs können Sie beispielsweise damit nicht kopieren - das ist ärgerlich! Mit der Freeware ISO-Recorder erweitern Sie die Brennfunktion um nützliche Optionen; das Programm erhalten Sie hier: *http://isorecorder.alexfeinman.com/isorecorder.htm*

Nach der Installation finden sich im Kontextmenü des CD-Brenners zwei neue Einträge: *Copy CD to Imagefile* und *Copy CD to CD*. Der erste Eintrag erlaubt die Erstellung einer ISO-Datei der zu kopierenden CD; der zweite erstellt aus einer vorhandenen ISO-Datei eine CD bzw. kopiert eine CD direkt (on the fly)!

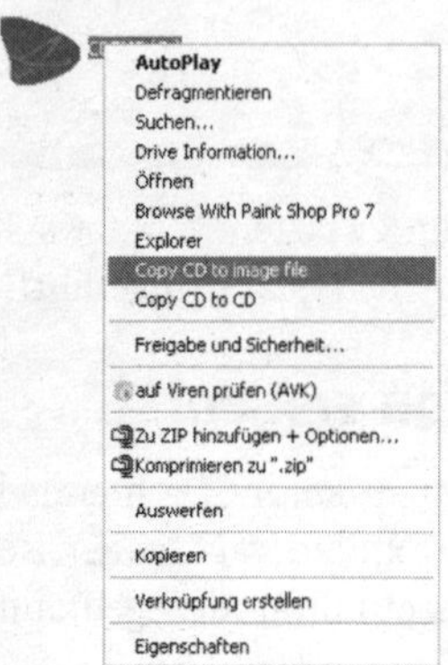

Hinweis: Das Kopieren und Anlegen einer ISO-Datei funktioniert ausschließlich bei Daten-CDs, eine Audio-CD können Sie mit ISO-Recorder leider nicht kopieren.

Brennfachchinesisch: ISO – das steckt dahinter!

Daten-CDs werden in der Regel im so genannten ISO-9660-Format gebrannt, da somit gewährleistet ist, dass die gebrannten Scheiben auch unter anderen Betriebssystemen einsetzbar sind. Allerdings sind eine ganze Menge Einschränkungen mit diesem Standard verbunden: Die Dateinamen müssen beispielsweise nach der alten 8.3-Regel vergeben werden und die Ordnerstruktur darf nur acht Ebenen umfassen.

Explorer-Abstürze ohne Neuinstallation beseitigen

Bei Ihnen stürzt der Windows-Explorer (*explorer.exe*) komplett ab, wenn Sie einen Rechtsklick auf eine Programmdatei (*.exe*) ausführen? Nach wenigen Sekunden wird der Explorer zwar wieder automatisch neu gestartet - allerdings tritt dieses Problem nach wie vor auf. Aus lauter Verzweiflung überlegen Sie bereits, ob Sie Windows XP neu installieren? Langsam, das ist nicht nötig!

Dieser Trouble betrifft relativ viele PC-User und kann mehrere Ursachen haben, die sich jedoch in der Regel ohne eine zeitraubende Neuinstallation des Betriebssystems lösen lassen.

1 Zunächst kontrollieren Sie unbedingt Ihren Computer mithilfe eines Virenscanners (mit aktuellen Virendefinitionen) auf einen Virenbefall hin und lassen eventuell aufgespürte Schädlinge restlos vernichten.

2 Sind keine Viren im System vorhanden gewesen, liegen die Abstürze an einem ungültigen bzw. fehlerhaften Kontextmenü-Eintrag für Programmdateien. Einige Anwendungen legen solche speziellen Kontextmenüeinträge bei der Installation automatisch an. Diese Vorgehensweise kann zu Problemen führen, wenn zum Beispiel der Eintrag eines Programms im Kontextmenü durch einen Computer-Absturz fehlerhaft geworden ist. Aus diesem Grund deinstallieren Sie am besten alle Programme, die sich in das Kontextmenü der Programmdateien eingetragen haben, vollständig, starten den PC neu und versuchen, ob durch die Softwaredeinstallationen die Abstürze behoben wurden. In der Regel ist dies der Fall, sodass Sie die gerade entfernten Programme anschließend wieder im System einrichten dürfen. Bei der Neuinstallation werden die Programmeinträge im Kontextmenü neu erzeugt, weshalb sie wieder fehlerfrei funktionieren und es zu keinem Explorer-Absturz kommt.

3 Hat die Deinstallation aller im Kontextmenü vorhandenen Anwendungen dagegen keine Besserung gebracht (der Explorer stürzt bei einem Rechtsklick auf eine Programmdatei nach wie vor ab), liegen die Probleme an Einträgen im Kontextmenü, die von einer bereits deinstallierten Software stammen: Viele Deinstallationsroutinen arbeiten nach wie vor äußerst unzuverlässig, sodass häufig gefährliche Programmreste im System (in diesem Fall im Kontextmenü der Programmdateien) zurückbleiben. Die verwaisten Kontextmenüeinträge der schon längst entfernten Anwendungen müssen Sie manuell beseitigen: Rufen Sie den Registrierungseditor von Windows auf; hier manövrieren Sie sich in den Registry-Schlüssel *HKEY_CLASSES_ROOT\exefile\shellex*. Zunächst legen Sie eine Sicherheitskopie des Schlüssels an, danach markieren Sie den Untereintrag *ContextMenuHandlers* und drücken die Entf-Taste, um ihn zu löschen. Verlassen Sie den Registrierungseditor wieder und starten Sie den Computer neu. Die Probleme sind verschwunden. Jetzt dürfen Sie wieder die vorher entfernten Anwendungen installieren!

Hinweis: Bei Ihnen gibt es in der Registry keinen Eintrag *ContextMenuHandlers* im Schlüssel *HKEY_CLASSES_ROOT\exefile\shellex*? Aufgrund der unterschiedlichen Möglichkeiten für Programme, sich in das Kontextmenü spezieller Dateitypen zu verankern, ist das durchaus möglich. In dem Fall nutzen Sie am besten einen Registry-Cleaner, um die ungültigen Einträge aus der Registry zu entfernen (siehe Kapitel 4).

Schluss mit lahmen Mäusen!

Zum Abschluss noch ein wichtiger Tipp zum komfortablen Arbeiten unter Windows XP: Die Maus ist das wichtigste Navigationswerkzeug unter Windows XP; häufig wird jedoch deren Optimierung vernachlässigt!

Sicherlich ist es Ihnen auch schon passiert, dass Sie mit der Maus bei „wilder" Navigation von Fenster zu Fenster - weil das Mauspad „zu klein geworden" ist - Ihren Schreibtisch „durchgepflügt" haben! Unter Windows XP gibt es eine Möglichkeit, die zurückzulegenden Mauswege drastisch zu verkürzen:

In der Systemsteuerung wählen Sie zunächst die klassische Ansicht und führen einen Doppelklick auf das *Maus*-Symbol aus; öffnen Sie die Registerkarte *Zeigeroptionen* und aktivieren Sie unter *Zur Standardschaltfläche springen* den Eintrag *In Dialogfeldern automatisch zur Standardschaltfläche springen*, um Ihre Mauswege zu verkürzen. Ab sofort hüpft der Mauspfeil automatisch auf die Standardschaltfläche (beispielsweise *OK*) - eine groß angelegte „Mausschieberei" entfällt.

Noch mehr Mauspower erhalten Sie, wenn Sie die Mausbeschleunigung aktivieren; je nach Maustreiber müssen Sie dazu entweder den Schieberegler unter *Zeigergeschwindigkeit auswählen* ganz rechts positionieren oder (bei Logitech-Mäusen) die Beschleunigung, wie gewünscht, mithilfe der diversen Optionen konfigurieren.

Achtung: Übertreiben Sie es mit der Mausbeschleunigung nicht, andernfalls saust Ihnen Ihr Mäuschen davon :-)

7.5 Endlich problemlos und raketenschnell im Internet surfen!

Das Surfen im Internet kann so viel Spaß bereiten - Voraussetzung: Die Einwahl gelingt schnell und fehlerfrei, die Daten flutschen im Raketentempo über die Internetdatenautobahn und der Internet Explorer macht keinen Ärger! Ihrer Meinung nach sind das Traumvorstellungen? Nein, auf keinen Fall! Nach diesem Kapitel besitzen Sie den schnellsten, problemlosesten Internetzugang „der Welt"!

Aufgedeckt: Mit High-Speed einwählen!

Die Einwahl über ein analoges Modem kann manchmal eine Ewigkeit dauern - das ist ziemlich nervig! Bereiten Sie dieser Qual ein Ende und weisen Sie Ihr Modem an, sich schneller einzuwählen:

1 Öffnen Sie den Geräte-Manager und führen auf den Modem-Eintrag einen Doppelklick aus! In der Registerkarte *Modem* stellen Sie zunächst unter *Maximale Übertragungsrate* den höchstmöglichen Wert ein.

2 Wechseln Sie in die Registerkarte *Erweitert* und geben unter *Weitere Initialisierungsbefehle:* Folgendes ein: „S11=50". Die Änderungen übernehmen Sie mit einem Klick auf *OK*!

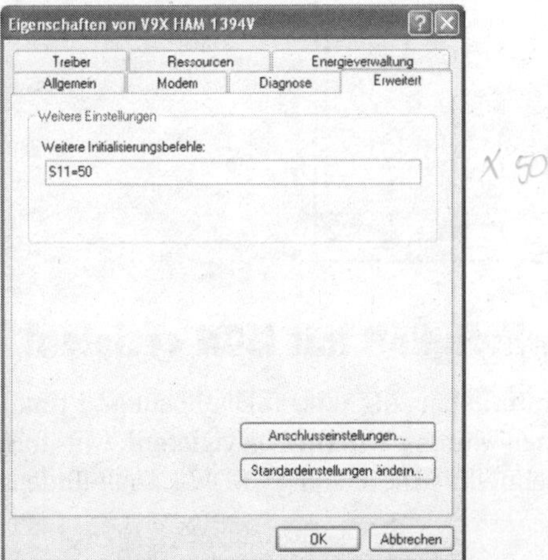

Durch Ihre Änderung haben Sie die Wählgeschwindigkeit auf 50 ms pro Tonsignal eingestellt; natürlich könnten Sie auch noch niedrigere Werte eingeben, allerdings schaffen die meisten herkömmlichen Modems maximal 50

ms! Besitzen Sie ein professionelles Spitzen-Modell, reduzieren Sie den Wert versuchsweise auf 30, um die Einwahl noch mehr zu beschleunigen. Sollte die Einwahl danach nicht mehr gelingen, müssen Sie die Änderung wieder rückgängig machen!

Im Notfall: Auf's Freizeichen warten!

In einigen Fällen kann es sein, dass das analoge Modem einfach drauflos-wählt, ohne vorher das Freizeichen erhalten zu haben - das geht meistens schief; so schaffen Sie Abhilfe:

1. Öffnen Sie den Eintrag Ihres Modems im Geräte-Manager per Doppelklick und wechseln anschließend in die Registerkarte *Modem*.
2. Aktivieren Sie unter *Wähloptionen* den Eintrag *Vor dem Wählen auf Freizeichen warten* und bestätigen die Änderung mit *OK*!

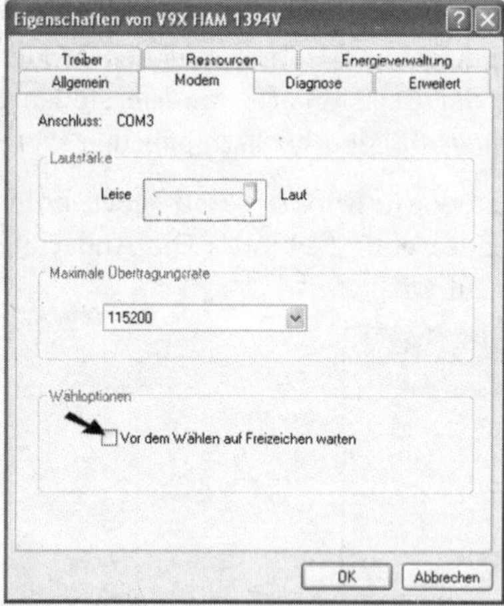

Doppelte Geschwindigkeit mit ISDN erzielen!

Sie nutzen für Ihren Internetzugang eine ISDN-Lösung? Prima, bei 64 KBit lässt sich relativ schnell durchs Internet navigieren! Mit folgendem Trick geht's aber noch viel schneller! Die Lösung: ISDN-Kanalbündelung.

ISDN-Kanalbündelung enträtselt!

Jede ISDN-Lösung stellt Ihnen neben einem D-Kanal für Kontrollinformationen zwei so genannte B-Kanäle mit je 64 KBit Übertragungsleistung zur Verfügung; normalerweise dient der eine Kanal zum Surfen, während der zweite für ein gleichzeitiges Telefonieren freigehalten wird – durch diese Vorgehensweise kann während des Surfens ebenfalls problemlos telefoniert werden.

Wenn Sie den zweiten Kanal nicht für die Telefonier-Option benötigen, nutzen Sie ihn per Kanalbündelung für doppelte Surfgeschwindigkeit von bis zu 128 KBit; Achtung: Vorher sollten Sie sich bei Ihrem Provider erkundigen, ob die Kanalbündelung zu den Leistungen des Anbieters dazugehört oder ob dafür extra bezahlt werden muss; in diesem Fall wären die Surfgebühren doppelt so hoch, was wenig empfehlenswert ist – also unbedingt vorher erkundigen!

Mit Volldampf durchs Internet!

1 In der Systemsteuerung öffnen Sie die Kategorie *Netzwerk- und Internetverbindung* und klicken auf *Netzwerkverbindung*; führen Sie einen Rechtsklick auf den entsprechenden Eintrag Ihrer DFÜ-Verbindung aus und wählen im aufklappenden Menü *Eigenschaften*.

2 Setzen Sie in der Registerkarte *Allgemein* jetzt vor beide Einträge der ISDN-Kanäle ein Häkchen; springen Sie in die Registerkarte *Optionen* und wählen Sie unter *Mehrere Geräte* die gewünschte Vorgehensweise. Bei *Alle Geräte wählen* werden bei jeder Internetverbindung beide Kanäle sofort in Beschlag genommen. Besser ist es jedoch, die Option *Geräte nur falls erforderlich wählen* einzustellen; in diesem Fall wird der zweite Kanal erst unter gewissen Voraussetzungen hinzugeschaltet und ist bis dahin für das gleichzeitige Telefonieren frei.

3 Klicken Sie auf die Schaltfläche *Konfigurieren*, um genau festzulegen, wann der zweite Kanal beim Surfen aktiviert werden soll; im auftauchen Fenster nehmen Sie unter *Automatisches Wählen* die gewünschte Einstellung vor. Im Abschnitt *Automatisches Auflegen* kann zusätzlich bestimmt werden, wann der zweite Kanal wieder freigegeben werden soll.

Mit *OK* verlassen Sie das Fenster und starten am besten gleich einmal Ihre Internetverbindung, um den neuen „Geschwindigkeitsrausch" zu genießen – allerdings werden Ihre Freunde jetzt häufiger das Besetzt-Zeichen beim Anrufen erhalten.

Interneteinstellungen für maximalen Speed optimieren!

Obwohl Windows XP genauso wie seine Vorgänger damit prahlt, ein optimales Betriebssystem für maximalen Surfspaß zu sein, sind die Interneteinstellungen des Betriebssystems alles andere als optimal! Mit einem kleinen, aber feinen Programm helfen Sie nach, um maximale Surfpower unter Windows zu genießen!

Von 0 auf 100, DFÜ-Speed: Das Internetgenie!

Die Freeware DFÜ-Speed optimiert die Interneteinstellungen unter dem neuen Betriebssystem auf Knopfdruck - es ist dadurch nicht notwendig, die entsprechenden Einstellungen direkt in der Registry zu verändern. Das Tool dürfen Sie sich unter *http://voodoo.club.de.vu* kostenlos herunterladen - der Download ist ruck, zuck erledigt.

Durch die Optimierung erreicht Ihr Internetzugang eine ungeahnte Geschwindigkeitssteigerung, aber auch Verbindungsabbrüche werden durch die richtigen Einstellungen vermieden!

Internet total: Maximaler Surfspaß unter Windows XP!

1 Starten Sie DFÜ-Speed; zur schnellen Optimierung der Interneteinstellungen klicken Sie am besten rechts unten unter *Schnell Optim.* auf die passende Schaltfläche für Ihre Internetverbindung!

2 Klicken Sie anschließend auf *Übernehmen* und verlassen das Programm mit *OK*! Nach einem Neustart des Betriebssystems ist die Optimierung abgeschlossen - Ihr Internetzugang ist deutlich schneller und stabiler geworden!

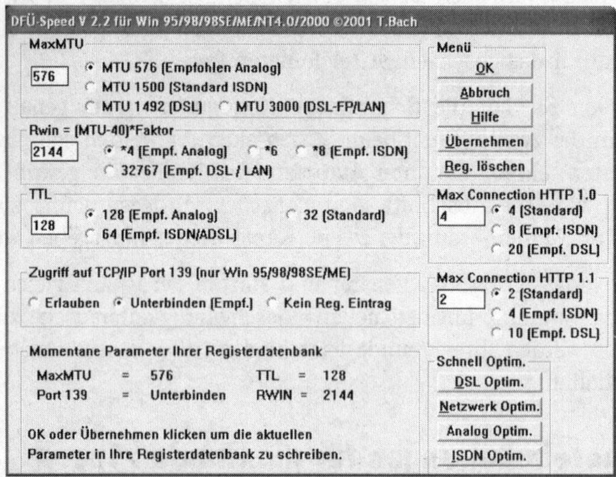

Benutzerdefinierte Einstellungen?

Sie möchten Ihren Internetzugang „manuell" optimieren, weil Sie beispielsweise mit den Voreinstellungen von DFÜ-Speed nicht zufrieden sind? Kein Problem! Bevor Sie loslegen, hier eine kurze Erklärung der einzelnen Optionen:

- **MaxMTU**: MTU ist die Abkürzung für **M**aximum **T**ransmission **U**nit; hiermit wird die Anzahl der Bytes pro Datenpaket festgelegt. Bei einer analogen Verbindung stellen Sie 576, bei ISDN 1.500 und für DSL am besten 1.492 ein ; wird ein zu hoher oder zu niedriger Wert eingestellt, bremst das die Internetverbindung aus, weil die Datenpakete erst geteilt werden müssen.
- **RWIN**: Definiert die maximale Datenmenge, die gesendet wird, bevor der Server eine Empfangsbestätigung einholt. Da im Internet häufig Übertragungsfehler auftreten, ist eher - besonders bei analogen Internetverbindungen - ein kleiner Wert sinnvoll! RWIN wird mit der Formel (MTU-40)*eingestelltem Faktor berechnet.
- **TTL**: Abkürzung für Time to Live; definiert die Lebensdauer eines Datenpakets in Stationssprüngen! Durch die riesigen Ausmaße des Internet ist es sinnvoll, ein Datenpaket relativ lange leben zu lassen, bevor es gelöscht wird.
- **TCP/IP Port 139**: Um Internethackern nicht Tür und Tor zu öffnen, sollten Sie einen Netzwerkzugriff über Port 139 auf jeden Fall unterbinden!
- **Max Connection HTTP 1.0 & HTTP 1.1**: Hier wird die maximale Anzahl von gleichzeitigen Verbindungen zu einem Server eingestellt; bei analogen Modems lohnt eine Erhöhung der beiden Werte nicht - benutzen Sie dagegen einen schnelleren Internetzugang, greifen Sie ein und erhöhen Sie die Werte: Dadurch ist gewährleistet, dass bei einem Zugriff auf eine Internetseite gleichzeitig mehrere Daten (beispielsweise Grafiken) übertragen werden - die Seite ist schneller präsent!

Internetseiten mit dem Internet Explorer schneller laden

Ihr Internetprovider nutzt keinen Proxyserver, um das Surfen im Internet zu beschleunigen? Mit einem Eingriff in den Internet Explorer holen Sie trotzdem maximalen Internetspeed ohne lästige Wartezeiten beim Aufrufen der Seiten heraus. Hinweis: Ob Ihr Provider einen Proxyserver nutzt oder nicht, erfahren Sie in der Regel auf den Internetseiten des Providers (beispielsweise bei der Anleitung zur manuellen Einrichtung des Internetzugangs).

1 Starten Sie den Internet Explorer und wählen Sie *Extras/Internetoptionen*. Hüpfen Sie in die Registerkarte *Verbindungen* und klicken Sie dort unter *LAN-Einstellungen* auf die Schaltfläche *Einstellungen*.

2 Im erscheinenden Fenster deaktivieren Sie die Option *Automatische Suche der Einstellungen* und verlassen das Fenster mit *OK*. Ab sofort sollte das Surfen im Internet spürbar schneller gehen.

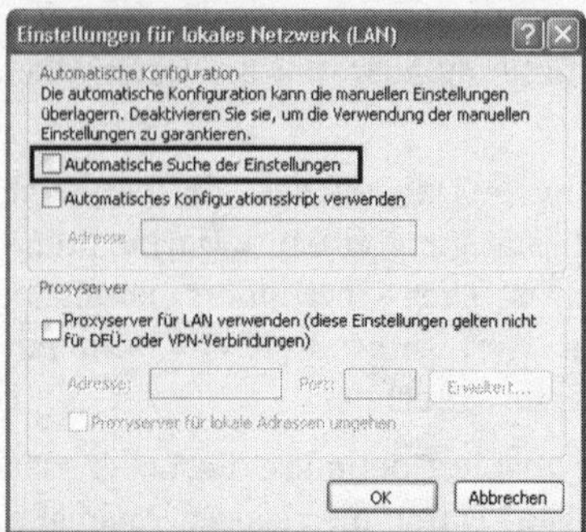

Hinweis: Sollten Probleme beim Surfen auftauchen bzw. die Geschwindigkeit nach dieser Aktion sinken, machen Sie die Änderung wieder rückgängig. In der Regel sorgt diese jedoch für deutlich mehr Speed beim Aufrufen der Internetseiten.

Immer Ärger mit den Fenstern im Internet Explorer!

Der in Windows XP integrierte Internet Explorer macht beim Surfen ab und zu gravierenden Ärger: Es tauchen nach einem Klick auf einen Link nur leere Fenster auf oder Sie erhalten eine Fehlermeldung und der Internet Explorer stürzt ab! Greifen Sie ein und bringen Sie dem Internet Explorer endlich „ordentliche Surf-Manieren“ bei!

Leere Fenster im Internet Explorer?

Ist Ihnen das auch schon passiert: Nach einem Rechtsklick auf einen Link im Fenster des Internet Explorer und der Auswahl *In neuem Fenster öffnen* erscheint nur ein leeres Fenster - keine Internetseite weit und breit? Das liegt in der Regel an einer nicht (mehr) registrierten DLL-Datei; um diesen Fehler zu beheben, gehen Sie folgendermaßen vor:

1 Wählen Sie im Startmenü *Ausführen* und tippen zuerst „regsvr32 urlmon .dll“ ein; die Eingabe schließen Sie mit der [Enter]-Taste ab. Kurz darauf erhalten Sie eine Erfolgsmeldung:

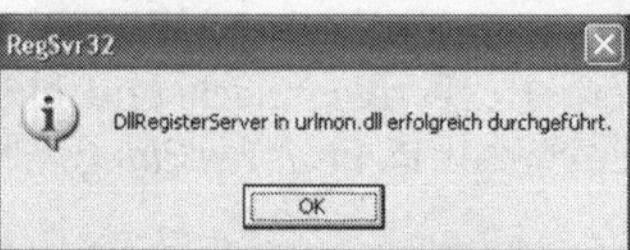

2 Die gleiche Prozedur wiederholen Sie am besten für *regsvr32 actxprxy.dll* und *regsvr32 shdocvw.dll*! Anschließend werden Sie im Internet Explorer nicht mehr von einem leeren Fenster „belästigt"!

Fehlermeldung und Schluss mit dem Surfspaß?

Sie wollten gerade eine Internetseite ansteuern, als der Internet Explorer eine Fehlermeldung anzeigte (beispielsweise *Es ist ein Laufzeitfehler aufgetreten*) und abstürzte? Greifen Sie endlich ein, um alle Internetseiten problemlos betrachten zu dürfen:

1 Im Internet Explorer wählen Sie *Extras/Internetoptionen* und öffnen anschließend die Registerkarte *Erweitert*!

2 Hier entfernen Sie das Häkchen vor dem Eintrag *Skriptdebugging deaktivieren* und klicken danach auf *OK*, um die Änderung zu übernehmen! Ab sofort werden Sie jede Internetseite problemlos betrachten können und der Surfspaß geht erst richtig los.

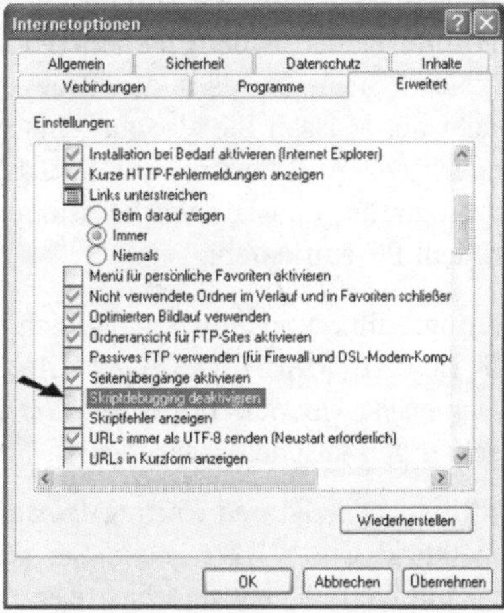

Spam-Nachrichten beim Surfen? Dann hat das Service Pack 2 versagt!

Ihre rasanten Surfsessions werden immer wieder von dubiosen Spam-Nachrichten, die wie aus dem Nichts auftauchen, unterbrochen? Trotz bestens konfigurierter Firewall werden Sie diesen nicht Herr! Die Spam-Nachrichten werden mithilfe des in Windows integrierten und standardmäßig aktivierten Nachrichtendienstes verwirklicht. In der Regel sollte dieser durch die Installation des Service Packs 2 automatisch deaktiviert worden sein. Werden Sie jedoch trotz Service Pack 2 immer noch von den lästigen Spam-Nachrichten beim Surfen belästigt, hat die Automatikfunktion des Service Packs versagt. In dem Fall oder wenn Sie das Service Pack 2 nicht installieren möchten, müssen Sie den Nachrichtendienst eigenhändig ausschalten. Eine ausführliche Anleitung hierfür finden Sie Kapitel 4.3.

Internet Explorer reparieren und neu installieren – so klappt's!

Wenn bei Ihnen der Internet Explorer „spinnt" (ständig abstürzt bzw. mit merkwürdigen Fehlermeldungen zusammenbricht) liegt die Vermutung nahe, dass eine wichtige Programmdatei beschädigt ist.

Mit einer Neuinstallation des Browsers lassen sich die Probleme in der Regel beheben - allerdings ist eine Neuinstallation alles andere als einfach! Dies werden Sie spätestens selbst in Erfahrung bringen, wenn Sie die neuste Version des Internet Explorer von einer Zeitschriften-CD (oder nachdem Sie ihn komplett aus dem Internet heruntergeladen haben) installieren möchten: Die Setuproutine des Internet Explorer bemerkt, dass der Browser bereits im System vorhanden ist und bricht ab. Müssen Sie also auf eine Neuinstallation zwecks Problemlösung verzichten? Auf keinen Fall! Mit dem folgenden Trick überlisten Sie das Setupprogramm und können bei Problemen endlich den Internet Explorer neu auf dem PC einrichten:

1. Öffnen Sie den Registrierungseditor und stürzen Sie sich in folgenden Schlüssel hinab: *HKEY_LOCAL_MACHINE\SOFTWARE\Microsoft\Active Setup\Installed Components\{89820200-ECBD-11cf-8B85-00AA005B4383}* (nicht aus Versehen den falschen erwischen!).
2. In der rechten Fensterhälfte suchen Sie den Eintrag *IsInstalled* und öffnen ihn mit einem Doppelklick. Unter *Wert* geben Sie statt der standardmäßig eingetragenen *1* die Zahl „0" ein und betätigen *OK*. Der Neuinstallation des Internet Explorer steht nichts mehr im Weg!

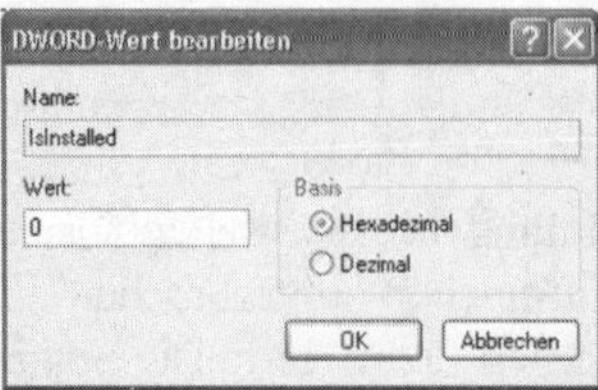

Titelleiste des Internet Explorer anpassen!

Wenn Sie für den Internetzugang eine Einrichtungssoftware Ihres Providers installiert haben, wird dessen Name stets in der Titelzeile des Internet Explorer angezeigt (Beispiel: Internet Explorer von CompuServe) - das ist ziemlich störend! Gestalten Sie die Titelleiste doch nach Ihren Wünschen!

1 Öffnen Sie im Registrierungseditor folgenden Ordner: *HKEY_CURRENT_USER\Software\Microsoft\Internet Explorer\Main* und halten im rechten Teilfenster nach dem Eintrag *Windows Title* Ausschau; sollte dieser nicht zu finden sein, legen Sie ihn über *Neu/Zeichenfolge* neu an.

2 Führen Sie einen Doppelklick auf den Eintrag aus, um diesen zu editieren; in die Zeile unter *Wert:* geben Sie jetzt die gewünschte Titelleistenanzeige für den Internet Explorer ein.

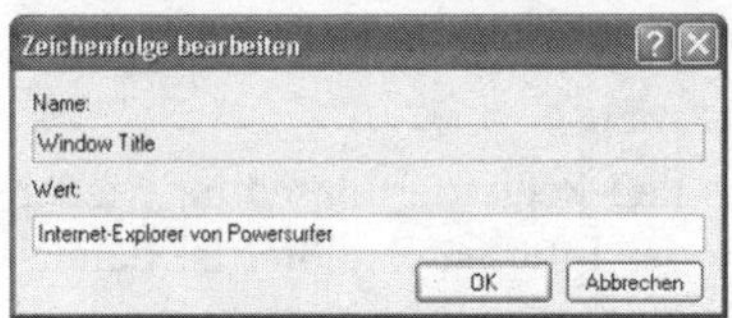

3 Verlassen Sie den Registrierungseditor und starten den Internet Explorer, um Ihr Werk gleich zu betrachten.

Falsche Fenstergröße bei jedem Start des Internet Explorer

Was ist denn jetzt schon wieder los? Obwohl Sie den Internet Explorer maximiert schließen, startet der Browser stets nur noch mit einem winzigen Fenster? Auf die Dauer ist es äußerst lästig nach dem Start des Internet Explorer diesen vor der Surfsession erst einmal zu maximieren. Dieses Verhalten ist beim Internet Explorer leider keine Seltenheit, hier hat der Fehlerteufel zugeschlagen, denn in der Regel speichert der Internet Explorer die zuletzt verwendete Fenstergröße, um in der gleichen Ansicht wieder zu starten. Den Fehler beheben Sie so:

1 Starten Sie den Registrierungseditor von Windows, manövrieren sich in den Schlüssel *HKEY_CURRENT_USER\Software\Microsoft\Internet Explorer\Main* und suchen Sie dort den Eintrag *Fullscreen*.

2 Öffnen Sie den Eintrag per Doppelklick und geben Sie in die untere Zeile statt *no* den Wert „yes" ein. Danach betätigen Sie *OK*.

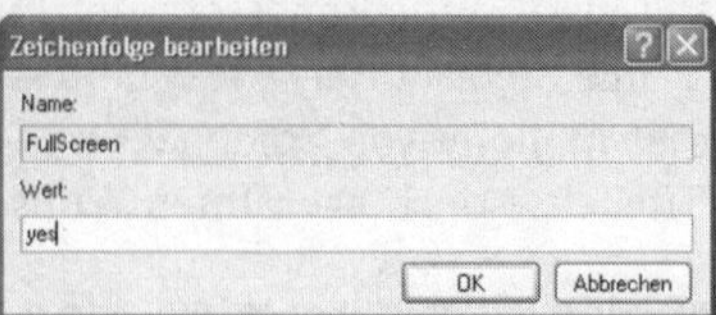

3 Schließen Sie den Registrierungseditor wieder - in der Regel sollte der Internet Explorer ab sofort wieder maximiert starten.

4 Ist dies nach wie vor nicht der Fall bzw. möchten Sie, dass der Browser jedes Mal wieder in der zuletzt verwendeten Fenstergröße auf dem Bildschirm erscheint, öffnen Sie den Registrierungseditor erneut, wechseln in den Schlüssel *HKEY_CURRENT_USER\Software\Microsoft\Internet Explorer\Main* und löschen dort im rechten Fensterbereich den Eintrag *Window_Placement*.

Anschließend verlassen Sie den Registrierungseditor wieder - der Fehler bezüglich der Fenstergröße des Internet Explorer ist damit endgültig behoben!

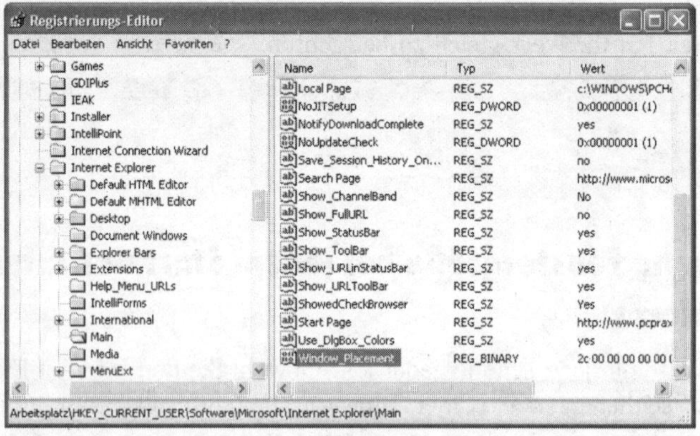

„Nase voll?" - Endlich Schluss mit Browser-Problemen!

Sie haben von den zahlreichen Macken und Problemen (ganz zu schweigen von den eklatanten Sicherheitslücken) des Internet Explorer genug und wünschen sich einen schnellen, stabileren und vor allem problemloseren Browser?

Kein Problem: Testen Sie einmal den genialen Firefox. Hierbei handelt es sich um den kleinen Bruder des bekannten Mozilla-Browsers. Firefox ist ein sehr kleiner und äußerst schneller Internetbrowser mit interessanten Features, beispielsweise einem Popup-Blocker oder einer tollen Druckvorschau, die kostenlos genutzt werden darf.

Im Gegensatz zu allen anderen Browsern benötigt er nur sehr wenig Systemressourcen, weshalb er selbst auf langsameren Rechnern eine hohe Geschwindigkeit an den Tag legt.

Die englische Firefox-Version erhalten Sie unter *http://www.mozilla.org/products/firefox*. Eine deutschsprachige Version dürfen Sie sich unter *http://firefox.stw.uni-duisburg.de/* herunterladen. Der Download (ca. 4,7 MByte) ist schnell erledigt, und die Installation von Firefox lohnt sich auf jeden Fall! Anschließend werden Sie das kleine Kraftpaket nicht mehr missen wollen und lassen den problematischen Internet Explorer links liegen.

Aufgespürt: Spywarefreier, kostenloser Download-Manager!

Bei größeren Downloadaktionen ist heutzutage ein Download-Manager unerlässlich: Ein solches Tool überbrückt vorübergehende Verbindungsabbrüche und beschleunigt den Download, indem es die Dateien gleichzeitig von mehreren Servern herunterlädt.

Bekannte Download-Manager (beispielsweise Go Zilla oder FlashGet) bekommen Sie kostenlos im Internet, allerdings sind diese Programme stets mit „tückischer" Spyware verseucht; zwar gibt es Tools (beispielsweise Ad-aware von Lavasoft), die Spyware aus den entsprechenden Programmen entfernen können, das gelingt jedoch häufig nicht: Entweder das „gesäuberte" Programm startet anschließend nicht mehr oder die Spyware wird nicht vollständig entfernt.

Warum so kompliziert, wenn es auch einfacher geht?

Bevor Sie erfolglos versuchen, einen bekannten Download-Manager von seiner Spyware zu befreien, besorgen Sie sich doch den ultimativen Geheimtipp: Den spywarefreien Downloadmanager LeechGet erhalten Sie für nicht kommerzielle Zwecke kostenlos unter *http://www.leechget.net* - Sie sollten nicht zögern: Das professionelle Tool hat einen gewaltigen Funktionsumfang, kann vielfältig konfiguriert werden und funktioniert einwandfrei.

LeechGet - ein wirklich professioneller Download-Manager

Standardmäßig „fängt“ das Programm alle Downloads aus dem Internet Explorer ab; surfen Sie mit dem Netscape-Browser oder mit Opera, benötigen Sie ein spezielles Plug-In, damit LeechGet die Downloadaktionen aus diesen Browsern übernehmen kann. Das notwendige Plug-In erhalten Sie ebenfalls auf der Internetseite *http://www.leechget.net.*

7.6 Installationshürden gekonnt überwinden!

Sie gehören zu den PC-Usern, die die Sache gern selbst in die Hand nehmen und das Betriebssystem nicht vorinstalliert mit einem Komplett-PC erwerben?

In der Regel ist die Installation von Windows XP relativ einfach durchzuführen - manchmal gibt es allerdings mächtig Ärger: Die Installation bricht plötzlich ab, die Hardwareerkennung funktioniert nicht.

Im folgenden Abschnitt finden Sie Tricks und Tipps, mit denen Sie auftretende Installationsprobleme gekonnt beseitigen!

Windows XP-Neuinstallation endet im Desaster!

Sie wollen Windows XP frisch auf eine leere Festplatte installieren? Das ist wesentlich besser, als ein Update von einer alten Windows-Version durchzuführen, da hierunter die Systemstabilität leiden kann: Jedes Betriebssystem enthält nach einer gewissen Betriebsdauer fehlerhafte Einträge in der Registry (beispielsweise durch unvollständige Softwaredeinstallation), gefährliche Programmleichen und Treibertrümmer, die bei einem Update ins neue Betriebssystem übernommen werden!

Allerdings gibt es bei der Neuinstallation einige Hürden, die Sie überwinden müssen:

PC bootet nicht von CD? – Ab ins BIOS!

Wenn Ihr PC nicht von der Windows-Setup-CD bootet, ist meistens eine falsche BIOS-Einstellung daran schuld: Rufen Sie das BIOS auf, indem Sie gleich beim Start des Rechners die am unteren Bildschirmrand angegebene Taste drücken, mit der Sie in das BIOS-Setup-Programm gelangen. Je nach BIOS-Hersteller müssen Sie eine andere Taste drücken - meistens ist es die [Entf]-Taste oder [F1] bzw. [F2].

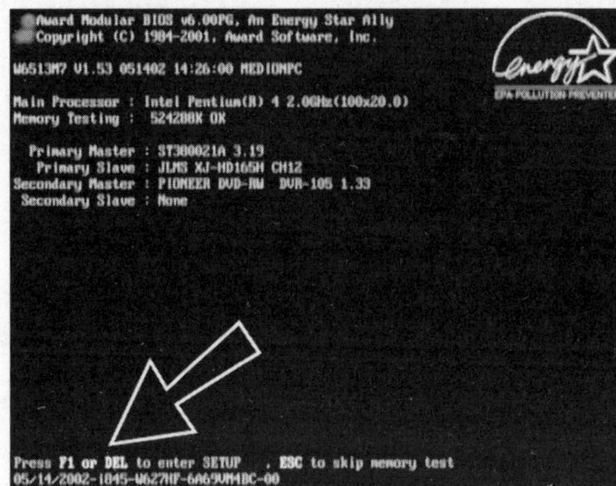

Bei diesem Rechner rufen Sie das BIOS-Setup-Programm über [Entf] oder [F1] auf.

Gehen Sie im Setup-Programm in das Menü *Advanced BIOS Features* bzw. *Boot* und stellen Sie Ihr Leselaufwerk (im BIOS meistens nur als *CD-ROM* bezeichnet) hinter *First Boot Device* an die erste Stelle der Bootreihenfolge, damit der Rechner von CD startet!

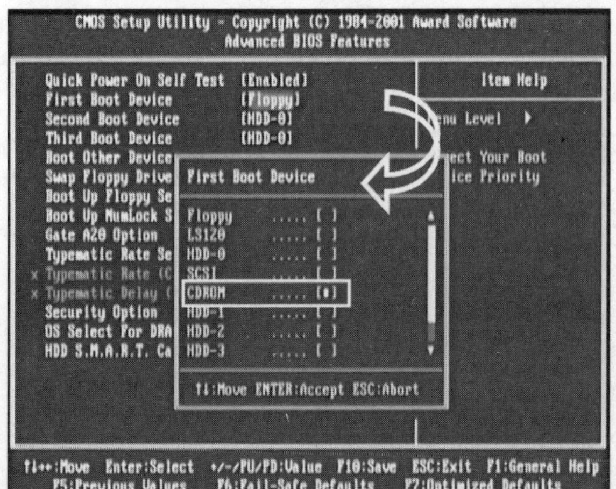

Um von CD zu booten, müssen Sie die Booteinstellungen im BIOS ändern!

Sie finden sich nicht im BIOS zurecht bzw. wissen nicht, wie Sie das BIOS-Setup-Programm aufrufen? Am besten sehen Sie in Ihrem Mainboardhandbuch oder auf der Internetseite des Mainboardherstellers nach, da jede BIOS-Version anders aufgebaut und zu bedienen ist.

Ihr Rechner kann nicht von CD booten?

In seltenen Fällen ist der PC trotz korrekter Bootreihenfolge nicht in der Lage, von CD zu starten. Müssen Sie auf die Installation von Windows XP verzichten? Auf keinen Fall! Microsoft bietet auf der folgenden Internetseite eine Programmdatei zum Erstellen von Setup-Disketten für die Installation von Windows XP an; laden Sie sich die passende Ausgabe herunter und starten Sie den PC per Diskette:

http://support.microsoft.com/default.aspx?scid=kb;de;D310994

Nix mit Windows XP? – Setup-Routine friert ein!

Dieses Verhalten kann vielerlei Ursachen haben:

BIOS-Einstellungen checken!

Als Erstes rufen Sie das BIOS des Rechners auf und kontrollieren, ob die Option *Anti-Virus Protection* (auch *Boot Virus Detection* genannt) deaktiviert ist. Die Einstellungsmöglichkeiten finden Sie normalerweise im Menü *Advanced BIOS Feature* oder im Menü *Boot*! Warum muss diese Option deaktiviert werden? Ist die Setup-Routine von Windows XP etwa mit einem heimtückischen Virus verseucht, dem Sie freien „Eintritt" gewähren müssen, um das neue Betriebssystem zu installieren? Auf keinen Fall: Die Option *Anti-Virus Protection* verhindert jeden Schreibzugriff auf den Bootsektor; Windows XP schreibt allerdings bei der Installation auf diesen Bereich Daten, um beispielsweise den Boot-Manager zu einzurichten. Ist das nicht möglich, scheitert die Installation.

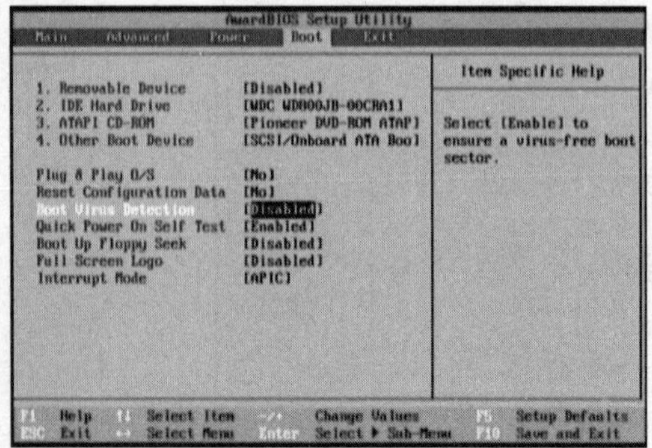

Schalten Sie bei Installationsproblemen die Boot Virus Detection-Option im BIOS ab!

Denken Sie unbedingt daran, die entsprechende Option nach der Installation wieder zu aktivieren - oder wollen Sie Ihren PC mit gefährlichen Bootviren verseuchen?

Hardwareerkennung schlägt fehl?

Wenn die Installation von Windows XP während der Hardwareerkennung scheitert - der PC rührt sich nicht mehr, gehen Sie folgendermaßen der Reihe nach vor:

- Schalten Sie den Computer aus und wieder ein. Windows XP bemerkt, dass die Installation abgebrochen wurde, und versucht das Erkennen der problematischen Hardwarekomponente zu umgehen - die Hardwareerkennung wird fehlerfrei zu Ende geführt.
- Suchen Sie im Internet auf den Seiten des Herstellers ein BIOS-Update für Ihr Mainboard; das ist gerade bei älteren Hauptplatinen sehr empfehlenswert, damit Windows XP korrekt installiert werden kann.
- Bringt das keine Besserung, liegt eventuell ein IRQ-Konflikt vor: Stecken Sie beispielsweise Ihre Soundkarte in einen anderen PCI-Slot! Den PCI-Slot direkt neben der AGP-Grafikkarte sollten Sie auf jeden Fall NICHT benutzen, da sich AGP-Port und 1. PCI-Steckplatz meist einen Interrupt teilen, was zu massiven Problemen führen kann!
- Hilft das Umstecken nicht, entfernen Sie für den Fortgang der Installation alle „unnötigen" Hardwarekomponenten (beispielsweise Drucker, Scanner, Soundkarte usw.). Diese können Sie immer noch nachträglich, wenn Windows XP installiert wurde, einrichten.
- Hat auch das Entfernen überflüssiger Hardware nichts gebracht, sollten Sie probeweise Ihren Arbeitsspeicher austauschen - ist ein Speichermodul defekt, scheitert die ganze Installation von Windows XP!

Setup hängt beim Kopieren der Dateien?

Bei Ihnen reagiert das Setup-Programm beim Kopieren der Dateien nicht mehr und Sie erhalten eventuell folgende Mitteilung: *Bitte warten Sie, bis die Dateien auf die Festplatte kopiert wurden*?

Die Ursache des Fehlers: Wahrscheinlich haben Sie das Setup-Programm vom DOS-Modus aus gestartet, das ist leider nicht möglich - nutzen Sie die bootfähige Setup-CD von Windows XP!

Update auf Windows XP – Auch kein „Installationssegen"!

Das Update von einer älteren Windows-Version auf Windows XP bereitet ebenfalls häufig Schwierigkeiten - das Update bricht mit einer Fehlermeldung ab, nix los mit dem neuen Windows XP? Für ein perfektes und problemloses Update werfen Sie am besten einen Blick in diesen Abschnitt!

Windows 95 durch Windows XP ersetzen – Oje!

Sie haben sich entschlossen, einen gewaltigen Hightech-Sprung zu wagen und das alte Windows 95 gegen Windows XP „einzutauschen"? Prima! Wenn Ihr Rechner die notwendigen Systemanforderungen erfüllt, ist das normalerweise kein Problem!

Starten Sie allerdings das Setup-Programm aus Windows 95 heraus, scheitert die Installation häufig: Die Setup-Routine hängt sich auf - die einzige Möglichkeit besteht in dem Abbrechen der Installation!

Unglaublich: Internet Explorer installieren und dann geht's!

Für diesen Installationstrouble gibt es zwei Lösungsmöglichkeiten: Entweder Sie booten Ihren Rechner mit der Setup-CD und führen von dort das Setup aus oder Sie installieren unter Windows 95 eine Version des Internet Explorer - anschließend gelingt die Installation von Windows XP aus Windows 95 heraus fehlerfrei!

Noch mehr Ärger: Von Windows 98 nach Windows XP!

Starten Sie die Setup-Routine von Windows XP aus Windows 98 oder 98 SE, bricht diese möglicherweise mit einer der folgenden Fehlermeldungen ab:

- *Haupteinsprungpunkt für C:WINDOWSSYSTEMVIPERSTI.CPL nicht gefunden. Fehler:127 [Fehler=127 (7Fh)]*
- *Die Signatur für WindowsXP-Setup ist ungültig. Fehler:fffffdf0. Das System hat keinen Meldungstext für die Meldungsnummer 0xfffffdf0 in der Meldungsdatei Syssetup.dll gefunden.*
- *Die Produktkataloge konnten nicht installiert werden. Es handelt sich hierbei um einen schwerwiegenden Fehler. Weitere Informationen finden Sie in den Installationsprotokolldateien.*

So fürchterlich alle Fehlermeldungen klingen, sie sind relativ einfach zu beseitigen: Öffnen Sie den Windows-Explorer über *Alle Programme/Zubehör* und manövrieren sich zu folgendem Ordner: *C:\Windows\System32*. Hier müssen Sie den kompletten Inhalt des Ordners *Catroot2* löschen - anschließend verläuft die Setup-Routine unter Windows 98 fehlerfrei!

Startschwierigkeiten beim ersten Aufruf von Windows XP?

Wenn Sie beim ersten Start von Windows XP Trouble haben - der PC bleibt beispielsweise hängen - deutet dies auf ein Problem mit einer Hardwarekomponente hin; starten Sie das Betriebssystem im Abgesicherten Modus, um dem Fehler auf den Grund zu gehen! Beispielsweise deaktivieren Sie im Geräte-Manager von Windows XP die störrische Hardware oder lassen Sie neu konfigurieren - alles Wissenswerte erfahren Sie in Kapitel 7.1!

7.7 Das große Setup-Geheimnis: Windows 98/ME nachträglich installieren!

Sie vermissen das gute, alte Windows 98 bzw. ME? Es ist wirklich zum Haareraufen, wenn Ihre ältere Lieblingssoftware auf Windows XP nicht läuft - aber ist es deshalb notwendig, auf die Software zu verzichten bzw. eine aktuelle Version zu erwerben? Auf keinen Fall! Installieren Sie doch Windows 98/ME parallel zu Windows XP, um alle Programme nutzen zu können!

Wenn Sie eine leere Festplatte vor sich haben, ist das kein Problem: Installieren Sie zunächst Windows 98/ME und anschließend Windows XP; das neue Betriebssystem bemerkt die alte Windows-Version und fügt Sie automatisch in das Bootmenü ein! „Kriminell" wird es allerdings, wenn Sie versuchen, Windows 98/ME nachträglich zu Windows XP zu installieren - Sie legen bei falscher Vorgehensweise das neue Betriebssystem in Schutt und Asche.

Mit dem folgenden Insider-Trick installieren Sie in drei Schritten Windows 98/ME problemlos nachträglich auf einem PC mit Windows XP -und das Beste: Dazu brauchen Sie keinen Cent zusätzlich auszugeben.

Schritt 1: Windows 98/ME installieren!

Bevor Sie richtig loslegen, hier die Voraussetzungen für ein perfektes Ergebnis:

Wichtige Voraussetzungen

- Windows XP wurde auf *C:* im Dateiformat FAT16 oder FAT32 installiert
- Es befindet sich auf der Festplatte eine zusätzliche freie Partition im FAT16- oder FAT32-Dateisystem mit ausreichendem Speicherplatz für Windows 98/ME (beispielsweise mithilfe des Programms PartitionsGenie 2002 von DATA BECKER vorher angelegt)
- Sie besitzen eine Startdiskette von Windows 98/ME (falls nicht, schauen Sie einmal auf *www.bootdisk.com* vorbei)

Bringen Sie Windows 98/ME richtig auf die Platte!

Starten Sie den PC mithilfe der Startdiskette und legen Sie danach die Windows 98-/ME-Setup-CD ein. Am *A:*-Prompt geben Sie jetzt - um die Installation von Windows 98/ME zu starten - folgende Zeile ein:

- für Windows 98 = „X:\Win98\Setup.exe"
- für Windows ME = „X:\Win9x\setup.exe"

Anmerkung: X entspricht dem Laufwerkbuchstaben des CD-ROM-Laufwerks, das die Windows-CD enthält!

Die Windows-Installation startet; führen Sie diese wie gewohnt aus; wenn Sie nach dem Installationsverzeichnis gefragt werden, klicken Sie auf *Anderes Verzeichnis* (andernfalls würden Sie die Daten auf der Windows XP-Partition überschreiben) und geben den gewünschten Installationspfad an. Hier ist es enorm wichtig, dass Sie ebenfalls eine andere Partition zur Installation auswählen. Beide Betriebssysteme auf ein und derselben Partition laufen zu lassen würde nur Ärger machen. Nach Abschluss des Setup starten Sie Windows 98/ME!

Schritt 2: Vorbereitung zur Reanimation von Windows XP!

Unter dem neu installierten Betriebssystem erstellen Sie sich jetzt über *Start /Systemsteuerung/Software* eine aktuelle Startdiskette. Danach öffnen Sie einen Editor Ihrer Wahl (beispielsweise Notepad) und geben folgende Zeilen ein (bitte nicht vertippen):

```
L 100 2 0 1
N C:\BOOTSECT.DOS
R BX
```

```
0
R CX
200
W
Q
```

Die angelegte Datei speichern Sie auf die gerade erstellte Startdiskette mit dem Namen *Read.scr*. Auf Ihrer Startdiskette sollten folgende Dateien zu finden sein - besonders wichtig sind die beiden eingekreisten, da sie für die folgende Aktion die größte Rolle spielen:

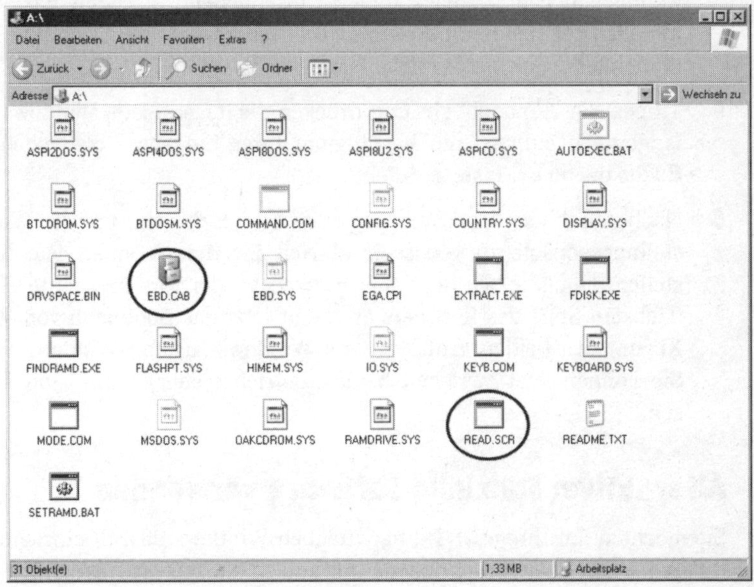

So sollte die „manipulierte“ Startdiskette bei Ihnen im Arbeitsplatz aussehen.

Hinweis: Für die notwendige Reanimation von Windows XP ist die Datei *Debug.exe* erforderlich; diese versteckt sich in der komprimierten Datei *Ebd.cab*; sollte diese Datei nicht auf Ihrer Startdiskette vorhanden sein, kopieren Sie die Datei *Debug.exe* manuell aus dem Ordner *C:\Windows\Command* auf die Diskette!

Schritt 3: Windows XP-Bootmenü wieder beleben!

Jetzt geht's ans Eingemachte:

1 Starten Sie den Rechner mit der modifizierten Startdiskette und geben Sie am Prompt „Debug <Read.scr“ ein. Daraufhin wird eine Datei *Bootsect.dos* erstellt, die zum Starten von Windows 98/ME erforderlich ist.

2 Ändern Sie jetzt die Bootreihenfolge im BIOS - stellen Sie diese so ein, dass der PC von CD startet; wenn Sie nicht wissen, wie Sie ins BIOS gelangen bzw. wie die notwendigen Aktionen durchzuführen sind, konsultieren Sie entweder das Mainboard- bzw. PC-Handbuch oder statten dem Mainboardhersteller einen Besuch im Internet ab - dort liegen die BIOS-Anleitungen häufig zum Download bereit!

3 Legen Sie jetzt die Windows XP-Setup-CD in das CD-ROM-Laufwerk ein und starten Sie den PC neu! Der Rechner startet von CD - zunächst werden ein paar Dateien kopiert, anschließend erscheint das Willkommen-Fenster der Setup-Routine von Windows XP; starten Sie die Wiederherstellungskonsole (siehe Kapitel 6.2).

4 Tippen Sie „Fixboot" ein und drücken die [Enter]-Taste; Windows XP verlangt noch einmal eine Bestätigung Ihrer Eingabe - also noch einmal fluchs die [Enter]-Taste gedrückt!

5 Nach Abschluss des Vorgangs geben Sie „Exit" ein, um die Wiederherstellungskonsole zu verlassen; starten Sie den Rechner neu. Im BIOS stellen Sie als erstes Bootlaufwerk jetzt wieder Ihre Festplatte ein. Beim nächsten Start des Rechners erscheint jetzt das Bootmenü von Windows XP mit den beiden Einträgen von Windows XP und Windows 98/ME - Sie können jetzt zwischen beiden Betriebssystemen hin- und herwechseln!

Alternative: Spezielle Software verwenden

Sie möchten auf Ihrem XP-PC nachträglich Windows 98/ME einrichten, aber Ihnen ist die oben beschriebene Aktion zu heikel? Das ist durchaus verständlich, da bereits der kleinste Fehler zu einem Desaster (kein Betriebssystem startet mehr) führen kann!

Mittlerweile gibt es zahlreiche Programme, die Ihnen bei der Einrichtung eines Multiboot-Systems unter die Arme greifen - beispielsweise die Disk Director Suite 9.0 von Acronis oder das bekannte PartitionMagic. Beide Anwendungen beinhalten einen Bootmanager, der (in der Regel automatisch) alle auf dem System installierten Betriebssysteme erkennt und nach dem Start des Computers in einem Menü zur Auswahl bietet. Per Klick auf den entsprechenden Menüeintrag gelangen Sie in das gewünschte Betriebssystem.

Die Vorgehensweise beim Einrichten eines Multiboot-Systems mithilfe einer speziellen Software ist in den Grundzügen meist sehr ähnlich, trotzdem sollten Sie die Bedienungsanleitung des jeweiligen Programms aufmerksam studieren und genau befolgen! Zunächst müssen Sie mit dem Partitioniertool eine neue Primär-Partition für das neue Betriebssystem anlegen und ihr den Status „Aktiv" geben. Nach einem Neustart booten Sie von der Setup-CD des zu installierenden Betriebssystems und führen die Installation wie gewohnt durch. Zum Abschluss aktualisieren Sie den Bootmanager der Software per Notfall-CD oder installieren ihn auf dem gerade eingerichteten Windows-System neu. Dadurch erhalten Sie auch wieder Zugriff auf die vorher auf der Festplatte installierten Betriebssysteme.

8. Die Windows XP-Datenspionage aufgedeckt

Wer kennt ihn nicht, den niedlichen Außerirdischen aus dem Spielberg-Film „E.T." mit seinem ewigen Wunsch „phone home" - „nach Hause telefonieren"? Das berühmte Zitat „phone home" ist unterdessen auch bei Datenschützern zum geflügelten Wort geworden, allerdings in einem weniger niedlichen Zusammenhang: Es fasst den regen Datenaustausch mit MS-Servern zusammen, der jedes Mal stattfindet, wenn man sich unter Windows XP mit dem Internet verbindet: Da wird die Uhrzeit mit dem Microsoft-Internetzeitgeber abgeglichen, da werden regelmäßig an *http://windowsupdate.microsoft.com* Anfragen geschickt, ob Updates fürs Betriebssystem vorliegen, da werden Fehlerberichterstattungen verschickt, und selbst wenn Sie nur ganz harmlos eine Audio-CD hören, übermittelt der *Windows Media Player* den eindeutigen CD-Identifikationscode an einen Microsoft-Server. Die meisten dieser Onlineaktivitäten finden ganz unbemerkt vom Anwender im Hintergrund statt.

Natürlich: Laut Microsoft dienen all diese Funktionen ausschließlich dazu, das Betriebssystem aktuell zu halten und also letztlich zum Wohl des Anwenders. Und, selbstverständlich: Persönliche Daten werden keinesfalls übermittelt. Aber ein mehr als gesundes Misstrauen bleibt in jedem Fall zurück. Ein Misstrauen, an dem Microsoft selbst nicht ganz unschuldig ist, da man nie so richtig erfährt, welche Daten denn nun wirklich genau übermittelt werden. Und schließlich war Microsoft auch in der Vergangenheit schon berechtigt ins Visier der Datenschützer geraten, etwa 1999, als sich herausstellte, dass das *Office 97* alle Office-Dokumente mit einer anwenderspezifischen, einmaligen Identifikationsnummer versehen hatte. Und auch die offensichtliche Strategie, Windows-Nutzer möglichst eng an die eigenen Internetangebote wie Passport.NET zu binden und möglichst detaillierte Kundendaten zu sammeln und zentral zu speichern, verstärkt das ungute Gefühl. In den folgenden Kapiteln zeigen wir Ihnen, wie Sie der allzu innigen Umarmung durch den Redmonder Riesen entrinnen.

8.1 Bald schon mit Raubkopienerkennung? Der Windows Media Player

Ein besonders unrühmliches Beispiel für die enge Verzahnung von Offline-Funktionen mit heimlicher Onlineübertragung von Daten ist der *Windows Media Player*. Von Microsoft als eine Art Eier legende Wollmilchsau für Audio- und Videoverarbeitung aller Art gedacht, ist das Programm mit allen möglichen „Services" von MS innig verknüpft. Besondere Brisanz gewinnen die Daten-Transfer-Funktionen des Media Player in Zusammenhang mit der aktuellen Debatte um Kopierschutzsysteme der Musikindustrie, die im Zeitalter von MP3 und gebrannten CDs ihre Felle wegschwimmen sieht.

Sicherheits-Konzept mit weit reichenden Folgen: das neue Digital Rights Management (DRM)

Bereits in den ersten Betas des Windows Media Player 9 tauchte erstmals der Begriff des **D**igital **R**ights **M**anagement (DRM) auf, ein Konzept, das sich in der neuen Version 10 bereits weitgehend umgesetzt findet. Es bietet neue Funktionen, die Musik- und Videodiensten die Flexibilität gibt, neue Geschäftsmodelle zu realisieren. Vordergründig bringen diese Funktionen Anwendern und Anbietern eine Reihe von Vorteilen, wie eine vereinfachte Erneuerung von Lizenzen sowie die Möglichkeit, Abo-Dienste zu implementieren.

Das Update der WM DRM liegt als ANSI C-Sourcecode vor, der es Chip- und Hardwareherstellern erleichtert, diese neuen Funktionen in ein Gerät wie einen tragbaren Media Player, eine Settop Box oder ein Mobiltelefon zu integrieren.

Solche Abspielgeräte erkennen dann, ob für die Medieninhalte eine Berechtigung vorliegt, sprich, ob sie legal erworben wurden - andernfalls weigert sich das Gerät einfach, das Musikstück abzuspielen.

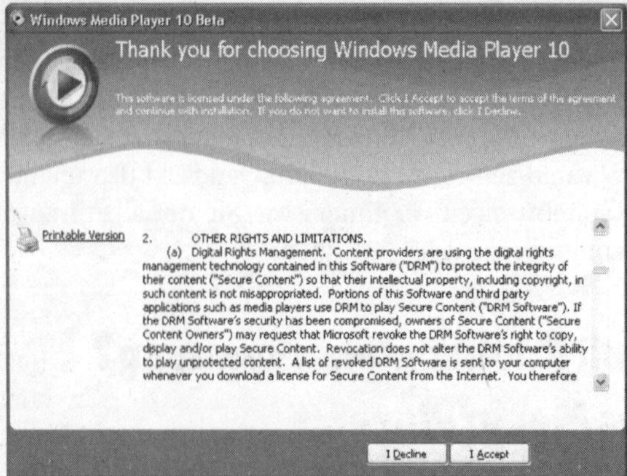

DRM im Klartext: Der Endbenutzer-Lizenzvertrag räumt Microsoft das Recht ein, manipulierend auf dem Computer des Nutzers einzugreifen.

Im Endbenutzer-Lizenzvertrag (die so genannte EULA, für **E**nd **U**ser **L**icense **A**greement) heißt es unter dem Stichwort „Digital Rights Management" sinngemäß übersetzt:

> Ist die Sicherheit der DRM-Software beeinträchtigt, können Anbieter von „sicheren Inhalten" darum ersuchen, dass Microsoft die DRM-Software darin einschränkt, solche Inhalte zu kopieren, darzustellen oder abzuspielen.

Man muss sich einmal klar machen, was das heißt: Zum einen will Microsoft technisch verhindern, dass durch „Digital Rights Management" geschützte Inhalte kopiert oder weitergegeben werden. Das mag ja noch angehen, denn damit ist nichts anderes als ein Kopierschutz für kostenpflichtige Musikstücke oder Videos gemeint. Zum anderen aber nimmt sich Microsoft das Recht heraus, ungefragt Programme auf Ihren Rechner zu übertragen, die im Extremfall Abspielprogramme von Konkurrenzfirmen funktionsuntüchtig machen. Spinnt man den Faden weiter, könnte dies auch bedeuten, dass der *Windows Media Player* illegal heruntergeladene MP3-Dateien erkennt und von sich aus löscht.

Lizenzen regelmäßig sichern

Haben Sie Lizenzen für Inhalte erworben, sollten Sie diese regelmäßig auf eine andere Festplattenpartition als die Systempartition oder auf einen wechselbaren Datenträger wie CD-ROM oder Speicherkarte sichern. Hierzu rufen Sie im Windows Media Player den Befehl *Extras/Lizenzverwaltung* auf und klicken auf den Button *Jetzt sichern*. Im Fall der Fälle können Sie dann mit dem Befehl *Jetzt wiederherstellen* Ihre Lizenzen wieder einspielen.

Die Strategie, die dahinter steckt, ist klar: Wenn sich, worauf die Musik- und Filmindustrie setzt, zukünftig per Micropayment kostenpflichtige Audio- und Video-Downloads etablieren, muss gleichzeitig ein proprietärer, also zu anderen Playern nicht kompatibler Standard geschaffen werden, der dafür sorgt, dass solche Onlineinhalte nicht beliebig kopiert oder weitergegeben werden können. Und am besten ist dies zu gewährleisten, wenn zukünftige Windows-Versionen in Form des implementierten Windows Media Player in der Lage sind, alle anderen Programme zu sperren, die diesen Copyright-Schutz unterlaufen könnten. Fast wie Hohn mutet das Zitat von Chris Gorony, einem der Napster-Manager, zum DRM an: „Die verbesserte Version des Windows Media DRM ermöglicht Napster-Kunden, den Wert der bereits bezahlten Musik zu erhöhen, indem Sie sie auf Ihre digitalen Player überspielen, ohne erneut für jeden Titel bezahlen zu müssen.“ Denn dass man eine bereits bezahlte Sache nicht ein weiteres Mal bezahlen muss, sollte ja wohl eigentlich selbstverständlich sein.

Achtung beim ersten Start: Datenschutzoptionen nach Wunsch einstellen

Starten Sie den Windows Media Player 10 das erste Mal, erscheint eine Dialogbox, in der Sie die gewünschten Datenschutzoptionen auswählen können.

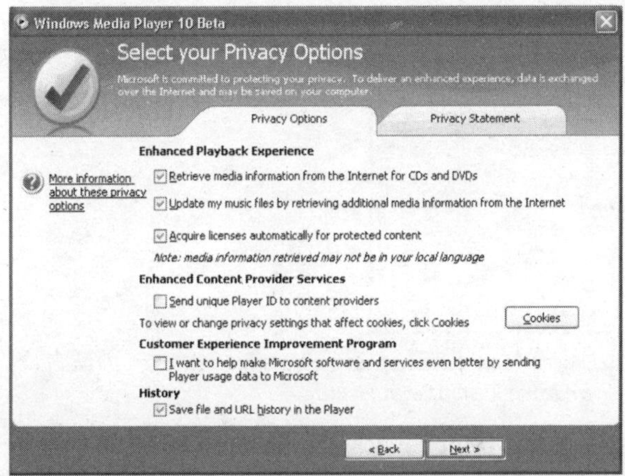

Beim ersten Start des Windows Media Player 10 lassen sich die Datenschutzoptionen generell festlegen.

Haben Sie diese Chance verpasst, etwa weil Sie in Eile einfach auf *Weiter* geklickt haben, gibt es leider keine Möglichkeit mehr, diese Dialogbox erneut aufzurufen - außer Sie deinstallieren das Programm und installieren es anschließend neu. Daher zeigen wir Ihnen in den nächsten Kapiteln, wie Sie die genannten Optionen - und noch mehr - auch nachträglich ändern können.

Unschön: Radio hören mit Überwachungsfunktion

Gerade wenn Sie eine schnelle Flatrate-Verbindung haben, ist der im Windows Media Player integrierte Radioempfänger eigentlich eine schöne Sache, bietet er doch im Gegensatz zum alten Dampfradio im Wohnzimmer Onlinezugriff auf Tausende der unterschiedlichsten Sender jedweder Couleur.

Was weniger schön ist: Der Windows Media Player teilt dem Server, der den Radiodienst anbietet, nicht nur offenherzig die IP-Adresse Ihres Rechners mit, sondern auch einen global eindeutigen Bezeichner (**G**lobally **U**nique **Id**entifier, GUID), mit dem Ihr Computer vom Datenstromdienst eindeutig identifiziert werden kann.

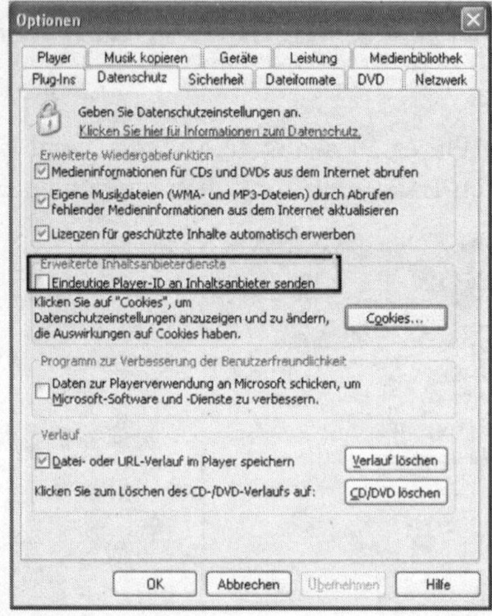

In den Interneteinstellungen können Sie verhindern, dass Internetseiten Ihren Player und damit Ihren Rechner eindeutig identifizieren können.

Zum Glück lässt sich das recht einfach abschalten: Wählen Sie dafür den Befehl *Extras/Optionen* und entfernen Sie unter der Registerkarte *Datenschutz* das Häkchen vor der Option *Eindeutige Player-ID an Inhaltsanbieter senden*.

Dadurch wird zwar immer noch eine eindeutige GUID gesendet, diese ändert sich aber bei jedem Server-Kontakt (ähnlich einer dynamischen IP), sodass zumindest kein Erstellen von Nutzerprofilen mehr möglich ist.

Audio-CDs und DVDs: Was Sie sehen oder hören, weiß Microsoft genau!

Jedes Mal, wenn Sie sich eine Audio-CD anhören oder wenn Sie sich eine DVD ansehen, wird die eindeutige Identifikationsnummer der CD oder DVD an den Server *http://www.windowsmedia.com* übermittelt sowie in der *Medienbibliothek* gespeichert. Durch diese ID-Nummer können Titel, Interpret oder Regisseur zugeordnet werden: Dadurch wird ermöglicht, dass Sie beispielsweise beim Hören einer Audio-CD weitere Infos zur CD wie CD-Cover oder die Einzeltitel angezeigt bekommen.

Microsoft kann dadurch aber auch theoretisch genau kontrollieren, welche Musik Sie hören oder welche Filme Sie sich ansehen. Leider gibt es keine Option, die Übermittlung der ID-Nummer zu unterbinden.

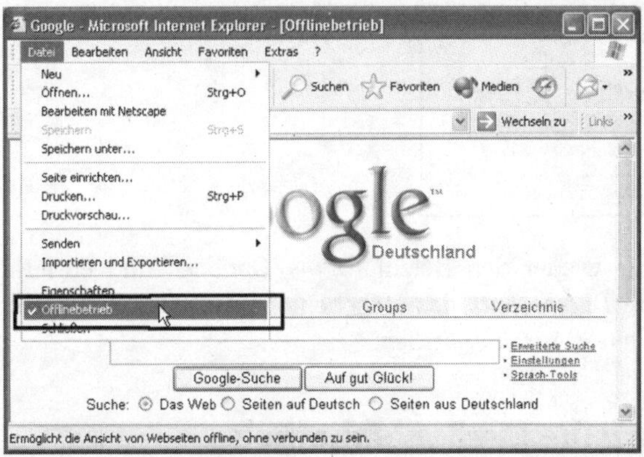

Bei aktiviertem „Offlinebetrieb" werden keine CD- oder DVD-Infos mehr an WindowsMedia.com gesendet.

Die einzige Möglichkeit: Sie wählen im Internet Explorer den Befehl *Datei/Offlinebetrieb*, oder, um ganz auf der sicheren Seite zu sein, Sie trennen einfach die Internetverbindung, wenn Sie CDs oder DVDs abspielen.

Lizenzen? Die werden Ihnen einfach untergejubelt!

Zum Schutz von Musik- und Videoinhalten vor Piraterie fügen Firmen, die per Download aus dem Internet übertragbare Audio- und Videodateien verkaufen, den Dateien häufig eine Lizenz bei, die die Wiedergabe dieser Dateien beschränkt.

Wenn Sie Dateien erwerben, für deren Wiedergabe eine Lizenz erforderlich ist, wird diese Lizenz in Form einer Datei auf Ihren Rechner übertragen - und das leider standardmäßig ohne Rückfrage!

Wenn Sie ohnehin nicht beabsichtigen, Musikstücke oder Videos übers Internet zu kaufen, sollten Sie diesen Automatismus unbedingt abschalten.

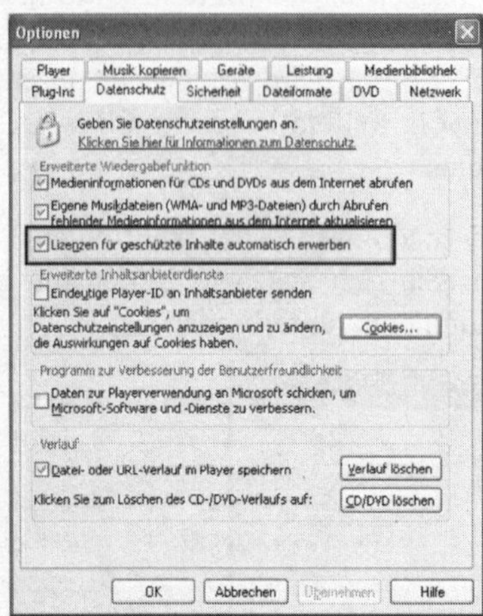

Die Option Lizenzen für geschützte Inhalte automatisch erwerben sollten Sie in jedem Fall deaktivieren.

Dafür wählen Sie wieder den Befehl *Extras/Optionen* und entfernen unter der Registerkarte *Datenschutz* das Häkchen vor der Option *Lizenzen für geschützte Inhalte automatisch erwerben.*

Die verräterische Medienbibliothek

Die *Medienbibliothek* des Windows Media Player dient als Informationsdatenbank zur Verwaltung aller multimedialen Inhalte Ihres Rechners.

Allerdings ist diese Datenbank recht geschwätzig, denn wenn Sie es ihr nicht explizit verbieten, gibt die Medienbibliothek ihre Informationen ohne weiteres anderen Anwendungen oder Webseiten im Internet preis.

Umgekehrt können Internetsites der Medienbibliothek Informationen hinzufügen. Wenn Sie - zu Recht - der Meinung sind, dass außer Ihnen niemanden angeht, was Sie in Ihrer Medienbibliothek speichern, sollten Sie den Zugriff darauf rigoros sperren.

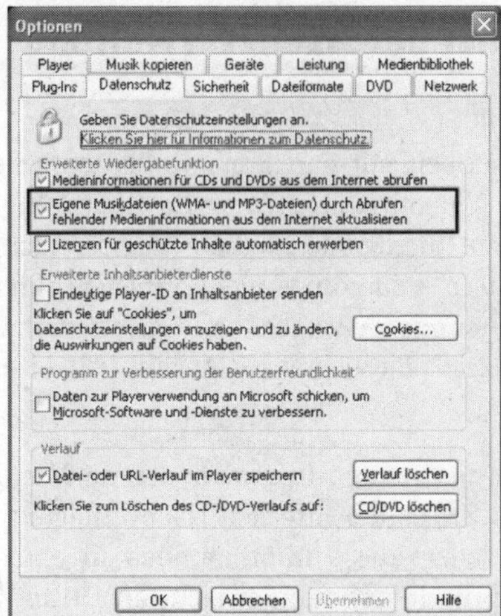

Über die Optionen des Media Players können Sie die Medienbibliothek vor fremdem Zugriff schützen.

Hierfür rufen Sie wieder mit *Extras/Optionen* die Optionen des Windows Media Player auf und wechseln zur Registerkarte *Datenschutz*. Entfernen Sie im Feld *Erweiterte Wiedergabefunktion* das Häkchen vor der Option *Eigene Musikdateien (WMA- und MP3-Dateien) durch Abrufen fehlender Medieninformationen aus dem Internet aktualisieren*.

Problematisches Sicherheitsupdate

Einige Firmen bieten lizenzierte Audio- und Videodateien, die möglicherweise das Aktualisieren der Sicherheitskomponenten im Windows-Rechtesystem erforderlich machen. Wenn Sie sich dafür entscheiden, die Sicherheit zu aktualisieren, stellt der Windows Media Player eine Verbindung zu einer von Microsoft betriebenen Internetsite her und sendet einen eindeutigen Bezeichner sowie eine Windows Media Player-Sicherheitsdatei. Microsoft ersetzt die Sicherheitsdatei daraufhin durch eine angepasste Version der Datei, die den eindeutigen Bezeichner enthält.

Diese Informationen werden von Microsoft dazu verwendet, Sicherheitsverletzungen zu verhindern, die Sie betreffen könnten. Problematisch ist dieses Sicherheitsupdate insofern, als dass durch den eindeutigen Bezeichner eventuell Rückschlüsse auf die Identität Ihres Computers möglich sind.

Allerdings werden Sie vorher durch ein Dialogfeld auf das Sicherheitsupdate hingewiesen: Wenn die Dialogbox *Indiviualisierung* angezeigt wird, sollten Sie einfach auf *Abbrechen* klicken.

Wiederherstellungsdienst der Lizenzverwaltung deaktivieren

Das von Microsoft in Zusammenarbeit mit Partnern wie Plattenfirmen, Herstellern von Handheld-PCs und Videofirmen entwickelte Digital Rights Management lässt zu, dass Lizenzen für digitale Medien (nur für rechtmäßige Zwecke) zwischen Ihren Computern - allerdings nicht zwischen Ihrem Computer und dem Computer von Freunden - verschoben und wiederhergestellt werden können. Dieser Dienst lässt eine begrenzte Anzahl von Lizenztransaktionen zu.

Beim Wiederherstellen von Lizenzen werden Informationen an Microsoft gesendet, die Ihren Computer zum Zweck der internen Nachverfolgung eindeutig identifizieren. Microsoft speichert diese Informationen in einer Datenbank. Zwar sagt Microsoft, dass die Informationen nicht an Dritte weitergegeben werden, wenn Sie aber dem Braten nicht trauen, können Sie den Wiederherstellungsdienst auch umgehen.

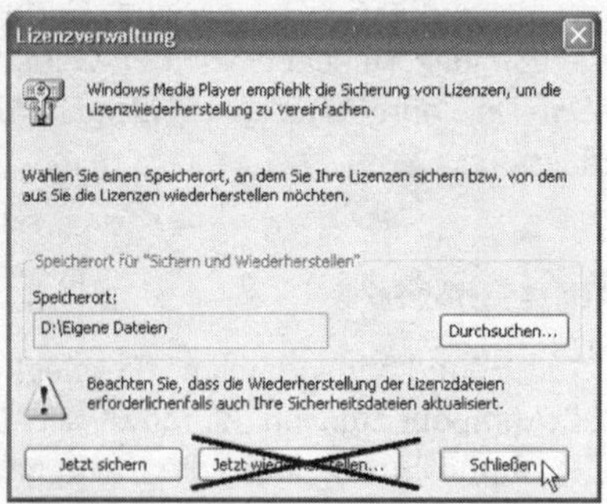

Um den Wiederherstellungsdienst der Lizenzverwaltung zu umgehen, klicken Sie einfach nie auf Jetzt wiederherstellen.

Dazu müssen Sie nichts machen, sondern etwas unterlassen: Vermeiden Sie es einfach, unter *Extras/Lizenzverwaltung* auf die Schaltfläche *Jetzt wiederherstellen* zu klicken.

Da horcht keiner mehr mit: mit Registry-Hack-Erkennung Webseiten blocken

Sie können die Erkennung des Windows Media Player auch komplett unterbinden, indem Sie direkt in der Registrierungsdatenbank einen kleinen Eingriff vornehmen:

1 Starten Sie den Registrierungseditor, indem Sie den Befehl *Start/ Ausführen* wählen und in der Zeile *Öffnen* den Befehl „Regedit“ (ohne Anführungszeichen) eingeben. Klicken Sie anschließend auf *OK*.

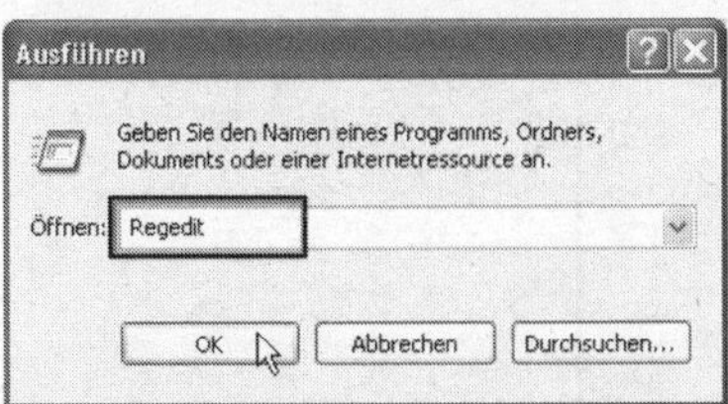

2 Wechseln Sie im linken Fenster zum Registry-Schlüssel *HKEY_CURRENT_USER\Software\Microsoft\MediaPlayer\Preferences* und prüfen Sie, ob ein Wert namens *SendUserGUID* existiert.

Wenn ja, geht es bei Schritt 3 weiter, wenn nicht, wählen Sie den Befehl *Bearbeiten/ Neu / Binärwert* und benennen den neu erstellten Wert in „SendUserGUID“ um, indem Sie den Standardnamen *Neuer Wert #1* einfach überschreiben und [Enter] drücken.

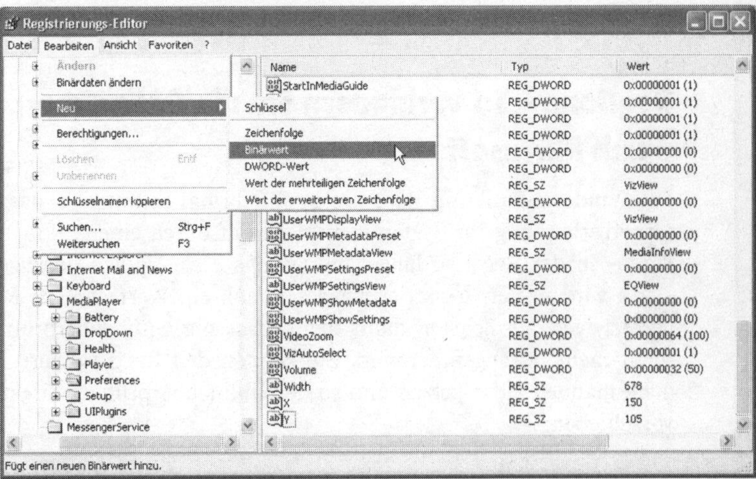

3 Doppelklicken Sie nun auf den Wert *SendUserGUID* und ersetzen Sie die dortige Zeichenfolge *0000 01* durch „0000 00“, indem Sie einmal [Entf] drücken und zweimal die „0“ eintragen.

Klicken Sie dann auf *OK* und schließen Sie den Registrierungseditor.

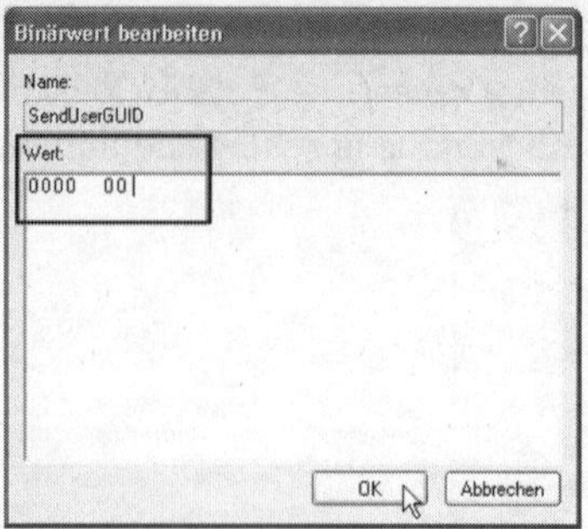

8.2 „Phone home": Mit Microsoft plaudernde Funktionen abschalten

Der Windows Media Player ist ein besonders krasses, aber längst nicht das einzige Beispiel für Windows-Komponenten, die ungefragt Kontakt zu Microsoft-Servern aufnehmen. In den folgenden Abschnitten zeigen wir Ihnen alle Funktionen, die mit Microsoft „plaudern", und wie man diese deaktiviert.

RegDone – So verhindern Sie die Onlineüberprüfung durch Microsoft

Die Windows-Funktion *Windows Update* bringt es mit sich, dass bei jeder Internetverbindung Ihr System von Microsoft durch einen „Roboter" überprüft wird - in der Regel so lange, bis Sie das erste Update durchgeführt haben. Dann wird in der Registrierungsdatenbank ein Wert namens *RegDone* auf *1* gesetzt, was als Zeichen dafür dient, dass die Onlineüberprüfung zukünftig nicht mehr durchgeführt wird. Sie können den Registry-Wert *RegDone* aber auch manuell auf *1* setzen und so der Onlineüberprüfung direkt einen Riegel vorschieben:

1 Um den Registrierungseditor zu starten, wählen Sie den Befehl *Start/ Ausführen* und geben in der Zeile *Öffnen* den Befehl „Regedit" (ohne Anführungszeichen) ein. Klicken Sie anschließend auf *OK*.

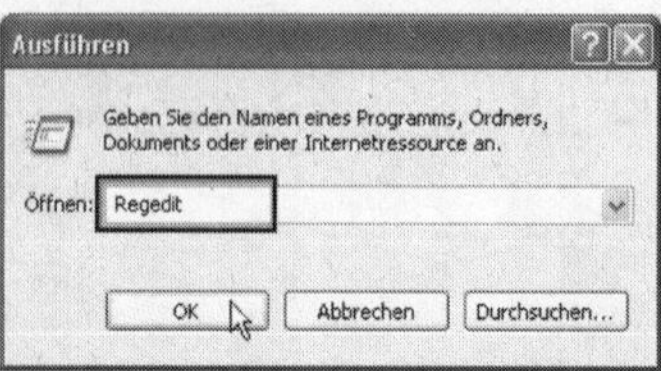

2 Wechseln Sie nun im linken Fenster zum Registry-Schlüssel *HKEY_ LOCAL_MACHINE\SOFTWARE\Microsoft\WindowsNT\CurrentVersion* und doppelklicken Sie im rechten Fenster auf den Wert *RegDone* oder wählen Sie aus dem Kontextmenü den Befehl *Ändern*.

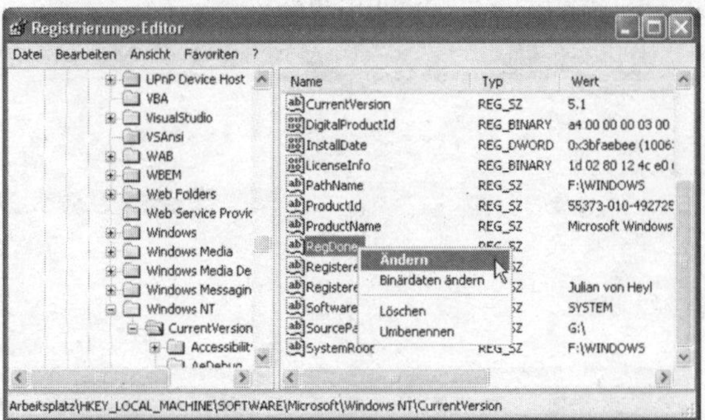

3 Im Dialogfeld *Zeichenfolge bearbeiten* tragen Sie nun unter *Wert* eine „1“ (ohne Anführungszeichen) ein und klicken auf *OK*. Schließen Sie danach den Registrierungseditor wieder.

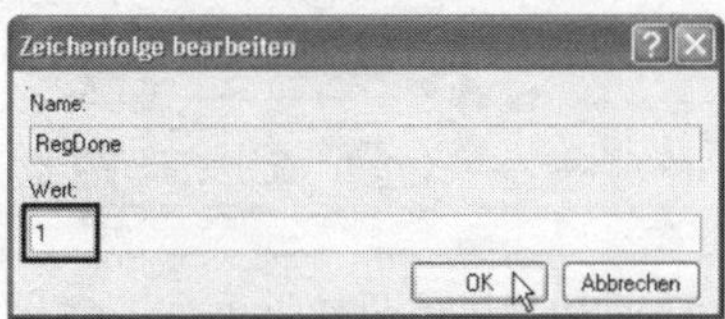

INFO

RegDone-Wert ist nicht vorhanden

Eventuell ist der Wert *RegDone* unter der oben genannten Adresse nicht vorhanden. In diesem Falle legen Sie ihn einfach neu an, indem Sie den Befehl *Bearbeiten/Neu/Zeichenfolge* wählen. Benennen Sie den Wertnamen dann von *Neuer Wert #1* in *Regdon*e um und weisen Sie ihm wie oben beschrieben den Wert „1“ zu.

Windows Update: Manuell updaten ist allemal sicherer

Auch die Funktion *Windows Update*, die Sie über *Start/Alle Programme/ Windows Update* erreichen, kommuniziert fleißig mit Microsoft: Ist das *Windows Update* aktiviert, so werden an den Microsoft-Server *http://windowsupdate.microsoft.com* regelmäßig Informationen über Ihren PC geschickt, um zu ermitteln, welche Updates Sie bereits installiert haben und welche noch nicht.

Allerdings ist unklar, welche Informationen genau übertragen werden.

Wenn Ihnen die Sache nicht ganz geheuer ist, sollten Sie daher auf die Funktion verzichten und Ihr Windows direkt über die Download-Site von Windows XP auf dem neusten Stand halten.

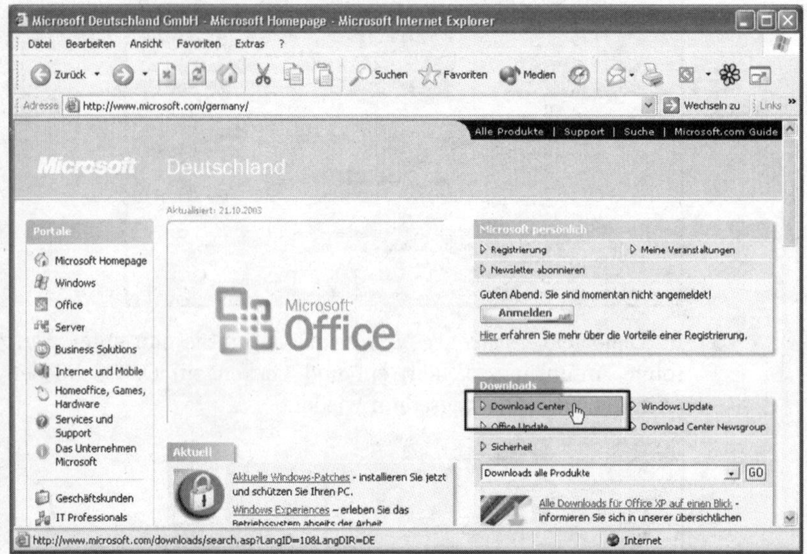

Um ganz auf der sicheren Seite zu sein, sollten Sie Ihr Windows nicht über Windows Update, sondern direkt über die Download-Website von Microsoft aktualisieren.

Hierfür schauen Sie regelmäßig, also ca. einmal im Monat unter *http://www.microsoft.com/germany/* nach und klicken rechts im Fenster auf den Link *Download Center*.

Hier können Sie die Suche dann gezielt auf Windows XP eingrenzen - relevante Sicherheits-Updates stehen aber zumeist schon oben auf der Seite unter den „Topdownloads“.

Die Funktion *Windows Update* schalten Sie hingegen wie folgt ab:

1 Öffnen Sie mit dem Befehl *Start/Systemsteuerung* die Systemsteuerung und schalten Sie gegebenenfalls auf die „klassische Ansicht“. Doppelklicken Sie dann auf das Symbol *Sicherheitscenter*.

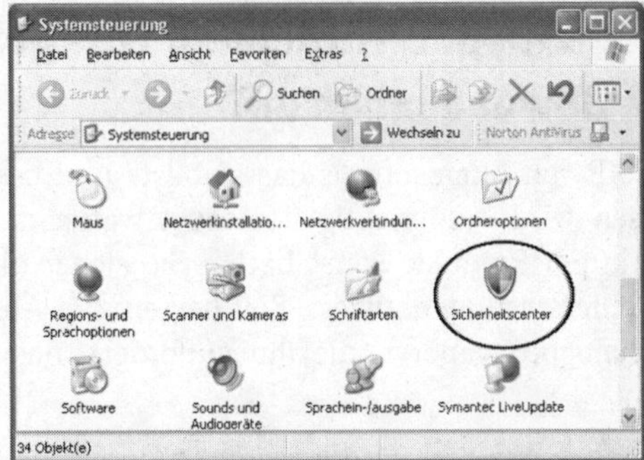

2 Klicken Sie nun im unteren rechten Bereich des Fensters auf die Option *Sicherheitseinstellungen verwalten für: Automatische Updates*.

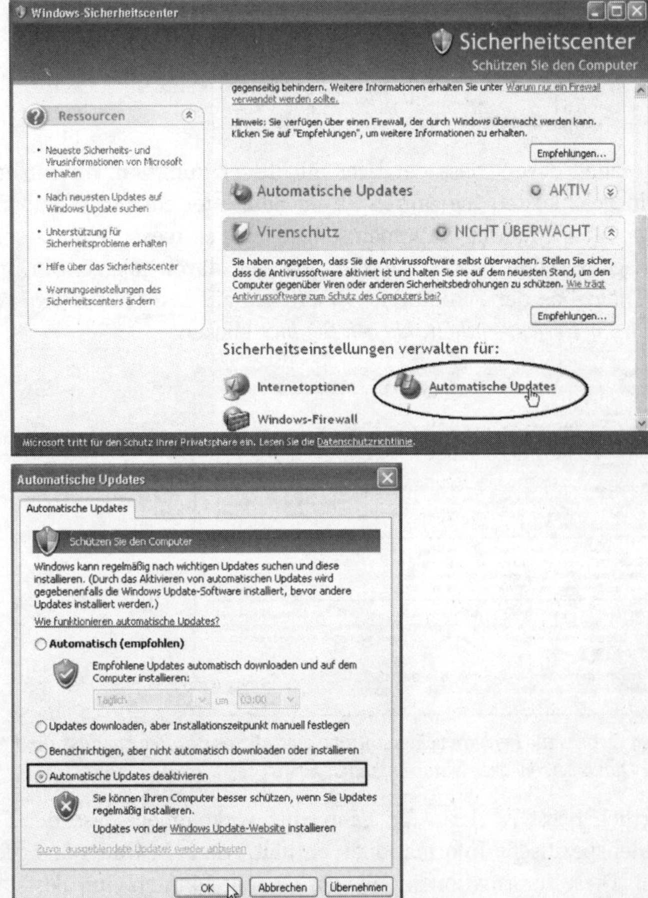

Automatische Fehlerbenachrichtigung: Was gehen Microsoft meine Anwendungen an?

Auch wenn Windows XP von Microsoft als das stabilste und beste Windows aller Zeiten angepriesen wird - so richtig überzeugt waren die Entwickler wohl doch nicht von ihrem Produkt. Sonst hätten Sie sicher nicht eine automatische Fehlerberichterstattung aktiviert. Soll heißen: Bei Abstürzen wird der User mit einer Dialogbox genervt, die ihn auffordert, das Problem an Microsoft zu berichten.

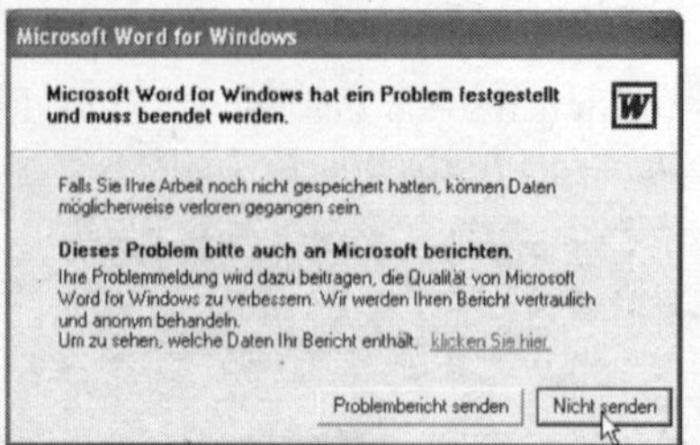

Problembericht: Im Zweifel lieber nicht senden.

Abgesehen davon, dass der User mit dieser Funktion, die ihn nur Zeit und Onlinegeld kostet, als unfreiwilliger Betatester für ein offenbar nicht ganz ausgereiftes Produkt eingespannt wird, hat es diese Fehlerberichterstattung auch ganz schön in sich. Sie können sich davon überzeugen, indem Sie in der Dialogbox der Fehlerberichterstattung auf den Link *Um zu sehen, welche Daten Ihr Bericht enthält, klicken Sie hier* klicken.

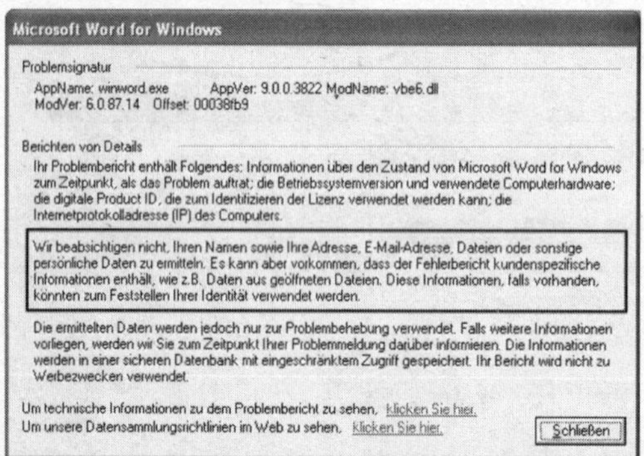

In den Details zur Fehlerberichterstattung gibt Microsoft offen zu, dass der Fehlerbericht auch Daten persönlicher Natur enthalten kann.

Wörtlich heißt es dort: „Es kann aber vorkommen, dass der Fehlerbericht kundenspezifische Informationen enthält, wie z. B. Daten aus geöffneten Dateien. Diese Informationen, falls vorhanden, könnten zum Feststellen Ihrer Identität verwendet werden." In jedem Falle erfährt Microsoft bei Abstürzen von Fremdanwendungen, welche Programme Sie auf Ihrem Rechner installiert haben. Und wer will schon ganz ausschließen, dass diese Tatsache zu einem späteren Zeitpunkt einmal missbraucht wird, um etwa Raubkopien aufzuspüren? So viel Offenherzigkeit muss wirklich nicht sein. Sie sollten also, wenn Sie aufgefordert werden, einen Fehlerbericht zu senden, auf jeden Fall auf *Nicht senden* klicken. Besser noch, Sie deaktivieren die Fehlerberichterstattung vollständig:

1 Öffnen Sie mit dem Befehl *Start/Systemsteuerung* die Systemsteuerung und doppelklicken Sie auf das Symbol *System*. Wechseln Sie nun zur Registerkarte *Erweitert* und klicken Sie auf *Fehlerberichterstattung*.

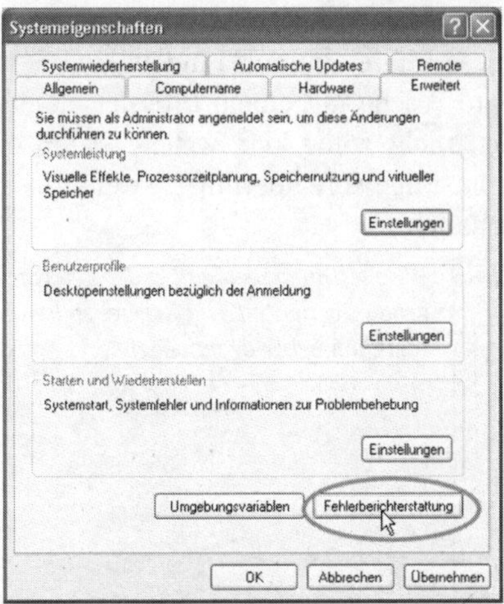

2 Um die Fehlerberichterstattung komplett abzuschalten, wählen Sie die Option *Fehlerberichterstattung deaktivieren*.

Entfernen Sie außerdem das Häkchen vor der Option *Aber bei kritischen Fehlern benachrichtigen*.

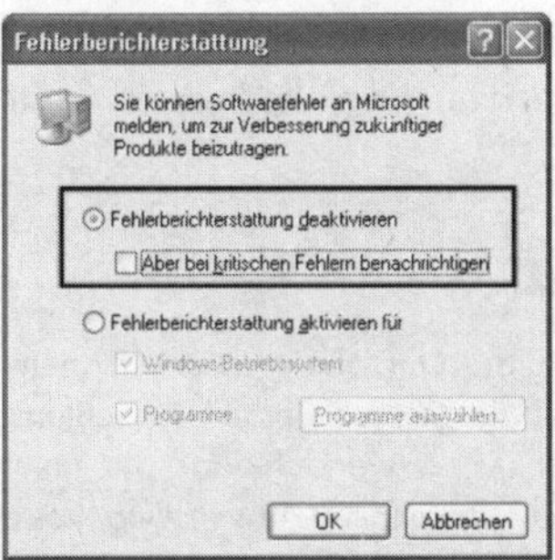

Update für Fehlerberichterstattung

Unterdessen hat Microsoft offenbar eingesehen, dass die eingebaute Fehlerberichterstattung ruhig etwas auskunftsfreudiger sein könnte. Unter der Adresse *http://www.microsoft.com/downloads/details.aspx? FamilyID=a1c6c3d8-5053-436e-b898-9cd995292baa&DisplayLang=de* oder über die Windows-Update-Funktion lässt sich ein Update für die Fehlerberichterstattung herunterladen. Wenn Informationen zur Fehlerbehebung, zu Problemumgehungen oder andere Informationen zur Verfügung stehen, werden sie nun automatisch angezeigt.

Dubios: Microsoft gleicht die Uhrzeit ab

Computeruhren gehen bekanntlich bauartbedingt nie völlig richtig und müssen daher hin und wieder neu gestellt werden. In Windows XP ist eine Funktion eingebaut, die Ihnen diese Mühe abnimmt, indem sie die lokale Uhrzeit auf Ihrem Rechner einmal pro Woche mit einem Internetzeitserver abgleicht. Auch bei dieser Funktion ist nicht völlig klar, welche Daten eventuell über Uhrzeit und Datum hinaus an Microsoft übermittelt werden - daher sollten Sie die Funktion lieber abschalten.

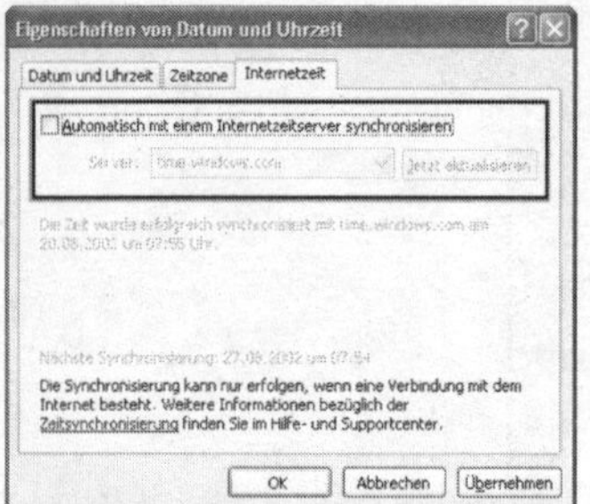

Welche Daten werden bei der Zeitsynchronisation genau übermittelt? Im Zweifel sollten Sie diese Funktion lieber deaktivieren.

Öffnen Sie hierzu das Modul *Datum und Uhrzeit* in der Systemsteuerung oder doppelklicken Sie einfach auf die Uhrzeit-Anzeige rechts in der Taskleiste. Wechseln Sie dann zur Registerkarte *Internetzeit* und entfernen Sie das Häkchen vor der Option *Automatisch mit einem Internetzeitserver synchronisieren*. Wollen Sie die Funktion nicht deaktivieren, so sollten Sie zumindest in der Klappliste den Server von *time.windows.com* auf *time.nist.gov* ändern.

Uhrzeitsynchronisation mit ClockXP

Wollen Sie aus Sicherheitsgründen die Uhrzeit-Synchronisation in Windows XP deaktivieren, aber dennoch nicht auf die genaue Uhrzeit verzichten, so können Sie stattdessen das Freeware-Tool ClockXP verwenden, das Sie unter der Adresse *http://www.kf-edv.co.at/* im Bereich *Download/Anwendung* kostenlos herunterladen können.

Internet Explorer Add-On-Verwaltung: So werden Sie unliebsame Schnüffelsoftware schnell los

Als Add-Ons bezeichnet Microsoft Plug-Ins für den Internet Explorer, also Zusatztools und -funktionen, die die Fähigkeiten und die Funktionalität des Browsers erweitern.

Ab dem Service Pack 2 steht nun endlich eine Verwaltungsfunktion für diese Add-Ons zur Verfügung: Während der User früher im Dunklen tappte, was installierte Zusatzfunktionen angeht, lassen sich nun übersichtlich an einer Stelle sämtliche Browsererweiterungen, zusätzliche Symbolleisten oder ActiveX-Steuerelemente auflisten und bei Bedarf deaktivieren.

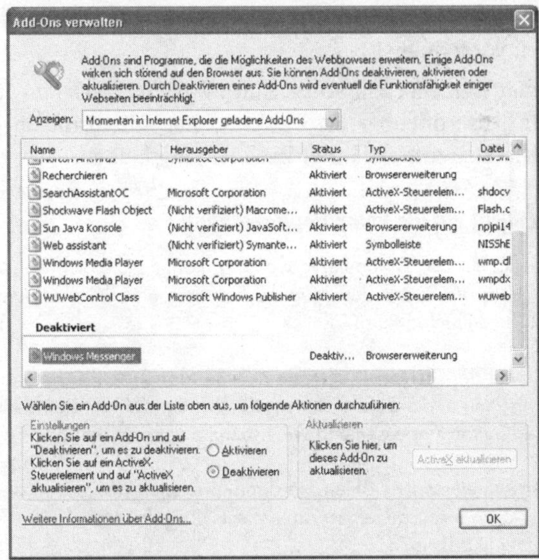

Über die neue Add-On-Verwaltung des Internet Explorer lassen sich Browsererweiterungen auf einen Blick erfassen und bei Bedarf deaktivieren.

Über *Anzeigen* ganz oben können Sie sich entweder die gerade im Moment verwendeten Add-Ons anzeigen lassen oder sämtliche überhaupt vom Internet Explorer verwendeten Browsererweiterungen.

Um ein Add-On zu deaktivieren, markieren Sie es und klicken dann im unteren Bereich auf *Deaktivieren*. Zumeist erkennen Sie an den Angaben zu Name, Herausgeber und Dateiname sehr schnell, ob es sich um eine Erweiterung handelt, die standardmäßig dabei war oder von Ihnen installiert wurde, oder ob es sich um einen „unerwünschten Eindringling“ handelt.

Tipp: Machen Sie auf einem frisch installierten System einen Screenshot der Auflistung: So können Sie später stets vergleichen, was neu hinzugekommen ist. Ihnen „verdächtige" Erweiterungen sollten Sie probeweise auf jeden Fall deaktivieren.

Sollte es dann im Browserbetrieb Probleme geben oder sollten Sie eine gewünschte Funktion erwischt haben, können Sie sie ja jederzeit wieder aktivieren. Deaktivierte Add-Ons werden in der Liste ganz unten unter der Unterschrift *Deaktiviert* angezeigt.

Microsofts Hintertürchen: Der geheimnisvolle MS-Supportuser

In Windows XP Professional sind im Bereich *Computerverwaltung* schon einige Benutzerkonten vordefiniert.

Unter anderem findet sich hier ein so genanntes „Herstellerkonto für Hilfe- und Supportdienste", das offenbar die Funktion hat, Microsoft im Bedarfsfall einen Remote-Direktzugriff auf Ihren Rechner zu erlauben.

Blitzschneller Zugriff auf die Computerverwaltung

Arbeiten Sie häufig mit der *Computerverwaltung,* können Sie sich den Zeit raubenden Umweg über die Systemsteuerung auch sparen und die *Computerverwaltung* direkt ins Startmenü integrieren.

Klicken Sie dafür mit der rechten Maustaste auf die *Start*-Schaltfläche und wählen Sie aus dem Kontextmenü die *Eigenschaften.* Klicken Sie dann neben dem Eintrag *Startmenü* auf den Button *Anpassen* und wechseln Sie zur Registerkarte *Erweitert.*

Im Bereich *Startmenüelemente* wählen Sie dann für *Systemverwaltung* die Option *Im Menü „Alle Programme" anzeigen* oder die Option *Im Menü „Alle Programme" und im Startmenü anzeigen.*

Dieses Konto ist nicht weiter dokumentiert, sodass Zweifel erlaubt sein müssen, ob ein solches Konto nicht auch genutzt werden könnte, um Microsoft unbemerkt vom Anwender einen Zugriff zu ermöglichen.

Sicherer ist es allemal, das geheimnisvolle Konto einfach zu löschen:

1 Öffnen Sie mit dem Befehl *Start/Systemsteuerung* die Systemsteuerung und doppelklicken Sie auf das Symbol *Verwaltung.*

   Öffnen Sie nun mit einem Doppelklick den Bereich *Computerverwaltung.*

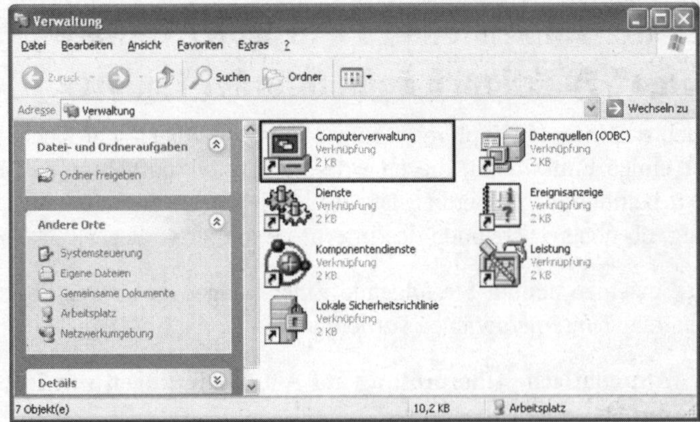

2 Öffnen Sie innerhalb der *Computerverwaltung* nun den Pfad *Computerverwaltung/System/Lokale Benutzer und Gruppen/Benutzer*. Auf der rechten Seite sehen Sie nun ein Konto, dessen Namen mit *SUPPORT_* anfängt.

Löschen Sie dieses Konto, indem Sie mit der rechten Maustaste auf den Eintrag klicken und aus dem Kontextmenü den Befehl *Löschen* wählen.

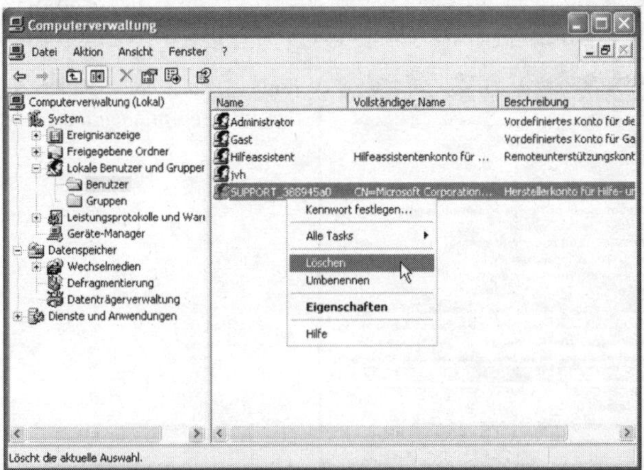

INFO

Microsoft-„Support-User" nicht unter Windows XP Home

Das oben beschriebene Support-Userkonto werden Sie unter Windows XP Home vergeblich suchen – dieses „Feature" ist nur in der Professional-Version eingebaut.

Direkte Schnittstelle zu Microsoft? Weitere „Phone home"-Funktionen beim Internet Explorer

Auch der Internet Explorer verfügt - und das überrascht sicher keinen! - über einige Funktionen, die eine direkte Kontaktaufnahme zu Microsoft-Servern beinhalten. Zu nennen ist da beispielsweise die automatische Überprüfung, ob neuere Versionen des Internet Explorer vorliegen.

Im Einzelnen sollten Sie folgende Einstellungen unter der Registerkarte *Erweitert* der *Internetoptionen* vornehmen:

- **Automatische Überprüfung auf Aktualisierungen von Internet Explorer:** Häkchen entfernen.
- **Integrierte Windows-Authentifizierung aktivieren:** Häkchen entfernen.
- **Passives FTP verwenden:** Häkchen setzen. Bei passivem FTP muss keine von außen initiierte Verbindung zugelassen werden, was die Übertragung sicherer macht.

Die *Internetoptionen* erreichen Sie entweder über die Systemsteuerung oder mit dem Befehl *Extras/Internetoptionen* im Internet Explorer selbst.

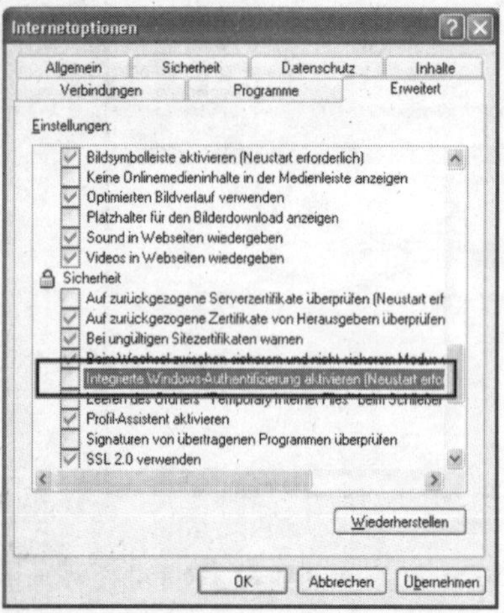

Einige „Phone home"-Funktionen sollten Sie in den Internetoptionen unbedingt deaktivieren.

Geschwätzige DLLs deaktivieren

Nicht nur Programme, auch bestimmte DLLs zeichnen für die unerwünschte Kontaktaufnahme zu Microsoft verantwortlich. DLLs sind **D**ynamic **L**ink

Libraries, also Programmbibliotheken, die zumeist unbemerkt im Hintergrund bestimmte Funktionen von Windows bereitstellen bzw. ausführen.

Die DLLs regwizc.dll und licdll.dll sind für die Kontaktaufnahme zu Microsoft zuständig.

Streng genommen handelt es sich um zwei „Übeltäter“, die beide im *System32*-Ordner unterhalb Ihres *Windows*-Ordners liegen: die Systemdatei *regwizc.dll* sowie die Systemdatei *licdll.dll*.

Allerdings lassen sich die „Phone home“-Funktionen in beiden Dateien recht einfach deaktivieren:

1 Wählen Sie den Befehl *Start/Ausführen* und geben Sie folgende Befehlszeile ein: „regsvr32.exe /u %windir%\system32\regwizc.dll“. Klicken Sie dann auf *OK*.

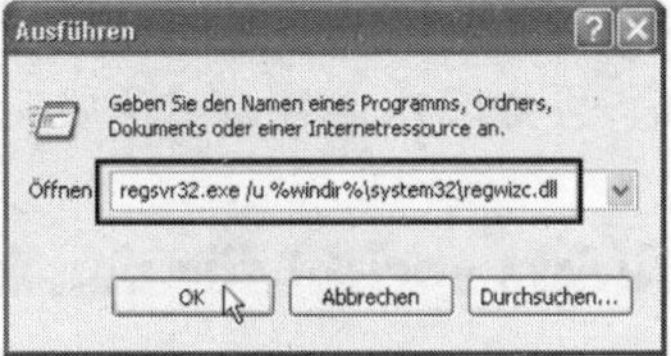

2 Hat alles geklappt, erhalten Sie eine Dialogbox mit dem Text *DllUnregisterServer [...] erfolgreich durchgeführt*. Wiederholen Sie den Schritt 1 nun für die zweite DLL-Datei mit folgender Befehlszeile: „regsvr32.exe /u %windir%\system32\licdll.dll“.

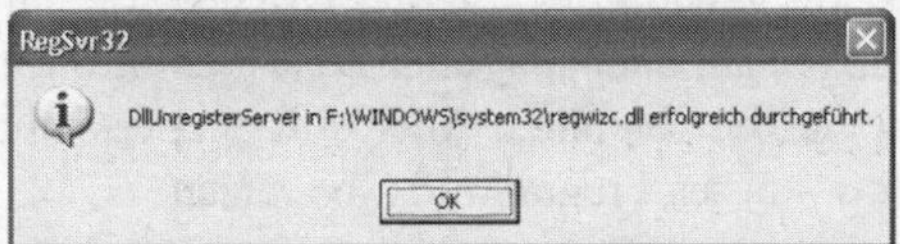

„Phone home"-Funktionen mit XP AntiSpy deaktivieren

Viele der in den vorigen Kapiteln beschriebenen „Phone home"-Funktionen lassen sich auch mit dem Freeware-Tool XP AntiSpy über eine komfortable und übersichtliche Oberfläche deaktivieren. Sie können das kostenlose Programm unter der Adresse *http://www.xp-antispy.org* herunterladen.

8.3 Überflüssigen Ballast loswerden: Diese Microsoft-Komponenten nerven nur

Ein frisch installiertes Windows XP kann einen schon ganz schön nerven: Alle naselang wird man beispielsweise über die Taskleiste gefragt, ob man denn schon ein NET.Passport-Konto hat. Die Infotexte suggerieren dabei dem Internetneuling, nur mit einem solchen Konto könne man wirklich alle Möglichkeiten des Internet ausschöpfen.

Startet man beispielsweise das erste Mal den MSN Explorer, so findet man ihn anschließend im Startmenü unter den Menüpunkten *Internet* und *E-Mail* wieder. In den nächsten Abschnitten zeigen wir Ihnen, wie Sie unliebsame Microsoft-Komponenten endgültig loswerden können.

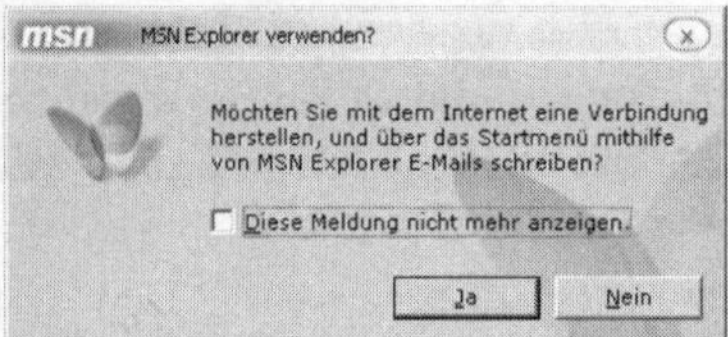

Wenn Sie diese Frage bejahen, trägt sich der MSN-Explorer ganz frech ins Startmenü ein.

Internet für Dummies: Nichts spricht für den MSN Explorer

Neu mit Windows XP kommt auch der MSN Explorer, der eine besonders einfache Bedienung des Internet verspricht. Bei näherem Hinsehen entpuppt sich das schrill-bunte Programm aber als nichts anderes als eine in der Funktionalität abgespeckte Version des *Internet Explorer*, die mit einigen Zusatzbuttons wie *Freunde online*, *Shopping* oder *Musik* gewährleisten soll, dass der angehende Internetnutzer vor allem Microsoft-Services nutzt. Kurz gesagt: Nichts spricht dafür, dieses Programm zu benutzen.

Der MSN Explorer soll die Bedienung des Internet vereinfachen, stellt aber de facto eine Entmündigung des Users dar.

Im Gegensatz zu anderen Microsoft-Komponenten lässt sich der MSN Explorer glücklicherweise sehr einfach über die Systemsteuerung entfernen:

1 Öffnen Sie mit *Start/Systemsteuerung* die Systemsteuerung und doppelklicken Sie auf das Symbol *Software*. Klicken Sie dann in der linken vertikalen Buttonleiste auf den Button *Windows-Komponenten hinzufügen/entfernen*.

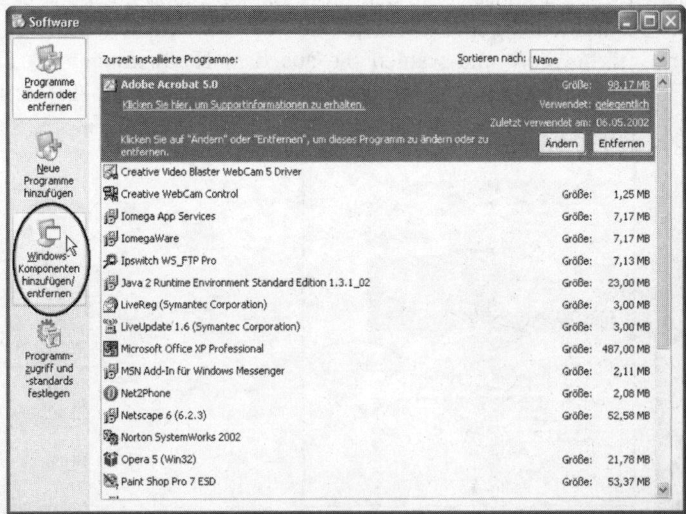

2 Entfernen Sie im Bereich *Komponenten* das Häkchen vor dem Eintrag *MSN Explorer* und klicken Sie auf *Weiter*.

3 Bevor Sie allerdings auf *Weiter* klicken können, müssen Sie noch ein Hinweisfenster mit *Ja* bestätigen, dass nach der Deinstallation möglicherweise die Verbindung mit dem Internet nicht mehr möglich ist. Haben Sie eine normale Dialup-Verbindung über die Netzwerkverbindungen konfiguriert, brauchen Sie sich über diesen Punkt aber keine Sorgen zu machen. Nach einem Klick auf *Ja* wird der MSN Explorer restlos von Ihrem System entfernt.

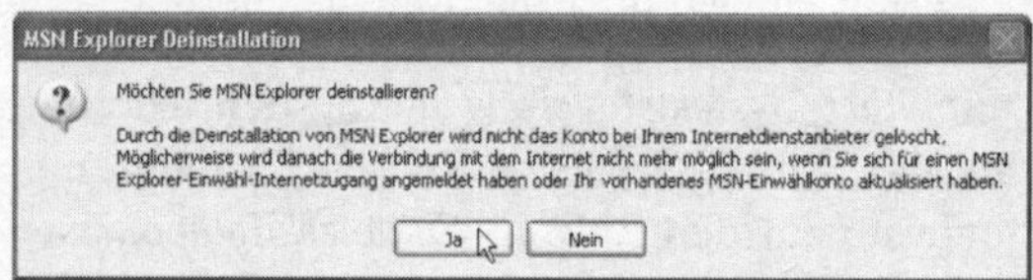

4 Eventuell müssen Sie den MSN Explorer jetzt noch aus dem Startmenü entfernen. Klicken Sie dafür mit der rechten Maustaste auf die Schaltfläche *Start* und wählen Sie aus dem Kontextmenü die *Eigenschaften*. Klicken Sie dann neben dem Eintrag *Startmenü* auf *Anpassen*.

5 Unter der Registerkarte *Allgemein* können Sie nun im Bereich *Im Startmenü anzeigen* andere Programme für *Internet* und *E-Mail* festlegen, beispielsweise den Internet Explorer und Outlook oder Outlook Express.

Undokumentiert: So deaktivieren und deinstallieren Sie den Windows Messenger

Zu den besonders aufdringlichen Zubehörprogrammen von Windows XP gehört der Windows Messenger. Das Messaging-Programm hängt sich mit Vorliebe an andere Komponenten wie den MSN Explorer, Outlook oder Outlook Express an; aber auch bei einem frisch installierten Windows XP müssen Sie zunächst ein paar Mausklicks tätigen, um das lästige Tool loszuwerden:

1 Um zunächst den automatischen Start beim Hochfahren von Windows zu unterbinden, starten Sie den Windows Messenger und wählen dann den Befehl *Extras/Optionen*. Entfernen Sie nun unter der Registerkarte *Einstellungen* im Bereich *Allgemein* das Häkchen vor der Option *Dieses Programm ausführen, wenn Windows gestartet wird*.

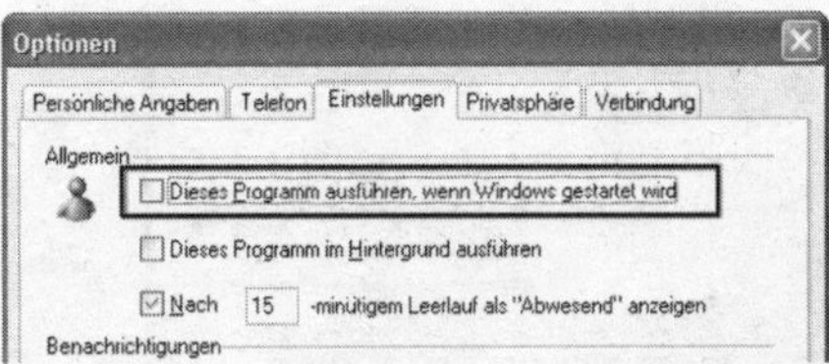

2 Aber auch in Outlook 2002 nistet sich der Windows Messenger gern ein. Um ihn dort loszuwerden, starten Sie Outlook und wählen auch hier den Befehl *Extras/Optionen*. Wechseln Sie dann zur Registerkarte *Weitere*

und entfernen Sie im Bereich *Instant Messaging* das Häkchen vor der Option *Instant Messaging in Microsoft Outlook aktivieren.*

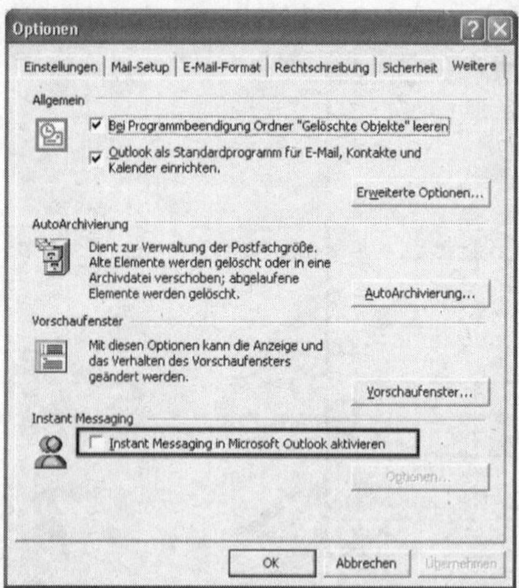

3 Komplizierter sieht es schon bei Outlook Express aus. Um hier das Mitstarten des Windows Messenger zu verhindern, müssen Sie schon die Registry bemühen.

Starten Sie den Registrierungseditor, indem Sie den Befehl *Start/Ausführen* wählen und „Regedit" eingeben. Wechseln Sie dann zum Schlüssel *HKEY_LOCAL_MACHINE\SOFTWARE\Microsoft\Outlook Express* und klicken Sie mit der rechten Maustaste ins rechte Fenster. Wählen Sie aus dem Kontextmenü den Befehl *Neu/ DWORD-Wert.*

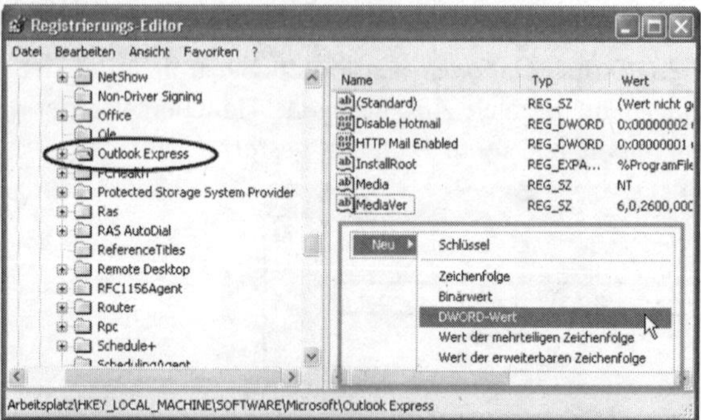

4 Benennen Sie den neuen Wert *Neuer Wert #1* nun direkt um in *Hide Messenger* und doppelklicken Sie auf den Wertnamen, um ihn zu bearbeiten. Weisen Sie ihm dann als Wert *2* (ohne Anführungszeichen) zu.

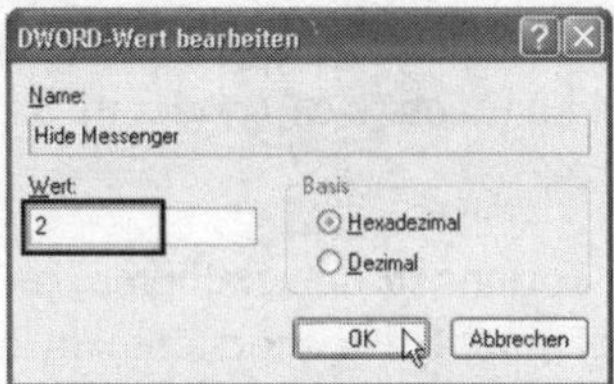

Radikallösung: direkte Deinstallation des Windows Messengers

Wer ganz schnell kurzen Prozess mit dem Windows Messenger machen will, kann auch zur Radikallösung greifen. Wählen Sie den Befehl *Start/Ausführen* und geben Sie Folgendes (in einer Zeile) ein:

```
RunDll32 advpack.dll,LaunchINFSection
 %windir%\INF\msmsgs.inf,BLC.Remove
```

Nach einem Klick auf *OK* bekommen Sie nur noch kurz einen Verlaufsbalken zu sehen, in dem Dateien gelöscht werden, danach sind Sie den Messenger für immer los. Lediglich das Icon im Startmenü müssen Sie bei dieser Variante noch von Hand löschen.

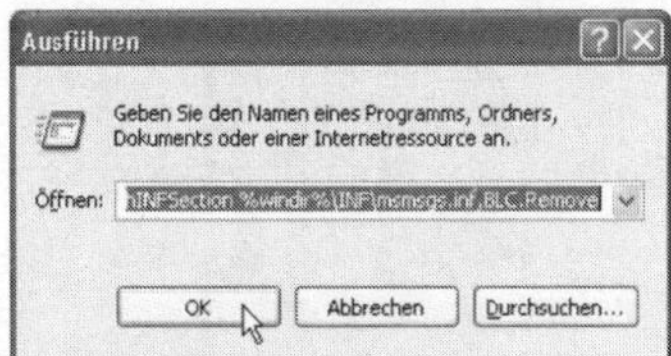

Ein RunDLL-Befehl macht es möglich: Mit einem Mausklick sagen Sie dem Messenger endgültig Tschüss.

Alternativen zum Windows Messenger

Aufgrund seiner engen Integration ins Betriebssystem ist der Windows Messenger auch besonders anfällig für Hacker-Angriffe von außen. Es gibt aber zahlreiche, zumeist werbefinanzierte Freeware-Alternativen: Besonders empfehlenswert ist der „Klassiker" ICQ, erhältlich unter *http://web.icq.com*, und das besonders vielseitige Programm Trillian, herunterladbar unter *http://www.trillian.cc*. Letzteres Programm verfügt über kein eigenes Protokoll, beherrscht aber die Protokolle von ICQ, vom AOL Instant Messenger, vom Windows Messenger, vom Yahoo! Messenger sowie das IRC-Protokoll („Internet Relay Chat"), sodass es sich ideal als universelle Schnittstelle fürs Messaging eignet.

Haben Sie die obigen vier Schritte durchgeführt, werden Sie den Windows Messenger nicht mehr zu Gesicht bekommen - es sei denn, Sie starten ihn von Hand.

Um ihn ganz endgültig loszuwerden, sprich: zu deinstallieren, müssen Sie ein wenig tricksen, denn standardmäßig taucht das Programm in der Liste des Windows-Zubehörs unter *Systemsteuerung/Software* nicht auf:

1 Öffnen Sie nun mit dem Windows-Explorer den unterhalb Ihres *Windows*-Ordners liegenden Ordner */inf/*, bei einer Standardinstallation also *C:\Windows\inf*. Doppelklicken Sie hier auf die Datei *sysoc.inf*, um die Datei im Editor zu bearbeiten.

Verantwortlich für den Messenger ist der folgende Eintrag im Bereich „[Components]“:

```
msmsgs=msgrocm.dll,OcEntry,msmsgs.inf,hide,7
```

Entfernen Sie aus der Zeile das Wörtchen „hide“, lassen Sie aber beide Kommata davor und dahinter stehen. Speichern und schließen Sie die Datei anschließend.

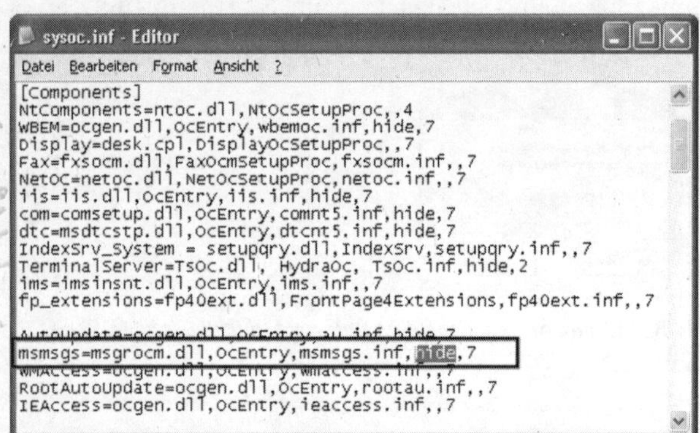

2 Öffnen Sie nun mit *Start/Systemsteuerung* die Systemsteuerung und doppelklicken Sie auf das Symbol *Software*. Klicken Sie dann auf die Schaltfläche *Windows-Komponenten hinzufügen/entfernen*.

In der Liste der Windows-Komponenten taucht nun auch der Windows Messenger auf und Sie können ihn deinstallieren, indem Sie das Häkchen vor dem Eintrag entfernen und dann auf *Weiter* klicken.

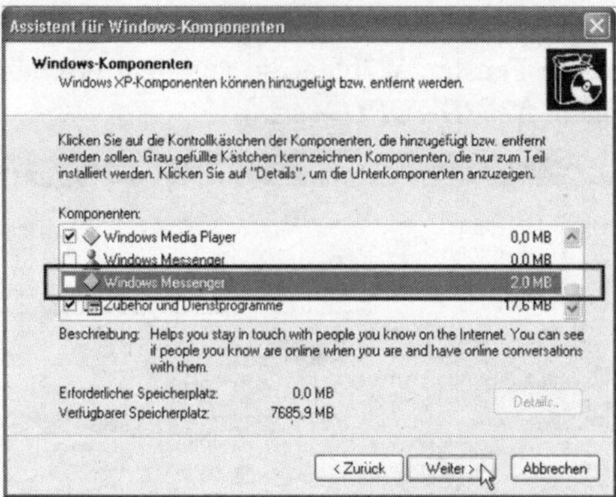

INFO

Besonderheit unter Windows XP Service Pack 1 + 2

Haben Sie bereits das Service Pack 1 oder 2 für Windows XP installiert, so taucht der Windows Messenger auch ohne die oben beschriebene Manipulation der Datei *sysoc.inf* in der Liste der zu entfernenden Komponenten auf. Allerdings: Mit diesem Eintrag werden nur die Verknüpfungen im Startmenü entfernt. Wollen Sie den Windows Messenger wirklich restlos entfernen, gehen Sie wie oben beschrieben vor, wodurch Sie in der Liste dann zwei Einträge *Windows Messenger* haben. Entfernen Sie dann vor beiden Einträgen die Häkchen und klicken Sie auf *Weiter*.

Wenn die Taskleiste nervt: überflüssige Hinweise einfach abschalten

Ganz besonders bei einem frisch installierten Windows muss man den Eindruck bekommen, die Taskleiste dient nur dazu, via Sprechblasen unnötige bis lästige Informationen an den Mann zu bringen. Immer wieder aufs Neue wird man eingeladen zur „Windows XP-Tour" und zur Passport-Mitgliedschaft. Auch Infos wie „Verbunden mit T-Online" sind nicht wirklich hilfreich - diese Tatsache zeigt schließlich auch schon das Icon an, von dem die Sprechblase ausgeht.

Sie können die lästigen Sprechblasen aber durch einen kleinen Registry-Eingriff endgültig loswerden. Beachten Sie aber, dass dadurch prinzipiell ALLE Hinweise gesperrt werden, also auch nützliche Hinweise zu neu erkannter Hardware - die Sie freilich ab einem bestimmten Zeitpunkt nicht mehr oder kaum noch benötigen.

1 Starten Sie den Registrierungseditor, indem Sie den Befehl *Start/Ausführen* wählen, „Regedit" eintippen und auf *OK* klicken. Wechseln Sie zum Schlüssel *HKEY_CURRENT_USER\Software\Microsoft\Windows*

CurrentVersion\Explorer\Advanced und klicken Sie mit der rechten Maustaste ins rechte Fenster. Wählen Sie aus dem erscheinenden Kontextmenü den Befehl *Neu/DWORD-Wert*.

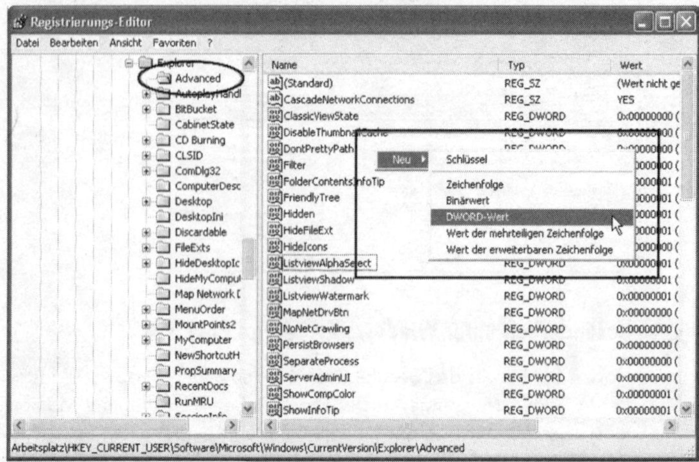

2 Den neu erstellten DWORD-Wert *Neuer Wert #1* benennen Sie nun durch Überschreiben um in „EnableBalloonTips" und doppelklicken auf ihn, um ihn zu bearbeiten. Weisen Sie dann den Wert „1" zu und klicken Sie auf *OK*. Um die Ballontipps wieder anzeigen zu lassen, löschen Sie den Wert einfach oder weisen ihm „0" zu.

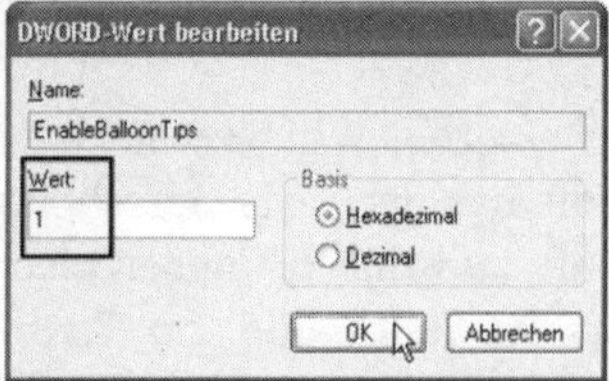

Was werkelt denn da im Hintergrund? Welche Dienste Sie abschalten sollten

Neben den Programmen, die Sie in der *Autostart*-Gruppe finden, startet Windows XP bei jedem Systemstart eine ganze Reihe so genannter Dienste. Diese kleinen Hilfsprogramme sind für systemnahe Funktionen zuständig, beispielsweise für die *Windows-Update*-Funktion - und viele von Ihnen sind, je nach Systemkonfiguration und Einsatz des Computers, schlichtweg überflüssig oder stellen sogar ein Sicherheitsrisiko dar. Wie Sie einzelne Dienste abschalten können, wurde bereits in Kapitel 4.3 beschrieben. Im Folgenden finden Sie eine Aufstellung aller Schnüffeldienste, die vielleicht auch im Dienste Microsofts tätig sind und eng mit der „Phone Home"-Problematik verbunden sind.

INFO

Nachrichtendienst – Einfallstor für Spammer!

Sofern Sie ihn in einem größeren Netzwerk nicht zwingend brauchen, sollten Sie unbedingt den Nachrichtendienst abschalten, da dieser gern von Spammern für zwar harmlose, aber nervige Werbebotschaften missbraucht wird. Wählen Sie hierzu in der klassischen Ansicht der Systemsteuerung *Verwaltung* und dann *Dienste*, öffnen Sie den Eintrag *Nachrichtendienst* mit einem Doppelklick und wählen Sie die Option *Deaktiviert*.

Eine generelle Empfehlung, welche Dienste Sie deaktivieren sollten, kann es darüber hinaus nicht geben, weil dies von Computersystem zu Computersystem unterschiedlich ist. In gängigen Konfigurationen sollten Sie aber beruhigt folgende Dienste auf *Deaktiviert* schalten können:

- **Ablagemappe**: Über die Ablagemappe können Informationen gesammelt und gespeichert werden, die dann in einem Netzwerk auch anderen Rechnern zur Verfügung stehen. Unter Umständen kann die Ablagemappe aber auch ein offenes Tor für Viren und Trojaner darstellen.
- **Automatische Updates**: Dieser Dienst stellt die Funktion *Windows Update* im Startmenü bzw. die automatische Erinnerung an Updates zur Verfügung. Wenn Sie Ihr System lieber manuell über die Downloadseiten von Microsoft aktualisieren, können Sie den Dienst beruhigt deaktivieren.
- **Fehlerberichterstattungsdienst**: Wenn Sie die Fehlerberichterstattung wie auf Seite 391 gezeigt deaktiviert haben, sollten Sie auch diesen Dienst deaktivieren.
- **Nachrichtendienst**: In einem Netzwerk sorgt dieser Dienst dafür, dass Warndienstnachrichten und NET-SEND-Nachrichten zwischen Client und Server übertragen werden können.
- **NetMeeting-Remotedesktop-Freigabe**: Mit diesem Dienst können Rechner in einem Netzwerk freigegeben werden, sodass andere Rechner über NetMeeting auf ihn zugreifen können (die so genannte Remotedesktop-Freigabe).
- **Remote-Registrierung**: Die Remote-Registrierung ermöglicht es, via RegEdit auf andere Rechner im Netzwerk zuzugreifen und dort die Registrierungsdatenbank zu verändern.

- **TCP/IP-NetBIOS-Hilfsprogramm**: Das Hilfsprogramm bildet in Netzwerken, wenn erforderlich, eine Schnittstelle zwischen den Protokollen TCP/IP und NetBIOS.
- **Telnet**: Ermöglicht den kommandozeilenorientierten Zugriff auf im Netzwerk eingebundene Rechner via Telnet.
- **Windows-Zeitgeber**: Verwaltet die Datum- und Uhrzeitsynchronisierung im Netzwerk. Der Dienst hat übrigens nichts mit der automatischen Uhrzeitsynchronisation via Internet an Einzelplatzrechnern zu tun.

INFO

Wichtig: Deaktivieren Sie nie mehrere Dienste gleichzeitig!

Aus Sicherheitsgründen ist es ratsam, stets nur einen Dienst zu deaktivieren. Wenn Ihr Computer dann nach einem Neustart anstandslos und ohne Fehlermeldungen läuft, können Sie den nächsten Dienst deaktivieren. Am besten, Sie legen sich vorher ein gesondertes Hardwareprofil an. Wie Sie das machen, erfahren Sie in Kapitel 4.3 auf Seite 118.

8.4 Service Pack 1 + 2: Wirklicher Fortschritt oder Verschlimmbesserung?

Im Service Pack 2 für Windows XP hat Microsoft nicht nur alle bis dahin erschienenen Updates und Bugfixes sowie die Änderungen des Service Pack 1 zusammengefasst, sondern neben vielen Detailänderungen und -verbesserungen auch einige Neuerungen eingebracht, die speziell die Datensicherheit betreffen: Im neuen *Sicherheitscenter* werden nun externes Virenprogramm, die windowsinterne, stark verbesserte Firewall sowie die Funktion *Windows Update* zentral überwacht und verwaltet.

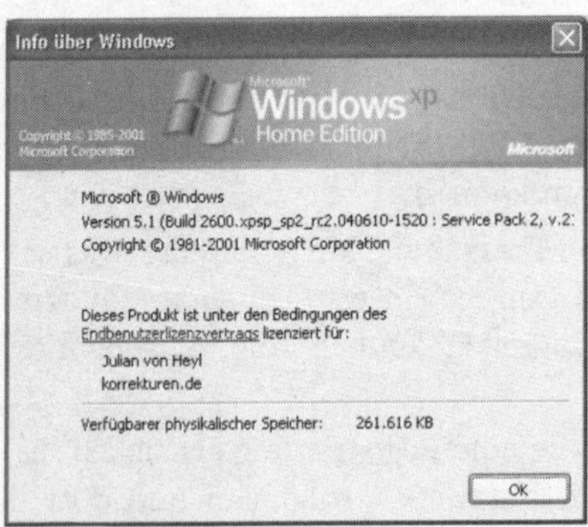

Nach Installation des Service Pack 2 meldet sich Windows zwar nicht mit einer neuen Versionsnummer zurück, aber mit einem Hinweis auf das Service Pack.

Hinzu kommen neue Funktionen beispielsweise zur leichteren Einrichtung der immer beliebter werdenden WLAN-Netze. In den nächsten Abschnitten beschreiben wir die wichtigsten neuen Funktionen.

Schlechte Zeiten für Raubkopierer

Wie schon das Service Pack 1 erkennt auch das Service Pack 2 die unter Raubkopierern beliebten Corporate-Versionen mit den derzeit kursierenden illegalen CD-Keys wie dem FCKGW-Schlüssel und verweigert bei diesen Versionen mit einer entsprechenden Bildschirmmeldung die Installation. Dazu gleicht die Installationsroutine den Product Key mit einer Liste aller gültigen Product Keys ab.

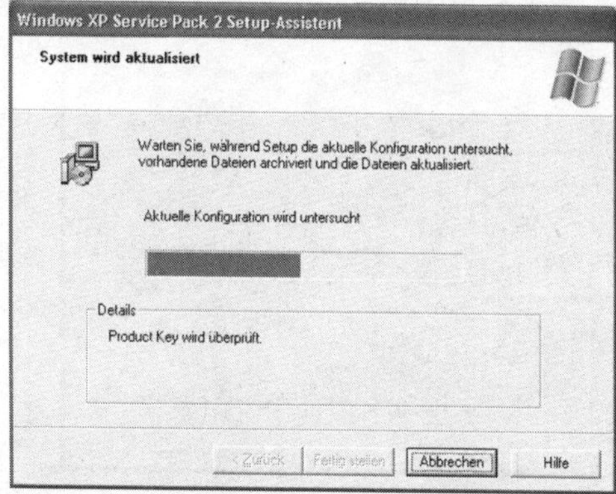

Pech für Raubkopierer: Die Setup-Routine des Service Packs 2 überprüft unter anderem die Gültigkeit des Product Key.

Weiterhin aber lässt sich mit entsprechenden illegalen Generatoren der Product Key verändern in eine Variante, die das Service Pack 2 akzeptiert. Darüber hinaus bietet Microsoft selbst eine Anleitung, mit der Besitzer einer legal erworbenen „Corporate"-Version den Schlüssel ändern und ihr Windows somit updatetauglich machen können - vergleiche Seite 90.

Nur halbherzig gelöst: Programmzugriff und -standards

Bereits im Service Pack 1 integriert war die Funktion *Programmzugriff und -standards*, die über das Modul *Software* der Systemsteuerung, aber auch direkt übers Startmenü zugänglich ist. Microsoft reagierte damit auf die Vergleichsentscheidungen des US-amerikanischen Kartellverfahrens, in denen die allzu innige Verzahnung von mitgelieferten Anwendungsprogrammen mit dem Betriebssystem gerügt wurde.

Es musste schnell eine Lösung her, beispielsweise den Standardbrowser auch ohne tiefere Kenntnisse des Systems wechseln zu können: Nach der Installation von Netscape oder Opera etwa taucht der neue Browser idealerweise im Dialog *Programmzugriff und -standards festlegen* in der Konfiguration *Benutzerdefiniert* auf und kann dort einfach angeklickt werden.

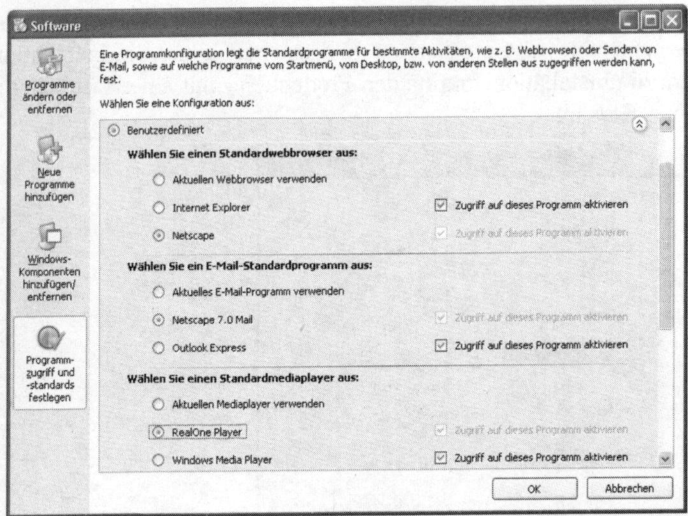

Über die neue Funktion Programmzugriff und -standards soll eine benutzerdefinierte Konfiguration mit Middleware von Fremdanbietern eingestellt werden können.

Analog sollen hier auch folgende Standardprogramme festgelegt werden können:

- **Webbrowser**: Als Alternative zum Internet Explorer kommen hier vor allem der Netscape Navigator und Opera in Frage.
- **E-Mail-Programm**: Hier wird der E-Mail-Client festgelegt: Welches E-Mail-Programm soll sich automatisch öffnen, wenn im Browser ein Mail-to-Link angeklickt wird?
- **Mediaplayer**: Anstelle des Windows Media Player lassen sich hier auch etablierte Konkurrenzprodukte wie Winamp oder der RealPlayer einbinden.
- **Instant Messaging**: Wenn Sie den Windows Messenger durch den AOL Messenger, ICQ oder ein anderes Kurznachrichtenprogramm ersetzen wollen, lässt sich das hier einstellen.

- **Virtual Machine für Java**: Da der Internet Explorer Java von Haus aus nicht mehr unterstützt, können Sie hier Java-Unterstützung eines Fremdanbieters einbinden - die aktuelle Virtual Machine für Java von Sun finden Sie beispielsweise unter der Downloadadresse *http://www.java.com/de/download/*.

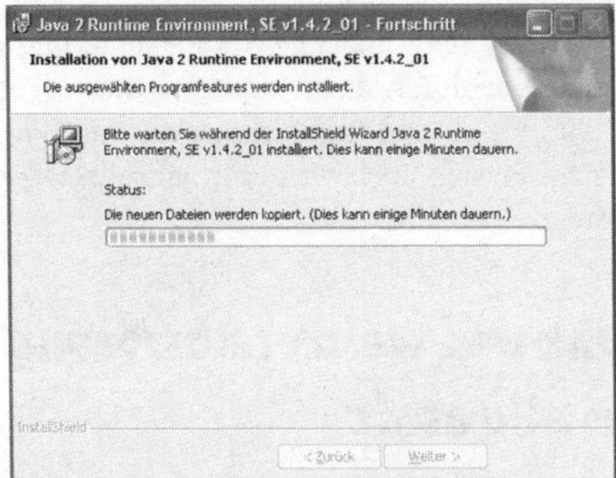

Für volle Java-Funktionalität empfiehlt sich der Download der Java VM von Sun unter http://www.java.com/de/download/.

Allerdings sieht man der Funktion auch im Service Pack 2 noch an, dass sie mit heißer Nadel gestrickt und nur halbherzig umgesetzt wurde. Denn längst nicht alle Alternativprogramme werden automatisch erkannt und hier registriert, und taucht das Wunschprogramm an dieser Stelle nicht auf, bleibt nur wieder Trickserei - wenn ein Wechsel des Standards überhaupt möglich ist. Außerdem: Die Microsoft-Komponenten können nämlich auf diesem Weg keineswegs komplett deinstalliert werden.

Zwar tauchen in der Deinstallationsliste der Windows-Komponenten - *Systemsteuerung/Software, Windows-Komponenten hinzufügen/entfernen* - nun auch Einträge für Outlook Express, den Windows Media Player und den Windows Messenger auf. Versucht man aber, eine dieser Komponenten auf diesem Wege zu deinstallieren, werden lediglich die Verknüpfungen im Startmenü und in der Schnellstartleiste entfernt.

Über die Systemsteuerung werden bei bestimmten Komponenten nur die Verknüpfungen in Startmenü und Schnellstartleiste entfernt.

Eine vollständige Entfernung des Internet Explorer würde beispielsweise auch bedeuten, dass die Funktionen *Windows Update* und *Office Update* nicht mehr zur Verfügung stehen, da diese auf ActiveX-Routinen beruhen, einem proprietären Microsoft-Standard, mit dem andere Browser nichts anfangen können.

Und tatsächlich: „Deinstalliert" man über die Systemsteuerung den Internet Explorer oder ersetzt man ihn durch einen anderen Browser, so taucht er spätestens dann wieder auf, wenn man das nächste Mal das *Windows Update* aufruft. Und nebenbei lässt er sich auch weiterhin starten, wenn man unter *Start/Ausführen* „iexplore.exe" eingibt.

8.5 Verfolgungswahn und Weltverschwörung – Alles beherrschendes Microsoft

Arbeitet Microsoft mit dem amerikanischen Geheimdienst zusammen? Und sammelt Windows XP wirklich Nutzerdaten in einer riesigen Datenbank? Um die Firma Microsoft hat es immer die wildesten Gerüchte gegeben ...

Zusammenarbeit mit dem US-Geheimdienst? Der ominöse „NSAkey"

Seit längerem ist bekannt, dass der US-Geheimdienst **N**ational **S**ecurity **A**gency, kurz NSA, systematisch im Internet - auch in E-Mails - Wirtschaftsinformationen mitliest.

Nicht verstummen wollen auch die Gerüchte, dass Microsoft dabei nützliche Handlanger-Dienste leistet. Genährt wurden diese Gerüchte hauptsächlich dadurch, dass der Mathematiker und Programmierer Andrew Fernandes von der US-Firma Cryptonym Corporation in der Sicherheitssoftware von Windows einen bis dahin unbekannten Schlüssel mit der ominösen Bezeichnung „NSAkey" entdeckt hatte.

Ein Zweitschlüssel für die NSA also? Microsoft dementiert das natürlich und erklärt, dass durch den Namen „NSAkey" nur dokumentiert werden sollte, dass der Schlüssel den amerikanischen Export- und Sicherheitsbestimmungen entsprechen würde.

Website der NSA: Zusammenarbeit mit Microsoft?

Allerdings: Ist der Gedanke wirklich so abwegig? Immerhin ist erst vor kurzem eine Hintertür für die NSA in einer Software bekannt geworden. Der amerikanische Softwarehersteller Lotus baut eine nur für die NSA benutzbare Hintertür in die internationale Version seines E-Mail-Programms ein. Die National Security Agency kann den Code der Privatbotschaften im E-Mail-Programm Lotus Notes 16 Millionen Mal schneller brechen als alle anderen. Das geht so: Versendet der User eine verschlüsselte Nachricht, dann versendet das E-Mail-Programm einen Teil des Schlüssels versteckt mit der Nachricht mit.

Dies geschieht wiederum mit einem Schlüssel der NSA, die die Nachricht nun sehr schnell dekodieren kann. Lotus kann internationalen Kunden so eine starke Verschlüsselung garantieren, die von keinem - außer der NSA - geknackt werden kann, ohne dass Lotus gegen amerikanisches Recht verstößt, das für den Export nur eine schwache Verschlüsselung erlaubt. Und Bände spricht schließlich auch, dass sich die deutsche Bundeswehr dafür entschieden hat, aus Angst vor US-amerikanischen Geheimdiensten zukünftig keine Microsoft-Software mehr zu verwenden.

Von der Softwareschmiede zum Weltkonzern: ein Ausblick

Aus der ehemals kleinen Softwareschmiede Microsoft ist längst ein multimedialer Weltkonzern geworden. Kabelnetze, Anbieter von Internetinhalten, digitales Fernsehen - es gibt kaum einen Bereich, in dem Microsoft selbst oder Bill Gates nicht schon längst aktiv geworden ist. Ein Beispiel ist Corbis (*http://www.corbis.com*), die gigantische Bilddatenbank von Bill Gates.

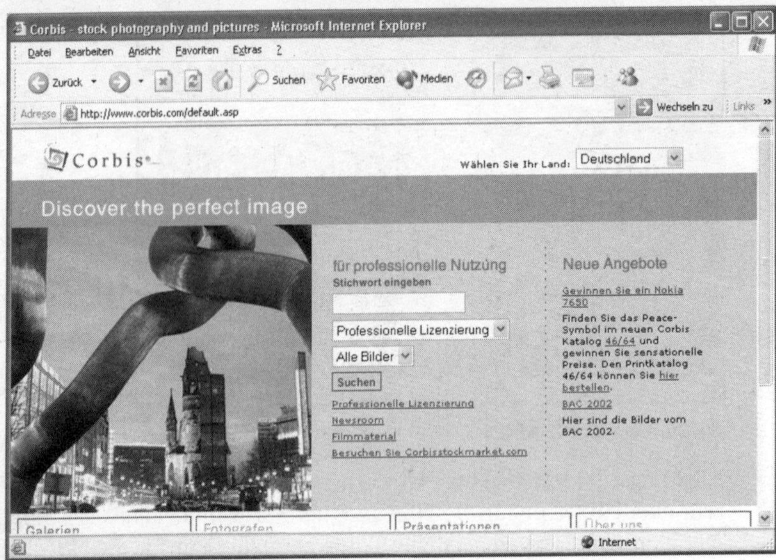

Homepage von Corbis: Beherrschung der medialen Inhalte.

Corbis hat Verträge mit einigen der führenden Fotografen und Museen auf der Welt abgeschlossen. Sie haben der Firma das exklusive Distributionsrecht für digitalisierte Versionen der Kunstwerke und Fotografien eingeräumt.

Ist Corbis ein erster Schritt dahin, dass Microsoft nicht nur auf dem Gebiet der Medientechnik, sondern auch bei den Medieninhalten Monopolist werden will? Eine eher traurige Zukunftsvorstellung, denn wo kein Wettbewerb mehr herrscht, verödet auch die geistige Landschaft.

Ebenfalls Anlass zur Sorge gibt die Entwicklung von Microsofts Internetaktivitäten mit MSN und .NET Passport.

Nach der Installation von Windows XP wird man durch entsprechende Sprechblasen in der Taskleiste zu einer .NET-Passport-Mitgliedschaft schon fast genötigt; Anfängern drängt sich leicht der Eindruck auf, eine Nutzung des Internet ohne .NET Passport sei gar nicht möglich. Dabei klingt die Idee eigentlich gut: Sie brauchen nur noch einen User-Account, um die verschiedensten Angebote und Dienstleistungen der verschiedensten Firmen und Services in Anspruch nehmen zu können.

MSN Explorer und MSN-Homepage: Unheilvolle Verknüpfung von Software und kommerziellen Inhalten.

Eine solch zentrale Verwaltung aller Userdaten sichert Microsoft aber auch eine Machtposition, die unangenehme Gedanken nährt. Schließlich können alle Ihre Surfwege, was Sie sich im Internet angeschaut haben und was Sie eingekauft haben, nachverfolgt werden. Und beim „Big Brother“ von heute geht es längst nicht mehr wie in George Orwells Klassiker „1984“ um politische, sondern um wirtschaftliche Macht.

Zwangsaktivierung: Schreiben Sie Bill Gates einen blauen Brief

Die Zwangsaktivierung bei Windows XP und Office XP ist nicht nur eine Zumutung für den Anwender, sondern verstößt hier zu Lande auch gegen geltendes Recht. Denn § 3 Abs. 5 des Teledienstedatenschutzgesetzes schreibt eindeutig vor: „Der Nutzer ist vor der Erhebung über Art, Umfang, Ort und Zwecke der Erhebung, Verarbeitung und Nutzung personenbezogener Daten zu unterrichten.“ Microsoft lässt aber seine Nutzer im Unklaren darüber, welche Daten bei der Aktivierung überhaupt übermittelt werden. Als privater Nutzer sollten Sie sich wehren. Schreiben Sie Microsoft doch einfach mal einen blauen Brief! Unsere Mustervorlage zeigt Ihnen, wie dieser aussehen könnte:

<<Vorname>> <<Nachname>>
<<Strasse>>
<<PLZ>> <<Wohnort>>
E-Mail: <<mailadresse>>
Telefon: <<Telefon>>

Microsoft GmbH
Konrad-Zuse-Straße 1
85716 Unterschleißheim

<<Ort>, den <<Datum>>

Sehr geehrte Damen und Herren,

unlängst habe ich Ihr Officepaket Office XP / Ihr Betriebssystem Windows XP erworben. Ich habe die Software über Internet aktivieren lassen. Meine Produkt-ID ist XXXXX-XXX-XXXXXXX-XXXXX. Dabei ist mir Folgendes aufgefallen: Nirgendwo teilen Sie mir bei der Produkt-Aktivierung mit, welche Informationen Sie genau über mich oder meine Hard-/Software speichern. Das müssen Sie aber laut § 3 Abs. 5 Teledienstedatenschutzgesetz (siehe Anhang). Außerdem sind Sie aufgrund von § 7 Teledienstedatenschutzgesetz als Diensteanbieter verpflichtet, mir Auskunft zu geben, welche mich betreffenden Daten bei der Aktivierung zu Ihnen gelangt sind bzw. bei Ihnen gespeichert werden. Ich fordere Sie daher auf, mir diese Auskünfte kostenfrei bis zum <<Datum>> zu erteilen.

Mit freundlichen Grüßen
<<Vorname>> <<Nachname>>

Anhang:
§ 3 Abs. 5 und § 7 Teledienstedatenschutzgesetz

Anhang:
§ 3 Abs. 5 Teledienstedatenschutzgesetz
(5) Der Nutzer ist vor der Erhebung über Art, Umfang, Ort und Zwecke der Erhebung, Verarbeitung und Nutzung personenbezogener Daten zu unterrichten. Bei automatisierten Verfahren, die eine spätere Identifizierung des Nutzers ermöglichen und eine Erhebung, Verarbeitung oder Nutzung personenbezogener Daten vorbereiten, ist der Nutzer vor Beginn dieses Verfahrens zu unterrichten. Der Inhalt der Unterrichtung muss für den Nutzer jederzeit abrufbar sein. Der Nutzer kann auf die Unterrichtung verzichten. Die Unterrichtung und der Verzicht sind zu protokollieren. Der Verzicht gilt nicht als Einwilligung im Sinne von Absatz 1 und 2.

§ 7 Teledienstedatenschutzgesetz
Der Nutzer ist berechtigt, jederzeit die zu seiner Person oder

zu seinem Pseudonym gespeicherten Daten unentgeltlich beim Diensteanbieter einzusehen. Die Auskunft ist auf Verlangen des Nutzers auch elektronisch zu erteilen. Das Auskunftsrecht ist im Falle einer kurzfristigen Speicherung im Sinne von § 33 Abs. 2 Nr. 5 Bundesdatenschutzgesetz nicht nach § 34 Abs. 4 Bundesdatenschutzgesetz ausgeschlossen.

(Abdruck mit freundlicher Genehmigung von www.pcwelt.de)

9. Wirklich alle Sicherheitslücken stopfen

Hacker und Nuker, Viren und Trojaner: Ist der PC erst einmal mit dem Internet verbunden, lauern scheinbar allerorten Gefahren. Und auch wenn es in der Praxis sicher nicht so schlimm und bedrohlich aussieht, wie einem die oft reißerische Berichterstattung suggeriert, sollten Sie sich darüber im Klaren sein: Ist Ihr PC erst einmal mit dem Internet verbunden, ist er auch ein potenzielles Angriffsziel. Dabei drohen folgende Gefahren:

- **Datenverlust:** Durch gezielte Hackerangriffe oder - was der häufigere Fall sein dürfte - durch böswillig programmierte Viren können auf Ihrem Rechner persönliche Daten verloren gehen: Schlimmstenfalls der Inhalt der ganzen Festplatte.
- **Gefahr für die Privatsphäre:** Persönliche und vertrauliche Informationen können in die Hände Dritter bzw. an Adressenhändler geraten. Bestenfalls führt das zu einer Flut unerwünschter Werbe-E-Mails, schlimmstenfalls benutzen andere Ihren Namen für dunkle Geschäfte.
- **Finanzielle Verluste:** Sie können auch ganz konkret Geld verlieren, beispielsweise dadurch, dass Ihnen ein teures Einwahlprogramm mit 0190er-Nummer „untergejubelt“ wird, oder durch Klau und Missbrauch Ihrer Kreditkartendaten.

In den folgenden Kapiteln zeigen wir Ihnen, wie Sie sich rundum am besten gegen alle Gefahren absichern und wie Sie Ihr Windows XP in einen Hochsicherheitstrakt verwandeln.

9.1 So kommen Hacker auch in Ihr Windows XP

Um es gleich vorwegzusagen: Dass ein privater PC Angriffsziel für Hacker wird, kommt eher selten vor, denn diese haben es meistens auf große Firmennetzwerke und auf kommerzielle oder staatliche Server abgesehen. Sehr viel wahrscheinlicher ist es, dass Sie sich über E-Mail einmal einen Virus einfangen. Deshalb sollten Sie in jedem Fall einen Virenscanner installieren und über die Online-Update-Funktion stets aktuell halten. Haben Sie es tatsächlich mit einem Hacker zu tun, so hat dieser prinzipiell zwei Möglichkeiten, in Ihren PC einzubrechen:

- **Direkter Angriff über offene Ports:** Der Datenaustausch mittels des Internetprotokolls TCP/IP findet über so genannte Ports statt, das sind bestimmte Speicheradressen, die die Schnittstellen zwischen Ihrem Rechner und den Servern im Internet bilden. Mittels „Nuking“ können solche offenen Ports auch Hackern als Eingangstür dienen.

- **Trojanische Pferde und Fernwartungsprogramme:** Programme wie Back Orifice oder NetBus ermöglichen es, Ihren Rechner auszuspionieren oder sogar komplett fernzubedienen. Solche Programme können wie Viren beispielsweise als harmloser Bildschirmschoner getarnt auf Ihr System gelangen.

INFO

AntiVir Personal Edition: Kostenfreie Virensoftware

Betrachtet man sich die Schäden, die Viren im schlimmsten Fall anrichten können, so sind die ca. 50 Euro, die eine Antiviren-Software kostet, sicher gut angelegtes Geld: Beispielsweise für die Produkte der Marktführer Norton AntiVirus von Symantec (*http://www.symantec.de*) oder VirusScan von McAfee (*http://de.mcafee.com*). Aber auch im Freeware-Bereich wird man gut bedient: So können Sie sich auf der Website *http://www.free-av.de* die für privaten und nicht-kommerziellen Einsatz kostenfreie Antiviren-Software AntiVir Personal Edition der Firma H+BEDV Datentechnik herunterladen, die über 80.000 aktuelle Viren erkennt und entfernt und darüber hinaus eine Schutzfunktion vor Kosten verursachenden Dialerprogrammen bietet.

Einschleichen durch die Hintertür: Trojanische Pferde und Backdoor-Programme

Sicher nicht nur Historikern bekannt ist die Geschichte der Einnahme Trojas durch die Griechen: Diese schleusten ihre besten Krieger in einem hohlen, hölzernen Pferd ein, sodass diese die Stadt von innen der griechischen Armee öffnen konnten.

Analog zu diesem Mythos bezeichnet man Programme als Trojanische Pferde oder kurz - und historisch nicht ganz stimmig - als Trojaner, die als Nutzprogramm oder Bildschirmschoner auf den Computer gelangen, dort Daten ausspähen und diese an einen Angreifer übermitteln. Eine spezielle Form der Trojaner sind Dialer-Trojaner: Diese schmuggeln ein Einwählprogramm auf Ihren Rechner, das unbemerkt dafür sorgt, dass Sie sich fortan unter einer sündhaft teuren 0190er-Nummer einwählen.

Noch weitergehende Möglichkeiten eröffnen sich potenziellen Angreifern mit so genannten Backdoor-Programmen: Mit solchen Programmen kann die direkte Kontrolle über den Rechner erlangt werden, auf den ein solches Programm eingeschleust wurde. Unter anderem können ...

- Tastatureingaben protokolliert oder sogar ausgeführt werden.
- Dateien erstellt, bearbeitet, umbenannt oder gelöscht werden.

- Netzwerkverbindungen hergestellt oder beendet werden.
- Programme gestartet oder beendet werden.

Kurz, wer mittels eines Backdoorprogramms Zugriff auf Ihren Rechner erlangt, kann praktisch genauso viel machen, als säße er direkt davor.

INFO

Backdoor-Programme: Nicht immer destruktiv

Zwar kann man Backdoor-Programme äußerst destruktiv einsetzen, ihr Sinn ist aber an sich eher konstruktiv. Als „Fernwartungsprogramme" ermöglichen sie es, auch von ferne auf einen Rechner zuzugreifen und so beispielsweise einem Kunden mit aktivem Support zur Seite zu stehen.

Die beiden bekanntesten und verbreitetsten Backdoorprogramme sind NetBus und das von der Hackergruppe „Cult of the Dead Cow" (*http://www.cultdeadcow.com*) programmierte Back Orifice.

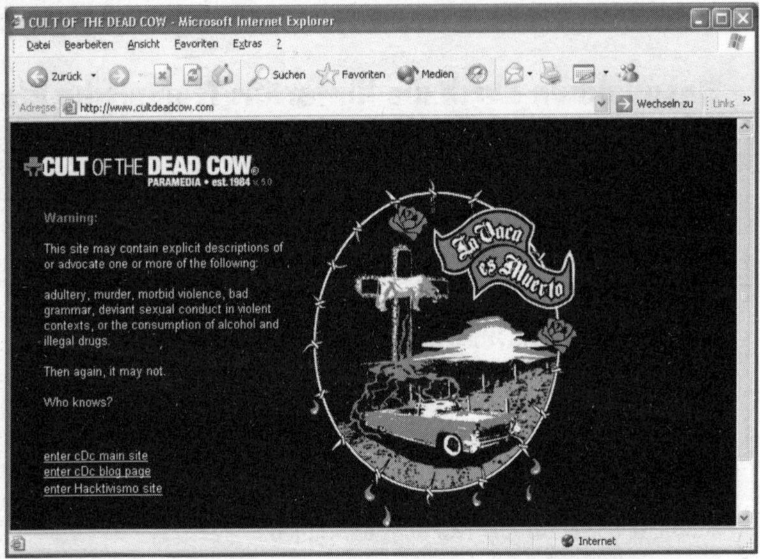

Die Hackergruppe Cult of the Dead Cow entwickelte das Backdoor-Programm Back Orifice.

So enttarnen Sie die hinterhältigen Eindringlinge

Allen Backdoor-Programmen und Trojanischen Pferden ist eines zu Eigen: Sie müssen beim Windows-Start irgendwie mitgestartet werden. Und diese Tatsache ist auch genau der Schlüssel dazu, wie Sie solche Programme auf Ihrem Rechner aufspüren können. Sie müssen nur sämtliche Orte, an sich denen Windows *Autostart*-Komponenten eintragen können, auf Anomalien abklappern.

Was sich in der Theorie einfach anhört, wird in der Praxis allerdings zu einem schwierigen Unterfangen: Schließlich gibt es neben der offensichtlichen *Autostart*-Gruppe im Startmenü unzählige Orte sowohl in der Registrierungsdatenbank als auch in anderen, älteren Systemdateien wie *Win.ini* oder *System.ini*, wo sich solche Programme eintragen könnten. Diese alle von Hand zu durchforsten ist mehr als mühsam und nachher hat man den entscheidenden Ort doch vergessen.

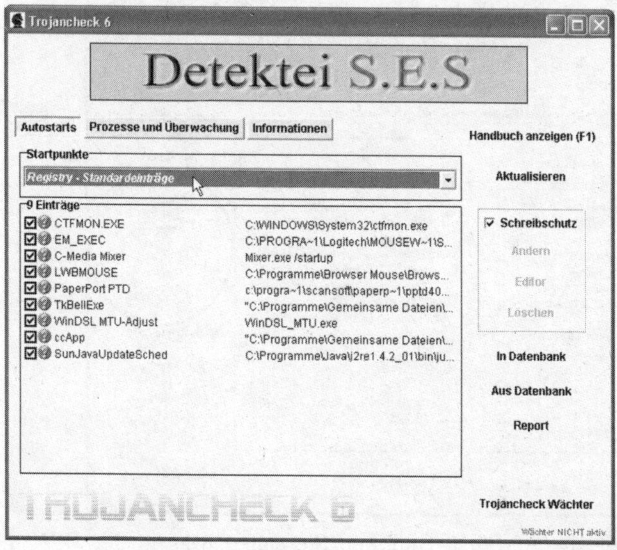

Mit TrojanCheck 6 können Sie Ihr System schnell und gründlich auf Trojaner und Backdoor-Programme untersuchen.

Zum Glück gibt es aber eine Freeware, die Ihnen diese Mühe zumindest teilweise abnimmt: Das Tool TrojanCheck 6, das Sie auf der Website *http://www.trojancheck.de* kostenlos herunterladen können. Nach Installation und Start des Programms werden Ihnen alle Autostart-Möglichkeiten des Systems, wie sich Trojaner oder Backdoor-Programme eintragen könnten, über eine Klappliste in neun getrennten Bereichen angezeigt:

1 Unter *Registry Standardeinträge* sehen Sie alle Registry-Schlüssel und deren Inhalte an, in die sich Programme für den Systemstart einschreiben können. Im Einzelnen sind das unter *HKEY_LOCAL _MACHINE*:

```
\Software\Microsoft\Windows\CurrentVersion\RunServices\
\Software\Microsoft\Windows\CurrentVersion\RunServicesOnce\
```

```
\Software\Microsoft\Windows\CurrentVersion\Run\
\Software\Microsoft\Windows\CurrentVersion\RunOnce\
```

Und unter *HKEY_CURRENT_USER*:

```
\Software\Microsoft\Windows\CurrentVersion\Run\
\Software\Microsoft\Windows\CurrentVersion\RunOnce\
\Software\Microsoft\Windows\CurrentVersion\RunServices\
```

Tauchen hier verdächtige, Ihnen unbekannte Schlüssel auf, können Sie diese löschen, indem Sie den entsprechenden Eintrag markieren, dann links das Häkchen vor *Schreibschutz* entfernen und auf *Löschen* klicken.

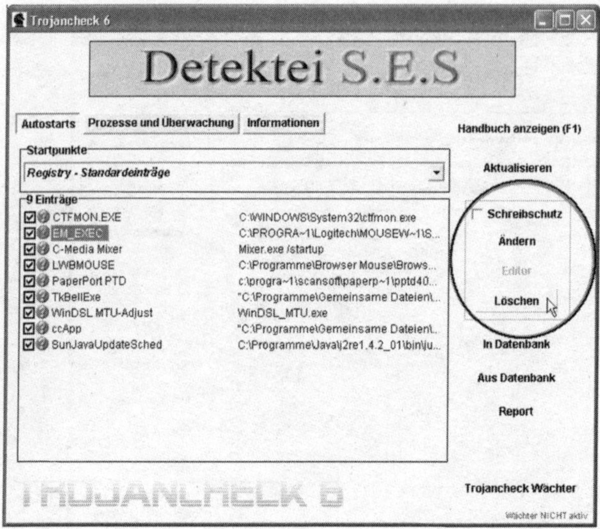

2 Im Bereich *INI Dateien* können Sie sehen, was in der *WIN. INI* unter *LOAD* und *RUN* eingetragen ist oder was in der *SYSTEM.INI* unter *SHELL* eingetragen ist. Da diese Dateien unter Windows XP nur noch für die Abwärtskompatibilität eine Rolle spielen, sollten Sie hier als einzigen Eintrag *Explorer.exe* finden. Auch hier können Sie über die gleichnamigen Schaltflächen gezielt Einträge ändern und löschen.

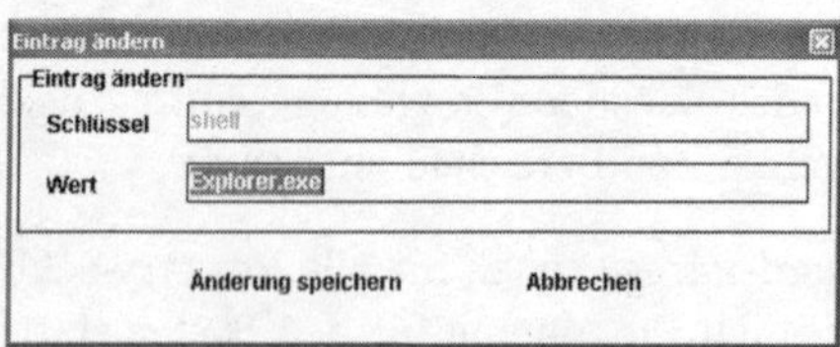

3 Unter der Registerkarte *Autostart* können Sie sich anzeigen lassen, welche Programme über die *Autostart*-Gruppe des Startmenüs gestartet werden, und zwar getrennt für den aktuellen Benutzer und alle Benutzer.

Dass Sie hier einen Trojaner finden, ist aber eher unwahrscheinlich, da hier die „Entdeckungsgefahr“ zu groß ist. Das Löschen eines Eintrags hier bewirkt das Gleiche wie die direkte Löschung der Verknüpfung im Autostart-Ordner.

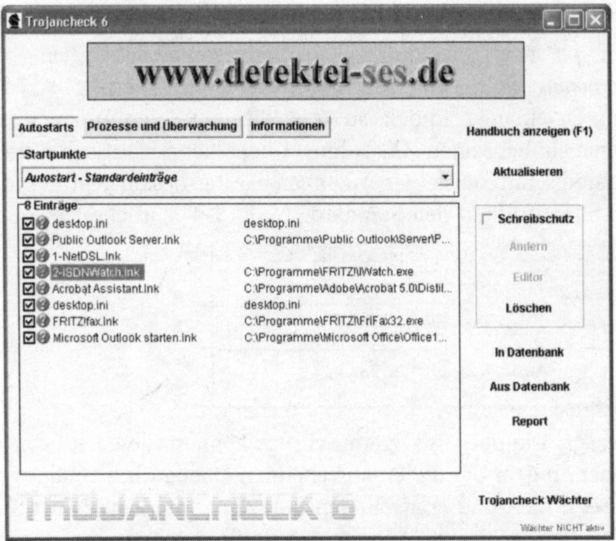

4 Schließlich werden Ihnen unter *Batch und Text Dateien* noch alle möglichen textbasierten Startdateien angezeigt, darunter „Exoten“ wie die *Winstart.bat*, die standardmäßig gar nicht vorhanden ist.

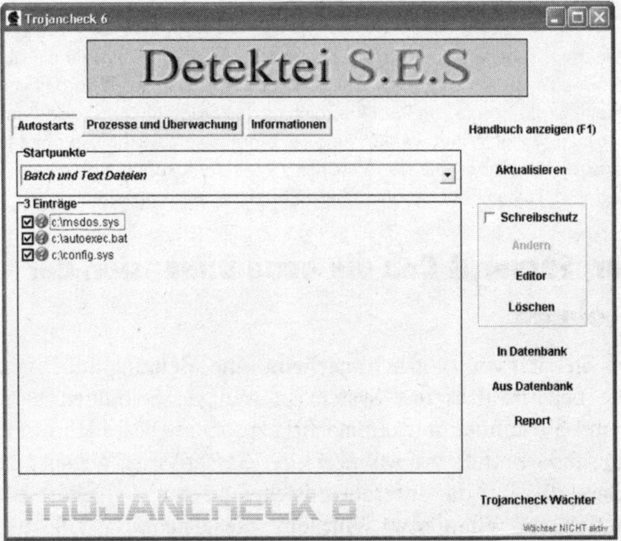

Die Einträge der *Autoexec.bat* und der *Config.sys* brauchen Sie hierbei nicht weiter zu beachten, da diese „DOS-Veteranen“ von Windows XP sowieso nicht mehr berücksichtigt werden.

5 Interessant ist die Möglichkeit, dass sich Trojaner auch direkt unter dem „Shell-Open“-Schlüssel der Dateinamenerweiterungen *.com*, *.exe*, *.bat* oder *.pif* eintragen können. Ob dies der Fall ist, sehen Sie unter *Shell Spawning*. Sollten Sie hier neben der Zeichenkette „"%1" %*“ noch einen Dateinamen finden, so weist dies auf einen Trojaner oder einen anderen unliebsamen Gast hin. Über die Schaltfläche *Ändern* (vorher Schreibschutz entfernen!) können Sie in diesem Fall den dubiosen Programmaufruf auf den Standard „"%1" %*“ zurücksetzen.

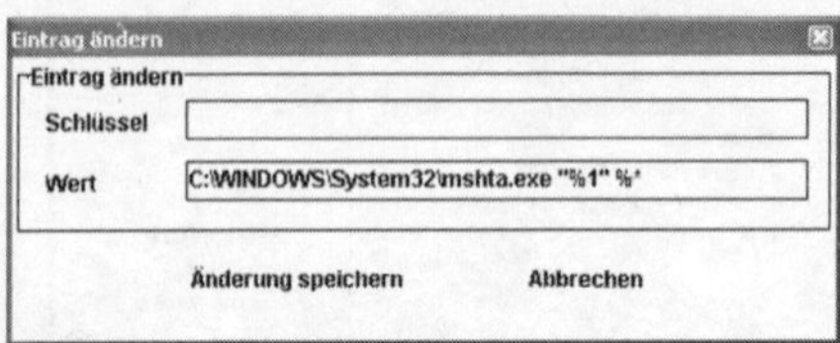

Wie gesagt: Die oben gezeigten Schritte können Sie auch „von Hand“ nachvollziehen, indem Sie die entsprechenden Dateien beziehungsweise Registry-Schlüssel öffnen und kontrollieren. Mit dem Tool geht's aber allemal bequemer. Mit TrojanCheck 6 können Sie darüber hinaus die Bereiche Virtuelle Gerätetreiber (VxD) und Active Setup kontrollieren, weitere neuere Schwachstellen im System.

Gefährliche explorer.exe in C:

Ein zwar seltener, aber besonders perfider Trick, dem System ein automatisch startendes Programm „unterzujubeln“, ist das Ablegen des Programms unter dem Namen „explorer.exe“ im Root-Verzeichnis des Startlaufwerks, also normalerweise unter *C:*. Findet Windows dort eine „explorer.exe“, wird diese ohne langes Gerede ausgeführt. Haben Sie den Verdacht, Ihr System könnte von einem Trojaner befallen sein, sollten Sie also auch diesen Speicherort überprüfen.

Sober, Sasser & Co.: die neue Dimension der Bedrohung

Stellen Sie sich vor, plötzlich erscheint eine Meldung auf Ihrem Bildschirm, die Sie belehrt, dass das System in wenigen Sekunden heruntergefahren wird, und Sie können nur ohnmächtig zusehen: Dieses Horrorszenario wurde für Tausende Betroffener wahr, als der Sasser-Virus, genauer bezeichnet als W32.Sasser.Worm, das Internet unsicher machte. Er gehört zu einer neuen Generation von Viren bzw. Würmern, die gleichzeitig eine neue Form der

Bedrohung markieren. Denn Sasser und seine Kollegen kommen nicht per E-Mail, sondern die ungebetenen Gäste können praktisch jeden Windows XP-Rechner kapern, der nicht zumindest durch die windowsinterne Firewall geschützt ist.

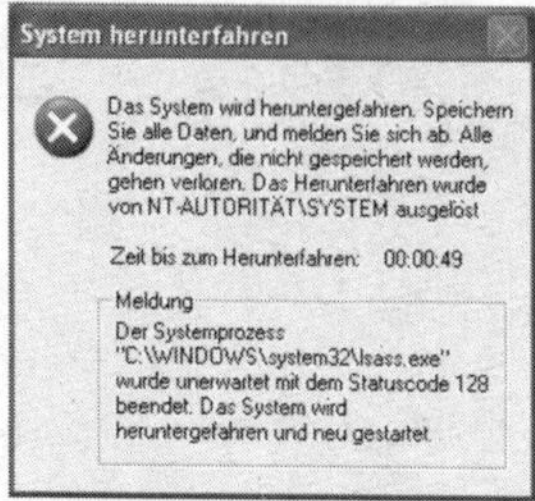

Der Moment der Machtlosigkeit: Der Sasser-Virus fährt den Rechner herunter, was sich scheinbar nicht abbrechen lässt.

Die gute Nachricht: Seit dem Sicherheits-Update KB835732, das bereits im Service Pack 1 enthalten ist, ist speziell die Sasser-Gefahr gebannt. Allerdings ist zu erwarten, dass auch zukünftig gewiefte Hacker immer wieder neue Sicherheitslücken finden und ausnutzen werden.

Sasser-Virus an Bord? So setzen Sie sich zur Wehr

Sollte trotz aller Vorsicht ein Sasser-Virus seinen Weg auf Ihren Rechner gefunden haben, müssen Sie nicht gleich die Systempartition formatieren: Erscheint die Dialogbox, die das Herunterfahren des Systems ankündigt, wählen Sie den Befehl *Start/Ausführen* und geben den Befehl „shutdown -a" ein. Dies bricht den Shutdown ab. Auf den Seiten des Bundesamts für Sicherheit in der Informationstechnik (BSI) finden Sie unter der Adresse *http://www.bsi.de/av/vb/sasser.htm* dann eine ausführliche Anleitung, wie Sie den Sasser-Wurm entfernen können.

Eine Gefahr sollten Sie dennoch nicht vergessen: Wenn Sie ein älteres Windows XP neu installieren und es anschließend über die Windows-Update-Funktion mit dem Service Pack 2 aktualisieren, reicht die Zeit bis zur erfolgten Aktualisierung oft schon, sich einen Sasser-Virus einzufangen. Deshalb schalten Sie in jedem Fall die windowsinterne Firewall ein, bevor Sie online gehen. Haben Sie gerade eine neue Internetverbindung erstellt, gehen Sie dazu folgendermaßen vor:

1. In dem nach der Konfiguration automatisch erscheinenden Verbindungsfenster klicken Sie NICHT gleich auf *Verbinden*, sondern stattdessen auf die *Eigenschaften*. Diese erreichen Sie auch, wenn Sie übers Startmenü die *Netzwerkverbindungen* öffnen und dort die neu angelegte Verbindung mit der rechten Maustaste anklicken.

2 Wechseln Sie nun zur Registerkarte *Erweitert* und setzen Sie ein Häkchen vor *Internetverbindungsfirewall.*

Nun können Sie online gehen und Ihr System auf den neusten Stand bringen.

Laufender Prozess lsass.exe: kein Grund zur Panik

Seien Sie nicht beunruhigt, wenn Sie unter der Registerkarte *Prozesse* des Taskmanager einen Prozess *lsass.exe* entdecken. Hierbei handelt es sich nicht um den Sasser-Virus, sondern um den Windows-Dienst Local Security Authority Subsystem Service (LSASS), in dem sich die Schwachstelle zeigte und der dem Virus seinen Namen gab. Neuere LSASS-Versionen (ab Windows SP 1) sind vor dem Sasser-Virus sicher.

9.2 Surfterror ade – volle Kontrolle, von Webbugs bis zum Entsperren der rechten Maustaste

Wie gesagt: In der Praxis ist es eher unwahrscheinlich, dass es Hacker mit kriminellen Absichten ausgerechnet auf Ihre Person abgesehen haben. Viel wahrscheinlicher ist, dass dubiose Firmen versuchen, Sie und Ihren Rechner auszuspionieren, um an wirtschaftlich wertvolle Daten zu kommen.

Denn mit so genannten qualifizierten Adresssätzen, die neben E-Mail-Adresse und Postanschrift auch zum Beispiel Alter, Beruf und Hobbys enthalten, lässt sich gutes Geld machen.

Welcher Methoden sich die „Adresshacker" dabei bedienen und wie Sie sich wehren können, erfahren Sie in den nächsten Abschnitten.

Ohne Nervfaktor – so machen Sie die eingebaute Firewall von Windows richtig scharf

Zunächst einmal die gute Nachricht: Windows XP in der aktuellen Version mit aufgespieltem Service Pack 2 ist tatsächlich das sicherste Windows, das es jemals gab. Voraussetzung ist, dass Sie einen aktuellen Virenscanner installiert und in Ihrer Internetverbindung die integrierte Firewall aktiviert haben.

Dies ist nach der Installation des SP 2 standardmäßig der Fall, doch wenn Sie ganz auf Nummer sicher gehen wollen, sollten Sie die Standardeinstellungen nochmals überprüfen und gegebenenfalls verschärfen:

1 Öffnen Sie mit *Start/Systemsteuerung* die Systemsteuerung und doppelklicken Sie auf das neue Symbol *Firewall*. Hier sollte unbedingt die Einstellung *Aktiv* gewählt sein. Wenn Sie Ihren Rechner in einen Hochsicherheitstrakt verwandeln wollen, aktivieren Sie hier noch zusätzlich die Option *Keine Ausnahmen zulassen*. Dies führt dazu, dass auch die unter der Registerkarte *Ausnahmen* definierten Programme und Dienste keinen Netzwerkzugriff mehr erhalten. Speziell sollten Sie diese Einstellung wählen, wenn Sie sich unterwegs an einem WLAN-Access-Point einloggen oder wenn gerade aktuelle, neue Virengefahren aufgetaucht sind. Gängige Anwendungen wie Surfen, E-Mail und Instant Messaging sollten in dieser Sicherheitsstufe noch möglich sein, speziellere Programme und Dienste wie etwa IRC oder FTP sind hingegen nicht mehr möglich.

2 Unter der Registerkarte *Ausnahmen* finden Sie die Programme und Dienste, denen die Firewall Passiererlaubnis gegeben hat - hier können Sie für bereits zugelassene Programme und Dienste die Ports und Adressbereiche überprüfen und ändern. Nützlich ist diese Registerkarte, wenn Sie eine Nachfrage der Firewall nach dem Zulassen eines Programms vorschnell mit *Ja* beantwortet haben - in diesem Fall können Sie hier die Erlaubnis für das Programm zurücknehmen, indem Sie das Häkchen vor dem Eintrag entfernen oder den Eintrag direkt ganz löschen. Um Missbrauch durch Hacker zu vermeiden, sollten Sie hier auch die Dienste *Remotedesktop* und *Remoteunterstützung* deaktivieren, sofern Sie diese nicht nutzen.

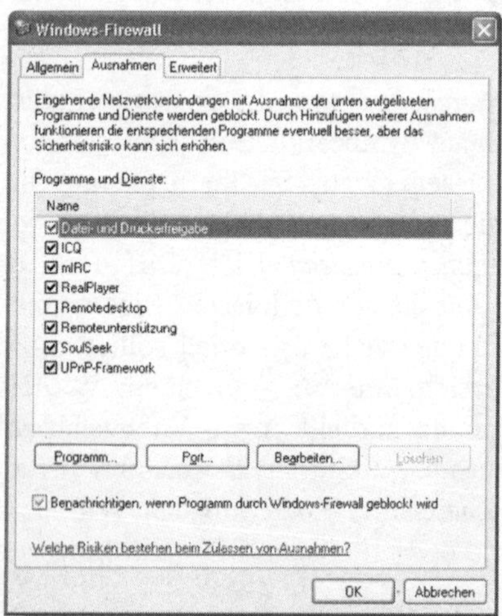

3 Die Registerkarte *Erweitert* gibt Ihnen schließlich nochmals einen guten Überblick, welche Verbindungen überwacht werden. Hier sollten alle Verbindungen aktiviert sein. Außerdem haben Sie hier die Möglichkeit, eine Logfunktion zu aktivieren. Klicken Sie hierzu im Bereich *Sicherheitsprotokollierung* auf *Einstellungen*.

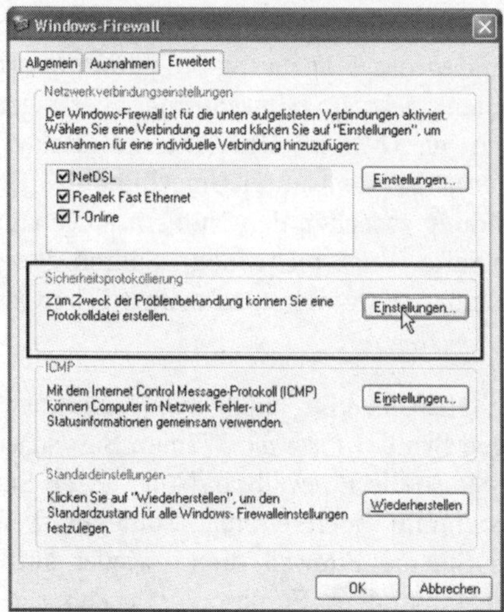

4 Neben Name, Speicherort und maximaler Größe der Protokolldatei können Sie hier festlegen, ob nur die verworfenen, also abgeblockten Pakete oder auch die erfolgreichen Verbindungen protokolliert werden sollen. Bei der Protokolldatei handelt es sich um eine simple Textdatei, die Sie mit jedem Texteditor wie Notepad öffnen und lesen können. Aber bitte keine übertriebene Paranoia: Sollten Sie der Protokolldatei später entnehmen, dass die Firewall Verbindungen geblockt hat, so muss es sich noch lange nicht um einen Hackerangriff handeln – in den meisten Fällen werden irgendwelche automatischen Internetprogramme oder -Bots eher zufällig über Ihren Rechner gestolpert sein.

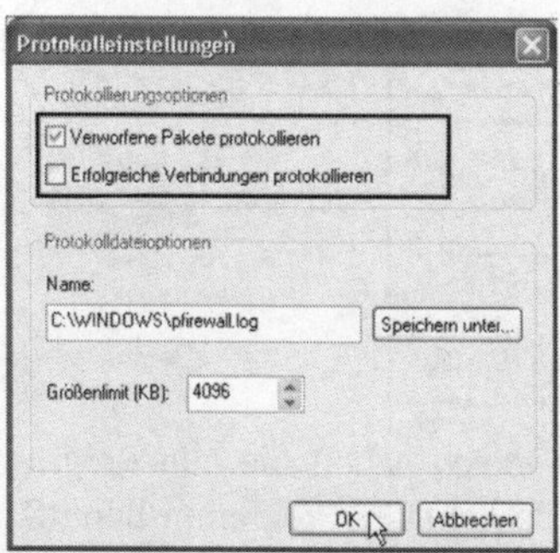

Wenn nach dem Service Pack 2 plötzlich nichts mehr geht – Troubleshooting für die eingebaute Firewall

Wie die meisten externen Firewalls hat auch die eingebaute Firewall ab Service Pack 2 den Nachteil, dass sie manchmal über das Ziel hinausschießt und bestimmte Aktivitäten, die durchaus von Ihnen gewollt sind, unterbindet. So kann unter Umständen das Filesharing-Programm *Soulseek* (*http://www.slsknet.org*) keine Daten mehr im Hintergrund übertragen, und auch der beliebte File-Austausch via DCC im IRC (**I**nternet **R**elay **C**hat) unter *mIRC* (*http://www.mirc.com*), bei dem unter Umgehung des IRC-Netzwerks eine direkte Rechnerverbindung zwischen den Nutzern aufgebaut wird, funktioniert plötzlich auf rätselhafte Weise nicht mehr. Sollten die Internetfunktionen eines Programms nicht funktionieren, so sollten Sie in zwei Schritten vorgehen:

1 Öffnen Sie mit *Start/Systemsteuerung* die Systemsteuerung und doppelklicken Sie auf das neue Symbol *Firewall*. Wählen Sie *Inaktiv (nicht empfohlen)* und schalten Sie so die Firewall ab. Nun starten Sie das Probleme verursachende Programm noch einmal: Sollte es weiterhin nicht funktionieren, können Sie die Firewall direkt wieder aktivieren, dann liegt der Fehler nämlich woanders. Funktioniert es hingegen, lag es an der Firewall. In diesem Fall fügen Sie wie in Schritt 2 und 3 beschrieben das Programm hinzu.

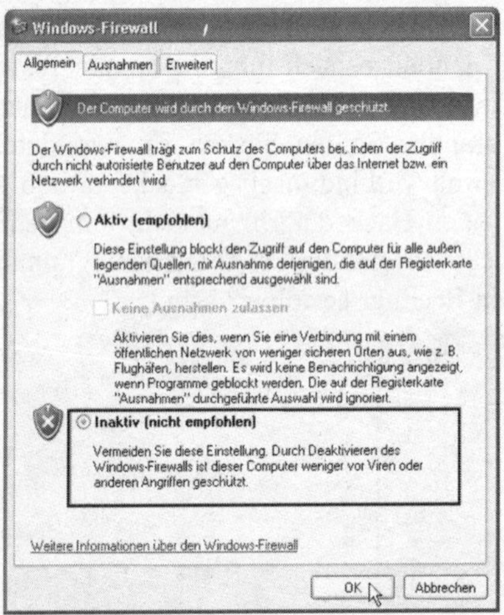

2 Unter der Registerkarte *Ausnahmen* sehen Sie alle Programme aufgelistet, die die Firewall akzeptiert. Steht Ihr Programm bereits auf der Liste, aber ohne Häkchen, so setzen Sie einfach ein Häkchen davor, um die Ausnahme zu aktivieren. Andernfalls haben Sie die Möglichkeit, das Programm manuell hinzuzufügen. Klicken Sie dafür auf den Button *Programm*.

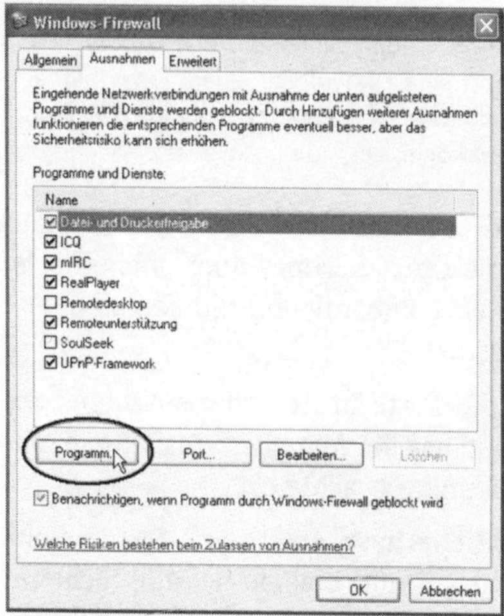

3 Ähnlich wie bei der Verwaltung der Dateitypen erhalten Sie nun eine Liste aller auf dem Computer installierten Programme. Vermutlich wird das problematische Programm nicht darunter sein, denn sonst hätte die Firewall es auch berücksichtigt. Sie können aber mittels des Buttons *Durchsuchen* direkt die dazugehörige exe-Datei selektieren. Tipp: Wissen Sie nicht, wo Sie diese finden sollen, klicken Sie die Programmverknüpfung im Startmenü mit der rechten Maustaste an und schauen unter den *Eigenschaften* nach. Nachdem Sie alle Dialogboxen mit *OK* geschlossen haben, sollte die Firewall das Programm nun kennen und alle Programmfunktionen zulassen.

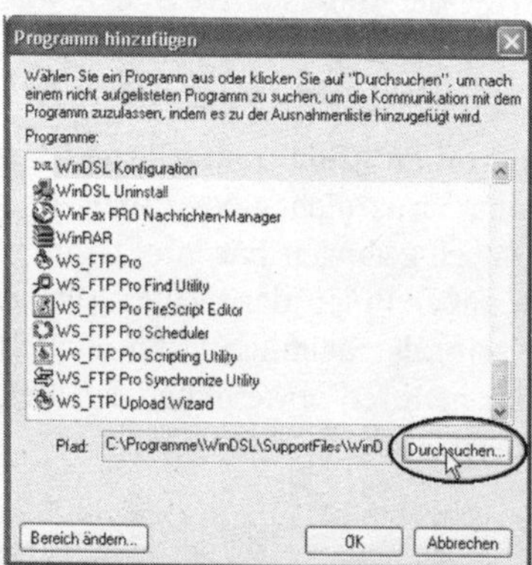

INFO

Was ist eigentlich eine Firewall?

Der Begriff „Firewall" leitet sich aus der Architektur ab, wo darunter eine Feuerschutzwand verstanden wird. Sie installiert sich zwischen dem privaten Rechner oder Netzwerk und dem Internet und überwacht als Kontrollinstanz den gesamten Datenverkehr zwischen diesen beiden Stationen, also zulässige Protokolle, Ports und Programme. Technisch ist eine Firewall mit einem Proxy-Server verwandt, das heißt, der Datenverkehr läuft nicht mehr direkt zwischen Browser und dem Internet, sondern eine schützende und kontrollierende Instanz ist zwischengeschaltet.

Die Firewall von Windows XP schützt Ihren Rechner insbesondere vor „Nukern", das sind Spaßvögel, die Ihren Rechner über offene Ports mit bewusst unverständlichen Datenpaketen bombardieren und so aus dem Takt bringen, schlimmstenfalls bis zum Absturz.

Durch die Firewall werden die Ports in den so genannten „Stealth-Modus" geschaltet, sodass sie für potenzielle Angreifer unsichtbar sind. Allerdings sollten Sie generell folgende Punkte beachten:

- **Es gibt keine absolute Sicherheit:** Auch wenn Sie die neusten Bugfixes und Patches installiert haben und meinen, so alle Sicherheitslücken gestopft zu haben: Schon morgen kann ein neues Sicherheitsleck entdeckt werden, vielleicht gravierender und gefährlicher als alle bisherigen. Sie sollten daher über die Windows-Update-Funktion immer wieder überprüfen, ob neue Updates oder Patches vorliegen, oder noch besser *Windows Update* so konfigurieren, dass neue Updates automatisch heruntergeladen und installiert werden.
- **Das größte Sicherheitsrisiko sind Sie selbst!** Auch wenn das jetzt ein wenig zynisch klingen mag, aber die meisten Schäden werden dadurch angerichtet, dass der User selbst leichtsinnig Programme aus dubiosen Quellen herunterlädt und startet oder auf Internetseiten unbekannte ActiveX-Controls implementiert. Oder anders ausgedrückt: Was nützt Ihnen ein mehrfach verriegelter Hintereingang, wenn Sie dem Einbrecher selbst den Vordereingang öffnen?
- **Auch im Offline-Bereich drohen Gefahren:** Davon abgesehen, dass sich schon manch einer einen Virus nicht übers Internet, sondern über eine weitergegebene CD-ROM eingefangen hat, droht Ihrem Rechner generell Gefahr, wenn andere außer Ihnen dazu Zugang haben. Das kann der neugierige Bürokollege sein, der heimlich Daten ausschnüffelt, aber auch der 8-jährige Sohn, der in Ihrer Abwesenheit am Rechner herumspielt und versehentlich Daten löscht.

INFO

Sicherheitsrisiko Passwörter

Die „Passwortschwemme" nimmt heute leicht überhand: Zu den Kennwörtern und Geheimzahlen, die Sie sich sowieso fürs Handy oder für die EC-Karte merken müssen, kommen Account-Namen und Passwörter für Internetzugang, E-Mail-Account, Onlinebanking, Foren und Communities und und und ... Aber auch wenn die Versuchung groß ist, weil es sich so leicht merken lässt: Benutzen Sie nie ein und dasselbe Passwort für verschiedene Dienste. Außerdem sollten Sie bei der Auswahl des Passwortes auf leicht erratbare Wörter wie den Namen Ihres Hundes natürlich verzichten, sondern am besten kryptische Buchstaben- und Zahlenfolgen wie „65ty9kp2" verwenden.

ZoneAlarm: Die leistungsfähige Firewall zum Nulltarif

Die Firewall unter Windows XP Service Pack 2 bietet zwar schon einen soliden Grundschutz, hat aber letztlich nur wenig Möglichkeiten der Konfiguration.

INFO

ZoneAlarm Pro mit weiterreichenden Möglichkeiten

Natürlich hat keine Firma wirklich etwas zu verschenken und Zone Labs bietet die Software ZoneAlarm auch nur deshalb kostenlos an, um auf ihre kostenpflichtigen Produkte ZoneAlarm Plus (39,95 $) und ZoneAlarm Security Suite (69,95 $) aufmerksam zu machen. Diese beiden Versionen bieten neben der reinen Firewall-Funktion eine ganze Reihe zusätzlicher Features gegenüber der kostenlosen Version, beispielsweise das Blocken von Werbebannern und Popup-Fenstern an, Virenschutz, eine Cookie-Kontrolle, eine Scan-Funktion nach Spyware, Hackertools und Trojanern und einiges mehr. Insbesondere wenn Sie Ihren PC auch geschäftlich nutzen, ist der Preis für ZoneAlarm Plus oder die Security Suite sicher gut angelegtes Geld.

Eine Firewall mit schon sehr viel weiterreichenden Möglichkeiten bietet Ihnen ZoneAlarm der Firma Zone Labs, das Sie sich für den privaten Gebrauch kostenlos von der Website *http://www.zonelabs.com* herunterladen können. Und so richten Sie ZoneAlarm bereits bei der Installation optimal ein:

1 Zunächst werden Sie bei der Installation gefragt, wie ZoneAlarm reagieren soll, wenn das Programm verdächtige Zugriffsaktivitäten bemerkt und abblockt. Wählen Sie hier die Option *Ich will benachrichtigt werden, wenn ZoneAlarm einen Datenstrom sperrt*, wenn Sie in diesem Fall benachrichtigt werden wollen, oder *Keine Meldungen - Computer im Hintergrund schützen*, wenn das Programm Sie in einem solchen Fall nicht benachrichtigen soll.

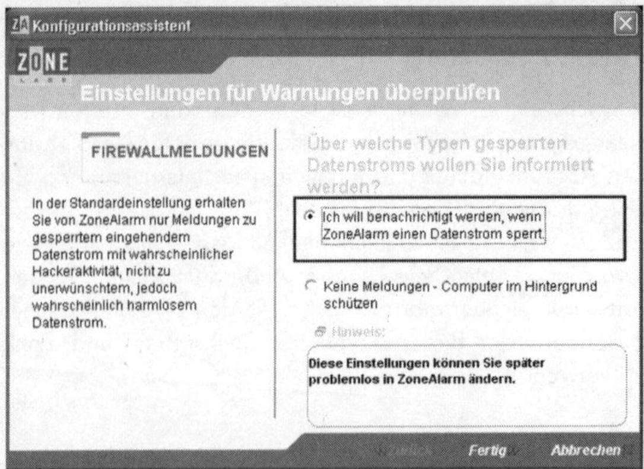

2 Bestimmte Standardprogramme wie der Internet Explorer können von ZoneAlarm vorkonfiguriert werden. Wählen Sie hierfür *Ja* oder *Erweitert*, wenn Sie der Liste weitere Programme hinzufügen wollen.

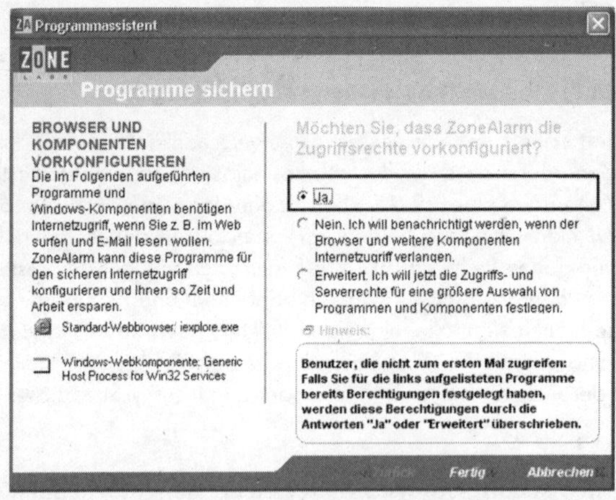

3 Neu in ZoneAlarm und äußerst sinnvoll ist ein eBay-Betrugsschutz. Immer wieder versuchen Betrüger, mit äußerst geschickt gemachten E-Mails und Webseiten, die von den echten eBay-Benachrichtigungen und eBay-Seiten kaum zu unterscheiden sind, in den Besitz fremder eBay-Daten zu kommen: Beispielsweise lautet dann die Adresse von „Mein eBay" nicht wie bei der Original-eBay-Site *http://my.ebay.de/ws/ebay ISAPI.dll?MyeBay,* sondern *http://my-ebay.de/ws/ebayISAPI.dll?MyeBay* - Hand aufs Herz, hätten Sie den Unterschied bemerkt? ZoneAlarm prüft für Sie, ob Ihr eBay-Kennwort tatsächlich an eine berechtigte Seite weitergeleitet wird, andernfalls wird die Weiterleitung geblockt.

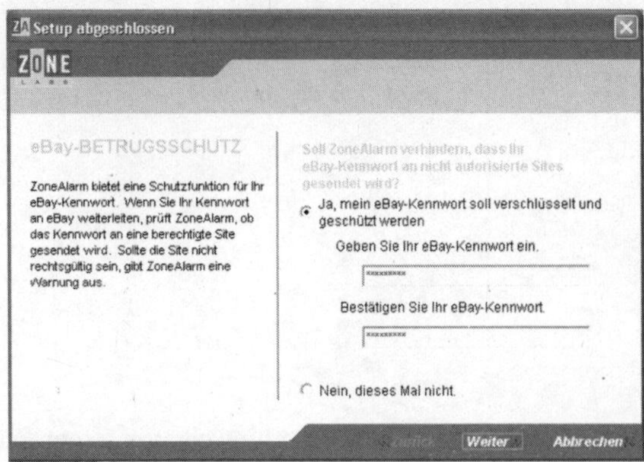

Damit haben Sie ZoneAlarm bereits so eingerichtet, dass es sofort seine Schutzwirkung entfalten kann. ZoneAlarm trägt sich übrigens automatisch in die *Autostart*-Gruppe des Startmenüs ein, sodass es bei jedem Windows-Start direkt zur Verfügung steht. Greift nun ein Programm aufs Internet zu oder versucht umgekehrt jemand, aus dem Internet auf Ihren Rechner zuzugreifen, erscheint eine entsprechende Warnmeldung mit dem Programmnamen.

Aufmerksamer Wächter im Hintergrund: ZoneAlarm reagiert sofort, wenn ein Programm aufs Internet zuzugreifen versucht.

In unserem Beispiel erscheint ein Warnhinweis mit ockergelbem Fenstertitel beim Starten vom Windows Media Player. Da Sie ja sicher wollen, dass diese Anwendung aufs Internet zugreifen darf, beantworten Sie die Frage danach mit *Ja*.

Wenn Sie außerdem ein Häkchen vor die Option *Diese Einstellung beim nächsten Start des Programms verwenden* setzen, merkt sich ZoneAlarm, dass der Windows Media Player zu den zugelassenen Programmen gehört, und fragt Sie beim nächsten Start des Programms nicht mehr.

Zuverlässige Abwehr: Unerwünschte Zugriffe aus dem Internet auf Ihren Rechner werden von ZoneAlarm erkannt und abgeblockt.

Spannender wird es schon, wenn ein Warnhinweis mit rotem Fenstertitel erscheint. Das bedeutet nämlich, dass jemand von außen versucht hat, auf Ihren Rechner zuzugreifen. ZoneAlarm nennt dabei die verwendete Portnummer und die IP-Adresse des zugreifenden Rechners.

Grenzen des Firewall-Schutzes durch ZoneAlarm

Mit ZoneAlarm erstellen Sie letztlich eine Liste aller Programme, die auf das Internet zugreifen dürfen, typischerweise also Ihr Webbrowser, Ihr E-Mail-Programm und vielleicht noch Ihre FTP- und Ihre Messaging-Anwendung. So sind Sie gut geschützt beispielsweise gegen „Spyware", also Programme, die ansonsten unbemerkt von Ihnen aufs Internet zugreifen und eventuell sensible Daten übermitteln könnten. Keinen Schutz bietet die Firewall hingegen zum Beispiel gegen böswillig programmierte Webseiten, die eventuell zerstörerische Applets enthalten – denn diese Kommunikation läuft ja über den Webbrowser, der auf der Liste der erlaubten Programme steht.

Das Hauptfenster von ZoneAlarm erreichen Sie jederzeit, indem Sie auf das Symbol in der Taskleiste (Systray links neben der Uhr) doppelklicken. Ins Auge springen hier die Symbole des Vorhängeschlosses (Funktion *LOCK/UNLOCK*) und des Stop-Buttons (Funktion *SHUT OFF*). Mit der ersten Funktion können Sie für sämtliche Programme den Zugriff aufs Internet sperren, mit der zweiten Funktion koppeln Sie den Rechner komplett vom Internet ab. Dies ist besonders nützlich in Netzwerkumgebungen mit Standleitung, wo ein simples Trennen der Internetverbindung nicht so einfach möglich ist.

Über die Registerkarte *Firewall/Grundeinstellungen* stellen Sie Art und Umfang des gewünschten Schutzes ein. Dies geschieht getrennt für die „Internetzone", also das Internet, und die „Sichere Zone", womit beispielsweise ein lokales Netzwerk gemeint ist. Hierbei haben Sie die Wahl zwischen drei Abstufungen:

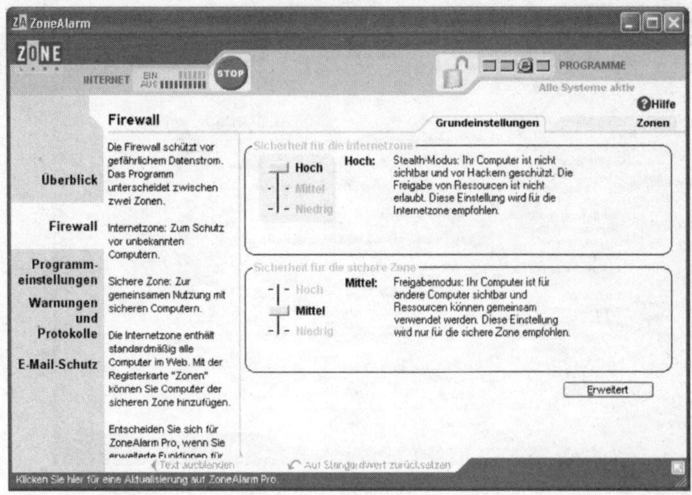

Die Einstellung der Sicherheitsstufen erfolgt analog zum Internet Explorer ganz einfach mit Schiebereglern.

- **Hoch:** In diesem so genannten Stealth-Modus ist Ihr Computer vor anderen Rechnern (und vor potenziellen Angreifern) komplett verborgen. Auf Ressourcen Ihres Rechners darf prinzipiell nicht zugegriffen werden. Diese Einstellung ist empfohlen für die „Internetzone".
- **Mittel:** In der „Internetzone" ist Ihr Computer nicht mehr verborgen, aber auf seine Ressourcen kann nicht zugegriffen werden. In der „Sicheren Zone" können Ressourcen geteilt werden. Empfohlene Einstellung für die „Sichere Zone".
- **Niedrig:** In dieser Einstellung ist der Firewall-Schutz ganz abgeschaltet.

Neben der Möglichkeit, Art und Umfang des Firewall-Schutzes generell festzulegen, können Sie auch für jedes von ZoneAlarm erfasste Programm genau festlegen, was es darf und was es nicht darf.

Wechseln Sie hierzu in den Bereich *Programmeinstellungen*. Unter der Registerkarte *Grundeinstellungen* können Sie hier wieder - analog zur Firewall - über einen Schieberegler die generelle Einstellung zwischen *Hoch*, *Mittel*, *Niedrig* und *Aus* festlegen, wobei die Einstellung *Hoch* nur in der kostenpflichtigen Programmversion ZoneAlarm Pro möglich ist. Unter der Registerkarte *Programme* können Sie darüber hinaus für jedes Programm einzeln festlegen, ob es aufs Netzwerk oder aufs Internet zugreifen darf oder ob vom Netzwerk oder vom Internet aus auf das Programm zugegriffen werden darf. Klicken Sie in den entsprechenden Bereich hinein, haben Sie die Auswahl zwischen drei Optionen:

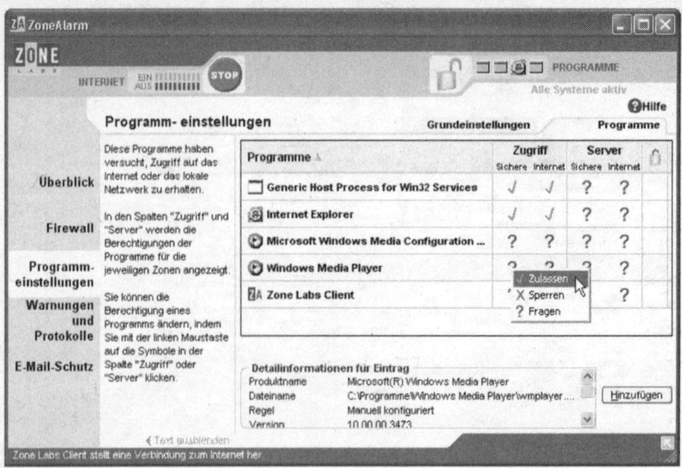

ZoneAlarm erlaubt das individuelle Konfigurieren einzelner Programme.

- **Zulassen (grünes Häkchen):** Zugriff ist erlaubt.
- **Sperren (rotes Kreuz):** Zugriff ist abgeblockt.
- **Fragen (blaues Fragezeichen):** Beim ersten Zugriff im ausgewählten Bereich wird nachgefragt, ob der Zugriff erlaubt oder abgeblockt werden soll.

In der Spalte mit dem Sicherheitsschloss können Sie außerdem die Option *Pass Lock* für das ausgewählte Programm festlegen. Das bedeutet, dass das Programm auch aufs Internet zugreifen kann, wenn Sie den Programmzugriff allgemein mit einem Klick auf das Vorhängeschloss geblockt haben.

Schluss mit der Daten-Spionage! Wie Sie Spyware endgültig loswerden

Eine besonders üble Erscheinung in jüngster Zeit, und streng genommen auch zur Gruppe der Trojanischen Pferde zu rechnen, ist die so genannte Spyware. Wie der Name (von „spy" = „Spion") es schon andeutet, tut solche Spyware nichts anderes, als Ihr Surfverhalten auszuspionieren und die Ergebnisse an irgendwelche Firmen zu schicken. Und das Schönste daran: Sie haben diesem Treiben auch noch zugestimmt! Denn Spyware kommt in der Regel nicht allein, sondern „huckepack" mit einem anderen Programm, meistens einem nützlichen Tool, auf Ihren Rechner. Dabei handelt es sich oft um so genannte Adware, das ist kostenlose Software, die sich durch eingeblendete Werbebanner finanziert. Wodurch auch der Sinn der Spyware klar wird.

Denn die Firmen, die mittels der Adware werben, möchten eben auch gern wissen, ob sie ihre Zielgruppe erreichen. Beim Installieren der Adware haben Sie natürlich auch der EULA, dem Endbenutzer-Lizenzvertrag, mit einem Mausklick zugestimmt. Und, Hand aufs Herz: Durchgelesen haben Sie sich den englischsprachigen, kilometerlangen Text bestimmt nicht!

Ein unrühmliches Beispiel ist der Webbeschleuniger NetSonic von Web3000, den Sie von der Website *http://www.netsonic.com* kostenlos herunterladen könnten, wobei ich an dieser Stelle ausdrücklich davon abrate. Bei der Installation erscheint ein englischsprachiger Endbenutzer-Lizenzvertrag, der - sinngemäß übersetzt - unter anderem folgenden brisanten Inhalt hat:

> *„Mit der Annahme dieser Vereinbarung gestatten Sie es Web3000, bestimmte Informationen zu Ihrer Person zu nutzen [...]. Basis-Kontaktinformationen umfassen Ihren Namen, E-Mail-Adresse, Geschlecht, Altersgruppe, Land, Betriebssystem, den zuletzt benutzten Browser-Typ und ob Sie schon übers Netz eingekauft haben. Diese Basis-Kontaktinformationen werden auf den Servern von Web3000 gespeichert."*

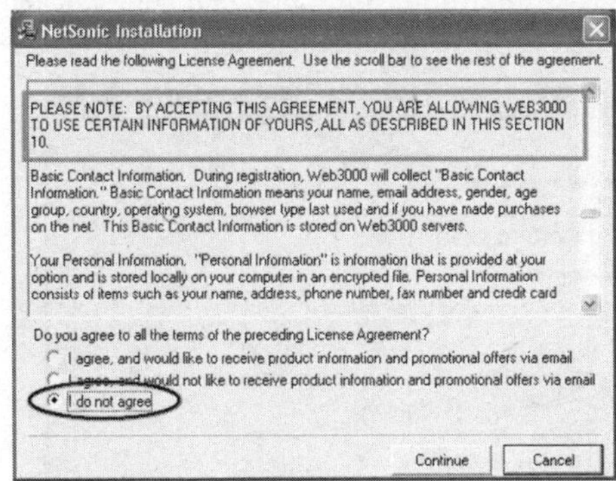

Bei einer EULA wie dieser gibt es nur eine Antwort: „I do not agree."

Besonders trügerisch: Beim Annehmen der Lizenzvereinbarung können Sie gleichzeitig entscheiden, dass Sie keine Werbung via E-Mail erhalten wollen. Vor der Weitergabe Ihrer persönlichen Daten und einer anschließenden Spam-Flut schützt Sie das aber keineswegs.

Ist NetSonic erst einmal installiert, werkeln im Hintergrund weitere Programme wie etwa Gator vor sich hin, die fleißig Ihr Surfverhalten überwachen. Gemeinerweise bleiben diese Programme auch dann noch aktiv, wenn Sie das „Wirtsprogramm", in unserem Beispiel also NetSonic, deinstallieren.

Vorbeugender Schutz mit Ad-aware Plus

Die kostenlose Version von Ad-aware kann erst tätig werden, wenn das Kind schon in den Brunnen gefallen ist, sprich wenn sich eine Spyware bereits eingeschlichen hat. Einen noch gründlicheren, auch vorbeugenden Schutz bieten die Versionen Ad-aware Plus (26,95 $) oder Ad-aware Pro (39,95 $).

Aber zum Glück gibt es ein kostenfreies Tool, das die unerwünschte Spyware zuverlässig aufspürt und entfernt: Es heißt Ad-aware 6.0 und Sie können es von der Website *http://www.lavasoft.de* herunterladen. Die Bedienung kostet Sie nur wenige Mausklicks:

1 Nachdem Sie im Eingangsbildschirm auf *Start* geklickt haben, werden Ihnen drei Optionen angeboten. Am empfehlenswertesten ist *Perform smart system-scan*, wobei Ihr System mit typischen Grundeinstellungen gescannt wird. *Use custom scanning options* öffnet eine Dialogbox, in der Sie die Scan-Optionen nochmals detailliert anpassen können, und mit der dritten Option *Select drives/folders to scan* können Sie gezielt bestimmte Laufwerke oder Ordner unter die Lupe nehmen. Klicken Sie auf *Next*, um den eigentlichen Scan-Vorgang einzuleiten.

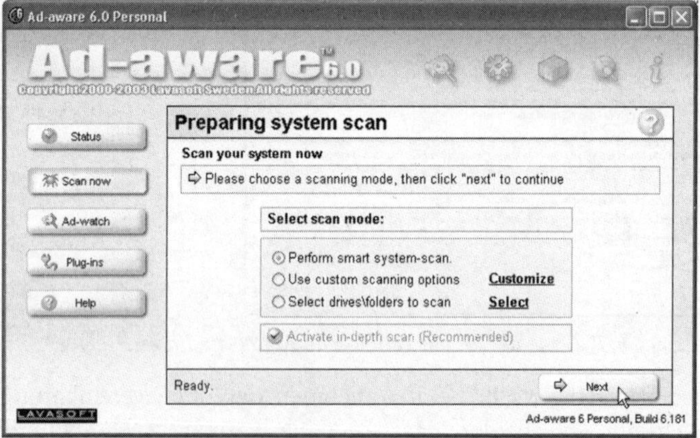

2 Nachdem der Scan-Vorgang beendet ist, erhalten Sie eine Liste mit allen Spyware-Elementen, die Ad-aware erkennen konnte. In unserem Beispiel war das etwa der „gute Bekannte" Alexa (siehe Kapitel 7.2). Aber auch Programme von Cydoor, Gator und Web3000 pflegen in der Ergebnisliste mit schöner Regelmäßigkeit aufzutauchen. Mit der Schaltfläche *Quarantine* können Sie die Elemente, die Sie löschen wollen, vorher sichern. Setzen Sie anschließend ein Häkchen vor alle Elemente, die Sie löschen wollen. Mit einem Klick auf *Next* können Sie die erkannten Schnüffler dann über den Jordan schicken.

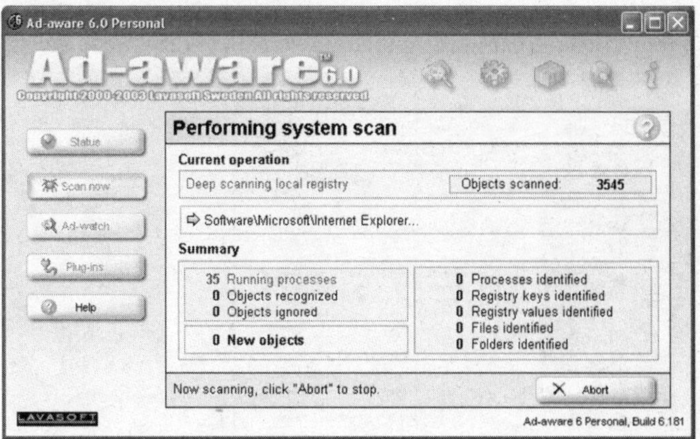

Ad-aware mit Refupdate auf dem neusten Stand halten

Da ständig neue Spyware erscheint, muss auch ein Programm wie Ad-Aware – genauso wie ein Virenscanner – ständig aktualisiert werden. Ad-aware arbeitet mit einem so genannten Reference File, aus welchem das Programm die Informationen über bestehende Spyware ausliest. Mit einem Klick auf *Check for Updates now* im Hauptfenster des Programms können Sie automatisch überprüfen lassen, ob ein neueres Reference File für Ad-aware vorliegt, und dieses automatisch herunterladen und installieren lassen.

Kleine Käfer beobachten Sie: Die WebBugs sind los!

Leider ist mit der Entfernung der Spyware immer noch nicht Schluss mit dem Ausspionieren: Denn es gibt immer noch die WebBugs. Dabei handelt es sich um kleine, meist unsichtbare Bilder, die in Internetseiten und oft auch in HTML-E-Mails eingebettet sind. Über die Bild-URL wird ein Skript aufgerufen, das eine ganze Reihe an Informationen an einen weiteren Server schickt, beispielsweise Ihre IP-Adresse oder mit welchem Browser Sie unterwegs sind, aber auch beispielsweise der so genannte Referer, also von welcher Website Sie gerade kommen. Leider gibt es zur Zeit noch keinen wirklich zuverlässigen Weg, diese Art der Datenspionage auszuhebeln. Immerhin hat die Privacy Foundation (*http://www.privacyfoundation.org*), eine amerikanische Vereinigung, die sich dem Schutz der Privatsphäre im Internet verschrieben hat, ein kleines Plug-In für den Internet Explorer namens Bugnosis entwickelt, das Sie von der Website *http://www.bugnosis.org* kostenlos herunterladen können:

1 Bevor Sie auf der Website *http://www.bugnosis.org* auf den Download-Link klicken, müssen Sie alle anderen Fenster des *Internet Explorer* schließen. Danach müssen Sie zunächst eine Sicherheitswarnung bezüglich „Installieren und Ausführen von ‚Bugnosis'" mit einem Klick auf *Ja* bestätigen.

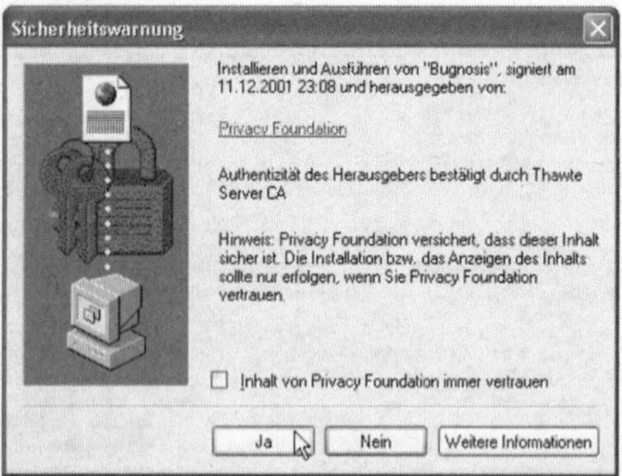

2 Download und Installation sind in wenigen Minuten abgeschlossen. Sollten Sie jetzt nicht einen kleinen Käfer als neues Symbol in der Symbolleiste sehen, klicken Sie mit der rechten Maustaste auf eine freie Fläche der Symbolleiste und wählen aus dem Kontextmenü den Befehl *Anpassen*. Markieren Sie dann in der linken Liste *Verfügbare Schaltflächen* das Käfer-Symbol *Bugnosis*, klicken Sie auf *Hinzufügen* und dann auf *Schließen*.

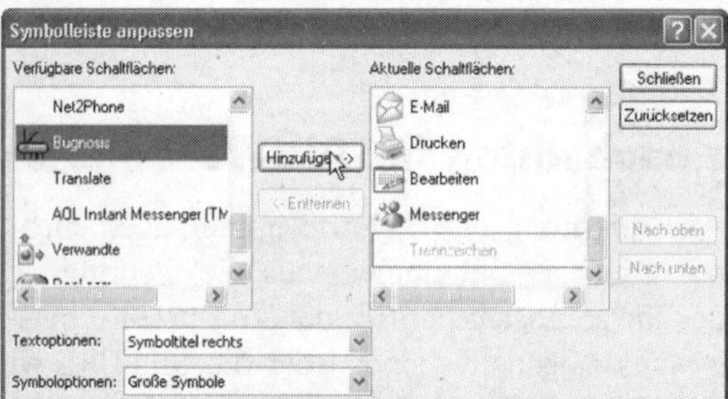

3 Nun können Sie mit einem Klick auf das Käfer-Symbol den Statusbereich von Bugnosis im unteren Bildschirmbereich ein- oder ausblenden. Dieser blendet sich auch automatisch ein, wenn Sie eine Website besuchen, die WebBugs verwendet.

Gleichzeitig wird das unsichtbare WebBug-Bildchen durch ein kleines Bild eines Käfers ersetzt.

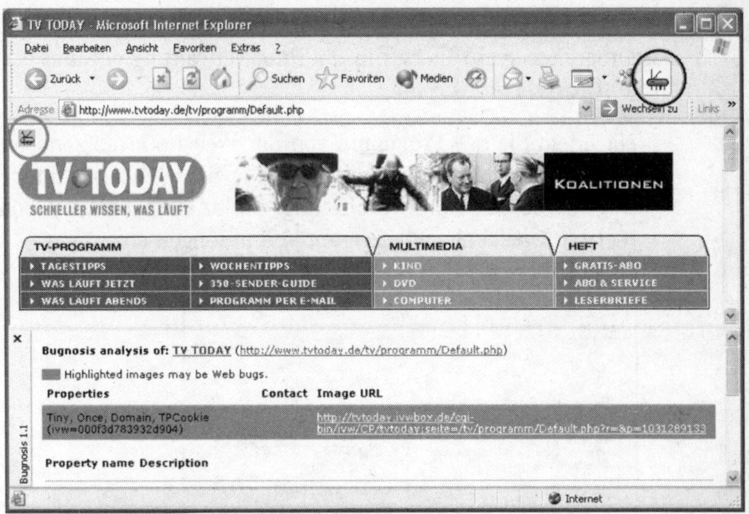

Wie gesagt, entfernen können Sie die WebBugs mit Bugnosis nicht, und auch vor der unerwünschten Datenübertragung kann Sie das Tool nicht schützen. Immerhin aber wissen Sie mit Bugnosis, welche Webseiten WebBugs verwenden, und können diese Webseiten in Zukunft meiden oder dem Webmaster einmal eine E-Mail schicken, in der Sie höflich um Aufklärung und Entfernung der WebBugs bitten.

INFO

Webbugs bei Countern

Nicht immer werden Daten über Ihr Surfverhalten mit dem Ziel gesammelt, ein kommerziell verwertbares Nutzerprofil zu erstellen. In den meisten Fällen handelt es sich um simple Besucherzähler, die diese Daten zu statistischen Zwecken sammeln – etwa, um das Webangebot für bestimmte, häufig verwendete Bildschirmauflösungen optimieren zu können.

Unerkannt durchs WWW surfen: JAP macht's möglich

Sind Sie den nicht enden wollenden Kampf gegen Cookies, Spyware, WebBugs und Co. langsam leid? Dann verschleiern Sie doch einfach Ihre Identität und surfen Sie mit JAP. Mit JAP, einer Entwicklung der Technischen Universität Dresden, benutzen Sie zum Internetsurfen eine feste Adresse, die Sie sich mit den anderen JAP-Nutzern teilen. Dadurch erfährt weder der angefragte Server noch ein Lauscher auf den Verbindungen, welcher Nutzer welche Webseite aufgerufen hat. Die Anonymisierung der Internetzugriffe wird erreicht, indem sich die Computer der Nutzer nicht direkt zum Webserver verbinden, sondern ihre Kommunikationsverbindungen verschlüsselt über einen Umweg mehrerer Zwischenstationen, so genannter Mixe, schalten. Das Programm greift hierfür in die Proxyverwaltung ein und arbeitet wie ein lokaler Proxyserver.

1 Nachdem Sie das Programm von der Website *http://anon.inf.tu-dresden.de* heruntergeladen haben, werden Sie zunächst nach Ihrem Browser gefragt sowie nach der Verbindung, die JAP überwachen soll. Geben Sie hier im Zweifel alle angezeigten Verbindungen an.

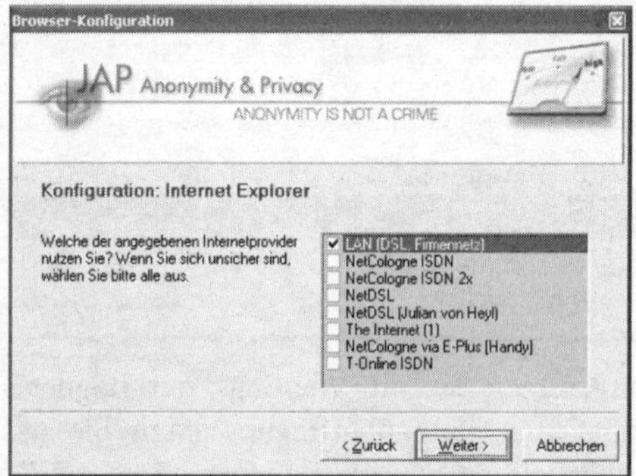

2 Nach dem Start des installierten Programms zeigt Ihnen ein Kontrollmonitor den Grad Ihrer Anonymität sowie die Anzahl der gerade eingeloggten Benutzer des Systems. Setzen Sie ein Häkchen vor *Anonymen Webzugriff aktivieren*, um die eigenen Spuren zu verwischen. Außerdem sollten Sie in Ihrem Browser aktive Inhalte wie JavaScript abschalten.

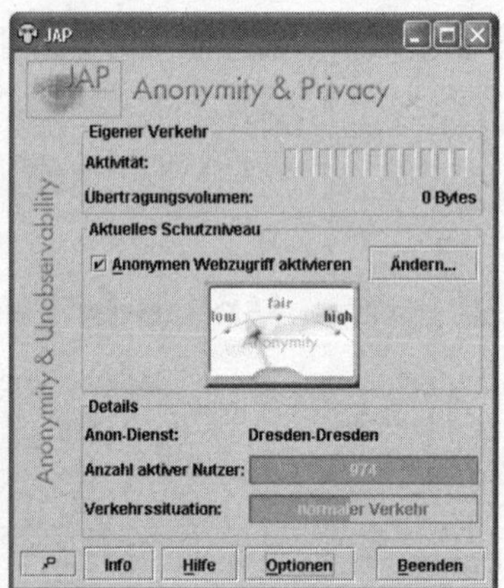

Nach Auskunft der Macher ist das JAP-System noch in einer frühen Entwicklungsphase, in der die angestrebte Sicherheit noch nicht erreicht ist. Allerdings schützt diese Version bereits gegen Angreifer, die das Netz nur lokal an einer Stelle überwachen, wie z. B. den Provider oder den Chef.

Gute Lösung für unerkannte „Gelegenheitsvisiten": Surfen mit dem Anonymizer

Während JAP nicht unähnlich dem Filesharing-Prinzip arbeitet, folgen echte Onlineanonymizer einem anderen Ansatz: Bei ihnen werden alle Internetanfragen tatsächlich über einen anderen Server umgeleitet und dort nach Art eines gigantischen Verschiebebahnhofs so neu arrangiert, dass eine Rückverfolgbarkeit ausgeschlossen ist. Da dies allerdings in nicht unerheblichem Maße Traffic, also Datenverkehr, und damit Kosten für den Anbieter bedeutet, sind solche Dienste unterdessen in der Regel nicht mehr kostenfrei. Der bekannteste dieser Services, der Anonymizer unter *http://www.anonymizer.com*, verlangt beispielsweise immerhin 29,99 $ pro Jahr für die Gewissheit, unerkannt im Internet unterwegs zu sein. Immerhin können Sie hier einzelne Webseiten anonym besuchen, indem Sie die URL in das dafür angebotene Formularfeld rechts oben auf der Seite eingeben.

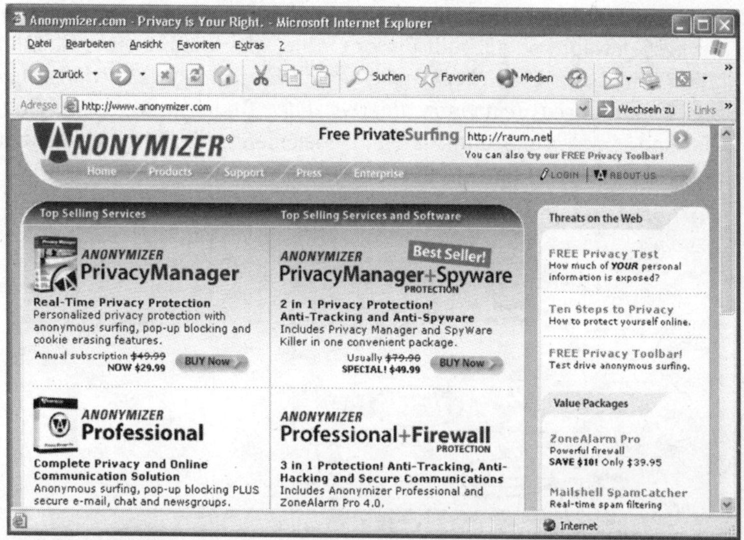

Surfen mit dem Anonymizer: Welche Webseiten Sie besuchen, kann nicht mehr zurückverfolgt werden.

Den Anonymizer können Sie sich auch in einer kostenfreien Version unter der Website *http://www.anonymizer.com* herunterladen; er klinkt sich als Plug-In in den Internet Explorer ein und kann als Symbolleiste mit dem Befehl *Ansicht/Symbolleisten/Anonymizer Toolbar* sichtbar gemacht werden. Mit einem Klick auf den Button *ON/OFF* aktivieren beziehungsweise deaktivieren Sie ihn. Geben Sie jetzt beispielsweise für die deutsche Yahoo!-Website die Adresse *„http://de.yahoo.com"* ein, so verwandelt der Anonymizer diese Adresse in *„http://anon.free.anonymizer.com/http://de.yahoo.com"*. Allerdings hat der Anonymizer auch gewisse Nachteile: Zum einen wird das Surfen durch die „Zwischenstation" geringfügig verlangsamt, zum anderen werden zumindest in der kostenfreien Version nicht alle Seiten angezeigt, besonders populäre Seiten wie *http://www.microsoft.de* bleiben außen vor. Wollen Sie alle Seiten mit dem Anonymizer sehen, müssen Sie schon den kostenpflichtigen Service für 29,99 $ pro Jahr in Anspruch nehmen.

Erfolgreich Spuren verwischen: So löschen Sie Cache, Cookies und Verlauf wirklich komplett

Die temporären Internetdateien, kurz auch Cache genannt, sind äußerst verräterisch, was die Rückverfolgung Ihrer Surfausflüge angeht. Haben Sie im Windows-Explorer unter *Extras/Ordneroptionen*, Registerkarte *Ansicht*, im Bereich *Versteckte Dateien und Ordner* die Option *Alle Dateien und Ordner anzeigen* gewählt, so enthüllt dieser Ordner, den Sie bei einer Standardinstallation unter dem Pfad *C:\Dokumente und Einstellungen\<Benutzername>\Lokale Einstellungen\Temporary Internet Files* finden, alle HTML-Dokumente, Grafiken, JavaScripts und andere Webelemente, die Sie sich in den letzten Tagen und Wochen im Internet Explorer angesehen haben.

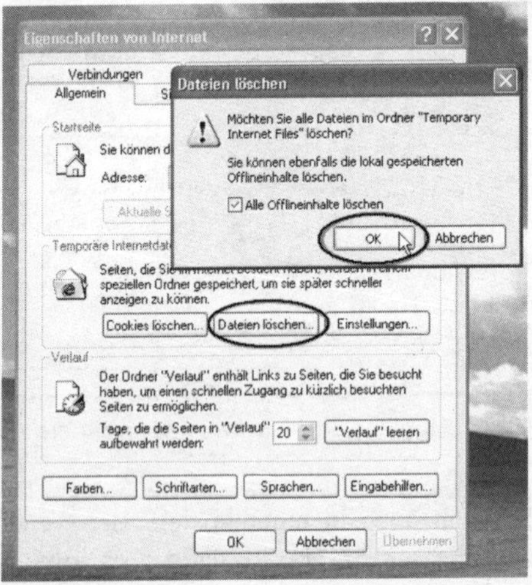

Über die „Internetoptionen" werden keineswegs alle Spuren Ihrer Surfausflüge beseitigt.

Kein Problem, werden Sie denken, ich lösche ja regelmäßig den Internetcache, indem ich im Internet Explorer den Befehl *Extras/Internetoptionen* wähle und unter der Registerkarte *Allgemein* auf die Schaltfläche *Dateien löschen* klicke. Dann noch schnell auf *Cookies löschen* geklickt und zuletzt auf *"Verlauf" leeren*, und schon sind alle Surfspuren beseitigt.

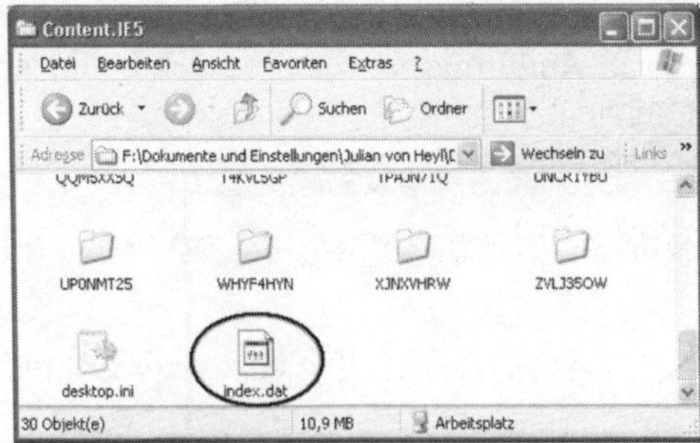

Leider ein Irrtum. Denn der Ordner *Temporary Internet Files* gibt wie andere Systemordner auch einen ganz anderen Inhalt vor, als er wirklich hat. Seine wahre Struktur können Sie erkennen, indem Sie ihn einfach an einen anderen Ort, zum Beispiel auf den Desktop kopieren (Vorsicht, kann lange dauern!). Sie sehen nun, dass der Ordner einen Unterordner namens *Content. IE5* enthält, der wiederum weitere Unterordner mit so kryptischen alphanumerischen Namen wie *UPONMT25* oder *XJNXVHRW* enthält. Außerdem finden Sie hier eine Datei namens *index.da*t vor, und die hat es in sich: Mehrere MByte groß, enthält diese Datei unverschlüsselt sämtliche URLs aller Elemente, die Sie sich im Web in den letzten Wochen angesehen haben. Und sogar Benutzernamen, die Sie im Web eingegeben haben, sind hier offen einsehbar. Und: Auch wenn Sie wie oben beschrieben über die *Internetoptionen* die Dateien der *Temporary Internet Files* löschen, bleiben Ihre Surfspuren in der *index.dat* erhalten. Mit einem kleinen Befehlsskript können Sie aber den Ordner *Temporary Internet Files* - inklusive der verhängnisvollen *index.dat* - bei jedem Systemstart löschen. Als kleine „Zugabe" lassen wir das Skript dann auch noch gleich die Ordner *Cookies* und *Verlauf* löschen. Keine Sorge: Das System bemerkt die fehlenden Ordner und stellt sie - leer! - wieder her. Und so erstellen und integrieren Sie das Skript:

1 Starten Sie mit *Start/Alle Programme/Zubehör/Editor* den Windows-Editor und schreiben Sie folgende drei Zeilen hinein:

```
RD /S /Q "%USERPROFILE%\Lokale Einstellungen\Temporary Internet
Files"
RD /S /Q "%USERPROFILE%\Lokale Einstellungen\Verlauf"
RD /S /Q "%USERPROFILE%\Cookies"
```

Zur Erklärung: Der Befehl *RD*" steht für **R**emove **D**irectory, also „Lösche Ordner". Der Parameter */S* bewirkt das Löschen sämtlicher Dateien einschließlich Unterordner und der Parameter */Q* verhindert, dass vor dem Löschen eine Sicherheitsabfrage erfolgt.

Speichern Sie die Datei dann in einem beliebigen Ordner, zum Beispiel direkt unter *C:*, unter dem Namen *cleanup.cmd* ab. Setzen Sie den Namen beim Abspeichern in Anführungszeichen, da der Editor ansonsten noch die Endung *.txt* anhängt.

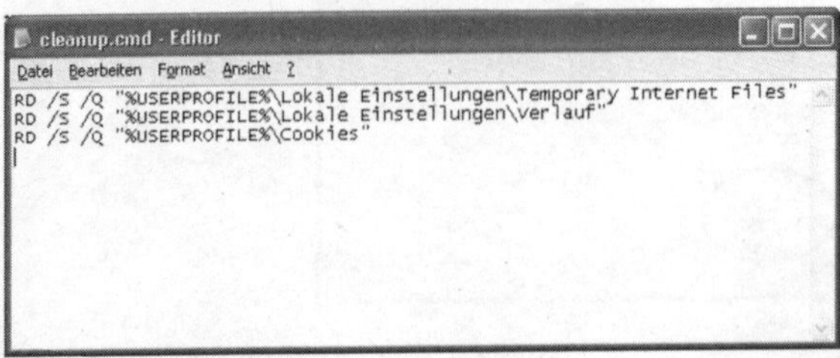

2 Nun muss die Datei *cleanup.cmd* noch in die *Autostart*-Gruppe eingebunden werden.

Klicken Sie dafür mit der rechten Maustaste auf *Start* und wählen Sie aus dem Kontextmenü den Befehl *Öffnen - Alle Benutzer*. Öffnen Sie dann nacheinander die Ordner *Programme* und *Autostart* und wählen Sie den Befehl *Datei/Neu/Verknüpfung*. Geben Sie als Speicherort für die Verknüpfung „C:\cleanup.cmd" ein und klicken Sie auf *Weiter* und dann auf *Fertig stellen*.

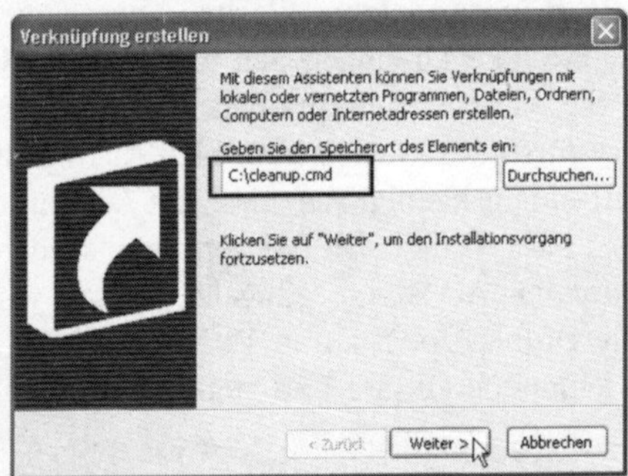

3 Klicken Sie nun mit der rechten Maustaste auf die neue Verknüpfung und wählen Sie aus dem Kontextmenü die *Eigenschaften*. Wählen Sie unter der Registerkarte *Verknüpfung* unter *Ausführen* die Option *Minimiert*, um zu verhindern, dass bei jedem Systemstart das Skriptfenster aufpoppt.

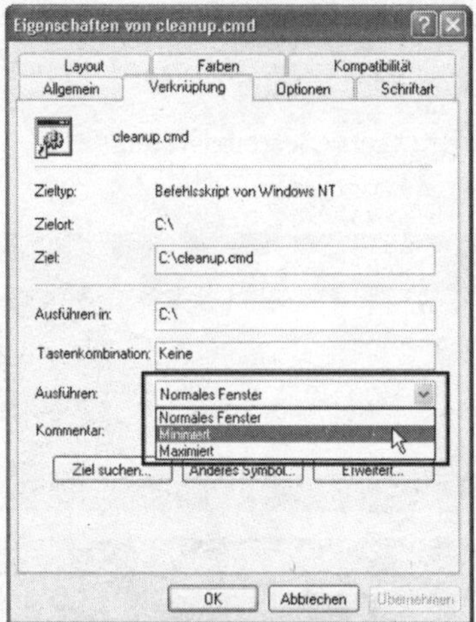

Das Resultat dieser kleinen Bemühung: Sie haben bei jedem Systemstart eine „saubere" Browser-Umgebung ohne verräterische Spuren. Als einzigen Nachteil müssen Sie teilweise etwas längere Ladezeiten hinnehmen, da sich die „Lebenszeit" des Cache nun auf eine Windows-Sitzung beschränkt.

Der Proxomitron: Was Ihr Browser macht, bestimmen jetzt Sie!

Das Bild vom mündigen, souveränen Online-User, der browsend durchs Internet selbstbestimmt die Richtung zu den von ihm gewünschten Informationen wählt, ist leider nur eine Idealvorstellung: In der Praxis diktieren allzu oft die Werbestrategen, wo's langgeht und was der Browser macht. Doch mit dem Proxomitron ist Schluss damit!

Das kostenlose Programm können Sie unter der Adresse *http://www.proxomitron.de* herunterladen. Einmal installiert, entpuppt es sich als Eier legende Wollmilchsau: Je nachdem, welche Filter Sie einsetzen und wie Sie diese konfigurieren, kann das Programm Folgendes:

- Popups, Popunders und Weiterleitungen außer Kraft setzen
- Werbebanner aller Größen unterdrücken
- Lästige Flashwerbung unterdrücken
- Blinkende GIF-Animationen einfrieren
- Lästige Hintergrundmusik deaktivieren
- Die rechte Maustaste „entsperren"

- Extrem große oder kleine Schrift normalisieren
- Sperren bestimmter Webseiten oder Inhalte
- Vortäuschen eines anderen Browsers/Betriebssystems

und und und ...

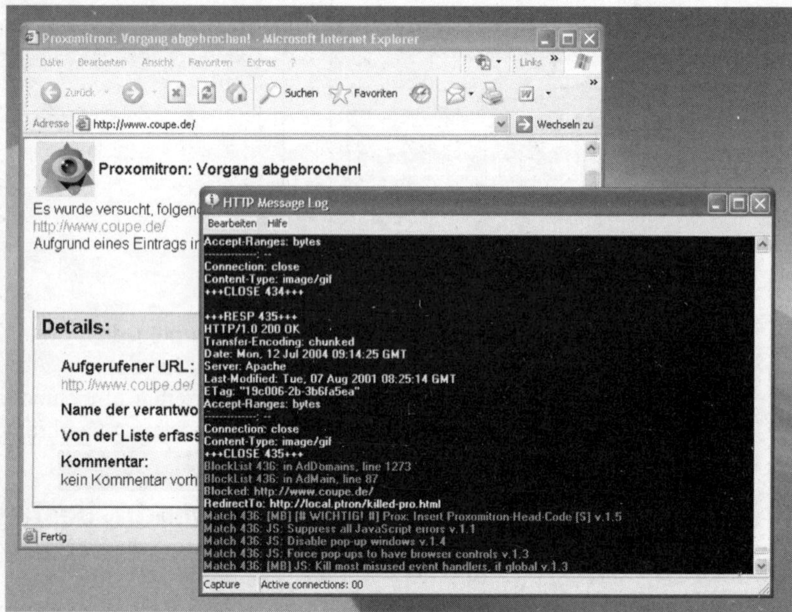

Der Proxomitron „in Action": Hier wurde gleich die komplette Website einer bekannten Erotik-Illustrierten geblockt.

Die Konfiguration mittels Skriptdateien ist zwar nicht ganz profan, doch auf der Website *http://www.buerschgens.de/Prox/* finden sich ausführliche Anleitungen. Darüber hinaus ist bereits in der Basis-Installation eine große Auswahl fertig konfigurierter Filter enthalten, welche die oben genannten Punkte abdecken.

GIF-Animationen von Fall zu Fall einfrieren

Vielleicht kennen Sie das: Sie lesen auf einer News-Seite einen Artikel, werden in Ihrer Konzentration aber unwillkürlich immer wieder von dem grell blinkenden Werbebanner abgelenkt, der im festen Frame über dem Text prangt. Wollen Sie die nervende Blinkerei nur in solchen Einzelfällen abschalten, brauchen Sie gar kein Programm: Es reicht, im Internet Explorer den Befehl *Ansicht/Abbrechen* zu wählen, auf den *Abbrechen*-Button zu klicken oder ganz simpel die Esc-Taste zu drücken!

Hat man sich erst einmal vertieft in die schier unendlichen Möglichkeiten des Programms, bekommt man richtig Spaß daran, den „Oberzensurverwalter" zu spielen, und nebenbei lernt man spielerisch einiges über die Mechanismen des HTTP-Transfers. Und so bringen Sie den Proxomitron an den Start:

1 Bereits bei der Installation ist ein wenig „Handarbeit" angesagt, denn auf eine Installationsroutine verzichtet das Programm. Laden Sie unter der Adresse *http://www.buerschgens.de/Prox/Seiten/Download/* das deutsche „Komplettpaket Standard" herunter und entpacken Sie die ZIP-Datei (inklusive relativer Pfade, also Unterordnern) in den Ordner *C:\Programme\Proxomitron*, den Sie beim Entpacken oder schon davor erstellen. Die ZIP-Datei selbst können Sie anschließend natürlich löschen.

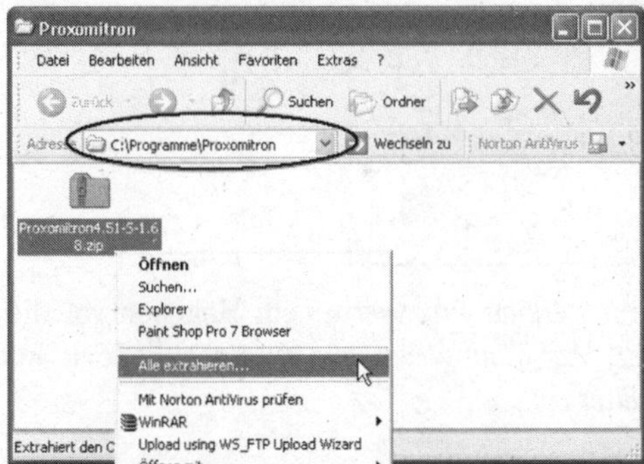

2 Damit der Proxomitron bei jedem Rechnerstart geladen wird, müssen Sie noch im *Autostart*-Ordner des Startmenüs eine Verknüpfung anlegen. Dies machen Sie entweder im *Autostart*-Ordner mit dem Befehl *Datei/ Neu/Verknüpfung* oder indem Sie die Programmdatei *proxomitron.exe* mit der rechten (!) Maustaste ins *Autostart*-Ordnerfenster ziehen und aus dem Kontextmenü *Verknüpfung hier erstellen* wählen.

3 Um Ihre Internetverbindung mit dem Proxomitron zu verknüpfen, rufen Sie aus der *Systemsteuerung* oder über das Menü *Extras* des Internet Explorer die *Internetoptionen* auf und wählen die Registerkarte *Verbindungen*. Markieren Sie hier die Internetverbindung, welche Sie zum Surfen benutzen, und klicken Sie auf den Button *Einstellungen*.

4 Setzen Sie nun im Bereich *Proxyserver* ein Häkchen vor die Option *Proxyserver für diese Verbindung verwenden*. Anschließend klicken Sie auf den Button *Erweitert*.

5 Stehen im Bereich *Server* unter *Typ: HTTP* schon irgendwelche Werte, notieren Sie sich diese - wir kommen in Schritt 7 darauf zurück. Tragen Sie nun unter *HTTP* als Adresse „localhost“ ein, alternativ können Sie auch „127.0.0.1“ eintragen. Unter *Port* tragen Sie „8080“ ein. Die darunter liegenden Felder lassen Sie leer bzw. belassen das darin, was vorher schon drinstand. Schließen Sie dann alle Dialogboxen mit *OK*. Achtung: Nutzen Sie mehrere Verbindungen, müssen Sie die in den Schritten 3 bis 5 gezeigte Vorgehensweise für sämtliche Verbindungen wiederholen, auf die der Proxomitron zugreifen soll.

6 Der Proxomitron ist jetzt schon startklar. Nun müssen Sie, falls Sie davor schon eine Proxy-Einstellung verwendet haben, die notierten Werte über den Button *Proxy* dem Proxomitron mitteilen. In diesem Fall setzen Sie ein Häkchen vor die Option *Externen Proxy benutzen*. Die standardmäßig gesetzten Häkchen vor den oberen drei Optionen *Webseiten filtern, Ausgehende Header filtern* und *Eingehende Header filtern* sollten Sie belassen. Wollen Sie den Proxomitron kurzfristig deaktivieren, können Sie dies mit einem Klick auf *Bypass* tun.

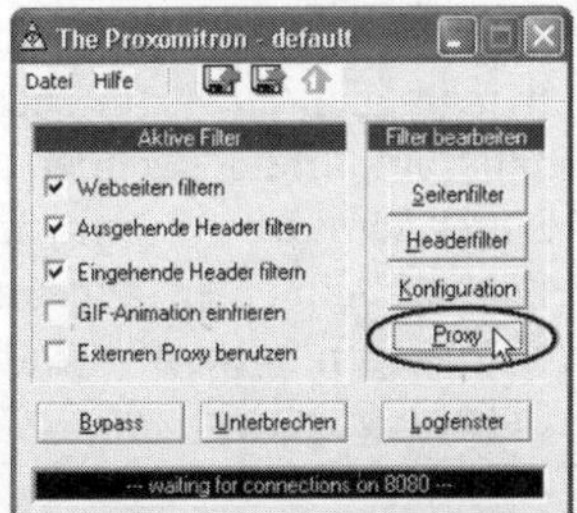

7 Ein Klick auf den Button *Seitenfilter* zeigt Ihnen alle Filter. Die meisten Filterfunktionen erschließen sich dabei schon durch den Namen, etwa „JS: no invisible popups“ (JS = **J**ava**S**cript), welches vermeidet, dass Popups außerhalb des sichtbaren Bildschirmbereichs geöffnet werden können. Hier können Sie nun die gewünschten Filterfunktionen aktivieren oder deaktivieren - einfach indem Sie das Häkchen davor setzen oder entfernen. Markieren Sie einen Eintrag und klicken Sie dann auf *Bear-*

beiten, können Sie den Filterbefehl modifizieren. Eine genaue Beschreibung der Filtersprache und ihrer Möglichkeiten mit Beispielen und weiteren fertig konfigurierten Filtern finden Sie ebenfalls unter der Adresse *http://www.buerschgens.de/Prox/* im Bereich „Anleitung“.

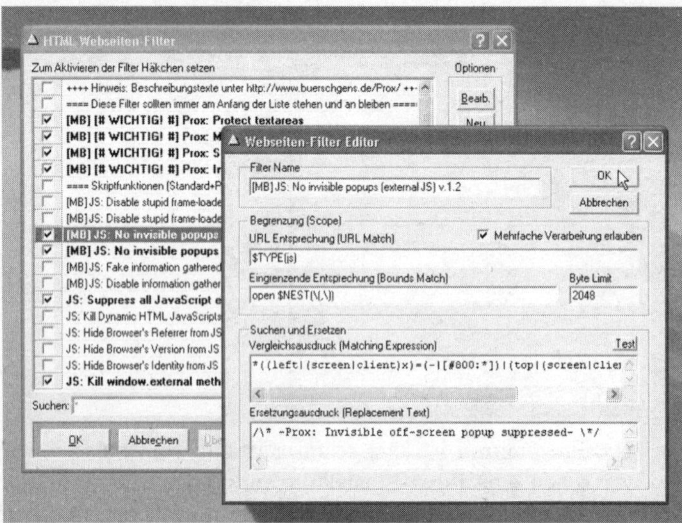

Der Spamihilator: Schlagen Sie die Spammer mit ihren eigenen Waffen!

Im letzten Kapitel haben wir Ihnen gezeigt, wie Sie sich mit einem HTTP-Proxy vor den Zumutungen des World Wide Web schützen können. Doch noch weitaus schlimmer ist, was einem tagtäglich an Spam zugemutet wird. Auch wenn die massenhaften Werbemails auf Ihrem Rechner keinen Schaden anrichten, kann es doch auf die Dauer zermürbend sein, tagtäglich Potenzmittel, preiswerte Darlehen oder Schlankheitspillen angepriesen zu bekommen. Doch zum Glück gibt es auch dagegen wirksame Waffen, und für diese brauchen Sie noch nicht einmal Geld auszugeben.

Spam-Schutz beim Provider aktivieren!

Nahezu alle Provider bieten unterdessen auch kostenlos einen Spam-Schutz an, den Sie allerdings oft erst aktivieren müssen. Näheres hierzu entnehmen Sie der Homepage Ihres Providers. Meistens wird bei diesem Schutz bei Verdacht auf Spam eine entsprechende Kennung in den Mail-Header oder in die Betreffzeile geschrieben, anhand der sich dann leicht eine Regel im Mailprogramm erstellen lässt, Mails mit solcher Kennung zu löschen oder in einen bestimmten Spam-

Ordner zu verschieben. Sie sollten diesen Schutz, soweit vorhanden, in jedem Fall aktivieren!

Unterschieden wird dabei zwischen Programmen, die eher nach der Art eines Plug-Ins die Spams direkt im E-Mail-Programm ausfiltern, und Programmen, welche in der Art eines Mail-Proxys die E-Mail bereits davor filtern und nur die „guten" ans E-Mail-Programm durchlassen.

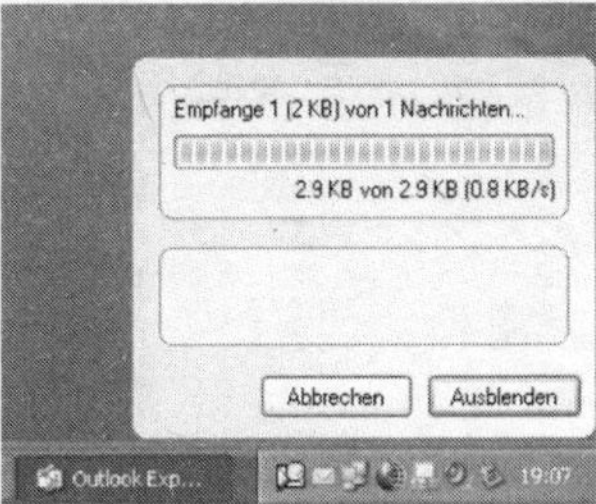

Der Spamihilator übernimmt komplett den Mail-Empfang und besorgt die Filterung; erst dann wird das Mail-Programm aktiv.

Zur letzteren Gattung gehört der *Spamihilator*. Die von Michael Krämer entwickelte Freeware, welche Sie unter der Adresse *http://www.spamihilator.com* kostenlos herunterladen können, macht ihrem martialischen Namen alle Ehre: Sie arbeitet mit einem lernfähigen Bayes-Filter, der anhand von Textmustern typische Spam-Inhalte erkennt und der schon von Anfang an erstaunlich hohe Erkennungsraten aufweist und mit der Zeit immer perfekter wird. Und so arbeiten Sie mit dem Programm:

1 Bestehende Postfächer gängiger E-Mail-Clients wie *Outlook*, *Outlook Express*, *Eudora*, *Opera* oder *Netscape* werden bei der Installation automatisch erkannt und eingebunden; denken Sie bei einer Neuinstallation daher daran, zuerst Ihr E-Mail-Konto einzurichten und erst dann den *Spamihilator* einzurichten. Die Funktionen des Programms erreichen Sie dann über das neu hinzugekommene Symbol im Systray links neben der Uhr. Über das Menü können Sie den Spam-Filter auch zeitweise deaktivieren oder beenden. Nachdem Sie einige Male Ihre E-Mail abgeholt haben, klicken Sie auf *Trainingsbereich*.

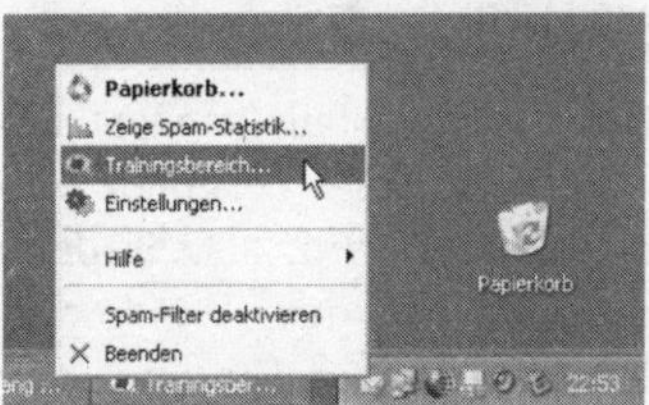

2 Der Trainingsbereich enthält alle vor kurzem erhaltenen E-Mails. Sie können nun einzeln jede Mail als *Spam* oder *Non-Spam* markieren oder über die Option *Vormarkieren* das Programm diesen Job machen lassen. Mit einem Klick auf *Lernen!* wird nun der Filter anhand der markierten E-Mails trainiert und der Trainingsbereich geleert.

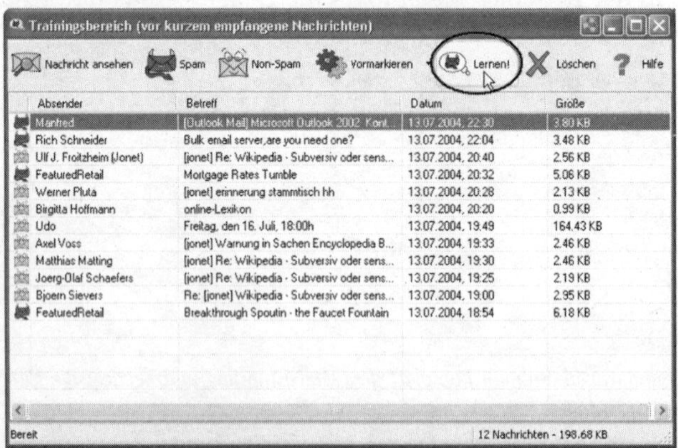

3 In den *Einstellungen* unter *Filter-Eigenschaften/Trainingsbereich* können Sie festlegen, wie lange eine Mail im Trainingsbereich gehalten werden soll, außerdem sollten Sie hier einstellen, dass der *Spamihilator* die Mails beim Öffnen des Trainingsbereichs automatisch vormarkiert.

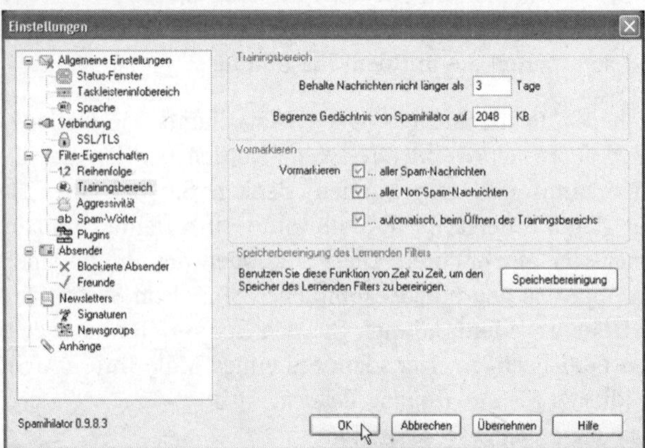

4 Im *Papierkorb* schließlich finden Sie alle Mails wieder, die Sie oder das Programm als Spam markiert haben. Bitte beachten Sie, dass dieser „Papierkorb" programmintern verwaltet wird, also weder mit dem Papierkorb Ihres Mailprogramms noch mit dem Windows-Papierkorb irgendetwas zu tun hat. Mit den Buttons *Löschen* und *Papierkorb leeren*

können Sie hier den Spam endgültig vernichten, allerdings wird der Papierkorb auch automatisch hin und wieder bereinigt, indem die ältesten Mails gelöscht werden - die Zeitspanne hierfür können Sie natürlich einstellen. Hat sich hierhin mal eine erwünschte Mail, die fälschlicherweise als Spam markiert wurde, verirrt, so markieren Sie diese und klicken auf *Wiederherstellen*. Genau wie im Trainingsbereich können Sie sich auch hier die Nachricht ansehen. Aus Sicherheitsgründen wird dabei nur Text dargestellt.

5 Auch wenn der *Spamihilator* bereits mit den Grundeinstellungen sehr gut arbeitet, sollten Sie sich die Einstellungsmöglichkeiten des Programms näher ansehen - hier verwalten Sie auch die Listen *Blockierte Absender* bzw. *Freunde*. Unter *Filter-Eigenschaften/Aggressivität* können Sie pauschal die Empfindlichkeit des Programms steuern. Setzen Sie hier die Einstellung auf *hoch*, wenn bei Ihnen viel Spam nicht erkannt wird, und auf *niedrig*, wenn zwar fast alle Spam-Mails erkannt werden, aber auch viele erwünschte Mails als Spam markiert werden.

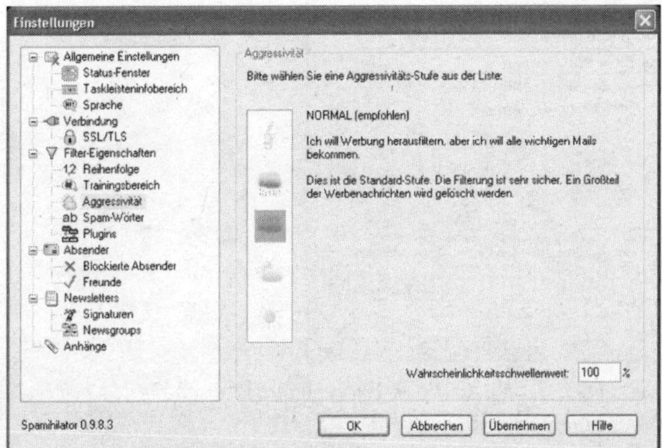

Nützliche Plug-Ins für den Spamihilator

Einer der Vorzüge des Spamihilators ist seine Erweiterbarkeit und Aktualisierbarkeit durch Plug-Ins und Add-Ons. So können auch die neusten Tricks der Spammer (etwa den Bayes-Filter mit sinnlosen Dada-Texten zu verwirren und lahm zu legen) mit einem genau passenden Plug-In gekontert werden: Die Spammer werden mit ihren eigenen Waffen geschlagen. Sie erhalten die Programmerweiterungen – natürlich ebenfalls kostenlos – unter der Adresse *http://www.spamihilator.com/plugins/*. Neben reinen Filter-Erweiterungen gibt es hier auch Nützliches wie ein POP3-Meldungsfenster und sogar ein themenbezogenes Game-Plug-In, mit dem Sie Ihren Spammerfrust spielerisch abreagieren können.

Endlich: mit Service Pack 2 Mails in Outlook Express als Nur-Text lesen

Natürlich sind HTML-Mails schön anzusehen. Leider sind es aber nicht immer nur schöne Bilder, die in die Mails eingebunden werden, sondern auch Webbugs, die beim Öffnen zur Ausführung kommen und dem Absender der E-Mail so allerhand mitteilen können: und sei es auch nur die Tatsache, dass Sie die Mail geöffnet haben.

Das Ergebnis: weitere Spamfluten. Während in *Outlook 2003* die Bilder bei unbekannten Absendern zunächst außen vor bleiben und erst auf Wunsch nachgeladen werden, suchte man eine solche Option bei *Outlook Express* bislang vergeblich.

Ab dem Service Pack 2 zeigt Outlook Express auf Wunsch die Nachrichten lediglich im Textformat an – Spammer wird's ärgern.

Mit dem Service Pack 2 hat nun auch der kleine Bruder nachgezogen, wenn auch nicht so ausgefeilt. Sie finden die neue Option *Alle Nachrichten als Nur-Text lesen* im Menü *Extras/Optionen* unter der Registerkarte *Lesen.*

9.3 Absolut sicher! Schutz mit dem richtigen Dateisystem

Im Gegensatz zu den vorherigen Windows-Versionen Windows 98 und ME unterstützt Windows XP auch das schon von Windows NT/2000 bekannte Dateisystem NTFS, das nicht nur Platzgewinn auf der Festplatte mit sich bringt, sondern unter Windows XP Professional auch die Möglichkeit, Dateien und Ordner zu verschlüsseln.

In den nächsten Abschnitten zeigen wir Ihnen, wie Sie NTFS richtig in den Griff bekommen.

INFO

Dateisystem NTFS: Windows 98 und ME bleiben außen vor!

Wenn Sie sich für NTFS als Dateisystem entscheiden, müssen Sie unbedingt beachten, dass ältere Windows-Versionen wie 98 oder ME auf eine NTFS-Partition weder zugreifen können noch sich von einer NTFS-Partition starten lassen. Konvertieren Sie also nur Partitionen in NTFS, die allein für Windows XP bestimmt sind.

Doch, das geht: FAT32-Partition nachträglich in NTFS umwandeln

Normalerweise muss man sich schon bei der Installation von Windows XP entscheiden, ob man die Partition, auf die Windows XP installiert werden soll, in NTFS umwandeln will.

Eine nachträgliche Konvertierung scheint nicht möglich. Da aber ein Großteil der Rechner, die mit einer Recovery Version verkauft wurden, häufig auch auf dem FAT32-Dateisystem basieren, sollte man meinen, bleiben die Käufer solcher Systeme in Bezug auf Sicherheit und Geschwindigkeit außen vor.

Bevor Sie nun erbost auf den Hersteller Ihres PCs schimpfen, werfen Sie doch einfach einen Blick in Kapitel 4.2. Da erfahren Sie nämlich, wie Sie ohne Datenverlust auf das leistungsfähigere NTFS umsteigen. Um die Tricks auf den folgenden Seiten durchzuführen, ist das ohnehin unentbehrlich.

So sind Sie auf der sicheren Seite: Einzelne Dateien und Ordner verschlüsseln

Wie gesagt: Mit dem Dateisystem NTFS haben Sie unter Windows XP Professional die Möglichkeit, einzelne Dateien oder auch ganze Ordner zu verschlüsseln. Auf verschlüsselte Dateien oder Ordner hat anschließend nur noch der Benutzer Zugriff, der sie verschlüsselt hat, anderen Benutzern wird der Zugriff verweigert. Und so verschlüsseln Sie eine Datei oder einen Ordner:

1 Klicken Sie im Windows-Explorer mit der rechten Maustaste auf die Datei oder auf den Ordner, die oder den Sie verschlüsseln wollen, und wählen Sie aus dem Kontextmenü die *Eigenschaften*. Unter der Registerkarte *Allgemein* finden Sie die neue Schaltfläche *Erweitert*. Klicken Sie darauf.

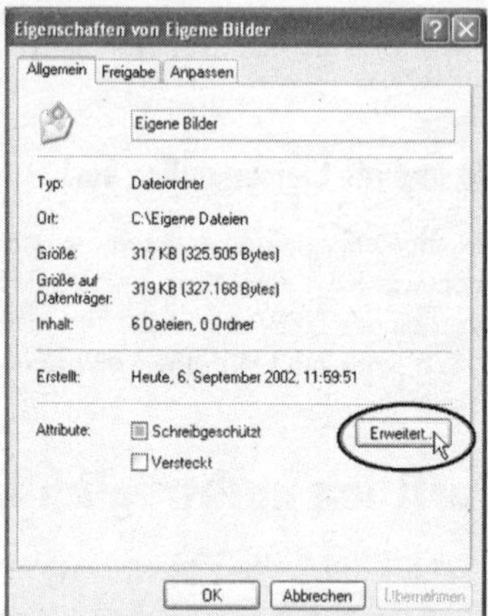

2 Setzen Sie im Bereich *Komprimierungs- und Verschlüsselungsattribute* ein Häkchen vor die Option *Inhalt verschlüsseln, um Daten zu schützen*, und klicken Sie auf *OK*. Schließen Sie auch die Dialogbox mit den *Eigenschaften* mit *OK*.

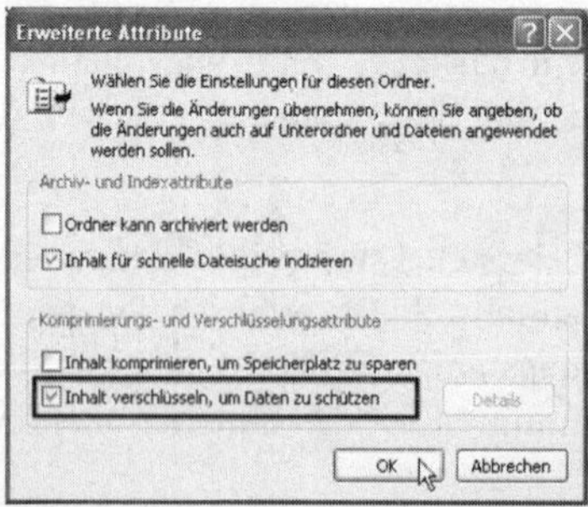

3 Wenn Sie einen Ordner verschlüsseln, erscheint nun eine Abfrage, die Ihnen die Wahl zwischen den Optionen *Änderungen nur für diesen Ordner übernehmen* und *Änderungen für diesen Ordner, Unterordner und Dateien übernehmen* lässt. Im Regelfall werden Sie wohl die zweite Option wählen, um den Ordner komplett zu schützen.

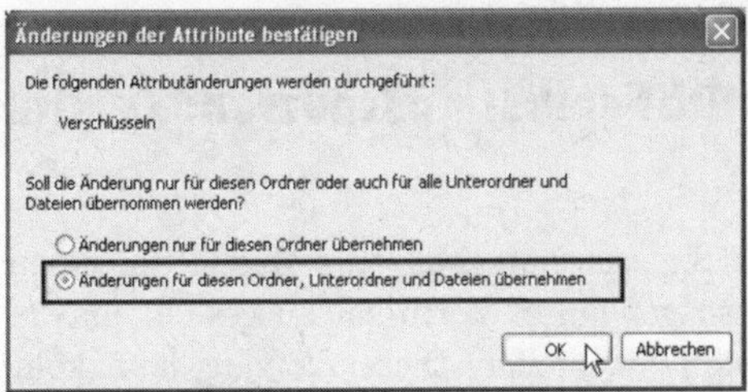

Eine so geschützte Datei oder ein so geschützter Ordner hat folgende Eigenschaften:

- Nur derjenige Benutzer, der die Datei verschlüsselt hat, hat vollen Zugriff auf die Datei.
- Der Verschlüsselungsschutz bleibt auch bestehen, wenn die Datei mit der zugehörigen Anwendung bearbeitet und verändert wird.
- Kopieren oder verschieben Sie eine verschlüsselte Datei oder verschicken Sie eine verschlüsselte Datei per E-Mail, geht die Verschlüsselung verloren.

Die NTFS-Verschlüsselung ist also eine sehr gute Sicherung gegen andere Benutzer, die am gleichen Computer, übers Netzwerk oder übers Internet auf Ihre Dateien zugreifen könnten. Aber Achtung: Zwar können andere Benutzer Ihre verschlüsselten Dateien nicht einsehen, wohl aber löschen. Um zusätzlich einen Löschschutz einzurichten, müssen Sie also die Rechte des betreffenden Benutzers entsprechend einschränken.

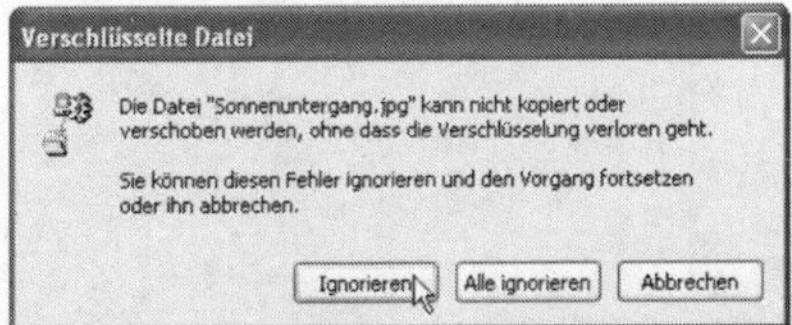

Wenn durch eine Kopier- oder Verschiebeaktion der Verschlüsselungsschutz verloren geht, werden Sie zuvor mit einer Warnmeldung darauf aufmerksam gemacht.

Es handelt sich allerdings auch nur um einen „lokalen Schutz", das heißt, „verlässt" eine verschlüsselte Datei das System, auf dem sie verschlüsselt wurde, geht auch der Schutz verloren.

Ver- und Entschlüsseln mit CIPHER

Eine Alternative zum *Eigenschaften*-Menü der Datei ist das Dienstprogramm CIPHER, das kommandozeilenorientiert arbeitet und welches Sie über die Eingabeaufforderung starten. Mit dem Befehl *CYPHER /? |more* können Sie sich eine Liste aller möglichen Parameter anzeigen lassen.

Damit Sie sich nicht selbst aussperren: Zertifikate sichern

In dem Moment, wo Sie das erste Mal eine Datei oder einen Ordner verschlüsseln, wird ein so genanntes Zertifikat ausgestellt, das Sie berechtigt, auf verschlüsselte Daten zuzugreifen. Dieser Vorgang läuft komplett im Hintergrund ab, das heißt, Sie müssen kein Kennwort oder dergleichen eingeben, um auf Ihre verschlüsselten Daten zuzugreifen. In der Praxis besteht der einzige Unterschied zwischen verschlüsselten und unverschlüsselten Dateien also für Sie darin, dass Erstere im Windows-Explorer in grüner Schrift dargestellt werden. Allerdings: Müssen Sie aus irgendwelchen Gründen einmal Ihr Windows XP Pro neu installieren, sind auch Ihre Zertifikatsdaten weg und Sie kommen an Ihre eigenen verschlüsselten Dateien nicht mehr heran. Zum Glück gibt es aber einen einfachen Weg, das Zertifikat zu sichern, um es im Zweifelsfall wieder neu zu übertragen:

1 Klicken Sie mit der rechten Maustaste auf eine beliebige verschlüsselte Datei und wählen Sie aus dem Kontextmenü die *Eigenschaften*. Klicken Sie dann unter der Registerkarte *Allgemein* auf die Schaltfläche *Erweitert*.

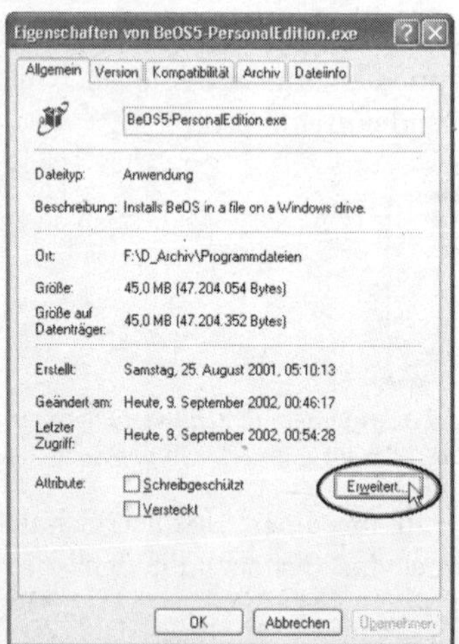

2 Klicken Sie nun im Bereich *Komprimierungs- und Verschlüsselungsattribute* auf *Details*.

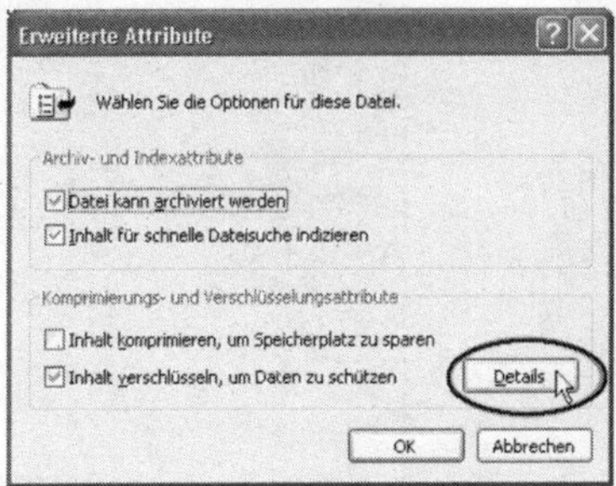

3 Nun klicken Sie unterhalb der Liste der Benutzer auf *Hinzufügen*.

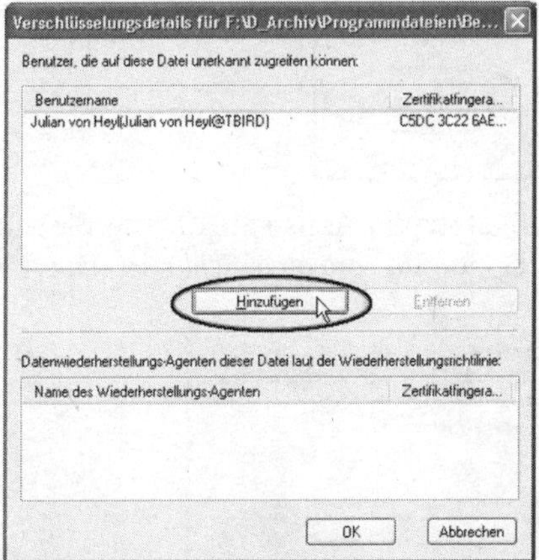

4 Klicken Sie nun auf die Schaltfläche *Zertifikat anzeigen*, um sich Details zum Zertifikat anzeigen zu lassen.

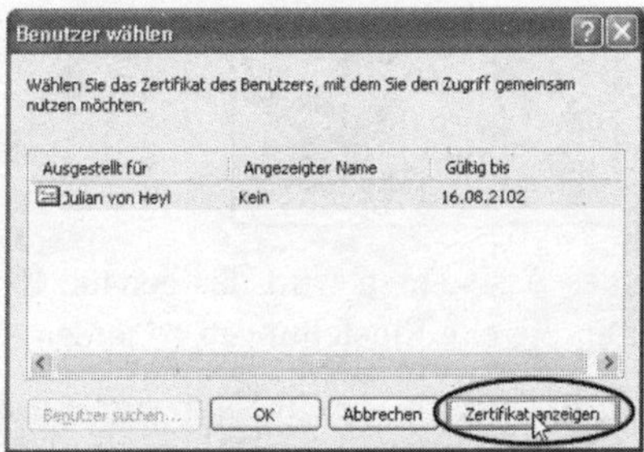

5 Wechseln Sie nun zur Registerkarte *Details*. Hier können Sie sich alle Einzelheiten zu Ihrem Zertifikat ansehen, beispielsweise die Gültigkeitsdauer und wann das Zertifikat ausgestellt wurde. Um das Zertifikat zu sichern, klicken Sie auf die Schaltfläche *In Datei kopieren*.

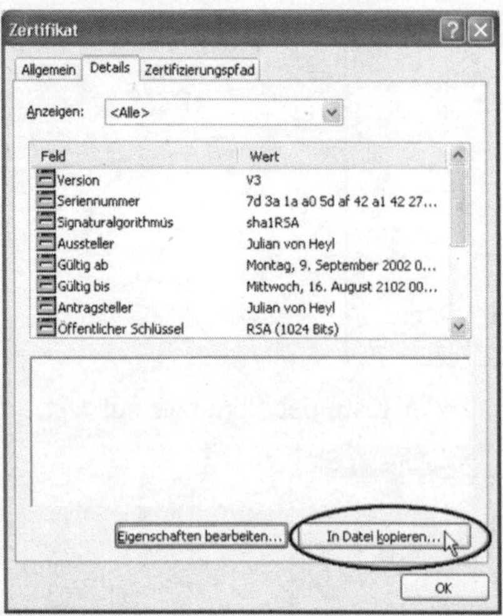

6 Es erscheint der Zertifikatsexport-Assistent. Klicken Sie auf *Weiter* und wählen Sie dann die Option *Ja, privaten Schlüssel exportieren*. Klicken Sie anschließend wieder auf *Weiter*.

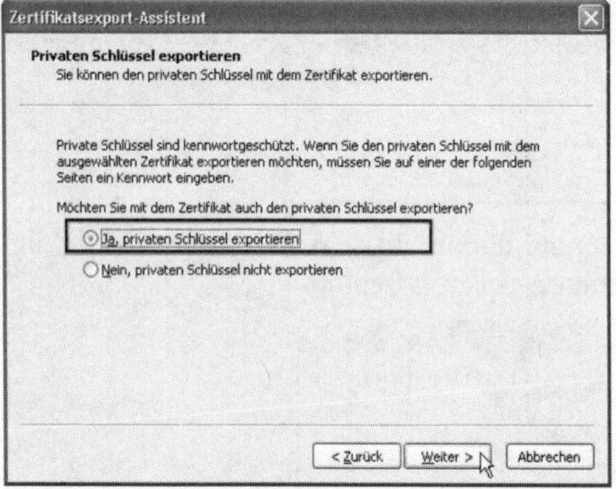

7 Auf der nächsten Seite des Assistenten wird das genaue Exportdateiformat definiert. Hier können Sie alle Einstellungen so lassen, wie sie sind.

Im darauf folgenden Schritt müssen Sie ein Kennwort eingeben und bestätigen. Merken Sie sich dieses Kennwort sehr gut, denn ohne es werden Sie nicht in der Lage sein, das Zertifikat später zu importieren.

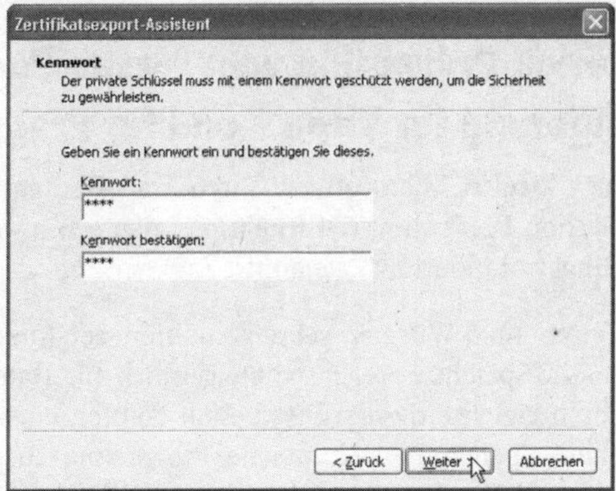

8 Sie werden nun aufgefordert, einen Dateinamen einzugeben. Über die Schaltfläche *Durchsuchen* können Sie dabei direkt den gewünschten Ordner festlegen.

Sie sollten die Zertifikatsexportdatei auf jeden Fall auf einer anderen Partition als das Betriebssystem sichern, besser noch auf einer Diskette, die Sie dann an einen sicheren Ort wegschließen. Die Datei sollte die Endung *.pfx* haben. Tragen Sie ins Feld *Dateiname* also zum Beispiel „A:\Mein Zertifikat.pfx" ein und legen Sie eine leere Diskette ins Laufwerk *A:* ein. Mit einem Klick auf *Weiter* und einem Klick auf *Fertig stellen* wird das Zertifikat nun auf die Diskette geschrieben.

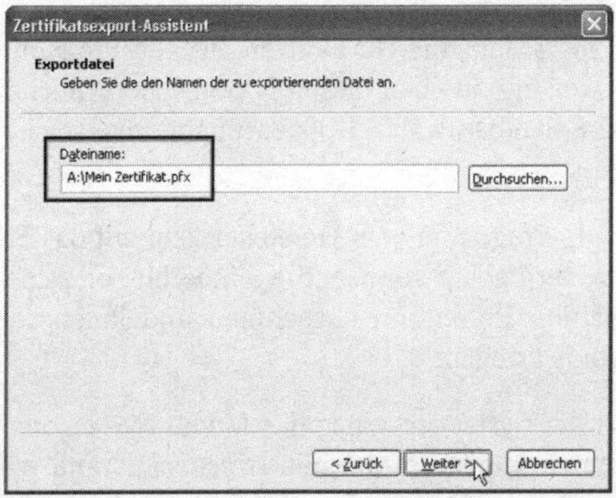

Das Zertifikat nach einer Neuinstallation des Betriebssystems wiederherzustellen ist einfach. Doppelklicken Sie auf die Zertifikatsdatei und es erscheint sofort der Zertifikatsimport-Assistent, der Sie durch die notwendigen Schritte führt.

Die Data Execution Prevention vom Service Pack 2: Befehlsverweigerung für Viren – und für Programme?

Mit dem Service Pack 2 führt Microsoft zur Viren- und Wurmabwehr die so genannte **D**ata **E**xecution **P**revention (DEP) ein, auf deutsch etwas umständlich „Datenausführungsverhinderung“ genannt.

Der Hintergrund: Viren und Würmer schreiben ihren zerstörerischen Programmcode meistens in Speicherbereiche, die eigentlich für Daten reserviert sind, und manipulieren gleichzeitig den Instruction Pointer, eine Instanz, die bestimmt, ab welchem Speicherbereich welche Programme ausgeführt werden. Die Data Execution Prevention kennzeichnet solche Speicherbereiche als *NX* (no execute), als nicht ausführbar. Ein Großteil aller Viren und Würmer wird so wirkungsvoll gestoppt.

INFO

DEP hardwareseitig nur bei 64 Bit

Um die Data Execution Prevention zu implementieren, greift Microsoft auf die Fähigkeiten moderner 64-Bit-Prozesoren zurück, die Funktionen zur NX-Kennzeichnung von Speicherbereichen mitbringen. Diese Voraussetzungen erfüllen derzeit beispielsweise der Athlon-64 von AMD und der Itanium von Intel.

Unter anderen Systemen ist lediglich eine sehr viel weniger wirksame softwareseitige Unterstützung aktiviert.

Allerdings gibt es Programme, die zur Laufzeit eigenen Programmcode erzeugen und ausführen wollen - in eben diesen NX-Speicherbereichen. Hier kann es vorkommen, dass sich DEP als Depp entpuppt und solche Programme zum Absturz bringt.

Ist für das betreffende Programm vom Hersteller kein auf das Service Pack 2 angepasstes Update verfügbar, können Sie immerhin einzelne Programme von der Data Execution Prevention ausnehmen und ihnen sozusagen eine spezielle Starterlaubnis erteilen:

1 Wählen Sie aus der *Systemsteuerung* das Modul *System* aus bzw. klicken Sie mit der rechten Maustaste auf den *Arbeitsplatz* und wählen Sie aus dem Kontextmenü die *Eigenschaften*. Klicken Sie dann unter der Registerkarte *Erweitert* im obersten Bereich *Systemleistung* auf die Schaltfläche *Einstellungen*.

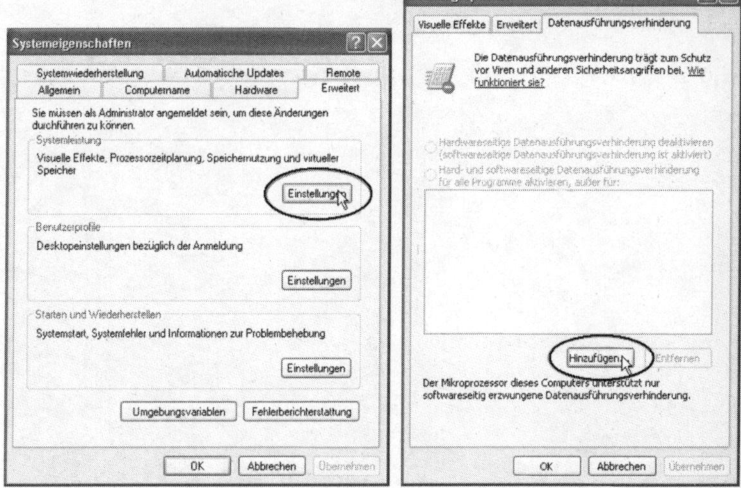

2 Wählen Sie nun die Registerkarte *Dateiausführungsverhinderung* und klicken Sie auf den Button *Hinzufügen*.

3 Nun können Sie über einen *Öffnen*-Dialog die EXE-Datei des Programms oder Treibers ausfindig machen, markieren und der Ausnahmeliste hinzufügen.

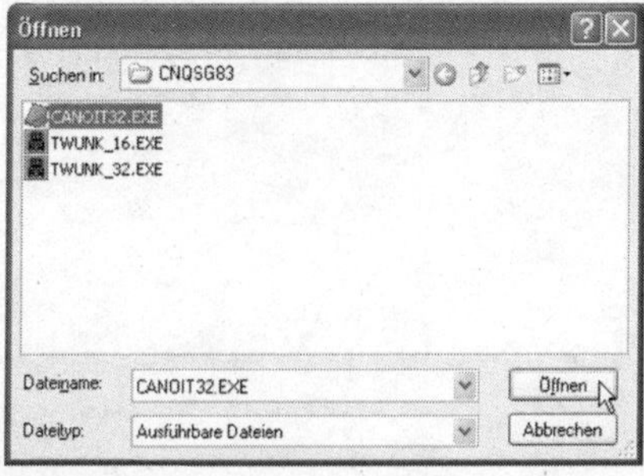

10. Aufgebohrte Konfiguration – Netzwerk mit Windows XP ohne Trouble!

Ein Netzwerk ist unter Windows XP in der Regel schnell eingerichtet - ein Assistent greift dem PC-User hilfreich unter die Arme; trotzdem gibt es immer wieder Probleme und Ärger im Netzwerk: Auf einen Rechner kann nicht zugegriffen werden, die Kommunikation im Netzwerk geschieht nur äußerst langsam und wird zur Geduldsprobe oder das Vernetzen von Windows XP mit einem PC, auf dem eine ältere Windows-Version ihr Unwesen treibt, gelingt nicht. In diesem Kapitel finden Sie viele Lösungsmöglichkeiten bei Netzwerk-Trouble und lernen Tricks kennen, die Ihr Netzwerk spürbar beschleunigen ...

10.1 Probleme und Speedbremsen im Netzwerk beseitigen!

Welche Netzwerkart verwirklichen?

Zu Beginn müssen Sie entscheiden, welche Netzwerkart Sie realisieren möchten. Das ist glücklicherweise nicht sehr schwer: Heutzutage kommt eigentlich nur noch die leistungsfähige Lösung aus Twisted Pair-Kabeln mit 100 MBit Übertragungsleistung als Sternverbindung mit einem zentralen

Hub oder Switch in Frage. Die Bus-Topologie mit maximal 10 MBit oder das kreisförmige Token-Ring-Netzwerksystem sind veraltet und zu leistungsschwach - daher ist es nicht mehr sinnvoll, sie umzusetzen; Ausnahme: Sie haben die dafür notwendige Hardware bereits bei sich „herumliegen“!

Technokauderwelsch? – Das kleine „Netzwerk-Wörterbuch“!

Sie haben den Überblick wegen der vielen Fachbegriffe ein wenig verloren? Hier die wichtigsten Netzwerkbegriffe und Netzwerkarten in alphabetischer Reihenfolge:

- **10Base2:** Netzwerk in Bus-Topologie mit 10 MBit Übertragungsleistung; heutzutage veraltet.
- **10BaseT:** Netzwerksystem in Stern-Topologie mit 10 MBit Übertragungsleistung; ebenfalls veraltet.
- **100BaseT:** modernes, leistungsfähiges Netzwerk in Stern-Topologie mit 100 MBit Übertragungsleistung; diese Netzwerkvariante wird auch Fast-Ethernet genannt.
- **Gateway**: Über einen Gateway werden verschiedene Netzwerke mit unterschiedlichen Netzwerkprotokollen miteinander verbunden.
- **Hub**: Verteiler in einem Netzwerk mit Stern-Topologie.
- **Peer-to-Peer Netzwerk**: Netzwerksystem, in dem alle PCs gleichberechtigt sind - es gibt keine Hierarchie unter den Rechnern. Im Gegensatz zu einem Client/Server-Modell: Hier ist der Server der Hauptrechner im Netzwerk, die Client-PCs sind ihm untergeordnet.
- **Router**: Mithilfe von so genannten Routern werden Netzwerke mit unterschiedlichen Netzwerkprotokollen miteinander verbunden. Hauptaufgabe eines Routers ist die „Wegewahl“ (Routing); durch einen Router ist es beispielsweise möglich, dass alle Netzwerkbenutzer über eine Internetverbindung im Web surfen. Häufig wird in Verbindung mit einem Router der Begriff „Autosensing“ verwendet: Er beschreibt die Fähigkeit des Routers, automatisch die Datenrate zu erkennen und mit dieser zu senden bzw. zu empfangen.
- **Switch**: Vergleichbar mit einem Hub; jedoch ist ein Switch wesentlich „intelligenter“; ein Switch kann Netzwerkmitglieder dynamisch (je nach Netzwerkauslastung) miteinander verbinden.
- **Twisted Pair**: Netzwerkverbindungskabel, das aus zwei isolierten Kupferdrähten besteht, die zur Verminderung von Interferenzen miteinander verdrillt sind. Es gibt geschirmtes (STP) und ungeschirmtes (UTP) Twisted-Pair-Kabelmaterial.

Nichts als Ärger? – Fehlersuche im Netzwerk!

Ihr Netzwerk funktioniert nicht - Sie können auf einen Rechner bzw. auf gewisse Ordner nicht zugreifen? Hat der Einrichtungs-Assistent versagt? Die Vermutung liegt nahe!

In der Regel ist jedoch nicht der Microsoft-Assistent für die Netzwerkprobleme verantwortlich, sondern ein „tödlicher" Kabel-Knick oder ein nicht ganz fest sitzendes Kabel; bevor Sie Ihr komplettes Netzwerk auf den Kopf stellen, sollten Sie die Verkabelung genau unter die Lupe nehmen!

Netzwerkkarte richtig installiert?

Es klingt zwar trivial, aber eine weitere Ursache von Netzwerktrouble ist eine nicht korrekt eingerichtete Netzwerkkarte! Statten Sie dem Geräte-Manager von Windows XP einen Besuch ab; hier checken Sie, ob die Netzwerkkarte von Windows richtig erkannt und eingerichtet wurde.

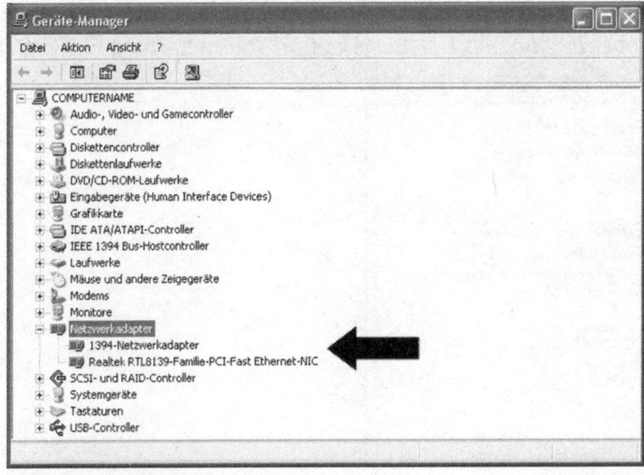

Im Geräte-Manager alles in Ordnung?

Finden Sie vor dem Eintrag der Karte ein gelbes Ausrufezeichen oder ein rotes Kreuz, haben Sie die Ursache des Netzwerkproblems schon aufgedeckt - die Installation ist schief gegangen.

Sehen Sie in Kapitel 7.4 („Aufgedeckt: Fehlercodes im Geräte-Manager") nach, um zu erfahren, was die Warnzeichen bedeuten und wie sie zu beseitigen sind; eventuell hilft gegen Netzwerktrouble auch ein aktualisierter Treiber für die Netzwerkkarte!

Nix mit dem Assistenten? – Netzwerkeinstellungen manuell kontrollieren!

So hilfsbereit und „freundlich" der Netzwerkinstallations-Assistent ist, in seltenen Fällen baut er Mist - das Netzwerk funktioniert nicht. Selbst wenn alles in Ordnung ist: Die von Microsoft automatisch vorgenommenen Standardeinstellungen entsprechen selten dem, was man von einem gut eingerichteten System erwarten kann. Greifen Sie daher manuell ein und überprüfen Sie die vorgenommenen Netzwerkeinstellungen!

Alle wichtigen Netzwerkprotokolle installiert?

1 Öffnen Sie in der Systemsteuerung (klassische Ansicht) den Eintrag *Netzwerkverbindungen* und führen einen Rechtsklick auf den Eintrag Ihrer Netzwerkkarte aus. Im aufklappenden Menü wählen Sie *Eigenschaften* aus.

2 In der Registerkarte *Allgemein* kontrollieren Sie, ob folgende Einträge dort aufgeführt werden: *Client für Microsoft-Netzwerke*, *Datei- und Druckerfreigabe für Microsoft-Netzwerke* und *Internetprotokoll TCP/IP*.

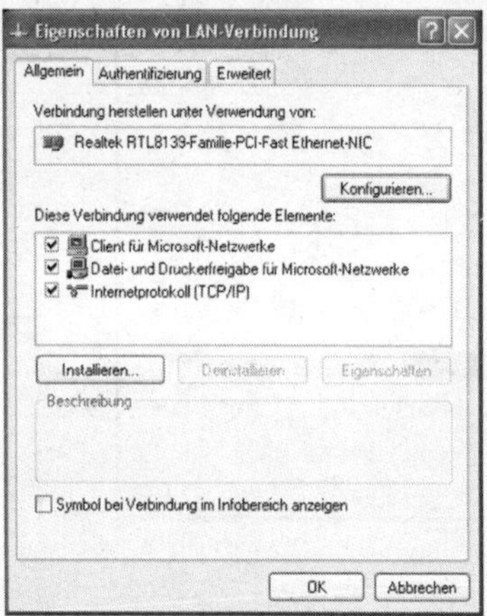

3 Sollte etwas fehlen, installieren Sie das entsprechende Element nachträglich per Klick auf die Schaltfläche *Installieren*.

INFO

Was hat das Internetprotokoll mit einem Netzwerk zu tun?

Sie werden sich sicherlich fragen, warum das Internetprotokoll für ein funktionstüchtiges Netzwerk gebraucht wird. Das Internet ist nichts anderes als ein riesiges, die ganze Welt umspannendes Netzwerk, das auf dem TCP/IP-Protokoll beruht. TCP/IP steht als Abkürzung für Transfer Control Protocol und Internet Protocol.

TCP/IP findet auch bei der Einrichtung kleiner, heimischer Netzwerke Verwendung – daher muss das TCP/IP-Protokoll für eine problemlose Netzwerkverbindung installiert sein!

Neben dem am häufigsten verwendeten TCP/IP gibt es noch die Netzwerkprotokolle IPX/SPX aus der „Novell-Welt" und das alte NetBEUI.

IP-Adresse kontrollieren!

In einem Netzwerk wird jedem Rechner eine eigene IP-Adresse (Abkürzung für **I**nternet **P**rotocol-Adresse) zugewiesen; jede Adresse darf nur einmal vergeben werden, sonst gibt es Netzwerk-Ärger!

Windows XP bietet Ihnen an, die entsprechende IP-Adresse automatisch zu beziehen; in der Regel funktioniert das auch recht gut, Voraussetzung: Diese Automatik wird für alle PCs im Netzwerk eingesetzt. Welche IP-Adresse Windows XP zugeteilt hat, erfahren Sie folgendermaßen:

1 Wählen Sie im Startmenü *Ausführen* und geben „cmd" ein; drücken Sie anschließend die Enter-Taste, um die Konsole aufzurufen.

2 Tippen Sie „ipconfig" ein und drücken die Enter-Taste; nach kurzer Zeit erfahren Sie, welche IP-Adresse Ihre Netzwerkarte von Windows XP automatisch zugeteilt bekommen hat. Stellen Sie fest, dass auf einem anderen Rechner die gleiche IP-Adresse verwendet wird, hat der Netzwerkassistent versagt – es darf nämlich keine Adresse doppelt vergeben werden!

Selbst ist der User: IP-Adresse manuell festlegen!

Sie misstrauen der Automatik und wollen für jeden Rechner im Netzwerkverbund manuell eine IP-Adresse vergeben? Prima, dadurch beschleunigen Sie auch den Boot-Vorgang des Betriebssystems, da Windows XP nicht bei jedem Start eine passende IP-Adresse ermitteln muss. Markieren Sie den Eintrag *Internetprotokoll (TCP/IP)* und klicken auf *Eigenschaften*. Im erscheinenden Fenster markieren Sie die Option *Folgende IP-Adresse verwenden* und geben die gewünschte manuell ein.

IP-Adressen manuell vergeben – Vorsicht!

Bei IP-Adressen unterscheidet man öffentliche und private Adressräume; wollen Sie beispielsweise mit Ihrem Netzwerk ins Internet, dürfen Sie keine öffentliche IP-Adresse einsetzen, weil das zu erheblichen Problemen führt! Haben Sie dagegen nicht vor, mit dem Netzwerk im Internet zu surfen, dürfen Sie eine beliebige IP-Adresse einstellen.

IP-Adressen sind in drei Klassen eingeteilt: IP-Adressen für Netzwerke der Klasse A, B oder C; die einzelnen Klassen signalisieren bereits die Anzahl der Geräte des Netzwerks. Für ein Heimnetzwerk sollten Sie die Klasse C (bis maximal 254 Rechner pro Netz) verwirklichen; deren Adressraum liegt zwischen 192.168.0.x und 192.168.255.x - das „x" ersetzen Sie durch die „PC-Nummer": Der erste Rechner erhält eine „1", der zweite eine „2" usw. Die Subnetz- bzw. Netzwerkmaske für Klasse C lautet 255.255.255.0. Dieser Adressraum ist für den Gebrauch im Internet nicht zugelassen und für private Netzwerke reserviert.

Wichtig: Verbindungstest!

Nachdem Sie die IP-Adresse festgelegt haben, prüfen Sie Ihre Einstellungen folgendermaßen: Öffnen Sie die Konsole und geben Sie „ping" gefolgt von der IP-Adresse des PCs ein, auf den Sie zugreifen möchten - beispielsweise *ping 192.168.0.2*. Jetzt wird ein kleines Datenpaket an den „angesprochenen" PC versendet, das dort erfolgreich ankommen sollte; ist das nicht der Fall, wurde eine IP-Adresse falsch eingestellt.

Genial: Netzwerkdiagnose leicht gemacht!

Windows XP besitzt eine hervorragende Netzwerkdiagnose, die in den Tiefen des Hilfe- und Support-Centers des Betriebssystems schlummert und daher oft „vergessen" wird!

1 Im Startmenü wählen Sie *Hilfe und Support* und klicken auf *Netzwerke und das Web*.

2 Öffnen Sie den Eintrag *Beheben von Netzwerk- und Webproblemen* und wählen im rechten Fenster anschließend *Diagnostizieren von Netzwerkverbindungen und Ausführen automatischer Netzwerktests*.

3 Über *Überprüfungsoptionen festlegen* konfigurieren Sie die Netzwerkdiagnose nach Ihren Wünschen und starten danach die Diagnose per Klick auf *System überprüfen*. Nach Ablauf des Tests werden Ihnen die Ergebnisse übersichtlich aufgelistet, sodass Sie schnell feststellen, wo es (noch) bei Ihrem Netzwerk hakt.

Zur genauen Fehleranalyse können Sie sich den Diagnosebericht auch ausdrucken; nach der notwendigen Konfigurationsänderung zur Fehlerbeseitigung führen Sie die Netzwerkdiagnose erneut durch.

Das Ergebnis vergleichen Sie am besten mit dem Ausdruck der letzten Diagnose - so stellen Sie fest, ob Ihre Änderungen etwas bewirkt haben.

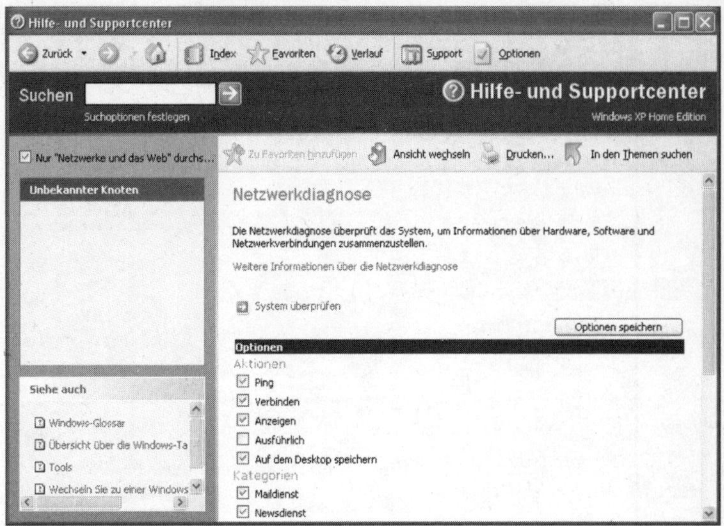

Wenn Ihnen das Service Pack 2 einen Strich durch die Netzwerk-Pläne macht ...

Bei Windows XP ist standardmäßig eine Firewall-Lösung integriert, die mächtig Netzwerktrouble bereiten kann - jeder Zugriff auf den Rechner wird abgeblockt. Durch die Installation des Service Pack 2 kann sich dieser Trouble durch das neue Sicherheitscenter mit der im Funktionsumfang erweiterten XP-Firewall wiederholen bzw. verstärken: Ein Zugriff auf den Rechner mit dem neu installierten Service-Pack 2 ist nicht möglich, da die neue Windows-Firewall standardmäßig aktiv ist und alles abblockt! Das gleiche Problem tritt auch bei einer zusätzlich von Ihnen erworbenen, neu installierten und noch nicht optimal konfigurierten Firewall-Software (beispielsweise ZoneAlarm) auf. Deaktivieren Sie daher bei Netzwerktrouble probeweise die Firewall! Wie Sie die XP-Firewall komplett ausschalten, erfahren Sie in Kapitel 9.2.

Sind die Zugriffsschwierigkeiten im Netzwerk anschließend behoben, müssen Sie die Firewall so konfigurieren, dass sie nur Angriffe aus dem Internet abwehrt - Netzwerkzugriffe dagegen erlaubt. Bei der XP-Firewall (nach Installation des Service Pack 2) gehen Sie folgendermaßen vor:

1 Rufen Sie über die Systemsteuerung (klassische Ansicht) das Sicherheitscenter auf und klicken Sie dort im Startfenster unten auf den Eintrag *Windows-Firewall*.

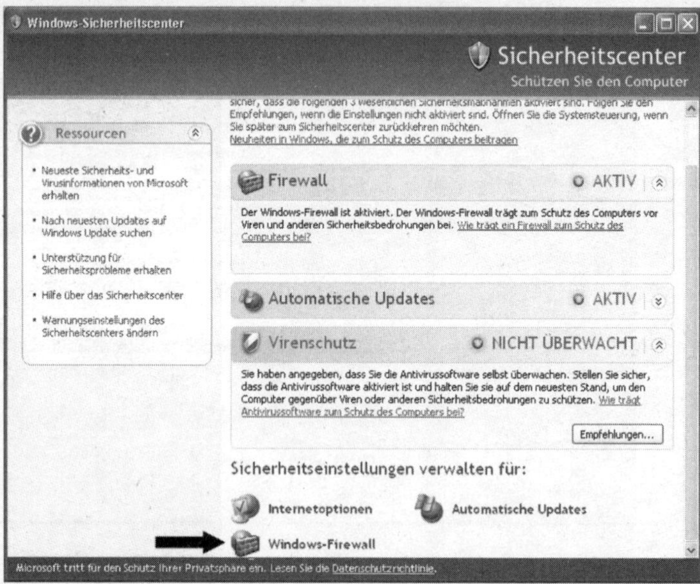

2 In der Registerkarte *Ausnahmen* entscheiden Sie, welche Programme und Dienste nicht abgeblockt werden sollen. Für ein komfortables Arbeiten im Netzwerk sollten Sie dem Dienst *Datei- und Druckerfreigabe* die Zugriffserlaubnis geben (ein Häkchen vor den entsprechenden Eintrag setzen). Des Weiteren haben Sie die Möglichkeit, per Klick auf die Schaltflächen *Programm* bzw. *Port* genau festzulegen, welche Programme und über welche Ports auf den Computer zugegriffen werden darf.

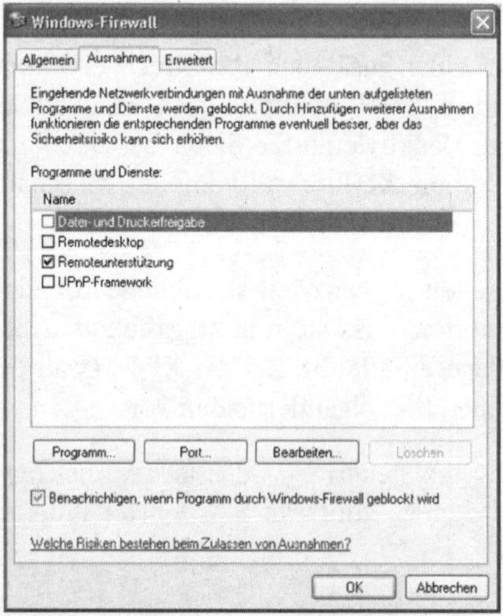

Weitere interessante Details über die neue XP-Firewall des Service Pack 2 finden Sie in Kapitel 9.2. Dort erfahren Sie, wie Sie die Firewall optimal einstellen und für maximalen Schutz sorgen. Nutzen Sie statt der XP-Firewall die von uns im Kapitel zuvor ausführlich beschriebene Firewall ZoneAlarm, blättern Sie einige Seiten zurück, um nachzusehen, wie Sie ZoneAlarm optimal konfigurieren. Deaktivieren Sie die Firewall auf keinen Fall für immer - Sie riskieren andernfalls, von einem Hacker ausspioniert zu werden.

Clever & schnell: Automatische Netzwerkreparatur!

Für die rasche Beseitigung von Netzwerkproblemen hat Windows XP eine gut versteckte Reparaturfunktion:

1 Öffnen Sie über den Arbeitsplatz die *Netzwerkverbindungen*; führen Sie einen Doppelklick auf den Eintrag Ihrer Netzwerkkarte aus.

2 Wechseln Sie in die Registerkarte Netzwerkunterstützung; hier erfahren Sie die aktuelle Konfiguration der Netzwerkkarte. Über die Schaltfläche *Reparieren* wird die Netzwerkkarte im Netzwerk neu angemeldet - dieses Vorgehen löst häufig den Netzwerkärger!

Super-Tipps für Ihr Netzwerk!

Auf den folgenden Seiten erfahren Sie interessante Informationen über das Netzwerk; ich zeige Ihnen einige Tools, mit denen Sie beispielsweise die Netzwerkaktivität protokollieren können, und wie Sie im Netzwerk bequem browsen!

Welche Ports werden überhaupt verwendet?

Bevor Sie eine Firewall ideal konfigurieren können, ist es notwendig, diese Frage zu beantworten. Unter Windows XP geht das ganz schnell: Öffnen Sie die Konsole und tippen „netstat -a" ein; die Eingabe schicken Sie mit der [Enter]-Taste ab. Kurz darauf werden Ihnen alle offenen und lauschenden TCP-Ports aufgelistet.

„Netzwerkverkehr" protokollieren!

Sie möchten wissen, was so alles „hinter Ihrem Rücken" im Netzwerk geschieht? Kein Problem! Unter *www.sysinternals.com* erhalten Sie kostenlos das Tool TDImon, das sämtliche TCP-Aktivitäten protokolliert. Sie können damit den kompletten Verkehr im Netzwerk und bei der Kommunikation über das Internet überwachen.

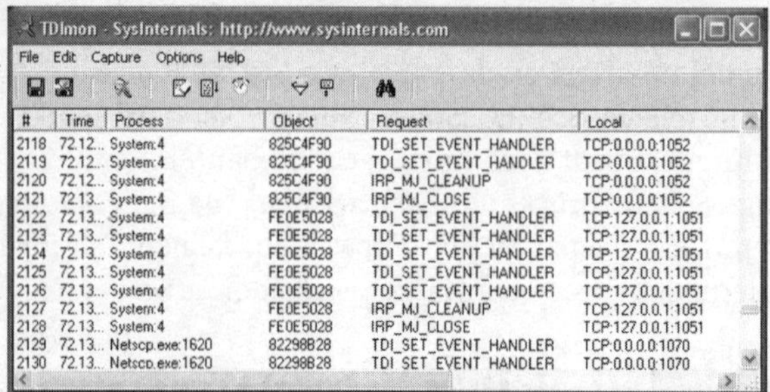

Mit der Freeware TDImon protokollieren Sie alle TCP-Aktivitäten.

Perfektes Netzwerkmanagement: Freigabe von Ordnern!

Bevor andere User über ein Netzwerk auf Ihre Dateien zugreifen können, müssen Sie diese für den Netzwerkgebrauch freigeben. Dazu ziehen Sie sie entweder in den Ordner *Gemeinsame Dateien* oder führen einen Rechtsklick auf den Ordnereintrag aus, wählen *Eigenschaften* und aktivieren in der Registerkarte *Freigabe* die Option *Diesen Ordner im Netzwerk freigeben*. Vergessen Sie nicht, einen geeigneten und aussagekräftigen Freigabenamen für den Ordner festzulegen.

Freigabe von Ordnern – vorsichtig anwenden!

Allerdings sollten Sie es sich genau überlegen, welche Dateien und Ordner Sie freigeben; schließlich können alle Benutzer im Netzwerk ungehindert auf diese zugreifen: Es ist möglich, über das Netzwerk Ihre Dateien zu lesen, zu verändern und sogar zu löschen – ein hohes Sicherheitsrisiko! Um freigegebene Ordner vor der „Überarbeitung" durch Netzwerkbenutzer zu schützen, sollten Sie auf jeden Fall in der Registerkarte *Freigabe* die Option *Netzwerkbenutzer dürfen Dateien verändern* deaktivieren!

Gehen Sie mit der Netzwerkfreigabe vorsichtig und behutsam um – auf keinen Fall sollten Sie ein komplettes Laufwerk freigeben, schließlich kann man bei der heutzutage gigantischen Festplattenkapazität nie genau wissen, ob dort noch alte „Geheimdokumente" aus Versehen vorhanden sind ...

Genial: Freigegebene Ordner im Netzwerk verstecken!

Alle freigegebenen Ordner werden auf Rechnern im Netzwerk standardmäßig in der *Netzwerkumgebung* angezeigt und können von jedem User „durchstöbert" werden. Mit folgendem Trick verstecken Sie freigegebene Ordner, sodass nur Netzwerkbenutzer, die den genauen Freigabenamen kennen, darauf zugreifen können:

1 In der Registerkarte *Freigabe* des entsprechenden Ordners geben Sie zunächst diesen für das Netzwerk frei; als Nächstes tippen Sie einen aussagekräftigen Freigabenamen ein, den Sie sich gut merken müssen.

2 Wollen Sie den freigegebenen Ordner im Netzwerk verstecken, hängen Sie direkt an den Freigabenamen das Dollarzeichen „$" an - ab sofort ist der Ordner im Netzwerk unsichtbar und kann nur noch von Usern aufgerufen werden, die den Freigabenamen kennen.

Hinweis: Freigaben können nicht einfach umbenannt werden, wie beispielsweise Dateien und Ordner auf einem PC; Sie müssen erst die alte Freigabe aufheben, um den entsprechenden Ordner anschließend unter dem neuen Namen im Netzwerk wieder freigeben zu dürfen.

Netzwerkzugriff auf Ordner kontrollieren!

Sie möchten wissen, wer gerade auf die freigegebenen Ordner im Netzwerk zugreift? Kein Problem: Rechtsklick auf das *Arbeitsplatz*-Symbol auf dem Desktop oder im Startmenü und *Verwalten* ausgewählt - die Computerverwaltung öffnet sich. Hier führen Sie zunächst einen Doppelklick auf dem Eintrag *Freigegebene Ordner* aus und markieren anschließend *Geöffnete Dateien*; im rechten Fensterteil werden alle Dateien, auf die gerade irgendjemand im Netzwerk zugreift, aufgelistet.

Internet Connection Sharing: Bequemer surfen im Netzwerk!

Sie wollen mit jedem Rechner im Netzwerk über eine einzige Verbindung auf das Internet zugreifen können? Das ist bei Windows XP komfortabel möglich.

Schritt 1: ICS-Server einrichten!

Richten Sie zunächst auf einem PC (der später als ICS-Server gilt) den Internetzugang ein; um die Internetverbindung mit jedem Rechner im Netzwerk starten, nutzen und wieder beenden zu können, gehen Sie folgendermaßen vor:

1. Öffnen Sie über den Arbeitsplatz die *Netzwerkverbindungen*; führen Sie hier einen Rechtsklick auf den Eintrag Ihrer Internetverbindung aus und wählen *Eigenschaften*.

2. In der Registerkarte *Erweitert* aktivieren Sie die Option *Anderen Benutzern im Netzwerk gestatten, die Internetverbindung dieses Computers zu verwenden.*

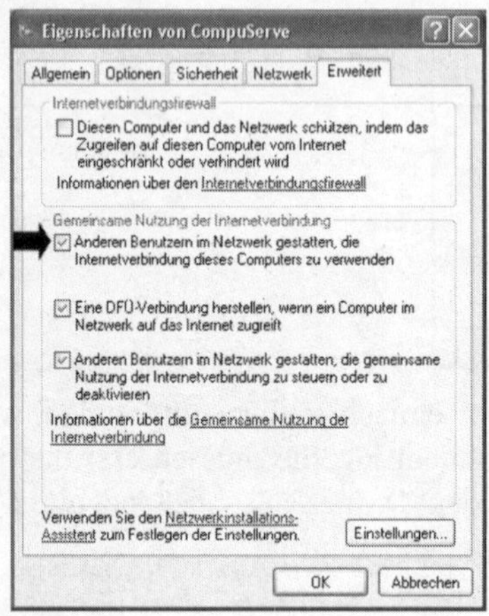

Soll die Internetverbindung von jedem Rechner aus gestartet werden können, aktivieren Sie zusätzlich den Eintrag *Eine DFÜ-Verbindung herstellen, wenn ein Computer im Netzwerk auf das Internet zugreift*. In diesem Fall ist es ganz besonders wichtig, auch die Option *Anderen Benutzern im Netzwerk gestatten, die gemeinsame Nutzung der Internetverbindung zu steuern oder zu deaktivieren* einzuschalten; andernfalls ist es Ihnen von einem „fremden" PC aus nicht möglich, die Onlineverbindung wieder zu beenden - das kann teure Folgen haben.

INFO

Automatische Konfiguration wichtig!

Wollen Sie die Internetverbindungsfreigabe nutzen, ist es äußerst wichtig, dass die Verteilung der IP-Adressen automatisch vom Betriebssystem vorgenommen wird, da sonst Probleme mit dem Surfen im Netzwerk entstehen. Windows XP legt automatisch bei der Aktivierung des gemeinsamen Internetzugangs für das Netzwerk die

IP-Adresse 192.168.0.1 für den Rechner mit der vorhandenen Internetverbindung fest. Auf den übrigen PCs im Netzwerk wird die neue Internetzugangsmöglichkeit ebenfalls automatisch eingerichtet – das Netzwerk wird neu konfiguriert.

Schritt 2: ICS-Clients konfigurieren!

Auf den anderen vernetzten Rechnern, die über den ICS-Server auf das Internet zugreifen werden, rufen Sie über *Alle Programme/Zubehör/Kommunikation* den Netzwerkinstallations-Assistenten auf und wählen als Verbindungsmethode *Dieser Computer stellt eine Internetverbindung über einen anderen Computer im Heimnetzwerk oder einen lokalen Gateway her*. Nachdem der Assistent die notwendigen Einstellungen vorgenommen hat, schließen Sie ihn und starten den PC neu - das Internet Connection Sharing ist fertig eingerichtet; am besten gleich einmal testen ... Als Clients funktionieren übrigens auch alle anderen Microsoft-Betriebssysteme ab Windows 98.

Clever: Netzwerksegmente mit der Netzwerkbrücke von Windows XP verbinden!

Sie haben zwei Netzwerkkarten im Rechner stecken und möchten die beiden Netzwerke miteinander koppeln? Mit der so genannten Netzwerkbrücke unter Windows XP geht das elegant und schnell: Sie benötigen dazu weder einen Hardwarerouter noch müssen Sie sich mit komplizierten Konfigurationen herumschlagen.

Auf einfache Weise können Sie sich unter Windows XP durch eine Netzwerkbrücke ein System aufbauen, mit dem Sie beispielsweise gleichzeitig im LAN und über das Internet Ihre Games zocken - und so noch mehr Spielspaß erleben!

Wichtige Voraussetzungen für eine Netzwerkbrücke!

- Es werden nur Ethernet-, IEEE-1394-Adapter oder Ethernet-kompatible Adapter unterstützt.
- Es darf weder die Internetverbindungsfirewall noch das Internet Connection Sharing aktiviert sein!
- Die einzelnen Netzwerksegmente müssen vorher vollständig eingerichtet worden sein und fehlerfrei funktionieren.

Netzwerkbrücke anlegen – So geht's!

Ihr Netzwerk erfüllt die Voraussetzungen? Prima, dann kann es losgehen:

1 Öffnen Sie die *Netzwerkverbindungen*; markieren Sie unter *LAN oder Hochgeschwindigkeitsinternet* die Einträge, die miteinander verbunden werden sollen.

2 Führen Sie jetzt einen Rechtsklick auf eines der markierten Elemente aus und wählen *Verbindungen überbrücken*; Windows XP macht sich an die Arbeit und legt eine Netzwerkbrücke an, deren Eintrag kurze Zeit später sichtbar wird.

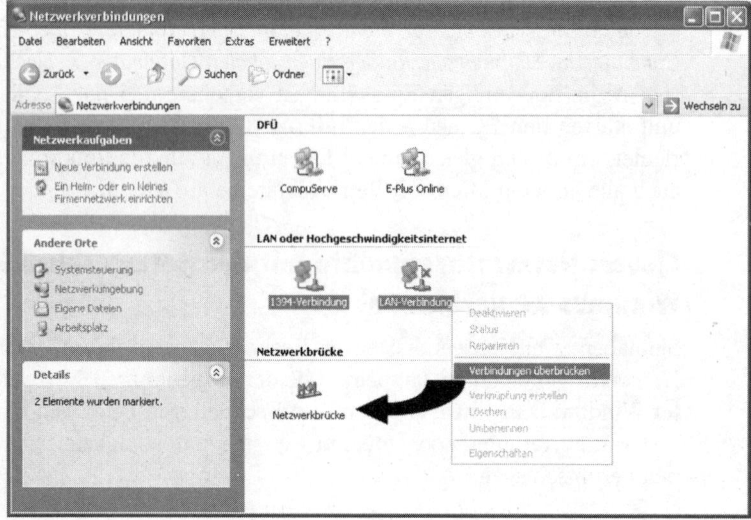

Die angelegte und automatisch perfekt konfigurierte Netzwerkbrücke ist nach einem Neustart bereits einsetzbar; per Rechtsklick auf den Eintrag der Netzwerkbrücke können Sie diese deaktivieren bzw. wieder aktivieren.

Netzwerk-Adapter hinzufügen!

Sie wollen die angelegte Netzwerkbrücke durch eine zusätzliche Netzwerkverbindung erweitern? Rechtsklick auf den Eintrag *Netzwerkbrücke* in den *Netzwerkverbindungen* und *Eigenschaften* ausgewählt. In der Registerkarte *Allgemein* aktivieren Sie unter *Adapter* vor dem Eintrag der hinzuzufügenden Verbindung das Häkchen und bestätigen mit *OK* - der Netzwerkadapter wird daraufhin in die Netzwerkbrücke integriert; um ihn wieder zu entfernen, deaktivieren Sie das Häkchen!

Hinweis: Sollte der gewünschte Adapter nicht aufgeführt werden, wird die Verbindungsart von der Netzwerkbrücke nicht unterstützt oder er ist im Betriebssystem falsch konfiguriert.

Netzwerkgeschwindigkeit erhöhen!

Ihr Netzwerk funktioniert problemlos, allerdings sind Sie mit der Geschwindigkeit der Übertragung nicht zufrieden? Es gibt einige Tricks, mit denen Sie die maximale Leistung aus Ihrem Netzwerk herausholen und lästige Speedbremsen beseitigen!

Windows XP trotz Netzwerk schneller booten!

Befindet sich Ihr Rechner im Netzwerk, versucht Windows XP bei jedem Systemstart, die Netzwerkverbindung herzustellen. Diese Vorgehensweise kostet viel Zeit und verlangsamt den Bootprozess erheblich - besonders ärgerlich ist es, wenn Sie in der aktuellen Windows-Sitzung gar nicht das Netzwerk benötigen! Mit folgendem Trick starten Sie das Betriebssystem trotz vorhandenem Netzwerk wesentlich schneller und stellen die Netzwerkverbindung erst her, wenn Sie diese wirklich benötigen!

1 Öffnen Sie den Registrierungseditor und wechseln dort in folgenden Ordner: *HKEY_LOCAL_MACHINE\SYSTEM\CurrentControlSet\Control\NetworkProvider*.

2 Im rechten Teilfenster führen Sie einen Rechtsklick auf eine freie Stelle aus und wählen *Neu/DWORD-Wert*, um einen neuen Eintrag zu erstellen; diesen taufen Sie *RestoreConnection*.

3 Führen Sie einen Doppelklick auf den neu angelegten Eintrag aus und geben Sie unter *Wert:* die Zahl *0* ein. Bestätigen Sie die Eingabe mit einem Klick auf *OK* - ab sofort startet Windows XP spürbar schneller!

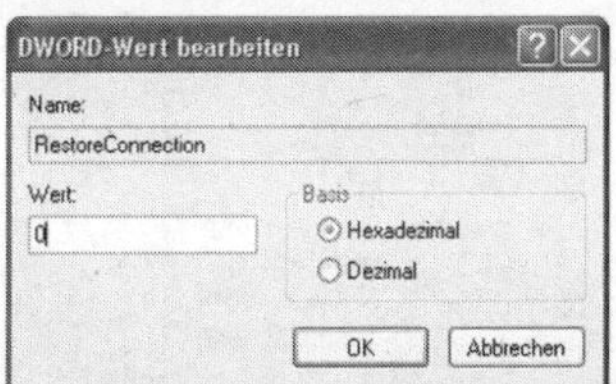

Weg mit überflüssigen Protokollen!

Jedes unnötig aktivierte Protokoll verlangsamt die Netzwerkverbindung deutlich; aktivieren Sie daher nur die Protokolle, die für die jeweilige Netzwerkverbindung benötigt werde (beispielsweise für die Internetverbindung nur das TCP/IP-Protokol). Die Protokolle wählen Sie folgendermaßen aus: Rechtsklick auf den Eintrag Ihrer Netzwerkkarte in den *Netzwerkverbindungen* und *Eigenschaften* ausgewählt. In der Registerkarte *Allgemein* dürfen Sie sich jetzt richtig an den Protokolleinträgen „austoben" und dadurch für maximalen Speed im Netzwerk sorgen!

Was für ein Märchen: Speedbremse QoS-Paketplaner!

Gerüchten zufolge soll in den Tiefen von Windows XP Professional eine gewaltige Netzwerkbremse ihr Unwesen treiben: der so genannte QoS-Paketplaner. Dieser angeblich so „tückische" Dienst soll Ihnen 20 % Netzwerkgeschwindigkeit klauen - das ist einfach nur lächerlich! Wer so etwas erzählt, hat keine Ahnung: Der QoS-Paketplaner regelt, wie viel Netzwerk-Bandbreite einzelne Programme bei Vollauslastung der Netzwerkverbindung maximal reserviert bekommen - in der Voreinstellung 20 %. Ist das Netzwerk dagegen unbenutzt, bekommt das auszuführende Programm natürlich die gesamte Bandbreite des Netzes zur Verfügung gestellt. Vergessen Sie also die Märchen über den QoS-Paketplaner - er ist an einer langsamen Netzwerkverbindung keinesfalls schuld!

Netzwerk-Optimierer DFÜ-Speed!

Die Freeware DFÜ-Speed zur Steigerung der Übertragungsleistung kennen Sie bereits aus dem Kapitel 6.5; das Tool kann allerdings nicht nur Ihre Internetverbindung optimieren, sondern auch die Übertragungsleistung im Netzwerk durch optimale Einstellungen der entsprechenden Parameter (beispielsweise der MTU-Größe) erhöhen.

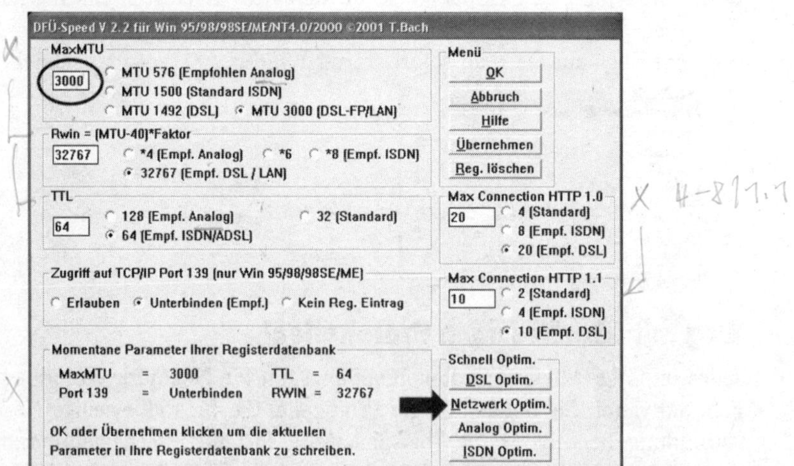

Mit DFÜ-Speed holen Sie maximale Performance aus jedem Netzwerk heraus!

Ihr Netzwerk können Sie im Programm schnell per Klick auf die Schaltfläche *Netzwerk Optim.* beschleunigen. Anmerkung: Die Optimierung müssen Sie auf jedem Rechner im Netzwerk durchführen, sonst treten eventuell Übertragungs-Probleme auf bzw. die Übertragungsleistung wird nicht gesteigert; da DFÜ-Speed auf Windows 95, 98, 98 SE, ME, NT, 2000 und XP läuft, können Sie sämtliche Netzwerk-PCs mit dem Tool blitzschnell optimieren.

Achtung: Internetprobleme!

Vorsicht: Nutzen Sie im Ethernet-Netzwerk (PPPoE = **P**oint-to-**P**oint **P**rotocol **o**ver **E**thernet) das Internet Connection Sharing-Feature, kann die durch DFÜ-Speed vorgenommene Einstellung der MTU-Größe von 3.000 beim Aufruf mancher Internetseiten bzw. beim Abruf von Mails Trouble bereiten und zu nervenden „Internethängern" führen.

Der Grund: Datenpakete aus dem Internet, die größer als 1.492 Byte sind, werden bei einem zu hoch eingestellten MTU-Wert in Teile zerlegt und nicht korrekt verarbeitet. Normalerweise wird in diesem Fall an den Webserver die Information geschickt, dass ein zu großes Datenpaket eingetroffen ist; dieser reduziert daraufhin die MTU-Größe des zu schickenden Pakets und wiederholt die Datenübertragung.

Einige Webserver blocken allerdings diese „Warnmeldung" über zu große Datenpakete ab und senden „munter" weiter - ohne den MTU-Wert zu verringern; die Folge: Die Webseite kann nicht bzw. nur unvollständig geladen werden.

Für maximalen Internetspeed ohne „Seitenaufruf-Trouble" im Netzwerk reduzieren Sie die MTU-Größe auf maximal 1.492 - dadurch werden auch größere Datenpakete wieder richtig verarbeitet.

Mehr Speed gratis: Tasksuche deaktivieren!

Windows XP sucht beim Zugriff auf freigegebene, gemeinsam genutzte Ordner zuerst einmal nach geplanten Tasks auf anderen, ins Netzwerk eingebundenen Computern.

Diese Vorgehensweise ist unnötig und kostet viel Zeit (bis zu 30 Sekunden); um die Suche zu deaktivieren, gehen Sie folgendermaßen vor:

1 Im Registrierungseditor wechseln Sie in folgenden Schlüssel: *HKEY_LOCAL_MACHINE\SOFTWARE\Microsoft\Windows\CurrentVersion\Explorer\RemoteComputer\NameSpace.*

2 Hier löschen Sie den Ordner: *{D6277990-4C6A-11CF-8D87-00AA0060 F5BF}*, um die Tasksuche zu deaktivieren.

Wollen Sie später die Tasksuche im Netzwerk wieder aktivieren, legen Sie den gelöschten Ordner erneut an - Vorsicht: Vertippen Sie sich nicht dabei!

10.2 Windows XP mit älteren Betriebssystemen perfekt vernetzen!

Sie möchten Windows XP mit Rechnern vernetzen, auf denen eine ältere Windows-Version werkelt? Hierbei gibt es einiges zu beachten, um ein funktionstüchtiges Netzwerk zu erhalten. Mit den folgenden Tricks meistern Sie jede Hürde.

NetBEUI unter Windows XP installieren!

Vielleicht haben Sie schon ein Netzwerk eingerichtet, das auf dem NetBEUI-Protokoll problemlos arbeitet und möchten „nur noch" Ihren neuen Windows XP-Rechner in den Netzwerkverbund integrieren. In diesem Fall wartet eine böse Überraschung auf Sie: Das alte NetBEUI-Protokoll wird bei Windows XP im Gegensatz zu Windows 9x/ME nicht mehr automatisch installiert.

Müssen Sie wegen des neuen Betriebssystems jetzt Ihr komplettes, gut funktionierendes Netzwerk umkrempeln und auf das TCP/IP-Protokoll umsteigen? Auf keinen Fall! Für ein kleines heimisches Netzwerk ist das alte NetBEUI gut zu gebrauchen - einzige Einschränkung: Sie können damit nicht über das Netzwerk ins Internet routen.

Vorbereitungen für die Installation von NetBEUI

Bevor Sie unter Windows XP das Netzwerkprotokoll NetBEUI installieren dürfen, ist einiges an Vorarbeit zu leisten - zuerst müssen Sie die Installations-CD von Windows XP suchen ...

1 Legen Sie die CD ein und öffnen deren Inhalt über den Arbeitsplatz. Wechseln Sie in den Ordner *VALUEADD/MFST/NET/NETBEUI*.

2 Kopieren Sie zunächst die Datei *NBF.SYS* in den Ordner *Windows/System32/Drivers*; anschließend befördern Sie die Datei *NETNBF.INF* auf die gleiche Weise ins Verzeichnis *Windows/inf*.

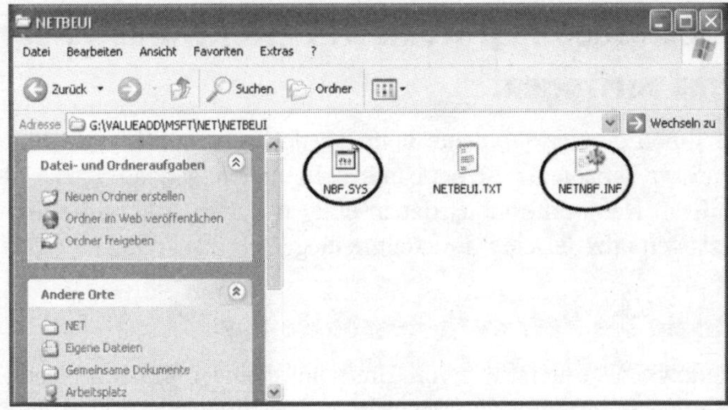

Inf-Verzeichnis nicht zu finden?

Der Ordner *inf* ist standardmäßig ausgeblendet; können Sie ihn nicht finden, wählen Sie *Extras/Ordneroptionen*, wechseln in die Registerkarte *Ansicht* und aktivieren hier unter dem Haupteintrag *Versteckte Dateien und Ordner* die Option *Alle Dateien und Ordner anzeigen*, um den Ordner hervorzuzaubern.

NetBEUI installieren!

Öffnen Sie die *Netzwerkverbindungen*; hier führen Sie einen Rechtsklick auf den Eintrag Ihrer Netzwerkkarte aus und wählen im aufklappenden Menü *Eigenschaften*. In der Registerkarte *Allgemein* klicken Sie auf die Schaltfläche *Installieren* und markieren im nächsten Fenster den Eintrag *Protokoll*; nach einem Klick auf *Hinzufügen* dürfen Sie das gewünschte Protokoll auswählen und installieren.

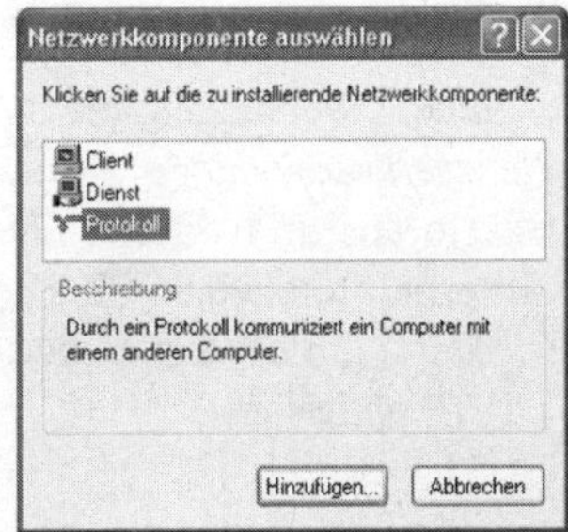

NetBEUI unter Windows XP nachträglich installieren.

Troubleshooting: Wenn sich zwei Windows-Versionen nicht vertragen!

Bei Ihnen gibt es Probleme beim Vernetzen von PCs mit unterschiedlichen Windows-Versionen? Keine Panik! Mit den folgenden Tricks beseitigen Sie häufigen Netzwerktrouble, der in einigen Fällen „nur" an einer einzigen ungünstigen oder falschen Einstellung liegt.

Ran an die Netzwerk-Ressourcen!

Windows XP unterstützt von Haus aus keine universelle Netzwerkfreigabe; um ungehinderten Netzwerkzugriff zu gewährleisten, führen Sie folgende Anleitung durch:

1. In der Systemsteuerung öffnen Sie in der klassischen Ansicht die *Ordneroptionen* und wechseln in die Registerkarte *Ansicht*.
2. Deaktivieren Sie den Eintrag *Einfache Dateifreigabe verwenden* und bestätigen die Änderung mit *OK* - ab sofort sollte der Netzwerkzugriff ungehindert möglich sein.

Megawichtig: Gleiche Benutzernamen und Kennwörter!

Wollen Sie mit einem Windows 9x-/ME-Rechner (PC A) auf Dateien eines Windows XP-Rechners (PC B) zugreifen, muss auf PC B ein Benutzerkonto mit dem gleichen Namen und Kennwort wie auf PC A eingerichtet sein - andernfalls verweigert Windows XP den Zugriff; eine Alternative: Sie richten unter dem neuen Betriebssystem den Benutzer „Gast" ein.

Letzte Rettung: NetBIOS über TCP/IP aktivieren!

Das Netzwerk funktioniert nach wie vor nicht? Versuchen Sie folgenden Trick: Unter Windows XP öffnen Sie die *Netzwerkverbindungen*, führen einen Rechtsklick auf den Eintrag der Netzwerkkarte aus und wählen *Eigenschaften* aus. Markieren Sie den Eintrag des Internetprotokolls TCP/IP, klicken auf *Eigenschaften* und anschließend auf *Erweitert*. In der Registerkarte *WINS* aktivieren Sie die Option *NetBIOS über TCP/IP aktivieren*.

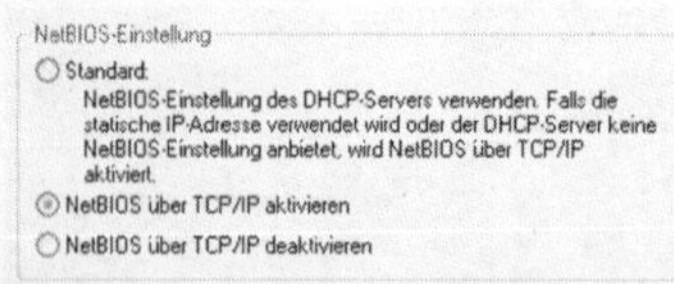

Bei Problemen aktivieren Sie NetBIOS über TCP/IP!

Hinweis: NetBIOS ist die Abkürzung für **N**etwork **B**asic **I**nput/**O**utput **S**ystem und nicht zu verwechseln mit dem alten NetBEUI-Protokoll. Bei NetBIOS handelt es sich um eine weit verbreitete Softwareschnittstelle für Netzwerke für unterschiedliche Netzwerkprotokolle, die ganz besondere Features bietet: NetBIOS führt beispielsweise beim Datentransfer eine äußerst wichtige Fehlerkorrektur durch.

11. Windows XP-Design eXtrem – optisch neue Welten

Eines der augenfälligsten Features von Windows XP ist das - auch mit „Luna" bezeichnete - XP-Design. Über die Systemsteuerung, *Eigenschaften von Anzeige*, Registerkarte *Designs*, lassen sich jetzt komplette „Themes" mit einem Mausklick aktivieren. Allerdings wird Windows XP von Haus aus nur mit zwei Styles ausgeliefert - neben dem Luna-Design kann man auch das althergebrachte Look & Feel von Windows 98/ME wieder aktivieren.

Wie Sie das Design von Windows XP radikal ändern und neue, eigene Themes einbinden, erfahren Sie in den nächsten Kapiteln.

11.1 Die technischen Raffinessen hinter dem neuen XP-Style

Bei Windows 98/ME sind zwei verschiedene Komponenten für die Darstellung von Fenstern und Benutzerkontrollen zuständig. Eine DLL namens *User32.dll* erzeugt die standardmäßigen Bestandteile wie Titelleiste, Ränder oder Menüs. Diese DLL ist tief ins Betriebssystem eingebettet und ist daher abhängig von der Version des Betriebssystems.

Komponenten wie Schaltflächen, Dialogboxen oder Tab-Controls fallen in den Bereich der Common Controls (*ComCtl32.dll*). Diese werden häufig zusammen mit Applikationen ausgeliefert, weil viele Applikation eine spezielle Version der *ComCtl32.dll* benötigen. Die Folge ist, dass mit der Installation einer neuen Anwendung manche ältere Anwendungen nicht funktionieren, da die alten Common Controls nicht mehr vorhanden sind.

Windows 2000 und Windows ME verwenden beispielsweise die Version 5 der *ComCtl32.dll*. Um das neue Themenmodell zu implementieren, bringt Windows XP die Version 6 der Common Controls mit. Sie kommuniziert über die Systemdatei *uxtheme.dll* mit dem Themenmanager. Hier gibt es diverse Hebel, an denen man manipulieren kann, um ein schöneres und spektakuläreres Arbeiten mit Windows XP zu ermöglichen.

Geheimnisvolle Manifest-Dateien

Als Interpreter für das neue Themenmodell fungieren unter Windows XP so genannte Manifest-Dateien, die Sie bei einer Standardinstallation im Ordner *C:\Windows\WinSxS\Manifests* finden.

Diese Dateien enthalten komplett in XML, einer Weiterentwicklung von HTML, geschriebenen Befehlscode, der genau festlegt, was wie angezeigt wird.

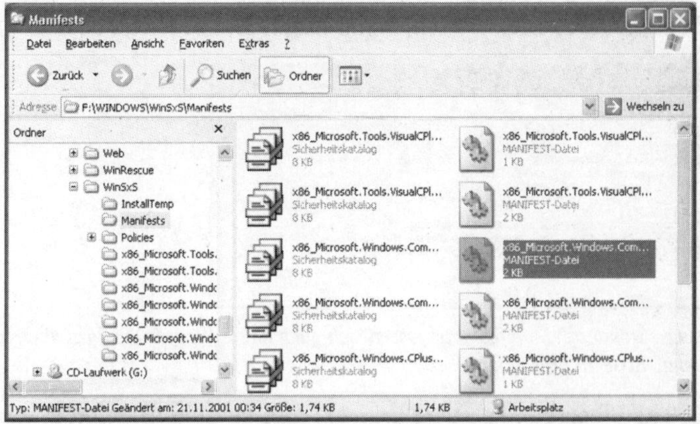

Über so genannte Manifest-Dateien wird das Look & Feel von Windows XP gesteuert.

Allerdings bergen diese Dateien auch ein Sicherheitsrisiko: Wird nämlich eine Programmdatei, zum Beispiel der Windows-Editor mit *notepad.exe*, gestartet, so sucht das System zunächst, ob im selben Ordner auch eine dazugehörige Manifest-Datei liegt: In unserem Beispiel würde diese *notepad.exe.manifest* heißen. Findet das System eine solche Datei, so wird nicht geprüft, ob diese tatsächlich gültigen XML-Code enthält. Lässt sich die Manifest-Datei nicht abarbeiten, verweigert die dazugehörige Anwendung einfach ihren Dienst.

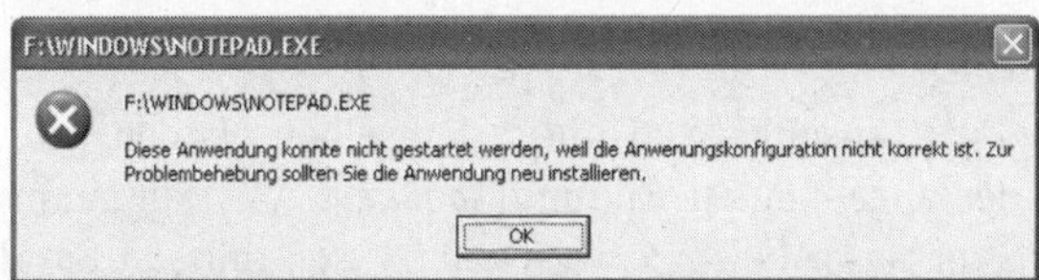

Problematisch: Mit Manifest-Dateien lassen sich Anwendungen lahm legen.

Für Hacker eröffnen sich dadurch ungeahnte Möglichkeiten: Es reicht, Manifest-Dateien mit ungültigem Inhalt in die entsprechenden Programmordner einzuschmuggeln, um wichtige Programmdateien lahm zu legen. Und die allgemein gehaltene Fehlermeldung, dass die „Anwendungskonfiguration nicht korrekt" (SIC!) ist, dürfte beim Aufspüren des Fehlers wohl wenig hilfreich sein. Besonders tückisch: Oft hilft auch eine Neuinstallation nicht weiter, weil bei ihr die korrupte Manifest-Datei im ursprünglichen Programmordner erhalten bleibt.

Manifest-Datei für ältere Windows-Programme

Vielleicht ist es Ihnen schon aufgefallen: Manche ältere Programme halten sich nicht an den „Luna"-Style und kommen im gewohnten Windows-98-Outfit einher, was Dialogboxen, Scroll-Listen und so weiter angeht.

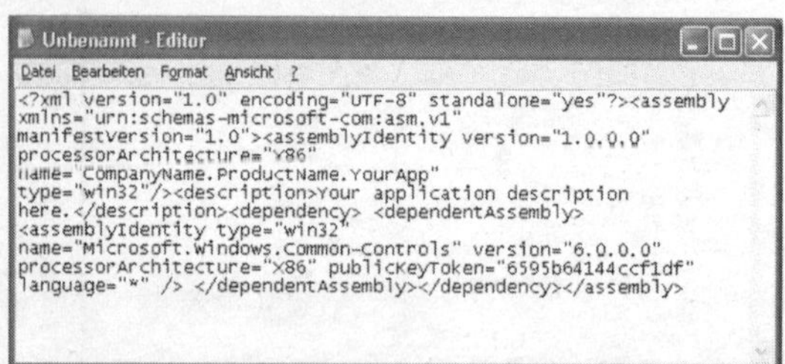

Mit einer „Standard"-Manifestdatei lassen sich auch ältere Programme dazu überreden, sich im „Luna"-Style zu präsentieren.

Um solche Programme dazu zu bringen, dass sie sich komplett im Luna-Style präsentieren, starten Sie den Windows-Editor und schreiben folgende Zeilen hinein:

```
<?xml version="1.0" encoding="UTF-8" standalone="yes"?>
<assembly xmlns="urn:schemas-microsoft-com:asm.v1" manifestVer-
sion="1.0">
<assemblyIdentity version="1.0.0.0" processorArchitecture="X86"
name="CompanyName.ProductName.YourApp" type="win32"/>
<description>Beschreibung der Anwendung</description>
<dependency> <dependentAssembly>
  <assemblyIdentity type="win32" name="Microsoft.Windows.Common-
Controls" version="6.0.0.0" processorArchitecture="X86"
publicKeyToken="6595b64144ccf1df" language="*" />
</dependentAssembly></dependency></assembly>
```

Speichern Sie die Datei anschließend unter demselben Namen wie das Programm, aber mit der angehängten Endung *.manifest*, im Programmverzeichnis ab. Heißt das Programm beispielsweise *winrar.exe*, müssen Sie die Datei unter dem Namen *winrar.exe.manifest* abspeichern.

Beachten Sie, dass Sie im Windows-Editor den Dateinamen in Anführungszeichen setzen müssen, da der Editor ansonsten noch die Endung *.txt* anhängt.

Allerdings: Der Trick funktioniert leider nicht bei allen Programmen. Einen Versuch ist es aber allemal wert. Sollte das Programm anschließend nicht starten, löschen Sie die Manifest-Datei einfach wieder.

Gepatchte uxtheme.dll – so tricksen Sie die Microsoft-Sperre für neue Themes aus

Wie gesagt: Die zentrale Systemdatei zum Verwalten von Themes heißt unter Windows XP *uxtheme.dll*, was für „User Experience Theme Manager" steht. Sie finden sie im Windows-Unterordner *\System32*. Über diese Datei hat Microsoft auch einen Schutz eingebaut, der verhindern soll, dass selbst erstellte Themes oder Themes von Fremdanbietern ins System integriert werden können.

Wollen Sie selbst Themes erstellen oder welche der zahllosen Themes verwenden, die unterdessen kostenlos im Internet angeboten werden, müssen Sie diesen Schutz erst einmal aushebeln.

Themes-Patch und Windows XP Service Packs

Der nachfolgend beschriebene Patch funktioniert nur unter einem Windows XP mit noch nicht aufgespieltem Service Pack 1 und/oder 2. Sie können die gepatchte *uxtheme.dll* allerdings auch nach der Installation des SP 1 weiter nutzen: Beachten Sie hierfür unsere Hinweise ab Seite 556.

Mit einem im Internet erhältlichen Patch ist dies recht leicht möglich. Den Patch erhalten Sie unter der Adresse *http://www.kentb.com/download/multimedia.asp* als Freeware unter der Bezeichnung *UXTheme Util*. Nachdem Sie die Datei *uxthemepatcher.zip* heruntergeladen haben, gehen Sie wie folgt vor:

1 Entpacken Sie das ZIP-Archiv in einen beliebigen Ordner und starten Sie die Datei *uxthemepatcher.exe* mit einem Doppelklick.

   Sie erhalten zunächst eine Warnung, dass der eigentliche Patch - das Ersetzen der Datei *uxtheme.dll* - von Hand durchgeführt werden muss.

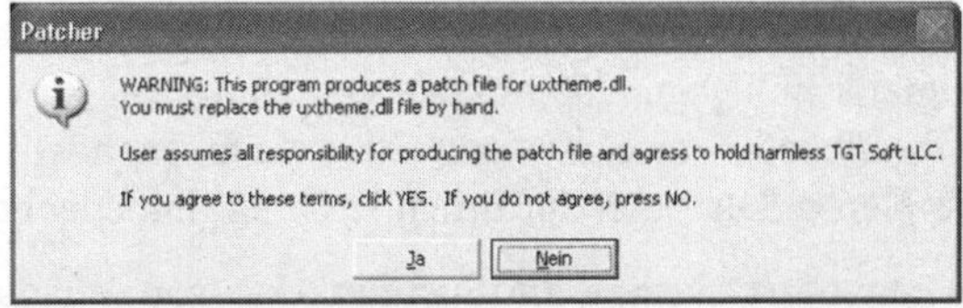

2 In einer weiteren Dialogbox werden Sie nun darauf hingewiesen, dass der Patch unter dem Namen *uxtheme.pat* im *System32*-Ordner Ihres *Windows*-Ordners abgespeichert wurde.

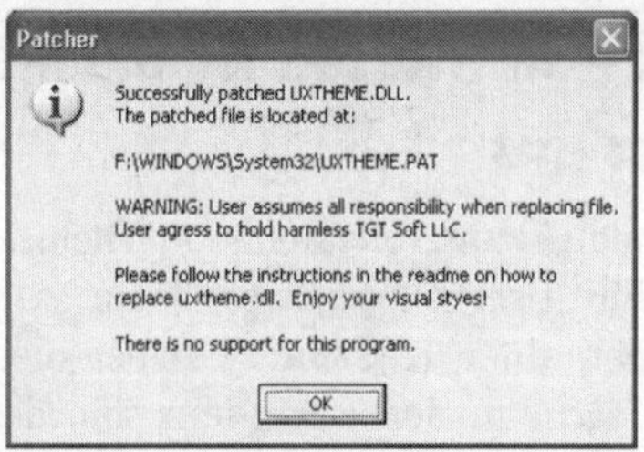

3 Wählen Sie nun den Befehl *Extras/Ordneroptionen* und wechseln Sie zur Registerkarte *Ansicht*. Entfernen Sie dort, wenn noch nicht geschehen, die Häkchen vor den Optionen *Erweiterungen bei bekannten Dateitypen ausblenden* und *Geschützte Systemdateien ausblenden*. Wählen Sie außerdem im Bereich *Versteckte Dateien und Ordner* die Option *Alle Dateien und Ordner anzeigen*.

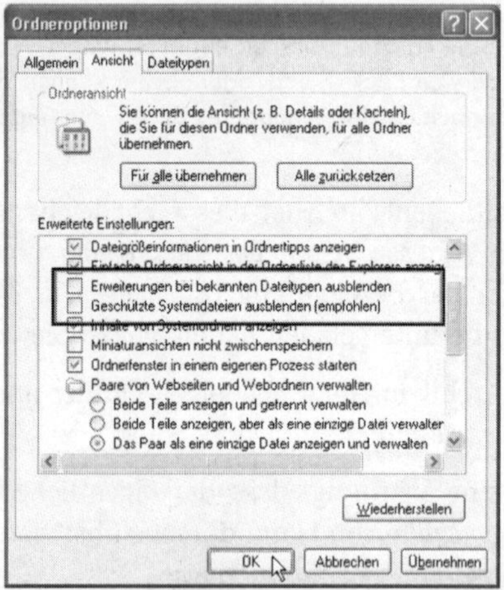

4 Da die automatische Systemdateiwiederherstellung von Windows XP die Datei *uxtheme.dll* sofort ersetzt, wenn Sie sie umbenennen, müssen Sie sämtliche Kopien dieser Datei auf Ihrem Rechner umbenennen.

Starten Sie mit *Start/Suchen* die Suchfunktion von Windows XP und suchen Sie im *Windows*-Ordner und allen Unterordnern nach der Datei *uxtheme.dll*. Stellen Sie dabei in den Suchoptionen ein, dass auch nach versteckten Dateien gesucht werden soll. Benennen Sie dann, beginnend im Verzeichnis *dllcache*, sämtliche gefundenen Dateien dieses Namens um, beispielsweise in *uxtheme.dll.old*.

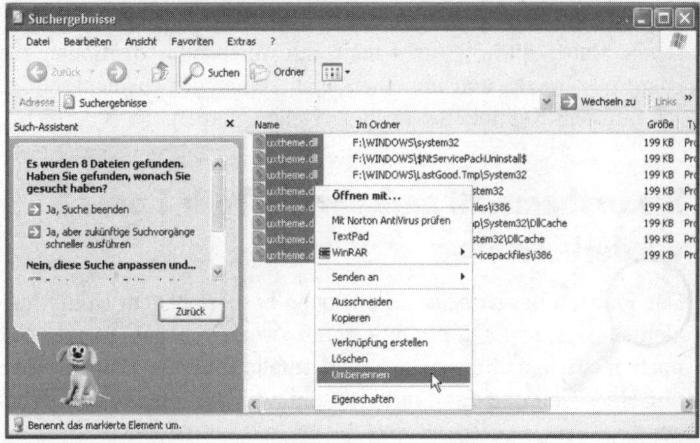

5 Beim Umbenennen erhalten Sie die Warnmeldung: *Es wurden Dateien, die zum Ausführen von Windows erforderlich sind, mit unbekannten Versionen ersetzt*. Klicken Sie hier auf *Abbrechen* und bei der darauf folgenden Frage, ob Sie die unbekannten Systemdateien behalten wollen, auf *Ja*.

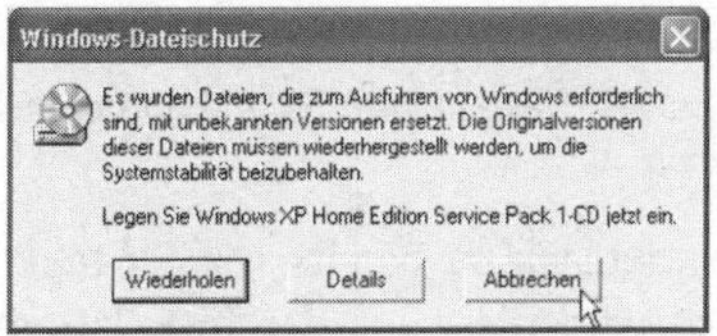

6 Wechseln Sie nun in den Ordner *C:\Windows\System32*. Hier finden Sie neben der von Ihnen umbenannten Datei *uxtheme.dll.old* auch die gepatchte Datei *uxtheme.pat*. Benennen Sie diese Datei um in *uxtheme.dll*. Auch hier müssen Sie wieder die in Schritt 5 beschriebenen Warnmeldungen wegklicken.

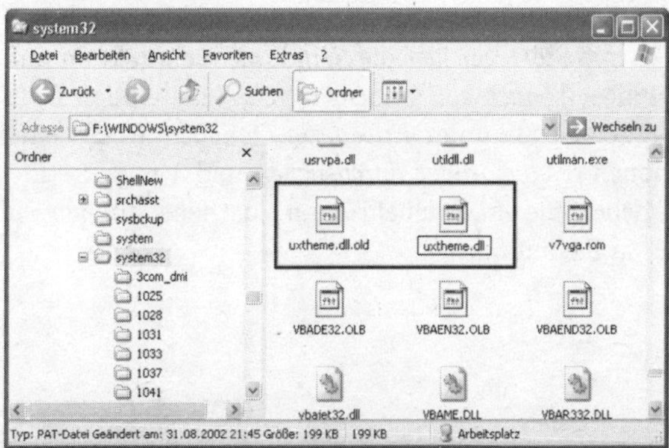

Jetzt können Sie Ihr Windows nach Herzenslust mit attraktiven Themes versehen. Dabei sind Sie nicht mehr auf Microsofts Kreationen aus dem Plus!-Paket beschränkt und brauchen auch keines der kostenpflichtigen Tools, die wir Ihnen in Kapitel 10.4 noch vorstellen werden.

Die uxtheme.dll nach Service Pack 1 oder 2 wiederherstellen

Das Patchen der *uxtheme.dll* mit oben beschriebenem Utility hat leider einen kleinen Haken: Es funktioniert nur, wenn Sie das Service Pack 1 oder 2 noch nicht installiert haben, andernfalls gibt die Datei *uxthemepatcher.exe* nur eine Fehlermeldung mit dem Hinweis auf eine falsche Windows-Version aus.

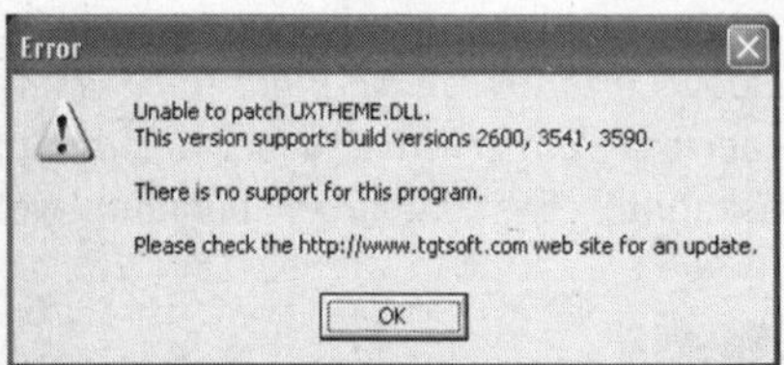

Keine Chance unter Service Pack 1 oder 2: Das Patch-Installationsprogramm bricht in diesem Fall mit einer Fehlermeldung ab.

Haben Sie den Patch der Datei *uxtheme.dll* bereits vor der Installation eines der Service Packs durchgeführt, wird diese bei der Installation des Service Pack 1 oder 2 durch ein neueres Microsoft-Original ersetzt.

In diesem Fall können Sie die gepatchte Datei aber „zurückholen" - Voraussetzung ist allerdings, dass Sie bei der Installation des Service Pack die Option gewählt haben, die alten Systemdateien für eine Deinstallation zu sichern. Gehen Sie dafür folgendermaßen vor:

1 Rufen Sie mit *Start/Suchen* die Windows-Suchfunktion auf. Wählen Sie bei der Frage *Wonach soll gesucht werden?* die Option *Dateien und Ordnern* und setzen Sie unter *Erweiterte Optionen* jeweils ein Häkchen vor die Optionen *Systemordner durchsuchen* und *Versteckte Elemente durchsuchen*. Geben Sie im Suchfeld dann „uxtheme.dll" als Suchbegriff ein und klicken Sie auf *Suchen*.

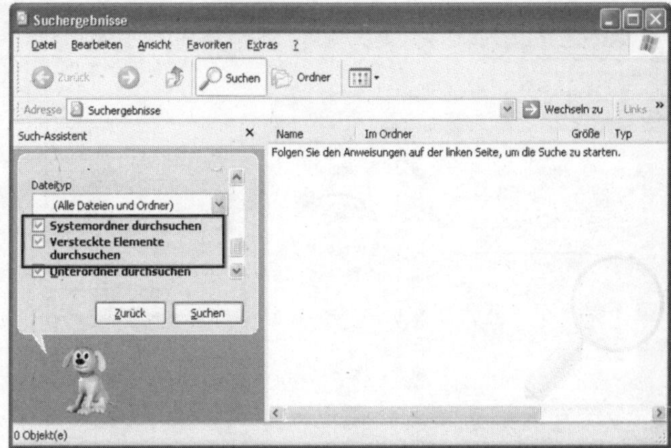

2 Markieren Sie nun mit gedrückter Strg-Taste sämtliche gefundenen Dateien, aber nicht die Datei *uxtheme.dll*, die sich im Verzeichnis *Windows\ $NTServicePackUninstall$* befindet. Klicken Sie die Dateien anschließend mit der rechten Maustaste an und wählen Sie aus dem Kontextmenü den Befehl *Umbenennen*.

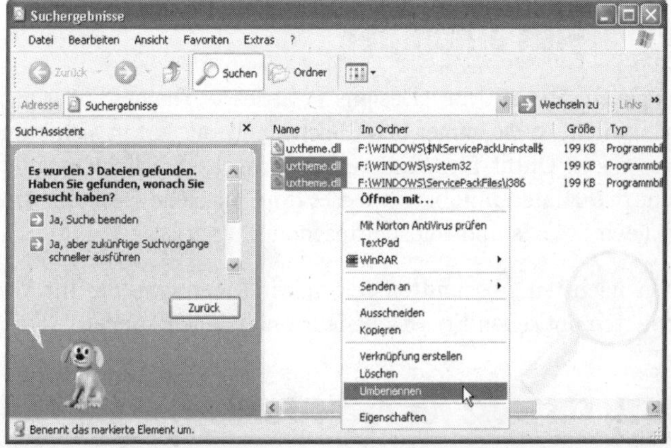

3 Geben Sie als neuen Dateinamen *uxtheme.dll.old* ein. Es folgen wieder einige Warnhinweise, die Sie mit *Abbrechen* wegklicken müssen. Alle weiteren Dateien werden nun automatisch umbenannt in *uxtheme.dll(1).old*, *uxtheme.dll(2).old* und so weiter.

Anschließend können Sie die gepatchte Datei *uxtheme.dll* aus dem Ordner *Windows\$NtServicePackUninstall$* in den Ordner *Windows\system 32* kopieren. Nach einem Neustart arbeitet die gepatchte Datei klaglos mit dem Service Pack 1 oder 2 zusammen.

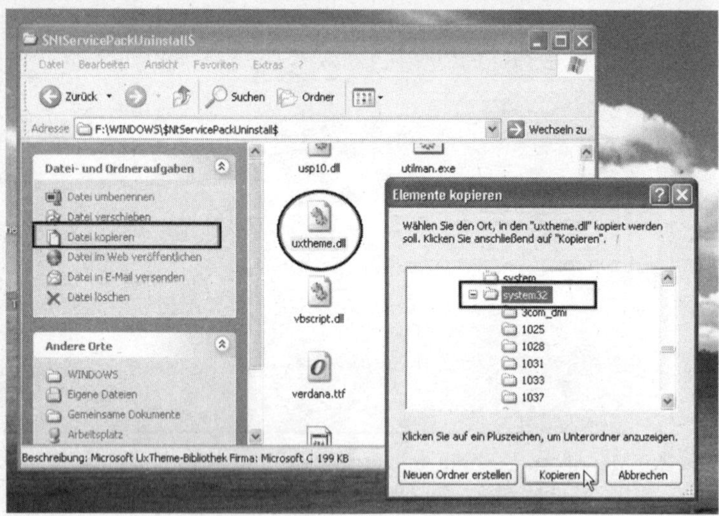

11.2 Zaubern Sie sich ein neues Windows: neue Styles einbinden

Ganz gleich, ob man von „Designs", „Styles", „Themes" oder auch von „Themen" spricht, es ist immer das Gleiche gemeint: ein in sich stimmiges, komplettes neues Outfit für Windows XP, das das Erscheinungsbild der Dialogboxen, das Hintergrundbild des Desktop, spezielle Desktopsymbole und oft auch noch Sounds und Bildschirmschoner umfasst.

In den nächsten Abschnitten zeigen wir Ihnen, wie Sie Ihr Windows einer kompletten optischen Frischzellenkur unterziehen können.

X-Port: Ein Muss für Apple-Fans

So mancher Windows XP-User schaut nicht ohne Neid zur Konkurrenz hinüber:

Denn die Firma Apple hat in ihrem System OS X mit dem „Aqua"-Outfit ein Design implementiert, das sehr elegant wirkt und auch vielen Windows-Usern besser gefällt als das etwas infantil wirkende Luna-Design, das oft als „Windows mit Fisher-Price-Plug-In" verspottet wird.

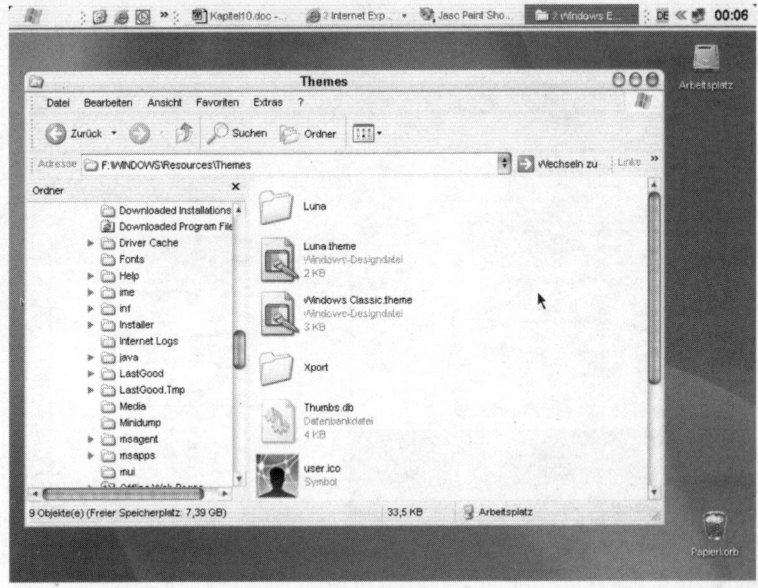

Ist es Windows oder Apple Mac OS X? Mit dem Design X-Port verändern Sie Ihre Windows-Oberfläche radikal.

Um in den Genuss eines (fast) waschechten Apple-OS-X-Outfits zu kommen, müssen Sie aber nicht gleich Rechner und Betriebssystem wechseln. Surfen Sie stattdessen zur Site *http://ja450n.ipfox.com*. Hier finden Sie X-Port, ein kostenlos erhältliches „Style“ für Windows XP, das im Design dem Apple-Design von OS X stark nachempfunden ist.

INFO

Installation von X-Port nur mit Patch möglich!

Um X-Port installieren zu können bzw. als neues „Design“ in der Systemsteuerung einbinden zu können, müssen Sie vorher die Windows-Systemdatei *uxtheme.dll* patchen.

Nachdem Sie X-Port als Datei *xport.zip* heruntergeladen haben, gehen Sie wie folgt vor:

1 Entpacken Sie alle Dateien und Ordner, die im ZIP-Archiv *xport.zip* enthalten sind, zunächst in einen beliebigen Ordner, zum Beispiel in einen neu angelegten Ordner *xport* auf dem Desktop. Öffnen Sie diesen Ordner dann, markieren Sie mit [Strg]+[A] alle Elemente und kopieren Sie sie - zum Beispiel über die Aufgabenleiste, *Datei- und Ordneraufgaben*, *Ausgewählte Elemente kopieren* - in den Ordner *C:\Windows\Resources*

Themes. Den Ursprungsordner und das ZIP-Archiv können Sie danach löschen.

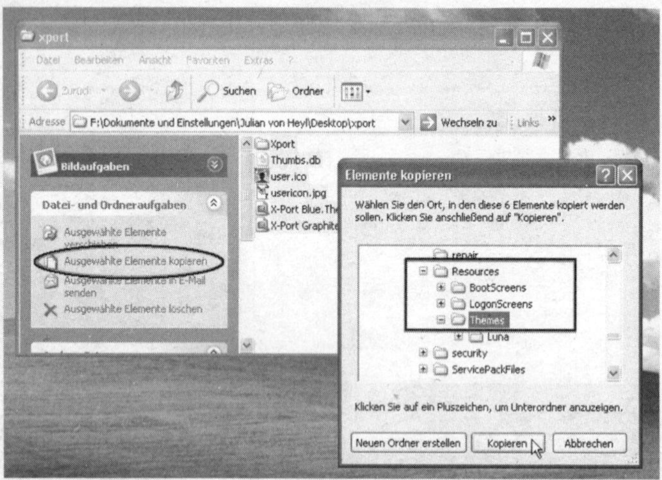

2 Klicken Sie nun mit der rechten Maustaste auf eine freie Fläche des Desktop und wählen Sie aus dem Kontextmenü die *Eigenschaften*. Unter der Registerkarte *Designs* finden Sie nun die beiden neuen Einträge *X-Port Blue* und *X-Port Graphite* zur Auswahl.

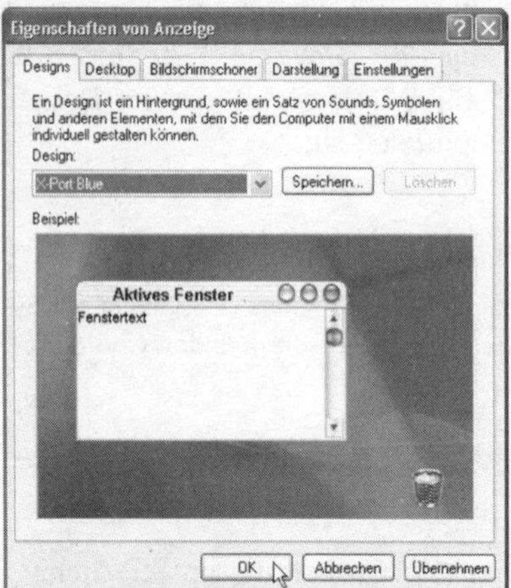

Wollen Sie Ihren Rechner wirklich ganz „Apple-like" haben, können Sie zuletzt noch per Drag & Drop die Taskleiste an den oberen Bildschirmrand verlegen. Außerdem finden Sie unter der Adresse *http://ja450n.ipfox.com* noch eine LogonUI-Datei und eine Bootscreen-Datei im Apple-Design.

Was Sie noch über Themes wissen sollten

Im Internet finden Sie Unmengen an interessanten Seiten, die Themes anbieten. Allein unter *www.themexp.org* werden unter der Kategorie *visual styles (vs)* über 1.300 Stück angeboten. Das Problem ist, dass es kein einheitliches Format dieser Themes gibt. Die einen sind als ZIP-Archiv gepackt, die anderen sind hingegen ausführbare Dateien, die ihren Inhalt automatisch an die passenden Stellen kopieren. Allen gemein ist, dass die eigentlichen Themes gepackt sind, und, wie im vorigen Kapitel gesehen, in das Verzeichnis *C:\Windows\Resources\Themes* entpackt werden müssen. Weiter unterscheiden sich die angebotenen Dateien dadurch, dass die einen ganze Designs (mit der Dateiendung *.theme*) enthalten, die dann über *Systemsteuerung/Anzeige/Designs* als solche auszuwählen sind. Andere bestehen lediglich aus Stildateien (zu erkennen an der Dateiendung *.msstyles*), die wiederum unter *Systemsteuerung/Anzeige/Darstellung* auswählbar und eigentlich nur Teil eines kompletten Designs sind. In der Regel sind die Designdateien automatisch über die Anzeigeeigenschaften zu erreichen, wenn sie sich in dem Verzeichnis *C:\Windows\Resources\ Themes* befinden. Sie enthalten lediglich Angaben darüber, wo sich die eigentlichen Stildateien, Icons, Desktophintergründe, Mauszeiger etc. befinden, und sind entsprechend klein. Daher können sich die eigentlichen Elemente in Unterordnern befinden, die natürlich per Pfadangabe in der *.theme*-Datei angegeben sein müssen. Die Stildateien sind hingegen die zusammengefügten Bitmap-Dateien, aus denen sich der gesamte Windows-Desktop zusammensetzt.

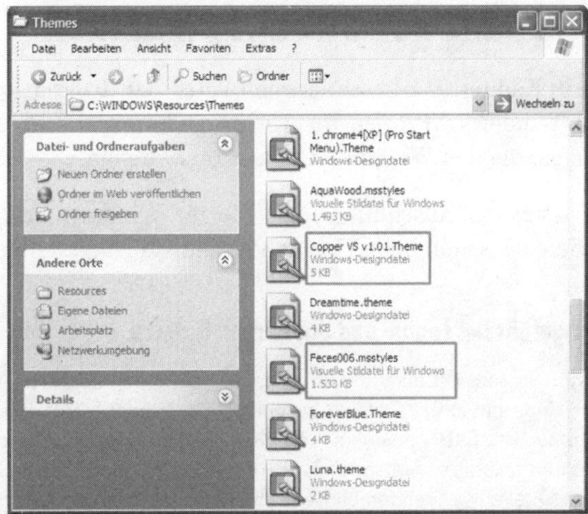

Design- und Stildateien können im Explorer per Doppelklick geöffnet werden und sind dann im Eigenschaftendialog der Anzeige sichtbar.

Da sich hier alle benötigten Komponenten in der Datei befinden, lässt sich eine Stildatei direkt per Doppelklick öffnen und erscheint dann im Eigenschaftendialog der Anzeige.

Die per Doppelklick geöffnete Datei Feces006.msstyles.

Allerdings fehlen dann solch nette Dinge wie das Hintergrundbild oder angepasste Icons.

11.3 Der schönere Windows-Start: eigene Boot- und Logon-Screens einbinden

Nachdem Sie den in Kapitel 10.1 beschriebenen Patch der *uxtheme.dll* durchgeführt haben, ist Windows XP offen für Theme-Änderungen aller Art und nicht nur für Designs, die den Windows XP-Desktop betreffen.

Lesen Sie in den nächsten Abschnitten, wie Sie Ihr Windows mit eigenen Boot- und Logon-Screens schon beim Hochfahren individuell gestalten.

Achtung: Virengefahr bei Logon- und Bootscreen-Dateien

Sowohl die Logon-Screens als auch die Bootscreens, die in den nächsten Abschnitten beschrieben sind, sind in EXE-Dateien gespeichert, entweder in der *ntoskrnl.exe* oder in der *logonui.exe*. EXE-Dateien können als ausführbare Programmdateien aber potenziell Viren enthalten. Sie sollten also keine Logon- oder Bootscreendateien aus dubiosen Quellen verwenden und es sich zur Regel machen, jede auf Ihren Computer heruntergeladene EXE-Datei vor dem Einbinden mit einem aktuellen Virenscanner zu prüfen.

Farbig und individuell starten: der Windows XP-Bootscreen

Unter Windows XP wird der Bootscreen anders verwaltet als bei Windows 98/ME: Er ist integriert in die Datei *ntoskrnl.exe*, die Sie im *System32*-Ordner Ihres *Windows*-Ordners finden, also normalerweise unter *C:\Windows\System32*.

Im Internet gibt es unterdessen jede Menge Versionen der Datei *ntoskrnl.exe* mit anderen Bootscreens.

Ein besonders schönes und großes Archiv finden Sie unter der Adresse *http://www.themexp.org*, aber auch das deutschsprachige Archiv *http://www.xpstyles.de* lohnt einen Blick - hier muss man sich allerdings erst kostenlos registrieren lassen, bevor man Dateien herunterladen kann.

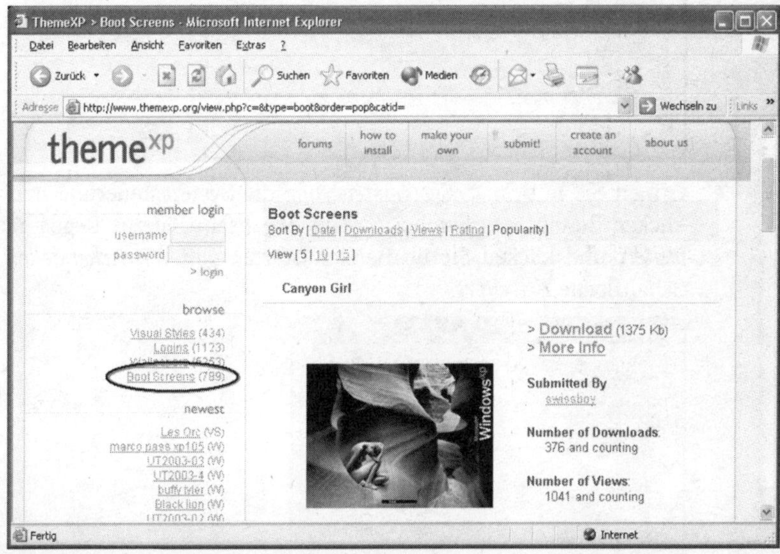

Unter http://www.themexp.org finden sich jede Menge Visual Styles, Wallpapers, Bootscreens und Logins für ein persönlich angepasstes Windows.

Haben Sie sich einen Bootscreen ausgesucht und das entsprechende ZIP-Archiv heruntergeladen, gibt es zwei mögliche Arten der Installation.

Zum einen können Sie Ihren Rechner im abgesicherten Modus neu starten (beim Bootvorgang F8 drücken), die Originaldatei *ntoskrnl.exe* umbenennen, beispielsweise in *ntoskrnl.exe.old*, und dann die neue Datei *ntoskrnl.exe* aus dem ZIP-Archiv in den Ordner *C:\Windows\System32* kopieren.

Diese Methode ist aber nicht ganz sicher, denn sollte die neue Datei *ntoskrnl .exe* beschädigt sein oder aus anderen Gründen nicht funktionieren, kann dies dazu führen, dass sich Ihr System gar nicht mehr starten lässt.

Sicherer ist folgende Methode, die die Dual-Boot-Fähigkeiten von Windows XP nutzt.

1 Entpacken Sie die im ZIP-Archiv enthaltene Datei *ntoskrnl.exe* in den Ordner *C:\Windows\Resources\BootScreens*. Sollte dieser Ordner nicht existieren, legen Sie ihn einfach neu an. Benennen Sie die Datei *ntos krnl.exe* dann um, beispielsweise in *ntosboot.exe*. Kopieren Sie die umbenannte Datei nun in den Ordner *C:\Windows\System32*.

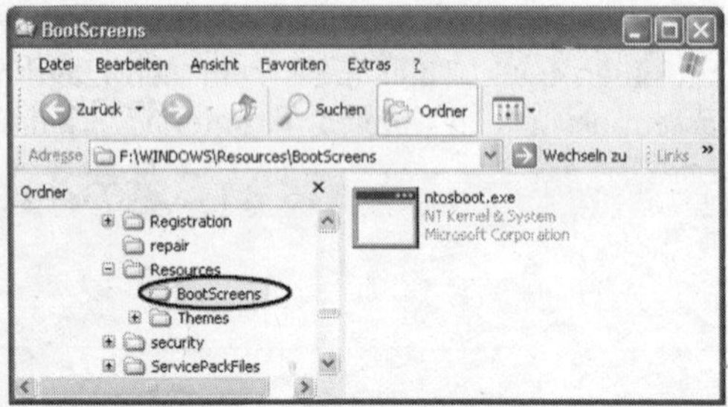

2 Öffnen Sie mit *Start/Systemsteuerung* die Systemsteuerung und doppelklicken Sie auf das Symbol *System*. Wechseln Sie zur Registerkarte *Erweitert* und klicken Sie im Bereich *Starten und Wiederherstellen* auf die Schaltfläche *Erweitert*.

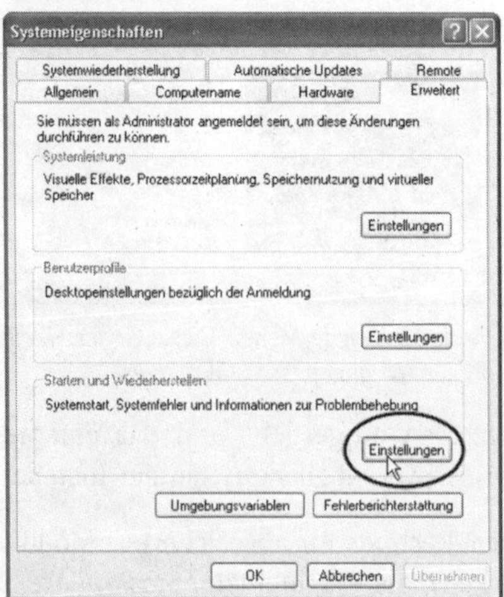

3 Klicken Sie nun im Bereich *Systemstart* auf *Bearbeiten*, um so die Systemstartdatei *boot.ini* zu öffnen.

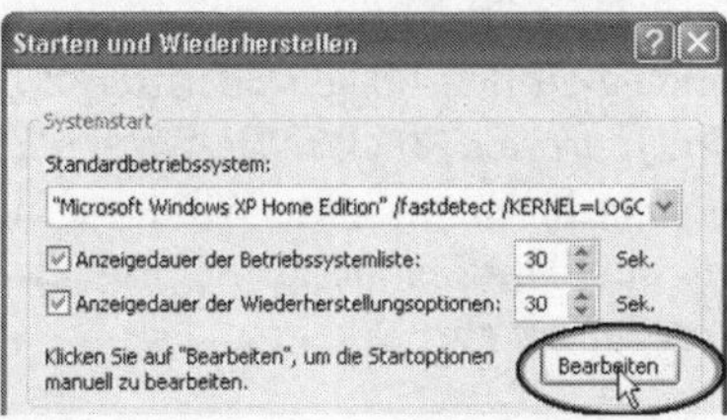

4 Im Bereich *[operating systems]* finden Sie nun eine Zeile, die *multi(0) disk(0)rdisk(1)partition(2)\WINDOWS="Microsoft Windows XP Home Edition" /fastdetect* oder so ähnlich lautet. Duplizieren Sie diese Zeile, indem Sie sie markieren, die markierte Zeile mit der rechten Maustaste anklicken und dann übers Kontextmenü einmal den Befehl *Kopieren* und zweimal hintereinander den Befehl *Einfügen* wählen.

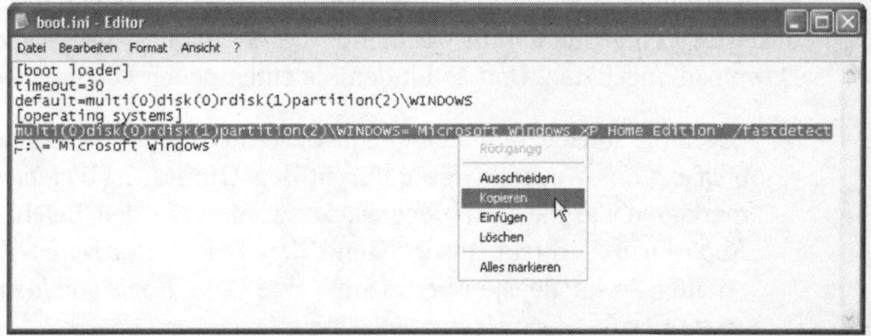

5 Hängen Sie an die duplizierte Zeile nun (hinter */fastdetect*) den Parameter */KERNEL=ntosboot.exe* (ohne Anführungszeichen) an. Außerdem sollten Sie in dieser Zeile die Bezeichnung des Betriebssystems hinter *WINDOWS=* ändern, beispielsweise von *Microsoft Windows XP Home Edition* in Microsoft *Windows XP neues Bootlogo*, damit Sie den Eintrag im Bootmenü eindeutig wiedererkennen.

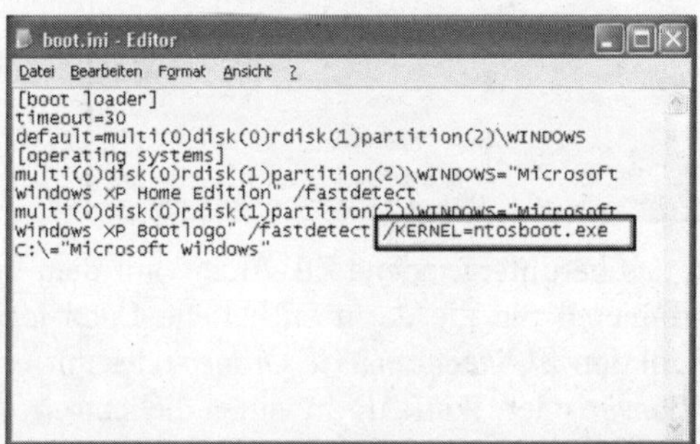

Wenn Sie Ihren Rechner nun das nächste Mal hochfahren, können Sie über den neuen Eintrag im Bootmenü die Windows-Version mit dem neuen Bootscreen starten. Klappt alles und läuft das Windows mit dem neuen Bootscreen fehlerfrei, können Sie analog zu den obigen Schritten 2 bis 4 die Originalzeile *multi(0)disk(0)rdisk(1)partition(2)\WINDOWS="Microsoft Windows XP Home Edition" /fastdetect* löschen. Sollte Windows nicht fehlerfrei starten, können Sie durch einen simplen Reboot zur ursprünglichen Konfiguration mit der Originaldatei *ntoskrnl.exe* zurückkehren.

Auch das geht: der eigene Logon-Screen

Auch der Logon-Screen beim Anmelden ist in einer EXE-Datei eingebunden, und zwar in der Datei *logonui.exe*, die Sie wiederum im Verzeichnis *C:\Windows\System32* finden. Auch was die Logon-Screens angeht, werden Sie im Internet unter *http://www.themexp.org* und anderen einschlägigen Archiven schnell fündig. Typischerweise werden auch diese Logon-Screens „konfektionsfertig" eingebunden in gepatchte Dateiversionen der *logonui.exe* zum Download angeboten. Und so binden Sie einen neuen Logon-Screen ein:

1 Legen Sie zunächst unbedingt eine Sicherheitskopie der Originaldatei *logonui.exe* an. Wechseln Sie dafür in den Ordner *C:\Windows\System32*, markieren Sie die Datei *logonui.exe*, wählen Sie den Befehl *Bearbeiten/Kopieren* und direkt anschließend den Befehl *Bearbeiten/Einfügen*. Sie erhalten so im gleichen Verzeichnis eine Datei *Kopie von logonui.exe*.

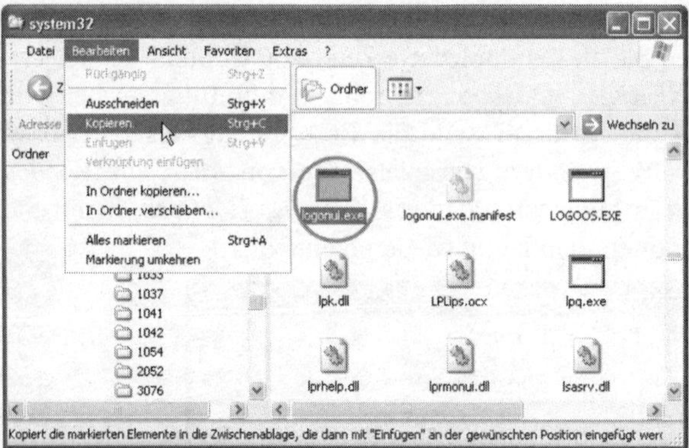

2 Öffnen Sie nun das heruntergeladene ZIP-Archiv mit dem neuen Logon-Screen und extrahieren Sie die darin enthaltene Datei *logonui.exe* mit der Windows-Funktion *ZIP-komprimierte Ordner* oder mit einem passenden Tool wie *Winzip* oder *WinRAR* in einen beliebigen Ordner, aber nicht in den Ordner *C:\Windows\System32*.

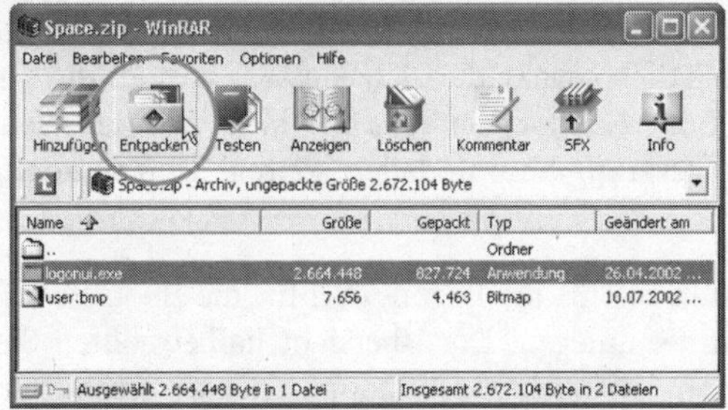

3 Starten Sie den Rechner nun im Abgesicherten Modus neu, indem Sie beim Bootvorgang die Taste [F8] drücken. Ersetzen Sie dann die Originaldatei *C:\Windows\System32\logonui.exe* durch die modifizierte Datei, die Sie heruntergeladen haben. Nach einem weiteren Neustart ist der neue Logon-Screen aktiviert.

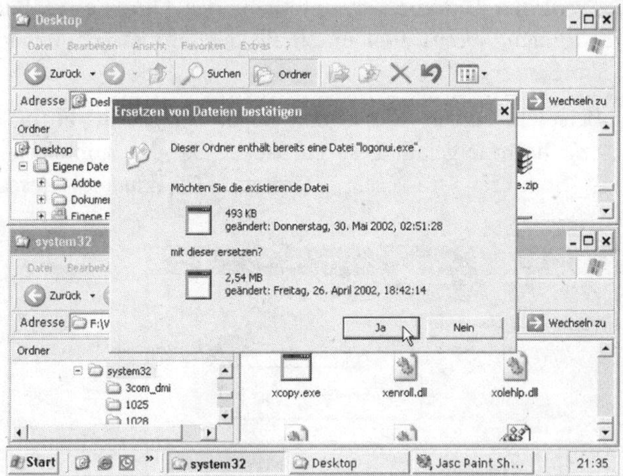

Wollen Sie nun wieder den Original-Logon-Screen von Windows XP haben, starten Sie Windows erneut mit [F8] im Abgesicherten Modus und wechseln mit dem Windows-Explorer ins Verzeichnis *C:\Windows\System32*. Löschen Sie hier die modifizierte Datei *logonui.exe* und benennen Sie die vorher angelegte Sicherheitskopie um von *Kopie von logonui.exe* in *logonui.exe*.

Die absolute Vielfalt beim Start: Zufällig ausgewählte Boot- und Logon-Screens

Auch am schönsten Boot- oder Logon-Screen hat man sich irgendwann einmal satt gesehen. Aber warum nicht einfach mehrere Boot- und Logon-

Screens herunterladen und bei jedem Systemstart per Zufallsauswahl andere anzeigen lassen? Möglich macht dies ein kleines, kostenloses Freeware-Tool namens LogonUI Boot Randomizer, das Sie sich von der Website http://www.belchfire.net/~userxp/ herunterladen können. Und so konfigurieren Sie das Tool:

1 Zunächst müssen Sie für die Logon- und für die Bootscreens zwei unterschiedliche Ordner anlegen. Der Übersicht halber sollten Sie diese Ordner dort anlegen, wo auch die Windows-Themes gespeichert sind, also unterhalb von *C:\Windows\Resources*.

   Legen Sie also die beiden Ordner *C:\Windows\Resources\LogonScreens* und *C:\Windows\Resources\ BootScreens* an. Haben Sie nun einen BootScreen oder einen Logon-Screen in Form eines ZIP-Archivs heruntergeladen, so entpacken Sie den kompletten Inhalt des ZIP-Archivs in einen weiteren Unterordner unterhalb des Ordners *C:\Windows\ Resources\LogonScreens* oder unterhalb des Ordners *C:\Windows\Resources\BootScreens*.

   Ein Beispiel: Haben Sie einen Logon-Screen in Form einer Datei *Space.zip* heruntergeladen, so entpacken Sie den kompletten Inhalt der Datei *Space.zip* in den Ordner *C:\Windows\Resources\Logon Screens\Space*.

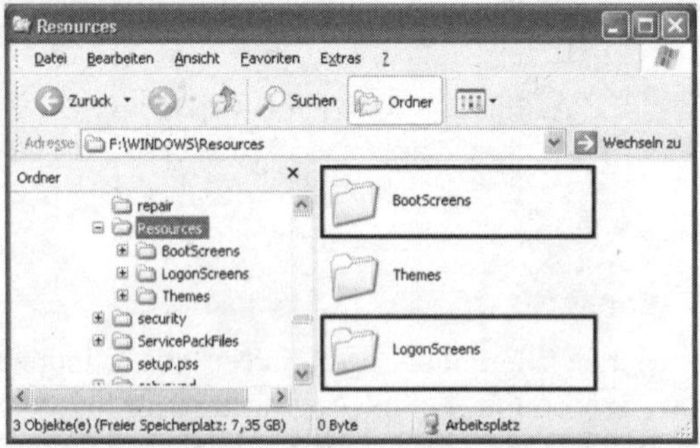

2 Das Tool LogonUI Boot Randomizer muss nicht extra installiert werden, entpacken Sie nach dem Herunterladen einfach das ZIP-Archiv in ein beliebiges Verzeichnis und starten Sie aus diesem Verzeichnis die Programmdatei *LogonUIBootRandomizer.exe* mit einem Doppelklick.

   Nun müssen Sie dem Programm zunächst die Stammordner für Ihre Boot- und Logon-Screens mitteilen. Wählen Sie dafür zunächst den Befehl *File/Boot screens* und dann den Befehl *Boot/Options*. Tragen Sie im Bereich *Base folder for Boot's screens* nun den vorher angelegten Stammordner für die Bootscreens ein, in unserem Beispiel also *C:\Windows*

Resources\BootScreens. Wählen Sie anschließend den Befehl *File/LogonUI Screens* und dann den Befehl *LogonUI/Options*. Tragen Sie hier entsprechend den Stammordner für die Logon-Screens ein.

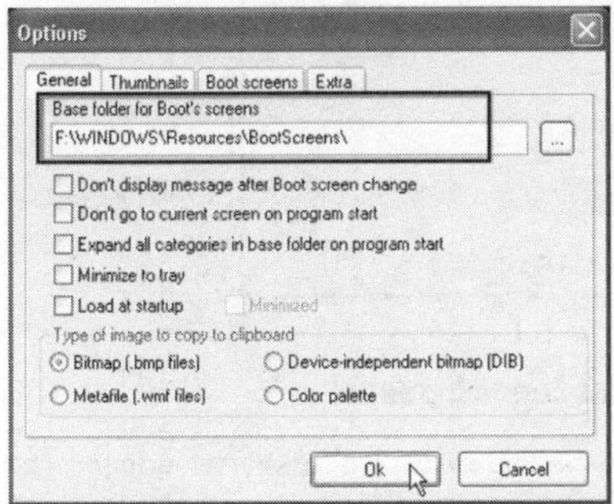

3 Mit den oben genannten Befehlen *File/Boot Screens* oder *File/LogonUI Screens* oder mit den Tastenkombinationen Strg+B bzw. Strg+L können Sie nun zwischen den beiden Bereichen *Logon-Screens* und *Bootscreens* hin und her springen.

In beiden Bereichen können Sie mit der Taste F5 die Ansicht Ihrer angelegten Stammordner aktualisieren.

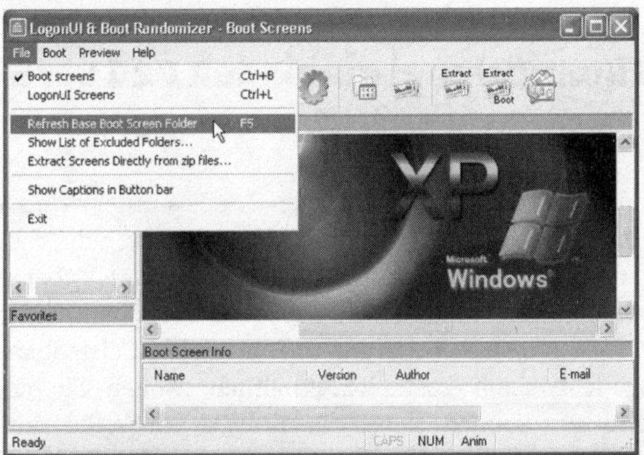

4 Um nun den Zufallsgenerator für die Anzeige zu aktivieren, wählen Sie im gewünschten Bereich den Befehl *Boot/Randomize* bzw. den Befehl *LogonUI/Randomize*. Wählen Sie im Bereich *Method* dann die Option *Random* und bestätigen Sie mit *OK*. Das Tool sucht nun aus der vorgegebenen Auswahl unterhalb der von Ihnen definierten Stammordner bei jedem Systemstart einen neuen Bootscreen bzw. einen neuen Logon-Screen aus.

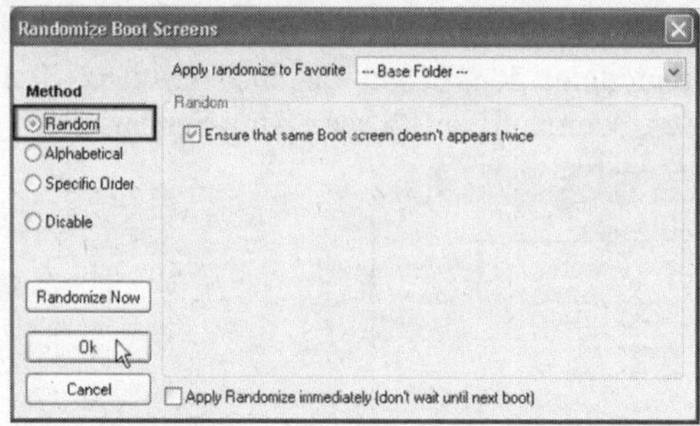

INFO

Andere Tools für Boot- oder Logon-Screens

Unterdessen gibt es eine reichhaltige Auswahl an verschiedenen Tools für Boot- oder Logon-Screens. Das oben beschriebene Tool LogonUI Boot Randomizer hat dabei bei einer übersichtlichen Bedienung und einem hohen Leistungsumfang den großen Vorteil, Freeware zu sein, also nichts zu kosten. Andere empfehlenswerte Tools sind *BootXP* (*http://www.bootxp.net*, Shareware, 7,95 $ – die neue Version ist voll kompatibel mit Service Pack 2) oder der *Logon Loader* (*http://www.radfiles.com/logonloader/*, Freeware). Wollen Sie schließlich Ihre Bootscreens selbst machen, sei Ihnen das Freeware-Tool *Boot Editor for Windows XP*, erhältlich unter *http://www.belchfire.net/~userxp/indexbe.htm*, ans Herz gelegt.

11.4 Themes komfortabel einbinden und verwalten mit Style XP

Wie schon auf Seite 553 gezeigt: Um auch Themes unter Windows XP einzubinden, die nicht von Microsoft stammen, muss zuvor die Systemdatei *uxtheme.dll* gepatcht werden. Sie können sich diesen Patch aber sparen, wenn Sie sich – als komfortablere Alternative – das Programm Style XP von der Seite *http://www.tgtsoft.com* herunterladen. Style XP ist Shareware und in einer 30-Tage-Testversion kostenlos erhältlich, wollen Sie das Programm dann weiternutzen, können Sie es für 19,95 $ zur Vollversion freischalten lassen oder auf den beschriebenen Patch zurückgreifen. Style XP ersetzt vollkommen die Registerkarte *Designs* unter *Systemsteuerung/ Anzeige* und ist auch mit dem Service Pack 1 und/oder 2 kompatibel. So konfigurieren und nutzen Sie das Tool:

1 Nach Start des Programms sollten Sie erst einmal mit dem Befehl *Language/Deutsch* die deutschsprachige Oberfläche einstellen, auch wenn diese teils schlampig übersetzt ist. Im Bereich *Style XP aktivieren* können

Sie das Programm aktivieren oder deaktivieren, wobei die Änderung ohne Neustart des Programms oder von Windows sofort in Kraft tritt.

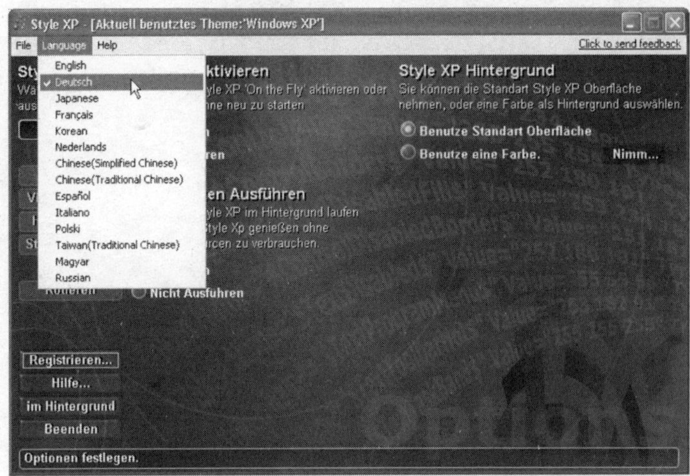

2 Im Bereich *Themen* werden Ihnen alle auf Ihrem Computer aktuell installierten Themen angezeigt, hier können Sie auch das aktuelle Thema festlegen. Um ein neues Thema aus dem Internet einzubinden, klicken Sie einfach auf die Schaltfläche *Neues Thema herunterladen*.

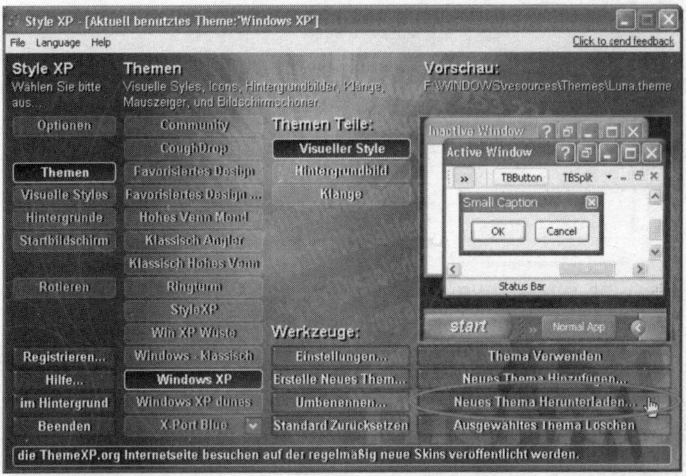

3 Sie werden nun mit der Rubrik *Themes* der Website *http://www.themexp.org* verbunden und können sich dort ein Theme aussuchen und mit einem Klick auf *Download* herunterladen. In welchen Ordner Sie das ZIP-Archiv herunterladen, spielt dabei keine Rolle.

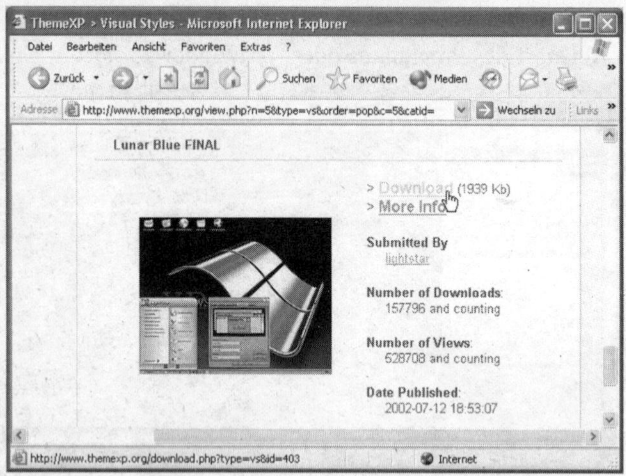

4 Klicken Sie nun in Style XP auf die Schaltfläche *Neues Thema hinzufügen*. Auf diese Weise können Sie Thema-Dateien (**.theme*) hinzufügen, aber auch direkt heruntergeladene ZIP-Archive (**.zip*) selektieren, die dann automatisch entpackt und an die richtige Stelle kopiert werden.

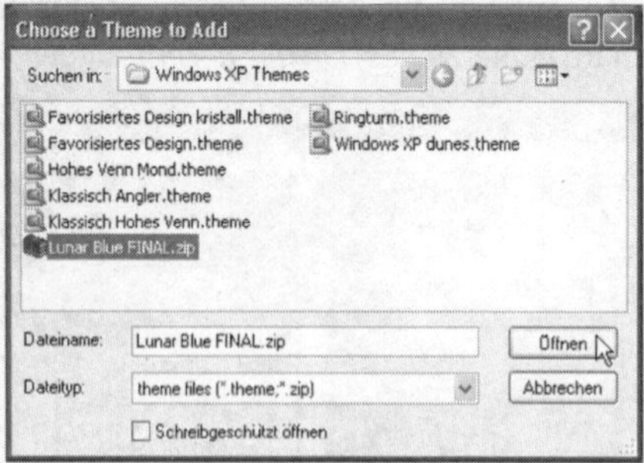

5 Eine interessante Funktion von Style XP ist schließlich der eingebaute Zufallsgenerator. Wenn Sie auf *Rotieren* klicken, können Sie Themen, visuelle Styles, Hintergründe oder Startbildschirme in einem zufälligen Wechsel anzeigen lassen.

Zur Auswahl stehen Ihnen für die Häufigkeit des Wechsels *Nie*, *Beim Anmelden*, *Täglich* oder *Wöchentlich*. Darunter können Sie bestimmte Themen in die Rotationsliste aufnehmen oder aus der Rotationsliste ausklammern.

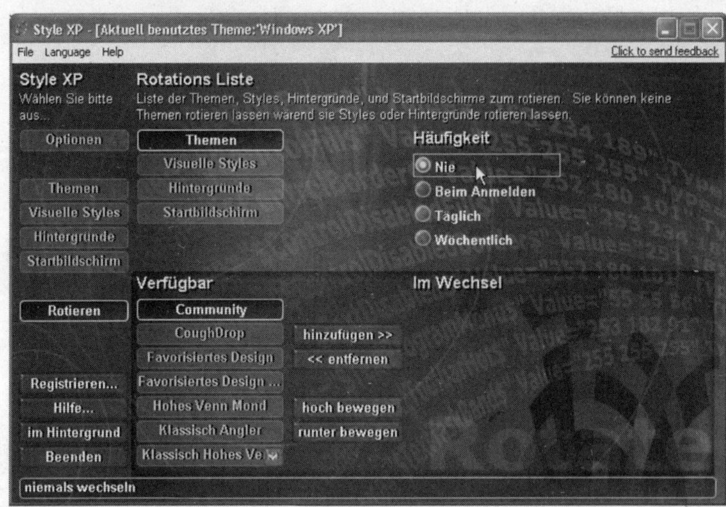

INFO

Hinzufügen eines neuen Themas als ZIP-Archiv schlägt fehl!

Damit Style XP ein Thema direkt aus einem ZIP-Archiv hinzufügen kann, muss das Archiv entweder eine Datei des Typs **.theme* oder eine Datei des Typs **.msstyles* enthalten.

Dies ist aber nicht bei allen ZIP-Archiven mit Themes der Fall:

Manche enthalten stattdessen eine eigene Installationsroutine. In diesem Fall entpacken Sie das Archiv in einen temporären Ordner, starten die darin enthaltene EXE-Datei und folgen dann den Anweisungen des Installationsprogramms.

Jetzt kreieren Sie sich Ihre Themen selbst! Der StyleBuilder

Von TGT Soft, der Softwareschmiede, die Style XP programmiert hat, kommt auch der StyleBuilder, ein äußerst mächtiges Werkzeug, mit dem Sie eigene Styles und Themes entwerfen können.

Der StyleBuilder ist ebenfalls Shareware, eine kostenlose 30-Tage-Version gibt es unter der Adresse *http:// www.tgtsoft.com*, die Vollversion kostet 19,95 $.

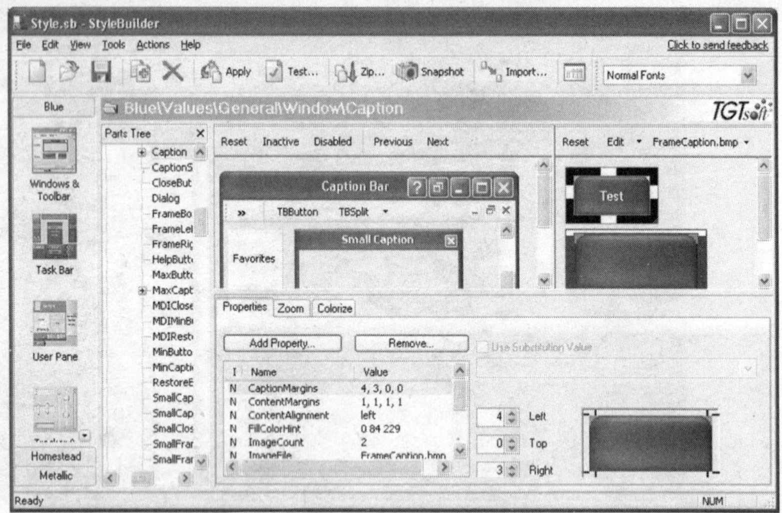

Mit dem StyleBuilder können Sie fast jedes Element bestehender Styles und Themes nach Belieben verändern.

An dieser Stelle sämtliche Möglichkeiten und Optionen des StyleBuilder aufzuzählen würde den Rahmen dieses Buches bei weitem sprengen; das Programm ist aber mit einer guten Hilfe-Funktion ausgestattet. Als Beispiel zeigen wir Ihnen aber im nächsten Abschnitt, wie Sie die Farbe des Startbuttons ändern.

Weg mit dem hässlichen Grün: So ändern Sie die Farbe des Startbuttons

Ganz gleich, für welches Farbschema (Blau, Olivgrün oder Silber) Sie sich entscheiden, der Startbutton im Luna-Design bleibt immer grün. Während das zum Farbumfeld „Olivgrün" noch ganz gut passen mag, beißt sich das Grün allerdings ziemlich mit den Farbgebungen „Blau" und „Silber". Mit dem StyleBuilder können Sie aber einzelne Elemente eines Styles, so auch den Startbutton, ganz gezielt in der Farbe verändern:

1 Nach Start des Programms ist automatisch das Standard-Theme „Luna" geladen. Nun müssen Sie sich entscheiden, ob Sie die Farbe des Startbuttons in der Farbumgebung „Blau" (= „Blue"), „Olivgrün" (= „Homestead") oder „Silber" (= „Metallic") ändern wollen. In unserem Beispiel ändern wir den Startbutton im Bereich *Metallic*. Klicken Sie dafür auf den Gruppen-Button *Metallic* in der vertikalen Leiste ganz links. Klicken

Sie danach auf den Button *Task Bar*, um alle Elemente von Taskleiste und Startmenü anzeigen zu lassen.

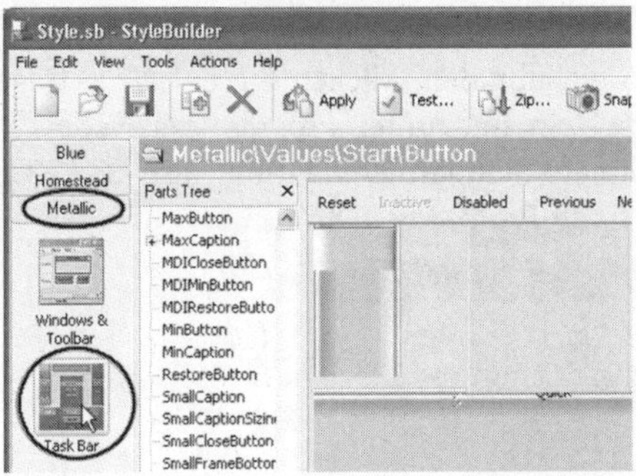

2 Wenn Sie nun im mittleren Vorschaufenster, wo die einzelnen Elemente angezeigt werden, etwas herunterscrollen, sehen Sie auch den Startbutton. Klicken Sie ihn an, um ihn zu markieren. Im rechten Fenster sehen Sie nun die einzelnen Bestandteile des Startbuttons. Klicken Sie darüber auf den kleinen Abwärtspfeil neben dem Button *Edit* und dann auf *Customize Editors*, um einen anderen Editor als das Zubehörprogramm Paint einzubinden, das uns in diesem Fall nicht viel weiterhilft.

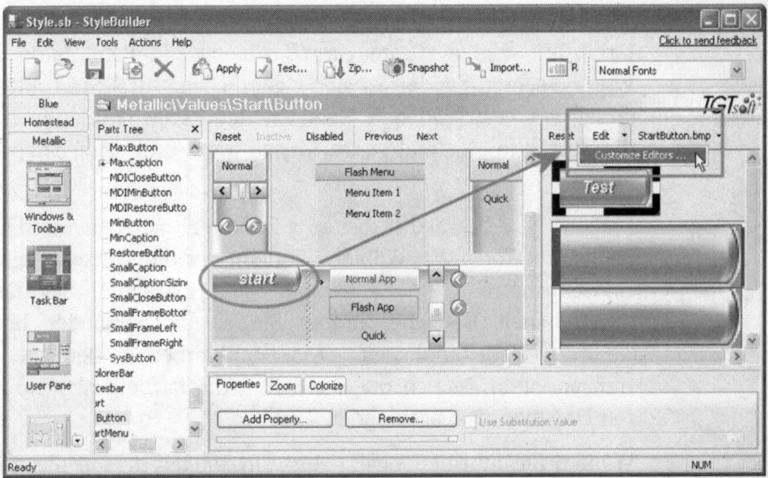

3 Welches Grafikprogramm Sie bevorzugen, ist eigentlich ganz gleich. Adobe Photoshop eignet sich genauso gut wie Corel PHOTO-PAINT oder Jasc Paint Shop Pro.

In unserem Beispiel nehmen wir Paint Shop Pro, weil es am preisgünstigsten ist und außerdem unter *http://www.jasc.de* in einer kostenlosen Testversion herunterladbar ist.

Um Paint Shop Pro einzubinden, klicken Sie auf *New*, tragen unter *Name* „Paint Shop Pro" ein und unter *Program* den vollen Pfad zur Programmdatei, bei einer Standardinstallation also *C:\Programme\Jasc Software Inc\Paint Shop Pro 7\PSP.EXE.*

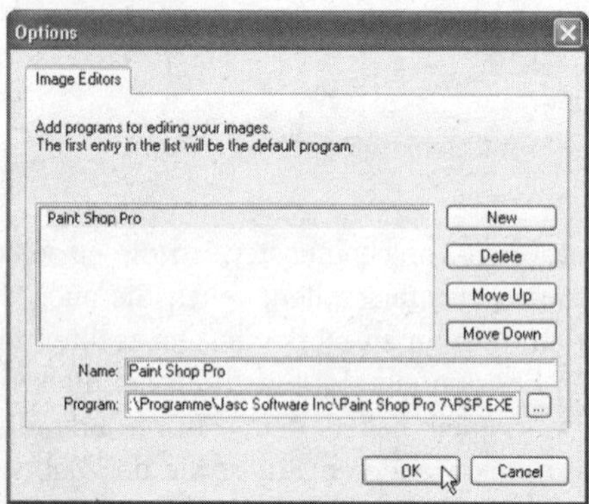

4 Klicken Sie nun im StyleBuilder erneut im rechten Fenster auf *Edit*. Daraufhin wird die Datei *StartButton.bmp* in Paint Shop Pro geöffnet. Wie Sie sehen, handelt es sich eigentlich um drei Startbuttons untereinander mit verschiedenen Nuancen der Farbe Grün. Sie repräsentieren die Zustände „Normal", „On Mouse over" und „Aufgeklapptes Startmenü".

Um das Bild besser bearbeiten zu können, schalten wir die Ansicht zunächst auf *Zoom 3:1*. Wählen Sie dann aus der Werkzeugleiste am linken Bildschirmrand den „Zauberstab" und markieren Sie damit die vier pinkfarbenen Bereiche, indem Sie sie nacheinander bei gedrückter Umschalt-Taste anklicken. Diese pinkfarbenen Bereiche stellen den transparenten Bereich dar, das heißt, die Farbe Pink wird in der späteren Darstellung ausgeblendet.

Wählen Sie nun den Befehl *Auswahl/Umkehren*, um die markierte Auswahl umzukehren. So haben Sie alles außer dem transparenten Bereich markiert.

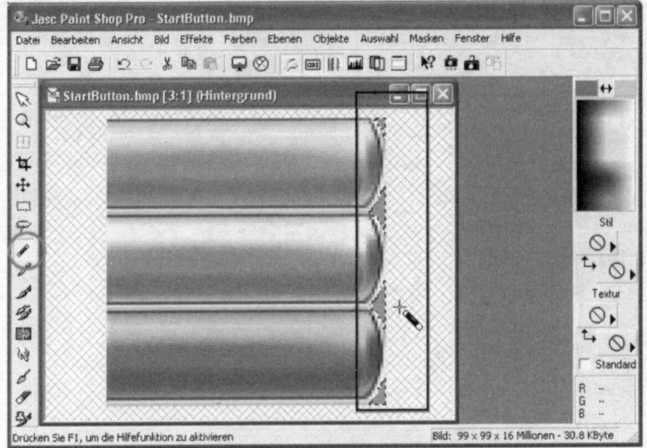

5 Rufen Sie nun mit dem Befehl *Farben/Farbeinstellungen/Farbton - Sättigung - Helligkeit* die gleichnamige Dialogbox auf. Indem Sie den Farbton-Regler etwas nach rechts verschieben, gleichzeitig die Helligkeit etwas erhöhen und die Sättigung etwas verringern, erhalten Sie ein Blau-Metallic anstelle des Grüntons.

Experimentieren Sie so lange mit den Schiebereglern herum, bis Sie mit dem Ergebnis zufrieden sind. Klicken Sie dann auf *OK*, speichern Sie die Datei und schließen Sie Paint Shop Pro.

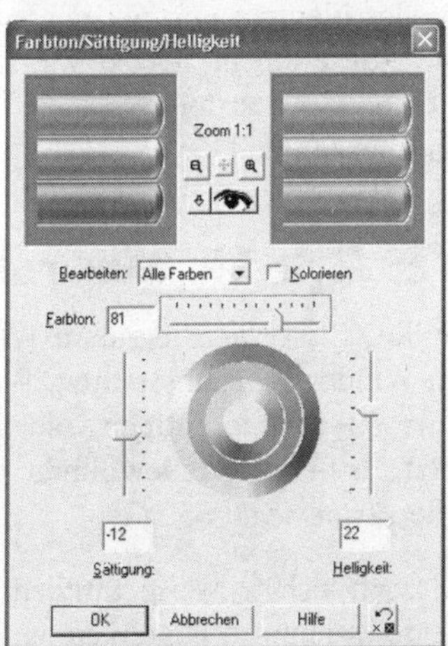

6 Klicken Sie im StyleBuilder nun im rechten Fenster auf *Reset* und anschließend in der Hauptsymbolleiste auf *Apply*, um die Änderungen zu übernehmen.

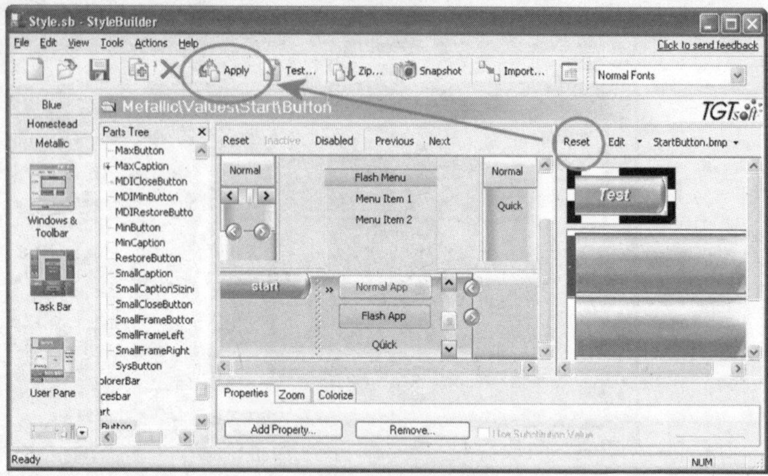

7 Der neue Startbutton erscheint nach einer Wartezeit von 20 bis 30 Sekunden sofort in der Taskleiste.

Unser kleiner Workshop hat sicher deutlich gemacht, welche Möglichkeiten im StyleBuilder stecken. Praktisch jedes Element in praktisch jedem Zustand kann individuell gestaltet werden. Auf ähnliche Weise wie oben gezeigt könnten Sie beispielsweise auch einen Startbutton erstellen, der rot aufleuchtet, wenn Sie mit der Maus darüber fahren.

Interessante Alternative zu Style XP: WindowBlinds

Eine interessante Alternative zu Style XP ist das Programm WindowBlinds, das in den neueren Versionen auch Windows XP unterstützt. Während Style XP letztlich auch auf die Windows XP-Systemroutinen, die in der Datei *uxtheme.dll* verankert sind, aufsetzt, benutzt WindowBlinds völlig eigene Routinen, sodass auch kein Patch der *uxtheme.dll* nötig ist.

Das Ergebnis: Mit WindowBlinds lassen sich teilweise wirklich verblüffende Designs realisieren, die Sie Ihr Windows kaum wiedererkennen lassen. Ähnlich wie beim Windows Media Player oder Programmen wie Winamp sprengen die Designs dabei teilweise auch die normalen Fensteranordnungen und -abmessungen; beinahe beliebige Formen sind möglich. WindowsBlinds wird nicht als externes Programm gestartet, sondern klinkt sich nach der Installation in die Registerkarte *Darstellung* der *Eigenschaften von Anzeige* ein (Rechtsklick auf den Desktop, aus dem Kontextmenü die *Eigenschaften* wählen). Dabei werden eine ganze Reihe interessanter Skins bereits mitinstalliert.

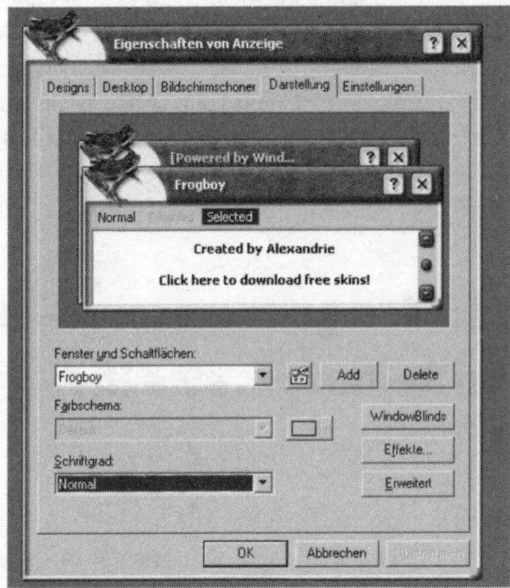

Mit WindowBlinds sind teilweise verblüffende Designs möglich.

Das Programm ist unter *http://www.windowblinds.net* in einer leicht eingeschränkten Shareware-Version herunterladbar, die Vollversion kostet 19,95 $. Für 49,95 $ erhält man das Programmpaket Object Desktop, eine mächtige Programm-Suite, mit der man auch eigene Skins erstellen kann.

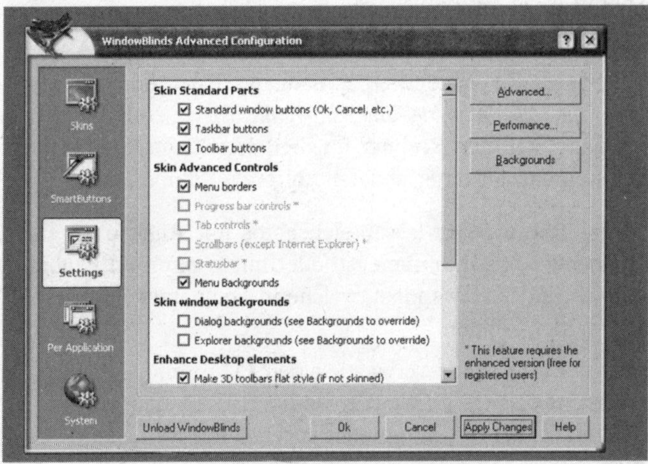

In WindowBlinds lassen sich unzählige Feineinstellungen vornehmen.

INFO

Vor- und Nachteile: WindowBlinds versus Style XP

Mit WindowBlinds lässt sich die Windows-Oberfläche noch weitaus radikaler verändern als mit Style XP. Unter anderem kann man für einzelne Anwendungen individuelle Skins festlegen. Was hingegen mehr für Style XP spricht, ist die größere Kompatibilität: Style XP verarbeitet klaglos gängige Themendateien vom Typ **.theme*, wie sie im Internet zuhauf herunterladbar sind, während WindowBlinds nur den eigenen, proprietären Standard verarbeiten kann. Am besten ist natürlich die kostenfreie Variante, die wir Ihnen im Buch vorgestellt haben. Mit ein wenig Handarbeit haben Sie so die gleiche Optik, zwar mit weniger Komfort, aber immerhin zum Nulltarif.

11.5 Plus! Digital Media Edition ganz umsonst – so verwandeln Sie Ihren Rechner in eine Hi-Fi-Anlage

Radio aus dem Internet, MP3-Dateien aus dem Micropayment-Download: Immer häufiger und intensiver übernimmt der PC Aufgaben von Hi-Fi-Anlagen oder Fernsehern. Zwar ist bereits das Basis-Windows XP mit dem Windows Media Player und dem Windows Movie Maker mit multimedialen Grundfunktionen ausgestattet, doch spätestens wenn man einmal eine Audio-CD im MP3-Format rippen, also in Dateienform auf den Computer bannen will, stößt man an von Microsoft wohlkalkulierte Grenzen: Nur das WMA-Format ist möglich, MP3 geht nur mit einem - natürlich kostenpflichtigen - Add-In.

Viele greifen dann gleich nach der Windows XP Plus! Digital Media Edition, einem Plus!-Paket für Windows, das man unter der Adresse *http://www.microsoft.com/windows/plus/de/dme/dmehome.asp* für 19,95 herunterladen kann. Das Paket soll den Rechner für digitale Fotografie, Musik und Videos fit machen und enthält unter anderem folgende Komponenten:

- Mit **Plus! Photo Story** lassen sich Fotos mit Anekdoten, Bemerkungen und passender Musik hinterlegen oder mit Zoom- und Panoramaeffekten in bewegte Bilder verwandeln, welche in kompakter Form via E-Mail verschickt werden können.
- Der **Plus! Party Mode** verwandelt den PC in eine Jukebox. Dabei können nicht nur Songs abgespielt werden, sie können auch durch visuelle Effekte und Bilder der Interpreten angereichert werden.

- Mit dem **Plus! Analog Recorder** lassen sich gute digitale Kopien von Kassetten und Langspielplatten ziehen, auch wenn diese schon etwas verrauscht oder zerkratzt sind.
- Der **Plus! Audio Converter** konvertiert Audiodateien von MP3 und WAV in WMA (Windows Media Audio) oder von WMA in MP3.
- Für eine schnelle und einfache Synchronisation zwischen Pocket PC und der Media-Bibliothek von Windows Media Player 9 sorgt die Funktion **Plus! Sync & Go for Pocket PC**.

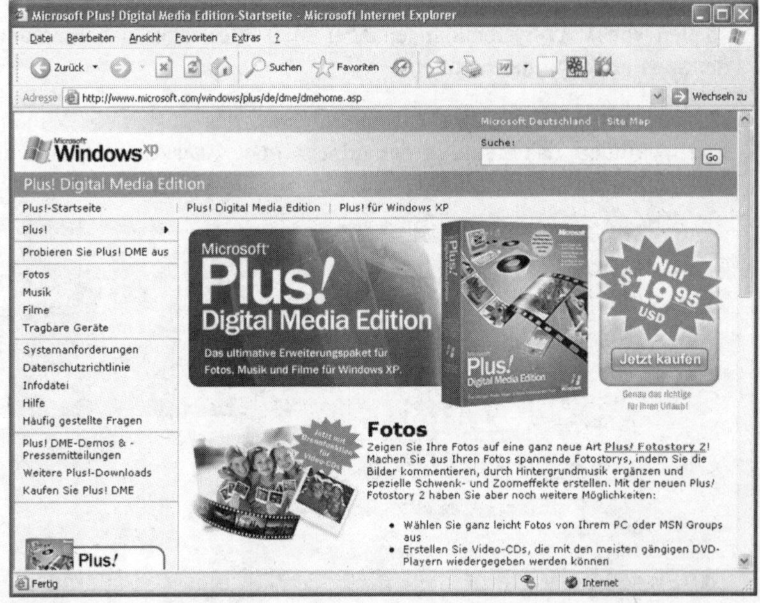

Die Microsoft Plus! Digital Media Edition erweitert den PC um einige multimediale Fähigkeiten.

INFO

Plus! Digital Media Edition und Media Center Edition

Wegen des ähnlichen Namens wird die Windows XP Plus! Digital Media Edition oft mit der Windows XP Media Center Edition verwechselt. Doch auch wenn der dahinter stehende Gedanke, die multimedialen Fähigkeiten des PCs mehr in den Vordergrund zu stellen, in beiden Fällen der gleiche ist, handelt es sich doch um zwei völlig verschiedene Produkte: Die Plus! Digital Media Edition ist eine Software-Sammlung, die als Add-On für ein bestehendes Windows XP gedacht ist. Bei der Windows XP Media Center Edition handelt es sich um ein Windows XP Professional mit zusätzlicher Multimedia-Software, welches es nur im Verbund mit dafür geeigneten Rechnern gibt.

Gegen das Paket - eine durchaus sinnvolle Bündelung nützlicher Multimediatools - ist nichts zu sagen; außer, dass es Geld kostet. Denn die reinen Funktionen des Plus!-Pakets sind, wenn einem eine einheitliche, zusammenfassende Programmoberfläche nicht so wichtig ist, andernorts auch kostenlos erhältlich.

Starke Alternative zum Windows Media Player: Winamp

Zwar hat sich der Windows Media Player in seiner aktuellen Version 10 bereits meilenwert entfernt vom einstmaligen Schmalspurprogramm zum Abspielen von WAV-Systemklängen oder Midi-Files, aber das Programm lässt dennoch einige Wünsche offen.

Als vollwertige Alternative hat unterdessen das kostenlose Winamp viele Fans gefunden, das Sie unter der Adresse *http://www.winamp.com* herunterladen können.

Die perfekte HiFi-Zentrale: Mit Winamp verwandeln Sie Ihr Windows in eine Jukebox mit allen Schikanen.

Im Gegensatz zum mehr „aus einem Guss“ konzipierten *Windows Media Player* ist *Winamp* mehr modular aufgebaut, neben dem eigentlichen, kompakt angelegten Player können je nach Bedarf Bibliothek, Equalizer, Abspielliste oder Videofenster einzeln ein- oder ausgeblendet werden.

Das Auge genießt mit: beim Abspielen mit Winamp CD-Cover anzeigen lassen

Der Vorteil von Winamp: Durch die hohe Verbreitung gibt es eine ganze Reihe von Skins, aber auch Plug-Ins, also sinnvollen Erweiterungen für das Programm. Hat man beispielsweise seine CD-Sammlung als MP3s gespeichert, würde man sich beim Anhören sicher gerne das zugehörige Cover anzeigen lassen.

Voraussetzung: Das CD-Cover ist als JPG- oder BMP-Datei im gleichen Ordner gespeichert. Als Beispiel für eine Plug-In-Einbindung in Winamp zeigen wir Ihnen, wie's geht:

1 Die Anzeige des Covers übernimmt das Plug-In ShowCover 2.11, das Sie entweder über die Winamp-Seite *http://www.winamp.com/plugins/* oder noch einfacher direkt vom Programmierer unter *http://www.dword.dk* herunterladen können. Achten Sie bei der Installation darauf, dass sich das Plug-In ins Programmverzeichnis von Winamp, also normalerweise *C:\Programme\Winamp*, entpackt. Nach der Installation starten Sie Windows und binden das Plug-In ein, indem Sie zunächst den Befehl *Options/Visualization/Select plug-in* wählen oder Strg+K drücken.

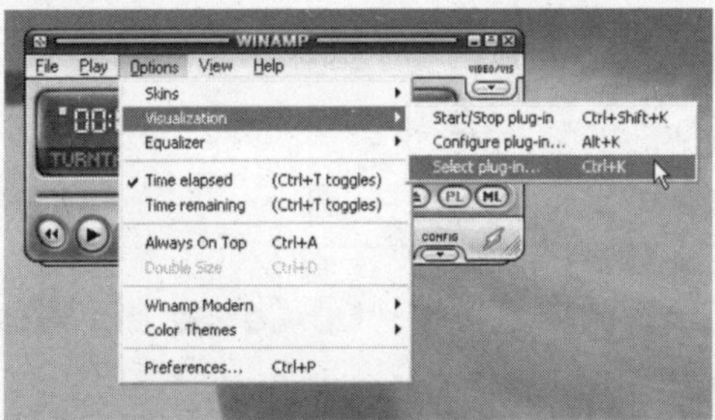

2 Wechseln Sie im Fenster *Winamp Preferences* nun in den Bereich *Plug-Ins/General Purpose*: Hier finden Sie den neuen Eintrag *ShowCover v2.11*. Markieren Sie den Eintrag und klicken Sie dann auf den Button *Configure selected plug-in*.

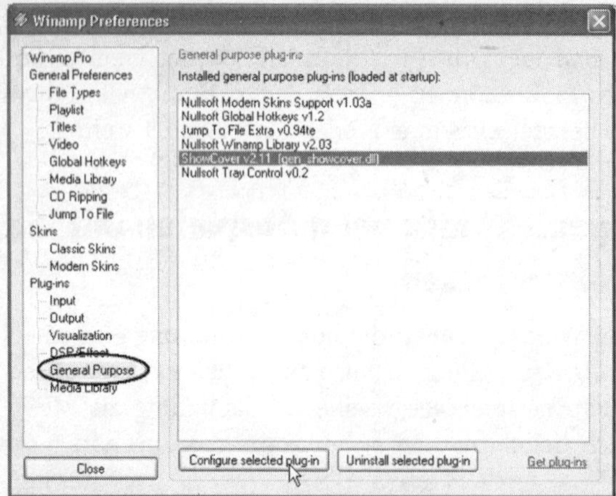

3 Die wichtigste Einstellung ist nun das Häkchen vor *ShowCover is enabled* - daneben können Sie noch einige Details bezüglich der Anzeige festlegen.

Kleine Schwäche des Plug-Ins: Klicken Sie das Fenster mit dem Cover einmal versehentlich zu, müssen Sie die hier dargestellten Schritte 1 bis 3 wiederholen, um das Plug-In erneut ans Laufen zu bringen.

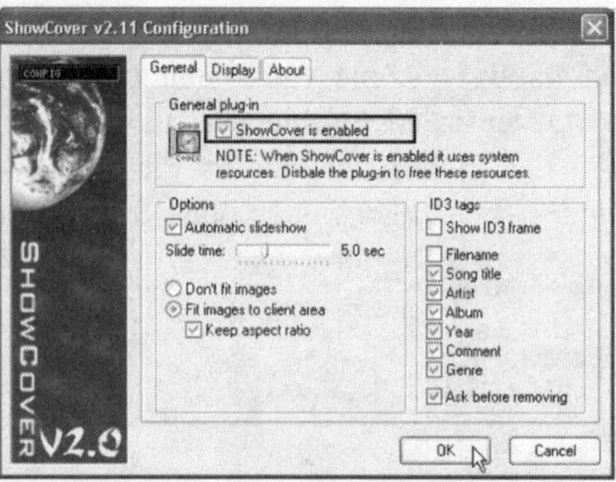

Der Trick mit der folder.jpg – CD-Cover als Windows-Ordner anzeigen lassen

Bekanntlich kann man sich unter Windows XP Ordner auch in der Miniaturansicht anzeigen lassen - schön wäre es ja, wenn gleichzeitig das CD-Cover auf einen Blick verraten würde, welche CD der Ordner enthält. Dies können Sie ganz einfach bewerkstelligen, indem Sie einen Coverscan als JPG- oder BMP-Datei in dem Ordner ablegen und diese Datei *folder.jpg* bzw. *folder.bmp* nennen. Dadurch wird sie automatisch auch im Ordnersymbol dargestellt. Wollen Sie die Datei nicht umbenennen oder die Bilddateien lieber zentral in einem anderen Ordner speichern, können Sie die Anzeige auch wie folgt erzwingen:

1 Wählen Sie für die Ordner-Darstellung zunächst *Ansicht/Miniaturansicht*. Klicken Sie dann mit der rechten Maustaste auf den Ordner, den Sie mit einem Bild verschönern wollen, und wählen Sie aus dem Kontextmenü die *Eigenschaften*. Unter *Ordnertyp* stellen Sie *Musikalbum* ein, anschließend klicken Sie auf *Bild auswählen*.

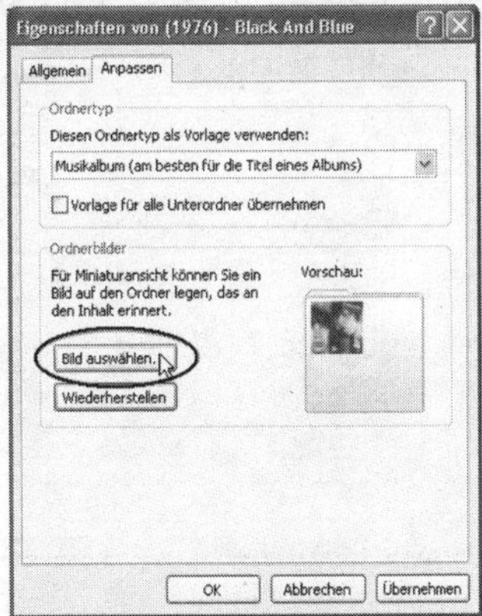

2 Nun können Sie das gewünschte Bild selektieren. Vorteil gegenüber der „folder.jpg"-Methode ist, dass das Bild auch in einem anderen Verzeichnis liegen kann;

Nachteil ist, dass bei großen Datenmengen Windows dazu neigt, manchmal die Einstellung zu „vergessen", und dann keines oder ein falsches Bild anzeigt, sodass man die Einstellung wiederholen muss.

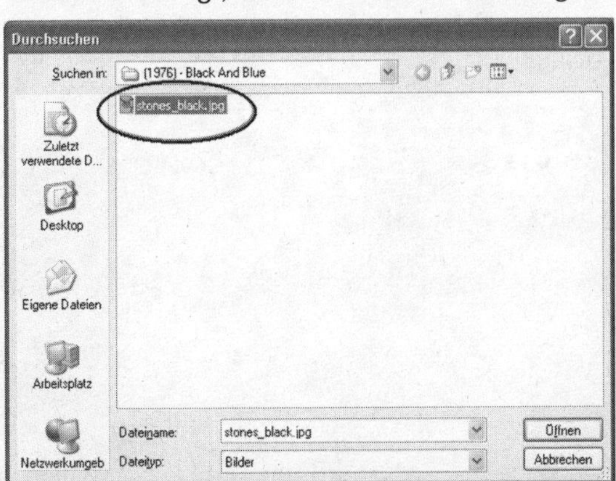

3 Wenn Sie nun noch - wie empfohlen - mit CDex für jede CD einen eigenen Ordner haben erzeugen lassen, so lässt Ihre Sammlung - lediglich mit Windows-Bordmitteln - an Übersichtlichkeit keine Wünsche offen.

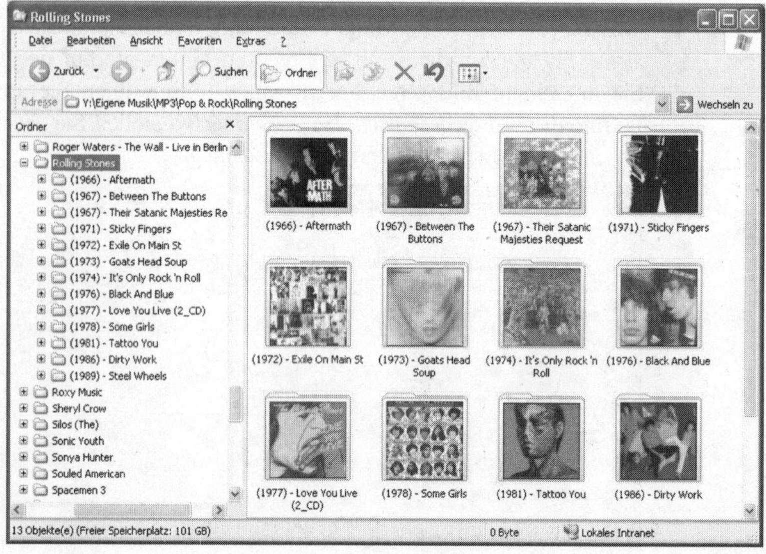

12. Windows XP Top Secret – Geheime Zusatztools

Längst nicht alle Programme und Tools offenbaren sich auf den ersten Blick im Startmenü.

Auf Ihrer Festplatte, aber auch auf der Windows-CD und im Internet gibt es viele interessante Tools, die auf ihre Entdeckung warten. In den nächsten Abschnitten stellen wir Ihnen die Highlights vor.

12.1 Die Microsoft Management Console – Vollzugriff aufs System

Unter Windows XP gibt es neben der Systemsteuerung noch eine weitere Schaltzentrale, in der Profis weitgehende Änderungen im System durchführen können: die **M**icrosoft **M**anagement **C**onsole (MMC). Diese schon unter Windows 2000 eingeführte Verwaltung ist mit so genannten Snap-Ins frei konfigurierbar: Eine Reihe vordefinierter Snap-Ins sehen Sie, wenn Sie in der Systemsteuerung auf *Verwaltung* doppelklicken.

Supertools selbst konfiguriert – eigene Konsolen anlegen

Neben den vordefinierten Snap-Ins können Sie aber auch eigene Konsolen mit eigenen Snap-Ins anlegen. Gehen Sie dafür folgendermaßen vor:

1 Wählen Sie den Befehl *Start/Ausführen* und geben Sie „MMC" ein. Daraufhin startet die Microsoft Management Console mit einer noch leeren Konsole. Wählen Sie nun den Befehl *Datei/Snap-In hinzufügen/entfernen* oder drücken Sie einfach Strg+M, um der Konsole ein oder mehrere Snap-Ins hinzuzufügen.

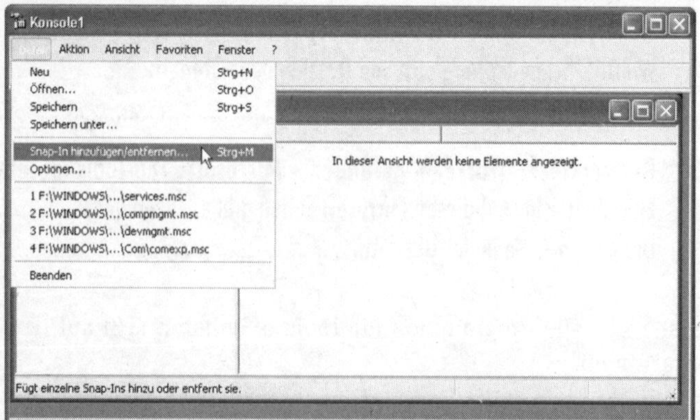

2 Sie können eigenständige Snap-Ins hinzufügen oder aber Erweiterungen zu bereits hinzugefügten Snap-Ins.

Klicken Sie unter der Registerkarte *Eigenständig* auf *Hinzufügen*, um neue Snap-Ins hinzuzufügen.

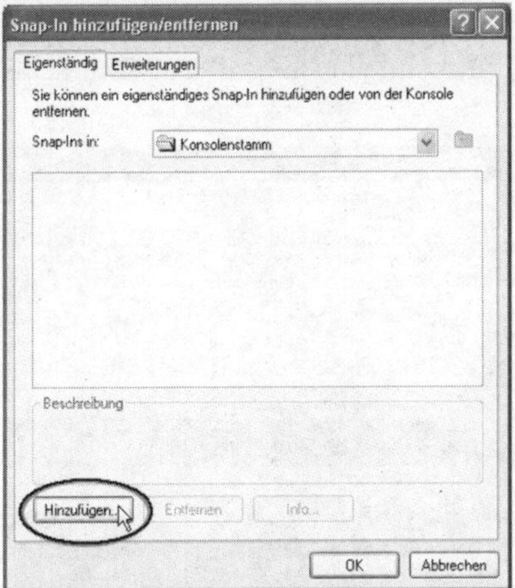

3 In einer Liste werden Ihnen nun alle verfügbaren Snap-Ins angezeigt. Wenn Sie beispielsweise den Geräte-Manager hinzufügen wollen, um schneller auf ihn zugreifen zu können als über *Systemsteuerung/System*, dann markieren Sie den Eintrag *Geräte-Manager* und klicken auf *Hinzufügen*.

4 Eventuell werden Sie jetzt noch gefragt, ob das Snap-In den lokalen Computer oder einen anderen Computer verwalten soll; mit *Fertig stellen* fügen Sie das Snap-In dann hinzu. Auf die gleiche Weise können Sie noch weitere Snap-Ins hinzufügen, zum Beispiel die Defragmentierung. Sind Sie fertig, klicken Sie auf *Schließen* und in der Dialogbox *Snap-In hinzufügen/entfernen* auf *OK*. Nun sollten Sie die Konsole mit den neu eingebundenen Snap-Ins noch speichern. Wählen Sie dafür den Befehl *Datei/Speichern*. Konsolen werden stets mit der Endung *.msc* im Ordner *C:\Dokumente und Einstellungen\<Benutzername>\Startmenü\Program-*

me\Verwaltung gespeichert, sodass Sie übers Startmenü unter *Start/Alle Programme/Verwaltung* blitzschnellen Zugriff auf Ihre selbst angelegten Konsolen haben.

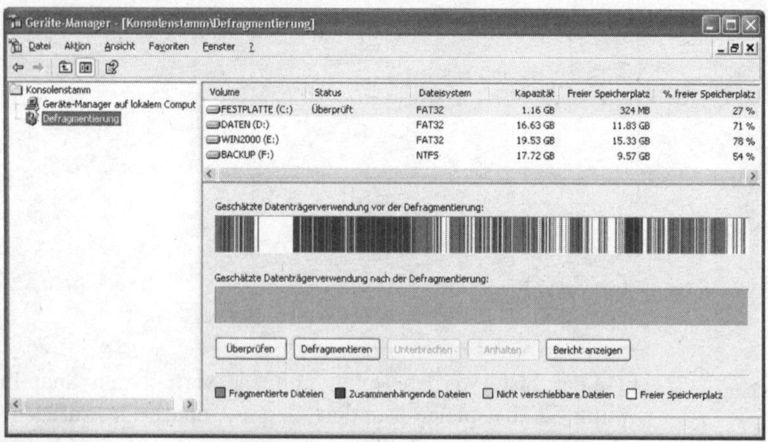

Verknüpfung zur MSC-Konsole anlegen

Da sich MSC-Dateien mit Doppelklick öffnen lassen, also ausführbar sind, können Sie natürlich auch eine Verknüpfung zu Ihrer persönlichen Konsole anlegen, sodass Sie besonders schnell auf sie zugreifen können. Am einfachsten geht das, indem Sie in den Ordner *C:\Dokumente und Einstellungen\<Benutzername>\Startmenü\Programme\ Verwaltung* wechseln, mit der rechten Maustaste auf Ihre persönliche Konsolendatei klicken und aus dem Kontextmenü den Befehl *Senden an/Desktop (Verknüpfung erstellen)* wählen.

Die besten Snap-Ins für Ihre persönliche Konsole

In unserem Beispiel haben wir mit dem Geräte-Manager und der Defragmentierung zwei Snap-Ins eingefügt, die Sie auch auf anderen Wegen erreichen können:

Den Geräte-Manager über das Systemsteuerungsmodul *System*, Registerkarte *Hardware*, und die Defragmentierung über *Start/Alle Programme/ Zubehör/ Systemprogramme/Defragmentierung*.

Es gibt aber auch einige Snap-Ins, die sehr nützlich sind und die Sie auf anderem Weg als über die Microsoft Management Console nicht erreichen. In den nächsten Abschnitten stellen wir Ihnen die Highlights vor.

Festplatten voll im Griff: die Datenträgerverwaltung

Wenn Sie mehrere Festplatten mit mehreren Partitionen in Ihr System eingebunden haben, lohnt sich ein Blick auf die Datenträgerverwaltung. Nachdem Sie dieses Snap-In wie auf Seite 588 gezeigt in eine neue Konsole eingebunden haben, werden Ihnen Ihre Festplatten und Partitionen grafisch wie in Programmen wie Partition Magic dargestellt. Hier können Sie logische Laufwerke formatieren, löschen oder einen neuen Laufwerkbuchstaben zuweisen. Als Beispiel zeigen wir Ihnen, wie Sie sehr praktisch über einen Ordner auf eine Festplattenpartition zugreifen können:

1 Markieren Sie die Festplattenpartition, für die Sie einen Ordner anlegen wollen (in unserem Beispiel *D:*), und wählen Sie den Befehl *Aktion/ Alle Tasks/Laufwerkbuchstaben und -pfade ändern.*

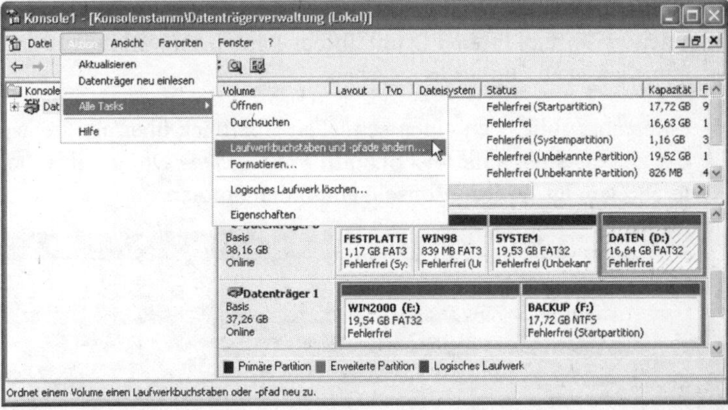

2 Markieren Sie nochmals den Laufwerkbuchstaben und klicken Sie auf *Hinzufügen*.

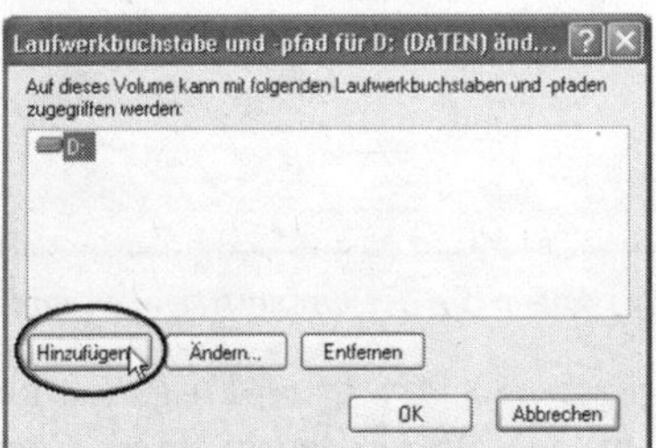

3 Tragen Sie jetzt im Feld *In folgendem leeren NTFS-Ordner bereitstellen* den gewünschten Ordner ein, zum Beispiel „F:\LaufwerkD". Der Ordner muss sich auf einer NTFS-Partition befinden. Wahlweise können Sie den Ordner auch mit *Durchsuchen* auswählen oder über diese Schaltfläche einen neuen Ordner anlegen. Schließen Sie dann alle Dialogboxen mit *OK*. Zukünftig können Sie auf Ihr Laufwerk *D:* auch über den Ordner *F:\LaufwerkD* zugreifen.

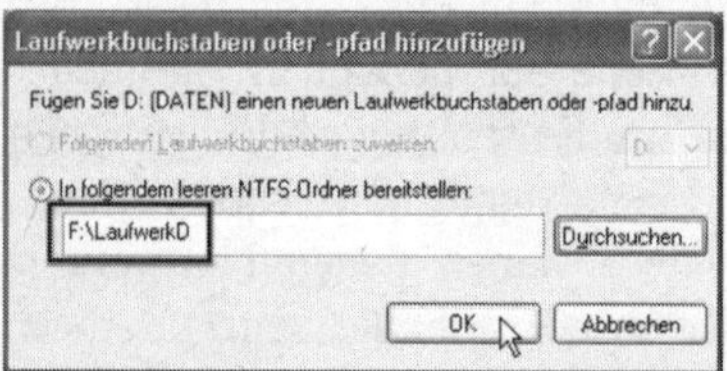

Coole Hilfe fürs Netzwerk: Freigegebene Ordner übersichtlich verwalten

Wenn Sie unter Windows XP ein kleines Netzwerk realisiert haben, beispielsweise, um Ihren PC mit Ihrem Laptop zu verbinden, dann haben Sie natürlich auch Ordner freigegeben.

Eine coole Hilfe, sich einen schnellen Überblick über alle freigegebenen Ordner zu verschaffen, ist das Snap-In *Freigegebene Ordner*, das Sie, wie auf Seite 588 gezeigt, in Ihre Konsole einbinden können.

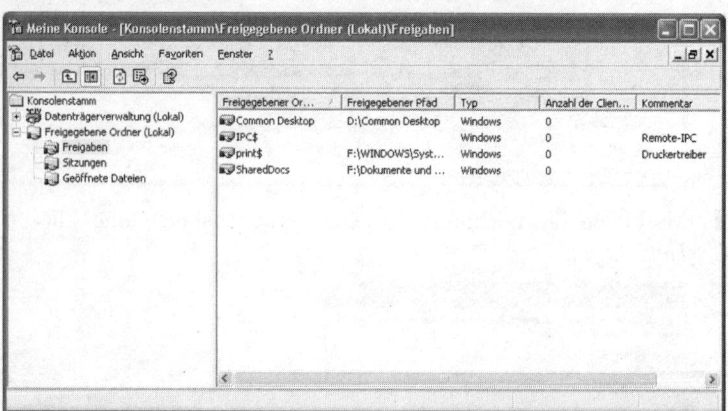

Mit dem Snap-In Freigegebene Ordner haben Sie alle Ordnerfreigaben im Blick.

Wenn Sie unterhalb von *Freigegebene Ordner* auf *Freigaben* klicken, sehen Sie nicht nur auf einen Blick, welche Ordner Sie in Ihrem System freigegeben haben, sondern Sie sehen auch alle anderen Freigaben, zum Beispiel Druckerfreigaben.

Mächtige versteckte Suchfunktion: der Indexdienst

Zu den Snap-Ins mit hohem Nutzwert gehört auch der Indexdienst. Er indiziert Ihre Dokumente in einem Stichwortverzeichnis, auf das dann mit einer Suchfunktion sehr schnell zugegriffen werden kann.

Nachdem Sie den Indexdienst, wie auf Seite 588 gezeigt, in Ihre Konsole eingebunden haben,

1 Um den Indexdienst nutzen zu können, müssen Sie ihn zunächst starten. Klicken Sie dafür mit der rechten Maustaste auf den Eintrag *Indexdienst auf lokalem Computer* und wählen Sie aus dem Kontextmenü den Befehl *Starten.*

   Sie werden nun noch gefragt, ob dieser Dienst automatisch jedes Mal gestartet werden soll, wenn Sie den Computer hochfahren. Klicken Sie auf *Ja*, wenn Sie den Indexdienst häufig verwenden, und auf *Nein*, wenn Sie ihn selten verwenden und Ressourcen schonen wollen.

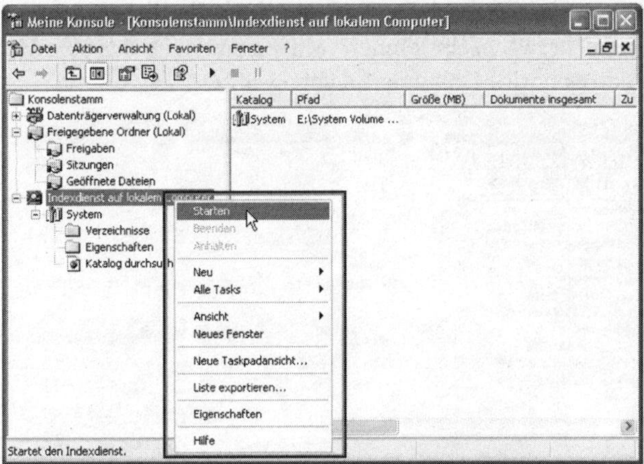

2 Nach dem Start dauert es eine Zeit lang, bis alle Dokumente indiziert sind. Klicken Sie nach Beenden der Indizierung auf *Katalog durchsuchen* für die Suchfunktion. In der Suchmaske können Sie nun beliebige Stichwörter eingeben, nach denen in den Dokumenten gesucht wird.

   Wenn Sie die Option *Erweiterte Abfrage* wählen, können Sie außerdem - wie in den Internet-suchmaschinen - mit Booleschen Operatoren arbeiten, also mit den Verknüpfungen AND, OR, NOT oder NEAR.

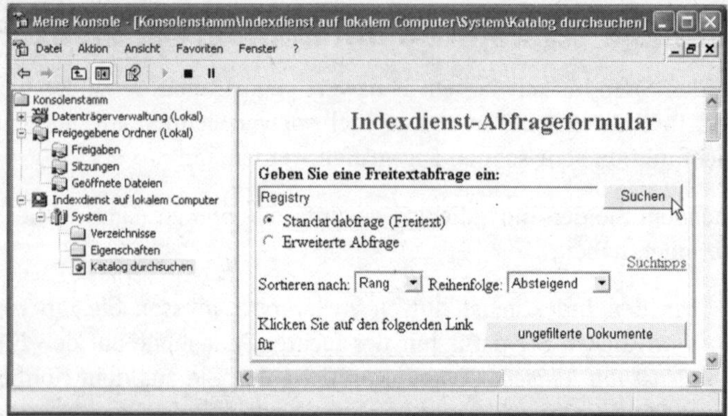

3 Da die Suche nicht in den Dokumenten selbst erfolgt, sondern nur im Indexkatalog, läuft sie bedeutend schneller ab als die normale Windows-Suche.

Die Fundstellen werden Ihnen in Listen mit jeweils 25 Einträgen präsentiert, zwischen denen Sie mit den Schaltflächen *Vorwärts* und *Zurück* hin- und herwechseln können. Mit einem Klick auf eine Fundstelle wird das dazugehörige Dokument sofort geöffnet.

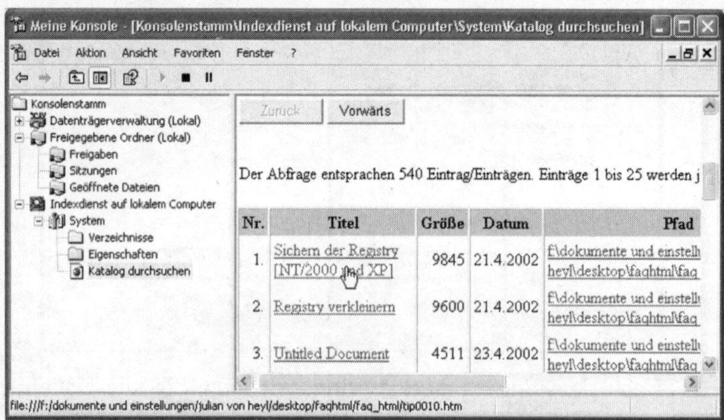

Was geht hier ab? Die Ereignisanzeige

Um das Thema Sicherheit und Systemstabilität dreht es sich beim Snap-In Ereignisanzeige. Es bietet Ihnen Protokolle über alle „Ereignisse“ auf Ihrem Rechner, sodass Sie Hardware- und Softwareprobleme besser analysieren können.

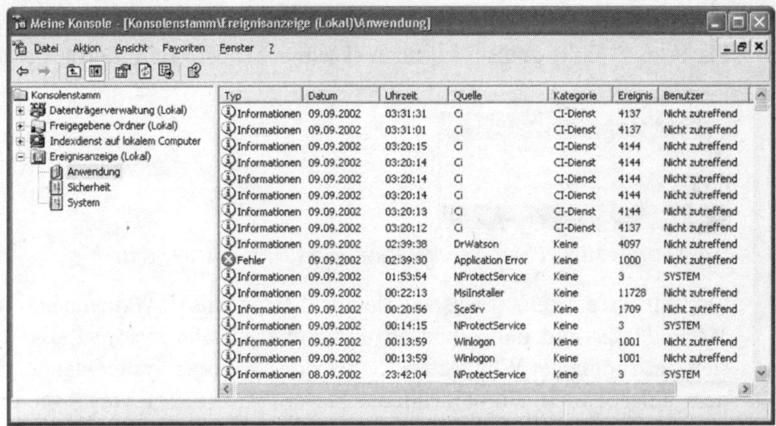

Die Ereignisanzeige gibt Ihnen einen Überblick über alle Systemprozesse.

In der Ereignisanzeige werden alle Aktivitäten Ihres Rechners in drei Protokolltypen aufgezeichnet:

- **Anwendung:** Hier finden Sie alle Ereignisse, die sich auf Anwendungen bzw. Programme beziehen.
- **Sicherheit:** Hier dreht sich alles um die Sicherheit: Mit Datum und Uhrzeit sind hier beispielsweise alle An- und Abmeldevorgänge aller Benutzer dokumentiert.
- **System:** Hier werden alle Systemereignisse aufgezeichnet, also Ereignisse, die sich auf Dienste oder Treiber beziehen.

12.2 Microsofts verborgene Geschenke – tolle Hilfsmittel auf der Windows-CD

Haben Sie Windows XP von der CD installiert, so werden längst nicht alle Programme auch wirklich auf Ihrer Festplatte installiert. Einige interessante Tools können Sie „von Hand" nachinstallieren. In den nächsten Abschnitten stellen wir Ihnen die Highlights vor.

Für den schnellen Hörtest: WAV-Dateien mit dem Windows Media Player 6.4 verknüpfen

Vielen ist der neue Windows Media Player 9 viel zu überladen geraten. Wenn Sie es gern eine Nummer schlichter hätten, ist das aber kein Problem:

Microsoft hat nämlich auch den alten, aus Windows 98 bekannten Media Player 6.4 ohne grafischen Schnickschnack noch zum Betriebssystem gepackt.

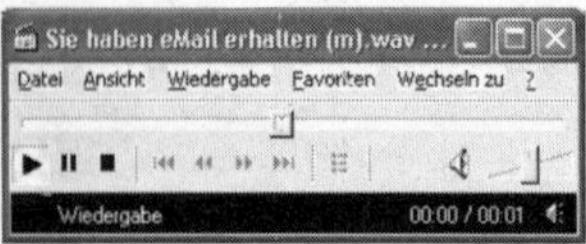

Der Windows Media Player 6.4 wirkt etwas angestaubt, lädt aber blitzschnell.

Um ihn zu starten, wechseln Sie ins Verzeichnis *C:\Programme\Windows Media Player* und doppelklicken dort auf die Datei *mplayer2.exe*. Es bietet sich an, zumindest WAV-Dateien, also zumeist kurze Systemklänge, statt mit dem aufgeblähten Windows Media Player 9 mit dieser Vorgängerversion zu verknüpfen. Gehen Sie dazu folgendermaßen vor:

1 Öffnen Sie zunächst einen Ordner, der mindestens eine WAV-Datei enthält - mit Windows mitgelieferte WAV-Dateien finden Sie beispielsweise im Ordner *C:\Windows\Media*. Klicken Sie dann mit der rechten Maustaste auf eine beliebige WAV-Datei und wählen Sie aus dem Kontextmenü den Befehl *Öffnen mit/Programm auswählen*.

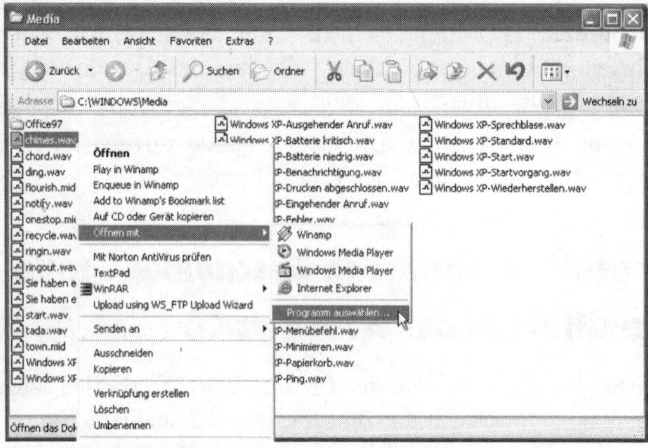

2 Eventuell werden Sie nun gefragt, ob Sie das Programm im Web suchen oder aus einer Liste auswählen wollen. Wählen Sie Letzteres und selektieren Sie über die Schaltfläche *Durchsuchen* folgenden Pfad: *C:\Programme\Windows Media Player\mplayer2.exe*. Wenn Sie vor dem Öffnen der WAV-Datei nun noch ein Häkchen vor die Option *Dateityp immer mit dem ausgewählten Programm öffnen* setzen, werden WAV-Dateien zukünftig per Doppelklick sofort im schnell ladenden Windows Media Player 6.4 abgespielt.

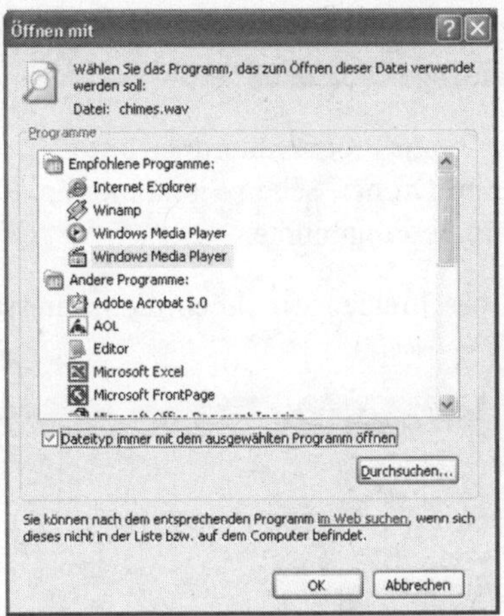

Die Microsoft Support-Tools: kleine, aber feine Helferlein

Nicht nur für Administratoren interessant sind die Support-Tools von Microsoft. Um sie zu installieren, wechseln Sie auf der CD in den Ordner *Support/Tools* und führen das Installationsprogramm *Setup.exe* aus. Im Startmenü finden Sie jetzt zwar unter *Alle Programme* eine neue Untergruppe *Windows Support Tools*, hier findet sich aber nur eine Verknüpfung zum *Command Prompt*, die *Release Notes* und eine Verknüpfung zu einer Hilfedatei.

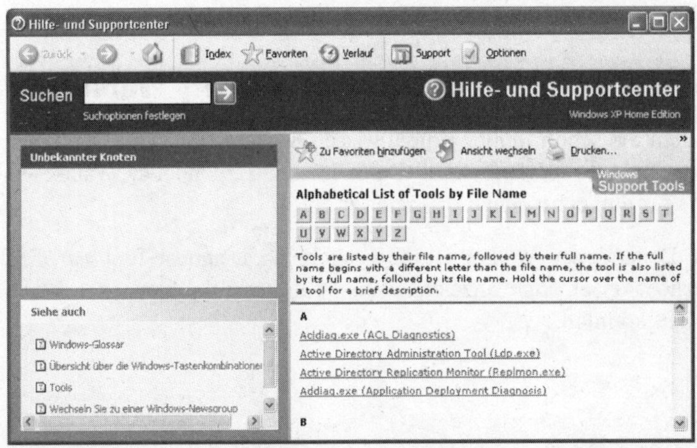

Gut dokumentiert: Eine Hilfedatei listet alle Support-Tools von A bis Z mit genauen Beschreibungen auf.

Rufen Sie die Hilfedatei auf, finden Sie allerdings alle Tools von A bis Z - leider nur in englischer Sprache - gut dokumentiert.

Die Tools selbst finden Sie in Ihrem Programmordner unter *C:\Programme\Support Tools*. Öffnen Sie diesen Ordner, sehen Sie immerhin 104 Dateien - davon sind 70 Dateien ausführbare Programme.

In den nächsten Abschnitten beschreiben wir Ihnen die interessantesten davon.

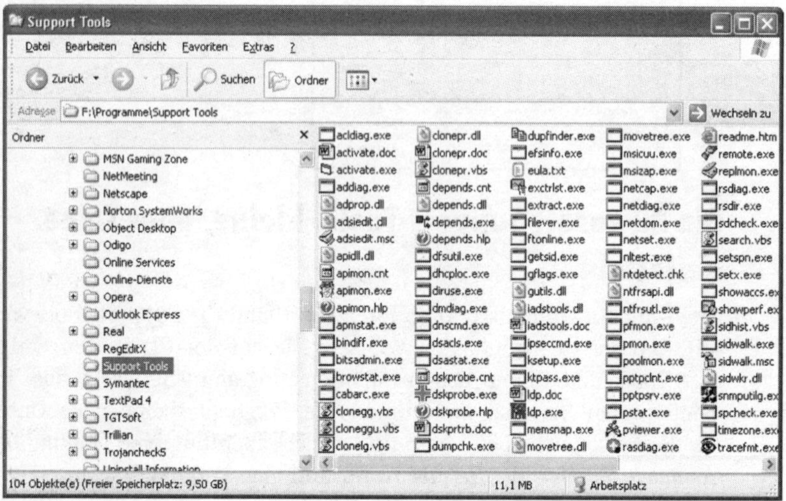

Immerhin 104 Dateien und 70 ausführbare Programme enthält der Ordner mit den Windows Support-Tools.

Wer spielt mit wem? Der Dependency Walker verrät's

Wollten Sie schon immer einmal wissen, welche DLLs eigentlich mit welchen Programmen verknüpft sind? Dann ist der Dependency Walker eine große Hilfe für Sie, denn genau das zeigt er an.

Der Dependency Walker ist aber auch als Diagnose-Tool zur Fehlersuche nützlich, da er auch anzeigt, wenn DLL-Module fehlen oder nicht geladen werden konnten.

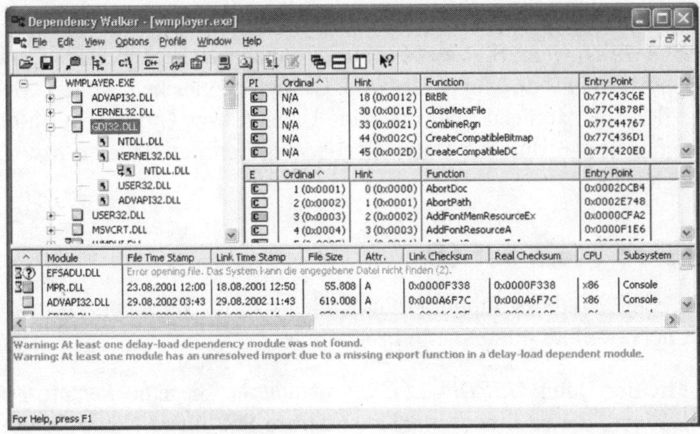

Der Dependency Walker zeigt alle DLL-Verbindungen von Programmdateien an.

Nachdem Sie den Dependency Walker mit einem Doppelklick auf die Datei *depends.exe* gestartet haben, müssen Sie zunächst mit dem Befehl *File/Open* eine Programmdatei laden. Auf der linken Seite finden Sie dann alle DLL-Verbindungen. Klicken Sie auf einen Eintrag, werden Ihnen im rechten Fenster weitere Details angezeigt. Ganz unten schließlich sehen Sie Warnmeldungen, wenn beispielsweise ein Modul nicht richtig geladen werden konnte.

WinDiff: schneller Vergleich von Dateien oder Ordnern

Mit dem Support-Tool WinDiff (*windiff.exe*) können Sie einzelne Dateien oder auch ganze Ordner schnell vergleichen. Das ist zum Beispiel nützlich, wenn Sie sich die Unterschiede zwischen einem Datenordner und dem dazugehörigen Backup-Ordner anzeigen lassen wollen, um zu überprüfen, welche Dateien sich in der Zwischenzeit geändert haben.

Mit WinDiff können auch ganze Ordner schnell verglichen werden.

Nachdem Sie WinDiff gestartet haben, wählen Sie zunächst den Befehl *File/ Compare Files*, wenn Sie zwei einzelne Dateien vergleichen wollen, oder *File/ Compare Directories*, wenn Sie zwei Ordner vergleichen wollen. Geben Sie dann den vollständigen Pfad für beide Dateien bzw. Ordner ein. In einer Liste werden Ihnen nun die Unterschiede zwischen den Dateien bzw. Ordnern angezeigt.

Weitere Tools auf CD

Neben den Windows Support-Tools finden sich im Verzeichnis *Support/Tools* auch noch weitere interessante Programme:

- Mit der Datei *MSRDPCLI.EXE* installieren Sie eine *Remotedesktopverbindung*, die es Ihnen erlaubt, entfernte PCs übers Netzwerk oder übers Internet fernzusteuern.
- Hinter der Datei *ACT20.EXE* verbirgt sich das Application Compatibility Toolkit. Mit diesem Tool lassen sich ältere Windows-Programme, die unter Windows XP ihren Dienst verweigern, so fixen, dass sie doch noch laufen.
- Für Netzwerk-Betreuer interessant ist der Setup-Manager. Um ihn zu installieren, muss zunächst die Datei *DEPLOY.CAB* entpackt werden und dann das Installationsprogramm *setupmng.exe* gestartet werden. Mit dem *Setup-Manager* lassen sich Skripte für automatische Installationen erstellen.

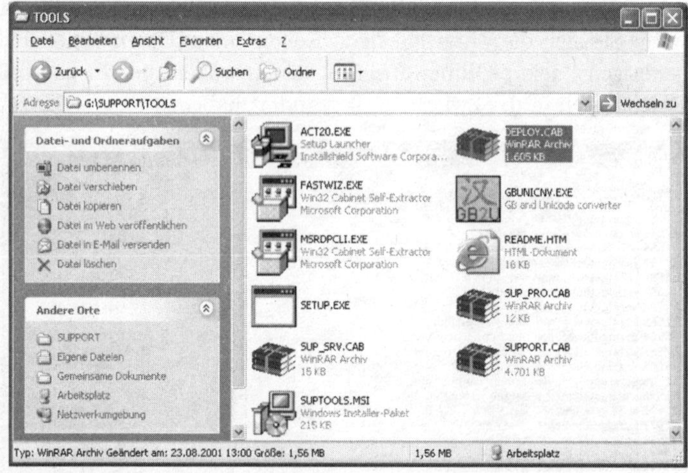

Undokumentiert: Auf der Windows XP-CD finden sich eine ganze Reihe interessanter Tools.

Verstecktes Backup-Programm auf CD

Das noch aus Windows 98 bekannte Backup-Programm gibt es unter Windows XP nicht mehr, stattdessen gibt es unter *Start/Alle Programme/Zubehör/Systemprogramme* den *Assistent zum Übertragen von Dateien und Einstellungen*. Sie können aber das aus Windows NT bekannte Backup-Programm nachinstallieren. Wechseln Sie dafür auf Ihrer Windows XP-CD in den Ordner *VALUEADD\MSFT\NTBACKUP* und doppelklicken Sie auf die Datei *NTBACKUP.MSI*.

12.3 Gut versteckt, trotzdem gefunden – Microsofts Top-Tools im Internet

Auf seinen Servern hält Microsoft viele kleine interessante Tools zum kostenlosen Download bereit. Bloß sind diese leider oft sehr gut versteckt. In den nächsten Abschnitten erfahren Sie, wo die besten Top-Tools von Microsoft zu finden sind.

Eine Übersicht: Auf diesen Microsoft-Seiten gibt es Downloads

Wie gesagt können von sehr vielen unterschiedlichen Microsoft-Seiten Tools heruntergeladen werden. Die nachfolgende Tabelle nennt die wichtigsten Downloadseiten:

Downloadseite	Adresse	Beschreibung
Microsoft Download Center	http://www.microsoft.com/downloads/	Die Haupt-Download-Seite von Microsoft. Mit einer Suchmaske können Sie hier nach verschiedenen Kriterien suchen, außerdem werden hier stets die aktuellsten „Top-Downloads" aufgelistet.
Office-Tools im Web	http://office.microsoft.com/germany/	Hier finden Sie interessante Tools, Add-Ins und Vorlagen fürs Microsoft Office.
Microsoft Security	http://www.microsoft.com/germany/ms/security/informationen/tools/	Verschiedene Tools rund ums Thema Sicherheit.
Windows Update	http://windowsupdate.microsoft.com	Update-Seite, die durch den gleichnamigen Befehl im Startmenü, aber auch manuell aufgerufen werden kann.
Windows Media	http://www.microsoft.com/windows/windowsmedia/de/	Hier gibt es Codecs und Multimedia-Erweiterungen rund um den Windows Media Player.

PowerToys für Windows XP

Wie für Windows 98 gibt es auch für Windows XP die beliebten PowerToys, die unter anderem Tweak UI enthalten, mit dem man eine ganze Reihe undokumentierter Windows-Feineinstellungen ändern kann. Tweak UI haben Sie ja schon in Kapitel 3.6 auf Seite 168 als hervorragendes Powertool von Microsoft kennen gelernt. Sie können die PowerToys unter der Adresse *http://www.microsoft.com/windowsxp/pro/downloads/powertoys.asp* herunterladen.

Die besten Tools in der Übersicht

Die folgende Übersicht zeigt Ihnen die besten Tools, die momentan bei Microsoft zum kostenlosen Download angeboten werden, mit Beschreibung und Download-Adresse:

Tool	Adresse	Beschreibung
Outlook- 2003-Add-In Sicherung für persönliche Ordner	http://www.microsoft.com/downloads/details.aspx?FamilyID=8b081f3a-b7d0-4b16-b8af-5a6322f4fd01&display lang=de	Mit diesem Add-In für Outlook 2003 kann die persönliche Ordnerdatei in frei definierbaren Zeitabständen gesichert werden.
PowerPoint Producer	http://www.microsoft.com/downloads/details.aspx?FamilyID=1b3c76d5-fc75-4f99-94bc-784919468e73&display lang=de	Ein Add-In für PowerPoint 2003, mit dem Klänge, Videos und Bilder in Präsentationen eingebunden werden können.
Installationsdisketten für Windows XP	http://support.microsoft.com/default.aspx?scid=kb;en-us;Q310994	Programm, mit dem man einen Installationsdiskettensatz für Windows XP Home oder Professional erstellen kann, falls kein bootfähiges CD-ROM-Laufwerk zur Verfügung steht.
Baseline Security Analyser	http://www.microsoft.com/technet/security/tools/Tools/mbsahome.asp	Mit dem Baseline Security Analyser kann man sein Windows XP auf fehlende Hotfixes und andere Schwachstellen hin analysieren lassen.

Stichwortverzeichnis

B

E

G

H

I

O

P

S

T

X

Y

Z

Wenn Sie an dieser Seite angelangt sind ...

Ihre Ideen sind gefragt!

Vielleicht möchten Sie sogar selbst als Autor bei *DATA BECKER* mitarbeiten?

Wir suchen Buch- und Softwareautoren. Wenn Sie über Spezial-Kenntnisse verfügen, dann fordern Sie doch einfach unsere Infos für Autoren an.

Bitte einschicken an:

DATA BECKER Gmbh & Co. KG Postfach 10 20 44 40011 Düsseldorf

Sie können uns auch faxen:

(0211) 3 19 04 98

DATA BECKER
http://www.databecker.de

dann haben Sie sicher schon auf den vorangegangenen Seiten gestöbert oder sogar das ganze Buch gelesen. Und Sie können nun sagen, wie Ihnen dieses Buch gefallen hat. Ihre Meinung interessiert uns!

Wir sind neugierig, ob Sie jede Menge "Aha-Erlebnisse" hatten, ob es vielleicht etwas gab, bei dem das Buch Ihnen nicht weiterhelfen konnte, oder ob Sie einfach rundherum zufrieden waren (was wir natürlich hoffen). Wie auch immer - schreiben Sie uns! Wir freuen uns über Ihre Post, über Ihr Lob genauso wie über Ihre Kritik! Ihre Anregungen helfen uns, die nächsten Titel noch praxisnäher zu gestalten.

Was mir an diesem Buch gefällt: ______

Das sollten Sie unbedingt ändern: ______

Kommentar zu diesem Buch: ______

❑ Ja, ich möchte DATA BECKER Autor werden. Bitte schicken Sie mir Ihre Infos für Autoren.

❑ Ja, bitte schicken Sie mir Informationen zu Ihren Neuerscheinungen.

Name, Vorname ______

Straße ______

PLZ, Ort ______

Artikel-Nr.: